LA GUIDA
MICHELIN

RISTORANTI

ITALIA
2025

T0348804

INDICE

Cara lettrice, caro lettore

La Guida MICHELIN

Palmares 2025

La Rivista della Guida MICHELIN

Carte regionali

La Selezione 2025

70 ANNI!

Cara lettrice, caro lettore,

La Guida MICHELIN arriva ad un traguardo importante: 70 edizioni! Storie di ieri e di oggi da scoprire nella nostra Rivista.

L'edizione di quest'anno si rivela ricca come la precedente, con l'iscrizione di 130 nuovi ristoranti, segno che il Paese mantiene tutto il suo dinamismo in termini di gastronomia. Questo dinamismo si traduce anche in una crescente attenzione alla sostenibilità. La maggior parte degli chef si concentra su una cucina locale, ricorrendo il più possibile a piccoli produttori del territorio. Tante nuove Stelle Verdi – ben 11 quest'anno – tra cui due insegne che desideriamo mettere in evidenza: l'Agriturismo Ferdy di Lenna, che propone addirittura un'esperienza in cui si passa un giorno intero in alta montagna, e Villa Maiella di Guardiagrele, gestita da una famiglia estremamente coinvolta nel proprio territorio, nella cui vastissima tenuta di proprietà viene allevato il maiale abruzzese allo stato brado.

Per quanto riguarda le nuove Stelle, la nostra selezione racconta di una ristorazione che eccelle in talento e savoir-faire. A Verona Giancarlo Perbellini è lo chef che maggiormente ci ha entusiasmati e che vede brillare la terza Stella sul suo ristorante Casa Perbellini 12 Apostoli. Una cucina moderna e rispettosa del gusto, in cui emerge un'ancor più alta definizione dei sapori, suggellata da una pasticceria sempre a grandi livelli. Citiamo

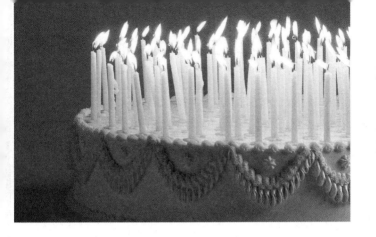

inoltre *Villa Elena* di Bergamo, curato da Enrico Bartolini ma guidato dallo chef Marco Galtarossa, che esegue una cucina ricca di carattere ed estremamente tecnica.

Gli ispettori hanno fatto altre belle scoperte durante i loro giri su e giù per lo Stivale, a cominciare da *Alto* di Fiorano Modenese, che sedurrà gli appassionati di gastronomia... tanto quanto quelli di automobili! In evidenza anche il Molise, che aveva ricevuto la sua ultima Stella nel 2011, con la *Locanda Mammì* ad Agnone. Qui si gusta una cucina regionale tra le più saporite, grazie ad un abile chef che ha studiato in una delle migliori scuole di cucina della regione. Concludiamo l'esplorazione con una piacevole novità del Sud Italia. Sempre sul versante adriatico, una Stella a *Dissapore* di Carovigno per il lavoro perseverante di una coppia intraprendente, che propone una cucina moderna e ludica con panorama a 360° sulla città.

E non possiamo dimenticare i Bib Gourmand, la cui ricerca del miglior rapporto qualità-prezzo non può che essere lodata – molte belle destinazioni anche quest'anno!

Buona lettura!

*L'esperienza
al servizio della qualità!*

I PRINCIPI DELLA GUIDA MICHELIN

Ovunque si trovino – Europa, Cina, Giappone, Stati Uniti, ... – le Ispettrici e gli Ispettori MICHELIN seguono esattamente gli stessi criteri per valutare la qualità di un ristorante. Se la Guida MICHELIN gode di una fama mondiale, è proprio in virtù del suo costante impegno nei confronti dei lettori, un impegno di cui vogliamo qui riassumere i principi chiave.

Prima regola d'oro: le Ispettrici e gli Ispettori provano i ristoranti **regolarmente e in anonimato**, in modo da verificare il livello di servizio offerto ad un cliente qualsiasi. E alla fine pagano sempre il conto! I riscontri e i giudizi dei nostri lettori sono inoltre una fonte preziosa di informazioni e pareri, di cui facciamo tesoro e teniamo conto in occasione della preparazione degli itinerari di visita.

Per mantenere un punto di vista obiettivo, la selezione degli esercizi viene effettuata in maniera **assolutamente indipendente** e l'inserimento in Guida è totalmente gratuito. Le decisioni vengono prese collegialmente insieme al Direttore della selezione e le valutazioni più importanti sono discusse a livello internazionale.

Lungi dall'essere un elenco di indirizzi, la Guida è una **selezione** dei migliori ristoranti in tutte le categorie e le fasce di prezzo. L'omogeneità della selezione nasce dalla rigida **applicazione dello stesso metodo e degli stessi criteri** in qualunque Paese del mondo.

I ristoranti vengono rivalutati annualmente e le informazioni pratiche **costantemente aggiornate** sul nostro sito e sull'app, in modo da offrire indicazioni sempre affidabili.

I criteri di valutazione e classificazione sono **identici per tutti i Paesi** coperti dalla Guida MICHELIN. Ad ogni cultura la sua cucina, ma la qualità e il metodo per valutarla devono restare un principio generale.

Da Tokyo a San Francisco, da Parigi a Copenaghen,
la missione della Guida MICHELIN è sempre la stessa,
scoprire i migliori ristoranti del mondo.

Indipendentemente dal tipo di cucina e di servizio, che si
tratti di creatività sfrenata o grande tradizione, qualunque
sia lo stile e la location, le Ispettrici e gli Ispettori MICHELIN
hanno un unico obiettivo: cercare il gusto e la qualità.

Senza dimenticare l'emozione. Perché mangiare in un
ristorante selezionato dalla Guida dev'essere innanzitutto
un momento piacevole. È un talento dei grandi chef saper
trasformare un insieme di ingredienti in un'esperienza
indimenticabile e in pura emozione.

Tra tutti i ristoranti selezionati in Guida, i più interessanti
vengono premiati con una valutazione particolare: si tratta
delle famose Stelle MICHELIN, fino a 3 per le tavole che
offrono esperienze gastronomiche eccelse. Ma ci sono
anche i Bib Gourmand, i ristoranti che offrono il miglior
rapporto qualità/prezzo.

Per finire un'altra Stella, non rossa questa volta ma Verde,
premia gli esercizi impegnati in una ristorazione sostenibile
e rispettosa dell'ambiente.

Tante diverse esperienze gastronomiche da provare
e condividere: la selezione della Guida MICHELIN è tutto
questo e molto altro!

LA SELEZIONE DELLA GUIDA MICHELIN

LA QUALITÀ DELLA CUCINA

LE STELLE

I ristoranti sono classificati in base alla qualità della loro cucina. Le nostre Stelle MICHELIN – una ✿, due ✿✿ o tre ✿✿✿ – segnalano le cucine più notevoli, a prescindere dal loro stile e dall'ambiente. Gli elementi valutati sono la scelta dei prodotti, le tecniche di preparazione e di cottura, l'armonia e l'equilibrio dei sapori, la personalità della cucina e la costanza nel tempo.

La Stella viene assegnata al ristorante perché è un riconoscimento che scaturisce dal lavoro di squadra di tutta la brigata e che solo convenzionalmente viene identificata con il nome dello chef che guida la cucina in un certo momento. Per questo motivo se lo chef lascia il ristorante non porta la Stella con sé ma dovrà dimostrare di nuovo le sue doti nel nuovo contesto.

✿✿✿	Una cucina unica. Merita il viaggio!
✿✿	Una cucina eccellente. Merita la deviazione!
✿	Una cucina di grande qualità. Merita la sosta!

IL BIB GOURMAND

Buoni prodotti ben valorizzati, un conto ragionevole, una cucina con un ottimo rapporto qualità/prezzo.

LA STELLA VERDE

GASTRONOMIA E SOSTENIBILITÀ

Contraddistingue i ristoranti particolarmente impegnati a favore di una gastronomia sostenibile. Una breve descrizione illustra la filosofia e i punti forti di questi ristoranti nel campo della sostenibilità.

I SIMBOLI DELLA GUIDA MICHELIN

Ⓝ   Nuovo esercizio in guida
N   Esercizio che riceve un nuovo riconoscimento

Installazioni e servizi

🍷   Carta dei vini particolamente interessante
≼   Vista interessante
🏡   Parco o giardino
♿   Strutture per persone diversamente abili
[AC]   Aria condizionata
🍴   Pasti serviti all'aperto
🍽   Sale private
☎   Consigliata la prenotazione
🅿   Parcheggio
🚗   Garage
🚫   Carte di credito non accettate

Prezzo

€   meno di 35 €
€€   da 35 a 60 €
€€€   da 60 a 100 €
€€€   più di 100 €

Parole-chiave

Due parole-chiave per identificare in un colpo d'occhio il tipo
di cucina e lo stile dell'esercizio

CREATIVA • DESIGN

LEGENDA DELLE PIANTE

Curiosità

● Ristoranti

Luoghi di interesse

Costruzione religiosa interessante

Viabilità

Autostrada, doppia carreggiata

Numero dello svincolo

Grande via di circolazione

Via pedonale

Parcheggio

Tunnel

Stazione e ferrovia

Funicolare

Funivia, Cabinovia

Simboli vari

Ufficio informazioni turistiche

Costruzione religiosa

Torre • Ruderi • Mulino a vento

Giardino, parco, bosco • Cimitero

Stadio • Golf • Ippodromo

Piscina (all'aperto o coperta)

Vista • Panorama

Monumento • Fontana

Porto turistico

Faro

Aeroporto

Stazione della Metropolitana

Autostazione

Tranvia

Trasporto con traghetto:
passeggeri ed autovetture • solo passeggeri

Ufficio postale centrale

Municipio

PALMARES 2025

✿ LE NUOVE STELLE

✿✿✿
Verona · Casa Perbellini 12 Apostoli

✿✿
Bergamo · Villa Elena
Montalcino · Campo del Drago

✿
Agnone · Locanda Mammì
Albiate · Grow Restaurant
Asti · Cannavacciuolo Le Cattedrali Asti
Bagno di Romagna · Ristorante del Lago
Baronissi · Cetaria
Carovigno · Dissapore di Andrea Catalano
Castelnuovo Berardenga · Contrada
Cesenatico · Ancòra
Chiusdino · Saporium
Cornaredo · Olmo
Dolcedo · Equilibrio

Fiesole	**Serrae Villa Fiesole**
Fiorano Modenese	**Alto**
Fosdinovo	**Locanda de Banchieri**
Gragnano	**O Me O Il Mare**
Lamezia Terme	**Abbruzzino Oltre**
Milano	**Moebius Sperimentale**
Milano	**Sine by Di Pinto**
Modena	**Al Gatto Verde**
Monza	**Il Circolino**
Olgiate Olona	**Acqua**
Pettenasco	**Cannavacciuolo by the Lake**
Pinzolo	**Grual**
Ponte San Pietro	**Cucina Cereda**
Puegnago sul Garda	**Casa Leali**
Roma	**Achilli al Parlamento**
Sant'Agata sui Due Golfi	**Don Alfonso 1890**
Sirmione	**Tancredi**
Squille	**Marotta**
Taormina	**Vineria Modì**
Venezia	**Palais Royal Restaurant**
Verona	**Iris Ristorante**
Vietri sul Mare	**Volta del Fuenti by Michele De Blasio**

NUOVI BIB GOURMAND

Bra	**Osteria La Pimpinella**
Chiavari	**Da Felice**
Dolegna del Collio	**Ronchi Rò**
La Morra	**Osteria Veglio**
Montegridolfo	**Osteria dell'Accademia**
Monterotondo	**Trattoria della Fortuna**
Napoli	**Ostaria Pignatelli**
Podenzano	**L'Ostreria Fratelli Pavesi**
Ponte a Moriano	**Antica Locanda di Sesto**
San Marzano di San Giuseppe	**Vez**
Scorrano	**Bros' Trattoria**
Stradella di Bigarello	**Osteria Numero 2**
Teramo	**Oishi**
Torano Nuovo	**Osteria dei Maltagliati**
Torino	**Magazzino 52**
Torino	**Fratelli Bruzzone**

Le tavole stellate 2025

Il colore indica l'esercizio più stellato della località.

Roma ❀❀❀ La località possiede almeno un ristorante 3 stelle

Imola ❀❀ La località possiede almeno un ristorante 2 stelle

Vicenza ❀ La località possiede almeno un ristorante 1 stella

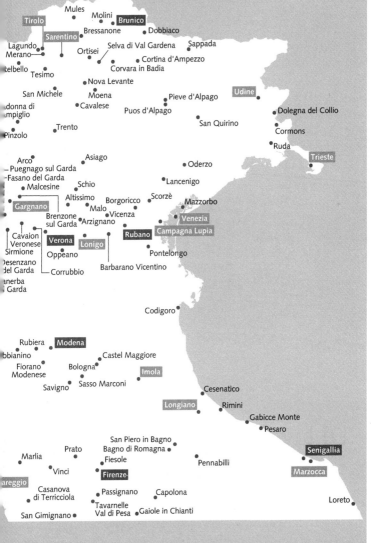

Le tavole stellate 2025

Il colore indica l'esercizio più stellato della località.

Roma	✿✿✿	La località possiede almeno un ristorante 3 stelle
Imola	✿✿	La località possiede almeno un ristorante 2 stelle
Vicenza	✿	La località possiede almeno un ristorante 1 stella

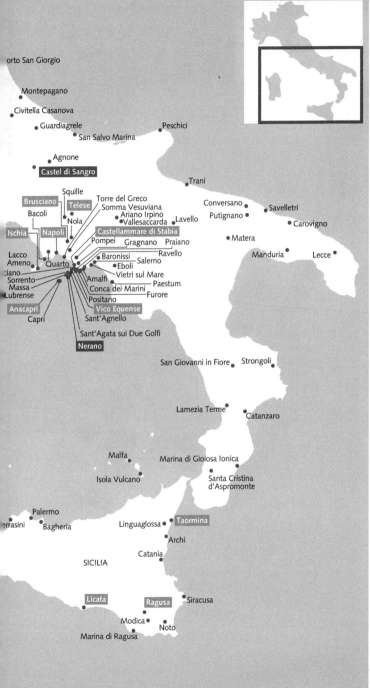

INDICE
DEI RISTORANTI
STELLATI

N Nuova Stella 2025

⊗⊗⊗

⊗⊗

EMILIA ROMAGNA

Località	Ristorante	Pagina
Bagno di Romagna	Ristorante del Lago **N**	125
Bologna	I Portici	138
Borgonovo Val Tidone	La Palta	147
Castel Maggiore	Iacobucci	177
Cesenatico	Ancòra **N**	194
Cesenatico	La Buca	194
Codigoro	La Zanzara	203
Fiorano Modenese	Alto **N**	237
Modena	Al Gatto Verde ✿ **N**	354
Modena	L'Erba del Re	354
Parma	Inkiostro	407
Pennabilli	Il Piastrino ✿	411
Polesine Parmense	Antica Corte Pallavicina	424
Rimini	Abocar Due Cucine	448
Rimini	Guido	448
Rubbianino	Ca' Matilde	482
Rubiera	Arnaldo - Clinica Gastronomica	483
Rubiera	Osteria del Viandante ✿	483
San Piero in Bagno	Da Gorini	500
Sasso Marconi	Casa Mazzucchelli	513
Savigno	Trattoria da Amerigo	515

FRIULI VENEZIA GIULIA

Località	Ristorante	Pagina
Cormons	Trattoria al Cacciatore - La Subida	211
Dolegna del Collio	L'Argine a Vencò	225
Ruda	Osteria Altran	484
San Quirino	La Primula	501
Sappada	Laite	510

LAZIO

Località	Ristorante	Pagina
Acuto	Colline Ciociare	100
Ariccia	Sintesi	119
Fiumicino	Il Tino	247
Fiumicino	Pascucci al Porticciolo	248
Genazzano	Marco Bottega Ristorante ✿	261
Labico	Antonello Colonna Labico	282
Pontinia	Mater1apr1ma	429
Ponza	Acqua Pazza	430
Rivodutri	La Trota	452
Roma	Achilli al Parlamento **N**	464
Roma	All'Oro	474
Roma	Aroma	464
Roma	Glass Hostaria	475

STELLE

LIGURIA

LOMBARDIA

MARCHE

MOLISE

PIEMONTE

PUGLIA

SARDEGNA

STELLE

TRENTINO ALTO ADIGE

STELLE

INDICE DEI BIB GOURMAND

N Nuovo Bib Gourmand

PUGLIA

SARDEGNA

SICILIA

TOSCANA

TRENTINO ALTO ADIGE

UMBRIA

VALLE D'AOSTA

VENETO

BIB GOURMAND

INDICE DELLE STELLE VERDI

✿ Cucina responsabile e sostenibile
N Nuova Stella Verde 2025

STELLE VERDI

La Rivista
della Guida MICHELIN

I 70 ANNI
DELLA GUIDA MICHELIN

AUGURI ROSSA!

L'edizione 2025 della Guida segna i 70 anni della sua esistenza, iniziata nel 1956. Com'è possibile? Semplice, la Guida viene preparata e stampata l'anno precedente. Questo volume è quindi il 70°, come sapranno i collezionisti affezionati. Ripercorriamo insieme questi anni, che hanno accompagnato un pezzo importante di storia del Paese.

© Michelin

COSÌ VIAGGIAVAMO NEL 1956 CON ...

La prima Guida MICHELIN Italia

Le pagine della prima Guida MICHELIN raccontano l'Italia del dopoguerra e del boom economico. Facciamo un viaggio nel tempo e fingiamoci lettori di questa prima edizione, che abbiamo acquistato al costo di 1000 Lire. Che cosa avremmo visto intorno a noi in quel lontano 1956?

Quasi contemporaneamente all'uscita della Guida, nel maggio del 1956 iniziano i lavori di una delle opere capitali del Paese, l'A1, l'Autostrada del Sole che collega Milano a Napoli. Alla presenza del Presidente della Repubblica Giovanni Gronchi e dell'arcivescovo di Milano Giovanni Battista Montini (futuro papa Paolo VI) viene posata nel cantiere di San Donato Milanese la prima pietra di quest'opera monumentale, che sarebbe stata portata a termine in soli 8 anni, nell'ottobre del 1964.

Il paese pullula ancora di biciclette, a cui a partire dagli anni Cinquanta si sono affiancate mitiche due ruote come la Vespa e la Lambretta. Il 1955, però, ha rivoluzionato la vita degli italiani: dagli stabilimenti della Fiat esce la mitica 600, il sogno da 95 km/h della famiglia media italiana. Costa 600.000 Lire, lo stipendio medio mensile è di 50.000 Lire, quindi i conti sono presto fatti. Con un po' di oculatezza ce la si può fare e volendo si può usufruire di un finanziamento di 24 rate! Siamo pronti a partire per le vacanze e per dare ancora un po' di numeri vi diciamo che la benzina costa 130 Lire/litro e un caffè 40 Lire.

Nel 1957 la strabiliante crescita economica del Paese – 16%! – farà parlare il mondo di "miracolo italiano". Proprio in questo cruciale momento di passaggio tra il paese agricolo uscito dalle rovine della Seconda guerra mondiale e il futuro membro del G7 si colloca la prima edizione della Guida MICHELIN Italia, pensata, come recita la presentazione, "per gli automobilisti che, sia per affari che per diporto, percorrono le strade d'Italia". Lo sguardo è rivolto ai i viaggiatori stranieri ma con un occhio al crescente turismo interno, supportato dal successo della villeggiatura e delle gite fuori porta. La parte del leone la fanno gli alberghi, perché l'automobilista deve innanzitutto trovare un buon posto in cui soggiornare, ma cresce anche l'interesse verso i ristoranti. Con il sopraggiunto benessere, il pranzo

La Guida MICHELIN

La Guida MICHELIN è, da oltre un secolo, il riferimento della gastronomia mondiale. Pubblicata per la prima volta nel 1900 dai fratelli Michelin come aiuto per gli automobilisti, la Guida Rossa Francia offriva mappe, nozioni di meccanica di base, luoghi di sosta e un elenco di ristoranti e alberghi per il pernottamento. Dopo circa 20 anni la Guida iniziò a specializzarsi nella recensione di alberghi e ristoranti e nacque così la figura dell'Ispettore. Dal 1926 cominciarono a essere assegnate le Stelle agli indirizzi di alta cucina. Trent'anni dopo iniziava la storia della Rossa in Italia, che vi raccontiamo in queste pagine.

Per l'iscrizione sulle sue Guide, Michelin non accetta ne' favori, ne' denaro !

fuori casa non è più un lusso, ma un modo piacevole per trascorrere il tempo libero.

I tempi della frugalità contadina non sono ancora del tutto alle spalle, però, e i simboli della Guida MICHELIN che illustrano le dotazioni alberghiere segnalano la presenza del riscaldamento (per il quale potrà essere applicato un supplemento in inverno), del bidet con l'acqua corrente, della sala da bagno in camera o condivisa, della cabina doccia privata o pubblica. Viene specificato che gli alberghi citati hanno generalmente l'acqua corrente calda e fredda

e l'elettricità e che eventuali casi particolari sono segnalati da un pittogramma specifico.

Ma attenzione: gli hotel segnalati con 3, 4 e 5 casette (molto confortevoli, di massimo confort e di gran lusso) non sono accompagnati da pittogrammi perché, come menzionato in Guida, "hanno generalmente tutti i confort", espressione con cui si intende riscaldamento, elettricità, acqua calda e bagno in camera!

I tempi cambiano, i simboli e la grafica evolvono, ma una cosa è rimasta esattamente la stessa da 70 anni: l'imparzialità e l'incorruttibilità degli Ispettori, vero punto di forza, ieri come oggi, della selezione della Guida MICHELIN. Ecco come veniva ribadito più volte in Guida questo valore imprescindibile. ■

I GRANDI PROTAGONISTI
DEI 70 ANNI DELLA GUIDA MICHELIN

Quest'anno la Guida MICHELIN festeggia i 70 anni di presenza sul territorio italiano. Un territorio che, come pochi altri al mondo, vive il cibo e tutto ciò che gli ruota attorno con passione e familiarità. È magnifico, quindi, poter parlare addirittura di nozze di titanio tra il Bibendum e la ristorazione italiana.

Un lungo viaggio

70 anni sono un lasso di tempo molto lungo, pieno di grandissimi cambiamenti e rivoluzioni culinarie che hanno seguito a ruota quelle sociali.

Alcuni ristoranti che fecero la storia culinaria del Belpaese non ci sono più, altri hanno acceso i fornelli in anni più (o meno) recenti e la stanno facendo adesso, in alcuni casi questo viaggio temporale a braccetto con la Guida MICHELIN e lungo sette decadi è iniziato insieme e continua tutt'oggi.

Ecco alcune istantanee di questo avvincente percorso da assaporare cronologicamente, attraverso quelli che potremmo definire i più intensi innamoramenti gastronomici del Bibendum nel suo Grand Tour d'Italie, amori di tempi lontani che durano ancora. ▪

Qualche numero interessante

• 45: Paesi in cui è presente la selezione di ristoranti della Guida MICHELIN
• oltre 17 000: ristoranti recensiti al momento della stampa di questa Guida. A livello mondiale ci sono:
–145 ristoranti Tre Stelle
–495 ristoranti Due Stelle
–2900 ristoranti Una Stella
–3240 Bib Gourmand
–540 Stelle Verdi
• almeno 250 prove-tavola anonime effettuate all'anno da un Ispettore
• oltre 30 000 km percorsi all'anno in media da un Ispettore (a cui si aggiungono i trasferimenti in aereo)

DAGLI ANNI CINQUANTA AGLI ANNI SETTANTA

ARNALDO CLINICA GASTRONOMICA
Rubiera

Semplicemente resilienti. La famiglia Degoli rappresenta la tradizionale cucina emiliana nella Guida MICHELIN Italia sin dalla prima edizione: centro pieno su tutti i 70 anni di pubblicazione, complimenti! Per altro, lo fa con la Stella ricamata sulla giacca fin dal 1959, cioè dal primo anno in cui le Stelle vennero assegnate in Italia e mantenendola ancora con orgoglio... sulle rotelle dei propri carrelli di arrosti, bolliti e dolci.

12 APOSTOLI
Verona

Le 100 candeline sono state spente sulla torta dagli eredi della famiglia fondatrice, i Gioco, nel 2021. Un secolo che ha segnato la storia della ristorazione veronese e italiana. Gli affreschi di Pino Casarini al pian terreno e la cantina tra gli scavi romani basterebbero a renderlo un luogo di culto.
È storia recente, invece, che i Gioco abbiano ceduto il testimone ad un altro grande cuoco, Giancarlo Perbellini, che in questo modo lega per sempre la propria storia ai 12 Apostoli, proseguendone il mito. Qui Perbellini aveva iniziato il suo apprendistato da ragazzino e qui

■ Arnaldo Clinica Gastronomica

© Ramona Astolfi/Arnaldo-Clinica Gastronomica

oggi fa risplendere (citando anche alcune creazioni di Giorgio Gioco) le sue Stelle MICHELIN.

LA CARAVELLA DAL 1959
Amalfi

Anche grazie a questo ristorante il jet set internazionale scopre la Costiera Amalfitana e, com'era prevedibile, se ne innamora. Era così ai tempi dei genitori, ed è tutt'ora così con l'ottimo patron Antonio Dipino. All'epoca era un fanciullo, ma nei racconti del padre, intrisi di mito e fantasia, apprese che fu addirittura Andy Warhol a ideare la colorazione del salottino privé del locale, che da bianco vide le pareti colorate di nero, viola e rosso! Negli anni successivi la stanza venne ridipinta di bianco, ma sotto rimangono i segni di quello che probabilmente è l'unico privé al mondo dipinto

dal maestro della pop art. Gore Vidal, invece, sostava alla Caravella per il buon cibo e il buon vino e faceva bella mostra della sua incredibile capacità oratoria, tanto che, si narra, alla terza bottiglia si disimpegnava a lingua sciolta addirittura in italiano. E poi Quasimodo, Renzo Piano e moltissime star di Hollywood…

© Michelin

■ La Caravella dal 1959

DAGLI ANNI OTTANTA AL NUOVO MILLENNIO

SAN DOMENICO
Imola

Fu Nino Bergese della leggendaria Santa di Genova, su chiamata del patron fondatore Gian Luigi Morini, grande personaggio della cultura enogastronomica italiana, ad imprimere alla cucina del San Domenico quella propensione all'alta qualità che gli fece strameritare le 2 Stelle. Indimenticabile l'esperienza di un pranzo in anonimato di un Ispettore conclusosi, dopo aver debitamente pagato il conto, con una sfuriata di Morini, ancora pieno di rancore per aver, temporaneamente, perso la seconda Stella. Uno sfogo a ruota libera di cui l'Ispettore poté solo attendere la fine per salutare e abbandonare il campo. Salvo qualche tempo dopo ricevere in ufficio una lettera, ancora oggi conservata gelosamente, con le scuse per l'accaduto, scritta a mano con una calligrafia quasi da amanuense.

GUIDO
Serralunga d'Alba

Se oggi il Piemonte è ai vertici delle classifiche gourmet è proprio perché Lidia e Guido Alciati furono i capostipiti di una maniera moderna di intendere la cucina regionale. Sono stati senza ombra di dubbio tra i primi a parlare di ricerca e qualità dei prodotti sul territorio, a costruire una straordinaria cantina in grado di far sognare, oltre che ad affidarsi al solo lavoro su prenotazione per poter garantire uno standard elevato e costante ogni giorno.

Poi, quel piatto fantastico di cui molte volte – gran rarità – diversi Ispettori ordinarono il bis: il plin, l'agnolotto che Lidia chiudeva con un pizzicotto che la rese famosa nel mondo. Oggi il loro insegnamento non si è spento, e qui, nelle sontuose sale della tenuta reale di Fontanafredda, i figli portano avanti e rinnovano il messaggio dei genitori: la sensibilità di Ugo in cucina e l'esperienza di Piero in sala regalano il meglio dell'enogastronomia regionale, in piatti la cui apparente semplicità esalta un giacimento alimentare con pochi eguali.

ENOTECA PINCHIORRI
Firenze

Giorgio Pinchiorri e Annie Féolde seppero come pochi altri fondere diversi elementi in uno stile unico. La cucina italiana che si sposava alla perfezione con quella francese, ambienti sontuosi che parevano ricercare la perfezione del Rinascimento fiorentino, un servizio di livello mondiale. E poi, il capolavoro: una cantina che per molti anni non ebbe uguali nel mondo. Giorgio fu un precursore formidabile quando decise di sfruttare al meglio la grandiosità della cantina ed iniziò a proporre alcuni wine pairing che andavano ben oltre i sogni degli amanti del vino, aprendo bottiglie talmente rare che alle volte erano in edizione unica qui all'Enoteca Pinchiorri. Quando si dice che le 3 Stelle valgono il viaggio, si intende proprio tutto questo. La grande Annie Féolde ha ormai lasciato le redini della cucina a Riccardo

■ Enoteca Pinchiorri

Monco, che continua ad alimentare e far crescere il gusto italiano per la buona tavola.

DON ALFONSO 1890
Sant'Agata sui Due Golfi

Alfonso Iaccarino e la moglie Livia ebbero il grandissimo merito di portare per la prima volta la terza Stella MICHELIN nel Sud d'Italia, esattamente nel 1997, riuscendo a sublimare il calore dell'ospitalità mediterranea con la bontà assoluta della cucina come mai nessuno aveva fatto prima di loro. Furono allo stesso tempo antesignani di un certo atteggiamento green, soprattutto per il famoso orto di Punta Campanella: in anni di indifferenza ambientale, furono infatti tra i primi a dare enorme importanza alle produzioni in proprio di parte della materia prima utilizzata al ristorante, con risultati di assoluta fragranza nei piatti stessi. Dopo un grande lavoro di ristrutturazione durato

quasi due anni, tra le splendide camere e il raffinato ristorante, la famiglia Iaccarino è di nuovo qui ad accogliere i clienti come amici di lunga data.

VISSANI
Baschi

Innovatore assoluto, capace in virtù di un palato sopraffino e di profonda conoscenza della materia prima di ideare un numero di ricette incalcolabile, Gianfranco Vissani senza dubbio è stato un precursore anche al di fuori della cucina. Ha inaugurato con successo il fenomeno della presenza dei cuochi nei mass media, raggiungendo livelli di popolarità inauditi fino a quel momento. Ma il personaggio non ha mai messo in ombra il grande chef, che per anni influenzò la cucina italiana al pari di nessun altro dal suo remoto ma elegantissimo ristorante di Baschi, dove tutt'oggi continua ad innovare.

I PRIMI ANNI DUEMILA

DAL PESCATORE
Canneto sull'Oglio

Il ristorante di Canneto e la famiglia Santini che lo guida da quasi 100 anni sono la quintessenza del miglior made in Italy gastronomico. Il mestiere del ristoratore qui diviene atto d'amore verso i – mai come in questo caso possiamo dirlo – fortunati ospiti!
L'accoglienza proverbiale di Antonio Santini ha fatto scuola, così come la capacità di esaltare con precisione e grazia le ricette mantovane ed italiane di Nadia, il cui testimone in cucina è passato con continuità al figlio Giovanni, abile a proseguire quanto fatto sin qui dalla madre, dando comunque il proprio tocco. Un porto sicuro dove approdare per sentirsi coccolati, nell'anima e nel palato, da un'intera famiglia.

OSTERIA FRANCESCANA
Modena

L'Osteria Francescana è Massimo Bottura, il cuoco italiano più famoso al mondo, celebrato dentro e fuori l'Italia per come ha saputo mettere in perfetta comunicazione la cucina regionale modenese con idee e ricette creative, in modo naturale e convincente.
Con lui la cucina diviene *storytelling* sul viaggio delle materie prime sino al ristorante, sulle esperienze personali dello chef a ritroso sino alla sua fanciullezza, per approdare

■ Osteria Francescana

■ Dal Pescatore

in una sorta di paradosso temporale verso una nuova cucina italiana contemporanea. Qui a Modena, in via Stella 22, sono passati davvero tutti: calciatori, rockstar, artisti, attori, politici, intellettuali...

LE CALANDRE
Rubano

Massimiliano Alajmo detiene ancora un record incredibile: la più giovane età alla quale uno chef riuscì a meritarsi la terza Stella MICHELIN, premio verso cui ci si inerpica solitamente dopo anni e anni di duro lavoro ed esperienza, quando si riesce a mostrare al pubblico il proprio grande talento con mano certa e matura, qualità evidentemente innate nel caso del cuoco veneto.

Max aveva solo 28 anni.

Il cappuccio di seppie al nero,

il risotto, zafferano e liquirizia, la mozzarella di mandorle: in tantissimi presero queste creazioni – così come gli altri classici delle Calandre – come direzione gastronomica da seguire.

IL PRESENTE

ENRICO BARTOLINI
AL MUDEC
Milano

L'ultimo piano del MUDEC – Museo delle Culture è stato il trampolino di lancio verso la gloria per Enrico Bartolini, lo chef più stellato d'Italia e secondo al mondo dopo Ducasse! Il suo risotto alla rapa rossa e salsa gorgonzola (nel frattempo leggermente rimodernato nella versione "Evoluzione") è uno dei piatti più fotogenici degli ultimi anni, imitato un'infinità di volte. Nel 2020 Bartolini è riuscito nell'impresa di riportare finalmente il massimo alloro delle 3 Stelle a Milano, città orfana del riconoscimento dai tempi del maestro Gualtiero Marchesi.

ATELIER MOESSMER
NORBERT NIEDERKOFLER
Brunico

Niederkofler non è certo stato il primo cuoco italiano ad occuparsi di sostenibilità, ma il suo stile unico, la sua maestria tecnica e la grande esperienza gli hanno permesso di manifestare questa attitudine in maniera superlativa. "Cook the mountain" non è solo uno slogan e una sequenza di piatti, ma un vero e proprio viaggio dentro al territorio, un approccio che a San Cassiano, all'interno del celebre hotel Rosa Alpina, nel 2018 lo fece svettare alle 3 Stelle MICHELIN. Nel 2023, Niederkofler ha trasferito il suo talento e quello della sua brigata a Brunico, nel bellissimo Atelier Moessmer Norbert Niederkofler.

QUATTRO PASSI
Nerano a Marina
del Cantone

Epica storia di dedizione e sacrificio familiare in un angolo speciale della Penisola Sorrentina. Il ristorante-pizzeria aperto circa 40 anni fa da Antonio Mellino è riuscito nel volgere di alcuni decenni a riportare nel 2024 le Tre Stelle MICHELIN nel Sud Italia. Certamente il ritorno a casa, dopo alcune esperienze europee alle "corti" di grandi chef, del figlio Fabrizio e la sua investitura in qualità di executive chef hanno dato lo slancio definitivo ai Quattro Passi. Qui tutto è ai vertici, dalla spettacolare vista sulla baia di Nerano alla cucina di Fabrizio, ancora giovanissimo eppure già artefice di piatti iconici (come il fiore di calamaro o i fusilloni ai ricci di mare), in cui mostra rigore ed essenzialità, strumenti coi quali sa attualizzare magnificamente la cucina mediterranea. ■

■ Quattro Passi

CINQUE PIATTI ICONICI
DELLA STORIA DELLA GASTRONOMIA ITALIANA

In questo viaggio nel tempo, quali sono i piatti iconici indissolubilmente legati alla cucina Del Bel Paese e alla Guida MICHELIN? Ecco i top five!

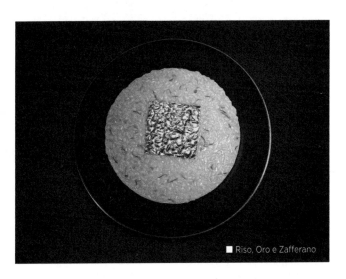

■ Riso, Oro e Zafferano

RISO, ORO E ZAFFERANO
di **Gualtiero Marchesi**

Piatto iconico per eccellenza, non tanto per l'esecuzione – alla fine la ricetta non si discostava tanto da quella di un risotto classico, tranne che per la cipolla che non era tostata all'inizio con il riso, ma cotta a parte con aceto e vino bianco, quindi emulsionata con burro per mantecare il risotto – quanto per l'immagine, che simboleggiò meglio di ogni altra l'estetica del maestro Gualtiero Marchesi, capace di innovare attraverso linee e schemi semplici, ma proprio per questo memorabili, che portavano nel piatto il suo amore per l'arte contemporanea. E di arte, per molti, si trattò: al centro del risotto già impiattato il maestro appoggiava un sottile foglio d'oro quadrato, omaggiando il piatto simbolo della città dove per primo in Italia Marchesi prese le Tre Stelle.

TORTELLI ZUCCA
di **Nadia e Giovanni Santini**
ristorante Dal Pescatore, Canneto sull'Oglio

Lontano dalle mode e dalle tendenze, la famiglia Santini ha raggiunto con umiltà e modestia i vertici della ristorazione senza stravolgere l'identità della cucina italiana, ma valorizzandola,

57

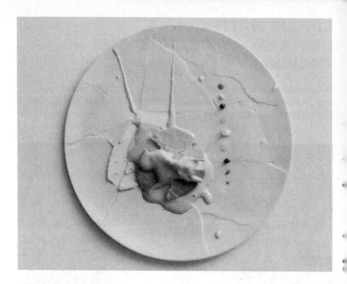

■ Oops! Mi è caduta la crostata al limone

puntando sui sapori e sulla piacevolezza dello stare a tavola, lasciando da parte provocazioni e personalismi. I loro tortelli di zucca sono l'esempio più sfolgorante: figli della tradizione mantovana, la loro perfetta esecuzione (e qui sta la magia, i principali ingredienti sono quelli classici di tanti altri ristoranti della zona, ma l'esito li supera tutti!) ha sedotto persone di ogni parte del mondo e naturalmente gli Ispettori della Guida: anche grazie a questi tortelli, Dal Pescatore è il ristorante italiano che detiene le Tre Stelle da più tempo.

INSALATA 21...31...41...51...
di Enrico Crippa
ristorante Piazza Duomo, Alba

Un piatto non solo buono, ma, vorremmo dire, importante, perché rappresentativo della svolta green della cucina italiana. Il ristorante Duomo di Crippa, oltre ad avere

Tre Stelle, si fregia anche di quella verde, riconoscimento che premia tutta una serie di azioni a favore dell'ambiente. E quest'insalata, piatto storico del cuoco, la rappresenta bene. L'insalata è preparata con i prodotti degli orti biologici di Crippa seguendo rigorosi dettami di stagionalità e freschezza, e il suo nome ha aggiornato negli anni il numero degli ingredienti man mano che crescevano, finendo per perderne il conto...

OOPS! MI È CADUTA LA CROSTATA AL LIMONE
di Massimo Bottura
ristorante Osteria Francescana, Modena

Si narra che la tarte Tatin nacque da un errore delle omonime sorelle francesi, che crearono una delle più celebri torte del mondo. E un altro errore, una crostata che scivola e si rompe, fu all'origine di uno dei piatti più iconici di Massimo Bottura, Tre Stelle a Modena. Anche in cucina è quindi vera la massima di Sant'Agostino: *ex malo bonum*, dal male esce il bene. Una base di pasta frolla, zabaione al limone, gelato e salsa alla menta sono gli ingredienti di questo elogio dell'imperfezione che si ripete ogni volta con la crostata che viene rotta nel piatto. Da allora è diventato uno dei dolci creativi italiani più citati e rivisitati.

FIORE DI CALAMARO
di Fabrizio Mellino
ristorante Quattro Passi, Nerano

È uno dei piatti che ha convinto gli Ispettori ad assegnare le Tre Stelle a Fabrizio Mellino del Quattro Passi di Nerano, una decisione storica perché nel Sud Italia erano anni che mancavano. Il suo Fiore di Calamaro è una creazione relativamente recente, che tuttavia ha già fatto il giro del mondo. Basato su un ideale estetico di geniale raffinatezza, esprime a meraviglia la rotta minimalista e mediterranea in cui naviga la cucina di Fabrizio: con un'operazione di indecifrabile pazienza e complessità, il calamaro è tagliato e avvolto in piccoli coni che, assemblati, compongono il fiore. Sulla sommità è sistemata una mezza sfera di caviale, nascosta all'interno una tartare di scampi, alla base acqua di mela verde, mentre intorno della clorofilla di prezzemolo imita le foglie del loto. ■

■ Fiore di Calamaro

PAROLA DI ISPETTORE
L'ISPETTORE MICHELIN COMPIE 70 ANNI

Il lavoro dell'Ispettore è fatto di ricerca, passione, imprevisti... Diciamo che uno degli elementi imprescindibili è che non ci si annoia mai, tra metodi per mantenere l'anonimato, tecniche di reperimento di informazioni utili e qualche momento di piacevole relax in qualche parte sperduta del Paese. Vogliamo raccontarvi come è evoluto il lavoro dell'Ispettore nel corso dei decenni.

© Michelin

L'informatica che entra a gamba tesa nell'operatività a metà degli anni '90 ha velocizzato e cambiato l'attività, regalando maggiore efficienza all'operato su strada. A maggior ragione, in questo excursus storico è dunque interessante partire dal "C'era una volta".

AAA Ispettore cercasi
L'assunzione arrivava dopo un'inserzione in qualche giornale nazionale, dopodiché c'erano i vari test, psicoattitudinali oltre che di lingue, e le prove tavola. Vista la maggiore internazionalizzazione, ora le lingue sono imprescindibili, ma elementi che non sono mai cambiati nel tempo sono tanta discrezione e un'etica irreprensibile. E la curiosità? Beh, questo è un prerequisito!
La formazione era – ed è ancora – su strada con colleghi più esperti, fino a che il palato e l'occhio per i dettagli non è sufficientemente affinato per poter viaggiare in autonomia. Le prime settimane ci si toglie qualche sfizio, poi si diventa sempre più tecnici e si selezionano i piatti più difficili, le

ricette più stagionali, i prodotti che interessano per verificare le cotture...

Una routine consolidata

Fino agli anni '80 l'ispettore partiva anche per un mese intero, ritornando talvolta al proprio domicilio nel week end, per poi riprendere il viaggio il lunedì successivo. Si girava con le cartine, annotandosi in blu gli alberghi da visitare e in rosso i ristoranti da testare, formulando un itinerario coerente ed efficiente in termini di trasferimenti e costi. Ovviamente tutto in contanti, portafoglio carico di vecchie Lire, dunque.

La mattina le prime visite di alberghi, poi il pranzo, ancora qualche visita nel pomeriggio e infine la cena. Ogni visita e ogni pasto richiedono una descrizione dell'esperienza in base ai nostri criteri, che sono gli stessi da sempre. Ai tempi ci si presentava dopo i pasti, una pratica che ormai è cessata per essere ancora più anonimi nell'operatività e rendere i nostri test il più vicino possibile all'esperienza di tutti gli altri clienti. E siamo all'arrivo del digitale...

La rivoluzione digitale

A metà degli anni '90 gli ispettori furono dotati dei primi geolocalizzatori: era l'inizio di ViaMICHELIN e anche noi dovevamo fare la nostra parte, forse non ancora performanti al punto giusto, ma senz'altro precursori. Arrivano anche i primi programmi per la gestione dei dossier, per arrivare al quadro odierno in cui tutto è tracciato e disponibile online in qualsiasi momento... ma estremamente secretato. Oggi un ispettore italiano potrebbe partire il giorno dopo per una trasferta urgente in Asia ed avere tutte le informazioni necessarie per pianificare velocemente il proprio viaggio: una vera rivoluzione! Stessa cosa per i trasferimenti con i vari navigatori, grazie ai quali non è più necessario segnarsi il chilometro esatto in cui svoltare per trovare un determinato "poggio" nel mezzo della campagna Toscana oppure nelle Murgie...

L'ispettore 2.0

E siamo arrivati al 2025. Gli Ispettori girano il mondo e i momenti di formazione non mancano mai, con webinar, scambi di territori a livello internazionale, prove tavola importanti condivise con colleghi di altre culture e il costante e continuo mantenimento dell'anonimato, che non esclude di esplorare scrupolosamente il web e i social per ottenere importanti informazioni su chef, ristoranti, trend di cucina e nuove aperture. L'Ispettore viaggia con auto moderne e selezionate attentamente secondo due requisiti fondamentali: il grado di sicurezza e il minor livello di inquinamento, tenendo conto che si viaggia per almeno 30.000 km annui.

La curiosità e la piacevolezza del lavoro passano anche attraverso l'organizzazione dei territori: un Ispettore in media torna nelle medesime aree dopo 10 anni per garantire anonimato ed indipendenza, e nello stesso giorno può capitare di testare un piccolo Bib Gourmand a gestione famigliare per pranzo, per poi cimentarsi in un pasto a Tre Stelle MICHELIN la sera.

Dicevamo che non ci sia annoia mai... a questo punto tutto è chiaro no? E voi sareste dei buoni Ispettori della Guida MICHELIN? ■

Carte
regionali

Per localizzare tutti i luoghi citati nella Guida

Località con almeno...
- un ristorante della selezione
- ⑱ un Bib Gourmand
- ✿ una tavola stellata
- ✤ un ristorante di gastronomia sostenibile

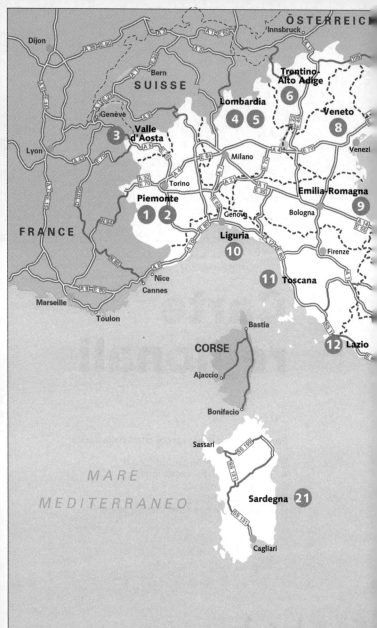

Italia

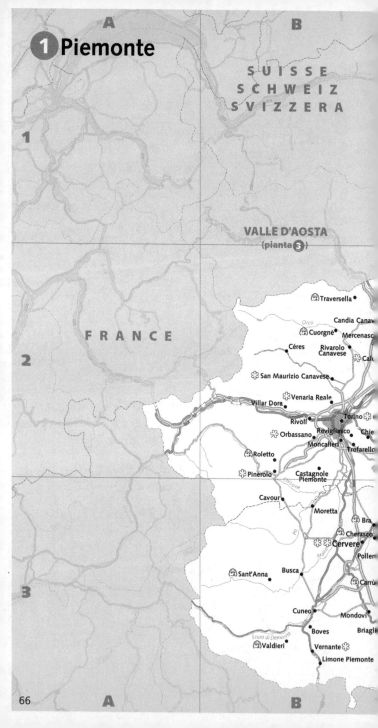

1 Piemonte

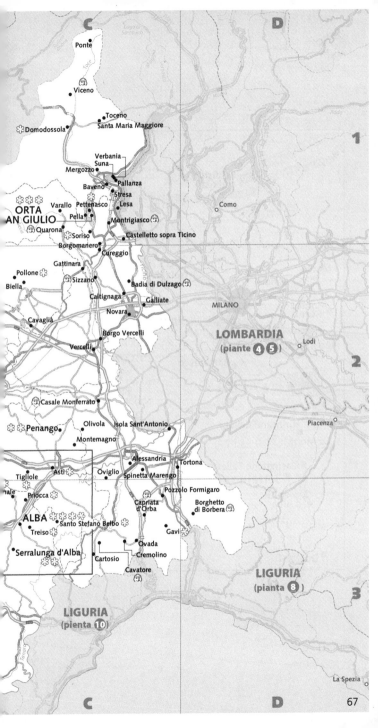

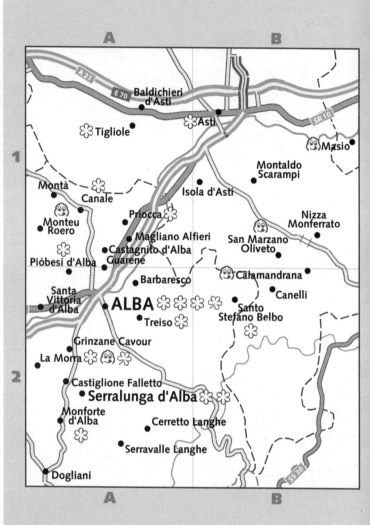

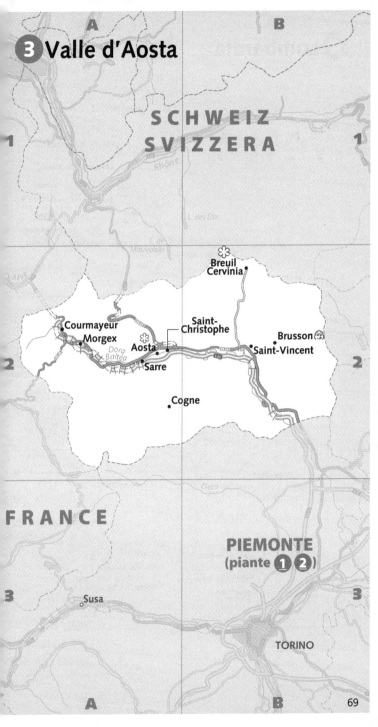

SCHWEIZ
SVIZZERA

Rhône

L. des Dix

L. de Mauvoisin

Breuil
Cervinia

Courmayeur
Morgex

Dora Baltea

Saint-
Christophe

Brusson

Aosta

Saint-Vincent

Sarre

Cogne

FRANCE

PIEMONTE
(piante ① ②)

Orco

Susa

TORINO

69

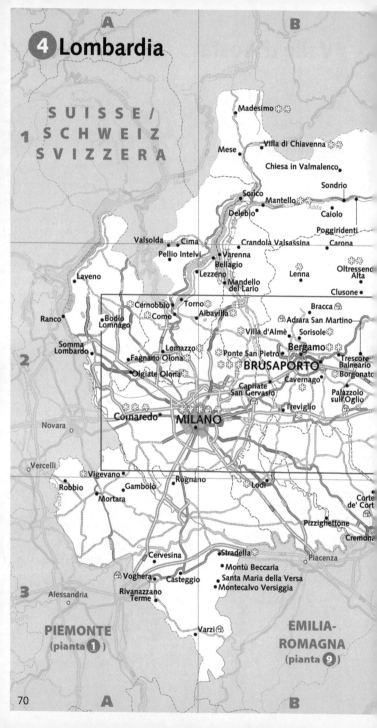

Livigno

Ponte
di Legno

Bianzone

Aprica

eglio

Esine

Gussago

Brione

Concesio ✿ ✿

Brescia

Castel Mella

Rodengo Saiano

Castiglione delle Stiviere

Calvisano ✿

Pralboino ✿

Isola
Dovarese

Asola ✿ ✿ ✿ ✿

CANNETO
SULL'OGLIO

Cicognolo

Recorfano Piadena

Grazie

Mantova

Pieve San Giacomo

Suzzara

Quistello

Revere

Pieve di Coriano

Stradella

PO

PARMA

EMILIA-ROMAGNA
(pianta ❾)

MODENA

Limone sul Garda

Gargnano ✿ ✿

Gardone Riviera   Toscolano-Maderno

Fasano del Garda ✿ ✿

Manerba del Garda ✿ ✿ ✿

Sirmione ✿

Desenzano del Garda ✿

Trento

VENETO
(pianta ❽)

ADIGE

Concesio ✿ ✿

Collebeato

Brescia

Puegnago sul Garda ✿

Soiano del Lago ✿

Barcuzzi

Salò

San Felice del Benaco

Manerba del Garda ✿ ✿

Moniga del Garda

Padenghe sul Garda

Sirmione ✿

Desenzano
del Garda ✿

Montichiari

Pozzolengo

Castiglione
delle Stiviere

E70

71

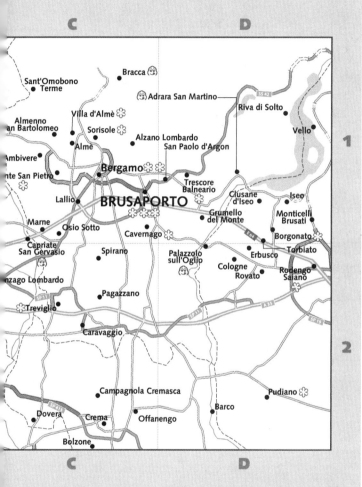

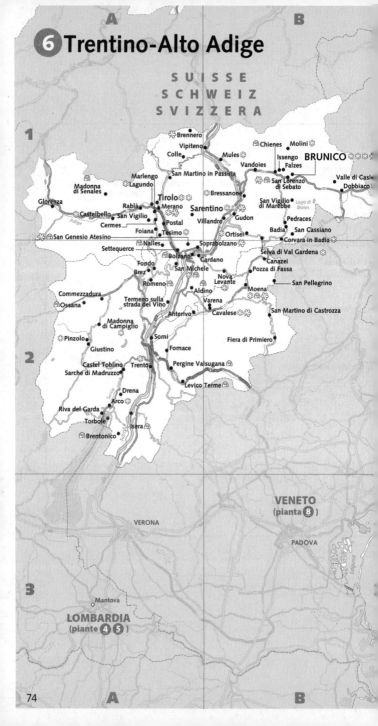

6 Trentino-Alto Adige

A

B

ÖSTERREICH

1

SLOVENIJA

Sappada

Sauris

Raveo

Cavazzo Carnico

Frisanco

Tricesimo

Tavagnacco

Spilimbergo   Fagagna

Cividale del Friuli

2

San Quirino

Udine

Dolegna del Collio

San Giorgio
della Richinvelda   Buttrio

ontanafredda   Pordenone

Lavariano

San Giovanni al Natisone

Porcia

Mortegliano

Cormons

Paradiso
di Pocenia

Mariano
del Friuli

Savogna d'Isonzo

Oderzo

Ruda

Marano Lagunare

Monfalcone

VENETO
(pianta **8**)

Lignano Sabbiadoro

Golfo di
Trieste

Trieste

HRVATSKA

3

GOLFO DI
VENEZIA

A

B

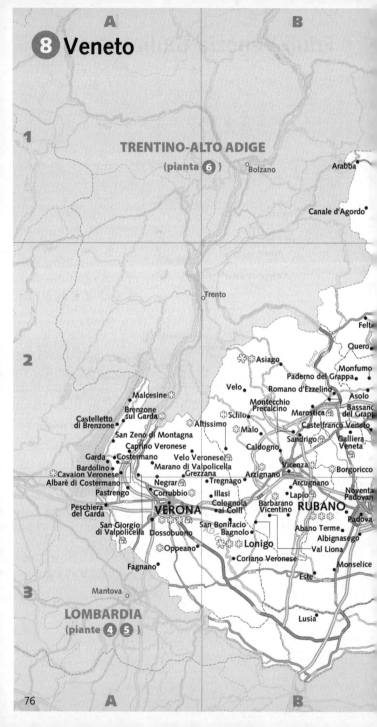

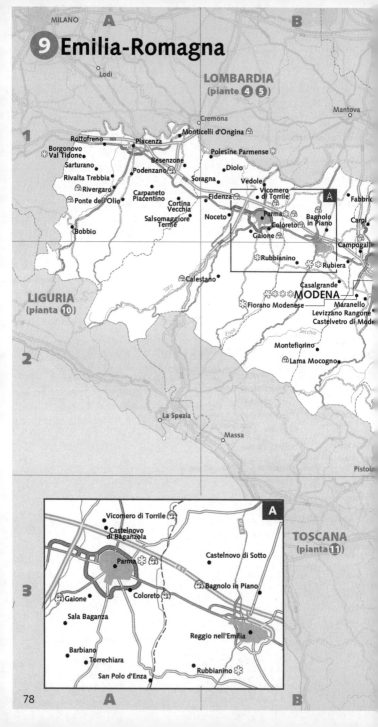

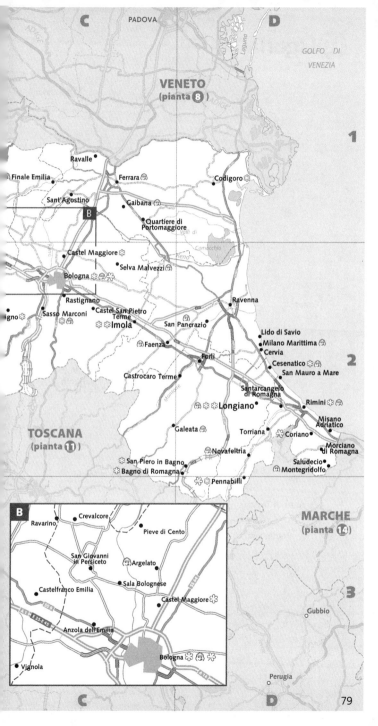

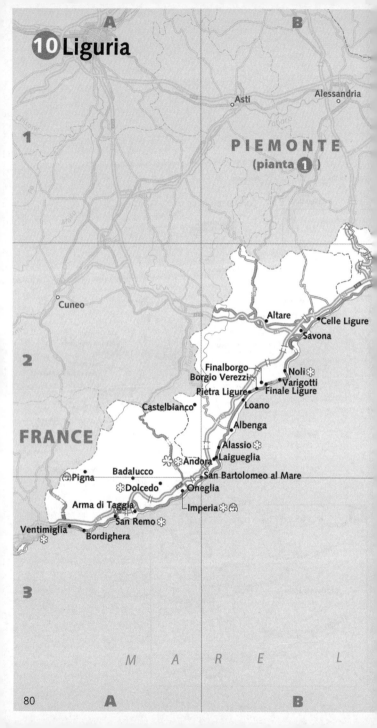

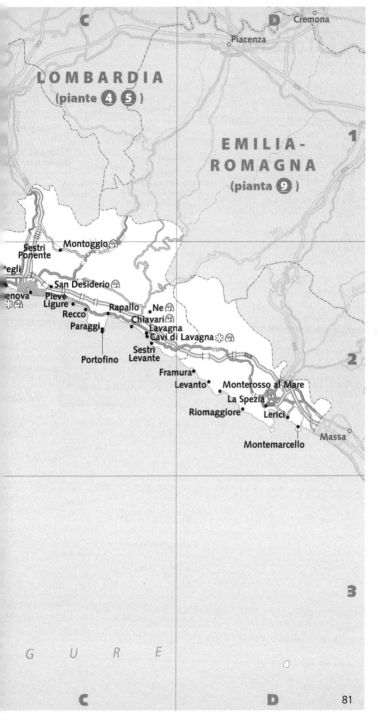

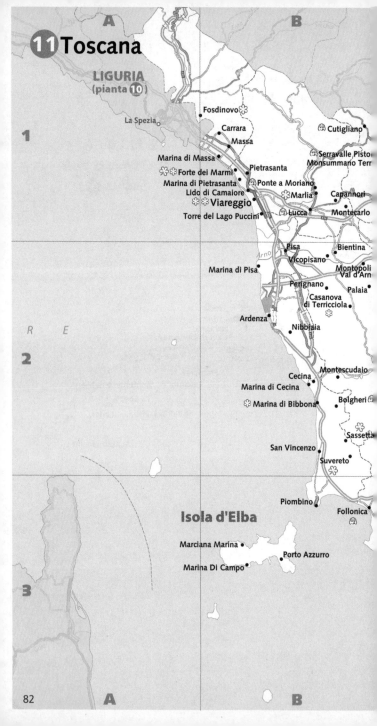

11 Toscana

LIGURIA
(pianta 10)

La Spezia

Fosdinovo

Carrara

Massa

Marina di Massa

Forte dei Marmi

Pietrasanta

Marina di Pietrasanta

Lido di Camaiore

Ponte a Moriano

Viareggio

Torre del Lago Puccini

Cutigliano

Serravalle Pisto
Monsummano Terr

Marlia

Capannori

Lucca

Montecarlo

Pisa

Bientina

Vicopisano

Marina di Pisa

Montopoli
Val d'Arn

Perignano

Palaia

Casanova
di Terricciola

Ardenza

Nibbiaia

Montescudaio

Cecina

Marina di Cecina

Marina di Bibbona

Bolgheri

Sassetta

San Vincenzo

Suvereto

Piombino

Follonica

Isola d'Elba

Marciana Marina

Porto Azzurro

Marina Di Campo

Arno

M A R E

82

A

B

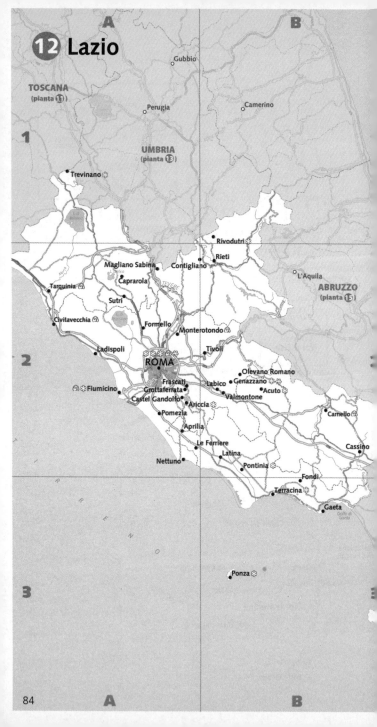

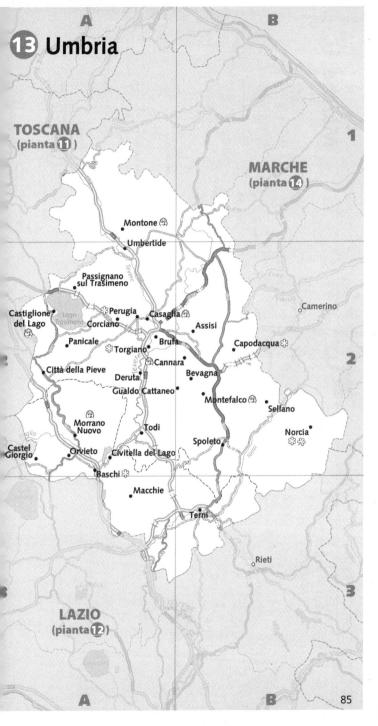

13 Umbria

TOSCANA
(pianta 11)

MARCHE
(pianta 14)

Montone

Umbertide

Passignano
sul Trasimeno

Castiglione
del Lago

Lago
Trasimeno

Perugia

Corciano

Casaglia

Assisi

Camerino

Capodacqua

Panicale

Torgiano

Brufa

Città della Pieve

Cannara

Bevagna

Deruta

Gualdo Cattaneo

Montefalco

Sellano

Morrano
Nuovo

Todi

Norcia

Castel
Giorgio

Orvieto

Civitella del Lago

Spoleto

Baschi

Macchie

Terni

Rieti

LAZIO
(pianta 12)

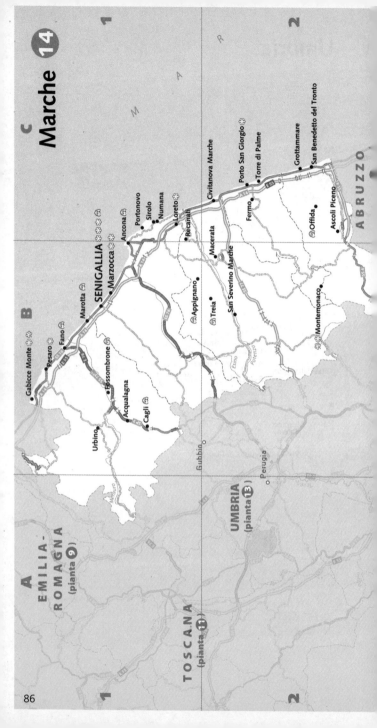

Marche

Gabicce Monte
Pesaro
Fano
Marotta
SENIGALLIA
Marzocca
Ancona
Portonovo
Sirolo
Numana
Loreto
Recanati
Civitanova Marche
Porto San Giorgio
Torre di Palme
Grottammare
San Benedetto del Tronto
Fermo
Offida
Ascoli Piceno
Montemonaco
San Severino Marche
Macerata
Treia
Appignano
Urbino
Fossombrone
Acqualagna
Cagli
Gubbio
Perugia

EMILIA-ROMAGNA (pianta 9)
TOSCANA (pianta 11)
UMBRIA (pianta 13)
ABRUZZO

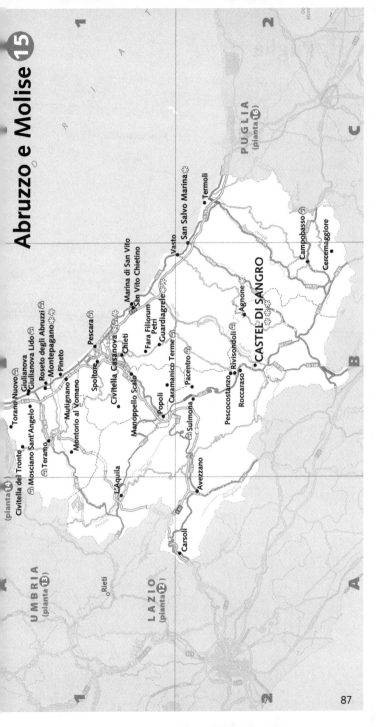

Abruzzo e Molise 15

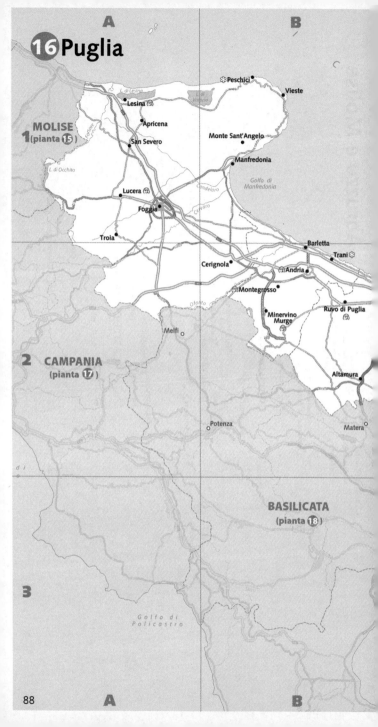

16 Puglia

A

B

❊Peschici ●

Vieste

L. di Lesina

L. di Varano

● Lesina ⌂

● Apricena

MOLISE
1 (pianta ⓯)

San Severo ●

Monte Sant'Angelo ●

Fortore

● Manfredonia

L. di Occhito

Golfo di
Manfredonia

Candelaro

Celone

Lucera ⌂ ●

Foggia

Troia ●

Barletta ●

Trani ❊

Cerignola ●

⌂ Andria ●

⌂ Montegrosso ●

Ofanto

Minervino
Murge ●
⌂

Ruvo di Puglia ●
⌂

Melfi ○

2 **CAMPANIA**
(pianta ⓱)

Altamura ●

Potenza ○

Matera ○

di

BASILICATA
(pianta ⓲)

3

Golfo di
Policastro

A

B

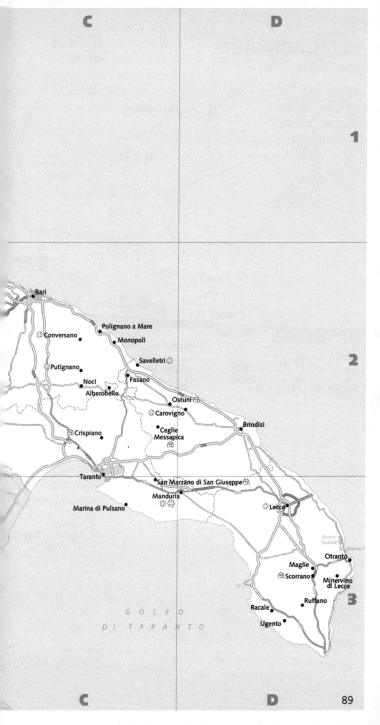

C

D

1

2

Bari

Polignano a Mare

Conversano

Monopoli

Putignano

Savelletri

Noci

Fasano

Alberobello

Ostuni

Carovigno

Crispiano

Ceglie
Messapica

Brindisi

Taranto

San Marzano di San Giuseppe

Manduria

Marina di Pulsano

Lecce

3

Otranto

Maglie

Scorrano

Minervino
di Lecce

Ruffano

Racale

GOLFO

Ugento

DI TARANTO

C

D

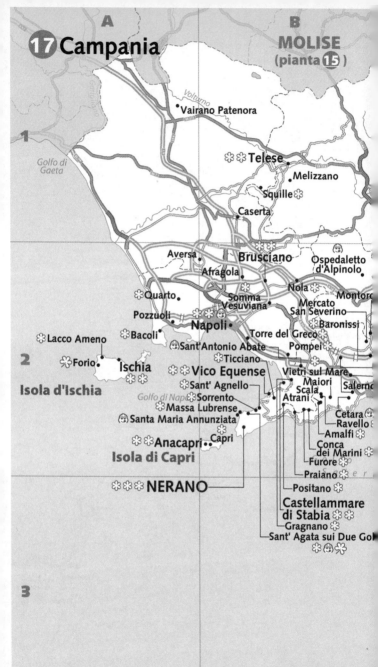

17 Campania

MOLISE
(pianta 15)

Golfo di Gaeta

Volturno

Vairano Patenora

Telese

Melizzano

Squille

Caserta

Aversa

Brusciano

Ospedaletto d'Alpinolo

Afragola

Nola

Montoro

Quarto

Somma Vesuviana

Mercato San Severino

Pozzuoli

Baronissi

Bacoli

Napoli

Torre del Greco

Lacco Ameno

Sant'Antonio Abate

Pompei

Forio

Ticciano

Ischia

Vico Equense

Vietri sul Mare

Isola d'Ischia

Sant' Agnello

Maiori

Scala

Salerno

Golfo di Napoli

Sorrento

Atrani

Massa Lubrense

Cetara

Ravello

Santa Maria Annunziata

Amalfi

Anacapri

Capri

Conca dei Marini

Isola di Capri

Furore

Praiano

NERANO

Positano

Castellammare di Stabia

Gragnano

Sant' Agata sui Due Go

90

18 Basilicata

PUGLIA
(pianta 16)

Melfi
Lavello
Venosa
Palazzo San Gervasio
Matera

Castelmezzano

CAMPANIA
(pianta 17)

Trecchina
Maratea
Rotonda
Terranova di Pollino

Golfo di Policastro

CALABRIA
(pianta 19)

19 Calabria

BASILICATA
(pianta 18)

Altomonte

Acri

Rende

San Giovanni
in Fiore

Strongoli

Crotone

Isola di Capo
Rizzuto

Lamezia Terme

Catanzaro

Golfo di
S. Eufemia

Vibo Valentia Marina

Pizzo

Tropea

Soverato

Golfo di
Squillace

Bagnara
Calabra

Palmi

Roccella Ionica

SICILIA
(pianta 20)

Santa Cristina
d'Aspromonte

Marina di
Gioiosa Ionica

Messina

Villa San Giovanni

Reggio di Calabria

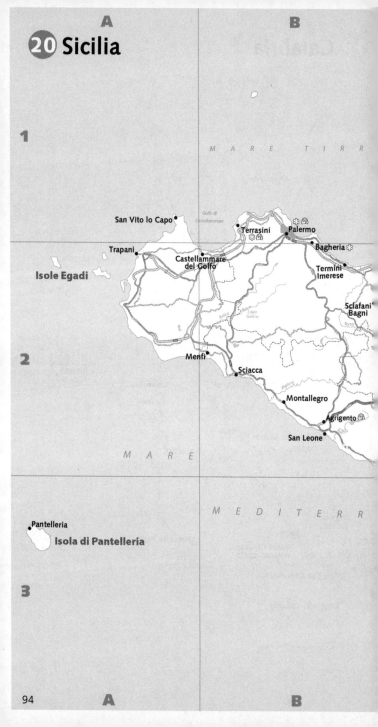

20 Sicilia

MARE TIRR

San Vito lo Capo

Golfo di Castellammare

Terrasini

Palermo

Bagheria

Trapani

Isole Egadi

Castellammare del Golfo

Termini Imerese

Sclafani Bagni

Lago Garcia

Menfi

Sciacca

Montallegro

Agrigento

San Leone

MARE

MEDITERR

Pantelleria

Isola di Pantelleria

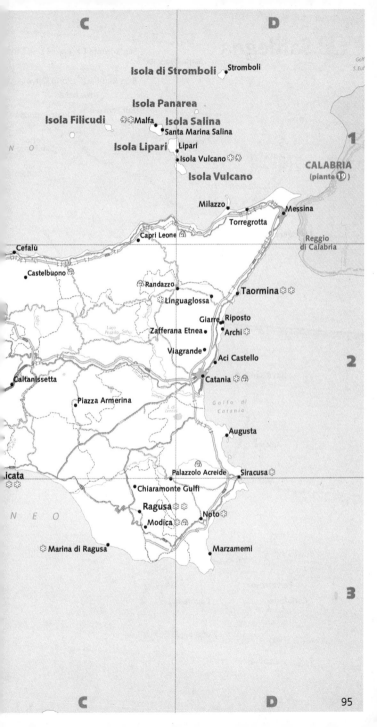

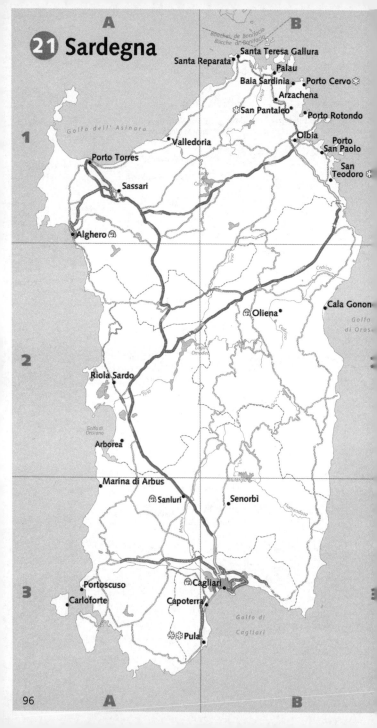

La selezione 2025

I ristoranti sono elencati per località, dalla A alla Z.

ABANO TERME

✉ 35031 – Padova (PD) – Carta regionale n° **8**–B3

AUBERGINE

ITALIANA • ACCOGLIENTE Nella celebre località termale, Aubergine è lo spazio gourmet: in una sala dall'eleganza classica viene servita una cucina di terra e di mare con qualche proposta veneta, come il prosciutto Berico, i bigoli con le sarde e il fegato di vitello con cipolla.

🅐🅒 🛋 🅿 – Prezzo: €€

Via Ghislandi 5 – ℰ 049 866 9910 – ristoranteaubergine.it – Chiuso giovedì e venerdì a mezzogiorno

ACI CASTELLO – Catania (CT) ➜ Vedere Sicilia, in fondo alla Guida

ACQUALAGNA

✉ 61041 – Pesaro e Urbino (PU) – Carta regionale n° **14**–B1

ANTICOFURLO

MARCHIGIANA • FAMILIARE Nella riserva naturale della Gola del Furlo, la tradizione marchigiana viene portata avanti con competenza e passione da Alberto e Roberta: paste fresche, salumi e formaggi eccellenti e ricette regionali dai sapori intensi, mentre suggeriamo d'intrattenersi per l'aperitivo nella scenografica grotta scavata nella roccia. La locanda dispone di camere originali.

𝕭 ♿ 🅐🅒 🛋 ♻ 🅿 – Prezzo: €€

Via Furlo 60 – ℰ 0721 700096 – anticofurlo.it – Chiuso lunedì-giovedì e domenica sera

ACRI

✉ 87041 – Cosenza (CS) – Carta regionale n° **19**–B1

IL CARPACCIO

CALABRESE • ACCOGLIENTE Ristorante di tradizione familiare dotato di una bella sala-veranda affacciata sulla vallata; una lavagna all'ingresso elenca il menu giornaliero fatto di specialità tipiche calabresi, gustosi formaggi e tanti prodotti dell'orto di casa curato direttamente dai proprietari. Il tutto accompagnato da una buona cantina.

𝕭 🅐🅒 🛋 ♻ 🅿 – Prezzo: €

Contrada Cocozzello 197/d – ℰ 0984 949205 – Chiuso lunedì

ACUTO

✉ 03010 – Frosinone (FR) – Carta regionale n° **12**–B2

❀ **COLLINE CIOCIARE**

Chef: Salvatore Tassa

LAZIALE • ELEGANTE Ad una sessantina di chilometri dalla capitale, con una strada che nell'ultimo tratto è punteggiata di curve, per venire fin qui bisogna proprio aver sentito parlare delle leccornie che Salvatore Tassa porta in tavola. Menu degustazione con scelta tra 5 o 7 portate e fantasia infinita: dalla tradizione in bilico tra Lazio e classici italiani agli accostamenti più audaci, pochi piatti vi aprono un universo, quello di questo cuoco-poeta lontano da ogni moda e da ogni definizione, che predilige il vegetale e adotta tecniche di estrazione a freddo interessanti, come nella riduzione di sedano-rapa. Al moderno bistrot Nù regnano la tradizione e l'omaggio alle ricette storiche dello chef.

🔊 🏠 ⇔ – Prezzo: €€€€
Via Prenestina 27 – 𝒞 0775 56049 – lecollineciociare.it – Chiuso lunedì-mercoledì, giovedì a mezzogiorno e domenica sera

ADRARA SAN MARTINO
✉ 24060 – Bergamo (BG) – Carta regionale n° **5**-D1

🐸 ### AI BURATTINI

DEL TERRITORIO • **CONTESTO TRADIZIONALE** Uno dei migliori indirizzi per scoprire la cucina sia lacustre che di terra della zona. A qualche chilometro dal lago d'Iseo, un pasto non basta per soddisfare tutte le tentazioni del menù: dalla pecora gigante bergamasca alle sarde essiccate del lago, ma anche le polpettine di trota sempre del lago, i casoncelli fatti in casa e l'ottimo coniglio al forno con polenta di Rovetta. Oltre ai dolci, c'è anche una bella selezione di formaggi bergamaschi.
🔊 🏠 – Prezzo: €€
Via Madaschi 45 – 𝒞 035 933433 – aiburattini.it – Chiuso mercoledì e martedì sera

ADRIA
✉ 45011 – Rovigo (RO) – Carta regionale n° **8**-C3

MOLTENI

PESCE E FRUTTI DI MARE • **FAMILIARE** Si respira già profumo di mare ad Adria, alle porte del Delta del Po. La stessa famiglia - ora alla terza generazione - gestisce questo ristorante dal 1921, proponendo piatti di pesce dell'Adriatico in un ambiente composto da due sale: una più intima, raccolta e personalizzata, l'altra più luminosa ed ariosa, affacciata sul servizio all'aperto.
🔊 🏠 ⇔ 🅿 – Prezzo: €€
Via Ruzzina 2/4 – 𝒞 0426 21295 – albergomolteni.it – Chiuso domenica e sabato a mezzogiorno

AFRAGOLA
✉ 80021 – Napoli (NA) – Carta regionale n° **17**-B2

JOHN RESTAURANT-CASAMADRE

CREATIVA • **CONTESTO CONTEMPORANEO** Seguendo le indicazioni per Casamadre (il negozio di gastronomia adiacente), arriverete a questo angolo gourmet dove lo chef sa sorprendere con una cucina moderna e di carattere. I piatti proposti si contraddistinguono per i gusti decisi, frutto di ricette classiche rinnovate con creatività e attenzione per le tradizioni locali. Ogni portata racconta la storia della regione, grazie a un fil rouge che unisce il menù in un'esperienza culinaria autentica. In accompagnamento, la selezione di vini è curata e accessibile tramite un pratico tablet, che rende facile "esplorare" le varie etichette. Tra i vari suggerimenti, spicca l'ottimo Costa D'Amalfi "Selva delle Monache" 2022: un vino fresco e vegetale!
🕸 ♿ 🔊 🅿 – Prezzo: €€€
Via Santa Maria la Nova 35 – 𝒞 340 364 2194 – johnrestaurant.it – Chiuso lunedì, a mezzogiorno da martedì a giovedì e domenica sera

AGNONE
✉ 86081 – Isernia (IS) – Carta regionale n° **15**-B2

❀ ### LOCANDA MAMMÌ

Chef: Stefania Di Pasquo
MODERNA • **CASA DI CAMPAGNA** In una bella realtà rurale, fra caseggiati rustici, tranquillità e la vista che abbraccia le colline, la giovane e talentuosa chef Stefania

Di Pasquo propone una cucina fatta di passione e prodotti della sua terra con elaborazioni personalizzate e moderne, mentre la carta dei vini magistralmente elaborata dal sommelier, nonché marito della cuoca - Thomas Torsiello - non dimentica gli Champagne. La sala è in stile con il contesto: calda e romantica atmosfera, tra camino e decorazioni in rame. Se la strada per la vostra destinazione è lunga, dispongono anche di camere.

⅋ 🖾 – Prezzo: €€

Contrada Castelnuovo 86 – 𝒞 0865 77379 – locandamammi.it – Chiuso lunedì e martedì e domenica sera

AGRIGENTO – Agrigento (AG) ➔ Vedere Sicilia, in fondo alla Guida

ALASSIO
🖂 17021 – Savona (SV) – Carta regionale n° **10**–B2

✿ NOVE

LIGURE • **ELEGANTE** Nel contesto di Villa della Pergola, sontuosa dimora storica circondata da un meraviglioso parco botanico (visitabile a pagamento, nonché su appuntamento) - raggiungibile tramite il piccolo sacrificio di ultimi stretti tornanti - è difficile pensare a un palcoscenico più esclusivo e panoramico, con la spettacolare balconata ed il mare per orizzonte. I piatti del nuovo chef Antonio Romano, allievo di Heinz Beck, declinano in forme moderne una cucina basata su prodotti locali e vegetali provenienti prevalentemente dall'azienda agricola biodinamica di proprietà e dall'Orto Rampante. Noi ricorderemo a lungo, tra le tante squisitezze, l'animella di vitello glassata, paprika, carciofi, hummus di ceci neri, limetta del giardino. Camere straordinarie, per un soggiorno esclusivo nel silenzio, ma con Alassio che si distende appena sotto i giardini della villa.

≼ 🖨 🖾 🞌 ✿ 🅿 – Prezzo: €€€€

Via Privata Montagù 9/1 – 𝒞 0182 646140 – noveristorante.it – Chiuso martedì e a mezzogiorno lunedì, mercoledì, giovedì

LAMBERTI

PESCE E FRUTTI DI MARE • **CONTESTO CONTEMPORANEO** Appena fuori dal centro, a 30 metri dal mare, Lamberti è il classico hotel-ristorante divenuto buon riferimento per la località in virtù della cucina e della cantina. La prima è dedicata maggiormente ai sapori del mare rivisitati appena da un tocco moderno (non manca, comunque, anche qualche ricetta legata ai sapori liguri d'entroterra), mentre la cantina-bistrot Lambertino, al piano sottostante, custodisce circa 500 etichette italiane e internazionali, con particolare attenzione alle bollicine.

⅌ ⅋ 🖾 🞌 – Prezzo: €€€

Via Gramsci 57 – 𝒞 0182 642747 – ristorantelamberti.it

ALBA
🖂 12051 – Cuneo (CN) – Carta regionale n° **2**–A2

✿✿✿ PIAZZA DUOMO

Chef: Enrico Crippa

CREATIVA • **ELEGANTE** È l'ormai celebre porta rossa ad anticipare l'ingresso in questo tempio della cucina italiana. Una volta varcata la soglia, si sale al primo piano, dove i muri rosa e l'affresco di Francesco Clemente vi salutano insieme al cordiale personale di sala. Da qui in poi, protagonista è la personale cucina dello chef Enrico Crippa, che si presenta con tre menù degustazione (un quarto, più breve, è disponibile solo a pranzo): uno strettamente legato agli orti e alle stagioni, l'altro in estrema intimità con il territorio e l'ultimo propenso ad un viaggio lungo l'Italia e oltre confine. Ciò che emerge da ogni singolo, delizioso assaggio è l'amore appassionato dello chef per il mondo vegetale: verdure, fiori, erbe aromatiche, coltivate e spontanee, sono raccolte quotidianamente, a firma di piatti memorabili ed esteticamente perfetti. L'iconico inizio pasto, con le mille e più delizie che formano l'appetizer, continua ad appagare anche gli occhi degli Ispettori. Non servirebbe ricordarlo, ma siamo in terra di amore passionale per il vino e infatti sono addirittura tre i tomi ad esso dedicati: Solopiemonte è uno stupendo omaggio al territorio, mentre Tuttoilresto (diviso in bianchi e rossi) celebra la Francia. Il servizio, non solo competente su ogni aspetto ma ugualmente appassionato, sa intrattenere l'ospite senza eccessivi formalismi; le tre ore (grosso modo necessarie per il pasto) passano quasi senza accorgersene e anche lo chef porge i propri saluti - alla fine - con discrezione e simpatia.

🏵 *L'impegno dello chef:* L'impegno green di Piazza Duomo è testimoniato dalla cura con cui si coltivano orto e serre, a cui si uniscono 4 ha di terreno, in parte riservati alle piante spontanee. Grazie alla prenotazione anticipata del menù degustazione online, lo chef può effettuare il raccolto di verdure, fiori ed erbe aromatiche due volte al giorno, garantendo ai propri ospiti una fragranza di sapori, colori e profumi decisamente rara. Ecco perché si può sostenere che la stagione sia fattore (im)portante del menù.

🕸 🖾 ⇔ – Prezzo: €€€€

Vicolo dell'Arco 1, angolo piazza Risorgimento 4 – ℰ 0173 366167 – piazzaduomoalba.it – Chiuso lunedì, martedì, domenica

☸ LOCANDA DEL PILONE

CREATIVA • **ELEGANTE** A pochi chilometri dalla città, ma già in collina e che collina! Qui lo sguardo spazia a 360° su uno dei paesaggi vinicoli più mozzafiato della zona, dove i vigneti si susseguono ordinati in una scenografia indimenticabile, che in autunno si accende di straordinari colori. In sale classiche ed eleganti, la cucina presenta, tramite menu degustazione scomponibili e incrociabili anche alla carta, piatti ispirati dalla stagionalità e dalle tradizioni locali filtrati attraverso la competenza e la passione di uno chef ancora giovane, ma dalle solide basi. D'estate c'è anche l'alternativa del bistrot sulla splendida terrazza.

🕸 ⇐ 🖵 ᴔ 🖾 🕱 ⇔ 🅿 – Prezzo: €€€

Frazione Madonna di Como 34 – ℰ 0173 366616 – locandadelpilone.com – Chiuso martedì e mercoledì

APE VINO E CUCINA Ⓝ

PIEMONTESE • **WINE-BAR** Nel cuore del centro della capitale gastronomica delle Langhe ritroviamo Damiano Nigro, chef con precedenti esperienze stellate sempre in zona, in questo bel locale serve anche aperitivi, tapas e cocktail di qualità insieme a una proposta di cucina che partendo dalla tradizione, di cui in Piemonte è difficile fare a meno, elabora piatti golosi e generosi. Paste, pane, dolci e gelati fatti in casa, a noi, nell'ultima visita fatta in estate, sono piaciuti molto i Maccheroncini trafilati al bronzo con scampi e peperoni e la squisita Fassona con salsa al vino rosso e verdure di stagione. Prenotare è sempre meglio.

ᴔ 🖾 🕱 – Prezzo: €€

Piazza Risorgimento 3 – ℰ 0173 363453 – apewinebar.it/alba – Chiuso martedì e mercoledì

ENOCLUB

PIEMONTESE • **CONTESTO STORICO** Sotto i portici della piazza intitolata a Michele Ferrero, ambiente semplice e moderno con pareti ricoperte da bottiglie, nonché un servizio al femminile cordiale e competente. La cucina piemontese, elaborata con buon gusto, è presentata in carta o attraverso il menu degustazione; accompagnata da una selezione di vini importante.

🕸 ᴔ 🖾 – Prezzo: €€

Piazza Michele Ferrero 4 – ℰ 0173 33994 – caffeumberto.it – Chiuso lunedì, a mezzogiorno da martedì a venerdì e domenica sera

HOSTARIA DAI MUSI Ⓝ

PIEMONTESE • COLORATO Il suo slogan è "cucina tipicamente moderna", la sua originalità quella di proporre, all'interno di una carta comunque contenuta nel numero delle proposte, anche piatti di pesce con tanto di crudité secondo mercato (ottime le acciughe impanate e fritte con salsa saor e gel di limone). Ovviamente non possono mancare i classici regionali, il tutto nel contesto di un simpatico indirizzo affacciato sulla grande e centrale piazza al limitare del centro storico, in zona pedonale. Pregevole la selezione enologica, attenta anche alla produzione di birre locali.

⅏ ㅤ AC 🏠 – Prezzo: €€

Piazza Michele Ferrero 4/d – ℰ 0173 061929 – hostaria-dai-musi.com – Chiuso lunedì e martedì

LALIBERA

PIEMONTESE • DESIGN Moderno e di design il locale, giovane ed efficiente il servizio. La tavola si fa testimonianza della cucina piemontese più classica, affrontata con rispetto e passione. Ottimi piatti sempre generosi e presentati con accuratezza.

⅏ AC ⇩ – Prezzo: €€

Via Pertinace 24/a – ℰ 0173 293155 – lalibera.com – Chiuso lunedì e domenica

OSTERIA DELL'ARCO

PIEMONTESE • CONTESTO REGIONALE Ottima accoglienza famigliare con una lunga serie di piatti della tradizione - schietti e di grande sapore - in questo locale del centro affacciato su un cortile interno. Medesima gioviale gestione del Boccondivino di Bra dove nacque Slowfood, conosciutissimo e frequentatissimo, prenotare è sempre una buona opzione.

ㅤ AC – Prezzo: €

Piazza Michele Ferrero 5 – ℰ 0173 363974 – osteriadellarco.it – Chiuso giovedì e domenica

VENTUNO.1

PIEMONTESE • MINIMALISTA Nel centro storico cittadino, una cucina dalle due anime: se da una parte non mancano i classici piemontesi a base di carne, dall'altra i due titolari di origine campana hanno portato ad Alba prodotti e ricette meridionali, che si esprimono in colorate e fantasiose proposte di pesce, come di origine partenopea sono anche alcuni dolci. Col tempo si è ampliata e migliorata la carta dei vini, ora sistemati in una nuova cantina; possibilità di acquistare alcuni dei prodotti utilizzati in cucina.

⅏ ㅤ AC ⇩ – Prezzo: €€

Via Cuneo 8 – ℰ 0173 290787 – ventunopuntouno.it – Chiuso mercoledì e giovedì a mezzogiorno

ALBAIRATE

✉ 20080 – Milano (MI) – Carta regionale n° **5**-A2

IMPRONTA

MEDITERRANEA • CONTESTO TRADIZIONALE Il giovane Andrea Colombara, coadiuvato da Arslan Malik, mette a frutto l'esperienza maturata in Sicilia nello stellato La Madia di Pino Cuttaia. Le sue proposte sono venate di sfumature mediterranee, ma sanno ingolosire grazie a delicate intuizioni personali legate al territorio.

AC 🏠 🅿 – Prezzo: €€

Via Pisani Dossi 28 – ℰ 02 9143 9075 – ristoranteimprontaalbairate.it – Chiuso lunedì, martedì e mercoledì a mezzogiorno

ALBARÈ DI COSTERMANO

✉ 37010 – Verona (VR) – Carta regionale n° **8**–A2

OSTERIA DAI COGHI

MODERNA • **SEMPLICE** Curato e molto accogliente, con numerose bottiglie a vista e bella mise en place variopinta, la ricetta che ha fatto breccia nel cuore dell'ispettore è la "suprema di faraona, tè nero affumicato, carota e lenticchie beluga". Le proposte sono molto fantasiose e gli accostamenti moderni. Tra nazionali e non, anche la carta dei vini è di tutto rispetto.

🎛 🍴 – Prezzo: €€

Via Alcide De Gasperi 9/13 – ☎ 347 344 2158 – daicoghi.it – Chiuso mercoledì e giovedì

ALBAVILLA

✉ 22031 – Como (CO) – Carta regionale n° **5**–B1

IL CANTUCCIO

Chef: Mauro Angelo Elli

MODERNA • **AMBIENTE CLASSICO** Nel cuore della verde Brianza, questo ristorante è un indirizzo romantico ed elegantemente rustico, accogliente e curatissimo (ancor di più dopo il rinnovo della sala del camino e dei bagni). Con una cucina opulenta e generosa, lo chef Mauro Elli si muove con eleganza tra i classici italiani, aggiungendo qua e là qualche tocco personale. Un "cantuccio" dalle fantasiose rielaborazioni che – a dispetto della posizione geografica – subisce il fascino del mare, sebbene il menu citi tutto l'anno "proposta di selvaggina del giorno". Qui non si inseguono tendenze o mode, ma si punta ad appagare i clienti con sapori pieni e rotondi, nonché un servizio al femminile attento e competente.

🚻 🎛 🍴 ↔ – Prezzo: €€€

Via Dante 32 – ☎ 031 628736 – mauroelli.com – Chiuso lunedì e a mezzogiorno da martedì a giovedì

ALBENGA

✉ 17031 – Savona (SV) – Carta regionale n° **10**–B2

BABETTE

MEDITERRANEA • **STILE MEDITERRANEO** Appena oltre il centro di Albenga, direttamente sulla spiaggia e proprio di fronte all'isola Gallinara, questo locale da oltre 20 anni è sinonimo di cucina di pesce moderna e di qualità, valorizzata da buoni ingredienti, freschi e di stagione. Imperdibile il loro Mare e orto in fritto croccante, un fritto misto di pesce e verdure in pastella vario e fragrante. A pranzo la proposta raddoppia con l'aggiunta di un menù più semplice.

≼ 🎛 🍴 – Prezzo: €€

Via Michelangelo 17 – ☎ 0182 544556 – ristorantebabette.net – Chiuso martedì

PERNAMBUCCO

PESCE E FRUTTI DI MARE • **ELEGANTE** Il gradevole dehors affaccia sul giardino, mentre la sala, stretta e lunga, presenta un ambiente classico. La specialità è naturalmente la cucina di mare, per lo più a base di pescato locale: ottima la tartare di pesce fresco (a seconda del mercato potrà essere occhiata, tonno o altro), ma anche i crostacei (al forno o alla griglia), così come le verdure dell'orto di proprietà.

🚻 🎛 🍴 🅿 – Prezzo: €€€

Viale Italia 35 – ☎ 0182 53458 – ilpernambucco.it – Chiuso mercoledì

ALBEROBELLO

✉ 70011 – Bari (BA) – Carta regionale n° **16**–C2

EVO RISTORANTE

CREATIVA • ROMANTICO All'ingresso del centro storico, un delizioso giardino conduce al portico dove sono sistemati i tavoli nella bella stagione: un incanto, si è in paese ma sembra di mangiare in campagna. La fantasia di Gianvito Matarrese e Debora Dipinto è irrefrenabile nel combinare ingredienti in buona parte pugliesi in piatti complessi e articolati, raggruppati in percorsi degustativi a tema.

⌘ – Prezzo: €€€

Via Giovanni XXIII 1 – ☎ 320 848 1230 – evoristorante.com – Chiuso mercoledì e domenica sera

ALBIATE

✉ 20847 – Monza e della Brianza (MB) – Carta regionale n° **5**–B1

✿ GROW RESTAURANT

Chef: Matteo Vergine

CUCINA DI MERCATO • INTIMO Tecnica e creatività, studio e rispetto del passato guidano lo chef Matteo nella preparazione di piatti modernissimi, ma che mirano a realizzare un salto temporale all'indietro, verso i sapori ancestrali di una Brianza e di una Lombardia d'antan, quando la caccia, la pesca (solo d'acqua dolce), l'orto e le erbe spontanee erano l'unica fonte di ingredienti. La proposta serale verte su tre possibili menù degustazione da scegliere già in fase di prenotazione (obbligatoria) in modo da contenere gli sprechi. Noi abbiamo apprezzato la quaglietta, il suo brodo e pan brioche e anche lo gnocco, stracchino, caramello e bottarga (di daino). A pranzo invece una proposta più facile ed economica, nonché un tavolo conviviale da condividere anche tra "sconosciuti" (8 posti). L'amore per il territorio diventa passione per il made in Italy nella carta dei vini: piccola ma personale, con sole etichette naturali e nazionali. Il tutto servito in maniera eccellente, con dovizia di racconti e garbo da parte di Riccardo.

✿ *L'impegno dello chef:* L'impegno verso la sostenibilità si concretizza nel desiderio di rivalorizzare un territorio molto antropizzato. Con l'orto, lavorato da ex carcerati e persone affette da disabilità in un progetto che coinvolge la Regione Lombardia e varie associazioni di volontariato, coprono la quasi totalità del fabbisogno vegetale. Non utilizzano carne o pesce derivanti da allevamenti, ma collaborano con pescatori e cacciatori rispettando i periodi di fermo pesca e fermo caccia.

&. Ⓜ – Prezzo: €€€

Via San Valerio 4 – ☎ 0362 136 0111 – growrestaurant.it – Chiuso lunedì, domenica e sabato a mezzogiorno

ALBIGNASEGO

✉ 35020 – Padova (PD) – Carta regionale n° **8**–B3

IL BARETTO

PESCE E FRUTTI DI MARE • ACCOGLIENTE Alle porte di Padova, Il Baretto è un tempio per gli appassionati di cucina di mare tradizionale, con diverse interpretazioni tipicamente venete. Pescato di gran qualità, preparato nel rispetto del suo sapore e delle sue caratteristiche.

Ⓜ 🛈 Ⓟ – Prezzo: €€€

Via Europa 6 – ☎ 049 862 5019 – ilbaretto.eu – Chiuso lunedì e domenica sera

ALDINO

✉ 39040 – Bolzano (BZ) – Carta regionale n° **6**–A2

🏵 KRONE

REGIONALE • **ROMANTICO** Secoli di storia hanno visto avvicendarsi diverse generazioni della famiglia Franzelin in questa tipica locanda, che pare risalire alla fine del Cinquecento. Siamo in un piccolo borgo di montagna, in un angolo meno turistico, e quindi più autentico e affascinante, dell'Alto Adige. La tradizione entra nel piatto con saporiti prodotti genuini e stagionali e ampio è l'utilizzo di ingredienti del proprio maso. Camere accoglienti e in stile locale.

🏡 ⇔ – Prezzo: €€

Piazza Principale 4 – 𝒸 0471 886825 – gasthof-krone.it/it/ristorante-aldino. htm – Chiuso a mezzogiorno da lunedì a venerdì

ALESSANDRIA

✉ 15121 – Alessandria (AL) – Carta regionale n° **1**–C2

DUOMO

ITALIANA CONTEMPORANEA • **AMBIENTE CLASSICO** Accogliente e lucente la sala di questa piccola risorsa che vuole emergere per proposta di cucina attuale - basata sui prodotti di stagione - e le tante preparazioni fatte in casa. I due fratelli al timone sfoderano interessanti ricette anche del territorio con azzeccate personalizzazioni; in particolare, nel menu autunnale, consigliamo il cervo con cavolfiore, mandorle e salsa alla Barbera. Per gli amanti dei dessert, invece, la panna cotta con coulis di cachi è imperdibile (e non troppo dolce!) Anche gli amanti del buon vino troveranno un'etichetta per ogni esigenza. La location, infine, è invidiabile: nelle viette del centro a pochi passi dal Duomo.

🄰 🏡 – Prezzo: €€

Via Parma 28 – 𝒸 0131 52631 – ristorante-duomo.com – Chiuso domenica e a mezzogiorno lunedì e sabato

ALGHERO – Sassari (SS) ➡ Vedere Sardegna, in fondo alla Guida

ALMÈ

✉ 24011 – Bergamo (BG) – Carta regionale n° **4**–B2

FROSIO

MODERNA • **ELEGANTE** All'interno di una villa settecentesca, un tempo casa-bottega della famiglia, i Frosio sono nell'ambito della ristorazione da oltre 30 anni: professionalità, esperienza e una grande energia. Nulla di improvvisato, quindi, ma Camillo in sala, a garantire un servizio inappuntabile, e Paolo ai fornelli, per assicurare una cucina che si divide equamente tra terra e mare in piatti di gusto classico-moderno, spesso elaborati partendo da prodotti tradizionalmente "importanti" come scampi, astice, foie gras, piccione e caviale. Sempre eccellente la carta dei vini, con un volume dedicato all'Italia e uno al resto del mondo. Nella torre del XIII secolo, che svetta nella sua austera eleganza, la cantina custodisce più di mille etichette. Piacevole dehors per il servizio estivo.

🕸 🄰 🏡 ⇔ – Prezzo: €€€

Piazza Lemine 1 – 𝒸 035 541633 – frosioristoranti.it/it – Chiuso mercoledì e a mezzogiorno martedì, giovedì, venerdì

ALMENNO SAN BARTOLOMEO

✉ 24030 – Bergamo (BG) – Carta regionale n° **5**–C1

COLLINA

MODERNA • CONTESTO CONTEMPORANEO Elegante e panoramico, è un locale piacevole dal taglio moderno che coniuga arte – grande passione del patron - e buona cucina: piatti ricchi di fantasia e di gusto attorniati da opere di vari artisti disseminate nelle sale e negli spazi comuni.

⇐ 🖳 🕭 🗚 🎜 🗘 **P** – Prezzo: €€€

Via Ca' Paler 5 – ℰ 035 642570 – ristorantecollina.it – Chiuso lunedì e a mezzogiorno da martedì a venerdì

ALSERIO

✉ 22040 – Como (CO) – Carta regionale n° **5**–B1

CA' MIA

ITALIANA • CONTESTO TRADIZIONALE Sulle colline che incorniciano il lago di Alserio, un locale accogliente che vi farà sentire a casa. Animato da questo spirito, il giovane chef Simone Tanzi, con un importante curriculum al suo attivo, mette in tavola piatti dall'estro moderno, privilegiando le cotture espresse, il forno a legna e il barbecue, nonché le fermentazioni. In una piccola serra si coltivano tutte le erbe aromatiche utilizzate in particolar modo, ma non solo, nel menu vegetariano.

🗚 🎜 **P** – Prezzo: €€

Via Cascinette 1 – ℰ 031 631558 – camiaristorante.it – Chiuso lunedì-mercoledì

ALTAMURA

✉ 70022 – Bari (BA) – Carta regionale n° **16**–B2

CALVI RISTORANTE

CONTEMPORANEA • ALLA MODA In un locale contemporaneo e accogliente con ampia cucina a vista troverete una doppia proposta: una mediterranea-regionale e una più creativa con piatti che mettono in luce la bravura dello chef. I tacos di riso nero con anguilla arrosto, fagiolini, germogli di soja e hummus mayo speziato sono una delizia: rigorosamente da mangiare con le mani!

🗚 – Prezzo: €

Via Bari 134 – ℰ 080 314 2942 – calviristorante.it – Chiuso lunedì e domenica sera

ALTARE

✉ 17041 – Savona (SV) – Carta regionale n° **10**–B2

QUINTILIO

DEL TERRITORIO • CONTESTO CONTEMPORANEO Da oltre un secolo, generazione dopo generazione, Quintilio è - geograficamente e non solo - un eccellente punto d'incontro tra due territori bellissimi, la Liguria ed il Piemonte. Regioni che primeggiano anche nella selezione enoica seguita con garbo e simpatia dalla titolare Lorena, nonché luoghi su cui si incentra il menu, ideato giornalmente con ingredienti fragranti, di qualità e di prossimità. Plin, tortelli di coniglio alla ligure, risotti, vitello tonnato, cervella... tutti riletti dallo chef patron Luca Bazzano con intelligenza e bravura in chiave contemporanea.

🕸 🗘 **P** – Prezzo: €€

Via Gramsci 23 – ℰ 019 58000 – ristorantequintilio.it – Chiuso lunedì e domenica

ALTISSIMO

✉ 36070 – Vicenza (VI) – Carta regionale n° **8**–B2

✿ CASIN DEL GAMBA

Chef: Antonio Dal Lago

DEL TERRITORIO • STILE MONTANO La strada per giungere a destinazione è un po' impegnativa - numerosi tornanti tra boschi e monti – ma la ricompensa è grande. Varcata la soglia, ci si sente come a casa: questo delizioso ristorante è infatti gestito con calore ed esperienza dall'intera famiglia Dal Lago. Chef-patron Antonio condivide ormai onori e oneri del ruolo con lo storico sous-chef Biolo. Insieme elaborano, perfettamente in bilico tra gusto classico e necessità moderne, gli ingredienti del territorio rispettandone la stagionalità e spesso i piatti sono rifiniti da profumate erbe spontanee e aromatiche come nelle lumache in crema alle erbe con pane al timo e cipolle, una delizia per il palato in cui tra le erbe emergono timo e rosmarino. In inverno non si può rinunciare ad un assaggio di selvaggina. L'energica signora Daria si divide letteralmente in due: portano la sua firma i dessert, mentre nella squisita conduzione della sala è supportata dal figlio Luca, che si occupa di suggerire il miglior accostamento enoico. Carta dei vini ben strutturata con un buon numero di etichette bio.

🐌 ৬ 🏠 ⇔ 🅿 – Prezzo: €€€€

Via Roccolo Pizzati 1 - ☎ 0444 687709 - casindelgamba.it – Chiuso lunedì, a mezzogiorno da martedì a venerdì e domenica sera

ALTOMONTE

✉ 87042 – Cosenza (CS) – Carta regionale n° **19**–A1

BARBIERI

CALABRESE • AMBIENTE CLASSICO Ci si accomoda nella classica sala interna in attesa che il bel tempo permetta di sfruttare gli spazi all'aperto, mentre la carta seguendo le stagioni vi propone il meglio della tradizione del parco del Pollino. Anche menu vegetariano e vegano.

≼ 🏠 ৬ 🄰 🏠 🅿 – Prezzo: €€

Via Italo Barbieri - ☎ 0981 948072 - hotelbarbieri.it

ALZANO LOMBARDO

✉ 24022 – Bergamo (BG) – Carta regionale n° **5**–C1

RISTOFANTE

PESCE E FRUTTI DI MARE • ELEGANTE Il loro motto è: "al passo con i tempi, attingendo dalla tradizione". Propongono quindi una cucina dalla tecnica moderna e contemporanea basata su prodotti stagionali e freschi. Il pesce è la materia prima per eccellenza! Ambiente elegante e fresco dehors per la stagione estiva.

৬ 🄰 🏠 ⇔ – Prezzo: €€€

Via Mazzini 41 - ☎ 035 511213 - ristofante.it – Chiuso lunedì, a mezzogiorno da martedì a sabato e domenica sera

AMALFI

✉ 84011 – Salerno (SA) – Carta regionale n° **17**–B2

✿ ALICI

CAMPANA • LUSSO Borgo Santandrea è un lussuoso albergo lungo la Costiera Amalfitana, alle porte di Conca dei Marini, e Alici è il suo finedining, entrambi simboli di bellezza italiana. Al di là di una sala interna con mobili dal richiamo vintage, le cene si svolgono sempre sulla magnifica terrazza dal pavimento in maioliche blu e azzurre, che riverberano lo splendore di cielo e mare. Lo chef Crescenzo Scotti ama evidentemente i posti ameni: lo ricordiamo infatti in precedenza a Ravello e prima ancora – con la stella – sull'isola di Vulcano. Qui torna a muoversi con mestiere e bravura sul suo territorio preferito, ovvero, i sapori della Costiera (in tante ricette si ritrova lo sfusato amalfitano), ma anche quelli napoletani e della sua Ischia, mettendoci sempre un pizzico di fantasia. Il tipico piatto "Totani e patate alla praianese" viene sublimato così: nella fondina troviamo una deliziosa variazione di totano, con le polpette fritte, il sugo e una parte a crudo, mentre al tavolo vi si versa sopra l'ottima pasta mista di Gragnano cotta con le patate che, in parte, si sono sciolte a creare una deliziosa crema. All'ospite il gioco di mischiare il tutto per un piatto davvero appetitoso.

⚘ ⪡ 🖐️🅐🅒 🍴 ⇔ 🅿 – Prezzo: €€€€

*Via Giovanni Augustariccio 33 – ☎ 089 831148 – borgosantandrea.it/it/dining/
ristorante-alici – Chiuso a mezzogiorno*

❀ **GLICINE**

MEDITERRANEA • **LUSSO** Elegante fotografia mediterranea della Costiera è la terrazza sospesa tra cielo e mare del fine dining del bellissimo albergo Santa Caterina, situato appena fuori la cittadina di cui offre la vista. Qui si destreggia il bravo chef salernitano "Peppe" Stanzione, alle spalle un curriculum farcito di ristoranti stellati, così come di esperienze internazionali tra California, Australia, Cina e Thailandia. E proprio dalla passione per l'Oriente derivano, in alcune proposte, piccoli giochi di combinazioni tra sapori e ingredienti campani, veri protagonisti della linea moderna del Glicine, e influenze esotiche. Davvero goloso e riuscito, ad esempio, è il tonno cotto in infusione di soia e sake, accompagnato da crema di melanzane affumicate e condito con croccanti cipolline allo zafferano e yuzu. Molte le proposte anche per vegani, vegetariani e celiaci.

⪡🅐🅒🍴🅿 – Prezzo: €€€€

*Via Mauro Comite 9 – ☎ 089 871012 – hotelsantacaterina.it/ristoranti-e-bar/
ristorante-glicine – Chiuso a mezzogiorno*

❀ **LA CARAVELLA DAL 1959**

Chef: Antonio Dipino

CAMPANA • **STILE MEDITERRANEO** La storia della Caravella è la storia del turismo gastronomico della Costiera. Impossibile citare tutti i personaggi che qui hanno desinato innamorandosi della cucina dei Dipino. Una cucina che continua a citare se stessa, che affonda orgogliosamente le radici nelle tradizioni locali e famigliari, cercando sempre nuove fantasiose soluzioni, come nella pera cotta nel vino Aglianico ed accompagnata da gamberi di nassa crudi e ricotta vaccina oppure nel nuovo giro di crudi di mare abbinati magistralmente a sapori e verdure di stagione. Due capisaldi: solo cotture semplici e tradizionali e la certezza di preparazioni espresse. Pezzogna, pesce spada, tonno e così via, con il meglio del pescato del mare locale, se necessario integrato con quello del Cilento, poi i pomodori, che entrano nella metà delle portate, secondi solo al limone sfusato d'Amalfi (caldamente consigliato il celeberrimo soufflé), ancora basilico, pane di Agerola... Vien voglia di ordinare tutti i piatti in carta! E che dire della cantina? Rossi, bianchi, sparkling, dolci, giovani o invecchiati, mitologici come il La Tâche oppure piccole realtà poco conosciute, biologici, rari: qualunque sia il vostro desiderio l'eccellente sommelier Tonino avrà la risposta in vetro per voi, come solo qui (e all'Enoteca Pinchiorri) sono in grado di fare.

⚘ 🅐🅒 – Prezzo: €€€€

Via Matteo Camera 12 – ☎ 089 871029 – ristorantelacaravella.it – Chiuso martedì

❀ **SENSI**

Chef: Alessandro Tormolino

MEDITERRANEA • **ELEGANTE** Nel cuore di Amalfi, all'interno dell'hotel Residence, l'atmosfera dell'ampia sala rende omaggio ad un intramontabile gusto classico locale, ma appena il tempo lo consente ci si trasferisce volentieri in terrazza, con vista sulla baia. A pranzo l'offerta è più semplice e tradizionale (menu bistrot), per scoprire le delizie gourmet del cuoco Alessandro Tormolino è per la sera che bisogna prenotare. La sua cucina si esprime attraverso diversi menù degustazione, dai più creativi che contengono anche qualche richiamo esotico, ad esempio giapponese, al menu che omaggia la tradizione gastronomica locale. Piatto dopo piatto, ne esce una cucina di gran livello, con un risultato di grande effetto e soddisfazione.

🎫 🛋 – Prezzo: €€€€

Via Pietro Comite 4 – ☎ 089 871183 – sensiamalfi.it – Chiuso martedì e domenica a mezzogiorno

MARINA GRANDE

PESCE E FRUTTI DI MARE • STILE MEDITERRANEO Direttamente sulla spiaggia, un piacevole locale dai toni contemporanei con splendida vista mare e piccolo stabilimento balneare. Seppur, come ovvio, vi sia un'atmosfera abbastanza turistica, le ricette proposte che ripercorrono la tradizione sono gustose.

🍴 🎫 🛋 – Prezzo: €€€

Viale delle Regioni 4 – ☎ 089 871129 – ristorantemarinagrande.com – Chiuso mercoledì e la sera

AMBIVERE

✉ 24030 – Bergamo (BG) – Carta regionale n° **5**-C1

ANTICA OSTERIA DEI CAMELÌ

MODERNA • ELEGANTE All'interno di una bella cascina di origini cinquecentesche, il locale mostra un interessante connubio di eleganza classica e stile moderno. La cucina non si sottrae al mood, mettendo in tavola tradizione ed innovazione, in piatti molto attenti all'equilibrio nutrizionale e alla salubrità delle combinazioni di ingredienti.

🐾 ♿ 🎫 🛋 ♻ 🅿 – Prezzo: €€€

Via Marconi 13 – ☎ 035 908000 – anticaosteriadeicameli.it – Chiuso lunedì e martedì sera

ANCONA

✉ 60125 – Ancona (AN) – Carta regionale n° **14**-B1

😊 SOT'AJARCHI

PESCE E FRUTTI DI MARE • TRATTORIA Sotto ai portici, trattoria a gestione familiare, tutta al femminile, che propone una cucina di mare semplice e gustosa, utilizzando per lo più fragranti ingredienti di stagione. Ottimi i prezzi quando si opta per pesce azzurro (vedi i classici sardoncini scottadito), calamari e seppie; si spende un pò di più col pescato dalla "fama" più nobile.

🎫 – Prezzo: €€

Via Marconi 93 – ☎ 071 202441 – ristorantesotajarchi.it – Chiuso domenica e sera martedì e giovedì

GINEVRA

MEDITERRANEA • CONTESTO CONTEMPORANEO Al quarto piano dell'albergo Seeport, in stagione il roof garden offre l'incantevole vista del mare. Lo chef, di origini anconetane, si è formato alla scuola di Marchesi: la sua è una cucina della memoria con prodotti locali che si aprono, proprio come la città e il suo porto, a connessioni esterne. Alternativa più easy al Seeport Bistrò.

⪡ 🏠 **P** – Prezzo: €€€

Rupi di via XXIX Settembre 12 – 𝒞 071 971 5100 – ginevrarestaurant.com – Chiuso domenica e a mezzogiorno da lunedì a sabato

ANDORA

✉ 17051 – Savona (SV) – Carta regionale n° **10**–B2

   VIGNAMARE

Chef: Giorgio Servetto

MODERNA • **CONTESTO CONTEMPORANEO** Da Andora si sale in collina lungo una serie di tornanti poi, lasciata l'auto nel parcheggio, il cammino prosegue fino al ristorante. Vigneti fronte mare, uliveti e pini marittimi di un rigoglioso angolo di Liguria fanno da sfondo a Vignamare, realizzato grazie al recupero di una vecchia cisterna degli anni '70 abbandonata e inutilizzata. Col bel tempo c'è una meravigliosa terrazza panoramica, altrimenti una moderna sala avvolta nel legno. Qualunque sia la soluzione, l'omaggio alla regione di Giorgio Servetto, spesso in chiave vegetale, è straordinario. I prodotti provengono per lo più dagli orti e dagli allevamenti dall'azienda agricola PEQ Agri, di cui il ristorante fa parte, e il risultato è un concerto di tre menu degustazione di varia lunghezza che esaltano la cucina ligure. Anche i vini serviti sono esclusivamente di produzione propria.

🌿 *L'impegno dello chef:* Riduzione al minimo dell'impatto ambientale grazie alla fruizione di energia prodotta dai propri impianti fotovoltaici e all'utilizzo di auto aziendali elettriche. La maggior parte dei terreni che la risorsa coltiva sono frutto di un percorso di bonifica di aree abbandonate, nonché del ripristino di antichi muretti per la regimentazione delle acque.

⪡ 🖼 🏠 **P** – Prezzo: €€€€

Strada Castello, 20 - Colla Micheri – 𝒞 351 713 5050 – peqagri.it/pages/ ristorante-vignamare – Chiuso martedì e mercoledì e domenica sera

ANDRIA

✉ 76123 – Barletta-Andria-Trani (BT) – Carta regionale n° **16**–B2

   IL TURACCIOLO

PUGLIESE • **SEMPLICE** Ambiente informale con tovagliette di carta in un'enoteca wine-bar del centro, dove gustare una schietta cucina regionale, che sorprende in alcuni piatti per fantasia e modernità. In estate il piacevole dehors è sul marciapiede davanti ad una movimentata piazza.

🍷 🖼 🏠 – Prezzo: €€

Piazza Vittorio Emanuele II 4 – 𝒞 388 199 8889 – Chiuso domenica e a mezzogiorno

ANGHIARI

✉ 52031 – Arezzo (AR) – Carta regionale n° **11**–D2

   DA ALIGHIERO

TOSCANA • **TRATTORIA** Nel pittoresco paesino famoso per l'omonima battaglia troverete Da Alighiero i piatti preparati da Silvia tra cui i bringoli (pasta lunga locale all'uovo) conditi con ragù o funghi in stagione, e tutte le carni caratteristiche, tra cui trippa in salsa rossa piccante e fegato in padella con salvia e vino bianco, per gli appassionati delle ricette più veraci.

🖼 – Prezzo: €

Via Garibaldi 8 – 𝒞 0575 788040 – ristorantealighiero.it – Chiuso martedì

ANNONE VENETO

✉ 30020 – Venezia (VE) – Carta regionale n° **8**–C2

IL CREDENZIERE

PESCE E FRUTTI DI MARE • FAMILIARE In una piccola frazione di campagna, il cuoco è di origini pugliesi e, dalla carta o nei menu degustazione, la cosa trapela piacevolmente qua e là, insieme ad una lunga esperienza di lavoro in Veneto. Proposte locali, quindi, combinate con altre più creative.

&. 🅐 🕍 ♿ – Prezzo: €€

Via Quattro Strade 12 – ℰ 0422 769922 – ilcredenziere.it – Chiuso lunedì, martedì, a mezzogiorno da mercoledì a sabato e domenica sera

ANTERIVO

✉ 39040 – Bolzano (BZ) – Carta regionale n° **6**–A2

KÜRBISHOF

REGIONALE • ROMANTICO Romantica locanda con alloggi, ricavata da un antichissimo maso con fienile. In due caratteristiche stube, di cui una con vista sulla val di Cembra, si assaggia la cucina di due chef, madre e figlio, che lavorano gomito a gomito, partendo dalla stessa materia prima per lo più regionale (il menu indica spesso il nome del fornitore) per poi esprimersi in due modi diversi, evidenziati anche in carta. A sinistra trovate, infatti, la linea tradizionale di mamma Sara, mentre sulla destra potrete scegliere tra i piatti moderni e creativi del giovane chef Mathias Varesco. Un pasto a quattro mani che è piaciuto molto agli Ispettori.

🅿 – Prezzo: €€

Via Guggal 23 – ℰ 0471 882140 – kuerbishof.it – Chiuso martedì e mercoledì

ANZOLA DELL'EMILIA

✉ 40011 – Bologna (BO) – Carta regionale n° **9**–C3

IL RISTORANTINO - DA DINO

EMILIANA • AMBIENTE CLASSICO Nonostante sia quasi nascosto in un contesto residenziale, è spesso affollato da una clientela fedele. Il perché è presto detto: la qualità della cucina, nonché la lunga e solida conduzione familiare. Alle roccaforti della tradizione bolognese ed altre proposte nazionali il giovedì e il venerdì si aggiungono piatti di pesce.

🅐 ♿ – Prezzo: €€

Via XXV Aprile 11 – ℰ 051 732364 – ristorantinodadino.it – Chiuso lunedì e domenica sera

AOSTA

✉ 11100 – Aosta (AO) – Carta regionale n° **3**–A2

❀ PAOLO GRIFFA AL CAFFÈ NAZIONALE

Chef: Paolo Griffa

CREATIVA • ELEGANTE Uno storico locale cittadino, con annesso bar, affacciato sulla piazza principale di Aosta, restituito a nuova vita dalla passione del giovane chef Paolo Griffa che propone, in due formule di menu degustazione o scelta alla carta, una cucina colorata, equilibrata, di gusto contemporaneo, sempre attenta all'armonia dei sapori e alla bellezza cromatica di ciò che arriva in tavola. Ottimo livello di servizio e offerta enologica di grande spessore!

🏵 &. ♿ – Prezzo: €€€€

Piazza Emile Chanoux 9 – ℰ 0165 525356 – paologriffa.com – Chiuso mercoledì

✿ VECCHIO RISTORO

Chef: Filippo Oggioni

VALDOSTANA • **ELEGANTE** Si trova nel centro storico, ma l'ex mulino del 1600 sembra portarvi già ad atmosfere quasi di aperta montagna. All'interno troverete ancora la macina e la ruota, sposate ad un ambiente raffinato e ad un ottimo servizio. Il bagaglio gastronomico di Filippo Oggioni è ampio e rende omaggio non solo alla regione, ma anche alla vicina Francia e a qualche classico internazionale. A noi è piaciuto, ad esempio, il piccione in salsa di Prié blanc (vino bianco autoctono), funghi finferli e ribes nero locale. Due menu degustazione giornalieri e una piccola, ma ricercata carta per assaporare ricette fresche e leggere. I tempi di servizio seguono la filosofia del cuoco: solo cotture tradizionali ed espresse, per garantire la massima vivacità del prodotto. La selezione enoica annovera ben oltre 300 etichette, includendo soprattutto vini di ricerca, senza tralasciare tuttavia i grandi produttori.

🍴 ✿ – Prezzo: €€€€

Via Tourneuve 4 – ☎ 0165 33238 – ristorantevecchioristoro.it – Chiuso lunedì e domenica

GINA

MODERNA • **SEMPLICE** Nel centro storico, ambiente semplice ed informale (ma al piano sottostante ci sono due sale tra le mura romane di Aosta!) per una cucina di rimarchevole qualità: il cuoco parte sovente dalle tradizioni locali per rielaborarle in piatti più creativi, dove protagonisti sono spesso i prodotti della montagna.

🍴 – Prezzo: €€€

Via Croce di Città 25 – ☎ 351 750 8560 – ginacasaconcucina.com – Chiuso lunedì

OSTERIA DA NANDO

VALDOSTANA • **INTIMO** In attività dal 1957, nel cuore del centro storico, Nando è uno dei punti di riferimento per chi vuole conoscere la cucina valdostana. Salumi, polenta e fonduta - solo per citare alcune delle specialità regionali - sono preparate con i migliori prodotti, in un ambiente semplice ma d'atmosfera. Ottima e vasta la scelta di vini al bicchiere.

🍴 – Prezzo: €€

Via Sant'Anselmo 99 – ☎ 0165 44455 – osterianando.com – Chiuso martedì e mercoledì a mezzogiorno

STEFENELLI DESK

VALDOSTANA • **CONTESTO TRADIZIONALE** In un vicolo del centro storico, dall'ingresso si scendono le scale per raggiungere la suggestiva sala principale, ricavata da quelle che probabilmente erano le stalle settecentesche del palazzo. Sotto un soffitto ad archi in mattoni viene servita una cucina valdostana con spunti creativi.

🍴 ✿ – Prezzo: €€

Via Claude d'Avise 14 – ☎ 0165 185 0847 – stefenellidesk.com – Chiuso mercoledì e giovedì

APPIANO GENTILE

✉ 22070 – Como (CO) – Carta regionale n° **5**-A1

IL PORTICO

CUCINA DI MERCATO • **CONVIVIALE** Se a pranzo la scelta è orientata su piatti unici - comunque generosi e con un minimo di scelta - la sera vanno in scena menu degustazione "scomposti" creati dallo chef Paolo Lopriore: carne, pesce o verdura con complementi originali. A voi il piacere di creare i vostri equilibri preferiti. Cucina del mercato in cui il prodotto locale è protagonista indiscusso.

&. 🎦 – Prezzo: €€

Piazza Libertà 36 – ☏ 031 931982 – Chiuso mercoledì e sera martedì e domenica

APPIGNANO

✉ 62010 – Macerata (MC) – Carta regionale n° **14**–B1

OSTERIA DEI SEGRETI 😊

MARCHIGIANA • **ACCOGLIENTE** Tra le colline, in posizione isolata e panoramica, il casolare ospita camere, spa e il ristorante, dove trionfa la carne, in gran varietà, spesso cotta alla brace, nonché in diverse specialità locali, dal piccione ripieno all'oca arrosto passando per il coniglio in porchetta.

≼ 🖧 🎦 🎜 🅿 – Prezzo: €€

Via Verdefiore 25 – ☏ 0733 57685 – osteriadeisegreti.com – Chiuso sabato a mezzogiornodomenica sera

APRICA

✉ 23031 – Sondrio (SO) – Carta regionale n° **4**–C1

GIMMY'S

ITALIANA • **ROMANTICO** Cucina tradizionale sia di territorio sia più in generale italiana, rivisitata in lieve chiave moderna; per gli appassionati della carne, non mancano piatti ad essa dedicati (anche con tagli importanti). Si cena in una bella sala, che altro non è se non una stube dai caldi toni alpini ed un tocco contemporaneo nei decori minimal.

&. 🅿 – Prezzo: €€

Via privata Gemelli – ☏ 0342 747048 – hotelarisch.com/il-ristorante

APRICENA

✉ 71011 – Foggia (FG) – Carta regionale n° **16**–A1

CORTE FEDERICIANA ⓝ

PESCE E FRUTTI DI MARE • **CONVIVIALE** Ristorante situato nel centro storico della città, in quelle che erano le dépendance del palazzo baronale, la sala da pranzo è impreziosita da un soffitto a volta in mattoni, mentre la cucina basata principalmente sui prodotti del mare (cotti, crudi, al forno o abbinati alla pasta) mixa tradizione e modernità con grande disinvoltura. Accoglienza e servizio incantevoli.

&. 🎦 🅿 – Prezzo: €€

Corso Garibaldi 60 – ☏ 327 705 0523 – cortefedericiana.it – Chiuso martedì

APRILIA

✉ 04011 – Latina (LT) – Carta regionale n° **12**–A2

IL FOCARILE

MEDITERRANEA • **AMBIENTE CLASSICO** Ristorante di tradizione dalla grande sala classica recentemente ristrutturata, è la famiglia Lunghi a tenere le redini di questo locale che lavora con costanza. Pesce o carne a voi la scelta, qualunque opzione selezioniate non ve ne pentirete.

🐜 🖧 🎦 🎜 🅿 – Prezzo: €€

Via Pontina al km 46,5 – ☏ 06 928 2549 – ilfocarile.it – Chiuso lunedì e martedì

ARABBA

✉ 32020 – Belluno (BL) – Carta regionale n° **8**–B1

STUBE LADINA

ALPINA • **STUBE** Della cucina si occupa una brigata diretta dal patron dell'albergo che ospita il ristorante, l'Alpenrose: in una raccolta stube vengono proposti piatti legati al territorio, cucinati con materia prima locale e ben eseguiti. A coronamento di tutto, un'interessante carta dei vini.

Prezzo: €€

Via Precumon 24 – ✆ 0436 750076 – alpenrosearabba.it/it/ristorante-ad-arabba

ARBOREA – Oristano (OR) ➜ Vedere Sardegna, in fondo alla Guida

ARCHI – Catania (CT) ➜ Vedere Sicilia, in fondo alla Guida

ARCO

✉ 38062 – Trento (TN) – Carta regionale n° **6**–A2

✿ PETER BRUNEL RISTORANTE GOURMET

Chef: Peter Brunel

MODERNA • **CONTESTO CONTEMPORANEO** A poco più di 1 km dalle sponde del lago di Garda, oltre ad una proposta gastronomica contemporanea lo chef trentino Peter Brunel ha creato gli interni del locale, confermando in pieno la sua anima di artista. È un luogo pensato per offrire una piacevole esperienza gourmet, a partire dall'accoglienza, con divani e poltrone dove sorseggiare l'aperitivo accompagnato da intriganti appetizer. Brunel si mostra sempre più abile nel mettere in comunicazione nei suoi piatti l'amato Trentino col resto d'Italia e del mondo, attraverso citazioni Nikkei, mediterranee o di ambito letterario. In sala, maître e sommelier sapranno guidarvi nell'eccellente proposta enologica.

🐌 ⌂ & 🅰 🍽 ⌂ 🅿 – Prezzo: €€€€

Via Linfano 47 – ✆ 0464 076705 – peterbrunel.com – Chiuso lunedì e domenica

LOCANDA 53 SUPPER CLUB

CONTEMPORANEA • **FAMILIARE** Evelyn e Carlo, giovane coppia nella vita e nel lavoro, si sono insediati nel centro storico di Arco riadattando una vecchia locanda con soluzioni di confort attuali e proponendo due menù degustazione di carne o di pesce che si scelgono già in fase di prenotazione. Dopodiché, negli ambienti intimi e avvolgenti del loro piccolo "supper club", si tratta solo di affidarsi alla loro maestria per gustare ricette che guardano alla modernità senza farne una missione, scegliendo maniacalmente le materie prime ed elaborandole con rispetto e cura dei dettagli.

🅰 ⌂ – Prezzo: €€€

Via Vergolano 53 – ✆ 366 161 9666 – it.locanda53.it – Chiuso lunedì-mercoledì, a mezzogiorno da giovedì a sabato e domenica sera

ARCUGNANO

✉ 36057 – Vicenza (VI) – Carta regionale n° **8**–B3

ANTICA OSTERIA DA PENACIO

VENETA • **CONTESTO TRADIZIONALE** All'interno di una villetta al limitare del bosco, due raffinate salette e una piccola, ma ben fornita enoteca. La cucina prende spunto dalla tradizione regionale rivisitandola con personalità e piccoli tocchi di fantasia.

🆔 🏠 ⇔ 🅿 – Prezzo: €
Via Soghe 62 – ℰ 0444 273540 – penacio.it – Chiuso mercoledì, giovedì e a mezzogiorno lunedì, martedì, venerdì, sabato

ARDENZA

✉ 57128 – Livorno (LI) – Carta regionale n° **11**–B2

OSCAR

PESCE E FRUTTI DI MARE • FAMILIARE Fuori dalle rotte turistiche - in una graziosa zona residenziale - il ristorante è la meta prediletta dei livornesi che desiderano mangiare pesce fresco: scegliere dal ricco buffet è un vero piacere vista la varietà delle proposte. Come del resto, accomodarsi nella graziosa veranda estiva.
🦽 🆔 🏠 ⇔ – Prezzo: €€
Via Franchini 78 – ℰ 0586 501258 – ristoranteoscar.it – Chiuso lunedì

AREZZO

✉ 52100 – Arezzo (AR) – Carta regionale n° **11**–D2

⊗ OCTAVIN

Chef: Luca Fracassi

CREATIVA • MINIMALISTA Nelle due salette collegate da un arco, ricavate al piano terra di un antico palazzo, l'atmosfera è minimalista sin dall'utilizzo dei materiali che intercalano la pietra, il legno e il ferro dei tavoli, il vetro degli specchi e delle bottiglie esposte, la carta dei libri nelle piccole nicchie, come un salotto di casa. Meno di una ventina di posti a sedere per un'atmosfera calda e intima, senza fronzoli, nonché un bancone separato da un arco all'ingresso a fare da preludio alla cucina. La capacità di osservare il proprio territorio ha permesso allo chef-patron, Luca Fracassi, di capire che la geografia variegata della sua provincia è una risorsa e fonte inesauribile d'ispirazione. Ha ingaggiato, quindi, una ricerca appassionata di prodotti quali migliore espressione di questa terra, per poterli poi lavorare e combinare in una chiave che è in primis rispetto dei sapori, nonché recupero di tecniche e gesti mutuati ora dal ricordo delle usanze locali, ora da echi orientaleggianti. Uno dei piatti preferiti dai nostri ispettori è il fegatello: fegato di maiale grigio del Casentino, perfettamente cotto e rosa all'interno, in salsa alle spezie e succo all'uva spina. Un mix di golosità e contemporaneità culinaria, dall'acidità evidente, ma non spinta all'estremo.
🆔 🏠 – Prezzo: €€€€
Scalinata Camillo Berneri 2 – ℰ 0575 343521 – octavin.it – Chiuso mercoledì

LE CHIAVI D'ORO

MODERNA • CONTESTO CONTEMPORANEO Nel centro storico con bel dehors sulla piazza, il ristorante propone un'atmosfera originale e minimalista, caratterizzata da un elegante uso del legno. Ma l'appuntamento è tutto con la cucina: riuscite interpretazioni della tradizione, toscana in prevalenza, dove il piacere del palato si moltiplica con l'avvicendarsi delle portate. Imperdibile: quaglia ripiena al tartufo con carote affumicate.
🆔 🏠 – Prezzo: €€
Piazza San Francesco 7 – ℰ 0575 403313 – ristorantelechiavidoro.it – Chiuso lunedì e domenica sera

OSTERIA GRANDE

ITALIANA CONTEMPORANEA • CONTESTO CONTEMPORANEO Affacciato sulla splendida piazza Grande e sulla Loggia Vasariana che ne costituisce un lato lungo, questo locale è sorto grazie alla passione di Fatjon e Lorenzo. Il primo impegnato a sviluppare una cucina stagionale e contemporanea – come nel caso dell'assoluto di piccione con petto, coscia e filetto, ognuno con una preparazione adeguata, cipolla dolce e grue di cacao – il secondo a raccontare i vini in carta e a proporre i giusti accostamenti. Con l'assoluto di piccione, ad esempio, si consiglia un originale Maturato Tiberini 2018, un bianco di uve maturate a lungo in pianta. Come aperitivo o after dinner ci si può affidare alla nutrita lista cocktail e al personale dedicato.

🆔 🍴 – Prezzo: €€€

Piazza Grande 26 – 𝒞 348 691 0306 – osteriagrande.it – Chiuso lunedì, a mezzogiorno da martedì a venerdì e domenica sera

SAFFRON

PESCE E FRUTTI DI MARE • **CONTESTO CONTEMPORANEO** Chi ama il pesce e si trova ad Arezzo, in questo ristorante troverà il suo approdo: molto crudo, variamente ispirato - dalle influenze mediterranee al sushi, in versione tradizionale o gourmet - nonché alcune proposte di pescato cotto, oltre a qualche classico nipponico come la tempura, gli spaghetti e i ravioli giapponesi. A pranzo anche formule più facili (tipo poke bowl), ed asporto.

🆔 🍴 – Prezzo: €€

Piazza Sant'Agostino 16 – 𝒞 0575 182 4560 – Chiuso lunedì

ARGELATO

✉ 40050 – Bologna (BO) – Carta regionale n° **9**-C3

😊 L'800

EMILIANA • **FAMILIARE** Arredi d'epoca, piatti ruspanti, tanta giovialità sono i tratti distintivi di questo casolare di fine '800 da cui proviene anche il nome. Ciò che sorprende maggiormente sono i prodotti utilizzati in cucina, come le lumache e le rane: un paradiso per i ghiotti di questi prelibati cibi. In particolare, il percorso degustazione è tutto dedicato al mollusco di terra. Completano l'offerta generoso business lunch e menù bambini.

🆔 🍴 🅿 – Prezzo: €

Via Centese 33 – 𝒞 051 893032 – ristorante800.it – Chiuso lunedì, sabato a mezzogiorno e domenica sera

ARIANO IRPINO

✉ 83031 – Avellino (AV) – Carta regionale n° **17**-C1

🌸 MAEBA RESTAURANT

ITALIANA CONTEMPORANEA • **ELEGANTE** Posizione isolata e molto tranquilla per questo grazioso ristorante sorto sui resti di un frantoio settecentesco i cui locali fungono ancora da cantina anche conviviale. Il resto della struttura è di tono moderno e di eleganza colorata. Graziosi anche gli spazi esterni con giardino affacciato sulle colline e piante di ulivo. La cucina, dall'inizio del 2024 nelle mani di colui che era già qui in passato come sous-chef, rispecchia questa moderna semplicità proponendo, in una formula di menù degustazione al buio da scegliere al momento dell'indispensabile prenotazione in base al numero delle portate, preparazioni legate ai prodotti del territorio elaborati con buon gusto e con abbondante uso di vegetali.

🐌 🦽 🆔 🍴 ♻ 🅿 – Prezzo: €€€

Contrada Serra 29 – 𝒞 334 372 7749 – maeba.it – Chiuso lunedì e domenica sera

😊 LA PIGNATA

CAMPANA • **FAMILIARE** Da oltre 40 anni la famiglia Ventre è una grande ambasciatrice dei sapori dell'Irpinia. I migliori ingredienti locali sono cucinati nel pieno rispetto della tradizione (come nelle zuppe) o, più spesso, utilizzati in personali rivisitazioni, come nel loro celebre arancino "post moderno". Il risultato finale è comunque un ottimo punto di incontro tra la Campania e la vicina Puglia. Buona anche la pizza e valida scelta enoica.

🅰🅲 ⇔ – Prezzo: €

Viale Dei Tigli 7 – ☏ 0825 872571 – Chiuso martedì e domenica sera

ARICCIA

✉ 00072 – Roma (RM) – Carta regionale n° **12**–A2

🕸 **SINTESI**

Chefs: Matteo Compagnucci e Sara Scarsella

CONTEMPORANEA • CONVIVIALE Ristorante moderno ed accogliente che trova nello slogan "Tradizione & Innovazione" l'espressione più fedele della sua cucina. Nel menu – à la carte o degustazione – troverete piatti classici quali "risotto con piselli, limone e crudo di scampi" insieme ad altri più creativi come "pannicolo alla brace, fragoline di Nemi ed erbe", presentati in una veste moderna e precisa, talvolta utilizzando tecniche orientali e metodi di conservazione nordeuropei (fermentazioni, marinature, frollatura del pesce). La lista dei vini muta al cambiare della stagione e del menu ed è affiancata da una linea di succhi e kombucha homemade proposta come pairing analcolico. Colleghi di lavoro e coppia nella vita, gli chef Matteo Compagnucci e Sara Scarsella sanno come conquistare l'ospite.

🅰🅲 🅿 – Prezzo: €€€

Viale dei Castani 17 – ☏ 06 4555 7597 – ristorantesintesi.it – Chiuso martedì, mercoledì e a mezzogiorno giovedì e venerdì

ARMA DI TAGGIA

✉ 18011 – Imperia (IM) – Carta regionale n° **10**–A3

LA CONCHIGLIA

CLASSICA • ELEGANTE Sotto il soffitto a volte della piccola sala vengono serviti piatti ormai divenuti classici che puntano sulla qualità degli ingredienti. Una cucina leggera, dalle linee semplici, estranea al tentativo di procurare eccessivo stupore, ma la qualità del pescato è valorizzato in ogni piatto; per gli amanti della terra, anche qualche proposta di carne. Se volete conoscere le eccellenze gastronomiche liguri, fra una portata e l'altra approfittate della simpatia del titolare, che ha un'impressionante conoscenza dei prodotti della regione.

🅰🅲 🏠 – Prezzo: €€€

Lungomare 33 – ☏ 0184 43169 – Chiuso mercoledì e giovedì a mezzogiorno

ARZACHENA – Sassari (SS) ➔ Vedere Sardegna, in fondo alla Guida

ARZIGNANO

✉ 36071 – Vicenza (VI) – Carta regionale n° **8**–B3

🕸 **DAMINI MACELLERIA & AFFINI**

Chef: Giorgio Damini

CARNE • ALLA MODA Gastronomia, enoteca e macelleria di lusso, dietro le scintillanti vetrine si nascondono i tavoli e una cucina di rimarchevoli prodotti e gustose elaborazioni, mentre i tantissimi vini sono suggeriti a voce dal patron: senza dubbio, un'originale esperienza gourmet fatta di sapori immediati, appaganti, che nascono da un grande rispetto per le materie prime, trattate con mano esperta. Particolare attenzione viene naturalmente riservata alla selezione delle carni, gran parte delle quali proviene dall'allevamento di Trezzo sull'Adda; la frollatura, per esempio, viene effettuata nel proprio laboratorio e varia a seconda della tipologia di carne (sino ad oltre tre mesi per le celebri Gallega e Wagyu). Infine, ogni giorno si propongono anche "i piatti di Giorgio": scelta ristretta in base alle disponibilità del mercato.

❀ & 🆔 – Prezzo: €€€

Via Cadorna 31 – ☏ 0444 452914 – daminieaffini.com – Chiuso lunedì e domenica sera

ASCOLI PICENO

✉ 63100 – Ascoli Piceno (AP) – Carta regionale n° **14**–C2

CAFFÈ MELETTI

MARCHIGIANA • **LIBERTY** Lo storico locale aperto nel 1907 e frequentato da re Vittorio Emanuele, Mascagni, Hemingway, Guttuso, Sartre... propone una cucina sobria ma accattivante, che va oltre la definizione di regionale. La scelta à la carte è solo serale, al primo piano, con bella terrazza e vista su piazza del Popolo. A pranzo la proposta si fa più limitata nello storicissimo bar.

🆔 🍴 – Prezzo: €€

Via del Trivio 56 (piazza del Popolo) – ☏ 0736 255559 – caffemeletti.it – Chiuso lunedì

ASIAGO

✉ 36012 – Vicenza (VI) – Carta regionale n° **8**–B2

✿ LA TANA GOURMET

Chef: Alessandro Dal Degan

CREATIVA • **ELEGANTE** Un tempo rifugio, la casa rossa che svetta sull'altopiano oggi ospita uno dei laboratori gourmet più interessanti e all'avanguardia d'Italia. Artefice Alessandro Dal Degan, che propone un lungo menu degustazione a sorpresa – un cammino lo definisce il cuoco – che vi condurrà tra le sue amate montagne, i prodotti dell'Adriatico e in giro per il mondo. Affidatevi a lui con animo curioso, pronti ad uscire dagli schemi abituali e senza pregiudizi. Le proposte prevedono accostamenti che vi suoneranno talvolta inusuali, ma piuttosto che scomporli e riportarli alle vostre conoscenze, lasciatevi andare al sapore complessivo che ne scaturisce, all'armonia, al contrasto, a ciò che di nuovo e straordinario ne risulta. Sarà un'esperienza che vi farà conoscere creazioni notevoli, talvolta indimenticabili. Oltre all'accompagnamento musicale (una vera e propria colonna sonora in accordo con i piatti), una particolare lode merita l'abbinamento enologico, opera del socio Enrico Maglio, perfetto in sala con proposte di ricerca e sorprendenti. Lodevole è infine la collaborazione instaurata con diversi fornitori locali al fine di valorizzare i prodotti della zona.

✿ *L'impegno dello chef:* L'impegno di questo ristorante nei confronti della sostenibilità non si esaurisce nell'utilizzo di energia proveniente da fonti rinnovabili o dall'adozione di procedure responsabili contro ogni forma di spreco, ma trova espressione anche nel contribuire alla crescita e alla consapevolezza del contesto ambientale, stabilendo sincere e proficue relazioni con le comunità locali.

❀ ⛄& 🅿 – Prezzo: €€€€

Via Kaberlaba 19 – ☏ 344 170 8004 – latanagourmet.it – Chiuso lunedì-venerdì, domenica

OSTERIA DELLA TANA

VENETA • **ACCOGLIENTE** Nella stessa casa rossa che ospita anche il ristorante gourmet, qui all'Osteria è sempre Alessandro Dal Degan a deliziarvi ai fornelli, ma con piatti più tradizionali, sia di pesce che carne, sovente della tradizione veneta, con una strepitosa eccezione da non perdere: la carbonara dell'Osteria, realizzata con eccellenti prodotti del territorio. Anche il baccalà alla vicentina e la trippa riscuotono grandi consensi, in una carta dalla scelta molto ampia in cui compare anche qualche piatto storico del ristorante stellato. Sapori pieni e avvolgenti, palato in estasi.

🐌 ⌂🍴🅿 – Prezzo: €€€
Località Kaberlaba 19 – ☎ 0424 176 0249 – osteriadellatana.it – Chiuso lunedì-venerdì, domenica

OSTERIA EUROPA

VENETA • STILE MONTANO All'interno dell'omonimo albergo, un'osteria semplice nell'impostazione, ma interessante per quanto concerne i piatti che arrivano in tavola: cucina della tradizione gustosa e ben fatta!

🍴🅿 – Prezzo: €€
Corso IV Novembre 65/67 – ☎ 0424 462659 – hoteleuroparesidence.it/cucina/osteria-europa – Chiuso mercoledì e giovedì

STUBE GOURMET

CREATIVA • ROMANTICO Al primo piano dell'Hotel Europa, in zona pedonale e centralissima, Stube Gourmet è una piccola sala con soli cinque tavoli e la tipica atmosfera montana. Lo chef Fabio Falsetti propone due menu degustazione, ma se si preferisce c'è libertà di estrarre i piatti alla carta; le proposte hanno un forte legame con la montagna, dalle erbe aromatiche ai prodotti caseari di malga. Valida e in crescita anche la scelta enoica, rafforzata dal wine shop sul corso.

🐌 ♿🅿 – Prezzo: €€€€
Corso IV Novembre 65/67 – ☎ 0424 185 0172 – stubegourmet-asiago.it – Chiuso lunedì-mercoledì e a mezzogiorno da giovedì a domenica

ASOLA

✉ 46041 – Mantova (MN) – Carta regionale n° **4**–C3

LA FILANDA

PESCE E FRUTTI DI MARE • COLORATO Al primo piano di un ex opificio per l'allevamento dei bachi da seta, dove si apre una sala contemporanea che durante la bella stagione si sposta nella bella terrazza, il ristorante è tra i pochi in provincia a cucinare – per bene! - il pesce, con buono spazio in carta dedicato ai crudi. Le ricette cotte mostrano un leggero tocco moderno e l'utilizzo – quando possibile - delle verdure del proprio orto.

🆑 🍴 – Prezzo: €€
Via Carducci 21/e – ☎ 0376 720418 – la-filanda.it – Chiuso lunedì e domenica sera

ASOLO

✉ 31011 – Treviso (TV) – Carta regionale n° **8**–B2

LA TERRAZZA

MODERNA • ROMANTICO Un salotto en plein air affacciato sul centro storico di Asolo, dove farsi coccolare da un servizio attento e dove poter assaporare la cucina italiana in chiave moderna. Ambiente raffinato e alla moda, ideale per una romantica cena.

🆑 🍴 ⇄🅿 – Prezzo: €€
Via Collegio 33 – ☎ 0423 951332 – albergoalsoleasolo.com – Chiuso giovedì e a mezzogiorno lunedì, martedì, mercoledì, venerdì

LOCANDA BAGGIO

MODERNA • FAMILIARE Posizionato in zona tranquilla alle spalle di Asolo, con piacevole giardino estivo, il ristorante propone una cucina che valorizza la tradizione e i prodotti locali, rielaborandoli in raffinata chiave moderna. Notevole carta dei vini con molte etichette internazionali.

🐌 ♿🍴🅿 – Prezzo: €€€
Via Bassane 1, località Casonetto – ☎ 0423 529648 – locandabaggio.it – Chiuso lunedì, martedì a mezzogiorno e domenica sera

ASSISI

✉ 06081 – Perugia (PG) – Carta regionale n° **13**–B2

BENEDIKTO

MODERNA • **CONTESTO CONTEMPORANEO** Ai margini del centro storico di Assisi, nel raffinato contesto dell'albergo Nun, al Benedikto troverete qualche tipico prodotto umbro, ma la proposta gastronomica è fondamentalmente creativa a cura del bravissimo chef Enea Barbanera. Col bel tempo, la cena in terrazza con vista sulla rocca di Assisi si colora di romanticismo.

⪡ 🅰 🍴 – Prezzo: €€€

Via Eremo delle Carceri 1/a – 🕾 075 813163 – nunassisi.com/i-ristoranti – Chiuso mercoledì e a mezzogiorno lunedì, martedì, giovedì, venerdì, sabato, domenica

IL FRANTOIO

MODERNA • **AMBIENTE CLASSICO** Il ristorante ha subito un sapiente restyling, puntando su cromie, luci e arredi che ricreano un tutt'uno con la vallata sottostante, in sintonia con la filosofia dei piatti che vedono protagonista l'olio extravergine non come condimento ma come ingrediente. Insieme alla cucina, anche la vista incanta: dalla parete vetrata, il panorama spazia fino alla chiesa di San Pietro di Assisi.

⪡ 🍴 🅰 🍴 – Prezzo: €€€

Via Fontebella, 25 – 🕾 075 812883 – ristoranteilfrantoioassisi.it – Chiuso martedì e a mezzogiorno lunedì e mercoledì

LA LOCANDA DEL CARDINALE

CREATIVA • **ROMANTICO** Archi in pietra medievali e vestigia di una domus romana ben visibili grazie al pavimento trasparente rendono già di per sé l'esperienza memorabile. Se poi aggiungiamo una cucina moderna articolata in diversi menù degustazione e carta con piatti sia di terra che di mare, nonché una curata selezione enoica, non resta che prenotare!

🐝 – Prezzo: €€€

Piazza del Vescovado 8 – 🕾 075 815245 – lalocandadelcardinale.com – Chiuso martedì e a mezzogiorno lunedì e mercoledì

ASTI

✉ 14100 – Asti (AT) – Carta regionale n° **2**–B1

⁂ CANNAVACCIUOLO LE CATTEDRALI ASTI Ⓝ

CREATIVA • **CONTESTO CONTEMPORANEO** Sulle colline della campagna astigiana, è un moderno relais con camere immerso in ben diciotto ettari di prati e boschi. Atmosfera contemporanea e minimalista anche all'interno, se direttore d'orchestra è il notissimo chef tristellato Cannavacciuolo, ai fornelli non c'è proprio una comparsa, ma Gianluca Renzi, cuoco che ha già dimostrato in tante esperienze passate un grande valore. D'origine romana e poi professionalmente cresciuto in diversi contesti, la sua cucina sposa creatività personale e spunti regionali, qui con qualche richiamo in più alla tradizione piemontese. Eccezionale carta dei vini, più di duemila etichette con impressionanti selezioni di Barolo e Barbaresco.

🐝 🍴 ♿ 🅰 🍴 ⇄ 🅿 – Prezzo: €€€€

Frazione Valleandona 1/b – 🕾 0141 185 8888 – lecattedrali.com – Chiuso lunedì e martedì

IL CAVALLO SCOSSO

CONTEMPORANEA • **CONTESTO CONTEMPORANEO** Risorsa giovane e moderna, situata in zona residenziale a circa 2 km dal centro, in cui lo chef-patron Enrico Pivieri propone un menu equamente diviso tra tradizione piemontese leggermente rivisitata a base di carne e la linea vocata al pesce, dove emerge con maggior slancio la sua creatività.

🔟 🅿 – Prezzo: €€
Via al Duca 23/d – ☎ 0141 211435 – ilcavalloscosso.it

ATRANI
✉ 84010 – Salerno (SA) – Carta regionale n° **17**-B2

A' PARANZA

PESCE E FRUTTI DI MARE • **FAMILIARE** Da più di trent'anni i fratelli Proto rappresentano la tappa di cucina campana per i turisti in visita nella bellissima Atrani. Tutto è veramente molto semplice, all'insegna della simpatia e dell'informalità (l'ordinazione si fa quasi sempre a voce, senza la carta); la maggior parte delle proposte appartengono alla cucina campana e mediterranea.
🔟 – Prezzo: €€
Via Traversa Dragone 1 – ☎ 089 871840 – ristoranteparanza.com – Chiuso martedì

AUGUSTA – Siracusa (SR) ➡ Vedere Sicilia, in fondo alla Guida

AVERSA
✉ 81031 – Caserta (CE) – Carta regionale n° **17**-B2

TRUTH RESTAURANT

MEDITERRANEA • **CONTESTO CONTEMPORANEO** Un locale contemporaneo, con vista sulle cucine, per due offerte di ristorazione: le tapas, espressione di una cucina creativa permeata da varie influenze, e piatti più classici e locali.
♿🔟 – Prezzo: €€
Via Fratelli Cervi 18 – ☎ 081 1836 1048 – truthrestaurant.it – Chiuso lunedì, a mezzogiorno da martedì a sabato e domenica sera

AVEZZANO
✉ 67051 – L'Aquila (AQ) – Carta regionale n° **15**-A2

MAMMARÒSSA

ABRUZZESE • **DESIGN** Quello che presenta lo chef patron Franco Franciosi è un Abruzzo perfettamente sospeso tra tradizione ed innovazione. La sua cucina prende - infatti - spunto dai migliori ingredienti della regione, spesso prodotti in proprio, come nel caso dei molti vegetali provenienti per lo più dall'orto privato, così come da ricette ed usanze del passato, a cui infine concede la propria interpretazione gastronomica. In sala, Daniela valorizza invece l'accoglienza, così come la selezione enoica, non ampia, ma ideata con passione.
🐧 ♿🔟 🍽 🅿 – Prezzo: €€€
Via Giuseppe Garibaldi 388 – ☎ 0863 33250 – mammarossa.it – Chiuso lunedì, martedì, a mezzogiorno da mercoledì a sabato e domenica sera

BACOLI
✉ 80070 – Napoli (NA) – Carta regionale n° **17**-A2

🕸 CARACOL

MEDITERRANEA • **INTIMO** La costa campana, in particolare il Golfo di Napoli, è ricca di panorami mozzafiato, ma qui siamo siamo tra i più incantevoli. Direzione albergo Cala Moresca, lasciate l'auto nel parcheggio, da qui il personale vi accompagnerà al ristorante. Nel silenzio di un promontorio immerso nel verde, vi accoglierà una terrazza affacciata sul mare, davanti a voi Procida che si sovrappone ad Ischia, sulla sinistra il profilo inconfondibile di Capri, sulla destra la terraferma con il monte di Procida. Meraviglioso. Ai fornelli Angelo Carannante, con l'arduo compito di confrontarsi con tanto spettacolo. Lo fa in grande stile, con un lungo menù degustazione, tante portate che arrivano a sorpresa, e riprendono le tradizioni regionali, riviste tuttavia con libertà, creatività, tocchi esotici... risultati eclatanti!

⊰🕭🕮🛏🅿 – Prezzo: €€€€

Via Faro 44, località Capo Miseno – ℰ 081 523 3052 – caracolgourmet.it – Chiuso lunedì, a mezzogiorno da martedì a venerdì e domenica sera

RICCIO RESTAURANT Ⓝ

PESCE E FRUTTI DI MARE • SEMPLICE Affacciato sul porto, qui troverete non solo un ottimo pescato, ma anche un giovane cuoco che personalizza in modo interessante la sua cucina. Per partire consigliamo l'ottima carrellata di degustazione cotta (ma per chi ama i crudi c'è anche questa opzione), dopodiché, oltre ai classici piatti di mare come gli spaghetti alle vongole e la frittura del Golfo, può capitare di assaporare pesci frollati, affumicati e salumi di mare, in proposte di notevole qualità e originalità.

🕮🛏 – Prezzo: €€

Via Molo di Baia 47 – ℰ 081 868 8617 – riccio.eatbu.com/?lang=it – Chiuso mercoledì e domenica sera

BADALUCCO

✉ 18010 – Imperia (IM) – Carta regionale n° **10**–A2

UMAMI Ⓝ

MODERNA • CONTESTO CONTEMPORANEO Un giovane chef con buone esperienze in importanti locali ha recuperato il vecchio asilo del paese, opportunamente restaurato, per offrire una cucina contemporanea con legami territoriali più o meno sfumati organizzata in menù degustazione da cui è possibile estrarre singoli piatti alla carta. In estate bello spazio all'aperto quasi sulle sponde del fiume Argentina, che dà il nome anche alla valle in cui si trova il paese. La caccia all'Umami è aperta!

🕭🛏 – Prezzo: €€

Via Ugo Secondo Partigiano 1 – ℰ 331 338 6005 – umamirestaurant.it – Chiuso martedì

BADIA

✉ 39036 – Bolzano (BZ) – Carta regionale n° **6**–B1

PORCINO

ALPINA • CONTESTO CONTEMPORANEO Dopo le esperienze maturate in ottime cucine, chef Marco Verginer si lancia nella propria avventura con questo ristorante ospitato nell'Hotel Badia Hill. Nell'ampia sala dai toni eleganti, la cucina è moderna, a tratti creativa, capace di mixare sapori e ingredienti alpini con accattivanti citazioni mediterranee.

🛏🅿 – Prezzo: €€€

Strada Damez 2/a – ℰ 0471 180 8060 – badiahill.com/it/ristorante-porcino – Chiuso mercoledì, domenica e a mezzogiorno lunedì, martedì, giovedì, venerdì, sabato

BADIA A PASSIGNANO

✉ 50028 – Firenze (FI) – Carta regionale n° **11**–C2

ⵛ OSTERIA DI PASSIGNANO

DEL TERRITORIO • CONTESTO TRADIZIONALE All'interno dell'universo Antinori e in uno dei borghi più suggestivi del Chianti Classico si trova l'Osteria di Passignano: un elegante ristorante fra mura antichissime, sito accanto all'antica Badia di Passignano che, oltre a prestarle il nome, è sede della cantina di invecchiamento (barricaia) dell'omonimo vino, prodotto dai vigneti circostanti il monastero. Siamo quindi al cospetto di un contesto di alto livello fatto di storia, artigianalità e vigneti. La cucina può fregiarsi della presenza di un giovane chef che mantiene un solido contatto con il territorio e il suo prodotto principale, il vino. Il menu a carattere assolutamente stagionale è personalizzato da tecniche moderne e ideato per supportare i due elementi di spicco della proprietà, l'Orto di Badia, che fornisce tutto il necessario in termini di erbe aromatiche e vegetali, e la ricchissima carta dei vini che comprende etichette di tutto il mondo. Notevole naturalmente la sezione dedicata ai toscani, a cominciare da quelli del padrone di casa con le sue bottiglie iconiche.

&b & M 🏠 P – Prezzo: €€€€

Via Passignano 33 – 𝒞 055 807 1278 – osteriadipassignano.com – Chiuso domenica

BADIA DI DULZAGO

✉ 28043 – Novara (NO) – Carta regionale n° **1**-C2

😊 **OSTERIA SAN GIULIO**

PIEMONTESE • **RUSTICO** Un'esperienza sensoriale a partire dalla collocazione all'interno di un'antica abbazia rurale, passando per l'accoglienza, l'atmosfera e la cucina: "quella della nonna" per intenderci, dove primeggiano i grandi classici dell'area. Nel bel giardino, su ordinazione, degustazione di salumi e formaggi locali.

M – Prezzo: €

Via Dulzago – 𝒞 0321 98101 – osteriasangiulio.it – Chiuso lunedì, martedì, a mezzogiorno da mercoledì a venerdì e domenica sera

BAGHERIA – Palermo (PA) → Vedere Sicilia, in fondo alla Guida

BAGNARA CALABRA

✉ 89011 – Reggio di Calabria (RC) – Carta regionale n° **19**-A3

TAVERNA KERKIRA

PESCE E FRUTTI DI MARE • **FAMILIARE** Questo semplice locale dall'atmosfera conviviale ha raggiunto ormai i 40 anni di vita, confermandosi tra i più gettonati di questo paese di mare, che diede i natali alla grandissima Mia Martini. Poco distante dal centro, e altrettanto dal mare, proposte calabresi e mediterranee nonché richiami alla cucina greca che "denunciano" le origini di parte della famiglia. Non a caso Kerkira significa proprio Corfù in greco.

M – Prezzo: €€

Corso Vittorio Emanuele 217 – 𝒞 0966 372260 – Chiuso lunedì e martedì

BAGNO DI ROMAGNA

✉ 47021 – Forlì-Cesena (FC) – Carta regionale n° **9**-D2

❀ **RISTORANTE DEL LAGO**

Chef: Simone Bravaccini

ROMAGNOLA • **AMBIENTE CLASSICO** Lasciata la statale, si sale lungo tornanti fino alla frazione di Acquapartita, a quasi 800 metri d'altezza, per trovare uno dei migliori ristoranti della zona. Protagonisti sono i due fratelli Bravaccini che si son equamente divisi i compiti. Simone è lo chef: ha costruito una carta partendo con fierezza da prodotti locali, come selvaggina, funghi, trota, stile riassunto bene da un signature, il cinghiale che viene tagliato a tartare e così cotto velocemente, per poi essere coperto da una soffice spuma di patate spolverata a sua volta al ginepro, saporito e profumato. Andrea gestisce, invece, con simpatia e gran competenza un'enciclopedica carta dei vini, presentata in due volumi per circa 1600 etichette, moltissima Italia ed altrettanta Francia (quasi il 40%) ma al di là della dimensione della selezione, non da meno sarà il servizio. Davvero bravi!

፠ ෴ 🏠 **P** – Prezzo: €€

Via Acquapartita 147 – ℰ *0543 903406 – ristorantedellagoacquapartita.it – Chiuso lunedì e martedì*

PAOLO TEVERINI

CLASSICA • **ELEGANTE** Circondato da un bel paesaggio collinare, nel grazioso paese di Bagno di Romagna, Teverini è un nome che ha fatto la storia della ristorazione in zona. La sua cucina si esprime con indirizzi diversi: c'è il territorio naturalmente - a cominciare dai funghi - ma anche il mare, oltre ad una bella componente vegetale.

፠ ෴ 🎴 ❖ **P** – Prezzo: €€€

Via del Popolo 2 – ℰ *0543 911260 – hoteltoscoromagnolo.it/it/ristoranti.php – Chiuso lunedì, martedì e a mezzogiorno da mercoledì a venerdì*

BAGNOLO

✉ 36045 – Vicenza (VI) – Carta regionale n° **8**–B3

OSTERIA DEL GUÀ

MODERNA • **ROMANTICO** Nella bella stagione ci si accomoda sotto i portici della barchessa, cullati dalla tranquillità del parco e affacciati su Villa Pisani Bonetti, capolavoro del Palladio e patrimonio dell'Unesco. Intima e romantica è la sala interna, molto country-chic. La cucina proposta è elegante e curata, con piatti che ingentiliscono i sapori del territorio.

෴ ෴ 🎴 🏠 **P** – Prezzo: €€€

Via Risaie 1/2 – ℰ *0444 432754 – osteriadelgua.it*

BAGNOLO IN PIANO

✉ 42011 – Reggio Emilia (RE) – Carta regionale n° **9**–B3

☺ TRATTORIA DA PROBO

EMILIANA • **FAMILIARE** Fortino della tradizione reggina, la trattoria ne ripercorre le specialità, dall'erbazzone allo gnocco fritto e salumi tra gli antipasti, le celebri paste (ottimi i cappelletti in brodo), per passare infine ai sontuosi carrelli, dei bolliti e degli arrosti, e per finire quello dei dolci.

෴ 🎴 🏠 ❖ **P** – Prezzo: €

Via Provinciale Nord 13 – ℰ *0522 951300 – trattoriadaprobo.it – Chiuso sera lunedì, martedì, domenica*

BAIA SARDINIA – Sassari (SS) ➜ Vedere Sardegna, in fondo alla Guida

BALDICHIERI D'ASTI

✉ 14011 – Asti (AT) – Carta regionale n° **2**–A1

MADAMA VIGNA

PIEMONTESE • **ACCOGLIENTE** Una bella selezione di vini, con particolare attenzione al territorio, fa da "spalla" ad una cucina che propone tante specialità regionali, rigorosamente presentate a voce dal capace patron. Rapporto qualità-prezzo indubbiamente interessante!

෴ 🎴 🏠 ❖ **P** – Prezzo: €

Via Nazionale 41 – ℰ *0141 66471 – madamavigna.it – Chiuso lunedì*

BARATE

✉ 20083 – Milano (MI) – Carta regionale n° **5**–A2

ANTICA OSTERIA MAGENES

ITALIANA • **CONTESTO REGIONALE** Difficile immaginare che in questa piccola frazione immersa nelle campagne si possa scovare un ristorante così pieno di fascino: in un'antica casa rinnovata con gusto moderno, il curato giardino accoglie sei esclusivi tavoli per un'intima e romantica cena all'aperto. Nel menu, qualche richiamo alla tradizione ma tutto rivisitato con abbinamenti originali e fantasiosi; difficile rinunciare a fine pasto al gelato mantecato al momento.

🍴 🖱 🚗 ✿ – Prezzo: €€€

Via Cavour 7 – ☎ 02 908 5125 – osteriamagenes.com – Chiuso lunedì e martedì

BARBARANO VICENTINO

✉ 36048 – Vicenza (VI) – Carta regionale n° **8**–B3

❀ **AQUA CRUA**

Chef: Giuliano Baldessari

CREATIVA • **ALLA MODA** Benvenuti nel meraviglioso mondo di chef Giuliano Baldessari, cuoco creativo che si diverte a mostrarci e farci conoscere il suo mondo gastronomico. Le possibilità stilistiche proposte sono 2: i menù degustazione, infatti, mostrano il massimo della creatività e delle "provocazioni", seppure le portate, attraverso tecnica e precisione, si concentrino nell'utilizzo di pochi ingredienti per volta. L'altra opzione è la carta i cui piatti tendono ad offrire la generosità e la classicità che fu tipica degli anni '80, quindi, ad esempio l'ingrediente principale è spesso circondato da ciotole e ciotoline con altri elementi di supporto, in questo caso il servizio stesso prende una forma più classica, il tovagliato viene aggiunto al momento, mentre bicchieri e piatti e perfino la sedia diventano... d'epoca. Alla fin fine la mano e, soprattutto, gli intenti sono naturalmente gli stessi, cioè quelli di condurre gli ospiti dentro un divertente luna park culinario dove sono bandite noia e banalità. Non a caso in sottofondo la musica è completata dal simpatico cinguettio delle cocorite.

🖱 ✿ 🅿 – Prezzo: €€€€

Piazza Calcalusso 11/a – ☎ 0444 776096 – aquacrua.it – Chiuso lunedì, martedì e mercoledì a mezzogiorno

BARBARESCO

✉ 12050 – Cuneo (CN) – Carta regionale n° **2**–A2

ANTINÈ

PIEMONTESE • **AMBIENTE CLASSICO** Alcuni elementi salienti contraddistinguono la cucina di Manuel Bouchard, che ha convinto gli ispettori in virtù di un certo minimalismo e dell'impiego di pochi e ben dosati ingredienti. Si aggiudicano un posto nella carta sia le ricette della tradizione, come plin e fassona, sia proposte più alternative e sfiziose che parlano di pesce di acqua salata o dolce. L'elegante ristorante è ubicato al primo piano di un edificio del centro storico, a pochi passi dalla torre medievale. Calorosa accoglienza e ottima scelta di vini.

🕸 🖱 – Prezzo: €€

Via Torino 16 – ☎ 0173 635294 – antine.it – Chiuso martedì e mercoledì

CAMPAMAC

PIEMONTESE • **CONTESTO CONTEMPORANEO** Campamac (ossia "dacci dentro" nel dialetto locale) è un'osteria gourmet dove - oltre ai classici piemontesi elaborati con prodotti di alta qualità - si propongono numerose carni pregiate. All'ingresso si aprono le due cucine a vista: quella per le cotture alla brace e quella vera e propria attrezzata di tutto punto. Nato dalla ristrutturazione di una preesistente osteria, del precedente luogo di ospitalità Campamac ha voluto mantenere lo spirito di genuinità e calda accoglienza; l'atmosfera è garbatamente retrò, con mobili di gran pregio e numerose piante. Sulla tavola arriva il pane rigorosamente fatto in casa, come le paste, i ripieni, i condimenti, mentre la scelta enoica meriterebbe un articolo a sé: quindicimila bottiglie distribuite in tre cantine!

🕸 🅰🅲 🏠 ⇔ – Prezzo: €€€

Strada della Valle 1 – 𝒞 0173 635051 – campamac.com – Chiuso giovedì

VISIONE RESTAURANT AND LIVING 🆕

CONTEMPORANEA • **ELEGANTE** Con una nuova, giovane e appassionata gestione, un cuoco originario del Bangladesh ma in Italia fin dall'infanzia vena con qualche nota esotica un'ampia proposta che prevede scelta alla carta e due menù degustazione, di cui uno più legato al territorio e alle tradizioni. Il tutto nel contesto di Casa Nicolini, un hotel posizionato in zona tranquilla e panoramica, con le colline in bella mostra dalle ampie vetrate della sala e una terrazza estiva dedicata al bar e all'offerta più contenuta ed economica del Bistrot, che dispone anche di una saletta dedicata.

🅰🅲 🅿 – Prezzo: €€€

Strada Nicolini Basso 34, loc. Tre Stelle – 𝒞 328 134 0218 – ristorantevisione.it – Chiuso mercoledì e giovedì

BARBIANO

✉ 43035 – Parma (PR) – Carta regionale n° **9**–A3

TRATTORIA LEONI

EMILIANA • **TRATTORIA** In una cornice di affascinanti dolci colline, la sala con ampie vetrate offre bella vista sul paesaggio (ancor più godibile dalla terrazza estiva). La famiglia Leoni da molti anni propone piatti parmigiani, tra cui ottimi salumi e le ricette tramandate dalla nonna, accompagnati da suggestioni di montagna, funghi e cacciagione.

≼ 🏠 🅿 – Prezzo: €

Via Ricò 42 – 𝒞 0521 831196 – trattorialeoni.it – Chiuso lunedì e martedì

BARCO

✉ 25034 – Brescia (BS) – Carta regionale n° **5**–D2

SAUR

ITALIANA CONTEMPORANEA • **CONTESTO CONTEMPORANEO** In una piccolissima frazione agricola della Bassa Bresciana che in questa zona è costellata di campi e cascine, una coraggiosa quanto giovane gestione a tre s'impegna puntando sulla qualità: due cuochi in cucina alle prese con piatti contemporanei e stagionali - a prezzi molto corretti - mentre in sala la direttrice si muove con garbo in ambienti moderni molto lineari, quasi minimal. In settimana aprono anche a pranzo ma solo con prenotazione anticipata.

♿ 🅰🅲 🏠 – Prezzo: €€

Via Filippo Turati 8 – 𝒞 030 941149 – ristorantesaur.it – Chiuso mercoledì, giovedì e a mezzogiorno lunedì, martedì, venerdì

BARCUZZI

✉ 25080 – Brescia (BS) – Carta regionale n° **4**–D1

DA OSCAR

MEDITERRANEA • **FAMILIARE** Specialità ittiche (anche di acqua dolce) e ricette di terra in un raffinato locale ubicato sulle colline che guardano il lago di Garda. Molto bella la grande veranda, che in inverno diventa la sala principale, e luci soffuse per un'atmosfera intima e rilassata.

≼ ♿ 🅰🅲 🏠 🅿 – Prezzo: €€

Via Barcuzzi 16 – 𝒞 030 913 0409 – daoscar.it – Chiuso lunedì e a mezzogiorno da martedì a giovedì

BARDOLINO

✉ 37011 – Verona (VR) – Carta regionale n° **8**–A2

IL GIARDINO DELLE ESPERIDI

CUCINA DI STAGIONE • ROMANTICO Le tre socie, con oltre trent'anni di gestione ormai alle spalle, sono un'istituzione del centro storico. La cucina, curata e delicata, segue lo scorrere delle stagioni, i cui ingredienti vengono inseriti in ricette personali. La selezione enoica mostra attenzione ai vini naturali e si fa invitante grazie alla valida offerta al bicchiere, con circa una trentina di etichette.

🏾 ⅙ 🎹 🎝 – Prezzo: €€

Via Mameli 1 – ☎ 045 621 0477 – giardinodelleesperidi.it – Chiuso martedì

LA VERANDA DEL COLOR

MEDITERRANEA • COLORATO Nella pregevole cornice del lago di Garda, col bello o col cattivo tempo nella veranda del Color Hotel sembrerà di mangiare sempre all'aperto. Il cuoco pugliese aggiunge qualche piatto della sua regione alla carta, che complessivamente è orientata più ai sapori mediterranei (soprattutto campani) che a quelli settentrionali. Carne e pesce sono egualmente presenti, ma è proposto anche menu "Natura" vegano.

🍴 ⅙ 🎹 🎝 🅿 – Prezzo: €€€

Via Santa Cristina 5 – ☎ 045 621 0857 – laverandadelcolor.it/it – Chiuso lunedì e a mezzogiorno da martedì a domenica

BARI

✉ 70122 – Bari (BA) – Carta regionale n° **16**–C2

LA BUL

MODERNA • VINTAGE Una delle tappe gastronomiche più interessanti di Bari: il cuoco Antonio Scalera si esprime ad alti livelli, coadiuvato in sala da sapienti consigli enologici che snocciolano affascinanti storie di vini. I piatti prendono sovente spunto da ingredienti e tradizioni pugliesi, ma sono fondamentalmente creativi; scelta à la carte, menu vegetariano o percorso "a sorpresa" in base alla disponibilità del mercato e all'estro dello chef.

⅙ 🎹 🎝 – Prezzo: €€€

Via Villari 52 – ☎ 080 619 8162 – ristorantelabul.com – Chiuso lunedì, a mezzogiorno da martedì a sabato e domenica sera

BARLETTA

✉ 76121 – Barletta-Andria-Trani (BT) – Carta regionale n° **16**–B2

ANTICA CUCINA 1983

PUGLIESE • ACCOGLIENTE Ha festeggiato i 40 anni di attività questo rinomato ristorante, che in due sale luminose di gusto classico propone una cucina del territorio di stile contemporaneo che predilige il pesce e la materia prima locale.

🏾 ⅙ 🎹 🎝 – Prezzo: €€

Piazza Marina 4/5 – ☎ 0883 521718 – anticacucina1983.it – Chiuso lunedì e domenica sera

BACCO

CLASSICA • ELEGANTE In un elegante edificio storico, con diverse sale separate da archi in pietra, piatti che interagiscono con la terra e soprattutto con il mare (ottimi i crudi), mai scontati e con un tocco creativo. L'attenzione è tutta rivolta ai prodotti regionali, che esprimono tutta la loro ricchezza e tipicità. Il mantra dello chef-patron, Ruggiero Doronzo, è "semplicità e stagionalità".

🎹 🎝 – Prezzo: €€€

Piazza Marina 30 – ☎ 0883 334616 – ristorantebacco.it – Chiuso lunedì e domenica sera

BARONISSI

✉ 84081 – Salerno (SA) – Carta regionale n° **17**–B2

✿ CETARIA

Chef: Salvatore Avallone

CONTEMPORANEA • INTIMO Protagonista di questo bel ristorante dell'entroterra salernitano è una coppia appassionata, lui in cucina e lei in sala. Pochi tavoli in vetro sotto ad un alto soffitto che ci ricorda la storicità del palazzo, un'intimità che il servizio di Federica - Service Award 2024 - colma di cortesie e che rende speciale nella narrazione della cantina vini, da cui si aprono con piacere etichette di pregio anche al calice, mentre Salvatore, dal canto suo, si cimenta in una cucina prevalentemente di pesce, in cui ridisegna in chiave decisamente contemporanea e secondo il proprio estro, ingredienti e ricette di territorio. La tecnica è ben impostata, il gusto delle presentazioni messo in mostra con brio, la materia prima utilizzata è ottima e può far affidamento su di un orto in zona e soprattutto su di una piccola realtà agricola di proprietà in Calabria, terra di origine di lei (autrice di due delle tele esposte in sala). Nell'ambito del menù degustazione "Amore per il mare" noi abbiamo apprezzato soprattutto la generosità e la fragranza delle tante "coccole" previste all'inizio e alla fine, nonché lo squisito tonno rosso, funghi e miso ma anche il risotto al datterino giallo, crudo di gamberi rossi, fingerlime ed erbette aromatiche.

❀ 🅰 🍴 – Prezzo: €€€

Piazza della Repubblica 9 – ℰ 089 296 1312 – cetariaristorante.it – Chiuso mercoledì e a mezzogiorno martedì e giovedì

BARZAGO

✉ 23890 – Lecco (LC) – Carta regionale n° **5**–B1

OSTERIA MANZONI

CONTEMPORANEA • BISTRÒ All'interno di uno storico edificio sapientemente ristrutturato e variopinto con muri in pietra a vista, una giovane e simpatica coppia, Francesco in cucina e Giovanna in sala, propone una ghiotta e raffinata cucina della tradizione italiana.

🅰 – Prezzo: €€

Via Roma 87 – ℰ 031 414 3305 – osteriamanzoni.it – Chiuso lunedì, sabato a mezzogiorno e domenica sera

BASCHI

✉ 05023 – Terni (TR) – Carta regionale n° **13**–A2

✿ CASA VISSANI

Chef: Gianfranco Vissani

CREATIVA • LUSSO All'arrivo, accolti dal figlio Luca, se il tempo lo permette concedetevi una sosta sul prato di fronte al lago, prima di entrare e tuffarvi nell'eleganza delle sale. Si inizia da quella rock, per il benvenuto, l'aperitivo e la scelta dei piatti, a quella di servizio, raffinatissima, mix di elementi diversi combinati tra loro con maestria e cucine a vista incorniciate come fossero quadri. I menu, che devono essere scelti in anticipo, sono suddivisi in colori e particolarità: l'oro è la tradizione, il rosso la terra, il blu l'acqua, il verde il vegetariano, il nero... sorpresa! A tutta questa originalità e modernità, il ristorante risponde con alcuni elementi tradizionali, come il pane e i deliziosi grissini (ricetta di famiglia!). Camere lussuosamente arredate.

❀ 🛏 🅰 🅿 – Prezzo: €€€€

Vocabolo Cannitello – ℰ 0744 950206 – casavissani.it – Chiuso lunedì, martedì, mercoledì a mezzogiorno e domenica sera

BASSANO DEL GRAPPA

✉ 36061 – Vicenza (VI) – Carta regionale n° **8**–B2

CA' 7

PESCE E FRUTTI DI MARE • AMBIENTE CLASSICO In una fastosa villa settecentesca che accoglie anche un hotel, tra colonne e materiali d'epoca sapientemente contrapposti a quadri e punti luce contemporanei troverete una cucina che predilige il mare, declinato in ricette realizzate con gusto moderno.

🛄 ♿ 🅰🅺 🏠 ✿ 🅿 – Prezzo: €€€

Via Cunizza da Romano 4 – 𝒞 0424 383350 – ca-sette.it – Chiuso lunedì e domenica sera

IMPRONTA

ITALIANA CONTEMPORANEA • DESIGN A ridosso dell'incantevole Ponte Vecchio, un ristorante dagli interni minimal, molto eleganti nel loro stile quasi alpino in legno e a luci soffuse. Il consiglio nella bella stagione è di prenotare – con largo anticipo! – i pochi tavoli nel dehors sulle rive del fiume Brenta, da dove si gode uno scorcio unico del famoso ponte. Cucina moderna che spazia dal territorio al mare.

🅰🅺 🏠 ✿ – Prezzo: €€€

Via Angarano 7 – 𝒞 0424 235519 – improntaristorante.it – Chiuso martedì, a mezzogiorno lunedì, mercoledì, giovedì, venerdì, sabato e domenica sera

BAVENO

✉ 28831 – Verbano-Cusio-Ossola (VB) – Carta regionale n° **1**–C1

SOTTOSOPRA

MODERNA • COLORATO Gradevole e colorato locale in centro paese, diviso su più sale e grazioso dehors ombreggiato, la sua anima è la passione con la quale lo chef patron prepara e propone una linea di cucina eclettica: la carta cita, infatti, piatti a base di carne, insieme a pesce sia di mare sia d'acqua dolce, nonché qualche ricetta più legata al territorio. Un esempio? Pesce persico in panur di timo e limone con verdure in tempura e salsa tartara.

♿ 🏠 – Prezzo: €

Corso Garibaldi 40 – 𝒞 0323 925254 – sottosoprabaveno.com – Chiuso martedì e mercoledì

BELLAGIO

✉ 22021 – Como (CO) – Carta regionale n° **4**–B2

MISTRAL

MODERNA • ELEGANTE Sulla punta del promontorio di Bellagio, la villa occupa una posizione straordinariamente panoramica, mentre il ristorante si trova all'interno di una veranda coperta che offre una vista incantevole sulla sponda opposta, i suoi borghi e le sue dimore esclusive. Atmosfera da grande albergo con pianoforte che accompagna la serata, fra turisti che vengono da ogni parte del mondo. Cucina moderatamente creativa, con un ventaglio di scelte tra proposte italiane e qualcosa di più internazionale.

≼ 🅰🅺 🏠 🅿 – Prezzo: €€€€

Via Teresio Olivelli 1 – 𝒞 031 956435 – villaserbelloni.com/it/mistral-restaurant. html – Chiuso a mezzogiorno

BELLINZAGO LOMBARDO

✉ 20060 – Milano (MI) – Carta regionale n° **5**–C2

MACELLERIA MOTTA

CARNE • **ACCOGLIENTE** Motta si è creato un nome sinonimo di qualità, soprattutto per la sua filiera controllata di bestie allevate in Piemonte. In parte, l'ottima carne che vi invita alla scelta in menù è esposta a frollare nel grande frigo all'ingresso, insieme ad alcuni gustosi salumi prodotti e stagionati in proprio. Si assaggeranno carni crude e cotte, lunghe cotture classiche e qualche centellinato tocco moderno... ultimo ma non ultimo, il bue piemontese con diversi tagli alla brace, spesso anche il carrello dei bolliti. D'estate servizio all'aperto in una tipica corte lombarda.

🏠 **P** – Prezzo: €€

Strada Padana Superiore 90 – ☏ 02 9578 4123 – ristorantemacelleriamotta.it – Chiuso domenica

BELLUNO

✉ 32100 – Belluno (BL) – Carta regionale n° **8**–C2

⊛ **AL BORGO**

PIEMONTESE • **CONTESTO TRADIZIONALE** All'interno di una villa settecentesca, in un antico e piccolo borgo ad un paio di km dal centro città (d'estate servizio all'aperto immersi nel verde), ambiente caldamente rustico diviso in sale e salette, mentre la cucina è di quelle assolutamente fedeli al territorio: "Gioielli del borgo" (selezione di salumi artigianali); sformatino di polenta con funghi e fonduta; capretto nostrano al forno e faraona ripiena con radicchio rosso...

🖐♿🏠♻**P** – Prezzo: €

Via Anconetta 8 – ☏ 0437 926755 – alborgo.to – Chiuso martedì e lunedì sera

BERGAMO

✉ 24129 – Bergamo (BG) – Carta regionale n° **5**–C1

❀❀ **VILLA ELENA**

Chef: Marco Galtarossa

CREATIVA • **ELEGANTE** Non lontano dalla Città Alta, in un esclusivo contesto collinare, Villa Elena è una delle più sontuose dimore delle colline bergamasche. Terrazza-giardino panoramica, torre medioevale ed edificio principale cinquecentesco, nelle sale interne, tra stucchi, specchi, marmi e affreschi, la cucina di Marco Galtarossa - elaborata in collaborazione con il più stellato cuoco italiano, Enrico Bartolini - si rivela perfettamente all'altezza di un'atmosfera tanto sontuosa. Piatti sovente molto elaborati, talvolta sdoppiati in più portate e abbinati ad un sapiente uso di erbe aromatiche fanno di questo ristorante un indirizzo imperdibile per memorabili pasti e le più importanti occasioni. L'ispettore ha gradito: il gambero viola, servito con una combinazione di nespola e sambuco.

🕸🖐📺🏠♻**P** – Prezzo: €€€€

Via San Vigilio 56 – ☏ 035 260944 – enricobartolini.net/ristorante-villaelena-bergamo – Chiuso lunedì e martedì

❀ **IMPRONTE**

Chef: Cristian Fagone

MODERNA • **DESIGN** Dire che si tratta di un angolo di Sicilia a Bergamo sarebbe un cliché riduttivo, perché in carta c'è tanto altro, tuttavia non si può tacere delle origini siciliane del cuoco e della convincente rivisitazione che Cristian Fagone opera di alcune ricette isolane, alcune anche legate allo street food, come la stigghiola alla brace. Tra i secondi, la variazione dedicata all'agnello è superlativa. Il tutto si svolge in un ex deposito di autobus, un'ambientazione moderna e vagamente post industriale, sostenuta da un ottimo servizio, in particolare del giovane sommelier Francesco.

 ♿ 🅰 🍴 🅿 – Prezzo: €€€€

Via Cristoforo Baioni 38 – ☎ 035 017 5557 – impronteristorante.com – Chiuso martedì e a mezzogiorno lunedì, mercoledì, giovedì, venerdì, sabato

AL CARROPONTE

MODERNA • DI TENDENZA Ben conosciuto in città per la sua proposta ricca e variegata, tanto quanto l'ambiente è dinamico e frizzante. La cucina è buona e allo stesso tempo golosa, tipicamente italiana e contemporanea, non mancano ingredienti lussuosi come, per esempio, l'aragosta o il caviale. La carta "classica" viene inoltre ampliata dalla selezione di salumi e formaggi e da quella dei finger food. Ma il cuore pulsante del Carroponte sta nella grande passione del titolare Oscar Mazzoleni verso il mondo del vino: la sua incredibile selezione (ben oltre 2000 etichette!) fa impallidire quella di molti blasonati stellati.

🍽 ♿ 🅰 🍴 – Prezzo: €€

Via De Amicis 4 – ☎ 035 240640 – alcarroponte.it – Chiuso lunedì e domenica

BARETTO DI SAN VIGILIO

CLASSICA • CONVIVIALE Nella piazzetta antistante la stazione di arrivo della funicolare, caratteristico bar-ristorante di tono retrò, vagamente anglosassone, dove gustare piatti generosi che si rifanno alla tradizione aggiornata con gusto moderno, pane e dolci fatti in casa. Servizio estivo in terrazza con incantevole vista sulla città; all'interno invece due ambienti di tono rustico-elegante.

🍴 ♻ – Prezzo: €€

Via al Castello 1, San Vigilio – ☎ 035 253191 – barettosanvigilio.it

LIO PELLEGRINI

MODERNA • ROMANTICO Raffinati interni ricchi di oggettistica di qualità (anche in vendita su apposito catalogo) e un bel dehors – vera e propria oasi di pace – per questo locale del centro, accanto all'Accademia Carrara. La cucina propone sapori mediterranei, di carne e di pesce, tra classico e moderno.

🍴 – Prezzo: €€€

Via San Tomaso 47 – ☎ 035 247813 – liopellegrini.it/site – Chiuso lunedì e martedì a mezzogiorno

OSTERIA AL GIGIANCA

TRADIZIONALE • ACCOGLIENTE Defilato rispetto al centro, un locale accogliente gestito con passione. La cucina segue le stagioni e valorizza il territorio e, sul fronte cantina, oltre alla carta dei vini vi è una selezione di birre artigianali nazionali.

🅰 – Prezzo: €€

Via Broseta 113 – ☎ 035 568 4928 – algigianca.com – Chiuso domenica e a mezzogiorno da lunedì a mercoledì

ROOF GARDEN

MODERNA • CONTESTO CONTEMPORANEO All'ottavo piano dell'hotel Excelsior San Marco, questo ristorante offre una romantica vista su tutta la città, compresa ovviamente la parte alta e antica: prenotate, quindi, un tavolo lungo la parete-vetrata! La linea di cucina è contemporanea, sia di carne che di pesce, e contempla un intero menu di piatti vegani e fresche insalate. A pranzo, la proposta si arricchisce di una formula light ed economica.

ℌ ♿ 🅰 🍴 🅿 – Prezzo: €€€

Piazza della Repubblica 6 – ☎ 035 366159 – roofgardenrestaurant.it

BESENZONE

✉ 29010 – Piacenza (PC) – Carta regionale n° **9**–A1

LA FIASCHETTERIA

EMILIANA • ELEGANTE Elegante cascina immersa nelle terre verdiane, la cucina offrirà agli appassionati l'occasione di un viaggio nella bassa padana, tra salumi, paste fresche e arrosti. Per gli amanti del pesce, non manca qualche proposta di mare, oltre che di fiume. Infine, per prolungare il soggiorno, ci sono anche tre romantiche, incantevoli camere.

🕸 🖬 🅿 – Prezzo: €€

Via Bersano 59/b – ☎ 0523 830444 – la-fiaschetteria.com – Chiuso lunedì e martedì

BETTOLLE

✉ 53040 – Siena (SI) – Carta regionale n° **11**–D2

WALTER REDAELLI

MODERNA • RUSTICO In un'antica casa colonica di fine '700 con mattoni a vista, travi al soffitto e un imponente camino, si celebra la sapida cucina toscana elaborata partendo da ingredienti locali e con tanta carne.Suggestioni dal menu: pappa al pomodoro, pici fatti in casa, tagliata di vitellona...Abbandonatevi al piacere della tavola, comodamente adagiati nelle confortevoli poltroncine.

👜 🖬 🎇 🅿 – Prezzo: €€

Via XXI Aprile 26 – ☎ 0577 623447 – ristoranteredaelli.it – Chiuso lunedì

BEVAGNA

✉ 06031 – Perugia (PG) – Carta regionale n° **13**–B2

SERPILLO

ITALIANA CONTEMPORANEA • RUSTICO All'interno dell'affascinante borgo di origine medievale in cui si trovano anche un paio di piccole realtà ricettive, piacevoli e rustiche sale ricavate in un antico frantoio fanno da sfondo alla cucina di un giovane chef che, partendo da una base nazionale-regionale, propone piatti di respiro moderno organizzati in un menù non ampio ma dai prezzi decisamente convenienti.

🎇 – Prezzo: €€

Via di Mezzo 1, località Torre del Colle – ☎ 366 711 8212 – serpillo.it – Chiuso lunedì e a mezzogiorno da martedì a sabato

BIANZONE

✉ 23030 – Sondrio (SO) – Carta regionale n° **4**–C1

😊 ## ALTAVILLA

VALTELLINESE • RUSTICO Nella parte alta della località, tra boschi e vigneti, una trattoria semplice e familiare che invoglia ad accomodarsi ai suoi tavoli. Qui la bresaola è una cosa seria e la carta presenta una serie di proposte dedicate in varie declinazioni, a cui si aggiungono altre gustose specialità del territorio. Nella bella stagione approfittate della terrazza panoramica.

🕸 🎇 🅿 – Prezzo: €

Via Monti 46 – ☎ 0342 720355 – altavilla.info – Chiuso lunedì

BIBBIENA

✉ 52011 – Arezzo (AR) – Carta regionale n° **11**–D2

😊 IL TIRABUSCIÒ

TOSCANA • **FAMILIARE** Un ristorante imperdibile per chi vuole scoprire le specialità gastronomiche del casentino: nel centro storico del caratteristico paese, vi consigliamo di interrogare il simpatico cuoco per saperne di più sui prodotti della zona e aiutarvi nella scelta. Ne uscirete con l'emozione di sapori intensi che riempiono il palato e i ricordi.

🅰🅲 – Prezzo: €€

Via Rosa Scoti 12 – ☎ 0575 595474 – tirabuscio.it – Chiuso lunedì e martedì

BIELLA

✉ 13900 – Biella (BI) – Carta regionale n° **1**–C2

MATTEO RISTORANTE

MODERNA • **ELEGANTE** In ambienti eleganti e intimi dai toni soffusi si gusta la cucina al passo con i tempi di Matteo Marra: carne e pesce, nonché gli immancabili risotti declinati con gusto e ingredienti attuali. Piccolo dehors sotto un porticato con i tavoli da prenotare in largo anticipo nella bella stagione, nonché servizio caffetteria e aperitivi nell'adiacente Laboratorio, al n.° 10.

🕭🅰🅲 🛋 – Prezzo: €€

Piazza Duomo 6 – ☎ 015 355209 – matteocaffeecucina.it – Chiuso domenica

REGALLO

PESCE E FRUTTI DI MARE • **CONTESTO CONTEMPORANEO** Leggermente periferico, un ristorante dal look contemporaneo nel singolare contesto di un ex opificio; le ampie vetrate della sala interna si affacciano sul torrente sottostante, che crea atmosfera con il suo scroscio quasi musicale, nonché sulla cucina a vista dove il bravo chef Ravinetto prepara piatti esclusivamente di pesce. Tra le specialità spiccano la capasanta - accompagnata da una crema di acciuga, pomodori e basilico – nonché il dessert "Sicilia", vero inno all'isola con una crema di ricotta arricchita con scaglie di cioccolato, gelatina all'arancia, capperi essiccati.

🕭🅰🅲 🛋 🅿 – Prezzo: €€€

Via Tollegno 4 – ☎ 015 370 1523 – ristorenteregallo.com – Chiuso mercoledì e a mezzogiorno lunedì, martedì, giovedì, venerdì, sabato

BIENTINA

✉ 56031 – Pisa (PI) – Carta regionale n° **11**–B2

OSTERIA TAVIANI

TOSCANA • **FAMILIARE** Elena e Alessandro gestiscono con passione questo gradevole locale dagli interni di caldo design: lei in sala, lui ai fornelli dove prepara una fragrante cucina moderna - soprattutto di carne, ma non manca anche un po' di pesce - con solide basi nella tradizione toscana, come per la bistecca fritta. Durante la stagione venatoria, i piatti di selvaggina sono tra i più appetitosi, pur sempre preparati con stile attuale. La carta dei vini omaggia anche la Francia con qualche etichetta.

🕭🅰🅲 🛋 – Prezzo: €€

Piazza Vittorio Emanuele II 28 – ☎ 0587 757374 – Chiuso lunedì e domenica

BIGOLINO

✉ 31049 – Treviso (TV) – Carta regionale n° **8**–C2

🐸 TRE NOGHERE

REGIONALE • **FAMILIARE** Le "tre noghere" (gli alberi di noce) d'estate ombreggiano il servizio estivo mentre gli interni sono semplici, lindi, da bel ristorante di campagna con la stessa gestione familiare dal 1965 nella quiete di vigneti e campi coltivati. In cucina l'esperto patron, in sala le giovani della famiglia con senso dell'ospitalità e competenza. Piatti della tradizione, paste fresche fatte in casa, a noi sono piaciuti molto i bigoli con ragù di cortile e rosmarino, nonché il petto d'anatra glassato alle albicocche. Per il vino ci siamo lasciati consigliare e abbiamo fatto bene!
🅰🈁🅿 – Prezzo: €€

Via Crede 1 – 𝒞 0423 980316 – trenoghere.com – Chiuso lunedì e domenica sera

BLEVIO

✉ 22020 – Como (CO) – Carta regionale n° **5**–B1

L˜ARIA

CONTEMPORANEA • **LUSSO** Nascosto nel parco botanico, in un moderno edificio fronte lago, il ristorante L˜ARIA ha un aspetto raffinato e contemporaneo. Le ampie finestre offrono viste panoramiche, come i superbi scorci su Cernobbio e la sponda ovest che si godono dall'elegante terrazza. La proposta gastronomica dello chef Massimiliano Blasone è definita cosmopolita, con evidenti influenze orientaleggianti: si può quindi scegliere tra crudi, tempura, robata (tecnica giapponese che prevede la cottura degli alimenti direttamente sul fuoco), ma non mancano primi piatti tradizionali, interpretati sempre con gusto contemporaneo. Una pausa al bar per un aperitivo o un cocktail dopo cena è vivamente consigliata.
🈁 ⟨⟩ – Prezzo: €€€€

Via Enrico Caronti 69 – 𝒞 031 32511 – mandarinoriental.com/it/lake-como/blevio/dine/l-aria – Chiuso lunedì e a mezzogiorno da martedì a domenica

BOBBIO

✉ 29022 – Piacenza (PC) – Carta regionale n° **9**–A1

ENOTECA SAN NICOLA

DEL TERRITORIO • **RUSTICO** In un antico convento del '600 nel cuore della Bobbio storica, atmosfera molto intima per una cucina che si riappropria del territorio con piatti dai gusti decisi e rispettosi delle stagioni. Per gli appassionati, la cantina annovera etichette che risalgono fino al 1936 di un Marsala Stravecchio.
🈁 ⟨⟩ – Prezzo: €

Contrada di San Nicola 11/a – 𝒞 0523 932355 – ristorantesannicola.it – Chiuso lunedì e martedì

PIACENTINO

EMILIANA • **FAMILIARE** Nel centro storico, la tradizione familiare continua da più di un secolo all'insegna di salumi, paste e secondi di carne in questo piacevole ristorante che dispone anche di un delizioso giardino estivo. Per prolungare il soggiorno, camere con letti in ferro battuto e mobili in arte povera o stanze più moderne.
🅰🈁 ⟨⟩🅿 – Prezzo: €€

Piazza San Francesco 19 – 𝒞 0523 936266 – hotelpiacentino.it

BODIO LOMNAGO

✉ 21020 – Varese (VA) – Carta regionale n° **5**–A1

VILLA BARONI

CLASSICA • **ACCOGLIENTE** Romantica struttura in riva al lago dagli ambienti accoglienti ed eleganti ed una splendida terrazza per il servizio estivo; la cucina riserva una grande attenzione alle materie prime stagionali in ricette classiche e perlopiù di pesce. Nelle camere atmosfera provenzale ed intima.

⇔ 🛖 🅿 – Prezzo: €€

Via Acquadro 12 – ℰ 0332 947383 – villabaroni.it – Chiuso martedì e lunedì sera

BOLGHERI

✉ 57020 – Livorno (LI) – Carta regionale n° **11**–B2

🐢 OSTERIA MAGONA

TOSCANA • **CASA DI CAMPAGNA** La location vale già la sosta, soprattutto d'estate sotto il bel pergolato. Si tratta, infatti, di un bel casolare immerso nella campagna tra Bolgheri e Castagneto Carducci, attorniato da ulivi e vigneti. In cucina regna la carne, cotta alla brace, insieme ad altre tipiche ricette toscane. Anche la selezione enoica non si sottrae all'impronta locale con rossi della zona addirittura degli anni Settanta.

♿ 🍴 🛖 🅿 – Prezzo: €

Località Vallone dei Messi 199, SP 16/b km 2,400 – ℰ 0565 762173 – osteriamagona.com – Chiuso lunedì

OSTERIA DEL TASSO

ITALIANA • **CASA DI CAMPAGNA** A poca distanza dal viale di cipressi del Carducci, in una delle zone vinicole più rinomate d'Italia, ci troviamo proprio nel ristorante di una delle aziende più famose: Guado al Tasso. Col bel tempo si mangia di fronte ai vigneti, all'ombra di platani ad ombrello. Cucina semplice e per lo più tradizionale, ma appetitosa e ben fatta; salumi e griglia tra le specialità. Approfittate della carta dei vini, vista la possibilità di scegliere anche al bicchiere alcune etichette della celebre cantina!

⇔ 🛖 🅿 – Prezzo: €€

Via Bolgherese km 3,9, località San Walfredo – ℰ 0565 182 8061 – osteriadeltasso.com – Chiuso martedì

BOLOGNA

✉ 40121 – Bologna (BO)
Carta regionale n° **9**–C2

Dotta, Rossa e Grassa

Il primo aggettivo è legato alla presenza dell'università più antica del mondo (1088), il secondo ai riflessi dei mattoni con i quali fin dal Medioevo sono stati costruiti i suoi edifici e il terzo allude alla sua cucina, sostanziosa e opulenta. La città abbonda di specialità a base di carne di maiale e pasta all'uovo: mortadella, tortellini – asciutti o in brodo –, lasagne e il succulento ragù di carne mista, detto infatti "alla bolognese", tipicamente usato per condire le tagliatelle.

🕸 **I PORTICI**

CREATIVA • LUSSO La coreografica sala è stata ricavata in quello che era un antico café-chantant di fine Ottocento, il Teatro Eden. Sotto ad un soffitto affrescato con belle opere Liberty, la cucina – affidata al giovane e capace Nicola Annunziata – si ispira al Mediterraneo con ingredienti calibrati con raffinatezza ed equilibrio. Il suo percorso è declinato in tre possibili formule di degustazione di 9 (a sorpresa), 7 e 5 portate, con possibile wine pairing affidato alla competenza di Riccardo Ricci. Se desiderate un ambiente più appartato e romantico, prenotate invece un tavolo nella ghiacciaia del XIV secolo, con pavimento in vetro sopra la fornitissima cantina.
🕸 ⏇ 🅰🅲 ⇨ – Prezzo: €€€€

Pianta: C1-1 – *Via dell'Indipendenza 69 – ℰ 051 421 8562 – iporticihotel.com – Chiuso lunedì, domenica e a mezzogiorno da martedì a giovedì*

🕸 **AHIMÈ**

Chef: Lorenzo Vecchia

DEL TERRITORIO • ALLA MODA Poco distante dal caratteristico Mercato delle Erbe, Ahimè propone una cucina che parte dai prodotti del territorio per proporre ricette fantasiose, attente alla sostenibilità e alla stagionalità dei prodotti. Vini bio e un servizio conviviale, ma al tempo stesso professionale.

🕸 *L'impegno dello chef:* Ahimè, ristorante plastic free, porta in tavola nel centro di Bologna le verdure del proprio orto coltivato nella campagna circostante secondo i principi della biodinamica. Quasi tutte le carni provengono da allevamenti di proprietà, in cui gli animali vivono allo stato semi brado; la piccola parte restante è costituita da animali acquistati interi da aziende sostenibili.
🅰🅲 – Prezzo: €€

Pianta: B2-14 – *Via San Gervasio 6/e – ℰ 051 498 3400 – ahime.it – Chiuso domenica e lunedì a mezzogiorno*

☺ AL CAMBIO

EMILIANA • **CONTESTO CONTEMPORANEO** Fuori dai circuiti turistici, un locale di schietta cucina bolognese e non solo, con piatti di terra e di mare generosi e ben preparati, che rispettano la stagionalità dei prodotti. In una giornata autunnale abbiamo apprezzato i tortellini in doppio brodo di carne "come una volta", un bel piatto fumante con un brodo denso e saporito e pasta fatta rigorosamente in casa. Spesso affollato anche a pranzo, meglio prenotare.

🅰🅲 🅿 – Prezzo: €€

Via Stalingrado 150 – 𝒞 051 328118 – ristorantealcambio.it – Chiuso domenica e sabato a mezzogiorno

☺ OSTERIA BARTOLINI

PESCE E FRUTTI DI MARE • **ALLA MODA** Un locale giovane, piacevole e conviviale, dove la tradizione marina romagnola risale fino a Bologna mantenendo intatta la freschezza del pesce e la sapidità dei piatti, che sono semplici, ma convincenti nel gusto. Il fritto misto - in diverse proposte - è sempre il piatto forte della casa, accanto ad altri classici di mare. Col bel tempo, c'è anche un gradevole servizio all'aperto sotto un enorme platano secolare.

♿ 🅰🅲 🍴 – Prezzo: €

Pianta: B2-2 – *Piazza Malpighi 16 – 𝒞 051 262192 – osteriabartolinibologna.com*

☺ TRATTORIA DI VIA SERRA

EMILIANA • **TRATTORIA** Alla Bolognina, storico quartiere operaio e oggi multietnico della città, vale la pena abbandonare le tradizionali rotte turistiche del centro per provare questa trattoria semplice e informale, governata dalla gran simpatia di Flavio Benassi in sala e dalla maestria di Tommaso Maio in cucina: un perfetto mix di convivialità e accoglienza dov'è sempre meglio prenotare, anche a pranzo. La tradizione regionale viene celebrata a grandi livelli, dalle paste fresche (ottimi i tortellini in brodo) alla zuppa inglese.

🅰🅲 – Prezzo: €

Fuori pianta – *Via Luigi Serra 9/b – 𝒞 051 631 2330 – trattoriadiviaserra.it – Chiuso lunedì e domenica e martedì sera*

ACQUA PAZZA

PESCE E FRUTTI DI MARE • **AMBIENTE CLASSICO** Il locale non è in centro, ma se avete voglia di mangiare dell'ottimo pesce, per lo più del Mediterraneo e selezionato personalmente dallo chef-patron, vale la pena spostarsi un po' fuori città. Apprezzabili anche le cotture, semplici e rispettose della materia prima. Interessante carta dei vini con oltre 200 etichette di Champagne.

🅰🅲 🍴 – Prezzo: €€€

Fuori pianta – *Via Murri 168/d – 𝒞 051 443422 – Chiuso lunedì, martedì a mezzogiorno e domenica sera*

ALL'OSTERIA BOTTEGA

EMILIANA • **SEMPLICE** Sotto ai portici di una via semi nascosta e defilata del centro cittadino troverete la cucina emiliana realizzata come tradizione vuole, senza divagazioni o reinterpretazioni, ma esaltata nelle sue ricette più tipiche. Dalla straordinaria selezione di salumi e formaggi ai dolci, passando per le paste fresche, le carni e i vini, in preponderanza locali. Una vera festa!

🅰🅲 🍴 – Prezzo: €€

Pianta: A2-8 – *Via Santa Caterina 51b/55 – 𝒞 051 585111 – osteriabottega.it – Chiuso lunedì e domenica*

CORBEZZOLI

ITALIANA CONTEMPORANEA • **CONTESTO CONTEMPORANEO** Alle porte della città, ospitato nel complesso del Relais Bellaria, un ristorante di tono

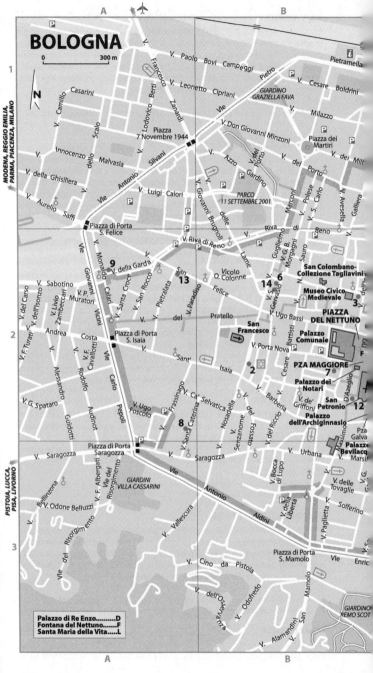

BOLOGNA

0   300 m

N

MODENA, REGGIO EMILIA, PARMA, PIACENZA, MILANO

PISTOIA, LUCCA, PISA, LIVORNO

V. Paolo Bovi Campeggi
Pietro
Pietramella
V. Leonetto Cipriani
V. Cesare Boldrini
GIARDINO GRAZIELLA FAVA
Francesco
V. Milazzo
Casarini
Zanardi
Berti
Lodovico
V. Don Giovanni Minzoni
Piazza dei Martiri
Piazza 7 Novembre 1944
V. dei Mill
Innocenzo
Scalo
dello
Malvasia
Silvani
Antonio
V. Azzo Gardino
V. del Porto
Marconi
Polese
V. S. Carlo
V. Avesella
Galliera
V. della Ghisiliera
Vle
V. Luigi Calori
V. Giovanni Brugnoli
PARCO 11 SETTEMBRE 2001
V. Aurelio Saffi
V. Riva di Reno
Reno
Piazza di Porta S. Felice
V. Riva di Reno
delle Lame
Guglielmo
V. G. B. Morgagni
Sauro
V. della Garda
V. Monaldo Calari
Vicolo O. Colonne
9
San
V. Santa Croce
V. San Rocco
Pietralata
13
Felice
14
6
San Colombano-Collezione Tagliavini
V. Sabotino
V. del Carso
V. Giovanni Calari
V.P. Muratori
Vicini
V. San Rocco
V. Paradiso
V. del Pratello
3
Museo Civico Medievale
V. Gervasio
V. Livio Zambeccari
V. dell'Isonzo
Andrea
Costa
Piazza di Porta S. Isaia
Vle
Carlo
Sant'
San Francesco
V. Ugo Bassi
V. Battisti
PIAZZA DEL NETTUNO
Palazzo Comunale
F
V. F. Turati
Rodolfo
Cavallotti
Isaia
2
V. Porta Nova
V. Cesare Battisti
PZA MAGGIORE
7
V. Alessandro
Guidotti
V. G. Spararo
Audinot
V. Ugo Foscolo
Frassinago
Ca' Selvatica
Nosadella
V. Senzanome
del Fossato
V. del Riccio
Barberia
V. de' Griffoni
Palazzo dei Notari
San Petronio
D'Azeglio
12
V. Saragozza
Pepoli
8
V. Santa Caterina
Palazzo dell'Archiginnasio
Pza Galva
Palazzo Bevilacq
V. Marsi
Piazza di Porta Saragozza
Saragozza
V. Urbana
Maximo
Bellinzona
V. F. Albergati
Vle del Risorgimento
GIARDINI VILLA CASSARINI
Antonio
Aldini
V. Bocca di Lupo
V. della Libertà
V. delle Tovaglie
V.G.
V. Odone Belluzzi
V. del Risorgimento
V. Vallescura
V. Paglietta
Solferino
V. Cino da Pistola
Piazza di Porta S. Mamolo
Vle
Enric
V. dell'Osservanza
Oddofredo
Mamolo
San
GIARDINO REMO SCOT
V. Alamandini

Palazzo di Re Enzo	D
Fontana del Nettuno	F
Santa Maria della Vita	L

140

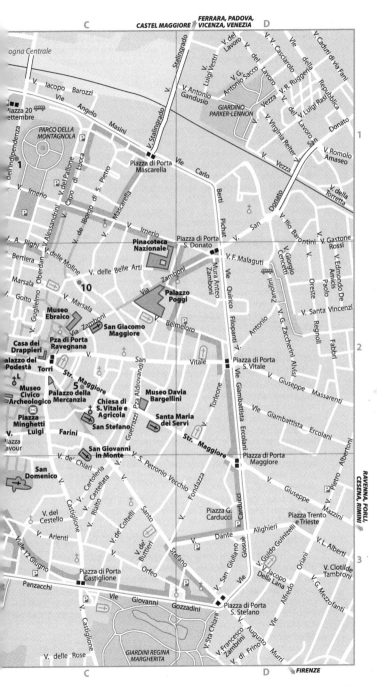

contemporaneo in cui si propone una cucina altrettanto moderna che spazia dal vegetariano, alla terra e al mare con la formula di tre menù degustazione o scelta alla carta. In cucina un cuoco campano mixa con sapienza sapori e odori della sua terra con quelli dell'Emilia "adottiva" in piatti sempre generosi e colorati.

&. AC P – Prezzo: €€

Fuori pianta – *Via Altura 11 bis* – ✆ *051 056 2651* – *corbezzoli.com* – *Chiuso domenica*

I CARRACCI

CLASSICA • CONTESTO STORICO Il soffitto interamente rivestito da meravigliosi affreschi della scuola dei Carracci – grandi pittori bolognesi del XVI secolo – è già un valido spunto per scegliere il locale per le proprie pause gourmet. Ma la cucina fa la sua parte: lo chef ha impostato una linea gastronomica all'insegna di una creatività mai spinta agli eccessi, che si esprime in tre percorsi, di cui uno vegetariano. La proposta fine dining è riservata alla cena, mentre a pranzo il menu è più classico.

AC – Prezzo: €€€

Pianta: B2-3 – *Via Manzoni, 2* – ✆ *051 225445* – *grandhotelmajestic.duetorrihotels.com*

LA PORTA RESTAURANT

CREATIVA • DESIGN All'interno di un'avveniristica struttura, distesa come un ponte sulla via Stalingrado, La Porta Restaurant è uno spazio poliedrico: dal garage si accede alle leccornie del caffè, a pranzo apre il bistrot con proposte semplici, mentre per i gourmet l'appuntamento è serale con il ristorante dalle eleganti decorazioni in legno e cucina creativa, talvolta su basi regionali.

&. AC 🍴 ♻ P – Prezzo: €€€

Fuori pianta – *Piazza Vieira de Mello 4* – ✆ *051 415 9491* – *laportadibologna.it* – *Chiuso domenica e a mezzogiorno da lunedì a sabato*

LING'S RAVIOLERIA MIGRANTE

ASIATICA • SEMPLICE In un tranquillo quartiere residenziale una giovane coppia gestisce con passione questo minuscolo locale (grazie al suo successo è indispensabile prenotare!): una ventina di posti all'interno e qualche tavolino all'esterno in estate. La proposta parte dai ravioli cinesi per allargarsi poi a una cucina "migrante" cioè, per dirla con le loro parole, "che trae ispirazione da varie cucine del mondo, sicuramente quella asiatica, il Mediterraneo, la Francia, l'Italia con al cuore l'Emilia Romagna". Un esempio? Coppa di Mora romagnola Peking style oppure gamberi rosa dell'Adriatico marinati nel mirin e salsa di soia. I piatti cambiano giornalmente secondo le disponibilità del mercato e l'estro della cucina. Da bere tè, birra o una piccola selezione di vini.

AC – Prezzo: €

Fuori pianta – *Via Leandro Alberti 34/2c* – ✆ *351 577 1536* – *lingsravioleriamigrante.com* – *Chiuso lunedì, domenica e a mezzogiorno martedì, mercoledì, giovedì, sabato*

OLTRE.

EMILIANA • DI TENDENZA Nel vivace quartiere del Mercato delle Erbe, la porta d'ingresso del locale addobbata con centinaia di adesivi farà pensare ad un negozio di vinili. Si tratta, invece, di un locale dal look contemporaneo in cui si serve, anche al banco bar o sull'originale tavola da surf subito oltre l'ingresso, una cucina con radici nel territorio ma che spazia con modernità e competenza anche in altri angoli del mondo. Per iniziare o concludere la serata anche una scelta di cocktail. Prenotazione indispensabile.

AC – Prezzo: €€

Pianta: B2-6 – *Via Majani 1/b* – ✆ *051 006 6049* – *oltrebologna.it* – *Chiuso martedì, mercoledì e a mezzogiorno giovedì e venerdì*

POSTA

TOSCANA • CONTESTO TRADIZIONALE Un angolo di Toscana a Bologna: qui le celebri zuppe, come la ribollita e la pappa col pomodoro, si alternano a pappardelle con il cinghiale, trippa, peposo e naturalmente alle fiorentine. Anche molti vini sono toscani, ma con le tagliatelle e i tortellini si torna a giocare in casa! Durante la bella stagione piacevole servizio sotto i portici.

🏧 🍴 ♻ – Prezzo: €

Pianta: A2-9 – *Via della Grada 21/a – ☎ 051 649 2106 – ristoranteposta.it – Chiuso lunedì e a mezzogiorno martedì e mercoledì*

SALE GROSSO

MEDITERRANEA • BISTRÒ Ristorante in stile bistrot, semplice nell'impostazione, ma dalla cucina ben fatta e prevalentemente di gusto mediterraneo; il mare è molto presente nei piatti, sebbene non manchino ricette vegetariane e qualche specialità vegana.

🏧 🍴 – Prezzo: €€

Pianta: C2-10 – *Vicolo De' Facchini 4/a – ☎ 051 231721 – Chiuso lunedì e domenica*

SETA SUSHI RESTAURANT

GIAPPONESE • BISTRÒ È una storia di amicizia e passione per la cucina giapponese ad avere spinto due giovani soci ad aprire, nel cuore di Bologna e all'interno di una corte dalle origini medievali, questo raccolto e accogliente locale, un moderno bistrot con servizio estivo all'aperto per la bella stagione. Partendo da materie prime di assoluta qualità viene proposta una bella selezione di piatti della tradizione nipponica, talvolta arricchiti da variazioni personali. Se non siete esperti della materia, Maurilio in sala saprà indirizzarvi con simpatia e competenza, anche per l'accompagnamento con i saké nel caso vogliate immergervi completamente nel mood orientaleggiante.

🏧 🍴 – Prezzo: €€

Pianta: C2-5 – *Corte Isolani 2 – ☎ 051 003 9367 – setasushirestaurant.com – Chiuso sabato, domenica e lunedì a mezzogiorno*

SOTTO L'ARCO

ITALIANA • AMBIENTE CLASSICO Villa Aretusi è una gradevole villa del Seicento cinta dal proprio giardino, alle porte di Bologna. Al 1° piano (con ascensore) si trova il ristorante gourmet Sotto l'Arco dove un esperto chef propone piatti di cucina italiana, moderna ed interessante; al piano terra, invece, va in scena la tradizione emiliana della Trattoria.

🍴 ♿ 🏧 🍴 🅿 – Prezzo: €€€

Fuori pianta – *Via Aretusi 5 – ☎ 051 619 9848 – villa-aretusi.it/ristorante-sotto-arco – Chiuso lunedì, domenica e a mezzogiorno martedì, mercoledì, venerdì, sabato*

TRATTORIA BATTIBECCO

CLASSICA • AMBIENTE CLASSICO In un vicolo centrale, un locale di classe e di tono elegante, che spicca nel panorama della ristorazione cittadina per la cucina che riesce con agilità a dividersi tra tradizione e proposte di mare.

🏧 🍴 – Prezzo: €€

Pianta: B2-7 – *Via Battibecco 4/b – ☎ 051 223298 – battibecco.com – Chiuso domenica e a mezzogiorno da lunedì a sabato*

TRATTORIA DA ME

EMILIANA • CONVIVIALE Frequentatissima e vivace, la trattoria dell'energica Elisa deve il suo successo ad un riuscito mix tra piatti legati alla tradizione - dove spiccano le paste fresche, in vendita nel negozio accanto, preparate dalle

143

sfogline - e specialità che impiegano tecniche più contemporanee, come il doppio brodo di parmigiano, bottoni di bollito bolognese, limone e peperoncino. Al vostro gusto la scelta, un piatto bolognese seguito da un'idea originale potrebbe essere, però, il percorso più divertente. Ultima novità: la possibilità di utilizzare il dehors anche d'inverno.

🏧 🛏 ⇔ – Prezzo: €€

Pianta: A2-13 – *Via San Felice 50/a* – ✆ *051 555486* – *trattoriadame.it* – *Chiuso lunedì*

VICOLO COLOMBINA

TRADIZIONALE • DI QUARTIERE In pieno centro, fra i vicoletti adiacenti il mercato e piazza Maggiore, piatti tendenzialmente tradizionali di carne con qualche alternativa vegetariana. Due salette piuttosto moderne negli arredi e una lista dei vini che concede grande spazio all'enologia regionale.

🏧 🛏 – Prezzo: €€

Pianta: B2-12 – *Vicolo Colombina 5/b* – ✆ *051 233919* – *vicolocolombina.it* – *Chiuso martedì e domenica sera*

BOLZANO

✉ 39100 – Bolzano (BZ) – Carta regionale n° **6**–A2

😊 ## VÖGELE

REGIONALE • CONTESTO TRADIZIONALE Se è vero che le origini del locale vanno indietro nel tempo sino al Medioevo, è altrettanto vero che la famiglia Alber ha festeggiato nel 2023 i 30 anni di gestione! Sempre all'insegna di una semplice cucina regionale, abbondante nelle porzioni e senza fronzoli nella realizzazione quasi casalinga: canederli, rosticciata di carne, strudel e schmarren con mirtilli, da gustare in diversi ambienti, dalla stube al pianterreno alla sala più classica al primo piano e nella sala leggermente più moderna al secondo. Sempre molto frequentato, sia dai locali sia dai turisti, si raccomanda di prenotare!

🛏 – Prezzo: €€

Via Goethe 3 – ✆ *0471 973938* – *voegele.it/it* – *Chiuso domenica e sabato sera*

LAURIN

MODERNA • LIBERTY Nella sontuosa cornice del prestigioso Parkhotel Laurin, il ristorante è tra i riferimenti cittadini. Dagli interni in stile Liberty della stagione fredda, in estate si passerà ai tavolini all'ombra degli alberi del parco. La cucina, dall'anima classica, si concede qualche apertura moderna nella citazione di ingredienti o tecniche da tutta Italia e talvolta anche dall'estero, come nel caso della terrina di trota e porro alla brace rinchiusi in alga nori a formare un fiore. Troverete, quindi, cucina di terra e di mare e un piccolo spazio dedicata alla tradizione locale.

�# 🏧 🛏 – Prezzo: €€€

Via Laurin 4 – ✆ *0471 311000* – *laurin.it* – *Chiuso domenica a mezzogiorno*

LOEWENGRUBE

MODERNA • CONTESTO TRADIZIONALE È dal 1500 che tra queste mura si fa ristorazione, rendendo le sue origini tra le più antiche di Bolzano. Oggi è un elegante ristorante che presenta una cucina ben equilibrata tra richiami alla tradizione locale ed aperture mediterranee, come nel caso dei piatti a base di pesce. Un paio di esempi? Il polipo di scoglio alla mediterranea e la zuppa di pesce. Nella bellissima cantina riposano circa 1000 etichette, che spaziano dal territorio aprendosi all'Italia intera, ma anche a suggestioni internazionali.

🏵 🏧 🛏 ⇔ – Prezzo: €€

Piazza della Dogana 3 – ✆ *0471 970032* – *loewengrube.it* – *Chiuso domenica*

MARECHIARO

PESCE E FRUTTI DI MARE • **ELEGANTE** Atmosfera raffinata ed elegante, che diventa romantica la sera: da oltre 20 anni è Il ristorante da scegliere a Bolzano se desiderate mangiare pesce nelle più classiche ricette della tradizione marinara italiana, che puntano sui sapori e sulla qualità del pescato (per la maggior parte dal mar Mediterraneo). Gestito da due simpatici fratelli di origini napoletane, questo spiega anche qualche riferimento campano tra le proposte e soprattutto un'ottima pizza. A pranzo scelta più semplice.

🅺 🏠 – Prezzo: €€€

Via Vicenza 14 – ℰ 0471 402319 – marechiarobolzano.it – Chiuso lunedì

ZUR KAISERKRON

MEDITERRANEA • **CONTESTO CONTEMPORANEO** "Corona Imperiale", nel centro di Bolzano al pianterreno del gradevole Palazzo Pock, che domina la piazza, gli ambienti si fanno eleganti e contemporanei sotto scenografiche volte, mentre la cucina mostra una certa attrazione per i sapori mediterranei, anche in questo caso interpretati in modo contemporaneo.

♿ 🅺 🏠 – Prezzo: €€€

Piazza della Mostra 1 – ℰ 0471 028000 – ristorantezurkaiserkron.it – Chiuso lunedì, martedì, domenica

BOLZONE

✉ 26010 – Cremona (CR) – Carta regionale n° **5**–C2

TRATTORIA VIA VAI

LOMBARDA • **AMBIENTE CLASSICO** Piacevole trattoria di campagna con grazioso servizio estivo affacciato sul giardino, in un ambiente semplice e familiare si celebrano - oltre al manzo e al fegato grasso - le specialità del territorio, dal salame locale agli animali di cortile, nonché i celebri tortelli dolci cremaschi.

🅺 🏠 – Prezzo: €€

Via Libertà 18 – ℰ 0373 268232 – trattoriaviavai.it – Chiuso martedì, mercoledì e a mezzogiorno lunedì, giovedì, venerdì

BORDIGHERA

✉ 18012 – Imperia (IM) – Carta regionale n° **10**–A3

MAGIARGÈ OSTERIA CONTEMPORANEA ⓝ

LIGURE • **CONTESTO STORICO** Nelle salette quasi scavate nella roccia di questo locale caratteristico e vivace, situato nella parte alta e storica di Bordighera, si è installato un cuoco locale con esperienze variegate che presenta una cucina prettamente ligure, e non esclusivamente di mare, accompagnata da una ricca ed esauriente lista vini di tono anche internazionale con un'adeguata selezione di Champagne. Servizio premuroso.

🕸 🅺 🏠 – Prezzo: €€

Via Dritta 2 – ℰ 0184 262946 – Chiuso lunedì e martedì

ROMOLO MARE

PESCE E FRUTTI DI MARE • **STILE MEDITERRANEO** Davanti al mare e all'interno di uno stabilimento balneare, atmosfera molto rilassata ma signorile grazie alla professionalità dei Giordano. Ristoratori di lungo corso, propongono un'ottima cucina di mare con grande attenzione ai crudi. Giornalmente anche dei fuori carta in base al pescato; interessanti vini locali.

🏠 – Prezzo: €€

Lungomare Argentina 1 – ℰ 0184 261105 – amareabordighera.it

BORGHETTO DI BORBERA

✉ 15060 – Alessandria (AL) – Carta regionale n° **1**–D3

⊛ IL FIORILE

PIEMONTESE • **CASA DI CAMPAGNA** Quasi come in una cartolina, il calore di un vecchio fienile immerso nel silenzio dei boschi induce a riscoprire i profumi e le ricette del passato, grazie anche ad un grande impiego di prodotti a km 0.

🚪🏡 **P** – Prezzo: €€

Via XXV Aprile 6, frazione Castel Ratti – ℰ 0143 697303 – ilfiorile.com/ristorante – Chiuso lunedì, martedì e a mezzogiorno da mercoledì a venerdì

BORGIO VEREZZI

✉ 17022 – Savona (SV) – Carta regionale n° **10**–B2

DOC

CLASSICA • **ELEGANTE** All'interno di una signorile villetta di inizio Novecento cinta da un grazioso giardino - a cui si è aggiunto uno spazio adibito ad arte ed eventi - un ristorante dall'ambiente raccolto ed elegante che ha festeggiato nel 2022 i 40 anni di attività. Buona cucina regionale eseguita con cura.

🚪🏡 ⇔ – Prezzo: €€

Via Vittorio Veneto 1 – ℰ 019 611477 – Chiuso lunedì-giovedì e a mezzogiorno venerdì e sabato

BORGO VERCELLI

✉ 13012 – Vercelli (VC) – Carta regionale n° **1**–C2

OSTERIA CASCINA DEI FIORI

PIEMONTESE • **RUSTICO** Lunga tradizione da parte della premurosa famiglia Milan, che in un'atmosfera accogliente e classica, con molto legno negli arredi e nel soffitto a travi, propone una cucina legata alla regione e alla stagionalità delle materie prime. Risotto alle rane e fiori di zucca fra i must.

🅰️ ⇔ **P** – Prezzo: €€

Regione Forte – ℰ 0161 32827 – Chiuso lunedì e domenica sera

BORGOMANERO

✉ 28021 – Novara (NO) – Carta regionale n° **1**–C1

/GU.STÀ.RE/ OLTRECUCINA

MODERNA • **CONTESTO CONTEMPORANEO** Un bel locale contemporaneo dai toni colorati e minimalisti ubicato in pieno centro. La cucina trae spunto dalla tradizione regionale piemontese e la giovane e brava chef Valentina Maioni mette passione e ottimi prodotti in ricette rielaborate con tocchi fantasiosi.

♿ 🅰️ – Prezzo: €€

Via Antonio Gramsci 20/b – ℰ 345 977 8016 – gustareoltrecucina.it – Chiuso lunedì e domenica

PINOCCHIO

PIEMONTESE • **CONTESTO TRADIZIONALE** Nel delizioso giardino che circonda questo glorioso ed elegante ristorante nella bella stagione è possibile prenotare un sostanzioso aperitivo, così come accomodarsi per cenare à la carte. Le ricette si rifanno alla tradizione gastronomica piemontese rivisitate in chiave moderna, a cui si accompagnano proposte più attuali con abbinamenti originali. Sempre presenti carne e pesce (anche di lago), nonché alcuni dei piatti storici della casa.

⚇ ⛨🄼🎋↺🅿 – Prezzo: €€€

Via Matteotti 147 – ☏ 0322 82273 – ristorantepinocchio.it – Chiuso mercoledì e domenica sera

BORGONATO

✉ 25040 – Brescia (BS) – Carta regionale n° **5**–D1

⚇ **DUE COLOMBE**

Chef: Stefano Cerveni

DEL TERRITORIO • ELEGANTE La forte creatività dello chef non rinuncia a ricercare le proprie radici, dando vita a un'indovinata reinterpretazione delle tradizioni contadine. Una cucina di grande qualità e per gli ispettori vale veramente la pena spingersi fino a questo borgo millenario per cenare nella chiesetta sconsacrata, tra volte di mattoni. È qui che si celebra la preziosa cucina di un ristorante che propone citazioni storiche di piatti divenuti ormai irrinunciabili classici, estraibili – a piacere – dai tre menu degustazione. Come il manzo all'olio con polenta dalle mani dei frati: nonna Elvira lo proponeva nel lontano dopoguerra, Stefano ne osserva scrupolosamente la ricetta. Gli amanti del pesce troveranno in menu anche qualche piatto di mare. Per la scelta enoica affidatevi senza esitazione ai consigli e alla passione di Federica: non ve ne pentirete!

⚇ 🄼↺ – Prezzo: €€€

Via Foresti 13 – ☏ 030 982 8227 – duecolombe.com – Chiuso lunedì-mercoledì, giovedì a mezzogiorno e domenica sera

BORGONOVO VAL TIDONE

✉ 29011 – Piacenza (PC) – Carta regionale n° **9**–A1

⚇ **LA PALTA**

Chef: Maria Luisa Mazzocchi

DEL TERRITORIO • ELEGANTE Ancora in pianura, ma ai piedi dei colli che già si intravedono in lontananza, quella che sembra una tipica casa di campagna si apre all'interno su una sala elegante, che termina in una sorta di veranda con finestre sul giardino e il verde della bassa piacentina. Un'atmosfera piacevolissima e rilassante, ideale per un pasto elegante ma non ingessato. In carta c'è qualche riferimento ad ingredienti e ricette locali, insieme all'ottima focaccia con i ciccioli servita con i lievitati, specialità del posto. La cucina è fondamentalmente creativa, ma in modo misurato, senza strafare, con l'obiettivo primario di soddisfare il palato, piuttosto che di stupire. L'ispettore consiglia: asina arrostita, la sua guancia all'olio e uova di saracca con "gorgnalini", rispettivamente aringa e cicoria da campo che aggiungono quel pizzico di amaro, e di verde vivo, a un piatto squisito!

⚇ 🄼🎋🅿 – Prezzo: €€€

Località Bilegno – ☏ 0523 862103 – lapalta.it – Chiuso lunedì e domenica sera

NOVO OSTERIA Ⓝ

CONTEMPORANEA • COLORATO Questo edificio risalente all'XI secolo nacque come convento per trasformarsi poi in locanda. Chiusa agli inizi di questo secolo, è ritornata oggi – dopo un totale restauro che non ha tradito le sue caratteristiche architettoniche – alla sua funzione di luogo d'accoglienza. Oltre al ristorante, dove la tradizione locale è declinata all'insegna della modernità e del buon gusto (noi abbiamo apprezzato particolarmente gli gnocchi allo zabaione salato ai funghi porcini, topinambur e ribes), a disposizione anche sette camere all'interno dell'annessa Locanda Borgo Impero.

♿🄼🎋↺ – Prezzo: €€€

Piazza De Cristoforis 30 – ☏ 0523 340175 – novo-osteria.it – Chiuso lunedì e martedì

BORGORICCO

✉ 35010 – Padova (PD) – Carta regionale n° **8**–B2

❀ **STORIE D'AMORE**

Chef: Davide Filippetto

MODERNA • **INTIMO** Nella provincia padovana, sono due i titolari di questo ristorante, Davide Filippetto ai fornelli e Massimo Foffani nella sala, piccola e accogliente. La cucina è complessa ed elaborata. Lo chef ama declinare i prodotti in
svariate preparazioni per darne più di una interpretazione gastronomica, oppure
li combina con fantasia e abbondanza di abbinamenti. In tanta generosità, non
manca una vasta cantina.

🐝 ♿ 🅰 🍽 ⇄ 🅿 – Prezzo: €€€€

Via Desman 418 – ☎ 049 933 6523 – storiedamorerestaurant.it – Chiuso giovedì

BOVES

✉ 12012 – Cuneo (CN) – Carta regionale n° **1**–B3

DA POLITANO

DEL TERRITORIO • **CONTESTO TRADIZIONALE** In cucina papà Claudio e il figlio
Luca, ricco di numerose esperienze in importanti ristoranti, rinnovano le tradizioni
locali con piatti talvolta più contemporanei, accattivanti e generosi, presentati in
una carta che prevede anche una alternativa di pesce. Il risultato è una cucina di
qualità, servita in sala anche dalla mamma con gentilezza e passione.

🅰 🍽 – Prezzo: €€

*Via Santuario 125 – ☎ 0171 380383 – hotelpolitano.it – Chiuso lunedì e martedì e
domenica sera*

BRA

✉ 12042 – Cuneo (CN) – Carta regionale n° **1**–B3

😊 **BATTAGLINO**

PIEMONTESE • **SEMPLICE** È dal lontano 1919 che una gestione familiare - giunta
ormai alla quarta generazione - oggi al femminile propone i più tradizionali piatti
piemontesi, ma anche cene naturali con menù ispirati alle cucine del mondo e
ricette preparate senza prodotti di origine animale, elaborate ispirandosi agli insegnamenti della macrobiotica. Particolarmente grazioso è accomodarsi all'aperto
quando il glicine è fiorito.

🅰 🍽 – Prezzo: €

*Piazza Roma 18 – ☎ 0172 412509 – ristorantebattaglino.it – Chiuso lunedì e
domenica sera*

😊 **BOCCONDIVINO**

PIEMONTESE • **SEMPLICE** Vi si accede attraversando il cortile interno di un
caratteristico edificio d'epoca, dove si svolge anche il servizio all'aperto nella bella
stagione. In carta una gustosa carrellata di tipicità piemontesi, dalla salsiccia per
cui Bra è famosa ai tajarin "40 tuorli", dal coniglio grigio di Carmagnola al bonet, il
tutto in sale semplici ed informali che tendono a riempirsi, quindi meglio prenotare
anche a pranzo. Siamo nella sede storica di Slow Food!

🍽 ⇄ – Prezzo: €

*Via Mendicità Istruita 14 – ☎ 0172 425674 – osteriadellarco.it/boccodivino/ita/
osteria.asp – Chiuso lunedì*

😊 **OSTERIA LA PIMPINELLA** ⓝ

CONTEMPORANEA • **CONVIVIALE** Nel centro storico ma nei pressi di una
piazza con parcheggio, una moderna osteria dove la tradizione piemontese si fa

più attuale senza perdere i necessari punti di riferimento. Quindi vitello tonnato (ottimo, ve lo assicuriamo), tajarin, salsiccia di Bra, stracotti (squisito il guanciotto morbido di maialino)... Piatti sempre generosi, ben presentati, accattivanti anche per gli occhi oltre che per il palato. Alla conduzione una coppia appassionata, al servizio gentilezza e competenza declinate al femminile.

&. 🅰️ – Prezzo: €€

Via San Rocco 70 – ☎ 333 525 9801 – osterialapimpinella.it – Chiuso martedì e a mezzogiorno lunedì, mercoledì, giovedì, venerdì

BRACCA

✉ 24010 – Bergamo (BG) – Carta regionale n° **5**–C1

🙂 **DENTELLA**

DEL TERRITORIO • **FAMILIARE** Nel pittoresco paesaggio della Val Serina, gestione e ambiente sono tipicamente e squisitamente familiari. In carta una selezione ristretta di piatti perlopiù locali; tra le specialità la bresaola orobica, salumi e formaggi, casoncelli, funghi e naturalmente la polenta in tante versioni, bergamasca e taragna, semplice o con strachitunt o con uova all'occhio di bue. Col bel tempo c'è anche una terrazza panoramica.

🍹 – Prezzo: €

Via Dentella 25 – ☎ 0345 97105 – trattoriadentella.com – Chiuso lunedì

BRENNERO

✉ 39041 – Bolzano (BZ) – Carta regionale n° **6**–A1

ARTIFEX 🅽

Chef: Tina Marcelli

CONTEMPORANEA • **CONTESTO CONTEMPORANEO** All'interno del Feuerstein Nature Family Resort, complesso a 5 stelle ancora in espansione e immerso nel verde della Val di Fleres, a poca distanza da Vipiteno e ancor meno dal confine austriaco, in una piccola ed elegante saletta ricavata nelle parti comuni la chef Tina Marcelli, con una passione che la sostiene fin da quando ammirava sua nonna che riusciva a nutrire otto figli, propone la sua cucina secondo le linee di due menù degustazione e una lista di dessert a scelta. I piatti sono spesso accompagnati da bevande nate dalla fermentazione di frutti ed erbe che in massima parte provengono dall'orto della casa (non soggetto a trattamenti di alcun tipo). Fantasia, creatività, rispetto degli ingredienti e della loro stagionalità le tracce principali di una cucina preparata, e servita, da un'equipe tutta al femminile, con l'unico supporto maschile di un giovane sommelier. A noi sono piaciuti molto la sella di capriolo (d'allevamento), scorzonera e ciliegie, nonché la golosità delle tante coccole finali dopo il caffè.

🌿 *L'impegno dello chef:* Il resort che accoglie il ristorante utilizza un sistema di riscaldamento a cippato che usa solo legno locale, mentre il resto dell'energia proviene dalla vicina centrale idroelettrica. L'orto locale rifornisce il ristorante di verdure ed erbe, mentre il resto degli ingredienti proviene da coltivazioni e allevamenti bio locali. Nei mesi freddi i prodotti vengono conservati attraverso un processo di fermentazione in un caveau dedicato.

🛏️&. 🅿️ – Prezzo: €€€

Via Fleres 185 – ☎ 0472 770126 – artifex.feuerstein.info – Chiuso martedì, mercoledì, a mezzogiorno da giovedì a domenica e lunedì sera

BRENTONICO

✉ 38060 – Trento (TN) – Carta regionale n° **6**–A2

☺ MASO PALÙ

REGIONALE • FAMILIARE Annesso all'azienda di famiglia che produce mele biologiche, un rustico e accogliente locale lungo la strada che sale verso il Monte Baldo, in attività ormai dal lontano 1984. La gestione è quindi consolidata, ma niente affatto "seduta", anzi: continua a proporre una cucina legata al territorio, declinata con un pizzico di fantasia e modernità in alcune preparazioni. In estate è sempre aperto, mentre negli altri mesi lo sono solo dal venerdì alla domenica.

🍽 🅿 – Prezzo: €€

Via Graziani 56 – ☏ 0464 395014 – masopalu.com – Chiuso martedì

BRENZONE SUL GARDA

✉ 37010 – Verona (VR) – Carta regionale n° **8**–A2

✿ NIN

CREATIVA • CONTESTO CONTEMPORANEO Lo chef Terry Giacomello prende spunto dai suoi viaggi in giro per il mondo per comporre il menu NIN, per poi tornare idealmente in Italia con l'altro percorso denominato CLASSICI (oltre ai due percorsi è disponibile anche la scelta alla carta). La sua cucina è un mix di tecnica moderna e reminiscenze classiche, creatività e innovazione. La sala al primo piano si affaccia sul lago di Garda, ma solo pochi fortunati hanno la possibilità di avere un tavolo con vista: meglio prenotare con anticipo! Tra i nostri piatti più apprezzati il salmerino di lago con gazpacho di avocado, succo di oliva e olio alle bucce di mandarino bruciato, piatto in cui acidità e dolcezza sono perfettamente equilibrate grazie anche alle note profumate del mandarino.

◁ 🄰 🅿 – Prezzo: €€€€

Via Zanardelli 5 – ☏ 045 742 0179 – ristorantenin.it – Chiuso martedì e a mezzogiorno lunedì, mercoledì, giovedì, venerdì, sabato, domenica

BRESCIA

✉ 25128 – Brescia (BS) – Carta regionale n° **4**–C2

☺ TRATTORIA PORTERI

LOMBARDA • RUSTICO Una storia di famiglia lunga oltre 150 anni, che si inserisce nella ancor più antica storia del Borgo Trento, ora inglobato dalla città ma un tempo con vita a sé. Gestori da sempre della salumeria (alcuni ingredienti provengono proprio da qui), i Porteri da alcuni decenni si occupano anche della trattoria, vero riferimento per la cucina tradizionale bresciana. Un'attenzione particolare è dedicata a polenta, formaggi e alle carni. I piatti prendono spunto da ricette tipicamente locali con una ricerca di piccoli produttori regionali di pregio.

♿ 🄰 ⇄ – Prezzo: €€

Via Trento 52/d – ☏ 030 380947 – trattoriaporteri.it – Chiuso lunedì, martedì, domenica

CARNE & SPIRITO

STEAKHOUSE • COLORATO Un po' defilato, è l'indirizzo d'elezione per gli amanti della carne in virtù di una materia prima di ottima qualità. Piacevole atmosfera da trattoria moderna per lasciarsi sedurre anche nello spirito; le vetrate della bella veranda si aprono con i primi tepori primaverili.

 ♿ 🅰🅲 🌱 🅿 – Prezzo: €€

Via dei Gelsi 5 – ℰ 030 207 0441 – carneespirito.it/it – Chiuso domenica e sabato a mezzogiorno

CASTELLO MALVEZZI

CREATIVA • **ELEGANTE** Cucina di stampo moderno che alterna pesce a ricette più regionali, quindi a base sostanziale di carne, e che dedica particolare attenzione all'eccellente caviale di Calvisano (a cui riserva addirittura un menu). Il tutto servito tra le mura affrescate di una raffinata casa di caccia cinquecentesca dotata di bel dehors estivo con vista sulla città.

🕸 ⏴🌱🅿 – Prezzo: €€€

Via Colle San Giuseppe 1 – ℰ 030 200 4224 – castellomalvezzi.com – Chiuso lunedì, martedì e mercoledì a mezzogiorno

FORME RESTAURANT ⓝ

ITALIANA CONTEMPORANEA • **DESIGN** Dopo aver collaborato ai fornelli di realtà stellate quali Miramonti l'Altro, Arianna gatti realizza il sogno di un locale tutto suo, tra antiche mura ristrutturate, inserti di design, suggestivi spazi all'aperto. E' Forme Restaurant! Cucina intensa e di spessore, due regioni s'incontrano nel piatto: l'Abruzzo terra d'origine della cuoca e la Lombardia dove si è formata professionalmente. Insomma, preparatevi ad emozionarvi...

🅰🅲 🌱 ⇔ 🅿 – Prezzo: €€€

Via Codignole 52 – ℰ 030 240 0353 – formerestaurant.it – Chiuso lunedì e martedì sera

IL LABIRINTO

MEDITERRANEA • **ELEGANTE** Nella periferia di Brescia, un ristorante di lunga tradizione per una cucina di ampio respiro a suo agio tra terra e mare; imperdibili i salumi di produzione propria. Sala dalla signorile atmosfera retrò.

🕸 ♿ 🅰🅲 🌱 🅿 – Prezzo: €€

Via Corsica 224 – ℰ 030 354 1607 – ristoranteillabirinto.it – Chiuso domenica

IL RIVALE IN CITTÀ ⓝ

ITALIANA CONTEMPORANEA • **CONTESTO STORICO** In pieno centro, all'interno di un bel palazzo del '700 gli ambienti sono molto eleganti e si suddividono in salette arredate con colori, tessuti e mobilio personalizzati, ma permeati dalla stessa atmosfera d'epoca (bellissima l'intima saletta-bomboniera con un solo tavolo!). La cucina propone ricette di sostanza dal carattere italiano contemporaneo, con eccellenti realizzazioni come la sfoglia di patate, scampi, caviale e crema alle nocciole. Uno dei must della nuova formula è il servizio dei dessert, rigorosamente fatti in casa e proposti dai pasticciere direttamente a tavola, su un goloso carrello in legno. Buona anche la selezione enoica, con particolare attenzione alla vicina Franciacorta e di facile consultazione su tablet.

Prezzo: €€€

Via Antonio Gramsci 10 – ℰ 030 636 5984 – ilrivale.it/rivale-in-citta

LA PORTA ANTICA

PESCE E FRUTTI DI MARE • **CONTESTO CONTEMPORANEO** Augusto Valzelli, di ritorno da esperienze fuori regione e in particolar modo in Liguria, dove ha preso confidenza con il gusto e le tecniche di preparazione dei migliori ingredienti del mare, mostra il proprio approccio moderno sul tema ittico con una formula che prevede la carta e tre menu degustazione. Per gli amanti del genere, il "gran crudo di mare" (da richiedere al momento della prenotazione) esalta la qualità del pescato, vero punto di forza del locale.

&. 🅰️ – Prezzo: €€€

Via Quarto dei Mille 16 – ℰ 030 094 9313 – laportaantica.it – Chiuso lunedì e martedì a mezzogiorno

LA SOSTA

LOMBARDA • CONTESTO STORICO Ubicato in un palazzo seicentesco, un locale ormai storico in città e alla sua seconda generazione, dove sostare per apprezzare sapori lombardi accompagnati da un buon vino e da un servizio preciso e accurato. Nei mesi estivi si cena all'aperto, ma i posti sono pochi, meglio prenotare!

🅰️ 🛋️ ⇔ 🅿️ – Prezzo: €€€

Via San Martino della Battaglia 20 – ℰ 030 295603 – lasosta.it – Chiuso lunedì e domenica sera

LANZANI BOTTEGA & BISTROT

MODERNA • BISTRÒ In origine era la macelleria di famiglia, ora un moderno locale (aperto dalle 7 alle 23) che è anche gastronomia da asporto ed enoteca con grandi vini. Alle ore canoniche è un vero e proprio ristorante, con una proposta più ridotta a pranzo.

&. 🅰️ 🛋️ – Prezzo: €€

Via Albertano da Brescia 41 – ℰ 030 313471 – gastronomialanzani.it – Chiuso domenica e sera da lunedì a mercoledì

TRATTORIA RIGOLETTO

PESCE E FRUTTI DI MARE • AMBIENTE CLASSICO Un locale nella zona nord di Brescia, che con elegante semplicità riesce ad esprimere una cucina interessante. Le proposte sono essenzialmente legate al pesce, elaborato in chiave pacatamente moderna con qualche tocco fantasioso: grazie alle ottime materie prime il risultato è di sostanza e sapore.

&. 🅰️ – Prezzo: €€€

Via Fontane 54/b – ℰ 030 200 4140 – Chiuso lunedì

VIVACE

CONTEMPORANEA • BISTRÒ Nel pieno centro di Brescia, questo nuovo locale 4.0 - con riscaldamento geotermico e un tecnologico controllo dell'energia - propone una cucina contemporanea in un ambiente dai toni del moderno bistrot e con al centro il "teatro del vino". Piacevole anche la sala sotterranea contraddistinta da volte in mattoni.

&. 🅰️ ⇔ – Prezzo: €€

Vicolo Rizzardo 2 – ℰ 030 728 5150 – vivacebrescia.it – Chiuso lunedì e martedì

BRESSANONE

✉️ 39042 – Bolzano (BZ) – Carta regionale n° **6**–B1

✿ **APOSTELSTUBE**

CREATIVA • ROMANTICO Nella splendida Bressanone, lo storico albergo Elephant, all'interno di un edificio di fine Quattrocento nella sua parte più antica, è una delle icone della città, dal 1773 gestito dalla stessa famiglia, che nel frattempo è giunta all'ottava generazione. Quasi un varco verso il futuro è l'Apostelstube, intima sala con soli quattro tavoli al primo piano e le statuette degli apostoli alle pareti a dare conto del nome; nella bella stagione l'aperitivo si svolge invece nel gradevole giardino. A fare gli onori di casa l'ospitalità innata dei simpaticissimi Michael ed Eleonora, preparati, cordiali e con un vezzo teatrale che aiuta la serata a diventare memorabile. Il fantasioso menù degustazione di Mathias Bachmann contiene ingredienti e tecniche da ogni angolo del mondo, con una particolare passione per il Giappone (hamachi, shiso e shiso rosso, wasabi): la personalità del giovane chef emerge con la una sferzante grinta contemporanea.

&⌂&.🅿 – Prezzo: €€€€

Via rio Bianco 4 – ☏ 0472 832750 – hotelelephant.com/it/restaurants/ restaurant-apostelstube – Chiuso lunedì-giovedì e a mezzogiorno da venerdì a domenica

ALPENROSE

REGIONALE • **CONTESTO CONTEMPORANEO** Decisamente fuori dal centro di Bressanone, a qualche km di distanza ma in posizione panoramica, un ristorante moderno eppure semplice allo stesso tempo, come di fatto la sua cucina, preparata su base territoriale e cucinata con tecniche classiche, con la concessione di qualche ingrediente più mediterraneo in alcune portate. Graziosi appartamenti con area wellness privata per chi volesse prolungare la sosta.

&.🎟🕿⌂🅿 – Prezzo: €€

Via delle Sette Chiese 1, loc. Pinzago – ☏ 0472 694947 – alpenroses.com/it/ ristorante-bressanone – Chiuso lunedì, martedì e a mezzogiorno mercoledì e giovedì

ELEPHANT

CLASSICA • **ELEGANTE** Tra boiserie di legni antichi si respirano la storia e l'unicità del celebre albergo Elephant nel suo omonimo ristorante. In carta è presente una cucina del territorio ma di impostazione moderna, come per il salmerino con crema di sedano e mela verde su fondo di profumati fiori di sambuco. Molto interessante la carta dei vini, con quasi un migliaio di etichette.

&⌂&.🕿⌂🅿 – Prezzo: €€€

Via Rio Bianco 4 – ☏ 0472 832750 – hotelelephant.com/it/ristorante/ tradizionale – Chiuso mercoledì

OSTE SCURO - FINSTERWIRT

REGIONALE • **STUBE** Storico riferimento gastronomico di Bressanone, di cui occupa un vicolo sin dalla seconda metà dell'Ottocento, il ristorante è da tempo ben gestito dalla famiglia Mayr. Il fascino della storia decora le sale (incantevole anche la terrazza estiva), mentre la cucina propone alcuni menù degustazione con la possibilità di scegliere alla carta tra piatti della tradizione e altri più mediterranei; vivamente consigliati la zuppa di vino Sylvaner della valle Isarco, nonché Tirtl (tortello fritto) ripieno con ricotta, spinaci, cannella. Possibilità di pernotto nell'hotel di proprietà recentemente rinnovato, l'Adler Historic Guesthouse.

&⌂ 🕿⌂ – Prezzo: €€

Vicolo del Duomo 3 – ☏ 0472 835343 – adlerbressanone.com/ristorante-oste-scuro – Chiuso lunedì e domenica

VITIS

REGIONALE • **WINE-BAR** Moderna enoteca nel centro storico di Bressanone, nello stesso edificio del glorioso ristorante di famiglia l'Oste Scuro. Poltroncine alternate a panche e sgabelli, tavoli quadrati bassi fanno compagnia a tavoli alti e tutto attorno pareti interamente rivestite da bottiglie di vino. La cucina ha un taglio contemporaneo espresso in piatti accattivanti e generosi come il merluzzo con cavolfiore, cavolo nero e beurre blanc. Due minuti a piedi e potrete usufruire delle loro camere all'Adler Historic Guesthouse.

🕸 🏠 – Prezzo: €€€

Vicolo del Duomo 3 – ℰ 0472 835343 – adlerbressanone.com/enoteca-vitis – Chiuso lunedì e domenica

BREUIL CERVINIA

✉ 11021 – Aosta (AO) – Carta regionale n° **3**-B2

⁂ WOOD

Chef: Amanda Eriksson

CREATIVA • **CONTESTO CONTEMPORANEO** La scelta del nome contiene più di un'allusione: il legno adorna il locale, siamo in montagna, ma soprattutto la bravissima cuoca proviene dalla Lapponia, più precisamente dalla Svezia settentrionale. La sua cucina è un sorprendente e riuscito mix tra le tradizioni scandinave, contributi italiani e inserzioni più esotiche ed orientali, mentre la carta dei vini vanta ottime etichette con annate anche rare in cui il Piemonte la fa da padrone. E' qui, nel centro di Breuil-Cervinia, a duemila metri d'altitudine, che troverete una cucina originale e di gran livello.

🕸 ⅋ – Prezzo: €€€

Via Guido Rey 26 – ℰ 0166 948161 – woodcervinia.it – Chiuso lunedì e a mezzogiorno da martedì a domenica

LA CHANDELLE

MODERNA • **ELEGANTE** In un ampio salone all'interno del celebre Hotel Hermitage, di cui riprende lo stile di classica eleganza, una "grande carte" di cucina moderna e concreta, senza inutili eccessi, completata da un'ulteriore offerta di piatti più tradizionali. Al ristorante fa bella mostra di sé un'imponente griglia per piatti alla brace (la sera). La vista sulle montagne e l'eccellente carta dei vini aggiungono piacevolezza alla sosta gastronomica.

🕸 ≼ 🚗 ⅋ 🏠 ♻ 🅿 – Prezzo: €€€

Via Piolet 1 – ℰ 0166 948998 – hotelhermitage.com

LA LUGE

VALDOSTANA • **STILE MONTANO** A pochi km dal centro di Cervinia, in una conca assolata e panoramica, questo ristorante dallo stile rustico offre una proposta gastronomica particolarmente articolata, in grado di soddisfare tutti i palati: taglieri, ricette tipiche valdostane, piatti italiani e qualche spezia esotica.

🚗 🏠 🅿 – Prezzo: €€

Perreres, loc. Varvoyes – ℰ 0166 948758 – luge.it/ristorante – Chiuso mercoledì

BREZ

✉ 38021 – Trento (TN) – Carta regionale n° **6**-A2

LOCANDA ALPINA

REGIONALE • **ACCOGLIENTE** Lungo l'incantevole Val di Non, tra meleti e castelli, in quest'edificio d'origini ottocentesche troverete una buona tappa gourmet, che valorizza le risorse regionali con qualche divagazione proveniente da altrove, come l'ottimo gelato al pistacchio. Dal 1933 nella stessa gestione familiare.

⅋ – Prezzo: €€

Piazza Municipio 23 – ℰ 0463 874396 – locandalpina.it – Chiuso martedì e lunedì sera

BRIAGLIA

✉ 12080 – Cuneo (CN) – Carta regionale n° **1**–B3

MARSUPINO 1901

PIEMONTESE • **CONTESTO REGIONALE** La famiglia Marsupino gestisce con passione e calore questa trattoria dal 1901. La proposta della cucina omaggia il territorio nel rispetto della tradizione e la cantina, curata dal simpatico e competente Luca, è vastissima, con un'ottima scelta al bicchiere. Cinque camere e due suite nell'adiacente palazzotto di fine '800.

🏖 ⅙ 🎦 😁 **P** – Prezzo: €€€

Via Roma Serra 20 – 𝒞 0174 563888 – trattoriamarsupino.it – Chiuso mercoledì e giovedì

BRINDISI

✉ 72100 – Brindisi (BR) – Carta regionale n° **16**–D2

PANTAGRUELE

PESCE E FRUTTI DI MARE • **FAMILIARE** A pochi passi dall'area portuale, in pieno centro, questa piccola e caratteristica trattoria vede il suo punto di forza nei fragranti prodotti di mare: ottimo il giro di antipasti ed il pescato freschissimo proposto soprattutto alla griglia. L'ampio dehors è la scelta giusta per la bella stagione. Servizio informale.

⅙ 🎦 – Prezzo: €

Salita di Ripalta 1/5 – 𝒞 0831 560605 – trattoriapantagruele.it – Chiuso domenica e sabato a mezzogiorno

BRIONE

✉ 25060 – Brescia (BS) – Carta regionale n° **4**–C2

LA MADIA

LOMBARDA • **RUSTICO** Vale la pena fare qualche chilometro in più e inerpicarsi per qualche tornante per mangiare in questo bel ristorante. Cucina molto personalizzata con utilizzo di prodotti locali ed ingredienti stagionali, erbe spontanee della zona e la passione dello chef: i fermentati!

≼⅙ 🎦 **P** – Prezzo: €€

Via Aquilini 5 – 𝒞 030 894 0937 – trattorialamadia.it – Chiuso lunedì, martedì e a mezzogiorno da mercoledì a venerdì

BRUFA

✉ 06089 – Perugia (PG) – Carta regionale n° **13**–A2

QUATTRO SENSI

UMBRA • **ACCOGLIENTE** Dopo diverse esperienze di gran livello sia in Italia che all'estero, il giovane cuoco propone all'interno dell'albergo Borgobrufa un'interessante cucina incentrata su una sostanziosa carrellata di prodotti umbri, con una cinquantina di aziende agricole che riforniscono la cucina di tutte le materie prime, carni solo locali.

⅙ 🎦 **P** – Prezzo: €€€

Via del Colle 38 – 𝒞 075 9883 – borgobrufa.it/ristorazione/ristorante-i-quattro-sensi

BRUNICO

✉ 39031 – Bolzano (BZ) – Carta regionale n° **6**–B1

✿✿✿ ATELIER MOESSMER NORBERT NIEDERKOFLER

Chef: Mauro Siega e Norbert Niederkofler

CREATIVA • **ELEGANTE** Nel vasto parco storico vicino al centro di Brunico, il ristorante è ospitato all'interno della villa padronale della fabbrica tessile Moessmer e la sua sala conviviale custodisce sul grande tavolo centrale un libro dei tessuti dei primi '900 di grande valore simbolico. Qui la filosofia di "Cook the Mountain" raggiunge la sua massima espressione grazie ai migliori ingredienti delle montagne circostanti e al rispetto dei loro cicli naturali per preservarne sapori e nutrienti. La cena si apre con deliziosi appetizer serviti nel salottino che, a piacimento, possono essere accompagnati dall'aperitivo. Quindi, al termine di questo delizioso preludio, ci si trasferisce in sala oppure al bancone con sgabelli direttamente in cucina. In ogni caso si continua con l'unico menu degustazione proposto: una sequenza di leccornie che confermano lo chef della Valle Aurina come uno dei maestri della cucina italiana contemporanea.

✿ *L'impegno dello chef:* Nel trasferimento dall'Alta Badia a Brunico la filosofia Cook the Mountain di Niederkofler ha preso ancora più slancio: "scendendo" dalle montagne è stato infatti possibile avvicinarsi ad un numero maggiore di produttori e allevatori. Grande sinergia con il territorio, attenzione massima alla stagionalità, tecniche virtuose di conservazione degli alimenti e scarto prossimo allo zero: un approccio che lo chef condivide con passione con i suoi ospiti e che diffonde attraverso libri e conferenze.

⅏ ⊶🅿 – Prezzo: €€€€

Via Walther Von der Vogelweide 17 – ☏ 0474 646629 –
ateliernorbertniederkofler.com/moessmer – Chiuso lunedì, martedì, a
mezzogiorno da mercoledì a venerdì e domenica sera

ALPINN

ALPINA • **DESIGN** Si trova in cima a Plan de Corones ad oltre 2000 m di altezza: si sale in funivia da Riscone e - in inverno - si cammina per circa 150 metri sulla neve, quando non si opta direttamente per gli sci. Eccellente progetto del celebre chef Norbert Niederkofler che qui porta la sua filosofia Cook the Mountain; modernità e tradizioni alpine si sposano alla perfezione in piatti ricchi di sapore, che nascono nelle stagioni e puntano ad un utilizzo completo (senza scarti!) della materia prima. Attenzione, ultima funivia alle 17!

⌁ – Prezzo: €€€

Plan de Corones, alt. 2235 – ☏ 0474 431072 – alpinn.it/it – Chiuso sera

BRUSAPORTO

✉ 24060 – Bergamo (BG) – Carta regionale n° **5**–C1

✿✿✿ DA VITTORIO

Chef: Enrico e Roberto Cerea

ITALIANA CONTEMPORANEA • **ELEGANTE** C'è una scelta alla carta, ma assecondando la gestione da sempre piacevolmente familiare del ristorante, anche quattro percorsi degustazione di grande spessore: "Gli esordi di papà Vittorio" (tante ricette di carne ispirate alla tradizione), "Dalla nostra campagna" (le verdure nate e cresciute nell'orto di proprietà e nella Planet Farm), "Carta Bianca" (16 portate per un'esperienza insolita dettata dal guizzo creativo degli chef), "Nella tradizione di Vittorio" (8 portate a base di pesci e crostacei preparate con i freschi arrivi dal mercato e dove non manca il celebre pacchero). Se alla base vi è un'accurata selezione dei migliori ingredienti, le preparazioni si caratterizzano per il loro forte impatto scenico e per una costante ricerca di sapori ricchi ed intensi, tradizione e materia prima. Da Vittorio si è coccolati fino alle battute finali, con lo strepitoso carrello dei formaggi e delle sucrerie.

🐝 🗲 ᵫ 🅰 🏠 **P** – Prezzo: €€€€

Via Cantalupa 17 – ☎ 035 681024 – davittorio.com – Chiuso mercoledì a mezzogiorno

BRUSCIANO

✉ 80031 – Napoli (NA) – Carta regionale n° **17**–B2

✿✿ TAVERNA ESTIA

Chef: Francesco Sposito

CONTEMPORANEA • **ELEGANTE** Varcato l'ingresso, sarete accolti da un giardino di erbe aromatiche, da dove, se il tempo lo consente, si passa a nicchie di pergolati di gelsomini per una romantica cena; se invece preferite mangiare all'interno, ecco l'elegante sala, tra cantina e cucina a vista. È il ristorante di Mario e Francesco, i due fratelli Sposito, il primo in sala, il secondo in cucina. Insieme rappresentano l'anima e il coraggio di un ristorante ereditato dai genitori, ma che hanno portato a livelli ormai noti anche fuori dalla regione. La loro proposta si articola intorno a diversi menu degustazione, con piatti tuttavia estraibili alla carta, se così preferite. Sussurri di influenze campane accompagnano percorsi rimarchevoli ed emozionanti. Più di mille etichette di vini - con il reparto francese particolarmente fornito - mettono il suggello su un grande pasto.

🐝 🗲 🅰 🏠 **P** – Prezzo: €€€€

Via Guido De Ruggiero 108 – ☎ 081 519 9633 – tavernaestia.it – Chiuso lunedì, martedì, mercoledì a mezzogiorno e domenica sera

BRUSSON

✉ 11022 – Aosta (AO) – Carta regionale n° **3**–B2

🕸 LAGHETTO

VALDOSTANA • **FAMILIARE** Se non siete già in zona, lasciata l'autostrada si sale lungo la Val d'Ayas fino a 1300 metri, per trovare il grazioso paese di Brusson. Negli ambienti tipicamente montani del ristorante-albergo Laghetto si servono le specialità locali, quindi salumi, formaggi, polenta, tanta carne (ad eccezione della trota) in piatti ricchi e saporiti.

🗲 🅰 🏠 **P** – Prezzo: €€

Rue Trois Villages 291 – ☎ 0125 300179 – hotellaghetto.it

BUSCA

✉ 12022 – Cuneo (CN) – Carta regionale n° 1–B3

SAN QUINTINO RESORT

ITALIANA CONTEMPORANEA • **ROMANTICO** Una romantica casa di campagna a conduzione squisitamente familiare, dove i clienti vengono ricevuti in un bel giardino d'inverno e una sala più interna. A dispetto della tradizionalità della struttura, la cucina, pur partendo spesso da ingredienti locali (ma c'è anche qualche piatto di pesce), si fa più inventiva proponendo qualche brillante e inusitato accostamento. Camere e un centro equestre completano il resort.

♿ 🅐🅒 🏮 🅿 – Prezzo: €€

Via Vigne 6 – ℰ 0171 933743 – sanquintinoresort.com – Chiuso lunedì e martedì a mezzogiorno

BUSTO ARSIZIO

✉ 21052 – Varese (VA) – Carta regionale n° 5–A1

I 5 CAMPANILI

MODERNA • **ELEGANTE** Cucina contemporanea, ma soprattutto mediterranea e in sintonia con le stagioni, per questo elegante ristorante ospitato in un edificio del '900 con bella veranda sul retro. Il pesce è il prediletto, con una particolare attenzione per crudi e crostacei, ma degni di nota sono anche i loro ottimi dessert, come - ad esempio - le ciliegie in spadellata al profumo di succo di amarene e gelato fiordilatte.

Ί 🔥♿🅐🅒 🏮 – Prezzo: €€€

Via Maino 18 – ℰ 0331 630493 – i5campanili.com – Chiuso lunedì

BUTTRIO

✉ 33042 – Udine (UD) – Carta regionale n° 7–B2

🐵 ## TRATTORIA AL PARCO

DEL TERRITORIO • **CONTESTO REGIONALE** Nelle sale personalizzate e accoglienti di questa graziosa casa in pietra e mattoni con parco alberato e vicina cantina va in scena una cucina del territorio che vede nelle cotture alla brace il suo punto di forza. La scelta enoica si limita a poche etichette, ma di produzione propria, mentre le accoglienti camere dell'hotel indugiano alla sosta.

🔥🅐🅒 🏮 ⇔ 🅿 – Prezzo: €€

Via Stretta 7 – ℰ 0432 674025 – delparcohotel.eu/la-trattoria-al-parco – Chiuso a mezzogiorno martedì e mercoledì

ENOTECA DI BUTTRIO

PESCE E FRUTTI DI MARE • **CONTESTO CONTEMPORANEO** All'interno di un bell'edificio storico, al bar-enoteca con cui fu inaugurata l'attività si è aggiunta successivamente la ristorazione, ecco spiegato il nome. Si serve solo pesce, quasi tutto dell'alto Adriatico, in piatti con qualche contenuto tocco creativo che hanno la meglio sulla tradizione.

🅐🅒 🏮 🅿 – Prezzo: €€

Via Cividale 38 – ℰ 0432 674131 – enotecadibuttriorestaurant.com – Chiuso lunedì e a mezzogiorno da martedì a giovedì

CAGLI

✉ 61043 – Pesaro e Urbino (PU) – Carta regionale n° **14**–B1

😊 LA GIOCONDA

DEL TERRITORIO • **CONTESTO STORICO** Nelle cantine di un antico palazzo nobiliare del centro storico con soffitti a volte, il menu omaggia il territorio di Cagli e l'entroterra marchigiano, che viene raccontato coi suoi migliori ingredienti – a partire dal tartufo bianco e nero – in squisite ricette come la suprema di faraona, Marsala e uvetta, ma anche con un dessert in memoria dello scultore locale Eliseo Mattiacci (si tratta della "Fabbrica del cosmo" a base di yogurt, wafer e fragole). La carta dei vini è molto forte sulle Marche, ma interessante anche sul resto.

⅏ 🍴 – Prezzo: €

Via Brancuti – ✆ *0721 781549 – ristorantelagioconda.it – Chiuso lunedì e domenica sera*

CAGLIARI – Cagliari (CA) ➜ Vedere Sardegna, in fondo alla Guida

CAIOLO

✉ 23010 – Sondrio (SO) – Carta regionale n° **4**–B1

SOLTOJO

MODERNA • **ELEGANTE** All'interno di un antico mulino in sasso e legno, atmosfera molto curata e romantica con un'elegante saletta dalle ampie vetrate affacciate su un ruscello e la sua vegetazione. La cucina molto personalizzata del talentuoso chef-patron alterna piatti di mare e di terra elaborandoli in chiave moderna e inserendo qua e là alcuni tocchi asiatici.

🏧 🍴 – Prezzo: €€

Via Caiolo Alto 45 – ✆ *345 737 3948 – soltojo.com – Chiuso lunedì*

CALA GONONE – Nuoro (NU) ➜ Vedere Sardegna, in fondo alla Guida

CALAMANDRANA

✉ 14042 – Asti (AT) – Carta regionale n° **2**–B2

😊 VIOLETTA

PIEMONTESE • **FAMILIARE** Cortesia e ospitalità sono di casa in questo storico ristorante familiare in cui è piacevolissimo ritrovare la più tradizionale e autentica cucina piemontese: dal peperone farcito con tonno e acciughe agli agnolotti monferrini, dalla finanziera al bonet, Violetta è un posto dove, oltre a mangiar bene, ci si sente accolti come a casa.

♿ 🏧 🍴 🌿 🅿 – Prezzo: €€

Via Valle San Giovanni 1 – ✆ *0141 769011 – ristorantevioletta.com – Chiuso mercoledì e sera martedì e domenica*

CALDOGNO

✉ 36030 – Vicenza (VI) – Carta regionale n° **8**–B2

MOLIN VECIO

VENETA • **RUSTICO** Il vecchio mulino affonda le proprie radici nel Cinquecento e i successivi eventi storici non ne hanno alterato il carattere. Ancor oggi si è ospiti in un caratteristico contesto rurale e la cucina si rifà a tre grandi fili conduttori: erbe e verdure dell'orto di casa (visitabile in stagione), pesce d'acqua dolce, tradizione vicentina. Nella bella stagione, piacevole aperitivo in giardino dalle h 17.

🍴♿🌂🐾🅿 – Prezzo: €

Via Giaroni 116 – ☎ 0444 585168 – molinvecio.it – Chiuso lunedì e martedì

CALESTANO

✉ 43030 – Parma (PR) – Carta regionale n° **9**–B2

🙂 LOCANDA MARIELLA

EMILIANA • FAMILIARE Bisogna prenotare con almeno 24h di anticipo inviando una mail e scegliendo fra tre menu: tradizione, terra o pesce. Il resto è storia, se non leggenda, per quella che dagli anni Sessanta è una delle migliori trattorie della provincia (ma azzardiamo anche della regione). In un angolo dell'Appennino parmense, Mariella continua a deliziare i clienti con la stessa gestione familiare.

🌂🅿 – Prezzo: €€

Località Fragnolo 29 – ☎ 0525 52102 – locandamariella.it – Chiuso lunedì e martedì

CALTANISSETTA – Caltanissetta (CL) ➜ Vedere Sicilia, in fondo alla Guida

CALTIGNAGA

✉ 28010 – Novara (NO) – Carta regionale n° **1**–C2

CRAVERO - OSTERIA CONTEMPORANEA

CLASSICA • ACCOGLIENTE In una bella sala dai colori vivaci e arredi contemporanei, lo storico locale di Giampiero Cravero propone una cucina curata, che reinterpreta la tradizione piemontese e spazia tra le cucine di altre regioni, di terra e di mare. Interessante la passione per i vini dell'Alto Piemonte e la ricerca di nuove realtà.

🍴🅰🌂🐾🅿 – Prezzo: €€

Via Novara 8 – ☎ 0321 652696 – gianpierocravero.it – Chiuso domenica sera

CALUSO

✉ 10014 – Torino (TO) – Carta regionale n° **1**–B2

GARDENIA

Chefs: Andrea Tedesco e Mariangela Susigan

PIEMONTESE • ELEGANTE L'antica insegna introduce in un angolo di vecchio Piemonte dove ci si sente a casa anche se non si è di queste parti. Edificio risalente all'Ottocento, con il tipico balcone che corre lungo il cortile interno, l'atmosfera continua nella sala del ristorante e ovviamente nei piatti in carta. Qui si celebra la cucina regionale, quindi tante carni (ma c'è anche qualche proposta di pesce), affiancate da un'attenta ricerca di verdure, in parte provenienti dal proprio orto.

🐝 *L'impegno dello chef:* Da oltre 20 anni Mariangela Susigan raccoglie le erbe spontanee e i fiori eduli che costituiscono il fulcro della sua cucina e la cui profonda conoscenza deve, tra l'altro, alle magistre d'erbe della Valchiusella. Imperdibile la visita all'orto di proprietà alle spalle del ristorante, una vasta e piacevolissima oasi di verde in paese.

🐝 ♿🅰🌂🐾🅿 – Prezzo: €€€

Corso Torino 9 – ☎ 011 983 2249 – gardeniacaluso.com – Chiuso martedì e mercoledì

CALVISANO

✉ 25012 – Brescia (BS) – Carta regionale n° **4**-C2

 AL GAMBERO

LOMBARDA • ACCOGLIENTE Antonio e Mariapaola, affiancati già dalla giovane generazione, hanno raggiunto risultati eccellenti conquistando e mantenendo la stella per decenni. La coppia ripercorre senza esitazioni una strada che abbraccia le ricette della tradizione, facendole rivivere con una nuova anima e con il tocco originale della chef. I suoi piatti rivelano una mano personale e delicata nell'elaborare le selezionate materie prime, alcune delle quali non di facile impatto come cacciagione e selvaggina. Ottime anche le ricette a base di pesce. Servizio e mise en place riportano alla grande scuola della classicità, così come la carta dei vini.

🦐 🎞 ⇔ – Prezzo: €€€

Via Roma 11 – ℰ 030 968009 – algamberoristorante.it – Chiuso mercoledì

FIAMMA CREMISI

ITALIANA • FAMILIARE Cucina italiana che riesce a mediare su più fronti: tra gli ingredienti utilizzati si spazia - infatti - dal territorio sino al mare, mentre cotture e presentazioni sono perfettamente a metà strada tra stile classico e moderno. Il servizio estivo si svolge anche all'aperto sotto un gazebo; nella stagione fredda la sala principale è allietata da un caminetto. A pranzo carta più ridotta ed economica e menu business.

🍽 🅿 – Prezzo: €€

Via De Gasperi 37, località Viadana – ℰ 030 968 6300 – ristorantefiammacremisi. it – Chiuso martedì, sabato a mezzogiorno e lunedì sera

CAMPAGNA LUPIA

✉ 30010 – Venezia (VE) – Carta regionale n° **8**-C3

 ANTICA OSTERIA CERA

Chef: Daniele, Lionello e Lorena Cera

PESCE E FRUTTI DI MARE • ELEGANTE Uno dei punti di riferimento più celebrati da chi ama la cucina di mare. L'ampia carta snocciola una serie di proposte dove si alternano i piatti storici di questo locale elegante, moderno e minimalista (nulla a che vedere con un'osteria) e quelli più moderni, nati stagione dopo stagione, nonché il capitolo "Solo Verde" per i vegetariani. Da sempre forte sul crudo di mare e sulla cottura alla brace, la cucina propone anche piatti più tradizionali, regionali come la "cassopipa" o il "broetto", oppure più classicamente italiani come l'insalata calda di pesce al vapore e il fritto misto. Su tutto domina la qualità della materia prima, sempre eccellente. C'è anche una bella selezione enoica, particolarmente forte sui bianchi.

🦐 🎞 🅿 – Prezzo: €€€€

Via Marghera 24, loc. Lughetto – ℰ 041 518 5009 – osteriacera.it – Chiuso lunedì e domenica

CAMPAGNOLA CREMASCA

✉ 26010 – Cremona (CR) – Carta regionale n° **5**-C2

LA FORTUNA

ITALIANA • CONTESTO CONTEMPORANEO Ambiente caratterizzato da un certo fascino minimalista, per una cucina sempre in evoluzione. Se la sera l'estro è al top, in settimana e a pranzo vi si trova una offerta più light che strizza l'occhio alla tradizione.

🎞 🍽 – Prezzo: €€

Via Ponte Rino 6 – ℰ 0373 74711 – la-fortuna.it – Chiuso sera lunedì e martedì

CAMPOBASSO

✉ 86100 – Campobasso (CB) – Carta regionale n° **15**–B2

😊 ACINIELLO

TRADIZIONALE • FAMILIARE Schietta trattoria (dal 1948!) a carattere familiare rinnovata in un grazioso stile shabby: due salette, una delle quali più raccolta, e un bel dehors estivo. I tanti habitué e la convivialità dei titolari rendono l'ambiente allegro, mentre la cucina riflette le tradizioni molisane. Ottima la frisella con pomodori, burrata e alici!

🅰🅲 ⇔ – Prezzo: €

Via Torino 4 – ☎ 328 558 5484 – ristoranteaciniello.com – Chiuso domenica e lunedì a mezzogiorno

EMOZIONI

CONTEMPORANEA • ELEGANTE In pieno centro storico, il ristorante svela il meglio di sé all'interno in virtù di un ambiente raccolto, pareti in sasso e soffitti in legno. In un'atmosfera piacevolmente elegante e rilassata, lo chef è particolarmente attento ai sapori locali che reinterpreta in chiave moderna e con un tocco molto personale.

🅰🅲 ⇔ – Prezzo: €€

Via Guglielmo Marconi 129 – ☎ 328 875 1903 – ristoranteemozioni.com – Chiuso martedì

MISERIA E NOBILTÀ

REGIONALE • FAMILIARE In un palazzo di fine '700 dai piacevoli pavimenti e lampadari di Murano, la miseria allude alle tradizioni contadine, nobilitate in piatti ricercati e personalizzati. Ottime paste fatte in casa, vegetali e carni tra cui il coniglio disossato con porri e mele annurche; presenti, in stagione, anche tartufi bianchi e neri, di cui è ricco il Molise.

🅰🅲 – Prezzo: €

Via Sant'Antonio Abate 16 – ☎ 0874 94268 – Chiuso lunedì e martedì e domenica sera

CAMPOGALLIANO

✉ 41011 – Modena (MO) – Carta regionale n° **9**–B2

😊 MAGNAGALLO

EMILIANA • AMBIENTE CLASSICO All'ingresso sarà la tipica ospitalità locale ad accogliervi insieme ad un goloso tavolo di torte. Ma prima, spazio ai tortellini in brodo di cappone e al fritto misto all'emiliana! Il classico accostamento enoico per la cucina tradizionale modenese è un ottimo lambrusco, nel nostro caso un Reggiano fresco e di grande intensità.

🏠♿🅰🅲☂🅿 – Prezzo: €

Via Magnagallo Est 7 – ☎ 059 528751 – magnagallo-hotel.com – Chiuso domenica sera

CANALE

✉ 12043 – Cuneo (CN) – Carta regionale n° **2**–A1

❀ ALL'ENOTECA

Chef: Davide Palluda

PIEMONTESE • AMBIENTE CLASSICO All'inizio del grazioso corso Roma, il salotto cittadino con le sue raffinate botteghe di squisitezze alimentari, il ristorante si trova al primo piano di un palazzo dalle origini duecentesche (sede anche della

Cantina Regionale del Roero), dove lo chef Davide Palluda continua ad incantare anno dopo anno. Sono i piatti a parlare per lui, di gran livello, talvolta indimenticabili. Basi piemontesi interpretate fedelmente, come negli ottimi plin al sugo d'arrosto, ma anche i tortelli di topinambur, o rivisitate con intelligenza ma senza mai strafare: la soddisfazione del cliente è il traguardo. Una menzione a parte meritano la qualità del pane e soprattutto la focaccia alle patate, nonché, quando ormai si è appagati con il dessert - e noi vi consigliamo lo squisito soufflé di agrumi e vaniglia - lo strepitoso e golosissimo carrello conclusivo con ulteriori dolci squisitezze. La simpatia dei due fratelli alla guida completa il quadro di un'ottima esperienza.

⅋ 🅰🅒 🍴 ⇔ – Prezzo: €€€

Via Roma 57 – ☏ 0173 95857 – davidepalluda.it – Chiuso domenica e lunedì a mezzogiorno

VILLA TIBOLDI

PIEMONTESE • ELEGANTE Splendido connubio tra cucina e ristrutturazione di un antico casolare in posizione collinare, la proposta gastronomica prende spunto dalla tradizione e viene elaborata in chiave contemporanea, servendosi soprattutto di prodotti e produttori locali biologici. La superba cartolina si completa di un bellissimo dehors con vista suggestiva, dove concedersi magari un aperitivo e, nella bella stagione, una passeggiata post prandiale tra i vigneti (vivamente consigliata!).

🛏 🅰🅒 🍴 🅿 – Prezzo: €€

Via Case Sparse 127, località Tiboldi – ☏ 0173 970388 – villatiboldi.com – Chiuso lunedì e a mezzogiorno da martedì a venerdì

CANALE D'AGORDO

✉ 32020 – Belluno (BL) – Carta regionale n° **8**–B1

ALLE CODOLE

DEL TERRITORIO • FAMILIARE Lo chef Oscar Tibolla prepara una cucina gustosa fortemente legata al territorio, a cui affianca alcune ricette più innovative, realizzate con tocco personale. Il fratello Diego si muove agile tra sala e cantina, proponendo il migliore wine pairing. Complimenti per questi 50 anni di felice attività familiare, che comprende anche una decina di camere!

⅋ ⇔ 🅿 – Prezzo: €€

Via XX Agosto 27 – ☏ 0437 590396 – allecodole.eu – Chiuso lunedì

CANAZEI

✉ 38032 – Trento (TN) – Carta regionale n° **6**–B2

ALLA LOCANDA

ITALIANA CONTEMPORANEA • COLORATO Ambiente colorato e contemporaneo all'interno della Locanda degli Artisti Art Hotel, nuovo albergo caratterizzato dall'importante collezione di opere d'arte disseminate nei vari ambienti. La cucina segue la stagionalità dei prodotti in piatti declinati in menù degustazione o scelta alla carta, caratterizzati da una buona dose di personalizzazione e fantasia. Interessante anche la lista vini soprattutto per ciò che concerne il Trentino-Alto Adige.

♿ – Prezzo: €€€

Strada Roma 23 – ☏ 0462 888023 – locandadegliartisti.art/ ristorante-alla-locanda

WINE & DINE

REGIONALE • ROMANTICO Nel centro di Canazei, è il ristorante dell'albergo Croce Bianca, benché da esso indipendente; ricavato in sale ricche di legno e atmosfera, ha anche qualche graziosa nicchia in cui sono sistemati alcuni tavoli. Cucina del territorio e buon assortimento di vini al bicchiere.

⅋ 📞🅿 – Prezzo: €€

Strèdà Roma 5 – ℰ 0462 601111 – hotelcrocebianca.com – Chiuso martedì e a mezzogiorno

CANDIA CANAVESE

✉ 10010 – Torino (TO) – Carta regionale n° **1**–B2

RESIDENZA DEL LAGO

CLASSICA • FAMILIARE Il nome omaggia il lago di Candia, siamo in una cascina di metà del Settecento ma già in paese, dove troverete un'atmosfera piacevolmente regionale e familiare. Cucina tradizionale, tra i piatti più apprezzati ricordiamo la ciambella di patate con gamberetti scottati e carciofi, i tajarin vecchio Piemonte e la guancetta di manzo stracotta all'Erbaluce di Caluso.

📞🍴♻ – Prezzo: €€

Via Roma 48 – ℰ 011 983 4885 – residenzadelago.it – Chiuso domenica e a mezzogiorno da lunedì a sabato

CANELLI

✉ 14053 – Asti (AT) – Carta regionale n° **2**–B2

ENOTECA DI CANELLI - CASA CRIPPA

MODERNA • CONTESTO STORICO In un palazzo di fine Ottocento, negli ambienti che furono di una storica cantina attiva fino agli anni '60, questo ristorante dalla solida conduzione familiare propone una cucina territoriale con qualche inserto di stagione (come non citare il cardo gobbo della zona!) e ricette scaturite da una moderata creatività.

🆔 – Prezzo: €€

Corso Libertà 65/a – ℰ 0141 832182 – casacrippa.it – Chiuso lunedì e domenica sera

SAN MARCO

PIEMONTESE • FAMILIARE Insegna storica dell'astigiano contraddistinta da una cucina del territorio, servizio impeccabile e una calda accoglienza. Nella sala d'impostazione classica il camino è sempre acceso a creare l'atmosfera.

⅋ 🆔♻ – Prezzo: €€

Via Alba 136 – ℰ 0141 823544 – sanmarcoristorante.it – Chiuso lunedì e martedì

CANNARA

✉ 06033 – Perugia (PG) – Carta regionale n° **13**–B2

🐸 PERBACCO - VINI E CUCINA

UMBRA • COLORATO Semplice e vivace trattoria familiare nel bel centro storico di Cannara, la cui cucina celebra la pregiata cipolla omonima, corredata da frittate, paste fresche, gnocchi e carni.

Prezzo: €

Via Umberto I 14 – ℰ 0742 720492 – Chiuso lunedì, martedì e a mezzogiorno da mercoledì a sabato

CANNETO SULL'OGLIO

✉ 46013 – Mantova (MN) – Carta regionale n° **4**-C3

✿✿✿ DAL PESCATORE

Chef: Nadia e Giovanni Santini

ITALIANA CONTEMPORANEA • LUSSO Tristellato dal 1996 - è il record italiano - nonché prossimo a festeggiare un secolo di vita: per conoscere la storia della ristorazione italiana bisogna venire a Runate, poche decine di abitanti nella campagna tra Cremona e Mantova, dove una straordinaria coppia ha trasformato l'antica osteria familiare in un tempio di eleganza e accoglienza. Parliamo di Antonio Santini, in sala, e di sua moglie Nadia, ai fornelli, con i figli Giovanni e Alberto. In un raffinatissimo mix di antico e moderno, dove spazio, luce e colori lasciano rapiti, vi verranno serviti piatti memorabili che hanno attraversato i decenni, con sottili evoluzioni e miglioramenti anno dopo anno, senza tuttavia mai piegarsi a mode effimere, privilegiando sempre il gusto e il piacere di stare a tavola. Un pasto Dal Pescatore ha il sapore di una fiaba, ambientata nel mondo incantato di una splendida casa di campagna nel parco del fiume Oglio.

✿ *L'impegno dello chef:* I Santini hanno da sempre esaltato la campagna come luogo dell'anima e parlato di un'ospitalità fondata sull'etica e sul benessere degli ospiti e dei dipendenti. Tutto ciò ora ha preso forma concreta con il progetto "Cascina Runate": 1000 mq di orti e frutteti a cui si aggiungono 6 famiglie di api, una ventina di alberi da frutta, 14 scottone di razze e incroci diversi, 50 galline ovaiole e un bosco di oltre 6 ettari. Il risultato è una cucina sempre più sostenibile e a km 0.

🐌 🖳 ♿ 🅰🅲 🍴 🅿 – Prezzo: €€€€

Località Runate 15 – ✆ 0376 723001 – dalpescatore.com – Chiuso a mezzogiorno mercoledì e giovedì

CAPANNORI

✉ 55012 – Lucca (LU) – Carta regionale n° **11**-B1

SERENDEPICO

FUSION • MINIMALISTA Divertente esperienza culinaria: lo chef giapponese propone una personale "fusion" tra la cucina italiana (ed in alcuni casi europea, come per la cheescake basca ad esempio) ed alcune piccole influenze nipponiche. Il giovedì sera è dedicato - invece - alla tradizione del Sol Levante... sushi e sashimi, tempura, gyoza, e via di seguito!

🅰🅲 🍴 ♻ 🅿 – Prezzo: €€

Via della Chiesa di Gragnano 36 – ✆ 366 415 9677 – serendepico.com – Chiuso martedì e a mezzogiorno lunedì, mercoledì, giovedì, venerdì

CAPODACQUA

✉ 06034 – Perugia (PG) – Carta regionale n° **13**-B2

✿ UNE

Chef: Giulio Gigli

CREATIVA • RUSTICO In una frazione di Foligno attraversata dall'acqua (questo il significato di UNE nell'antica lingua umbra), il ristorante si trova in un ex mulino seicentesco. Gli interni conservano tutto il fascino agreste e romantico della vecchia destinazione, prima legata alla macina dei cereali e successivamente alla produzione dell'olio. Oggi ci pensa il giovane Giulio Gigli a portare una sferzata di modernità. Forte di importanti esperienze anche all'estero, lo chef parte da ingredienti locali, in buona parte allevati e coltivati nel raggio di una ventina di chilometri dal ristorante, per giungere ad un risultato molto elaborato e personalizzato, ricorrendo talvolta anche ad ingredienti più esotici, il tutto proposto e articolato in due menu degustazione.

🔄 – Prezzo: €€€

Via Fiorenzuola 37 – 𝒞 334 885 1903 – ristoranteune.com – Chiuso martedì, mercoledì e a mezzogiorno giovedì e venerdì

CAPOLAGO

✉ 21100 – Varese (VA) – Carta regionale n° **5**–A1

DA ANNETTA

TRADIZIONALE • **ELEGANTE** In un elegante caseggiato del '700 ubicato alle porte di Varese, eleganti e raffinati interni accolgono gli ospiti per una sosta gastronomica all'insegna della tradizione rivisitata, come nel risotto al passito e fegatini di pollastra nostrana oppure l'aletta di vitello glassato, purea al mascarpone e scaloppa di foie gras. Ampio camino acceso nel periodo invernale, mentre in estate si gode di un bel giardino per cene a lume di candela.

⅋ 🅐🅒 🏠 🔄 🅿 – Prezzo: €€

Via Fè 25 – 𝒞 0332 490230 – ristoranteannetta.it

CAPOLONA

✉ 52010 – Arezzo (AR) – Carta regionale n° **11**–D2

🕸 TERRAMIRA

Chef: Filippo Scapecchi

CONTEMPORANEA • **INTIMO** I fratelli Scapecchi, di ritorno sulla sponda aretina dell'Arno – che si offre dalle finestre della bella sala a luci basse – dopo aver arricchito il proprio bagaglio di esperienze si raccontano attraverso due menu degustazione (ma il cliente è libero di incrociare i piatti a proprio piacimento) che sanno esaltare ingredienti di territorio e materia prima stagionale con forme moderne, precise e dal sapore convincente. Un plauso particolare per il piccione, accompagnato con salse e contorni di stagione, dove lo chef Filippo mostra di aver appreso magistralmente la lezione del grande maestro Trovato di Arnolfo di Colle di Val d'Elsa. Buona la proposta enoica in abbinamento.

🖑 🅐🅒 🔄 – Prezzo: €€€€

Piazza della Vittoria 13 – 𝒞 0575 420989 – terramira.it – Chiuso lunedì, martedì, a mezzogiorno da mercoledì a venerdì e domenica sera

CAPOTERRA – Cagliari (CA) ➜ Vedere Sardegna, in fondo alla Guida

CAPRAROLA

✉ 01032 – Viterbo (VT) – Carta regionale n° **12**–A2

TRATTORIA DEL CIMINO DAL 1895

LAZIALE • **FAMILIARE** Lungo la salita che porta a Palazzo Farnese, il ristorante si trova nell'edificio più antico del paese (1370) con una splendida terrazza per il servizio estivo, mentre la famiglia Calistri è qui dal 1895. Tanti record ed ancora una gran passione nel coccolarvi con gustosi sapori laziali: ottimi salumi, paste fresche (celebre l'amatriciana), carni alla brace, lepre e cinghiale del viterbese, nonché un goloso semifreddo alla nocciola quale dessert. Proposta enologica e distillati di gran livello.

⅋ 🏠 – Prezzo: €€

Via Filippo Nicolai 44 – 𝒞 0761 646173 – trattoriadelcimino.jimdofree.com – Chiuso lunedì

ISOLA DI CAPRI

Anacapri

✉ 04010 – Napoli (NA) – Carta regionale n° **17**–B2

✿✿ L'OLIVO

Chef: Andrea Migliaccio

ITALIANA CONTEMPORANEA • **LUSSO** Siamo nella verde e residenziale Anacapri, lontano dalla folla turistica di Capri. Sarà il riservato Capri Palace, uno degli alberghi più lussuosi dell'isola, ad aprirvi le sue porte e accompagnarvi al ristorante bistellato. In una sorta di vasto e raffinato salotto arrivano piatti in cui lo chef Andrea Migliaccio fa gran sfoggio della cucina italiana e campana in particolare, talvolta rivisitata, ma sempre generosa nei sapori e sferzante nei colori. Un vero piacere per il palato, con primi piatti esplosivi, dalle eliche con pesci di scoglio al risotto al ragù napoletano. Il servizio è numeroso e impeccabile.

🅰🏠 – Prezzo: €€€€

Via Capodimonte 14 – ☏ 081 978 0111 – jumeirah.com/en/dine/italy/l-olivo –
Chiuso a mezzogiorno

DA GELSOMINA 🔘

REGIONALE • **LOCANDA** A piedi, o (previa telefonata) in navetta, si raggiunge un'autentica trattoria familiare e a pochi metri dal locale, i panorami mozzafiato del parco dei filosofi.

≤🏠 – Prezzo: €€

Via Migliara 72 – ☏ 081 837 1499 – dagelsomina.com

IL RICCIO

PESCE E FRUTTI DI MARE • **STILE MEDITERRANEO** A pochi metri dalla Grotta Azzurra, ristorante a strapiombo sul mare in stile mediterraneo, di gran gusto e raffinatezza, Il Riccio è la quintessenza dello stile gastronomico balneare italiano ad alti livelli. Cucina esclusivamente marina, è indubbiamente una delle icone capresi. Che amiate o no i dolci, una visita alla stanza delle tentazioni per la scelta del dessert è imperdibile!

≤🏠 – Prezzo: €€€€

Via Gradola 4/11 – ☏ 081 837 1380 – jumeirah.com/it/dine/italy/il-riccio – Chiuso
sera lunedì, martedì, mercoledì, domenica

Capri

✉ 04010 – Napoli (NA) – Carta regionale n° **17**–B2

✿ LE MONZÙ

CONTEMPORANEA • **LUSSO** Il ristorante si trova nell'albergo Punta Tragara, un edificio disegnato da Le Corbusier in una strepitosa posizione panoramica, davanti a Marina Piccola e ai promontori a strapiombo. La meravigliosa vista si propone anche al ristorante, insieme alla cucina prodotta dallo chef - ora al comando - che offre alcuni menu degustazione, tra cui il suggerito "Tra le Onde": ottima rappresentazione del pescato locale, mentre le linguine con burro di bufala, lattuga di mare e ostriche hanno letteralmente preso per la gola i nostri ispettori.

≤🅰🏠 – Prezzo: €€€€

Via Tragara 57 – ☏ 081 837 0844 – manfredihotels.com/le-monzu – Chiuso a
mezzogiorno

DA TONINO

CAMPANA • **STILE MEDITERRANEO** Mettete in conto una passeggiata circa mezz'ora dalla Piazzetta per raggiungere questo piacevole ristorantino, con un'arieggiata terrazza dove accomodarsi nelle giornate più calde. La cucina calca il solco della tradizione locale con dei primi piatti imperdibili. Ottima anche la selezione enoica.

🕸 🍴 – Prezzo: €€€

Via Dentecala 14 – ☏ 081 837 6718 – ristorantedatonino.com – Chiuso lunedì e martedì a mezzogiorno

GENNARO AMITRANO

MODERNA • CONTESTO CONTEMPORANEO Le ampie vetrate offrono superbi scorci sul Tirreno, mentre le ricette ricche di fantasia e di sapori inneggiano al mare. Tra i piatti più riusciti la parmigiana di mamma Maria, la zuppa di pesce e crostacei e la delizia al limone.

≼ – Prezzo: €€€

Via Marina Piccola 120 – ☏ 081 218 7550 – gennaroamitrano.it

TERRAZZA TIBERIO

MEDITERRANEA • ELEGANTE Sono soprattutto le proposte legate alla regione e all'isola a lasciare i ricordi più indelebili, come la montanara (pizza fritta), il casatiello e i ravioli alla caprese, di questo elegante ristorante al primo piano dell'albergo Tiberio Palace, con terrazza affacciata su Capri. Spazio poi anche per piatti più creativi, in particolare fra i dolci, per una serata di grande eleganza.

♿ 🎬 🍴 – Prezzo: €€€€

Via Croce 11 – ☏ 081 978 7850 – capritiberiopalace.it/it/61/terrazzatiberio

CAPRI LEONE – Messina (ME) ➜ Vedere Sicilia, in fondo alla Guida

CAPRIATA D'ORBA

✉ 15060 – Alessandria (AL) – Carta regionale n° **1**-C3

😀 IL MORO

PIEMONTESE • FAMILIARE In un palazzo del Seicento in pieno centro, al Moro va in scena la cucina alessandrina in tutto il suo splendore: gnocchi porri e zafferano, bollito di lingua, zucca in autunno e tartufo in stagione... il tutto accompagnato da vini selezionati da una carta completa. Camino rigorosamente acceso nella stagione fredda e una accoglienza schietta e gioviale.

♿ 🎬 🍴 ⇄ – Prezzo: €

Piazza Garibaldi 7 – ☏ 0143 46157 – ristoranteilmoro.it – Chiuso lunedì

CAPRIATE SAN GERVASIO

✉ 24042 – Bergamo (BG) – Carta regionale n° **5**-C1

😀 KANTON RESTAURANT

CINESE • DI TENDENZA A Capriate si nasconde una delle migliori espressioni di cucina cinese della zona e non solo: specialità in prevalenza cantonesi, ma anche del resto della Cina, la selezioni di ravioli variamente cotti e farciti è veramente rimarchevole. Dolci invece di stile europeo. Se volete un'esperienza cinese a tutto tondo, c'è anche un'ampia selezione di tè.

♿ 🎬 🍴 – Prezzo: €€

Via Antonio Gramsci 17 – ☏ 02 9096 2671 – kantonrestaurant.it – Chiuso lunedì e a mezzogiorno da martedì a venerdì

CAPRINO VERONESE

✉ 37013 – Verona (VR) – Carta regionale n° **8**–A2

VERT OSTERIA CONTEMPORANEA ⓝ

CLASSICA • **CONVIVIALE** Sulle prime pendici verdeggianti del lago e all'interno di un rustico caseggiato, la sala è molto accogliente fra sasso, legno e ampie vetrate che danno su un bel giardino ombreggiato (usufruibile quando il clima lo permette). Fragrante cucina di giornata dai connotati nazionali.

♿ 🅼 🅿 – Prezzo: €€
Località Bogonza – ✆ 327 770 9794 – vertosteria.it – Chiuso lunedì e sera sabato e domenica

CARAMANICO TERME

✉ 65023 – Piacenza (PC) – Carta regionale n° **15**–B1

😊 LOCANDA DEL BARONE

ABRUZZESE • **CASA DI CAMPAGNA** In una frazione di Caramanico, una tipica casa in pietra ospita un piacevole ristorante, tappa ideale per andare alla ricerca delle tipicità gastronomiche abruzzesi, a cominciare dai prodotti regionali, elaborati in piatti gustosi e di sostanza.

♿ 🅼 🍴 – Prezzo: €
Località San Vittorino – ✆ 085 92584 – locandadelbarone.it – Chiuso lunedì

CARAVAGGIO

✉ 24043 – Bergamo (BG) – Carta regionale n° **5**–C2

CUT

ITALIANA CONTEMPORANEA • **VINTAGE** In zona residenziale, su un piacevole viale che porta direttamente al Santuario, Cut è cucina di pesce che si esprime, senza fronzoli, con ricette schiette e promuovendo prodotti di alto livello come i gamberi crudi adagiati sulla burrata che accompagnano degli ottimi tagliolini fatti in casa e cucinati in un sugo di melanzane. Qualche buona etichetta con indicazione dei vini naturali e un ambiente ovattato, moderno, di quartiere.

♿ 🅼 – Prezzo: €€€
Via Amilcare Bietti 28 – ✆ 0363 52650 – cutristorante.com – Chiuso lunedì, sabato a mezzogiorno e domenica sera

CARDANO

✉ 39053 – Bolzano (BZ) – Carta regionale n° **6**–A2

EGGENTALER

CARNE • **BRASSERIE** È il riferimento locale per tutti gli appassionati di carne cotta alla griglia con carbonella, che tuttavia non è la sola specialità di questo ottimo ristorante, che propone anche piatti di pesce. Buona la carta dei vini e camere confortevoli.

♿ 🅼 🍴 🅿 – Prezzo: €€
Via Val d'Ega 47 – ✆ 0471 365294 – eggentaler.com/it/ristorante-eggentaler – Chiuso lunedì e martedì a mezzogiorno

CARLOFORTE – Sud Sardegna (SU) ➜ Vedere Sardegna, in fondo alla Guida

CARNELLO

✉ 03033 – Frosinone (FR) – Carta regionale n° **12**–B2

😊 MINGONE

LAZIALE • **CONTESTO REGIONALE** Da oltre un secolo intramontabile rappresentante della cucina locale, ai consueti piatti laziali si aggiungono specialità di mare e di fiume (ottima la trota al cartoccio). Si può scegliere fra un ambiente più informale, "Il Bistro" o la classica ed elegante sala affrescata. La cantina nasconde piccole rarità.

🏵 ⌖ 🅐 🍽 ⇔ 🅿 – Prezzo: €

Via Pietro Nenni 96 – ☎ 0776 869140 – mingone.it

CARONA

✉ 24010 – Bergamo (BG) – Carta regionale n° **4**–B2

LOCANDA DEI CANTÙ

DEL TERRITORIO • **CONTESTO REGIONALE** In fondo a una valle chiusa da pareti scoscese, una locanda con la "L" maiuscola che propone una bella cucina, molto apprezzata in zona, con una grande predilezione per i prodotti del territorio. Le vecchie ricette tradizionali vengono rivisitate in chiave personale.

⇔ – Prezzo: €€

Piazza Vittorio Veneto 3 – ☎ 0345 77044 – locandadeicantu.com – Chiuso lunedì e martedì sera

CAROVIGNO

✉ 72012 – Brindisi (BR) – Carta regionale n° **16**–D2

🕸 DISSAPORE DI ANDREA CATALANO Ⓝ

Chef: Andrea Catalano

MODERNA • **INTIMO** Non lasciatevi scoraggiare dal dedalo di stradine del centro storico: una volta giunti a destinazione, vi attende una graziosa sala da pranzo - con pareti in calce e pietra, sovrastata da un soffitto a cupola - dove gustare una squisita cucina pugliese prodiga di ricette classiche del territorio, ottime materie prime, sapori inconfondibili. Tra i piatti vivamente consigliati: scampo "puramente istintivo", peperone e zafferano. Vini pugliesi, italiani, internazionali per accompagnare la cucina eclettica di chef Andrea ed ottimo servizio capitanato da Franca, accogliente e istrionica; nella bella stagione, la terrazza a cielo aperto affaccia su tetti e vista mare!

🅐 🍽 – Prezzo: €€€

Via Pietro Micca 15 – ☎ 347 361 3926 – dissapore.eu – Chiuso lunedì e domenica a mezzogiorno

GIÀ SOTTO L'ARCO

ITALIANA • **ELEGANTE** Storico ristorante gourmet, come storica è la scenografica collocazione: una piazza elegante su cui affaccia l'insegna, al primo piano di un pregevole palazzo barocco, con una bella scala si raggiunge la sala di raffinata sobrietà, abilmente gestita da padre e figli. Curata dalla mamma, la signora Teresa, la cucina è territoriale e creativa: menù a sorpresa da 4, 6 oppure 8 portate, pesci e carni locali. Il delizioso tavolo sul terrazzino per soli due fortunati avventori va prenotato con larghissimo anticipo!

🏵 🅐 ⇔ – Prezzo: €€€€

Corso Vittorio Emanuele 71 – ☎ 0831 996286 – giasottolarco.it – Chiuso a mezzogiorno lunedì e domenica

OSTERIA CASALE FERROVIA

PUGLIESE • COLORATO Nasce in quella che fu l'abitazione novecentesca annessa ad un antico frantoio questo locale dagli interni eleganti, con pochi mobili antichi di famiglia, tavoli art déco e qualche bell'esemplare delle celebri ceramiche pugliesi. La chef Maria Lanzillotti sforna piatti del territorio di gusto leggero e moderno e la Puglia è protagonista anche nella bella cantina. Come il nome lascia intuire, sul retro ci sono le rotaie e passano i treni, ma niente paura: poco rumore e nessun disturbo!

🕸 ⇘🏢🎏⇄🅿 – Prezzo: €€

Via Stazione 1, sulla SP 34 – 🞉 0831 990025 – casaleferrovia.it – Chiuso lunedì

CARPANETO PIACENTINO

✉ 29013 – Piacenza (PC) – Carta regionale n° **9**–A1

NIDO DEL PICCHIO

MODERNA • ELEGANTE Atmosfera sobria e sussurrata, l'ambiente è quello di una dimora privata arredata con buon gusto: camino acceso nella stagione invernale, fresco e accogliente dehors in quella più calda. Il ristorante si è costruito una nomea per il pesce, sicuramente meritata, ma la proposta ittica è comunque equamente divisa con la carne. C'è qualche omaggio alla tradizione come gli anolini in brodo, sebbene la maggior parte delle proposte siano fondamentalmente creative. Di origini inglesi, Lucy - la moglie del titolare - gestisce la sala con grande amabilità, competenza e simpatia. Più di 700 etichette della miglior tradizione vinicola italiana e internazionale riposano in cantina, con una curiosa propensione per i vini delle zone fredde.

🕸 🎏⇄ – Prezzo: €€€

Viale Patrioti 6 – 🞉 0523 850909 – ristorantenidodelpicchio.it – Chiuso lunedì

CARPI

✉ 41012 – Modena (MO) – Carta regionale n° **9**–B1

IL BAROLINO

EMILIANA • ACCOGLIENTE La simpatia e la veracità emiliana dei fratelli Barolo e di tutto il team rallegra la sosta in questo locale dove gustare una genuina cucina regionale. I tortellini alla crema di parmigiano sono un must: porzione abbondante e qualità dei piccoli fagottini chiusi ancora rigorosamente a mano! L'ambiente è semplice e adatto soprattutto ad incontri informali tra amici e colleghi.

🎏⇄ – Prezzo: €€

Via Giovanni XXIII 110 – 🞉 059 654327 – ilbarolinoristorante.com – Chiuso domenica e sabato a mezzogiorno

MOMENTO AL 25

MODERNA • CONTESTO STORICO In un palazzo di fine '800, il locale si è fatto più piccolo e raccolto per accogliere clienti abituali e non, in cerca di sapide specialità: soprattutto di mare, ma non solo.

🕸 ⅋🎏⇄ – Prezzo: €€

Via San Francesco 20 – 🞉 059 645248 – momentoal25.it – Chiuso lunedì, a mezzogiorno da martedì a sabato e domenica sera

CARRARA

✉ 54033 – Massa-Carrara (MS) – Carta regionale n° **11**–B1

EXTRA

ITALIANA CONTEMPORANEA • CONTESTO CONTEMPORANEO Alle spalle di Marina di Carrara, verso l'entroterra, Extra (un riferimento alla qualità del marmo della zona, celebre in tutto il mondo), è un ristorante moderno e luminoso, la cui carta ruota in prevalenza attorno alla tradizione gastronomica marinara. La proposta è parzialmente più elaborata la sera e il sabato anche a pranzo, come il coperto, più ricercato.

&. 🅰 🍴 ⚙ – Prezzo: €€

Viale Turigliano 13 – 𝒞 0585 74741 – extracarrara.it – Chiuso domenica e sera lunedì e martedì

IL NARCISO

ITALIANA CONTEMPORANEA • CONTESTO CONTEMPORANEO I bagni Polda a ridosso della Marina ospitano da poco un piccolo ristorante sulla spiaggia che propone una cucina tra il contemporaneo e il classico rivisitato. Qui trovano spazio un'ottima panificazione, paste fatte in casa, cotture tradizionali come il galletto al coccio e dessert creativi. Una sosta da consigliare, soprattutto per il terrazzo estivo direttamente sul mare!

⪜ &. 🅰 🍴 🅿 – Prezzo: €€€

Viale Amerigo Vespucci 32 – 𝒞 351 002 5490 – ristoranteilnarciso.it – Chiuso domenica e a mezzogiorno da lunedì a sabato

CARRÙ

✉ 12061 – Cuneo (CN) – Carta regionale n° **1**–B3

😊 VASCELLO D'ORO

PIEMONTESE • CONTESTO TRADIZIONALE In attività dal 1887 nel paese che ha legato il proprio nome al bue grasso – che qui troverete indicativamente da novembre a Pasqua – con le sue accoglienti salette il Vascello d'Oro rievoca il calore del tempo che fu. La carta snocciola i piatti più tipici e amati della tradizione piemontese, eseguiti con fedeltà e perizia, come l'insalata russa, i ravioli di carne e verdura, la finanziera, la frittura e naturalmente il carrello dei bolliti. Torta alla nocciola e bonet per il gran finale di una trattoria che soddisferà tanto il palato quanto il cuore. A pochi passi accoglienti camere, anche con angolo cottura.

🅰 – Prezzo: €

Via San Giuseppe 9 – 𝒞 0173 75478 – vascellodoro.it – Chiuso lunedì e sera mercoledì, giovedì, domenica

CARSOLI

✉ 67061 – L'Aquila (AQ) – Carta regionale n° **15**–A2

L'ANGOLO D'ABRUZZO

ABRUZZESE • AMBIENTE CLASSICO Da quasi 40 anni questo "Angolo d'Abruzzo" è la casa della famiglia Centofanti, eccellenti ambasciatori del proprio territorio di cui propongono i migliori ingredienti (per coerenza non propongono pesce), selezionati al ritmo delle stagioni e poi proposti in ricette che attingono a piene mani dalla tradizione regionale: salumi e affettati locali, bruschette, paste fresche fatte in casa tra cui l'immancabile "chitarra". I secondi si dividono tra quelli cucinati alla brace (in stagione i porcini, sempre i tagli di manzo o vitello) e quelli al tegame (vedi lo stracotto di pecora); da provare a fine pasto il crème caramel allo zafferano di Navelli. Una fuorviante scritta "sagrestia" indica di fatto la fornitissima cantina.

🍽 &. 🅰 🍴 ⚙ – Prezzo: €€

Piazza Aldo Moro 8 – 𝒞 0863 997429 – langolodabruzzo.com – Chiuso martedì sera

CARTOSIO

✉ 15015 – Alessandria (AL) – Carta regionale n° **1**–C3

CACCIATORI

PIEMONTESE • FAMILIARE Un bel paesaggio collinare vi porterà a Cartosio, dove, in una tipica casa di campagna in parte recentemente rinnovata, troverete questo caposaldo della cucina locale. In esercizio da nove generazioni, la formula è cambiata di poco: piatti piemontesi (ricorrendo, laddove possibile, a prodotti della zona e cotture nella stufa a legna) e due menù degustazione; elencati a voce eventuali piatti fuori carta. Semplici, ma gradevoli camere se desiderate fermarvi dopo cena.

❀ 🍴 🅿 – Prezzo: €€

Via Moreno 30 – ☏ 0144 40123 – cacciatoricartosio.com – Chiuso mercoledì e giovedì

CASAGLIA

✉ 06126 – Perugia (PG) – Carta regionale n° **13**–A2

🏠 STELLA

DEL TERRITORIO • FAMILIARE D'estate è piacevole cenare sulla terrazza con vista sul circondario, d'inverno la sala interna vi accoglierà con un tono da ospitale bistrot. Noi abbiamo apprezzato soprattutto le linguine alle uova di carpa e il piccione ripieno.

❀ 🆒 🍴 – Prezzo: €

Via dei Narcisi 47/a – ☏ 075 692 0002 – stellaperugia.it – Chiuso martedì e a mezzogiorno

CASALE MONFERRATO

✉ 15033 – Alessandria (AL) – Carta regionale n° **1**–C2

🏠 ACCADEMIA RISTORANTE

DEL TERRITORIO • CONTESTO STORICO Il pensiero dell'Ispettore è stato: peccato che non sia sotto casa, ci verrei più spesso! In un palazzo storico, si accede al primo piano con sale affrescate e ambienti d'epoca, per poi trovare una cucina piemontese semplice ma ben personalizzata in ogni preparazione e sorprendentemente moderna. L'istrionico titolare vi accoglierà con garbo e vi fornirà consigli sui vini pertinenti e appassionati.

🔄 – Prezzo: €€

Via Mameli 29 – ☏ 0142 452269 – accademiaristorante.it – Chiuso mercoledì

FALETTA 1881

PIEMONTESE • RUSTICO Immersa nei vigneti di proprietà e nel paesaggio collinare del Monferrato, una cascina dalla lunga storia, sapientemente restaurata da mani appassionate. Con l'ingresso in società del bravo chef Andrea Ribaldone, il ristorante ora spinge ancor più verso una cucina da osteria gastronomica. Tra i piatti moderni su base locale e nazionale, imperdibile il giro degli antipasti. A disposizione accoglienti camere e una piscina di acqua salata.

🛏 ⚡ 🆒 🅿 – Prezzo: €€

Regione Mandoletta 81 – ☏ 0142 670068 – faletta.it – Chiuso lunedì, martedì e a mezzogiorno da mercoledì a venerdì

CASALGRANDE

✉ 42013 – Reggio Emilia (RE) – Carta regionale n° **9**–B2

BADESSA

EMILIANA • **CONTESTO STORICO** Sorprendente collocazione all'interno di un ex caseificio ottocentesco, dove per tanto tempo si è prodotto parmigiano reggiano, oggi la destinazione è mutata, ma non l'amore per il territorio: il cuoco svolge un'ammirevole ricerca di prodotti locali, per servire i tradizionali piatti emiliani, talvolta in versione rivista. Uno dei migliori ristoranti della campagna reggiana.

🅰️ 🍴 **P** – Prezzo: €€

Via Case Secchia 2 – ☎ 0522 989138 – ristorantebadessa.it – Chiuso lunedì

CASANOVA DI TERRICCIOLA

✉ 56030 – Pisa (PI) – Carta regionale n° **11**–B2

❀ ## CANNAVACCIUOLO VINEYARD

ITALIANA CONTEMPORANEA • **CONTESTO CONTEMPORANEO** Lo chef Antonino Cannavacciuolo piazza la bandierina della sua ospitalità in una Toscana meno celebre ma affascinante e verdeggiante. Il resort occupa una parte totalmente rinnovata del piccolissimo borgo; la sala dell'area ristorativa mostra confort contemporanei, così come attuale è la visione della cucina, precisa, presentata con garbo e sempre in equilibrio tra sapore ed eleganza. I gesti quasi chirurgici con cui il resident chef Marco Suriano rifinisce le portate sono ammirabili dal pass della cucina a vista sulla sala stessa. Il servizio non è da meno, anche perché formato da professionisti con alle spalle esperienze importanti ed internazionali. Molto confortevoli e ampi gli appartamenti a disposizione, con colazione servita direttamente in camera. L'ispettore consiglia: cipolla brasata, con mascarpone, salsa bordolese e gremolada.

♿ 🅰️ 🍴 **P** – Prezzo: €€€

Via del Teatro 8 – ☎ 0587 346782 – laquaresorts.it/vineyard – Chiuso lunedì e martedì a mezzogiorno

CASERTA

✉ 81100 – Caserta (CE) – Carta regionale n° **17**–B1

ANTICA LOCANDA

CAMPANA • **SEMPLICE** Di fronte all'ingresso del Belvedere di San Leucio, una piacevole trattoria dove si mangia in due caratteristiche sale separate da un arco in mattoni. Cucina di influenza partenopea e molto pesce.

🅰️ 🍴 – Prezzo: €

Piazza della Seta, località San Leucio – ☎ 0823 305444 – Chiuso lunedì e domenica sera

LE COLONNE

CAMPANA • **ELEGANTE** Tra colonne e pavimenti in marmo, i sapori intensi e travolgenti delle proposte della chef Rosanna Marziale – allieva di Gianfranco Vissani e Martin Berasategui – forniscono un immediato indizio della zona geografica in cui ci si trova. Una cucina originale nella sua composizione ed esecuzione, che trova nella mozzarella di bufala la sua migliore alleata, presente anche in un dessert: la mozzarella cake, deliziosa reinterpretazione della cheese cake che vede come protagonista la bufala.

🅰️ ✛ **P** – Prezzo: €€€

Viale Giulio Douhet 7/9 – ☎ 0823 467494 – lecolonnemarziale.it – Chiuso martedì e la sera

CASOLE D'ELSA

✉ 53031 – Siena (SI) – Carta regionale n° **11**–C2

TOSCA

MEDITERRANEA • ELEGANTE Nel cuore dello storico castello di Casole, il ristorante offre un ambiente caldo ed elegante, con pareti in pietra, stoffe preziose e arredi curati. I menu degustazione proposti dagli chef omaggiano la cucina mediterranea e gli ingredienti di stagione. Servizio estivo nella bella corte dell'hotel.

🕸 🖽 – Prezzo: €€€€

Località Querceto – ☏ 0577 961501 – belmond.com – Chiuso lunedì e a mezzogiorno da martedì a domenica

CASSINETTA DI LUGAGNANO

✉ 20081 – Milano (MI) – Carta regionale n° **5**–A2

ANTICA OSTERIA DEL PONTE 🔟

ITALIANA CONTEMPORANEA • ELEGANTE Blasonato locale lombardo che ha segnato la storia della ristorazione nazionale, si presenta - ora - a nuova vita con una giovane coppia e proposte d'ispirazione classico-contemporanea. A mezzogiorno anche un interessante menu (tre piatti!) a prezzo onesto. Prenotabile anche un informale box gastronomico per pic-nic... circondati dalla bellezza naturalistica di Cassinetta di Lugagnano e del suo Naviglio.

♿ 🕸 🖽 – Prezzo: €€€

Piazza Gaetano Negri 9 – ☏ 02 942 0034 – anticaosteriadelponte.it – Chiuso lunedì e domenica sera

CASSINO

✉ 03043 – Frosinone (FR) – Carta regionale n° **12**–B2

EVAN'S

CLASSICA • CONTESTO CONTEMPORANEO Gestito con passione dalla famiglia Evangelista – da cui l'abbreviazione Evan's – il tutto iniziò nel lontano 1960 negli USA, dove rimangono alcuni parenti attivi nel settore. Il locale propone una cucina classica, di mare e di terra, con qualche ricetta regionale; gli ortaggi provengono dall'azienda agricola biologica di famiglia.

🕸 🖽 – Prezzo: €

Via Gari 1/3 – ☏ 0776 26737 – evans1960.it – Chiuso lunedì e domenica sera

CASTAGNITO D'ALBA

✉ 12050 – Cuneo (CN) – Carta regionale n° **2**–A1

MARC LANTERI 🔟

PIEMONTESE • MINIMALISTA Annesso ai locali della proprietà, l'azienda agricola F.lli Massucco, con cui condivide i comodi spazi esterni ma soprattutto la bella vista su colline e vigneti circostanti, di proprietà, la coppia, nel lavoro e nella vita, Marc Lanteri/Amy Bellotti si è insediata qui per la sua nuova avventura piemontese proponendo una cucina venata del loro stesso garbo, con tre menù degustazione (di cui uno vegetariano, grazie ad un orto di proprietà) ma anche piatti ordinabili alla carta. E' normale l'influenza di prodotti e preparazioni locali sempre aggraziate con piccoli tocchi di colore e fantasia. La carta dei vini evidenzia i prodotti della casa, lasciando spazio - tuttavia - anche a Italia ed estero.

♿ 🕸 🅿 – Prezzo: €€

Via Serra 21/d – ☏ 0173 262172 – marclanteri.it – Chiuso lunedì e martedì

CASTAGNOLE PIEMONTE

✉ 10060 – Torino (TO) – Carta regionale n° **1**–B2

GRANOTURCO BISTROT ⓝ

PIEMONTESE • ACCOGLIENTE Se esternamente la facciata ricorda le vecchie funzioni di pub, ora qui troverete il ristorante di un giovane cuoco le cui esperienze all'estero non hanno affatto scalfito il suo amore per il Piemonte: ecco servita una delle più convincenti espressioni di cucina regionale della zona, insieme a qualche piatto più creativo.

🅰🆑 🍴 – Prezzo: €€

Via Cavour 1 – ☎ 011 986 2594 – granoturcobistrot.com – Chiuso lunedì e mercoledì a mezzogiorno

CASTEGGIO

✉ 27045 – Pavia (PV) – Carta regionale n° **4**–A3

HOSTERIA LA CAVE CANTÙ

ITALIANA • CONTESTO CONTEMPORANEO All'interno della Certosa Cantù, complesso monacale settecentesco che oggi accoglie anche un museo e una biblioteca, un locale dal tono moderno con sale e cantina conviviale, ma che può usufruire anche di affascinanti spazi all'aperto. La cucina di Damiano Dorati è personalizzata, con qualche tocco esotico (la signora Maria Neña, che cura l'accoglienza e la bella cantina, è ecuadoriana) e si esprime in piatti colorati, generosi, gustosi, ben curati anche nelle presentazioni.

♿🅰🆑 🍴 ⇦ 🅿 – Prezzo: €€€

Via Circonvallazione Cantù 62 – ☎ 0383 191 2171 – lacavecantu.it – Chiuso martedì e a mezzogiorno lunedì, mercoledì, giovedì, venerdì, sabato

CASTEL DEL PIANO

✉ 58033 – Grosseto (GR) – Carta regionale n° **11**–C3

🏵 ANTICA FATTORIA DEL GROTTAIONE

TOSCANA • RUSTICO C'era una volta... una fattoria, oggi divenuta trattoria, piacevolmente rustica e variopinta nella sala interna, ma con un appuntamento imperdibile sulla terrazza panoramica nella bella stagione. In menu, tante ricette della tradizione toscana elaborate con serietà ed ottimi prodotti stagionali. Accoglienza famigliare impeccabile.

≼♿🅰🆑 🍴 – Prezzo: €

Via della Piazza, località Montenero d'Orcia – ☎ 0564 182 7081 – anticafattoriadelgrottaione.it – Chiuso lunedì

CASTEL DI SANGRO

✉ 67031 – L'Aquila (AQ) – Carta regionale n° **15**–B2

❀❀❀ REALE

Chef: Niko Romito

MODERNA • MINIMALISTA Sulle prime pendici collinari che circondano il paese, tra vigneti e giardini, la sobria essenzialità dell'ex monastero cinquecentesco preannuncia lo stile di una delle cucine più riconoscibili e identitarie fra i cuochi italiani. Da anni caratterizzata da uno stile minimalista, con pochi ingredienti nel piatto, salse reinventate con un carattere più italiano rispetto a quelle classiche d'Oltralpe, Niko Romito non cessa tuttavia di fare ricerca ed evolversi. È l'ora di una maggiore attenzione ai prodotti e alle ricette del suo

Abruzzo, ma soprattutto di dare più spazio al mondo vegetale, con tanti piatti che vi stupiranno per intensità di sapori. Come sempre, proposte solo apparentemente semplici, ma che nascondono un lavoro complesso e straordinario, che lascia spesso incantati.

舒 ⋞ 🖴 🖾 🄿 - Prezzo: €€€€

Contrada Santa Liberata, località Casadonna – ☏ 0864 69382 – nikoromito.com/ reale

MATERIA PRIMA

CREATIVA • **CONTESTO CONTEMPORANEO** Gradevole terrazza affacciata su un laghetto artificiale per attività sportive, le vetrate offrono la stessa vista anche dalle sale interne, moderne, dalle linee pulite ed essenziali, così come si presentano anche i piatti, d'ispirazione creativa con, talvolta, la messa in scena di qualche elaborazione più tecnica. Ottimo finale sui dolci, dove primeggia un'intrigante proposta che vede l'insolito connubio di cioccolato e zafferano.

🖴 ⛐ 🖾 🎍 🄿 - Prezzo: €€€

Località Piana Santa Liberata – ☏ 0864 238030 – ristorantemateriaprima.eu – Chiuso lunedì-giovedì

CASTEL GANDOLFO

✉ 00073 – Roma (RM) – Carta regionale n° **12**–A2

ANTICO RISTORANTE PAGNANELLI

CLASSICA • **ELEGANTE** Una sosta al Pagnanelli, in attività dal 1882 e splendidamente affacciato sul piccolo lago Albano, è da mettere sui propri taccuini di viaggio soprattutto per gli amanti di pesce e dei grandi vini. Il primo è freschissimo e servito in modo classico e molto saporito, i secondi racchiusi in due tomi che rappresentano la storia di questa attività. Non mancano comunque piatti di terra e un menu dedicato ai porcini in stagione. Da non perdere le magnifiche cantine scavate nella roccia con il piccolo museo del vino. Un consiglio: i pochi tavoli in terrazza vanno a ruba.

舒 ⋞ 🖾 🎍 ⟳ - Prezzo: €€€

Via Gramsci 4 – ☏ 06 936 0004 – pagnanelli.it

CASTEL GIORGIO

✉ 05013 – Terni (TR) – Carta regionale n° **13**–A2

RADICI

DEL TERRITORIO • **ELEGANTE** Tra sinuose e verdi vallate, all'interno del lussuoso hotel Borgo La Chiaracia, in una sala elegante o nella bella terrazza esterna, la cucina affonda le radici nel territorio, in piccoli, ottimi produttori locali e nella creatività dello chef. Gli ispettori sono rimasti colpiti dal menu Origini 20: quattro portate da materie prime in un raggio di massimo 20 km.

🖴 ⛐ 🖾 🎍 🄿 - Prezzo: €€€€

Località Borgo La Chiaracia – ☏ 0763 627123 – borgolachiaracia.it – Chiuso lunedì, martedì e a mezzogiorno mercoledì e giovedì

CASTEL MAGGIORE

✉ 40013 – Bologna (BO) – Carta regionale n° **9**–C3

🏵 **IACOBUCCI**

Chef: Agostino Iacobucci

ITALIANA CONTEMPORANEA • **CONTESTO STORICO** Tavoli grandi e distanziati in un contesto storico di gran fascino: è il ristorante per le grandi occasioni, dalle più romantiche a quelle prettamente gourmet. Lo chef Agostino Iacobucci padroneggia una serie di specialità classiche e irrinunciabili, dalle interpretazioni del crudo di pesce fino al suo celebre babà. Il ristorante è ospitato a Villa Zarri, incantevole dimora tardo cinquecentesca immersa in un parco secolare, con la presenza di un orto da cui si attinge a piene mani per le preparazioni dei piatti e del menu vegetariano.

⅋ ⇞ よ 📠 🅿 – Prezzo: €€€

Via Ronco 1, Villa Zarri – ℰ 051 459 9887 – agostinoiacobucci.it – Chiuso lunedì, martedì a mezzogiorno e domenica sera

CASTEL MELLA
✉ 25030 – Brescia (BS) – Carta regionale n° **4**–C2

CHICCO DI GRANO

LOMBARDA • FAMILIARE Combinazione di ambiente rustico e accogliente (due salette con travi a vista), per una cucina che valorizza la tradizione con predilezione per la brace, nonché l'offerta di carne e pesce. Le fiorentine e le costate, ben frollate e cotte alla perfezione, regalano sapori straordinari, soddisfacendo anche i palati più esigenti.

よ 📠 🍽 🅿 – Prezzo: €€

Viale dei Caduti del Lavoro 5 – ℰ 030 358 2055 – ristorantechiccodigrano.it – Chiuso lunedì e domenica sera

CASTEL SAN PIETRO TERME
✉ 40024 – Bologna (BO) – Carta regionale n° **9**–C2

IL GRIFONE

CONTEMPORANEA • LUSSO All'interno del lussuoso e composito complesso del Palazzo di Varignana, comprendente anche un'azienda agricola con produzione di olio, vino e frutta, l'offerta legata al fine dining è affidata al Grifone (simbolo di tutto il complesso) ospitato all'interno del settecentesco palazzo Bentivoglio Bargellini. La proposta di cucina si articola, alla sera, in tre menu degustazione oppure scelta alla carta sia di mare che di terra. Ricette di gusto moderno con un attento mix di sapori e colori.

⇞ 📠 🍽 🅿 – Prezzo: €€€

Via Ca' Masino 611/a – loc. Varignana – ℰ 051 1993 8300 – palazzodivarignana. com – Chiuso lunedì, domenica e a mezzogiorno da martedì a sabato

CASTEL TOBLINO
✉ 38076 – Trento (TN) – Carta regionale n° **6**–A2

CASTEL TOBLINO

MODERNA • ROMANTICO Ristorante e bar in due ambienti distinti nel contesto di un affascinante castello medioevale (di cui si può anche organizzare la visita) proteso sull'omonimo lago in questa bucolica zona dove si produce un ottimo Vino Santo (consigliato almeno l'assaggio della sua grappa a fine pasto). La cucina è generosa e d'impostazione moderna, sia di terra che di acqua, con diverse formule di menù degustazione e un'esaustiva carta. Nella bella stagione non mancate di prenotare un tavolo sulla suggestiva terrazza affacciata sul blu.

⇞ 🍽 🅿 – Prezzo: €€

Località Castel Toblino 1 – ℰ 0461 864036 – casteltoblino.com – Chiuso a mezzogiorno

CASTELBELLO

✉ 39020 – Bolzano (BZ) – Carta regionale n° **6**–A1

❀ **KUPPELRAIN**

Chef: Kevin Trafoier

CUCINA DI MERCATO • **ROMANTICO** I Trafoier sono una famiglia unica. I loro talenti si concentrano tutti nella coinvolgente e spontanea accoglienza che dedicano agli ospiti, conducendoli con professionalità e calore dentro l'esperienza Kuppelrain. Chef Kevin, figlio del bravissimo Jorg che oggi segue la sala, in cucina mette in mostra precisione e tecnica, alla ricerca di sapori buoni e rassicuranti, senza inutili orpelli, ma esaltando la fragranza di ingredienti di prossimità. Molta frutta e verdura vengono per esempio dal proprio orto, carni e pesci dalla regione; i dessert, come le creative praline, sono merito della sorella Natalie. Gli amanti del vino avranno anche loro di che godere: la cantina è ottima, addirittura eccellente il servizio al calice, spesso effettuato dalla bravissima Sonya Egger (premiata nel 2022 con il Michelin Sommelier Award!) da bottiglie Magnum (quando non Jeroboam da 3 litri), creando dei wine pairing come solo lei sa fare. A pranzo solo servizio bistrot. Benvenuti al Kuppelrain!

✿ ⇆ ⅋ 🏠 🅿 – Prezzo: €€€

Via Stazione 16, località Maragno – ℰ 0473 624103 – kuppelrain.com/it/ristorante – Chiuso lunedì e domenica

CASTELBIANCO

✉ 17030 – Savona (SV) – Carta regionale n° **10**–A2

SCOLA

CREATIVA • **ACCOGLIENTE** Quasi cento anni di storia per questo ristorante aperto nel 1926. Ci si aspetterebbe piatti semplici e ruspanti e invece dalla cucina arrivano proposte elaborate e di ottimo livello.

✿ 🏠 ⇆ 🅿 – Prezzo: €€€

Via Pennavaire 166 – ℰ 0182 77015 – scola1926.it – Chiuso martedì, mercoledì e giovedì a mezzogiorno

CASTELBUONO – Palermo (PA) ➔ Vedere Sicilia, in fondo alla Guida

CASTELFRANCO EMILIA

✉ 41013 – Modena (MO) – Carta regionale n° **9**–C3

LA LUMIRA

EMILIANA • **CONTESTO REGIONALE** In una località storica per il tortellino in brodo, al Lumira si respira aria emiliana con un twist moderno; nel menu imperdibile la pasta fresca, tutta fatta in casa, dai tortellini tradizionali alle moderne tagliatelle verdi al ragù di manzo e piselli. Un plauso particolare al filetto di vitellone all'aceto balsamico tradizionale: apprezzato per la sua intensità! Ambienti contemporanei ed un servizio accogliente assicureranno dei bellissimi momenti di relax. Tra i sangiovesi di Romagna presenti in carta, vi consigliamo il Lillybet, un rosso di media struttura e con ottime note floreali.

⇆ 🅿 – Prezzo: €€

Corso Martiri 74 – ℰ 059 926550 – ristorantelumira.com – Chiuso lunedì e domenica sera

CASTELFRANCO VENETO

✉ 31033 – Treviso (TV) – Carta regionale n° **8**–B2

FEVA

CREATIVA • CONTESTO CONTEMPORANEO Nel centro storico di Castelfranco Veneto, se la corte è d'epoca, lo stile del locale si ispira invece ad un minimalismo contemporaneo, intimo ed elegante, con la sala al primo piano sotto travi di legno originali. La cucina di Nicola Dinato si esprime in due percorsi degustazione, Anima e Corpo. Il primo propone una serie di piatti nuovi dello chef, essendo l'anima sempre in movimento... Il secondo - invece - si rifà a signature dish storici (imperdibile il carciofo, granseola, fichi e porri). A mezzogiorno, è disponibile anche una proposta più easy e meno impegnativa. Selezione enoica con tanta Francia, paese di origine della moglie-sommelier dello chef, ed un'interessante carta dei caffè.

⅃ 🅰 🍴 🅿 – Prezzo: €€€€

Borgo Treviso 62 – ☏ 0423 197565 – fevaristorante.it – Chiuso lunedì e domenica sera

CASTELLAMMARE DEL GOLFO – Trapani (TP) ➜ Vedere Sicilia, in fondo alla Guida

CASTELLAMMARE DI STABIA

✉ 80053 – Napoli (NA) – Carta regionale n° **17**–B2

✿✿ PIAZZETTA MILÙ

Chef: Maicol Izzo

CREATIVA • ELEGANTE Amanti degli Champagne fatevi avanti! La carta dei vini, che annovera quasi 5000 etichette, è presentata su tablet, ma è Emanuele che vi farà entrare nel suo mondo di piccoli produttori RM (recoltant manipulant) con un'etichetta per tutti i palati. L'esperienza inizia in cantina, dove si svolge la prima parte del pasto, in una seducente atmosfera sublimata dalle migliori etichette del mondo intero. Tutta la famiglia Izzo è coinvolta nella gestione di questo locale che iniziò come pizzeria, per poi diventare uno dei migliori ristoranti del Bel Paese grazie alla passione e alla devozione della giovane generazione: Young Chef Award 2024 Maicol in cucina, a creare piatti che spaziano dalla Campania a suggestioni più esotiche e internazionali, e i fratelli Valerio ed Emanuele a gestire mirabilmente la sala.

⅍ ⅃ 🅰 – Prezzo: €€€€

Corso Alcide De Gasperi 23 – ☏ 081 871 5779 – piazzettamilu.it – Chiuso martedì, mercoledì, giovedì a mezzogiorno e domenica sera

CASTELLETTO DI BRENZONE

✉ 37010 – Verona (VR) – Carta regionale n° **8**–A2

ALLA FASSA

PESCE E FRUTTI DI MARE • CONTESTO CONTEMPORANEO Già dall'ampia vetrata della sala si può ammirare la bellezza del lago - da cui è diviso soltanto dalla pista ciclabile - e delle montagne sulla sponda opposta, ma con il bel tempo è tutta una corsa verso i tavoli a pochi metri dall'acqua (da godersi anche dalle poche camere). La cucina sa essere all'altezza: in bilico tra classico e moderno, è proprio a suo agio sia con il pesce d'acqua dolce (come nel classico antipasto "Il lago in un piatto") sia con quello di mare.

≼ ⅃ 🍴 ✿ 🅿 – Prezzo: €€

Via Nascimbeni 11 – ☏ 045 743 0319 – ristorantealalafassa.com – Chiuso martedì

CASTELLETTO SOPRA TICINO

✉ 28053 – Novara (NO) – Carta regionale n° **1**-C1

ROSSO DI SERA

MODERNA • BISTRÒ Appena fuori dal casello autostradale, esternamente un edificio rustico ma gli interni si riscattano proponendo un'atmosfera giovanile, colorata e contemporanea, così come moderne sono le proposte del menu che mantengono comunque un legame con il territorio. La vera passione del titolare sono le bollicine e la Francia con ormai 160 etichette di Champagne e tanta Borgogna; notevole è la scelta anche al bicchiere. Non mancano – tuttavia - anche birre artigianali e cocktails per gli amanti del genere.

🕸 ♿ 🎴 🎍 ⇔ – Prezzo: €€

Via Pietro Nenni 2 – ☏ 338 815 6754 – osteriarossodisera.it – Chiuso mercoledì e giovedì

CASTELLINA IN CHIANTI

✉ 53011 – Siena (SI) – Carta regionale n° **11**–D1

ALBERGACCIO DI CASTELLINA

TOSCANA • FAMILIARE In una delle zone più celebri d'Italia, quella del Chianti Classico, tra paesaggi collinari e vinicoli mozzafiato si celebra la cucina toscana, attualizzata quel che basta per renderla più adatta ad un gusto contemporaneo. La gestione è squisitamente familiare, con il simpatico Francesco in sala e la moglie Sonia e il figlio Pietro ai fornelli.

♿ 🎍 🅿 – Prezzo: €€

Via Fiorentina 63 – ☏ 0577 741042 – ristorantealbergaccio.com – Chiuso domenica

TAVOLA DI GUIDO

TOSCANA • ELEGANTE All'interno di Locanda Le Piazze, un boutique hotel immerso in vigneti e uliveti in un edificio del Cinquecento, il ristorante di Guido Haverkock propone una cucina del territorio a base di prodotti toscani, molti dei quali (frutta, verdura e olio extravergine) provenienti dall'azienda agricola di proprietà.

≼ 🛏 🎴 🎍 🅿 – Prezzo: €€€

Località Le Piazze 41 – ☏ 0577 743192 – tavoladiguido.com/it – Chiuso mercoledì e a mezzogiorno

CASTELMEZZANO

✉ 85010 – Potenza (PZ) – Carta regionale n° **18**–A2

🕸 ### AL BECCO DELLA CIVETTA

LUCANA • FAMILIARE Nell'incantevole borgo cinto dalle suggestive Dolomiti Lucane, Antonietta Santoro si occupa della cucina, dove fa rivivere le ricette delle sue muse ispiratrici, la mamma e la nonna. Imperdibile l'agnello alle erbe e la mousse di ricotta e cioccolata, morbida e spumosa. Chi soggiorna, godrà dalle camere della maestosa scenografia naturale.

🎴 – Prezzo: €€

Vico I Maglietta 7 – ☏ 0971 986249 – beccodellacivetta.it

CASTELNOVO DI BAGANZOLA

✉ 43126 – Parma (PR) – Carta regionale n° **9**-A3

LE VIOLE

EMILIANA • ACCOGLIENTE Notevole scelta anche fuori dalla carta per una cucina a base regionale, ma con notevoli spunti di creatività, in questo simpatico indirizzo alle porte di Parma. Ospitalità schietta e genuina, con un bel salotto all'entrata ad evocare la calda accoglienza di una casa privata.

🎨 🏠 ✿ 🅿 – Prezzo: €

Strada nuova di Castelnuovo 60/a – ℰ 0521 601000 – trattorialevioleparma. com – Chiuso lunedì e martedì

CASTELNOVO DI SOTTO

✉ 42024 – Reggio Emilia (RE) – Carta regionale n° **9**-B3

DA POLI ALLA STAZIONE

CLASSICA • ACCOGLIENTE In un'antica stazione ferroviaria d'inizio '900, una solida gestione famigliare per una cucina che si rifà alla tradizione regionale. La specialità è la cottura alla griglia di carbone.

🍴 🎨 🏠 🅿 – Prezzo: €€

Viale della Repubblica 10 – ℰ 0522 682342 – Chiuso lunedì e martedì e domenica sera

CASTELNUOVO BERARDENGA

✉ 53019 – Siena (SI) – Carta regionale n° **11**-C2

✿ CONTRADA ⓝ

MODERNA • ELEGANTE Nell'affascinante contesto di un autentico borgo, lo chef Davide Canella, con importanti esperienze pregresse, propone una cucina elegante e sfiziosa, che sa di Toscana ma non solo, elaborata in un menù degustazione o in una carta dove la carne la fa da padrona. Ci sono – tuttavia – anche alternative di pesce: lo squisito antipasto gamberi e panzanella, seguito - ad esempio – dal petto d'anatra e il suo hosomaki. In sala regna Manuela, sommelier simpatica e professionale, cui affidarsi per un consiglio sui migliori abbinamenti enoici. Insomma, un'esperienza a tutto tondo avvolti da competenza e passione.

🍸 🎨 🅿 – Prezzo: €€€

Località Monastero d'Ombrone 19 – ℰ 0577 570570 – castelmonastero.com – Chiuso lunedì e a mezzogiorno da martedì a domenica

✿ IL POGGIO ROSSO

Chef: Quintero Juan Camilo

CREATIVA • ELEGANTE Vi si arriva attraversando un paesaggio fiabesco di colline punteggiate di cipressi, ulivi, boschi e vigneti, per trovare infine Borgo San Felice, lussuoso albergo che ospita il ristorante Poggio Rosso. Ai fornelli il colombiano Juan Quintero, l'enfant prodige della scuderia del pluristellato Enrico Bartolini. Ma non fatevi ingannare: qua e là c'è qualche spunto di cucina sudamericana, ma fondamentalmente aspettatevi piatti creativi con frequenti riferimenti regionali. Juan è innamorato della Toscana e ne interpreta lo stile gastronomico con grande raffinatezza e gusto contemporaneo. Il tutto in un contesto lussuoso, ma non ingessato, a cominciare dal servizio, inappuntabile e sorridente.

✿ *L'impegno dello chef:* Sostenibilità a Poggio Rosso significa anche partecipare a progetti di agricoltura sociale, come l'Orto Felice, che si propone di migliorare la qualità della vita dei ragazzi con disabilità e ne promuove l'integrazione attraverso le attività di orticoltura svolte in campo, con il coinvolgimento degli anziani del territorio. I prodotti a km 0 si fanno protagonisti di tante ricette di stagione.

🛏 ⫷ 🍴 🏧 🚃 🅿 – Prezzo: €€€€

*Località San Felice – ☏ 0577 3964 – borgosanfelice.com/poggio-rosso-
ristorante-gourmet – Chiuso lunedì e a mezzogiorno da martedì a domenica*

⛨ IL VISIBILIO

CREATIVA • **ELEGANTE** Al termine di una strada bianca, che porta dal borgo di arte contemporanea di Pievasciata alle colline coltivate, si troverà l'imponente cancello dell'albergo The Club House. Il Visibilio è il piccolo ristorante gourmet che vede la felice collaborazione tra l'impronta toscana dello chef Canella e la consulenza del cuoco bistellato Iannotti del Krèsios di Telese Terme. Quest'ultimo porta nel senese una formula simile a quella proposta nella sua maison, ovvero un unico menu degustazione alla cieca, un lunghissimo percorso gastronomico fatto di piatti a sorpresa dove si alternano ingredienti di terra e di mare, con ampio utilizzo di verdure. Tante intuizioni tecniche per un pasto di gran livello, già e soprattutto a partire dai finger food iniziali. L'ispettore consiglia: il piccione con le sue gustose salse al rabarbaro e all'assenzio.

⫷ 🍴 🏧 – Prezzo: €€€€

*SP 9 di Pievasciata 32 – ☏ 0577 357503 – ilvisibilio.com – Chiuso lunedì,
domenica e a mezzogiorno da martedì a sabato*

⛨ L'ASINELLO

TOSCANA • **INTIMO** L'incanto del piccolo e tipico borgo toscano, se la stagione lo permette, è raddoppiato dal fascino dei tavoli sistemati nel giardino, un piccolo paradiso nel cuore di una delle zone più belle della regione. E dalla Toscana parte anche la cucina dello chef-patron Senio Venturi, nella scelta di diversi prodotti e nell'amore per sapori intensi, per poi muoversi verso proposte più creative. All'interno di un'ex stalla, L'Asinello è oggi un intimo e curatissimo ristorante.

🍴 🏧 🚃 – Prezzo: €€€

*Via Nuova 6, località Villa a Sesta – ☏ 0577 359279 – asinelloristorante.it –
Chiuso lunedì e a mezzogiorno da martedì a sabato*

IL CONVITO DI CURINA

TOSCANA • **ACCOGLIENTE** Cucina toscana, nonché ampia scelta enologica con vini regionali e champagne di piccoli produttori, in un ambiente rustico-signorile, dove (meteo permettendo) vi consigliamo di optare per la terrazza panoramica.

🛏 ⫷ 🍴 🏧 🚃 🅿 – Prezzo: €€

*SP 62 24, località Curina – ☏ 0577 355630 – ilconvitodicurina.it – Chiuso
mercoledì e a mezzogiorno lunedì, martedì, giovedì, venerdì, sabato, domenica*

LA BOTTEGA DEL 30

TOSCANA • **ROMANTICO** Dietro il nome, un racconto: il 30 di ogni mese un venditore ambulante faceva tappa in questo piccolo e incantevole borgo di poche anime. Nel frattempo (siamo alla fine degli anni Ottanta), dalla Francia arrivava una giovane parigina, Hélène Stoquelet, che s'innamorò del Chianti e della sua cucina. Dedicò il suo ristorante a quel venditore e il nome è ancora lì a ricordarlo. In ambienti tipici fatti di muri in pietra e oggetti di vita contadina, la cucina già da anni è passata dalle mani di Hélène, in sala a consigliare i suoi ospiti, a quelle di Nadia Mongiat, nel segno di una certa continuità improntata alla toscanità e alla semplicità. Gli ingredienti sono infatti lavorati alla ricerca dei sapori della tradizione, come per il fegato di maiale (si usa la parte più sottile), cotto a bassa temperatura e poi messo sotto strutto con finocchietto per qualche giorno, quindi, riscaldato sotto vuoto a bagnomaria per essere servito tiepido, morbido e goloso su letto di fagiolini toscani.

🚃 ⇔ – Prezzo: €€€

*Via Santa Caterina 2, località Villa a Sesta – ☏ 0577 359226 – labottegadel30.
com – Chiuso martedì e a mezzogiorno*

CASTELVETRO DI MODENA

✉ 41014 – Modena (MO) – Carta regionale n° **9**–B2

LOCANDA DEL FEUDO

TRADIZIONALE • ROMANTICO Nella parte alta e antica del pittoresco borgo, un romantico nido di cucina fantasiosa e colorata con la degustazione dei migliori salumi locali, nonché sei eleganti suite recentemente rinnovate per un soggiorno immerso nella storia. Piccolo e suggestivo dehors lungo la via centrale.

🅰️🍴 – Prezzo: €€

Via Trasversale 2 – 𝒞 059 708711 – locandadelfeudo.it/it – Chiuso lunedì e a mezzogiorno da martedì a venerdì

CASTIGLIONE DEL LAGO

✉ 06061 – Perugia (PG) – Carta regionale n° **13**–A2

⊛ L'ACQUARIO

UMBRA • FAMILIARE Nel centro storico di questo gradevole borgo sopra al lago, una buona tappa per conoscere la cucina umbra e, soprattutto, la tradizione di piatti a base di pesce d'acqua dolce, come il luccio, la carpa, la tinca, l'anguilla e i gamberi, nonché la celebre fagiolina del Trasimeno.

🅰️🍴 – Prezzo: €

Via Vittorio Emanuele 69 – 𝒞 075 965 2432 – ristorantelacquario.it – Chiuso martedì e mercoledì

CASTIGLIONE DELLA PESCAIA

✉ 58043 – Grosseto (GR) – Carta regionale n° **11**–C3

❁ LA TRATTORIA ENRICO BARTOLINI

MEDITERRANEA • ELEGANTE Percorso un maestoso ingresso da cartolina, un lungo viale che alterna cipressi e pini marittimi, tra vigneti e bovini maremmani, si arriva infine al ristorante, che della trattoria vuole cogliere i sapori intensi e ruspanti, familiari e rassicuranti, ma che per il resto si svolge tra eleganti sale con qualche tocco rustico e un servizio di gran livello, con accenti di piacevole informalità e simpatia. Benvenuti nel ristorante di Bartolini declinato in salsa maremmana! Qui, il resident chef Bruno De Moura Cossio propone una scelta che si basa su un unico comune denominatore: la brace, ogni piatto servito ha un elemento che ha "incontrato" questo tipo di cottura, conferendo quell'originale profumo ai piatti. Se le origini brasiliane del cuoco si evincono da svariati richiami, i prodotti sono – invece - rigorosamente locali, alcuni addirittura dell'azienda di proprietà. Degna di lode è inoltre la panificazione nelle sue più svariate declinazioni: goloso fil rouge di tutto il pranzo! La formalità leggera del servizio farà sentire gli ospiti a casa, coccolati da un'ottima selezione di vini; vivamente consigliato l'assaggio di quelli prodotti nella tenuta.

🐝�︎🅰️🍴🅿️ – Prezzo: €€€€

Località Badiola – 𝒞 0564 944322 – enricobartolini.net/ristorante-la-trattoria-castiglione – Chiuso lunedì e a mezzogiorno da martedì a domenica

OSTERIA DEL MARE GIÀ IL "VOTAPENTOLE"

MODERNA • COLORATO In pieno centro, grazioso locale dalle tinte colorate per un'atmosfera gioviale e rilassata; il vicino mare contribuisce a portare in tavola delizie ittiche proposte con estro e personalità. Particolarmente apprezzato il crudo e l'immancabile caciucco.

🐝🅰️🍴 – Prezzo: €€

Via IV Novembre 15 – 𝒞 0564 934763 – osteriadelmarecdp.it – Chiuso a mezzogiorno

CASTIGLIONE DELLE STIVIERE

✉ 46043 – Mantova (MN) – Carta regionale n° **4**–D1

HOSTARIA VIOLA

MANTOVANA • FAMILIARE Oltre 100 anni di storia familiare vogliono dir di sicuro qualcosa: ovvero che in questo locale - semplice ma accogliente - si conosce la tradizione mantovana alla grande! La carta è infatti un invito ad assaggiare le bontà - più o meno celebri - del capoluogo gonzaghesco: dal sorbir di agnolini in brodo passando per gli ottimi salumi, il luccio condito con la salsa mantovana a base di battuto di capperi e acciughe servito con la polenta o le patate schiacciate, per concludere - infine - con la celebre sbrisolona o un gelato allo zabaione. Le specialità sono tante, difficile rimanere delusi.

& 🅰 ♻ 🅿 – Prezzo: €€

Via Verdi 32 – ☏ 0376 670000 – hostariaviola.com – Chiuso lunedì e domenica

HOSTARIA DEL TEATRO

MODERNA • ROMANTICO In un'accogliente sala terminante sulla cucina a vista vengono serviti piatti che talvolta prendono spunto dalle tradizioni mantovane e venete, talaltra sono invece frutto della creatività del cuoco, aiutato in sala dalla gentilissima moglie. Quando il tempo lo permette, si mangia in un grazioso giardino.

& 🅰 🛋 – Prezzo: €€€

Via Ordanino 5b – ☏ 0376 670813 – hostariadelteatro.it – Chiuso giovedì

OSTERIA DA PIETRO

CLASSICA • ELEGANTE Nel centro storico, in un elegante edificio d'epoca, il ristorante è condotto da una simpatica coppia: la moglie in cucina, il marito in sala ad occuparsi con abilità del servizio. Tra i piatti imperdibili i tortelli di zucca e la torta delle rose con zabaglione al moscato.

🅰 🛋 – Prezzo: €€

Via Chiassi 19 – ☏ 0376 673718 – osteriadapietro.it – Chiuso mercoledì e domenica sera

CASTIGLIONE FALLETTO

✉ 12060 – Cuneo (CN) – Carta regionale n° **2**–A2

L'ARGAJ

CREATIVA • SEMPLICE Argaj in piemontese significa soddisfazione e mai nome di un ristorante è parso più appropriato. In una sala semplice, ma colorata e accogliente con finestre sulle colline, tutta l'attenzione si concentra sulla cucina, che si destreggia con abilità tra classici locali e offerte più creative, proposte alla carta o menu degustazione. Ottima anche la scelta enologica.

🐾 🛋 – Prezzo: €€

Via Alba-Monforte 114 – ☏ 0173 62882 – argajristorante.it – Chiuso giovedì e mercoledì sera

CASTROCARO TERME

✉ 47011 – Forlì-Cesena (FC) – Carta regionale n° **9**–D2

ESSENTIA

DEL TERRITORIO • SEMPLICE Nel centro storico di Castrocaro, ai piedi della fortezza, troverete le proposte di Andrea Giacchini, giovane cuoco di grande interesse. I piatti, riferibili alla tradizione gastronomica locale ma non solo, sono sorretti da una rimarchevole abilità tecnica, mai ostentata o fine a se stessa, ma posta al servizio di prodotti e sapori sapientemente valorizzati.

&. 🅐🅒 🕱 – Prezzo: €€

Piazza San Nicolò 2 – ☏ 0543 768260 – essentiaristorante.it – Chiuso lunedì, martedì e a mezzogiorno da mercoledì a venerdì

CATANIA – Catania (CT) ➡ Vedere Sicilia, in fondo alla Guida

CATANZARO

✉ 88100 – Catanzaro (CZ) – Carta regionale n° **19**–B2

✿ ABBRUZZINO

Chef: Luca Abbruzzino

DEL TERRITORIO • ELEGANTE Con l'apertura del nuovo locale di Lamezia Terme (Abbruzzino Oltre), qui - alle redini della cucina - è rimasto il giovane chef Antonio Fazio, cresciuto praticamente in casa, che continua a proporre piatti d'incontro tra creatività e tradizione calabra. E' sempre un ottimo indirizzo, quindi, per chi cerca sapori del territorio reinterpretati in chiave contemporanea e un'accoglienza allo stesso tempo professionale e familiare da parte di papà Antonio e mamma Rosa in sala. Anche le importanti carte dei vini rispecchiano l'amore per la regione visto che una le è interamente dedicata, mentre nell'altra si spazia in tutto lo Stivale e anche all'estero. Noi ricorderemo soprattutto i tanti stuzzichini iniziali, il riso con piselli, pecorino e ostriche e il dessert (Pane, olio e zucchero): un signature dish irremovibile dalla proposta, articolata in due menù degustazione a sorpresa e una piccola carta.

🕾 🖐🅐🅒🕱🅿 – Prezzo: €€€

Via Fiume Savuto, località Santo Janni – ☏ 0961 799008 – abbruzzino.it – Chiuso a mezzogiorno da lunedì a venerdì

CAVA DE' TIRRENI

✉ 84013 – Salerno (SA) – Carta regionale n° **17**–B2

CASA RISPOLI

MODERNA • ACCOGLIENTE Nel locale affacciato su una piazza da cui partono i pittoreschi portici del centro storico (una passeggiata è vivamente consigliata!), la famiglia Rispoli continua a portare avanti la tradizione della buona tavola. Benché in carta ci sia anche qualche piatto di carne, le proposte di pesce - in buona parte tradizionali tipo il tonno con le cozze ammollicate e le melanzane in scapece, nonché qualche ricetta più fantasiosa come la cheesecake, mou e lampone - sono particolarmente invitanti.

🅐🅒 🕱 – Prezzo: €€

Piazza san Francesco 7 – ☏ 089 995 1261 – casarispoli.it – Chiuso lunedì e domenica sera

CRUB

PESCE E FRUTTI DI MARE • BISTRÒ Lungo la passeggiata pedonale del centro, un locale moderno con arredi eleganti e contemporanei. Qui vengono serviti un'ottima serie di crudi, nonché una buona selezione di ostriche e caviale; in bella vista anche il buffet del pesce fresco, dove attingere per piatti più elaborati e di stampo attuale. Le bollicine hanno un posto d'onore...

🅐🅒 – Prezzo: €€

Corso Umberto I 125 – ☏ 089 344715 – crubrestaurant.it – Chiuso martedì e a mezzogiorno lunedì, mercoledì, giovedì, venerdì

CAVAGLIÀ

✉ 13881 – Biella (BI) – Carta regionale n° **1**–C2

OSTERIA DELL'OCA BIANCA

PIEMONTESE • **RUSTICO** Di fronte alla chiesa del paese, osteria a piacevole conduzione familiare diretta che propone i piatti della tradizione piemontese (e ovviamente l'oca), serviti in un locale rustico e accogliente. Ottima lista vini con cantina visitabile e graziosa veranda vetrata utilizzata anche in inverno. Tre belle camere a disposizione esclusivamente dei clienti che cenano qui.

🕏 ♿ 🅰️ ⇪ – Prezzo: €€

Via Umberto I 2 – ℰ 0161 966833 – osteriadellocabianca.it – Chiuso martedì e mercoledì

CAVAION VERONESE

✉ 37010 – Verona (VR) – Carta regionale n° **8**–A2

❄ **OSELETA**

CREATIVA • **ELEGANTE** A pochi chilometri dal Garda, su pendici collinari appena accennate e ornate da vigneti, l'ingresso di Villa Cordevigo, al cui interno si trova l'Oseleta, si dipana sontuoso tra due filari di cipressi. Due le salette, ma si consiglia di riservare i tavoli nella elegante veranda a ridosso delle vetrate, in virtù di una suggestiva vista sugli esterni verdeggianti e la piscina: l'atmosfera è elegante e il tempo scorre piacevolmente grazie ad un servizio impeccabile. Lo chef Marco Marras padroneggia con abilità una carta che alterna proposte ittiche, vegetariane, lacustri e di carne, tutte presentate con precisione chirurgica e abilità scenografica. Tra i piatti più attuali consigliamo il Fusillone... al mio modo: datato 2022, ma attualissimo, con una cottura al dente e servito con bagna cauda, borraggine, zafferano, melanzana arrostita e nero di seppia. Le salse ben accostate tra loro ricreano una sensazione sia marina che di terra.

🚠 ♿ 🅰️ 🍽 ⇪ 🅿️ – Prezzo: €€€

Località Cordevigo – ℰ 045 723 5287 – ristoranteoseleta.it – Chiuso martedì e a mezzogiorno lunedì, mercoledì, giovedì, venerdì

CAVALESE

✉ 38033 – Trento (TN) – Carta regionale n° **6**–B2

❄ **EL MOLIN**

Chef: Alessandro Gilmozzi

ALPINA • **ROMANTICO** Lo scricchiolio del legno antico del pavimento vi darà il benvenuto in questo antico mulino del Seicento, dove chef-patron Gilmozzi - guida alpina gastronomica - presenta lungo un unico menu degustazione (ma si può optare per una versione leggermente più corta) tutto il suo amore per la montagna e la passione che animano il suo cuore: affumicature realizzate al momento, un incredibile utilizzo di erbe autoctone, cortecce, licheni, resine - come nella Lepre su lepre, geranio odoroso e crispino - accanto a formaggi unici, l'intenso sapore della selvaggina, pesci d'acqua dolce, mentre creatività e ricerca lo guidano verso cotture particolari. Scelta interessante di vini anche al calice.

🌿 *L'impegno dello chef:* Oltre ad un piccolo orto di proprietà con piante spontanee, El Molin dispone di un vivaio di fiducia ad alta quota - Mas Vinal – per l'approvvigionamento di fiori eduli ed erbe di montagna. Vero e proprio animatore territoriale di sostenibilità, il punto di forza di chef Gilmozzi è anche la capacità di coinvolgere ricercatori e fornitori in progetti di recupero di varietà antiche, nonché di produzioni totalmente ecosostenibili.

🕏 – Prezzo: €€€€

Via Muratori 2 – ℰ 0462 340074 – alessandrogilmozzi.it – Chiuso lunedì, martedì e mercoledì a mezzogiorno

CAVALLINO

✉ 30013 – Venezia (VE) – Carta regionale n° **8**–C2

AI DO CAMPANILI

PESCE E FRUTTI DI MARE • INTIMO Una raccolta saletta al 1° piano accoglie questo locale che propone una cucina di qualità e una gestione giovane e dinamica. In carta non mancano mai crudi e variazioni moderne sul tema del pesce. Interessante selezione di vini, da acquistare anche per asporto.

⌧ 🛋 – Prezzo: €€€

Via Marco Polo 2 – ☎ 041 530 1716 – aidocampanili.it – Chiuso mercoledì

CAVATORE

✉ 15010 – Alessandria (AL) – Carta regionale n° **1**–C3

😊 DA FAUSTO

PIEMONTESE • CONVIVIALE All'interno di una cascina ristrutturata in splendida posizione collinare e panoramica (nelle giornate più limpide lo sguardo spazia sino alle Alpi) si celebra la cucina piemontese. Tanta carne, quindi, ma anche ottime paste fresche (come i celebri agnolotti) e dolci golosi. La cantina accoglie le degustazioni – produzione in proprio di pinot nero locale spumantizzato con etichetta personalizzata – e per prolungare il soggiorno ci sono delle belle camere provviste di sauna.

🕸 ⬿🛋 ⇔🅿 – Prezzo: €€

Località Valle Prati 1 – ☎ 0144 325387 – relaisborgodelgallo.com – Chiuso lunedì e martedì

CAVAZZO CARNICO

✉ 33020 – Udine (UD) – Carta regionale n° **7**–A2

😊 BORGO POSCOLLE

TRADIZIONALE • AGRESTE Cucina casalinga legata al territorio in una gradevole trattoria familiare, con orto biologico e fattoria didattica per la pet therapy, dove la ricerca del prodotto locale - possibilmente a km 0 - si è trasformata in piacevole ossessione. I dolci sono la passione della titolare e non occorre aggiungere altro! Un posto incantevole per andare alla scoperta dei sapori della Carnia.

🤝🛋🅿 – Prezzo: €

Via Poscolle 21/a – ☎ 366 491 5854 – Chiuso lunedì-mercoledì

CAVERNAGO

✉ 24050 – Bergamo (BG) – Carta regionale n° **5**–C1

✿ IL SARACENO

Chef: Roberto Proto

MEDITERRANEA • CONTESTO CONTEMPORANEO Le origini amalfitane del cuoco riemergono in grande stile in questo ristorante alle porte di Bergamo, con una cucina a prevalenza marinara e di grande qualità. Dal crudo agli spaghetti ai ricci di mare e briciole di pane, dall'elogio alla pezzogna fino alla mareggiata con il pescato del giorno, è una festa per il palato, che culmina con i dolci. Menzione particolare per la qualità dei lievitati, dal pane alla focaccia con origano e pomodorini. Bene infine anche per la lista dei vini, a cominciare dalla selezione di Champagne.

🕸 ⌧ 🅿 – Prezzo: €€€€

Piazza Don Verdelli 2 – ☎ 035 840007 – ristorante-ilsaraceno.it – Chiuso lunedì e martedì

CAVI DI LAVAGNA

✉ 16030 – Genova (GE) – Carta regionale n° **10**–C2

IMPRONTA D'ACQUA

Chef: Ivan Maniago

ITALIANA CONTEMPORANEA • **CONTESTO CONTEMPORANEO** Sul lungo rettilineo che costeggia mare e ferrovia, un ristorante open space dallo stile asciutto-contemporaneo, con la cucina a vista sul fondo: lì potrete sbirciare lo chef patron - Ivan Maniago - ed il suo team alle prese con le preparazioni tecniche che compongono i quattro menù degustazione (volendo però tutti i piatti sono disponibili anche alla carta). Uno è dedicato alle ricette vegetariane, quindi, due di essi spaziano tra i sapori del mare e quelli a base di carne (come non citare in questo caso un complesso piccione proposto in ricetta originale col petto realizzato a terrina con pistacchio, mentre le cosce fritte a bonbon); l'ultimo è centrato sul "quinto quarto".

& 🅰🅒 – Prezzo: €€€€

Via Aurelia 2121 – 🕾 *375 529 1077 – improntadacqua.com – Chiuso martedì e a mezzogiorno mercoledì e giovedì*

RAIEÜ

PESCE E FRUTTI DI MARE • **FAMILIARE** Dopo oltre 60 anni di attività questa trattoria, sorta nei locali di deposito delle reti da pesca, è ancora una solida certezza per qualità e prezzo. In centro al piccolo borgo, semplice, demodé, col dehors affacciato sul caratteristico vicolo, oggi - come agli esordi - si prepara una cucina ligure di mare, sapida e gustosa, semplice e generosa. La zuppa di pesce è un grande classico, il loro pesto ottimo e poi stagionalità e territorio sono spesso citati in piatti rari, come il cavolo broccolo di Lavagna ripieno di pesce.

🅰🅒 🛱 – Prezzo: €€

Via Milite Ignoto 23 – 🕾 *0185 390145 – Chiuso lunedì*

CAVOUR

✉ 10061 – Torino (TO) – Carta regionale n° **1**–B3

LA NICCHIA

PIEMONTESE • **RUSTICO** All'interno di un edificio di fine '700 arriva in tavola il meglio delle materie prime locali in ricette regionali tradizionali, benevolmente aperte ad intrusioni moderne. Due menu degustazione (di cui uno vegetariano) e scelta alla carta. In cantina un'ottima selezione di vini, mentre il locale si sdoppia con la Vineria, dove si servono piatti più semplici ed economici.

🕸 🛱 – Prezzo: €€

Via Roma 9 – 🕾 *0121 600821 – lanicchia.net – Chiuso mercoledì e giovedì a mezzogiorno*

LA POSTA

PIEMONTESE • **CONTESTO TRADIZIONALE** Ambienti classici che si rifanno agli inizi del secolo scorso con suggestive foto e documenti che raccontano la storia del locale e tante salette caratterizzate da soffitti in legno. Nella proposta culinaria di stampo tradizionale spiccano le buone paste fatte a mano e il carrello dei bolliti. Un classico della casa è il coniglio stufato servito con un abbondante accompagnamento di peperoni di Carmagnola. Produzione propria di leccornie come la giardiniera, le conserve e la pasticceria.

🕸 & 🅰🅒 ⇄ – Prezzo: €€

Via dei Fossi 4 – 🕾 *0121 69989 – locandalaposta.it – Chiuso venerdì*

CECINA

✉ 57023 – Livorno (LI) – Carta regionale n° **11**–B2

IL DORETTO

CLASSICA • FAMILIARE Nella gradevole atmosfera di un cascinale alle spalle della località, fuori dalla calca del litorale, il cuoco, appassionato di Champagne di cui serve una discreta selezione, reinterpreta i classici toscani, sia di terra sia soprattutto di mare (in estate quasi solamente!). Concretezza di sapori e freschezza delle materie prime ne sanciscono il successo.

&.🅼 🍴 🅿 – Prezzo: €€

Via Pisana Livornese 32 – 📞 0586 668363 – Chiuso mercoledì e domenica sera

CEFALÙ – Palermo (PA) ➜ Vedere Sicilia, in fondo alla Guida

CEGLIE MESSAPICA

✉ 72013 – Brindisi (BR) – Carta regionale n° **16**–C2

😊 **CIBUS**

PUGLIESE • CONTESTO TRADIZIONALE Il ristorante si trova nel dedalo di viuzze del centro storico di Ceglie e particolarmente suggestivo è accomodarsi ai tavoli della piccola corte interna. Il ristorante è da tempo e giustamente celebre per l'attenta ricerca delle tradizioni gastronomiche regionali e una tappa imperdibile per chi vuole scoprire la Puglia nel piatto. Squisito il "marretto di agnello da latte con patate al forno" e interessante la generosa proposta enoica regionale.

🕸 🅼 🍴 – Prezzo: €

Via Chianche di Scarano 7 – 📞 0831 388980 – ristorantecibus.it – Chiuso martedì e a mezzogiorno lunedì e mercoledì

CELLE LIGURE

✉ 17015 – Savona (SV) – Carta regionale n° **10**–B2

META RISTORANTE

MEDITERRANEA • CONTESTO TRADIZIONALE Piccolissima sala dai tavoli ravvicinati, moderna ma semplice, ricavata da un ex rimessa per le barche a due passi dal mare. La cucina si divide tra terra e mare, prendendo spunto dai sapori liguri per allargare lo spettro verso preparazioni più contemporanee.

&.🅼 – Prezzo: €€

Via Generale Pescetto 5 – 📞 019 994222 – ristorantemeta.it – Chiuso lunedì e a mezzogiorno da martedì a giovedì

CERCEMAGGIORE

✉ 86012 – Campobasso (CB) – Carta regionale n° **15**–B2

CONTRASTO Ⓝ

MODERNA • ELEGANTE Lucio Testa, chef-patron, è tornato nel suo paese natale arroccato a 937 metri di altitudine, aprendo questo ristorante in un ex ovile alla periferia della località. La facciata in pietra perfettamente conservata, le diverse piccole sale distribuite su più livelli, le travi a vista e le lampade contemporanee conferiscono all'ambiente un tocco di modernità. La sua è una cucina creativa, in cui le ricette della tradizione molisana vengono rivisitate, abbinando prodotti locali e di stagione (spesso provenienti dal proprio orto) a salse, condimenti ed emulsioni, appresi lavorando con cuochi francesi; l'anatra mulard tra i prodotti preferiti, diversi menu degustazione guidano alla scoperta del territorio, infine, per chi preferisce, scelta alla carta.

🛅 🛐 – Prezzo: €€
Via Roma 55 – ☎ 0874 799230 – contrastoristorante.it – Chiuso lunedì e martedì e domenica sera

CÉRES

✉ 10070 – Torino (TO) – Carta regionale n° **1**–B2

VALLI DI LANZO

PIEMONTESE • AGRESTE "Ristourànt Valàdess at Lanss con Oubèrgi" recita l'insegna di questo locale nel centro del caratteristico paesino di Céres. Cucina di stampo regionale, ma personalizzata: i prodotti della valle sono il fulcro delle specialità, accompagnate da una ben strutturata selezione di vini regionali, nazionali ed esteri. Nella bella stagione, tavoli anche all'aperto.

🛅 🛐 ♻ – Prezzo: €€
Via Roma 11 – ☎ 0123 53180 – ristorantevallidilanzo.eu – Chiuso martedì

CERIGNOLA

✉ 71042 – Foggia (FG) – Carta regionale n° **16**–B2

U' VULESCE

PUGLIESE • ACCOGLIENTE Sulla base della salumeria aperta più di 60 anni fa (che ora serve anche aperitivi con piccoli piatti d'accompagnamento), la famiglia Di Donna ha impostato un valido ristorante dove propone i migliori prodotti di questa generosa regione. Tra terra e mare, salumi e formaggi, il tutto si accompagna a buoni vini.

🛅 🛐 – Prezzo: €
Via Cesare Battisti 3 – ☎ 0885 425798 – uvulesce.it – Chiuso lunedì e domenica

CERMES

✉ 39010 – Bolzano (BZ) – Carta regionale n° **6**–A1

MIIL

CONTEMPORANEA • ELEGANTE Nel contesto dell'azienda vinicola Kränzelhof, il mulino quattrocentesco è stato trasformato in un ristorante assai curato, soprattutto negli spazi esterni. Lo chef propone una carta, non amplissima ma aggiornata frequentemente con il meglio degli ingredienti di stagione, composta da piatti di ispirazione contemporanea. Buona selezione enoica.

🛟 🛐 ♻ 🅿 – Prezzo: €€€
Via Palade 1 – ☎ 0473 563733 – miil.it/it/home – Chiuso lunedì e domenica

CERNOBBIO

✉ 22012 – Como (CO) – Carta regionale n° **5**–A1

ⴹ **MATERIA**
Chef: Davide Caranchini
CREATIVA • CONTESTO CONTEMPORANEO Se il recente trasferimento ha comportato un cambio d'indirizzo e spazi nuovi, la linea gastronomica rimane saldamente orientata verso una cucina di contaminazione italiana, asiatica ed altro ancora. In carta troverete molte verdure, spezie ed erbe aromatiche, che lo chef mette al servizio del suo credo: sgrassare i piatti estraendo e concentrando i sapori. Chi ama la sperimentazione e gli accostamenti originali troverà qui il suo ristorante: molte delle ricette - dolci compresi - sono una sfida al già visto, senza timore di esplorare gusti talvolta più difficili da proporre, come l'acido e l'amaro. L'ispettore

ha gradito: coregone sott'aceto, le sue uova e insalate amare locali. Oltre alla carta, anche proposte più easy a pranzo

&. 🅰 – Prezzo: €€€

Via Trieste 1/B – 𝒞 031 207 5548 – ristorantemateria.it – Chiuso lunedì e martedì

CASA PERROTTA RESTAURANT

ITALIANA CONTEMPORANEA • **FAMILIARE** Pochi coperti in questo accogliente e piccolo locale piuttosto minimalista, la cui cucina cerca di uscire dall'ordinario con piatti personalizzati di terra e di mare, declinati in tre formule degustazione o alla carta. A proporli una brigata familiare di giovani campani trasferitisi qui dopo importanti esperienze pregresse.

🅰 – Prezzo: €€€

Via Cinque Giornate 72 – 𝒞 351 524 2095 – casaperrottarestaurant.it – Chiuso lunedì

LA VERANDA

ITALIANA CONTEMPORANEA • **LUSSO** Nella bella stagione la terrazza in riva al lago offre una splendida vista e fa da perfetta cornice a piatti che valorizzano la tradizione italiana ma che soddisfano anche i palati più cosmopoliti. Se il tempo non lo permette starete altrettanto bene nell'elegante sala interna con vista sul lago (la più richiesta) o sul giardino. Per la sera è richiesto un abbigliamento elegante (non per niente siamo all'interno del lussuoso hotel Villa d'Este).

⩱ 🛏 🅰 🍽 🅿 – Prezzo: €€€€

Via Regina 40 – 𝒞 031 348400 – villadeste.com/it/ hotel-con-ristoranti-lago-di-como/veranda

CERRETO GUIDI

✉ 50050 – Firenze (FI) – Carta regionale n° **11**–C1

PS RISTORANTE

Chef: Stefano Pinciaroli

CONTEMPORANEA • **AGRESTE** Nella splendida campagna di Cerreto Guidi, Villa Petriolo è una magnifica residenza medicea che dispone anche di 36 lussuose camere. Oltre al fascino della casa e del suo giardino, su cui dà il dehors del ristorante, grandi possibilità sono offerte dalle fragranti produzioni interne: olio EVO, vino, allevamento di cinta senese, carni e galline, e poi ancora l'orto e i grani antichi, integrati da ingredienti km 0, che lo chef reinterpreta con stile moderno-creativo, come nell'uovo in carciofo (un'attenta riproduzione dell'uovo con cuore di crema di carciofo). Suggeriamo di testare anche il vino di produzione propria, a noi è piaciuto il Golpaia rosso Bio, un merlot e sangiovese di media struttura ed aromi morbidi.

🌱 *L'impegno dello chef:* L'offerta gastronomica si basa su due concetti chiave, prossimità e coerenza, immediati sin dalla lettura del menù che interpreta bene stagionalità e km zero. D'altra parte siamo all'interno di un'azienda agricola bio con allevamenti, orti, frutteti, produzioni di olio, vino (finalmente si assaggia la prima annata: 2022) e cereali antichi. Aderiscono a "Forest for the Planet" con donazione di 5 ettari di boschi per contrastare gli effetti dannosi causati dall'anidride carbonica.

⩱ 🛏 &. 🅰 🍽 🅿 – Prezzo: €€€€

Via di Petriolo 7 – 𝒞 0571 182 6068 – ps-ristorante.it – Chiuso a mezzogiorno

CERRETTO LANGHE

✉ 12050 – Cuneo (CN) – Carta regionale n° **2**–A2

FÀULA

PIEMONTESE • **CASA DI CAMPAGNA** Il Fàula (favola in piemontese) è la proposta gourmet all'interno di Casa Langa, struttura che si apre come un anfiteatro con vista panoramica sulla vallata. Il giovane chef Daniel Zeilinga propone una cucina che miscela con estro tradizione piemontese e interpretazioni moderne. Una buona selezione dei cru della zona e un orto biodinamico supportano sala e cucina nel soddisfare il cliente.

⇜ 👜 ⭡ 🎬 🎐 ⇄ 🅿 – Prezzo: €€€

Località Talloria 1 – ☏ 0173 520520 – casadilanga.com/it/food-drink/faula – Chiuso a mezzogiorno da lunedì a venerdì

TRATTORIA DEL BIVIO

PIEMONTESE • ROMANTICO A 700 metri d'altitudine, in Alta Langa, trovate una cucina tradizionale realizzata ad ottimi livelli e servita in sale dagli accenti rustici ma contemporanei. Tra gli ingredienti più rappresentativi ricordiamo i funghi, i tartufi, le paste fresche come i tajarin e i ravioli del plin, nonché le eccellenti carni della regione. La qualità del pane e della focaccia con lievito naturale meritano una menzione particolare.

🐾 🎐 ⇄ 🅿 – Prezzo: €€€

Località Cavallotti 9 – ☏ 0173 520383 – trattoriadelbivio.it – Chiuso lunedì e martedì

CERVERE

✉ 12040 – Cuneo (CN) – Carta regionale n° 1-B3

😳😳 ANTICA CORONA REALE

Chef: Gian Piero Vivalda

PIEMONTESE • CONTESTO TRADIZIONALE Storico indirizzo tra Langhe e Monviso, che ha celebrato alcuni anni fa il suo duecentesimo anniversario, il ristorante gestito dalla famiglia Vivalda da cinque generazioni nasce come cascina, per ottenere poi i riconoscimenti culinari che tutti conoscono. Lo chef-patron Gian Piero Vivalda (Passion Dessert Award 2024) dà vita a menu vocati all'eccellenza, proponendo una cucina colorata, profumata, contraddistinta da esecuzioni di alto livello. Punto di riferimento per gourmet italiani ed internazionali, il ristorante lo è anche per numerose aziende del territorio, che forniscono capponi, faraone, vitelli, peperoni di Carmagnola, funghi porcini, e altro ancora. La carta è un invito a lasciarsi andare al sapore e al godimento del palato, con classici che si alternano a portate più attuali: ecco, dunque, un delicatissimo raviolo di bagna càuda accostato alla mitica bouillabaisse, tornata sulla tavola dopo le insistenti richieste dei clienti. Nella bella stagione ci si può accomodare all'ombra di un bel pergolato, fra fiori variopinti e una piccola fontanella, mentre per cene intime due salette private sono a disposizione degli ospiti, di cui una in cantina circondati da etichette leggendarie. Possibilità di acquisto di alcuni prodotti da forno.

🐾 ⭡ 🎬 🎐 ⇄ 🅿 – Prezzo: €€€€

Via Fossano 13 – ☏ 0172 474132 – anticacoronareale.it – Chiuso mercoledì e martedì sera

CERVESINA

✉ 27050 – Pavia (PV) – Carta regionale n° 4-A3

DAMA 🆕

MODERNA • CONTESTO STORICO Bassa Lomellina, all'interno del complesso del Castello di San Gaudenzio, una bella tenuta storica a pochi chilometri da Voghera, le vecchie stalle sono ora Dama: ristorante gastronomico gestito da un giovane chef. A fianco di proposte territoriali, come la cipolla al forno e grana Padano 24 mesi, la carta elenca anche piatti più creativi, ma pur sempre attenti alla essenzialità della ricetta. Particolarmente interessanti alcuni vini dell'Oltrepò.

🦽 ♿ ♻ – Prezzo: €€€

Via Mulino, località San Gaudenzio – 𝒞 0383 3331 – hcsg.it/ristorante – Chiuso lunedì e a mezzogiorno da martedì a giovedì

CERVIA

✉ 48015 – Ravenna (RA) – Carta regionale n° **9**–D2

LOCANDA DEI SALINARI

PESCE E FRUTTI DI MARE • CONTESTO TRADIZIONALE Locale raccolto ed accogliente nell'antico borgo dei Salinari, in cui lo chef-patron Gianni Berti propone una cucina pacatamente moderna usufruendo dei migliori prodotti della Romagna, sia di terra sia di mare.

🅰🅲 🍴 – Prezzo: €€

Via XX Settembre 67 – 𝒞 0544 971133 – locandasalinari.it – Chiuso mercoledì e giovedì

CESENATICO

✉ 47042 – Forlì-Cesena (FC) – Carta regionale n° **9**–D2

🏵 ANCÒRA 🔘

MODERNA • ELEGANTE Nuova avventura romagnola per il bravissimo cuoco Iacobucci (l'omonima casa madre è a Castel Maggiore), all'interno della villa che gli appassionati della buona tavola ricorderanno essere stata casa del 2 stelle Magnolia. In ambienti eleganti ed accoglienti, il resident chef Marco Garattoni mette in mostra tecnica e precisione: non certo piovute dal cielo ma immagazzinate durante anni di lavoro in ristoranti di alto livello. I suoi son piatti contemporanei, sempre ben presentati, colorati, incentrati su di una confortevole piacevolezza, a volte addirittura golosa, per lo più a base di pesce, cui si aggiungono preparazioni vegetariane e naturalmente anche portate a base di carne. E non poteva mancare uno dei signature più celebri dello chef napoletano, il babà a tre lievitazioni: leggero, delizioso, perfetto.

🅰🅲 🍴 – Prezzo: €€€

Viale Trento 31 – 𝒞 0547 397207 – ancoracesenatico.it – Chiuso martedì e a mezzogiorno mercoledì e giovedì

🏵 LA BUCA

PESCE E FRUTTI DI MARE • MINIMALISTA I tavoli del servizio estivo all'aperto (a ridosso dell'acqua!) sono i più indicati per godere della sua bella posizione lungo il pittoresco Porto Canale e le sue case d'epoca, mentre la sala interna vi aspetta con la sua atmosfera di moderna eleganza e la cucina a vista. La carta è quasi esclusivamente dedicata al pesce, perlopiù proveniente da pescatori locali. Aperta da un'ampia selezione di crudi (sia al naturale, sia più elaborati), la proposta del cuoco prosegue con piatti moderni, caratterizzati da ricercate presentazioni, sapori che probabilmente trovano come abbinamento preferenziale uno dei molti Champagne presenti nella carta dei vini.

♿ 🅰🅲 🍴 – Prezzo: €€€

Corso Garibaldi 45 – 𝒞 0547 675649 – labucaristorante.com – Chiuso lunedì e martedì a mezzogiorno

🍽 OSTERIA BARTOLINI

PESCE E FRUTTI DI MARE • STILE MEDITERRANEO Se desiderate mangiare all'aperto, lungo l'incantevole Porto Canale sono installati dei tavoli, mentre dentro vi aspetta un semplice ma piacevole ambiente nello stile di una trattoria marinara. Sulle tovagliette di carta sono elencati i piatti – tra cui diverse proposte di fritto – integrati da alcuni fuori menu; solo mare, in preparazioni gustose e tradizionali.

&. 🅰 🍴 – Prezzo: €€

Corso Garibaldi 41 – 𝒞 0547 82474 – osteriabartolinicesenatico.com

12 RISTORANTE

PESCE E FRUTTI DI MARE • DI TENDENZA Situato in bella posizione sul Porto Canale leonardesco che ospita i battelli storici del Museo della marineria, il 12 è un omaggio al mare e ai suoi prodotti. Cucina di pesce freschissimo, a km 0, in ricette concrete, gustose e curate. La sala è personalizzata con opere d'arte realizzate dal titolare.

🅰 🍴 – Prezzo: €€

Via Armellini 12/a – 𝒞 0547 82093 – 12ristorante.com – Chiuso giovedì e a mezzogiorno lunedì, martedì, mercoledì, venerdì

MARÉ

PESCE E FRUTTI DI MARE • ALLA MODA Un'inaspettata tappa gastronomica in un tipico stabilimento balneare della riviera romagnola, con la sala che si apre sulla spiaggia e un'interminabile fila di ombrelloni. I piatti sono curati, talvolta creativi, di buon livello. Un suggerimento su tutti: i monfettini (pasta fresca all'uovo) mantecati alle seppie, vongole, canocchie e inchiostro, si presenta come un risotto ed è golosissimo. Buona la carta dei vini, in particolare per la selezione di Champagne.

🕸 &. 🍴 – Prezzo: €€€

Via Molo di Levante 74 – 𝒞 331 147 6563 – mareconlaccento.it – Chiuso lunedì-domenica

VERANDA

PESCE E FRUTTI DI MARE • ELEGANTE È Alberto Faccani, cuoco bistellato del ristorante Magnolia sulle prime colline dell'entroterra, a sovraintendere alla cucina di questo ristorante. Privi di particolari elaborazioni, i piatti rispecchiano fedelmente le ricette della tradizione marinara dell'Adriatico, con il pescato al centro dell'attenzione. Quindi spazio a crudi, gratinati, insalata di mare, paste e risotti, mentre i secondi vertono su cotture alla griglia, al forno e in tegame.

&. 🅰 🍴 – Prezzo: €€

Viale Giosuè Carducci 140 – 𝒞 0547 401898 – ristoranteveranda.it – Chiuso lunedì e a mezzogiorno da martedì a domenica

CETARA

✉ 84010 – Salerno (SA) – Carta regionale n° **17**-B2

😀 ## AL CONVENTO - CASA TORRENTE

CAMPANA • CONTESTO CONTEMPORANEO Dopo il rinnovo, la sala affrescata ha assunto un look più moderno da osteria contemporanea e la terrazza sulla piazzetta del pittoresco borgo è sempre piacevole. La carta è per lo più dedicata ai prodotti del mare locale: crudi, tartare, fritti come le classiche alici ripiene di provola affumicata, cotture alla brace e paste tra cui lo spaghetto alla locale colatura di alici. Alle proposte di mare si affiancano alcuni piatti di carne (tomahawk e bistecca). Si spende un filo di più col pescato dalla ghiacciaia dedicata o con la novità del pesce frollato.

🅰 🍴 – Prezzo: €€

Piazza San Francesco 16 – 𝒞 089 261039 – alconvento.net – Chiuso mercoledì

😀 ## LA DISPENSA DI ARMATORE

PESCE E FRUTTI DI MARE • CONVIVIALE Piccolissimo locale, atipico, quasi un bistrot con soli tavoli all'aperto, al bancone con sgabelli vista mare oppure nel più classico dehors. La carta non è ampia ma la qualità del pesce ottima! Troverete tonno rosso, alici, totani... d'altra parte i proprietari da quattro generazioni si occupano di pesca. I golosi sappiano che viene proposto un unico dessert, lo spumone, realizzato per loro da una vicina gelateria artigianale. Non viene nemmeno servito il caffè: qui si viene proprio per le ottime proposte ittiche che in quanto a prezzi, trovandoci in Costiera, rendono l'indirizzo più unico che raro.

⪵ 🏠 – Prezzo: €

Via Cantone 1 – ℰ 089 262034 – armatorecetara.it/dispensa – Chiuso mercoledì

CETONA

✉ 53040 – Siena (SI) – Carta regionale n° **11**–D3

DA NILO

TOSCANA • ACCOGLIENTE Affacciato sulla pittoresca piazza principale di Cetona, che si può ammirare dai tavoli del dehors, il ristorante propone una cucina tipica della regione, quasi esclusivamente di terra.

🅰 🏠 ⇄ – Prezzo: €€

Piazza Garibaldi 31 – ℰ 0578 239040 – Iltigliodipiazza.it – Chiuso martedì

CHERASCO

✉ 12062 – Cuneo (CN) – Carta regionale n° **1**–B3

😊 OSTERIA LA TORRE

PIEMONTESE • SEMPLICE Meglio lasciare l'auto nei comodi parcheggi appena fuori dalle mura e fare proprio due passi nel fascinoso centro storico, con le sue strade ortogonali e l'atmosfera raccolta e pittoresca, per accomodarsi in questa accogliente "osteria" dove un cortese servizio al femminile saprà condurvi nella scelta di piatti legati sì alla tradizione, ma preparati con gusto contemporaneo. Noi ci siamo concessi con soddisfazione uovo, cardo e fonduta e scamone in grissinopoli come piatto principale. Per gli appassionati non potrà mancare un assaggio di chiocciole, del cui allevamento Cherasco è centro d'eccellenza. Generosa e di qualità anche la carta dei vini.

🐾 ♿ 🅰 🏠 – Prezzo: €€

Via dell'Ospedale 22 – ℰ 0172 488458 – osterialatorrecherasco.it – Chiuso lunedì e domenica sera

CHIARAMONTE GULFI – Ragusa (RG) ➜ Vedere Sicilia, in fondo alla Guida

CHIAVARI

✉ 16043 – Genova (GE) – Carta regionale n° **10**–C2

😊 DA FELICE

LIGURE • ACCOGLIENTE Ambienti accoglienti, con in fondo alla sala la cucina a vista, quest'insegna attiva da moltissimi anni si propone con un menu essenzialmente dedicato al pesce del mercato giornaliero, cucinato in diverse preparazioni classiche: carpaccini crudi, fritti, cotture al forno ed altro ancora. E se, in generale, i prezzi sono corretti, il piccolo menù degustazione è addirittura ottimo in tal senso. Fresco dehors estivo.

🅰 🏠 ⇄ – Prezzo: €€

Corso Valparaiso 136 – ℰ 0185 308016 – ristorantefelice.com – Chiuso a mezzogiorno

DUO

CONTEMPORANEA • **CONTESTO CONTEMPORANEO** Ristorante nel centro di Chiavari, all'interno del palazzo che fu la storica tipografia cittadina, i titolari hanno unito la bellezza strutturale del luogo alla valorizzazione dell'artigianato locale creando ambienti molto piacevoli. La cucina, sebbene moderna, sa come puntare dritta al sapore della materia prima, con semplicità.

&. 㮡 㪱 – Prezzo: €€

Via Senatore Dallorso 10 – ☏ 0185 475658 – Chiuso lunedì, domenica e sabato a mezzogiorno

LORD NELSON

PESCE E FRUTTI DI MARE • **VINTAGE** Un tuffo nel passato: direttamente sul lungomare, gli interni ricordano le ammiraglie inglesi con legno lucidato a specchio e ambienti classici. La cucina è mediterranea, i prodotti di qualità e la carta dei vini ricca di etichette anche con qualche anno di invecchiamento. Vi è anche una zona american bar per intrattenersi nel periodo invernale a sorseggiare svariati cocktail.

㪲 – Prezzo: €€€€

Corso Valparaiso 27 – ☏ 0185 302595 – thelordnelson.it – Chiuso lunedì e martedì a mezzogiorno

CHIENES

✉ 39030 – Bolzano (BZ) – Carta regionale n° **6**–B1

(㊋) **GASSENWIRT**

DEL TERRITORIO • **SEMPLICE** Appena in disparte all'inizio della val Pusteria, questa semplice risorsa si trova accanto alla chiesa del piccolo borgo ed ha radici antichissime che risalgono al 1602. Origini onorate con una cucina saporita, a tratti casalinga, fortemente sudtirolese e familiare. Qualche esempio: Schlutzkrapfen - i ravioli tipici - in cui la ricetta degli avi prevedeva farcia con patate e ricotta (senza spinaci), poi Pressknödel di Graukäse (il formaggio grigio), crostini di milza, le carni dei masi circostanti. Anche la carta vini - seppur ristretta - è una buona presentazione della viticoltura regionale.

🅿 – Prezzo: €

Via Paese 42 – ☏ 0474 565389 – gassenwirt.it/it

CHIERI

✉ 10023 – Torino (TO) – Carta regionale n° **1**–B2

CASCINA LAUTIER

DEL TERRITORIO • **CASA DI CAMPAGNA** Adagiato su una bella collina poco fuori la cittadina, è un ristorante dall'atmosfera signorile, la cui cucina dialoga principalmente con il territorio, ma concedendosi qualche rivisitazione.

㲿 &. 㮡 㪱 ㊋ 🅿 – Prezzo: €€

Strada Baldissero 121 – ☏ 339 721 4259 – cascinalautier.it/it – Chiuso martedì e a mezzogiorno lunedì, mercoledì, giovedì, venerdì

DE GUSTIBUS

MEDITERRANEA • **AMBIENTE CLASSICO** Signorile e piacevolmente vintage nell'atmosfera, qui assaggerete una cucina dai connotati mediterranei, elaborata in chiave moderna con un bel menu esposto a voce, in base agli acquisti giornalieri. Servizio molto cordiale e attento.

&. 㮡 – Prezzo: €€

Via Martiri della Libertà 9 – ☏ 011 940 0713 – degustibuschieri.it – Chiuso lunedì, a mezzogiorno da martedì a sabato e domenica sera

CHIES D'ALPAGO

✉ 32010 – Belluno (BL) – Carta regionale n° **8**–C2

LOCANDA SAN MARTINO

VENETA • AMBIENTE CLASSICO Questa locanda fondata nel 1952 è ancora gestita dalla stessa famiglia, soprattutto nella componente femminile. Ai fornelli vanta la presenza di uno chef la cui lunga esperienza si percepisce nella proposta e nelle preparazioni. Molte delle carni, tra cui l'agnello, sono allevate nell'azienda di famiglia nei pressi del ristorante, e i piatti, legati alla classicità, sono presentati con gusto attuale, seguendo le stagioni. Quando il clima lo permette, approfittate dell'ampia terrazza con vista sul tramonto in Alpago.

🏧 🍴 – Prezzo: €€

Via Don Ermolao Barattin 23 – ✆ *334 139 0806 – locandasanmartino.com – Chiuso martedì e mercoledì e lunedì sera*

CHIESA IN VALMALENCO

✉ 23023 – Sondrio (SO) – Carta regionale n° **4**–B1

MALENCO

LOMBARDA • CONVIVIALE Un ristorante dal taglio famigliare e dagli interni accoglienti, con vista panoramica sulla vallata, per una cucina d'ispirazione regionale equalche specialità giornaliera di pesce fresco.

🔽 ⇆ 🅿 – Prezzo: €€

Via Funivia 22 – ✆ *0342 452182 – ristorantemalenco.wixsite.com/valmalenco – Chiuso martedì*

CHIETI

✉ 66100 – Chieti (CH) – Carta regionale n° **15**–B1

FUTURA

CONTEMPORANEA • CONTESTO STORICO Nel cuore del centro storico, sulla monumentale piazza San Giustino, le pareti in mattoni delle sale del ristorante, disposto su due piani, testimoniano il passato, mentre la cucina di Alessandra Di Paolo, in prevalenza di carne, volge lo sguardo verso piatti più contemporanei, con qualche interessante risvolto tecnico e creativo.

🏧 – Prezzo: €€

Piazza San Giustino 7 – ✆ *327 326 3310 – futuraristorante.it – Chiuso lunedì, a mezzogiorno da martedì a venerdì e domenica sera*

CHIOGGIA

✉ 30015 – Venezia (VE) – Carta regionale n° **8**–C3

EL GATO

PESCE E FRUTTI DI MARE • ACCOGLIENTE Chioggia è famosa per essere uno dei porti pescherecci più riforniti della zona e in questo ristorante ne troverete un ottimo saggio. Si trova lungo il viale centrale di passeggio della pittoresca cittadina e la qualità dei prodotti è veramente rimarchevole, mentre le preparazioni sono quelle tradizionali dell'Adriatico, soprattutto a base di pesce azzurro.

♿ 🏧 🍴 – Prezzo: €€€

Corso del Popolo 653 – ✆ *041 400265 – ristoranteachioggia.it – Chiuso lunedì*

CHIUSDINO

✉ 53012 – Siena (SI) – Carta regionale n° **11**–C2

✿ **SAPORIUM**

Chefs: Ariel Hagen

TOSCANA • **LUSSO** Saporium è il fine dining ricavato all'interno dello stupendo Relais Borgo Santo Pietro, una casa antica i cui interni mostrano una cura rara e raffinata che la sera, all'ora di cena, diviene quanto mai romantica avvolta com'è dal gioco di luci soffuse e ombre realizzato da mille candele. Col bel tempo ci si accomoda sotto ad un elegante portico del 1200 affacciato sul giardino e sulla Valle Serena, che comprende gli oltre 100 ettari di proprietà. Ed è proprio da lì, dagli ulivi, dalle vigne, dagli orti e dai frutteti, che prende vita la cucina impostata dall'executive chef Ariel Hagen e realizzata da Luca Ottogalli: piatti moderni e delicati. La volontà è infatti quella di raccontare le stagioni di questo territorio straordinario: la sella di lepre, cavolo nero e pera, ne è un esempio perfetto! La selezione vini con oltre 1300 referenze permette qualsiasi tipo di pairing. Noi suggeriamo di assaggiare uno dei vini prodotti nel Borgo (per esempio il Pinot Nero, armonico e molto elegante).

✿ *L'impegno dello chef:* I 120 ettari di Borgo Santo Pietro, coltivati in biologico, comprendono orti, giardini botanici, vigneti, foreste e una fattoria dove si allevano galline, ovini, maiali, tacchini e conigli. All'interno della tenuta trovano posto anche un hotel di lusso, un centro benessere e vari ristoranti, tra cui il Saporium, che è coperto per quasi l'80% del suo fabbisogno. Nell'impegno verso la sostenibilità si iscrive anche il laboratorio di fermentazione che trasforma gli esuberi di produzione stagionale.

&& ⪕ 🛏 ᰔ Ⓜ ᱤ **P** – Prezzo: €€€€

Località Palazzetto 110 – ☎ 0577 751222 – saporium.com/it/borgo-santo.pietro – Chiuso lunedì, domenica e a mezzogiorno da martedì a giovedì

CHIUSI

✉ 53043 – Siena (SI) – Carta regionale n° **11**–D3

☺ **OSTERIA LA SOLITA ZUPPA**

TOSCANA • **FAMILIARE** Nel centro storico di Chiusi, l'atmosfera è quella di una verace trattoria toscana sotto un suggestivo soffitto con volte a botte, e fresco dehors. L'amore per la cucina regionale diventa recupero di ricette tradizionali, accompagnate da quella pienezza di sapori tipica di queste parti. L'ispettore consiglia: pici con ragù bianco di macinato di carne bovina e suina, una spolverata di Parmigiano Reggiano, nonché l'intrigante affumicatura della cottura nel forno a legna.

&& Ⓜ ᱤ – Prezzo: €

Via Porsenna 21 – ☎ 0578 21006 – lasolitazuppa.it – Chiuso martedì

I SALOTTI

CREATIVA • **ELEGANTE** In una residenza nobiliare del XIX secolo di squisita raffinatezza e pochi tavoli, cucina creativa elaborata partendo da diversi prodotti locali e una cantina storica che - nel corso degli anni - si è arricchita notevolmente e oggi può vantare oltre duemila etichette, molte delle quali di elevatissimo pregio, sia della regione sia dell'intero Paese.

&& 🛏 ⪕ Ⓜ ᱤ **P** – Prezzo: €€€€

Località Querce al Pino, SS 146 – ☎ 0578 274407 – ilpatriarca.it/ristoranti/i-salotti-del-patriarca – Chiuso lunedì, martedì e a mezzogiorno da mercoledì a domenica

CICOGNOLO

✉ 26030 – Cremona (CR) – Carta regionale n° **4**–C3

OSTERIA DE L'UMBRELEÈR

LOMBARDA • AMBIENTE CLASSICO Immaginate la Bassa padana, in autunno: nebbiolina mattutina e l'atmosfera classica dai toni rustici di un ristorante tradizionale che propone i must della cucina lombarda: primi piatti e carni di qualità, in primis. Siamo a Cicognolo, il consiglio dell'ispettore è per la zuppa di cipolle bianche gratinata o per le lumache (stile bourguignonne). A pranzo è disponibile anche un menu più semplice e per le serate estive, un giardinetto con dehors.

🅰️ 🍴 – Prezzo: €€

Via Mazzini 13 – ℰ 0372 830509 – umbreleer.it – Chiuso lunedì e martedì

CIMA

✉ 22018 – Como (CO) – Carta regionale n° **4**–A2

LA MUSA RESTAURANT & ROOFTOP TERRACE

MODERNA • MINIMALISTA Sei intimi tavoli in una moderna sala dalle ampie vetrate che offre una bella vista sul lago e il panorama si fa ancora più suggestivo nel servizio estivo all'aperto. Lo chef fonde i sapori della sua Sardegna con gli ingredienti alpini, creando dei percorsi degustativi che esaltano il territorio e la stagione.

🅰️ 🍴 🅿️ – Prezzo: €€€

Località Cini 29 – ℰ 0344 629132 – ristorante-la-musa.com – Chiuso lunedì e a mezzogiorno da martedì a domenica

CITTÀ DELLA PIEVE

✉ 06062 – Perugia (PG) – Carta regionale n° **13**–A2

ZAFFERANO

CLASSICA • ROMANTICO Nelle sale interne o sulla bella veranda estiva, questo accogliente ristorante ospitato in un hotel raccolto e signorile propone sapori a cavallo tra Umbria e Toscana. Al termine dell'esperienza gastronomica, vi consigliamo una passeggiata nella bella Città della Pieve, famosa per lo zafferano e per il vicolo Baciadonne, uno dei più stretti d'Italia con i suoi 80 cm di larghezza massima.

🍽️ ♿ 🅰️ 🍴 – Prezzo: €€

Viale Vanni 1 – ℰ 0578 298063 – hotel-vannucci.com/ristorante – Chiuso martedì, mercoledì e a mezzogiorno lunedì, giovedì, venerdì

CIVIDALE DEL FRIULI

✉ 33043 – Udine (UD) – Carta regionale n° **7**–B2

😊 AL MONASTERO

REGIONALE • CONTESTO TRADIZIONALE Ottimi salumi locali ed altre golosità del territorio in un ristorante dalle sale accoglienti: originale quella con il tipico fogolar furlan o quella con l'affresco celebrativo di Bacco. Da segnalare, tempo permettendo, anche un romantico servizio nella corte interna del palazzo storico. Servizio al femminile attento e preparato.

🅰️ 🍴 – Prezzo: €€

Via Ristori 9 – ℰ 0432 700808 – almonastero.com – Chiuso lunedì e domenica sera

CIVITANOVA MARCHE

⊠ 62012 – Macerata (MC) – Carta regionale n° **14**–C2

ANASTASIA

PESCE E FRUTTI DI MARE • **BISTRÒ** Fronte mare, cocktail bar e ristorante con specialità di pesce freschissimo e proposto sia in maniera classica - come le tartare – sia in ricette più elaborate. L'ambiente moderno e arioso lascia il posto nella bella stagione al servizio all'aperto. Stanze ed appartamenti di lusso per chi volesse prolungare la sosta e piscina sul roof.

🛧 – Prezzo: €€

Via Bainsizza 3 – ℰ 366 200 9550 – anastasiapiccolamaesta.com/ristorante – Chiuso lunedì a mezzogiorno

GALILEO

PESCE E FRUTTI DI MARE • **STILE MEDITERRANEO** Sala interna affacciata sulla spiaggia, Galileo è il classico ristorante di pesce dell'Adriatico con le ricette che conosciamo e amiamo tutti: dall'insalata di mare alla degustazione di antipasti, dalle paste con vari condimenti marini al fritto di paranza e la grigliata mista. Insomma, piatti golosi e tradizionali, con il pescato al centro dell'attenzione senza troppe elaborazioni.

🅰️ 🛧 – Prezzo: €€€

Via IV Novembre conc. 25 – ℰ 0733 817656 – ristorantegalileo.it – Chiuso martedì

CIVITAVECCHIA

⊠ 00053 – Roma (RM) – Carta regionale n° **12**–A2

😊 **FORMA**

ITALIANA CONTEMPORANEA • **INTIMO** Non sul mare, ma ai piedi di un quartiere medievale, intimo ristorante dove i muri storici sono intervallati da dettagli moderni quali il parquet nero e i tubi industrial. Anche la cucina dello chef Gianluca Formichella unisce tradizione e gioco moderno, in piatti di pesce e di carne fantasiosi e risolti con ispirazioni personali. Optando per i menu degustazione, il rapporto qualità-prezzo è davvero ottimo. Piacevole e piccolo dehors.

🅰️ 🛧 – Prezzo: €€

Via Trieste 9 – ℰ 0766 672647 – Chiuso lunedì e a mezzogiorno da martedì a venerdì

CIVITELLA CASANOVA

⊠ 65010 – Piacenza (PC) – Carta regionale n° **15**–B1

✿ **LA BANDIERA**

Chef: Marcello e Mattia Spadone

ABRUZZESE • **AMBIENTE CLASSICO** La strada per arrivarci è lunga da qualunque parte si provenga ma, definitivamente: ne vale la pena! Un'intera famiglia, seconda e terza generazione a braccetto nel solco degli esordi avvenuti nel lontano 1977, con gran passione si dedica all'arte dell'ospitalità gourmet. La cucina, pensata ed eseguita dai genitori insieme al figlio Marcello, si fonda su un gran rispetto per il territorio e per la stagionalità degli ingredienti, concetti che spesso conducono ad autoproduzioni (i prodotti dell'orto compaiono in quasi tutti i piatti mentre di loro produzione è perfino l'olio Evo), mentre tecnicamente si apre a preparazioni dal piglio moderno, che li ha resi una vera "bandiera" della cucina abruzzese di qualità. L'altro figlio, Alessio, segue con stile la sala e la cantina che piacerà sicuramente agli amanti del pairing, l'ottima carta si apre infatti con una serie di pagine dense di proposte al calice, con vini anche top di gamma.

🌼 *L'impegno dello chef:* Se un orto tradizionale e uno sinergico danno vita ad un'eccellente produzione di olio EVO e alla preparazione di squisite conserve, c'è un piatto che, ancor più delle eccellenti pratiche e impianti presenti nel locale, riassume l'atteggiamento della famiglia Spadone verso l'ambiente. "Orto" è presente in carta con il mese di riferimento proprio perché evolve e cambia al ritmo e nel rispetto della natura e dei suoi frutti.

𝀊 ⟨ & 🅰 🍴 🅿 – Prezzo: €€€

Contrada Pastini 4 – ℰ 085 845219 – labandiera.it – Chiuso martedì e mercoledì e domenica sera

😊 **IL RITROVO D'ABRUZZO**

DEL TERRITORIO • **AMBIENTE CLASSICO** Se non siete già in zona, arrivarci può richiedere tempo, ma è tempo ben speso attraverso una delle pagine paesaggistiche più incantevoli dell'Abruzzo rurale e collinare. Ristorante familiare (i due fratelli Di Tillio, uno in sala, l'altro in cucina) con gradevole servizio esterno estivo, la cucina vi condurrà attraverso le tradizioni gastronomiche del territorio, sovente proposte con i prodotti del proprio orto e qualche piatto più creativo.

⟨ 🍴 & 🅰 🍴 🅿 – Prezzo: €€

Contrada Bosco 16 – ℰ 085 846 0019 – ilritrovodabruzzo.com – Chiuso martedì e lunedì a mezzogiorno

CIVITELLA DEL LAGO

✉ 05023 – Terni (TR) – Carta regionale n° **13**–A2

TRIPPINI

UMBRA • **CONTESTO CONTEMPORANEO** Pochi tavoli e una spettacolare vista sul lago di Corbara: ecco il ristorante Trippini, dal 1964 nelle mani della stessa famiglia. Nei piatti un'emozionante cucina della memoria, territoriale e familiare, ricordi di piatti della domenica e tanto altro, rivisti in chiave contemporanea per un'ottima tappa gastronomica di sapori intensi.

⟨ 🅰 – Prezzo: €€€

Via Italia 14 – ℰ 0744 950316 – paolotrippini.it – Chiuso lunedì, martedì a mezzogiorno e domenica sera

CIVITELLA DEL TRONTO

✉ 64010 – Teramo (TE) – Carta regionale n° **15**–B1

ZUNICA 1880

ABRUZZESE • **CONTESTO TRADIZIONALE** Sulla piazza centrale di Civitella del Tronto, su cui affaccia il gradevole dehors così come alcune delle camere dell'albergo, Zunica da oltre 100 anni è un riferimento imperdibile per assaggiare la cucina abruzzese, che stante la posizione, qui risente anche delle vicine Marche. In cucina, protagoniste sono le verdure stagionali ad accompagnare carni selezionate (l'agnello e il piccione imperdibili!) e preparate con un occhio di riguardo verso la tradizione ed uno sguardo rivolto alla modernità.

🅰 🍴 – Prezzo: €€€

Piazza Filippi Pepe 14 – ℰ 0861 91319 – zunica1880ristorantehotel.it

CLUSANE D'ISEO

✉ 25049 – Brescia (BS) – Carta regionale n° **5**–D1

DA NADIA

PESCE E FRUTTI DI MARE • **RUSTICO** Nella nuova location presso il Relais Mirabella di Clusane d'Iseo, il ristorante di Nadia Vincenzi, chef di lungo corso dalla forte personalità, si arricchisce di una bella posizione panoramica, mentre le proposte gastronomiche continuano a trovare nelle specialità ittiche la loro migliore espressione. La zuppa di pesce è certamente tra i piatti più amati.

&. 🅼 🍴 ⇄ – Prezzo: €€€

Via Mirabella 34 – ☎ 338 756 5732 – ristorantedanadia.com – Chiuso lunedì e a mezzogiorno da martedì a venerdì

CLUSONE

✉ 24023 – Bergamo (BG) – Carta regionale n° **4**–B2

RISTORANTE MAS-CÌ

ITALIANA • **FAMILIARE** Nel grazioso centro storico, albergo e ristorante sono ormai giunti alla terza generazione. Accoglienti sale con camino per una cucina che, avvalendosi dei prodotti del territorio, abbraccia il resto d'Italia. Eccellenti le specialità al tartufo nero!

⇄ 🅿 – Prezzo: €€

Piazza Paradiso 1 – ☎ 0346 21267 – mas-ci.it

CODIGORO

✉ 44021 – Ferrara (FE) – Carta regionale n° **9**–D1

LA ZANZARA

Chef: Sauro Bison

PESCE E FRUTTI DI MARE • **ROMANTICO** La piccola sala è caratteristica e nella stagione fredda l'atmosfera è riscaldata, in tutti i sensi, dallo scoppiettante camino. La cucina propone la laguna nelle sue più svariate declinazioni: tanta anguilla, in preparazioni semplicissime e alla brace, mentre i pesci dell'Adriatico, tra cui ottimi calamari e rombetti, la fanno da padrone. Il viaggio per raggiungere il casale è un'esperienza a sé: nella valle del Delta del Po, tra una ricca fauna e fitta vegetazione.

🐜 🅼 ⇄ 🅿 – Prezzo: €€€

Via per Volano 52, località Porticino – ☎ 347 036 7841 – ristorantelazanzara. com – Chiuso lunedì, martedì e a mezzogiorno da mercoledì a venerdì

LA CAPANNA DI ERACLIO

PESCE E FRUTTI DI MARE • **VINTAGE** Una strana e meravigliosa sensazione ci coglie quando veniamo alla Capanna di Eraclio, quella di sentirci a casa. Aperta nel 1922 e giunta alla quarta generazione della famiglia Soncini, ogni volta notiamo con sollievo che poco è cambiato da quando alla preesistente osteria fu affiancata la cucina. Un'atmosfera nostalgica e familiare, semplice, ma con inaspettati tocchi di raffinatezza. La cucina è un repertorio di quanto di meglio offra il delta del Po, dalle cappesante, alle piccole sogliole, dalla superlativa anguilla al granchio blu, servito al vapore nel suo guscio per percepirne appieno il gusto, a lato una maionese preparata al momento. Un dettaglio interessante, vi troverete a ben 7 metri sotto il livello del mare, più unico che raro!

🅼 🍴 ⇄ 🅿 – Prezzo: €€€

Località per Le Venezie 21 – ☎ 0533 712154 – Chiuso mercoledì e giovedì e domenica sera

COGNE

✉ 11012 – Aosta (AO) – Carta regionale n° **3**–A2

BAR À FROMAGE

VALDOSTANA • **RUSTICO** Una tipica casera di montagna, calda ed elegante, dove il servizio è in costume regionale e la cucina strizza l'occhio a ricette della tradizione valdostana. Non fatevi trarre in inganno dal nome: oltre al grandioso carrello di formaggi alpini, le proposte di carne e pesce sono numerose. Un ambiente molto caratteristico completamente in legno, con arredi curati e personalizzati, in cui sarete accolti con calore e coccolati dalle prelibatezze dello chef.

🗻 🅿 – Prezzo: €€

Rue Grand Paradis 20 – ℰ 0165 749696 – hotelbellevue.it – Chiuso giovedì e a mezzogiorno martedì, mercoledì, venerdì

COEUR DE BOIS

VALDOSTANA • ELEGANTE È nel soffitto ligneo dell'elegante sala ristorante che si svela il significato del suo nome, "cuore di legno" ... Tra boiserie in abete del '700 e mobili e dipinti antichi, la cucina propone piatti classici di stile nazionale con qualche richiamo al territorio, con uno stile volutamente ingentilito e alleggerito. Ottima tappa gourmet, resa ancor più piacevole dalla posizione privilegiata nel Parco nazionale del Gran Paradiso.

🍃 🕭 – Prezzo: €€

Viale Cavagnet 31 – ℰ 0165 74030 – miramonticogne.com/coeur-de-bois

LE PETIT BELLEVUE

ITALIANA CONTEMPORANEA • INTIMO È il piccolo gioiello di uno dei più celebri e romantici alberghi della regione: pochissimi tavoli, da quelli d'epoca nella saletta interna ai due affacciati sulla valle, scenograficamente chiusa dal Gran Paradiso. In cucina lo chef di origine toscane propone la Valle d'Aosta con pochissime divagazioni; tra i piatti più riusciti il salmerino di Lillaz con salsa al burro e le sue uova, oppure la zuppa del bosco, funghi di stagione stufati serviti con del blu d'Aosta ed un tocco di maggiorana fresca. A seguire, il carrello dei formaggi, soprattutto regionali, una prelibatezza! Ultimo ma non ultimo, il bravissimo sommelier Rino Billia - premiato in passato con il passion for wine award - mostra competenza e psicologia nel comprendere i gusti del cliente e selezionare il vino più adatto tra le oltre 1600 etichette.

🕭 🕭 ⅙ 🗻 🅿 – Prezzo: €€€

Rue Grand Paradis 22 – ℰ 0165 74825 – hotelbellevue.it

LOU RESSIGNON

VALDOSTANA • STILE MONTANO Trattoria di famiglia fondata nel 1966, Lou Ressignon - lo spuntino notturno in Patois – propone una cucina semplice e genuina che valorizza i prodotti e le tradizioni del territorio valdostano. Oltre alla sala al piano terra, ci si potrà accomodare nella storica taverna, mentre quattro accoglienti camere sono a disposizione per chi volesse prolungare la sosta.

🅿 – Prezzo: €€

Via des Mines 22 – ℰ 0165 74034 – louressignon.it – Chiuso martedì e mercoledì

COL SAN MARTINO

✉ 31010 – Treviso (TV) – Carta regionale n° **8**–C2

🐌 LOCANDA DA CONDO

VENETA • CONTESTO TRADIZIONALE Nello splendido paesaggio vinicolo del prosecco, Condo è una trattoria storica plurigenerazionale, fedele alle tradizioni gastronomiche venete. Nelle sale interne troverete un'atmosfera tipica e accogliente, a cui si aggiunge in estate un grazioso servizio in una veranda con rampicanti: entrambi gli ambienti ravvivati da opere di artisti locali. La cucina non è solo di buon livello, ma anche a prezzi ragionevoli: insomma, tanti motivi per venirci a mangiare!

🗻 ⇔ – Prezzo: €€

Via Fontana 134 – ℰ 0438 898106 – locandadacondo.it

COLLE

✉ 39040 – Bolzano (BZ) – Carta regionale n° **6**–A1

TENNE LODGES

ALPINA • **STILE MONTANO** A ridosso delle piste da sci, all'interno del Tenne Lodges & Chalets, una struttura completamente rivestita in legno; la grande sala da pranzo è protagonista di una cucina moderna, saporita, di matrice locale, ma con notevoli spunti tratti dalle passate esperienze professionali dello chef. Una carta dei vini molto fornita ed una cantina in pietra: suggestiva location per un aperitivo.

⟨&⟩ ✿ **P** – Prezzo: €€€

Strada Racines di Dentro 51 – ℰ 0472 433300 – tenne-suedtirol.com/it/ gastronomia-culinario/ristorante

COLLE DI VAL D'ELSA

✉ 53034 – Siena (SI) – Carta regionale n° **11**–D1

✿✿ ARNOLFO

Chef: Gaetano Trovato

CREATIVA • **DESIGN** Un edificio modernissimo, dalle linee nitide con ferro e vetro disegnati affinché il panorama possa avvolgere i clienti seduti a qualsiasi tavolo, mentre alle spalle, nella grande cucina a vista incorniciata da una stupenda parete di marmo giallo Siena, sono all'opera Gaetano Trovato (Mentor Chef Award 2024) e la sua brigata. Tre sono i menu degustazione proposti, uno dei quali vegetariano, ma tutti i piatti potranno a piacimento essere scelti à la carte. Tanto si potrebbe dire sulla cucina di Arnolfo: citiamo almeno la panificazione, da sempre al centro del progetto in ricordo degli esordi di gioventù, l'anatra, la chianina, il pollo del Valdarno e il gelato, che non può mai mancare nei dolci. L'ispettore ha apprezzato: i golosi amuse-bouche con cui si viene accolti, la caponata con oliva taggiasca e basilico, la triglia nel suo accostamento con asparagi bianchi, piselli e menta. La carta dei vini è - inoltre - veramente notevole, sia per la qualità che per la capacità di coprire non solo Italia e Francia in modo capillare, ma anche Paesi più lontani; la cantina custodisce ormai 7000 bottiglie.

⟨&⟩ ⬳ ⟨♨⟩& Ⓜ ⟨♧⟩ ✿ **P** – Prezzo: €€€€

Viale della Rimembranza 24 – ℰ 0577 920549 – arnolfo.com – Chiuso martedì e mercoledì

BIS OSTERIA ITALIANA CONTEMPORANEA Ⓝ

CUCINA DI STAGIONE • **BISTRÒ** Nei gloriosi locali del vecchio Arnolfo, nella parte vecchia della città, la medesima gestione con la cucina affidata a un allievo propone una formula non ampia, ma golosa di "Specialità Italiane" (come si chiamano tutti i secondi piatti) sia di terra che di mare, accompagnate da ottimi lievitati (si può anche ordinare la scarpetta con quel che rimane di un sugo di cinta senese) e con un signature dish in evidenza: maltagliato "non tagliato" al piccione. Nella bella stagione si può godere di un'ottima e tranquilla terrazza.

Ⓜ ⟨♨⟩ – Prezzo: €€

Via 20 Settembre 50 – ℰ 338 770 6128 – osteriabis.it – Chiuso lunedì e a mezzogiorno da martedì a domenica

IL FRANTOIO

ITALIANA CONTEMPORANEA • RUSTICO Nella splendida Colle di Val d'Elsa, si mangia tra pietre, mattoni antichi e soffitti a botte, mentre macina, pressa e cisterne sono ancora qui a testimoniare la storia di quest'edificio e le sue funzioni di frantoio ottocentesco. Con il bel tempo, poi, si possono sfruttare i tavolini all'aperto in piazza. Invece di una cucina semplice e rustica, come ci si aspetterebbe, lo chef sorprende con piatti tecnici e spesso creativi: il fegatino, ad esempio, è proposto con amarene e pistacchio e lo spaghetto con colatura di alici, capperi, crema di aglio nero e affumicatura finale.

🍴 – Prezzo: €€
Via del Castello 40 – 𝄢 0577 923652 – ilfrantoiorestaurant.com – Chiuso giovedì e a mezzogiorno escluso domenica

COLLEBEATO

✉ 25060 – Brescia (BS) – Carta regionale n° **4**–C2

CARLO MAGNO

MEDITERRANEA • ELEGANTE In una casa di campagna dell'800 circondata dai vigneti della Franciacorta, il ristorante propone piatti mediterranei di carne e di pesce, serviti in suggestivi ambienti d'epoca.

🐇 🖼 🍴 ♿ 🅿 – Prezzo: €€€
Via Campiani 9 – 𝄢 030 251 1107 – carlomagno.it – Chiuso lunedì, martedì e a mezzogiorno mercoledì e giovedì

COLOGNE

✉ 25033 – Brescia (BS) – Carta regionale n° **5**–D2

CAPPUCCINI CUCINA SAN FRANCESCO

ITALIANA CONTEMPORANEA • CONTESTO STORICO In un'elegante sala ricca di fascino storico all'interno dell'omonimo resort, fra candide fiandre e candelabri, ricercatezza enologica (con l'ovvio omaggio alla Franciacorta, terra vocata che rivaleggia con la bella selezione di Champagne) e cucina moderna, a volte più vicina alla tradizione, altre più creativa, ma sempre in sintonia con le stagioni.

🐇 🖼 🅿 – Prezzo: €€€
Via Cappuccini 54 – 𝄢 030 715 7254 – cappuccini.it

COLOGNOLA AI COLLI

✉ 37030 – Verona (VR) – Carta regionale n° **8**–B3

STILLA

CONTEMPORANEA • ALLA MODA Una giovane coppia che ha lasciato la città per ristrutturare completamente la vecchia casa del nonno di lui, circondata dai vigneti e immersa nella tranquillità. La cucina di Silvia Banterle è originale, generosa, colorata, organizzata in una carta misurata, con piatti che cambiano spesso. Noi abbiamo apprezzato la "palamita appena scottata, spinacino selvatico, ciliegie in agro, salsa barbecue di ciliegie". L'ambiente e il servizio di Tommaso sono signorili e in estate ci si trasferisce in terrazza.

♿ 🖼 🍴 🅿 – Prezzo: €€
Località Casette 1 – 𝄢 045 482 6046 – stillaverona.com – Chiuso lunedì, domenica e a mezzogiorno escluso sabato

COLORETO

✉ 43123 – Parma (PR) – Carta regionale n° **9**–A3

TRATTORIA AI DUE PLATANI

EMILIANA • **TRATTORIA** Uno dei locali più celebrati della provincia, appena fuori città in una frazione di campagna, dove è necessario prenotare con larghissimo anticipo. Qui, troverete una cucina legata al territorio ma che esprime anche una certa creatività, con gusto contemporaneo anche nella presentazione dei piatti. Rimarchevole la selezione di salumi, le paste fresche - i tortelli di zucca o di patate - sono leggendarie, così come il gelato alla crema mantecato al momento.

📺 🍴 ⇔ – Prezzo: €

Via Budellungo 104/a – 𝒸 0521 645626 – aidueplatani.com – Chiuso mercoledì e martedì sera

LA MAISON DU GOURMET

CONTEMPORANEA • **CONTESTO TRADIZIONALE** In un podere antico completamente ristrutturato, un ritrovo gourmet nella campagna parmense, dove gustare una cucina creativa, di ottima qualità e non necessariamente legata alle tradizioni locali, sia di carne che di pesce. Gli antipasti sono deliziosi.

♿ 📺 🍴 🅿 – Prezzo: €€

Strada Budellungo 96 – 𝒸 0521 645310 – lamaisondugourmet.it – Chiuso lunedì e i mezzogiorno martedì, mercoledì e giovedì

COMMEZZADURA

✉ 38020 – Trento (TN) – Carta regionale n° **6**–A2

MASO BURBA

DEL TERRITORIO • **STILE MONTANO** Dopo aver fatto interessanti esperienze, Gianpaolo Burba – con la compagna Paola che segue la sala – è tornato a casa nel locale di famiglia in una frazioncina in Val di Sole. Nei suoi piatti traspaiono tecnica e competenze acquisite e messe al servizio degli ingredienti del territorio (il pesce compare - ad esempio - raramente) presentati con estetica accattivante. Le sale, tra cui una veranda coperta, sono luminose ed elegantemente tipiche.

⇔ 🅿 – Prezzo: €€

Via Bernardelli 32, località Piano – 𝒸 0463 979991 – masoburba.com – Chiuso lunedì-mercoledì e giovedì a mezzogiorno

COMO

✉ 22100 – Como (CO) – Carta regionale n° **5**–A1

KITCHEN

ITALIANA CONTEMPORANEA • **CONTESTO CONTEMPORANEO** Immerso nel verde di un parco privato, Kitchen è un elegante ristorante con proposte di cucina creativa su base nazionale e stagionale, che può vantare tre elementi in perfetto equilibrio tra loro: prodotto, tecnica e sapore. Lo chef crea i suoi piatti utilizzando erbe ed ortaggi presenti nell'orto biodinamico della risorsa, situato proprio di fronte all'ingresso del locale. Ed è proprio a questi doni della natura che il menu Green è dedicato; l'altro percorso degustazione è invece Experience, a cui si aggiunge un menu A mano libera a scelta dello chef e la proposta alla carta. Servizio attento e buona scelta enologica.

📺 🍴 – Prezzo: €€€

Via per Cernobbio 41/a – 𝒸 031 516460 – kitchencomo.com – Chiuso lunedì e martedì a mezzogiorno

COMI 107

CONTEMPORANEA • FAMILIARE Non distante dal lago, all'inizio di una stretta via con diverse attività commerciali, un piccolo dehors per la bella stagione e un locale altrettanto minuto ma contemporaneo nello stile e negli arredi. Una giovane coppia lo conduce con capacità, lei in sala con modi gentili, lui in cucina dove sforna piatti con una certa dose di personalizzazione.

🏧 🛏 – Prezzo: €€€

Via Borgo Vico 107 – 📞 *031 249 5982 – comi107.com – Chiuso lunedì e domenica*

FEEL COMO

MODERNA • ELEGANTE Materie prime selvatiche del territorio, selvaggina e pesce d'acqua dolce locale sono gli ingredienti d'elezione di questo elegante e raffinato ristorante che, nonostante l'ubicazione in pieno centro, celebra la natura, come nel menu degustazione dedicato agli ingredienti selvatici del bosco. I piatti sono elaborati con tocco moderno dallo chef Federico Beretta, mentre Elisa mostra tutta la sua competenza di sommelier sfoderando un'interessante selezione. Al calice anche un vino del lago di Como: un ottimo Sauvignon Occhi Blu della Cantina Angelinetta, enologia eroica sulle pendici circostanti.

🏧 – Prezzo: €€€

Via Diaz 54 – 📞 *334 726 4545 – feelcomo.com – Chiuso lunedì, martedì e a mezzogiorno da mercoledì a venerdì*

SOTTOVOCE

ITALIANA CONTEMPORANEA • CONTESTO CONTEMPORANEO Gli ambienti di Sottovoce, uno dei primi ristoranti rooftop della città, si caratterizzano per la loro eleganza contemporanea. La cucina gourmet di Stefano Mattara parte dalla ricchezza di ingredienti di cui il Bel Paese va fiero ma con uno sguardo sempre più attento alle materie prime locali e con l'obiettivo di rendere spesso protagonista il pesce di lago in ricette dall'impronta creativa. Saletta intima e raccolta con balconcino privato per gruppi al massimo di otto persone e spettacolare Infinity Bar all'aperto per aperitivi pomeridiani davanti al blu del lago.

♿ 🏧 ♻ – Prezzo: €€€€

Piazza Cavour 24 – 📞 *031 537 5241 – vistalagodicomo.com/it/restaurant*

CONCA DEI MARINI

✉ 84010 – Salerno (SA) – Carta regionale n° **17**–B2

❀ ## IL REFETTORIO

MEDITERRANEA • STILE MEDITERRANEO All'interno del Monastero Santa Rosa, uno degli alberghi più originali ed iconici della Costiera (la sua storia religiosa inizia nel 1600 e ancora oggi ne rimangono diverse tracce), i tavoli del ristorante occupano una terrazza mozzafiato, con la vista che spazia dal giardino alla piscina fino al mare, nel silenzio di un luogo incantato. A magnificare la cucina ci pensa Alfonso Crescenzo, la cui mano si attiene allo slogan che campeggia in carta: "Niente è più complesso di una cucina semplice" reinterpretando a modo suo, con gusto e naturalezza, le tradizioni campane e presentando piatti generosi e di grande impatto. Il consiglio dell'ispettore: rombo chiodato con cicoria amara, zuppetta di cernia, spugnole e aria di provola affumicata. La proposta è - comunque - equamente suddivisa tra terra e mare, non dimenticando ciò che può offrire l'orto di casa.

🕸 ⚂ 🖐 🏧 🛏 ♨ 🅿 – Prezzo: €€€€

Via Roma 2 – 📞 *089 988 6212 – monasterosantarosa.com/it/ristorazione – Chiuso martedì e a mezzogiorno*

CONCESIO

 25062 – Brescia (BS) – Carta regionale n° **4**-C2

✿✿✿ **MIRAMONTI L'ALTRO**

Chef: Philippe Léveillé

ITALIANA CONTEMPORANEA • **ELEGANTE** Una coppia italo-francese è al comando di questa bella villetta d'atmosfera classica alle porte di Brescia, con alcuni tavoli disposti nei bovindi affacciati sul giardino. Lei di spumeggiante simpatia e grande esperienza in sala, lui di origine bretone tra i fornelli: ecco spiegati i diversi riferimenti alla cucina e ai prodotti d'oltralpe, come in un romantico e proustiano ritorno all'infanzia, accanto ad altre proposte più marcatamente italiane e mediterranee, avvicinate tra loro dalla costante della golosità e della generosità che sono la firma di tutte le portate. I carrelli dei formaggi offrono una scelta davvero rara per ampiezza e quantità ed è qui che la signora ha la meglio: l'Italia, infatti, furoreggia! Interessante anche la scelta enologica con tanta Franciacorta, ottimi vini nazionali suddivisi per regione, e francesi soprattutto della Borgogna.

爲 🕅 ⟨ 🄿 – Prezzo: €€€€

Via Crosette 34, località Costorio – ☏ 030 275 1063 – miramontilaltro.it – Chiuso lunedì e martedì

CONTIGLIANO

 02043 – Rieti (RI) – Carta regionale n° **12**-B2

DELICATO

DEL TERRITORIO • **ELEGANTE** Nel reatino, ma ai confini con l'Umbria e quindi in una zona dove la cucina mescola più territori e influenze, il ristorante si trova all'interno di un pittoresco borgo medioevale arroccato su una collina. Sale essenziali tra mura in pietra, ma col bel tempo vi consigliamo di approfittare del fascino di Contigliano e mangiare all'aperto, ai piedi della chiesa. La chef Carlotta Delicato punta ad interpretare al meglio i prodotti del territorio, senza inutili fronzoli o complicazioni, per mettere al centro del piatto i sapori degli ingredienti; vivamente consigliato lo spaghettone mare e lago, con un la leggera brunoise di zucchine. Siamo in Lazio: approfittate delle buone etichette di piccoli produttori presenti in carta come il Cabernet Sauvignon Masseria Baroni, di media intensità e aromi ampi e decisi.

⟨ – Prezzo: €€

Via Umberto I 2 – ☏ 0746 249202 – ristorantedelicato.it – Chiuso lunedì e martedì e domenica sera

CONVERSANO

✉ 70014 – Bari (BA) – Carta regionale n° **16**-C2

✿ **PASHÀ**

PUGLIESE • **CONTESTO STORICO** Il palazzo del seminario vescovile, immenso e storico, dà il benvenuto agli ospiti, mentre l'eleganza e sobrietà degli arredi, un servizio di grande spessore e una cucina territoriale rivisitata sono gli altri elementi che concorreranno alla piacevole sosta. La cucina segue il territorio che lo ospita e divaga leggermente nella terra di origine dello chef, la Sicilia. Tra i piatti più interessanti, caprese e caviale, mozzarella di bufala di Altamura con caviale beluga ed una insalatina di pomodorini; l'agnello con scalogno lascia emergere tutto il sapore e la tenerezza della carne. Il menu degustazione è unico, ricordatevi, quindi, di segnalare eventuali intolleranze o preferenze al momento della prenotazione. Circa il vino, lasciatevi consigliare da Juan Pablo: bravissimo sommelier in grado di farvi fare il giro del mondo con bottiglie davvero interessanti!

🐝 🕸♿Ⓜ🏠 – Prezzo: €€€€

Via Morgantini 2 – 📞 080 495 1079 – ristorantepasha.com/it – Chiuso martedì e mercoledì sera

CORCIANO
✉ 06073 – Perugia (PG) – Carta regionale n° **13**–A2

ALDÌVINO

ITALIANA CONTEMPORANEA • CHIC Le sale interne, arredate con tante bottiglie di vino alle pareti, hanno uno stile da bistrot bon ton, mentre per la bella stagione c'è un raccolto servizio all'aperto. La cucina è contemporanea e creativa, con una proposta articolata in tre menù degustazione da cui si possono estrarre singoli piatti alla carta. Noi vi consigliamo l'assaggio dei due piatti iconici dello chef: Calamaro dripping e Spaghettone burro affumicato, ostrica e lampone. Dopodiché sbizzarritevi tra le proposte di Terra, Acqua o Vegetale.

Ⓜ🏠🅿 – Prezzo: €€

Via Antonio Gramsci 201 – 📞 075 928 1711 – aldivinoristorante.it – Chiuso lunedì e a mezzogiorno da martedì a sabato

OSTERIA DEL POSTO

UMBRA • OSTERIA Se si è a piedi vale la pena percorrere l'ultimo, minimo, strappo di salita per raggiungere questo ristorante, dove sarete accolti con simpatia e competenza. A voi scegliere, con l'aiuto di un servizio al femminile gentile e disponibile, tra piatti ispirati al mercato e alle stagioni, elaborati con gusto e fantasia. Noi abbiamo scelto bene, optando per il Piccione di tutto un po' accompagnato da un calice di rosso Gamay del Trasimeno Opra 2021: all'olfatto frutta rossa e al gusto setoso e con un sentore finale di ciliegia. Attenzione alla gradazione però, 14,5%!

🏠 – Prezzo: €€

Via Calderini 15, loc. Chiugiana – 📞 075 517 3778 – osteriadelposto.it – Chiuso domenica sera, martedì e mercoledì, chiuso a mezzogiorno escluso la domenica

CORIANO
✉ 47853 – Rimini (RN) – Carta regionale n° **9**–D2

VITE

Chef: Giuseppe Biuso

MODERNA • DI TENDENZA All'interno della suggestiva Comunità di San Patrignano, dove si trovano coltivazioni, allevamenti e caseificio, il nuovo e talentuoso chef Giuseppe Biuso propone la sua filosofia di cucina fatta di materie prime eccellenti e una tecnica moderna e creativa. Piatti mediterranei che traggono anche ispirazioni dalla sua terra natia - la Sicilia – senza negligere specialità vegetariane. Il dehors estivo è una tappa irrinunciabile per piacevolezza e vista panoramica.

🌿 *L'impegno dello chef:* Circa 280 ettari di terreno ospitano le coltivazioni, gli allevamenti, la norcineria e tutte le eccellenze di San Patrignano, dal vino ai formaggi. Al Vite, entra in scena una virtuosa organizzazione volta a coinvolgere l'ospite nell'intero progetto.

🐝 🕸♿Ⓜ🏠♻🅿 – Prezzo: €€€

Via Montepirolo 7, località San Patrignano – 📞 335 540 4830 – ristorantevite.it – Chiuso martedì e a mezzogiorno

CORIANO VERONESE

✉ 37050 – Verona (VR) – Carta regionale n° **8**–B3

LOCANDA DELL'ARCIMBOLDO

CLASSICA • **CONTESTO TRADIZIONALE** Alle porte della località, accogliente locanda dall'atmosfera familiare in un signorile edificio, con piacevole veranda chiusa. I piatti di pesce sono predominanti in carta, dove non manca un'interessante selezione di ostriche. A mezzogiorno anche un menu fisso più easy.

🚗🦽🅰️🛜🀄🔌🅿️ – Prezzo: €€

Via Gennari 5 – 𝒞 045 702 5300 – locandadellarcimboldo.it – Chiuso lunedì e martedì sera

CORMONS

✉ 34071 – Gorizia (GO) – Carta regionale n° **7**–B2

❀ ### TRATTORIA AL CACCIATORE - LA SUBIDA

REGIONALE • **ROMANTICO** In un incantevole paesaggio collinare punteggiato di vigneti, chi è alla ricerca dell'autentica tradizione gastronomica friulana troverà qui uno dei ristoranti più interessanti della regione, proprio per l'attenta ricerca di piatti e ingredienti del territorio che, in una zona di confine con la Slovenia e storicamente legata all'Austria imperiale, è quanto mai ricca e variegata. La famiglia Sirk saprà guidarvi con simpatia e generosità tra erbe di campo, rane, funghi, radicchi, pesci di fiume, polenta e selvaggina, per nominare solo alcune delle leccornie del menu. Tra i secondi piatti, merita una menzione lo stinco cotto nel forno del pane, superbamente presentato e affettato in sala, che ai nostri ispettori è apparso ben simboleggiare la generosità e la concretezza di questa cucina. In alternativa, l'Osteria della Subida ha una proposta giornaliera anche a pranzo, con ricette classiche della tradizione friulana. L'aceto e il vino di loro produzione sono acquistabili anche online e la parte di ospitalità offre delle sistemazioni incantevoli immerse nel bosco.

❀ 🚗🛜🔌🅿️ – Prezzo: €€€

Via Subida 52 – 𝒞 0481 60531 – lasubida.it – Chiuso martedì, mercoledì e a mezzogiorno lunedì, giovedì, venerdì

CORNAREDO

✉ 20007 – Milano (MI) – Carta regionale n° **5**–A2

❀❀ ### D'O

Chef: Davide Oldani

CREATIVA • **DESIGN** In una graziosa piazza con un olmo e una chiesa seicentesca, su cui si affacciano i tavoli di 2 delle 3 sale, chef Davide Oldani è ormai personalità matura della cucina italiana. Il suo stile preciso e riconoscibile riassume, oltre ai due decenni di duro lavoro in proprio, tutte le grandi esperienze passate, di cui ricordiamo solamente – si fa per dire! – i passaggi iniziali presso i grandi Marchesi e Ducasse. Belle idee creative radicate nel gusto italiano, tecnica sopraffina, presentazioni azzeccate e sinteticamente pop, sapori convincenti. Anno dopo anno, i dettagli si fanno sempre più rifiniti, come per farinacei e lievitati, ad esempio, a cui è riservato un laboratorio ad hoc. L'ispettore ha particolarmente gradito il Grana Padano caldo e freddo con cipolla caramellata: l'evoluzione di un piatto iconico!

❀ *L'impegno dello chef:* L'impegno di Davide Oldani per una ristorazione più sostenibile parte dall'educazione dei ragazzi. In qualità di direttore tecnico dell'Istituto Professionale di Stato per l'Enogastronomia e l'Ospitalità Alberghiera di Cornaredo ha l'obiettivo di avvicinare i giovani alla conoscenza e al rispetto del prodotto come fondamento dell'esperienza di cuoco.

🏵️🦽🔌 – Prezzo: €€€€

Piazza della Chiesa 14, loc. San Pietro all'Olmo – 𝒞 02 936 2209 – cucinapop. do – Chiuso lunedì, domenica e giovedì a mezzogiorno

ॐ **OLMO**

MODERNA • CHIC Il nome è un omaggio al grande olmo in mezzo alla piccola piazzetta del centro località, nonché il simbolo dell'area pedonale: nuova creazione di chef Oldani con un ristorante di soli tre tavoli e altrettanti sgabelli per chi vuole sedersi al banco proprio davanti alla cucina e vedere i cuochi all'opera. Il menu è un percorso degustazione di piatti creativi e moderni attenti alla stagionalità degli ingredienti, grandi equilibri e un bel "gioco" di consistenze e temperature. Riccardo Merli è il giovane e talentuoso resident chef che dopo esperienze dal proprietario stesso e ristoranti blasonati francesi rientra e si mette alla guida di questo locale. Attenzione: unico percorso di sei portate. A mezzogiorno - tuttavia - si possono scegliere anche soli tre piatti con un rapporto qualità-prezzo molto interessante.
🕸 ♿ 🅰🅺 – Prezzo: €€€€
Piazza della Chiesa 7, loc. San Pietro all'Olmo – 🕾 *335 704 6596 – cucinapop. do – Chiuso lunedì e domenica*

CORRUBBIO

✉ 37029 – Verona (VR) – Carta regionale n° **8**–A3

ॐ **AMISTÀ**

ITALIANA CONTEMPORANEA • ELEGANTE All'interno dell'incantevole Byblos Art Hotel, il ristorante Amistà condivide il mondo variopinto e onirico della villa, dove antico e contemporaneo convivono felicemente al ritmo della vera musa ispiratrice, l'arte! La cucina mostra, allo stesso tempo della dimora storica, un gioco di citazioni tra passato e modernità: l'executive chef Mattia Bianchi rivisita infatti ricette della tradizione alle quali aggiunge soluzioni e varianti creative, lungo tre differenti menù degustazioni, uno dei quali interamente vegano. I piatti – tuttavia – si possono scegliere anche alla carta. Interessante la lista dei vini, oltre 1500 etichette con una scelta notevole di rarità.
🕸 ⌂⛺♿ 🅰🅺 🅿 – Prezzo: €€€€
Via Cedrare 78 – 🕾 *045 685 5583 – ristoranteamista.com – Chiuso a mezzogiorno*

CORTE DE' CORTESI

✉ 26020 – Cremona (CR) – Carta regionale n° **4**–B3

🙂 **GABBIANO 1983**

LOMBARDA • FAMILIARE Quasi 40 anni di storia per questa attività che mostra ancora grande attualità e verve nell'accoglienza. La cucina celebra il territorio, soprattutto l'oca e i volatili, accostandoli a verdure di stagione. L'appassionato sommelier propone il vino migliore scegliendolo da una selezione ampia e per tutte le tasche, mentre il piccolo cortile darà un tocco di refrigerio nelle calde serate estive.
🕸 🅰🅺 🍽 – Prezzo: €€
Piazza Vittorio Veneto 10 – 🕾 *347 874 5100 – gabbiano1983.it – Chiuso giovedì*

CORTINA D'AMPEZZO

✉ 32043 – Belluno (BL) – Carta regionale n° **8**–C1

ॐ **SANBRITE**

Chef: Riccardo Gaspari

ALPINA • STILE MONTANO Pochissimi coperti, tra legni vecchi riutilizzati con grazia, mentre una grande finestra regala scorci sulle spettacolari Dolomiti ampezzane. L'inizio è memorabile: in sala sfilano i camerieri con una montagna di cremosissimo burro, che verrà poi servito su tutti i tavoli con dell'ottimo pane, un prodotto goloso dalla consistenza difficilmente emulabile. Lo chef-patron Riccardo Gaspari attinge a piene mani dalle proprie produzioni e dal territorio; prelibatezze dove il ricordo e le tradizioni montane vengono rinfrescati con tocchi moderni, come per la parte finale e dolce del pasto (squisiti dessert realizzati senza l'aggiunta di ulteriori zuccheri). Oltre all'ottima scelta enoica, anche interessanti abbinamenti con bevande analcoliche. Di nuovissima apertura una piccola stube per cene più intime e riservate.

🕸 **L'impegno dello chef:** Quella di Gaspari è una cucina "rigenerativa", in cui ogni elemento della filiera si muove in modo circolare. "Quando da noi mangiate carni, formaggi e in massima parte anche verdure, state assaggiando un nostro prodotto, che coltiviamo e alleviamo in maniera sostenibile" afferma lo chef. Un equilibrio costante e perfetto tra uomo, terra e natura, in cui nulla viene sprecato e perfino gli arredi sono realizzati riutilizzando del legno proveniente da vecchie case e masi nei dintorni.

⮜ 👤 🎦 🏡 🄿 – Prezzo: €€€€
Località Alverà – ☎ 0436 863882 – sanbrite.it – Chiuso mercoledì e giovedì a mezzogiorno

🕸 TIVOLI

Chef: Graziano Prest

MODERNA • **CONTESTO TRADIZIONALE** Lungo la strada per passo Falzarego, ai piedi delle Tofane, in una bella casa alpina fuori dal centro, Graziano Prest dimostra di trovarsi a proprio agio con la tradizione, così come con piatti dal leggero tocco moderno. Partendo da ottime materie prime del territorio montano o utilizzando il pesce fresco che giunge quotidianamente dai mercati ittici di Venezia e Chioggia, lo chef dà vita a piatti saporiti e generosi; molta attenzione - tuttavia - anche al green con un menu totalmente vegetariano. Altra passione di Graziano è il vino: molte aziende di prima fascia, annate storiche e grandissimi vini francesi riposano in cantina. La terrazza panoramica regala immagini da cartolina del centro di Cortina, la stessa vista di cui poter godere anche in sala, ma solo prenotando per tempo i due tavoli accanto alla finestra.

🕷 ⮜ 🎦 🄿 – Prezzo: €€€€
Località Lacedel 34 – ☎ 0436 866400 – ristorantetivolicortina.it – Chiuso lunedì e martedì a mezzogiorno

AL CAMIN

DEL TERRITORIO • **ACCOGLIENTE** Sulla strada per il lago di Misurina, questo accogliente locale in stile alpino moderno propone piatti della tradizione regionale con tocchi fantasiosi e tecnica moderna. Tanta concretezza, quindi, come nel filetto di manzo fasciato allo speck con funghi porcini e patate all'ampezzana. Lo chef e sommelier Fabio Pompanin cura una carta dei vini con circa 200 etichette. Nella bella stagione approfittate del servizio all'aperto.

👤 🎦 – Prezzo: €€
Località Alverà 99 – ☎ 0436 862010 – ristorantealcamin.it – Chiuso mercoledì

ALAJMO CORTINA

CONTEMPORANEA • **STILE MONTANO** Nei locali rinnovati dello storico El Toulà, l'offerta parte con il bar Alfredo al piano d'ingresso per svilupparsi poi su due piani con le sale del ristorante (solo scale, e comunque vivamente consigliato il secondo in virtù della sua vista panoramica). La cucina, declinata in formule degustazione o alla carta, è decisamente legata al territorio ma con alternative di pesce e piatti elaborati con fantasia. Nella bella stagione approfittate della piacevole terrazza esterna soleggiata!

⮜ ♻ 🄿 – Prezzo: €€€
Località Ronco 123 – ☎ 0436 061040 – alajmo.it/pages/homepage-cortina – Chiuso lunedì, martedì e mercoledì a mezzogiorno

BAITA FRAINA

DEL TERRITORIO · CONTESTO REGIONALE Immersa in un paesaggio dolomitico a circa quattro chilometri dal centro di Cortina, questa baita tradizionale è suddivisa in salette tipo stube impreziosite da oggetti d'antan. Se la gestione ha superato ormai i 40 anni d'esperienza a suon di cucina del territorio, accompagnata da una fornita cantina, per intrattenersi più a lungo nel silenzio e nel profumo dei monti, Baita Fraina dispone anche di deliziose e accoglienti camere.

⊛ ⪕ 🛏 🍴 ✿ 🅿 – Prezzo: €€€
Località Fraina 1 – ℰ 0436 3634 – baitafraina.it

BAITA PIÈ TOFANA

MODERNA · RUSTICO Alle pendici del Tofana e affacciata direttamente sulle piste da sci, una caratteristica e romantica baita dal tocco contemporaneo, il cui design in grado di combinare tradizione e attualità si fa ispirazione anche della linea di cucina. Piatti di gusto contemporaneo - ottimo il Rossini al mare" (manzo, foie gras, seppia e salsa Teriyaki) - preparati con grande utilizzo della brace, sia in estate che in inverno, e ampio uso di materie prime locali. In compagnia provate l'esperienza conviviale al tavolo Larin, con camino centrale incorporato attorno a cui si dispongono le sedute. La carta dei vini è di tutto rispetto con un grande scelta di Champagne e bollicine italiane, mentre l'ottima accoglienza vi farà sentire come a casa.

⊛ 🍴 ✿ 🅿 – Prezzo: €€€€
Località Rumerlo – ℰ 0436 4258 – baitapietofana.it – Chiuso lunedì, martedì e a mezzogiorno da mercoledì a domenica

EL BRITE DI LARIETO

Chefs: Riccardo Gaspari e Ilaria Piccolini

ALPINA · STILE MONTANO Questo curato agriturismo, circondato dalle spettacolari Dolomiti, è sorto in un lariceto nel 2002. Qui si propone una cucina di montagna, che fa vivere e rivivere il ricordo delle genti delle Alpi con cura, rispetto e gusto: carni, salumi, formaggi, burro cremoso, gelato al latte, oltre che erbe aromatiche, frutti di bosco e altro ancora.

🌿 *L'impegno dello chef:* Il Brite di Larieto è l'agriturismo di famiglia, dove da più di vent'anni Flavio, il papà di Riccardo Gaspari, lo chef dello stellato Sanbrite, coltiva vegetali e alleva mucche, capre e maiali nel totale rispetto degli animali. Ciò che viene prodotto viene poi utilizzato nei due ristoranti, creando circolarità in azienda.

⪕ 🛏 🍴 🅿 – Prezzo: €€€
Località Larieto, strada per Passo Tre Croci – ℰ 368 700 8083 – elbritedelarieto. com – Chiuso mercoledì

RISTORANTE DE LEN 🆕

REGIONALE · STILE MONTANO A pochi passi dal centralissimo e frequentatissimo corso Italia, un ristorante dall'eleganza alpina. Luci soffuse, musica soft e tanto larice a rivestire i muri, il tutto in un bel mix di tradizione e contemporaneità. La cucina trae grande ispirazione dal territorio con tutte le sue specialità elaborate però in chiave più moderna; grande attenzione è inoltre riservata ai piatti vegetali e di solo formaggio, come l'ottima "fonduta di Saporito d'alpeggio".

♿ – Prezzo: €€
Via Cesare Battisti 66 – ℰ 0436 4246 – hoteldelen.it

CORTINA VECCHIA

✉ 29010 – Piacenza (PC) – Carta regionale n° **9**–A1

DA GIOVANNI

MODERNA · AGRESTE La settecentesca stufa in ceramica, l'arredo vivace e colorato, sia d'epoca che vintage, la lunga tradizione familiare ma soprattutto la buona cucina, sia carne che pesce anche se forse è quest'ultima la specialità cui si è più legato con l'andare del tempo, contribuiscono a fare di questo locale, giunto ormai al mezzo secolo di vita, un caposaldo della ristorazione piacentina e padana in generale. Senza dimenticare l'ottimo servizio, colloquiale e cordiale ma ben preparato, e la profonda carta dei vini con una buona scelta anche al calice.

🕸 🍴 ♿ 🅿 – Prezzo: €€

Via Cortina 1040 – ☎ 0523 948304 – dagiovanniacortina.com – Chiuso lunedì e martedì

CORTONA

✉ 52044 – Arezzo (AR) – Carta regionale n° **11**–D2

🕸 **IL FALCONIERE**

Chef: Silvia Regi Baracchi

TOSCANA • LUSSO Esclusivo buen retiro nella campagna alle pendici di Cortona, al Falconiere si arriva guidando in un paesaggio idilliaco fatto di stradine tra muretti a secco e campi di proprietà dell'azienda agricola Baracchi, proprietaria del ristorante e del magnifico omonimo relais. In tavola troverete vino, olio e altri prodotti dell'azienda. Il legame con il territorio è evidente: dalla chianina all'aglione, passando per i pici, per fare solo alcuni esempi, la Toscana entra nei piatti con sapori intensi e un frequente uso di erbe aromatiche. Riqualificata in tempi recenti, la zona esterna è ora disponibile in ogni stagione, grazie alle ampie vetrate che la cingono apribili sul bel panorama.

🆔 🍴 ♿ 🅿 – Prezzo: €€€€

Località San Martino a Bocena 370 – ☎ 0575 612679 – ilfalconiere.it/it/hotel-toscana-con-ristorante-stellato/ristorante-il-falconiere – Chiuso mercoledì e sabato e domenica sera

🕸 **LA BUCACCIA**

TOSCANA • CONTESTO TRADIZIONALE Un ottimo indirizzo per scoprire la cucina toscana e aretina in particolare, in un favoloso rincorrersi di sapori intensi e stuzzicanti, con una parte del menu dedicata esclusivamente alle tartare, da gustare ai pochi tavoli sistemati lungo la strada o nelle due salette rustiche e romantiche. Una parola per il titolare Romano: simpatico e travolgente, tra un piatto e l'altro con lui il divertimento è assicurato.

🕸 🍴 – Prezzo: €

Via Ghibellina 17 – ☎ 0575 606039 – labucaccia.it – Chiuso lunedì

ENOTECA MEUCCI

TOSCANA • CONTESTO STORICO Enoteca con spazio anche per gli aperitivi tra le mura che ricordano l'antico casale al pian terreno; sale più classiche ed eleganti al primo piano dove si serve una cucina contemporanea, tecnica e colorata, su base regionale. In estate, ci si trasferisce nel bellissimo dehors.

🕸 🆔 🍴 ♿ – Prezzo: €€

Località Riccio 71 – ☎ 333 196 5439 – enotecameucci.it – Chiuso lunedì

LOCANDA DEL MOLINO

TOSCANA • CASA DI CAMPAGNA Bella locanda gestita dalla famiglia Baracchi: se le camere sfoggiano l'elegante semplicità della campagna toscana, il vecchio mulino di famiglia rinasce nella veste di ristorante rustico, ma vezzoso. La tradizione campeggia nel menu elaborato dalla chef Simona Zucchini.

🆔 🍴 🅿 – Prezzo: €€

Località Montanare 10 – ☎ 0575 614016 – locandadelmolino.com – Chiuso a mezzogiorno da lunedì a sabato

OSTERIA DEL TEATRO

TOSCANA • CONTESTO STORICO Cucina della tradizione in diverse sale che spaziano dall'eleganza cinquecentesca di ambienti con camino ad angoli più conviviali in stile trattoria, ma sempre accomunate dal tema teatrale. Le ricette rispettano le tradizioni locali ma anche la stagionalità di prodotti e preparazioni confezionando piatti sempre gustosi, colorati, compositi e ben presentati. Pochi i posti sul terrazzino d'ingresso che si affaccia sul passaggio pedonale: da prenotare quindi ancora più in anticipo dei posti all'interno.

🕸 🎞 ⇄ – Prezzo: €€

Via Maffei 2 – ☎ 0575 630556 – osteria-del-teatro.com/it – Chiuso mercoledì

CORVARA IN BADIA

✉ 39033 – Bolzano (BZ) – Carta regionale n° **6**–B1

✿ LA STÜA DE MICHIL

CREATIVA • ROMANTICO Nella parte più incantevole di Corvara, si sale verso la chiesetta per trovare sulla sinistra l'albergo La Perla, icona dell'hôtellerie della valle. Varcato l'ingresso vi accompagneranno a La Stüa (stube in ladino), cioè una sala avvolta nel legno, intima e romantica. Se l'atmosfera è tipicamente locale, la cucina di Simone Cantafio vi conduce, invece, verso sorprendenti viaggi gastronomici. Di origini calabresi, ha lungamente lavorato in Giappone, per citare solo una delle sue tappe formative. I suoi piatti si nutrono quindi dei contributi gastronomici più diversi e hanno spesso alla base una rilevante componente vegetale. Tra le specialità, l'ispettore consiglia: filetto di manzo locale maturato in grotta di sale, condimenti nippo-milanesi, zucca croccante e punta di radicchietti. Quasi leggendaria la lista vini, con tanto di "tempio" dedicato al Sassicaia.

🕸 ⇄ 🅿 – Prezzo: €€€€

Strada Col Alt 105 – ☎ 0471 831000 – lastuademichil.it – Chiuso domenica e a mezzogiorno

BISTROT LA PERLA

ITALIANA • STILE MONTANO Si sviluppa attorno al bancone in legno ove i barman sono all'opera per gli ottimi cocktail che completano l'importante offerta enoica. È il Bistrot del celebre hotel La Perla: vita di montagna, manifestata attraverso accattivanti e allegre decorazioni in un'atmosfera vivace e avvolgente. La carta è un invito a provare piatti golosi ispirati ai classici sapori italiani. In sottofondo, eccellente musica dal vivo.

🕸 🅿 – Prezzo: €€€

Strada Col Alt 105 – ☎ 0471 831000 – laperlacorvara.it

BURJÈ 1968

CONTEMPORANEA • CHIC Piatti ambiziosi di matrice italiana, con qualche ispirazione francese, a cui partecipano in maniera creativa anche ingredienti più esotici. Se avete difficoltà a scegliere a la carte, optate per il menu degustazione di 5 o 7 portate.

🕸 ♿ – Prezzo: €€€

Str. Burje 11 – ☎ 0471 836043 – burje1968.it – Chiuso domenica sera

KELINA FINE DINE

MODERNA • MINIMALISTA Aperto solo a pranzo. Da Corvara ci si arriva con la modernissima cabinovia Boè (o con gli sci ai piedi): subito all'uscita, a destra, troverete il Piz Boè Alpine Lounge, di cui il KELINA rappresenta, tra le varie proposte gastronomiche, un'inaspettata tappa gourmet. La sala è volutamente minimal per lasciare la scena alla vista mozzafiato su Sassongher, Santa Croce e La Varella che si apre dalle ampie vetrate. Ristretta la scelta dei piatti, sempre creativi e basati su ingredienti montani; ai fornelli - da inizio 2024 - un nuovo chef dall'ottimo curriculum! Interessante carta dei vini.

🕸 ⪝ – Prezzo: €€€

Strada Lech de Boà s.n. – ☎ 0471 188 8166 – boealpinelounge.it/it/kelina-restaurant – Chiuso sera

FARINE SUPERIORI,
FARINE DA GRANO LAVATO.

LADINIA

REGIONALE • ROMANTICO Calda atmosfera alpina vintage al Berghotel Ladinia e nell'omonimo ristorante: varcata la soglia sembra che i legni raccontino la storia quasi centenaria della casa, pensione dal 1930. Oggi rimane quasi tutto invariato e grazie all'accoglienza e alla cura dei dettagli della famiglia Costa ci si ritorna sempre volentieri! La cucina richiama le tradizioni con una strizzatina d'occhio al presente. Poche camere dallo stile ladino a tutto legno.

🛠 🅿 – Prezzo: €€€

Strada Pedercorvara 10 – 📞 0471 836010 – berghotelladinia.it – Chiuso a mezzogiorno

L'OSTÌ

MODERNA • MINIMALISTA In una sala minimalista caratterizzata da tante bottiglie a vista, da alcune finestre si apre una vista splendida sulle vette dolomitiche. Lo chef presenta una cucina creativa esaltata da ingredienti locali e da prodotti di altre regioni. La cantina privilegia i vini naturali.

🅿 – Prezzo: €€€

Strada Sassongher 2 – 📞 333 819 4890 – ristorantelosti.it – Chiuso lunedì

RIFUGIO COL ALT

CLASSICA • SEMPLICE Si raggiunge con comodità dal paese con l'ovovia, pochi minuti di salita per accedere ad una vista mozzafiato sulle Dolomiti; la sera (quando il servizio è più attento, mentre a pranzo i ritmi sono molto veloci) si sale - invece - con il gatto delle nevi. Del rifugio sono rimasti posizione e nome, perché la proposta è da ristorante: la cucina presenta infatti alcuni piatti più calorici legati alla montagna, ma non mancano alcune ricette moderne ed altre a base di pesce (ostriche comprese). Ultimo, ma non ultimo: bella la selezione di vini.

≼ 🛠 – Prezzo: €€

Strada Col Alt – 📞 0471 836324 – rifugiocolalt.it – Chiuso sera

COSTERMANO

✉ 37010 – Verona (VR) – Carta regionale n° **8**-A2

LA CASA DEGLI SPIRITI

MODERNA • ROMANTICO La famiglia Chignola vi accoglie da quasi trent'anni in un bellissimo casolare ristrutturato: una lussuosa dimora panoramica che regala una delle più belle viste sul lago di Garda. Chiamano "Veranda" la sala vera e propria, con la parete a vetri che in estate si apre quasi totalmente, dove lo chef patron esalta ottimi ingredienti locali e nazionali, mentre "Terrazza" è il classico dehors con cucina ed atmosfera leggermente più easy. Nella valida selezione vini emerge la passione per gli Champagne.

🐾 ≼ 🖨 ఉ 🅿 – Prezzo: €€€€

Via Monte Baldo 28 – 📞 045 620 0766 – casadeglispiriti.it – Chiuso martedì

COURMAYEUR

✉ 11013 – Aosta (AO) – Carta regionale n° **3**-A2

ENOTECA L'ARMADILLO

FUSION • WINE-BAR Ai piedi del Monte Bianco, in frazione La Palud, trattasi di enoteca con piccola cucina di ricerca eseguita da un bravo cuoco giapponese che personalizza i buoni prodotti della valle. Ecco, quindi, una tempura delicatissima accostata a lingua o manzo, seguita da dolci squisiti. Il vino si sceglie direttamente dagli scaffali. Ambiente raccolto, meglio prenotare soprattutto in alta stagione.

🛠 – Prezzo: €€€

Strada La Palud 27 – 📞 340 961 0226 – Chiuso martedì, mercoledì e a mezzogiorno lunedì e giovedì

LE BISTROT ⓝ

CONTEMPORANEA • LUSSO Nei raffinati ambienti del Grand Hotel Royal e Golf, la sala con la sua parete vetrata pare un palcoscenico affacciato sulla catena del Monte Bianco e il Dente del Gigante. La proposta gastronomica è una delle più interessanti in zona: creativa più che locale, i piatti sono ricercati e tecnicamente elaborati.

≼ ᴅ 🏠 – Prezzo: €€€

Via Roma 87 – 𝒞 0165 831611 – hotelroyalegolf.com – Chiuso lunedì

PIERRE ALEXIS 1877

TRADIZIONALE • CONVIVIALE Questa casa intrattiene l'ospite con ricette della tradizione ma rivisitate con creatività e gusto. I prodotti sono soprattutto del territorio, con qualche erba spontanea per insaporire il tutto. Accoglienza calda e location perfetta nel cuore antico di Courmayeur.

Prezzo: €€€

Via Marconi 50/a – 𝒞 0165 846700 – pierrealexiscourmayeur.it – Chiuso lunedì e martedì a mezzogiorno

CRANDOLA VALSASSINA

✉ 23832 – Lecco (LC) – Carta regionale n° **4**–B2

DA GIGI

LOMBARDA • FAMILIARE Per gustare le specialità della Valsassina, un simpatico locale in posizione panoramica con sale di tono rustico e una cucina attenta ai prodotti del territorio (molti di origine biologica) e a quelli dell'orto di casa. Al piano inferiore il laboratorio di pasticceria sforna fragranti prelibatezze. Nel fine settimana prenotare è più che consigliato, anche per assicurarsi un tavolo con bella vista su monti.

≼ 🅰🅲 ⇄ – Prezzo: €€

Piazza IV Novembre 4 – 𝒞 0341 840124 – dagigicrandola.it – Chiuso mercoledì

CREMA

✉ 26013 – Cremona (CR) – Carta regionale n° **5**–C2

BOTERO

ITALIANA • DI TENDENZA A ridosso del centro cittadino e a pochi passi dal Duomo, il ristorante si trova all'interno di un bel palazzo storico. La cucina è fragrante e il menu alterna proposte ittiche - a seconda della disponibilità del mercato - e qualche ricetta più tradizionale come i tortelli dolci o gli ottimi gnudi di ortica e pescatrice. Accoglienza gioviale e servizio snello spiegano il motivo della grande affluenza sia a pranzo che a cena. Meglio prenotare!

🕏 ᴅ 🅰🅲 🏠 – Prezzo: €€

Via Giuseppe Verdi 7 – 𝒞 0373 87911 – ristorantebotero.it – Chiuso lunedì, sabato a mezzogiorno e domenica sera

CREMOLINO

✉ 15010 – Alessandria (AL) – Carta regionale n° **1**–C3

MIREPUÀ FOOD LAB

TRADIZIONALE • AMBIENTE CLASSICO In un pittoresco borgo medievale collinare del Monferrato, la cucina ripercorre le classiche tappe della gastronomia piemontese, a cominciare dell'abbondanza di carni, ma le origini liguri dello chef danno conto di qualche proposta più rivierasca. Crudo di pescato, fritto misto alla piemontese e grigliata di carni e verdure su prenotazione.

🅰🅲 🏠 – Prezzo: €€

Via Umberto I 69 – 𝒞 0143 344702 – mirepua.it – Chiuso martedì e mercoledì

CREMONA

✉ 26100 – Cremona (CR) – Carta regionale n° **4**–B3

KANDOO NIPPON RESTAURANT

GIAPPONESE • STILE ORIENTALE Colori scuri e look moderno per questo locale disposto su due piani, consigliato per una pausa gourmet a base di ottime specialità – crude e cotte – del Sol Levante. A pranzo (solo in settimana) sono proposti piatti unici accompagnati da vari contorni.

&. 🅰️ 🏠 – Prezzo: €€

Piazza Cadorna 15 – 𝒞 0372 21775 – sushikandoo.it – Chiuso lunedì

CREVALCORE

✉ 40014 – Bologna (BO) – Carta regionale n° **9**–C3

BOTTEGA ALEOTTI

ITALIANA CONTEMPORANEA • FAMILIARE In una via defilata del centro, gestito da una coppia che vi accoglie in una sala dai tratti eleganti valorizzata da un bel parquet scuro, il ristorante è un bell'esempio di come dare un leggerissimo tocco moderno a specialità del territorio e a ricette dal sapore italiano. In fondo alla carta trovano spazio anche alcuni piatti a base di pesce. Imperdibili le paste fatte in casa!

&. 🅰️ 🏠 – Prezzo: €€

Via Paltrinieri 62 – 𝒞 051 981651 – ristorantebottegaaleotti.it – Chiuso lunedì e domenica sera

CRISPIANO

✉ 74012 – Taranto (TA) – Carta regionale n° **16**–C2

🅐 ### LA CUCCAGNA - GIRO DI VITE

PUGLIESE • FAMILIARE Il ristorante nasce nel 1969 per volontà di Martino Marsella come attività legata alla tipica macelleria con fornello pugliese. Ancora oggi il locale è gestito dalla famiglia e le carni continuano a rimanere centrali in molte proposte. Ad esse si affiancano però verdure fresche, squisiti antipasti e primi piatti. Grande importanza viene riservata anche al vino: oltre 300 etichette sostano nella bella cantina in attesa di essere aperte.

🐝 🅰️ 🏠 – Prezzo: €€

Corso Umberto I 168 – 𝒞 099 616087 – lacuccagnagirodivite.com – Chiuso domenica sera, martedì, a mezzogiorno escluso domenica

CROTONE

✉ 88900 – Crotone (KR) – Carta regionale n° **19**–B2

DA ERCOLE

PESCE E FRUTTI DI MARE • AMBIENTE CLASSICO Sul lungomare della località, Da Ercole è un'istituzione per tutti quelli che amano il buon pesce, in attività da quasi 40 anni. Il sapore e il profumo dello Ionio vengono esaltati nei piatti di una carta generosa numericamente, ma se volete divertirvi lasciatevi guidare a voce direttamente da Ercole Villirillo, anfitrione d'altri tempi che non mancherà di farvi iniziare con l'ottimo crudo d mare.

🅰️ 🏠 ⇔ – Prezzo: €€

Viale Gramsci 122 – 𝒞 0962 901425 – ristorantedaercole.com – Chiuso lunedì e domenica a mezzogiorno

CUNEO

✉ 12100 – Cuneo (CN) – Carta regionale n° **1**–B3

4 CIANCE

PIEMONTESE • CONTESTO TRADIZIONALE Due luminose sale nel centro storico, una calorosa e professionale accoglienza al femminile e i piatti preparati dai suoi due chef a rinfrancare occhi, palato e stomaco! Si lavora infatti su basi tradizionali ma con passione e competenza anche verso la contemporaneità. L'offerta è declinata con due menù degustazione da cui si possono anche scegliere singoli piatti integrati da proposte del giorno (secondo mercato), elencate a voce. Anche alternative di mare rispetto alla centralità della carne, come da copione piemontese.

&. ⌂ – Prezzo: €€

Via Dronero 8/c – ✆ 0171 489027 – 4cianceristorante.it – Chiuso giovedì e a mezzogiorno lunedì, martedì, mercoledì, venerdì

BOVE'S

CARNE • VINTAGE Gli amanti della carne - in particolare bovina - troveranno qui il loro paradiso. Una delle più rinomate macellerie d'Italia, Martini di Boves, ha in via Dronero la sua vetrina cuneese, dove serve i suoi prodotti in un ristorante dallo stile originale e piacevolmente retrò. La carta spazia da varie versioni di carne cruda a cotta di fassona piemontese, dai salumi ad una bella selezione di hamburger ed altro ancora.

⌂ – Prezzo: €€

Via Dronero 2/b – ✆ 0171 692624 – boves1929.it – Chiuso domenica e mercoledì a mezzogiorno

I 5 SENSI

CONTEMPORANEA • AMBIENTE CLASSICO Dalla mamma ai quattro figli, giovani e appassionati, è tutta la famiglia Carlevero che si divide il lavoro, in un ambiente che fonde armonicamente classicità e modernità ravvivato da quadri d'autore. La cucina di alto livello esce - talvolta - dalla tradizione e, pur usando spesso ingredienti locali, propone qualche piatto più creativo. La cantina vanta circa 700 etichette.

⅋ ⌧ – Prezzo: €€

Via Dronero 4 – ✆ 0171 325145 – i5sensiristorante.com – Chiuso lunedì e martedì a mezzogiorno

OSTERIA DELLA CHIOCCIOLA

PIEMONTESE • AMBIENTE CLASSICO Nel centro storico, a pochi passi dall'elegante via Roma, il ristorante è arredato anche con quadri di artisti moderni di pregio quali Pignatelli, Andy Warhol, Valerio Berruti. Al piano terra c'è la colorata l'enoteca, nella sala al primo piano si serve una cucina tradizionale rifornita soprattutto da produttori locali e in cui - logicamente - è il Piemonte a farla da padrone. C'è tuttavia un'alternativa di pesce, per chi proprio non può farne a meno.

⅋ – Prezzo: €

Via Fossano 1 – ✆ 0171 66277 – osteriadellachiocciola.it – Chiuso domenica

OSTERIA VECCHIO BORGO

DEL TERRITORIO • FAMILIARE "Piemonte e Liguria s'incontrano" in questo raccolto e accogliente locale del centro storico dove la cucina è in effetti, nei prodotti e nelle elaborazioni, a cavallo tra le due regioni, con la seconda che è quella di provenienza della famiglia, tutta impegnata nell'attività: le donne in cucina e gli uomini in sala. Si seguono stagionalità dei prodotti ed estro personale per proporre piatti generosi nonché di qualità, affiancati da un'adeguata proposta di vini anche al calice.

&. – Prezzo: €€

Via Dronero 8/b – ✆ 0171 950609 – osteriavecchioborgo.com – Chiuso lunedì e domenica

CUORGNÈ

⊠ 10082 – Torino (TO) – Carta regionale n° **1**–B2

🍽 **ROSSELLI 77**

PIEMONTESE • **VINTAGE** Una serie di sale ricche di calore e d'atmosfera vi accoglieranno in questo ristorante, semplice e familiare, ai margini del paese, dove ci si affida al cuoco che espone a voce i piatti del giorno. La proposta varia, ma protagonisti sono i prodotti e le tradizioni gastronomiche piemontesi, come la crema di caldarroste e funghi e le ottime lumache.

🅰🄲 ⇄ **🄿** – Prezzo: €

Via F.lli Rosselli 77 – 🕻 *0124 651613 – Chiuso lunedì, sabato, domenica e sera da martedì a venerdì*

CUREGGIO

⊠ 28060 – Novara (NO) – Carta regionale n° **1**–C2

LA CAPUCCINA

PIEMONTESE • **CASA DI CAMPAGNA** Una cascina cinquecentesca immersa nella campagna, nonché un'azienda agricola a tutto tondo (allevamenti, ortaggi, vigneti...); gestione familiare appassionata, che porta in tavola produzioni proprie o - in alternativa - materie prime locali di ottima qualità.

🐾 🖐🅰🄲 🍴 **🄿** – Prezzo: €€

Via Novara 19/b, località Capuccina – 🕻 *0322 839930 – lacapuccina.it – Chiuso lunedì, mercoledì, a mezzogiorno*

CUSAGO

⊠ 20047 – Milano (MI) – Carta regionale n° **5**–A2

BRINDO

LOMBARDA • **TRATTORIA** Servizio caratterizzato da un team coeso e cordiale nell'accogliere l'ospite nella propria piccola dimora. Brindo è una realtà informale, dove vi si propone una cucina divertente, coinvolgente, non solo territoriale: crudi, tartare e pescato del giorno tra i top!

🅰🄲 – Prezzo: €

Via Libertà 18 – 🕻 *02 9039 4429 – brindo.it – Chiuso domenica e sabato a mezzogiorno*

DA ORLANDO

ITALIANA • **CONTESTO CONTEMPORANEO** Già arrivare a Cusago mette di buon umore: un piccolo centro alle porte di Milano con un bel castello che domina la scena. La cucina di questo ristorante storico (40 anni di solida gestione) si divide equamente tra pesce di ottima qualità, come il "Bollito di mare", e piatti di terra per intenditori, come le "lumache ai funghi trombetta" o il "petto di anatra allo zenzero". Due sale eleganti adatte anche a serate romantiche e un piacevole dehors per la bella stagione.

🅰🄲 🍴 – Prezzo: €€

Piazza Soncino 19 – 🕻 *02 9039 0318 – daorlando.com – Chiuso domenica e sabato a mezzogiorno*

CUTIGLIANO

⊠ 51024 – Pistoia (PT) – Carta regionale n° **11**–B1

🍽 **TRATTORIA DA FAGIOLINO**

TOSCANA • **CONTESTO TRADIZIONALE** Si accede alla sala passando davanti alla cucina, e questo è già un bel biglietto da visita: fuochi accesi e cuochi al lavoro!

È il classico indirizzo che si vorrebbe sotto casa per una cucina fragrante e tradizionale, in un contesto semplice e familiare. I piatti sono rigorosamente toscani, la qualità delle materie prime ottima.

≼ – Prezzo: €

Via Carega 1 – 𝒞 0573 68014 – trattoriadafagiolino.com – Chiuso lunedì-mercoledì

DELEBIO

✉ 23014 – Sondrio (SO) – Carta regionale n° **4**-B1

OSTERIA DEL BENEDET

MODERNA • ELEGANTE Ristorante che fu antica osteria, si sviluppa oggi in verticale: wine-bar al piano terra e sale a quello superiore per una cucina di ispirazione tradizionale rivisitata con personalità e in chiave contemporanea. L'ottima scelta dei vini ne fa una tappa anche per gli amanti del buon bere.

⅋ 🅰🅺 ⇔ – Prezzo: €€

Via Roma 2 – 𝒞 0342 696096 – osteriadelbenedet.com – Chiuso domenica

DERUTA

✉ 06053 – Perugia (PG) – Carta regionale n° **13**-A2

I RODELLA

INNOVATIVA • CHIC Il complesso, che comprende anche sette camere e due junior suites, risale all'inizio del 1600 e fu voluto dalla Chiesa come stazione di posta sulla strada verso Roma. Da tanti anni la gestione è in mano a una famiglia di origini venete, con due fratelli gemelli dal curriculum significativo in cucina e un terzo, sommelier, in sala. La loro proposta, che va oltre l'ispirazione locale, è stata concepita con una visione moderna sia nell'accostamento di gusti (erbe del loro orto) e sapori, sia nella presentazione dei piatti, sempre generosi e gustosi. Il consiglio è fare come abbiamo fatto noi, cioè lasciarsi consigliare dal capace Samuele e assaggiare ciò che Stefano e Andrea prepareranno per voi con passione e competenza.

🖨🅰�.🅰🆛 🅿 – Prezzo: €€

Strada esterna vicinale della Rocca 2 – 𝒞 075 972 4314 – ristoranteirodella.it – Chiuso lunedì

DESENZANO DEL GARDA

✉ 25015 – Brescia (BS) – Carta regionale n° **4**-D1

❀ ESPLANADE

Chef: Massimo Fezzardi

ITALIANA • ELEGANTE L'Esplanade è un grande classico della cucina italiana, orgogliosamente impreziosito dalla Stella sin dal 1992! Talmente famoso tra gli amanti del mangiar bene da essere quasi sinonimo di Desenzano del Garda. Al di là della bellissima posizione a bordo lago, da cui è separato soltanto dal proprio verde giardino (davvero piacevole il dehors estivo), merito assoluto va dato alla cucina. La carta, a questo livelli, è tra le più ampie e profonde d'Italia, divisa quasi equamente tra carne e pesce, con riferimenti italiani e locali ed un certo rispetto per la stagionalità degli ingredienti: è la classica cucina nazionale, senza allontanarsi troppo dal passato eppure con un tocco moderno, in perfetto equilibrio grazie alle mani di chef Massimo Fezzardi. Senza scordare che la sala, seguita da un servizio preciso come un metronomo, poggia su due ottime figure: Marzio Lee Vallio, sommelier che abbiamo premiato con l'Award Wine Service 2024 e l'istrionico ed inossidabile Emanuele Signorini, gran professionista dalla simpatia contagiosa.

⅋ ≼🖨🅰🅺🆛 🅿 – Prezzo: €€€€

Via Lario 3 – 𝒞 030 914 3361 – ristorante-esplanade.com – Chiuso mercoledì

MOS

CONTEMPORANEA • RUSTICO Dopo importanti esperienze anche all'estero Stefano Zanini ha dato nuova vita a una vecchia trattoria nel centro storico di Desenzano, proprio di fronte al porticciolo. Cucina personalizzata di mare, lago e terra, stagionalità dei prodotti e riutilizzo degli scarti fin dove è possibile sono le sue linee guida. Nella bella stagione i tavoli all'aperto si affacciano sulle imbarcazioni ormeggiate.

ⵣ 🍴 – Prezzo: €€

Via Porto Vecchio 28 – 𝒞 030 914 3339 – ristorantemos.it – Chiuso martedì e a mezzogiorno lunedì, mercoledì, giovedì, venerdì

DIOLO

✉ 43019 – Parma (PR) – Carta regionale n° **9**-B1

OSTERIA ARDENGA

EMILIANA • TRATTORIA Un'autentica trattoria, che scalda il cuore a mangiarvi, dove il tempo sembra essersi fermato decenni orsono. Al confine tra due province, la cucina predilige le specialità parmigiane con diversi prodotti coltivati in proprio e piccola rivendita di sott'aceti e confetture.

ⵣ 🅿 – Prezzo: €

Via Maestra 6 – 𝒞 0524 599337 – osteriardenga.com – Chiuso mercoledì e sera lunedì, martedì, giovedì, venerdì, domenica

DOBBIACO

✉ 39034 – Bolzano (BZ) – Carta regionale n° **6**-B1

ⱬ TILIA *

Chef: Chris Oberhammer

MODERNA • INTIMO È dal 2010 che lo scrigno di acciaio e vetro fa originale mostra di sé al centro del parco dell'ex Grand Hotel di Dobbiaco. Ancora più intima di prima è la sala, ai cui 5 tavoli possono accedere solo 12 coperti. Chef Chris Oberhammer presenta una carta invitante nonostante sia composta da poco meno di 20 piatti: la sua è una linea di cucina moderna, legata al territorio. Molti ingredienti (come le farine ed alcune carni) provengono dal maso Klaude, con il cui proprietario, amico d'infanzia, il cuoco ha stretto un bel rapporto. Non manca, inoltre, l'aggiunta di alcuni ingredienti lussuosi da fuori regione ad impreziosire il risultato finale: è il caso del caviale o in stagione del tartufo, e magari anche di uno scampo. Con garbo e professionalità, Anita Mancini si occupa della sala e della selezione di vini internazionale.

ⵣ 🍴 🅿 – Prezzo: €€€€

Via Dolomiti 31/b – 𝒞 335 812 7783 – tilia.bz – Chiuso lunedì, a mezzogiorno da martedì a giovedì e domenica sera

GRATSCHWIRT

REGIONALE • CONTESTO TRADIZIONALE Casa con origini cinquecentesche in condivisione con l'omonimo hotel, per un ristorante tipico all'ombra delle Tre Cime: la stube è molto classica nel suo genere, così come la cucina altoatesina proposta, semplice ed abbondante. Oltre a canederli in brodo, agnello in crosta di erbe e strudel di mele, vi suggeriamo anche l'ottima tartare di manzo, meno tradizionale di altri piatti e condita direttamente in sala.

🛏 🍴 ♻ 🅿 – Prezzo: €€€

Via Grazze 1 – 𝒞 0474 972293 – gratschwirt.com/it

HEBBO WINE & DELI Ⓝ

INNOVATIVA • **CONTESTO CONTEMPORANEO** Nel contesto di un campeggio della stessa proprietà sulle rive del lago di Dobbiaco, un nuovo locale aperto con tanta passione per il vino e il cibo contemporaneo. In cucina un giovane austriaco con importanti esperienze alle spalle propone solo formule di menù degustazione a sorpresa, 7 o 9 portate alla sera, anche 5 a pranzo. Molte verdure e tanti accostamenti intriganti, come nel caso di porro bruciato, salsa romanesca e patata oppure trota (in alternativa, barbabietola essiccata, panna ridotta, timo e Schüttelbrot). Ci si affida a produttori di continuità nonché agli stessi familiari che gestiscono un'azienda agricola biodinamica. Eccellente anche la lista vini: vera e propria passione di Andreas, simpatico e competente proprietario.

🕸 ♿ 🅿 – Prezzo: €€€€

Località Lago di Dobbiaco – 𝒞 0474 869025 – hebbo.it/it – Chiuso martedì e mercoledì

DOGLIANI

✉ 12063 – Cuneo (CN) – Carta regionale n° **2**–A2

IL VERSO DEL GHIOTTONE

PIEMONTESE • **CONTESTO CONTEMPORANEO** In un palazzo settecentesco, un caldo stile rustico a base di cotto, pietra e mattoni, tavoli neri con coperto all'americana: ne risulta un ambiente giovanile, ma elegante, dove l'accoglienza è informale ma al tempo stesso molto professionale. La cucina simpatizza con le ricette del territorio, che rivisita e alleggerisce. Non mancano interessanti proposte di pesce.

♿ 🍷 ♻ – Prezzo: €€

Via Demagistris 5 – 𝒞 0173 742074 – ilversodelghiottone.it – Chiuso lunedì, martedì e a mezzogiorno da mercoledì a venerdì

DOLCEDO

✉ 18020 – Imperia (IM) – Carta regionale n° **10**–A3

✿ EQUILIBRIO

Chef: Jacopo Chieppa

LIGURE • **ROMANTICO** Il giovane Jacopo Chieppa, folgorato dalla passione per la cucina, ha iniziato la gavetta con i lievitati ed esperienze qualificate come il Mirazur di Mentone e l'Antica Corona Reale di Cervere per arrivare – oggi – a proporre, nel contesto di un antico mulino ristrutturato, la sua offerta divertente e gustosa, presentata in forme attuali ma con l'uso di ingredienti classici, provenienti anche dall'orto di proprietà attiguo al ristorante. Noi abbiamo apprezzato soprattutto il giocoso e goloso pic-nic iniziale, così come la mupa (un particolare tipo di pesce), gli asparagi e l'emulsione di vongole e parmigiano. In sala si destreggia con la medesima passione la moglie Melania. Nella bella stagione piacevole servizio all'aperto.

🍽 🅿 – Prezzo: €€€

Località Martin 13 – 𝒞 0183 684685 – equilibrioristorante.com – Chiuso lunedì e a mezzogiorno da martedì a sabato

CASA DELLA ROCCA

LIGURE • **CONTESTO STORICO** Nella pittoresca Dolcedo, all'interno di un mulino d'inizio Novecento con torchio e macina, in questo ristorante troverete una delle più interessanti proposte di quella cucina ligure che si nutre di terra e mare con eguale soddisfazione, talvolta anche combinati nello stesso piatto. Qualche tocco creativo, alcuni richiami piemontesi, insomma, un ottimo motivo per una gita nell'entroterra! (L'auto va lasciata nel parcheggio del locale frantoio a poca distanza).

🍴 – Prezzo: €€
Via Ripalta 3 – ☏ 0183 682648 – ristorantecasadellarocca.it – Chiuso martedì, mercoledì, a mezzogiorno lunedì, giovedì, venerdì, sabato e domenica sera

DOLEGNA DEL COLLIO
✉ 34070 – Gorizia (GO) – Carta regionale n° 7–B2

✿ L'ARGINE A VENCÒ

Chef: Antonia Klugmann

DEL TERRITORIO • **ELEGANTE** In un edificio moderno contiguo ad un mulino del '600, Antonia Klugmann esprime una cucina originale che evidenzia l'attaccamento alla propria terra e una rimarchevole presenza di prodotti del proprio orto; in primis le erbe aromatiche che ritornano in svariate preparazioni come caratteristica identitaria della maison. Due menù degustazione: uno più lungo intitolato Territorio-Vita in Movimento, quello più breve Il nostro Menù. La casa si trova in una piacevole zona incontaminata a ridosso del confine con la Slovenia e al centro di due grandi aree vinicole: i Colli Orientali del Friuli e il Collio, egregiamente rappresentati nella fornita carta dei vini.

⌘ ♿ 🅿 🍴 – Prezzo: €€€€
Località Vencò 15 – ☏ 0481 199 9882 – largineavenco.it – Chiuso lunedì, martedì e mercoledì a mezzogiorno

☺ RONCHI RÒ 🆕

Chef: Fares Issa

REGIONALE • **CONTESTO CONTEMPORANEO** Ronchi Rò è una tenuta-agriturismo immersa nel verde, tra le ondulate colline del Collio e i suoi boschi lussureggianti, una terra di confine affascinante e fiabesca, famosa per i suoi straordinari vini. La cucina dello chef Fares Issa è gustosa e schietta, assolutamente stagionale. Se da un lato si lascia conquistare dalla tradizione friulana - salami e prosciutti, speck d'oca, frico – dall'altra si concede alcuni guizzi di contemporaneità. È un posto intimo: solo sei tavoli nella sala da pranzo piacevolmente moderna (meglio prenotare!).

✿ *L'impegno dello chef:* Il ristorante è plastic free e non viene servita acqua imbottigliata ma quella della rete idrica locale. La carta dei vini propone solo etichette di aziende DOC Collio, il 25% delle quali è a conduzione biologica. Chicca finale è il menu del ristorante, stampato su carta riciclata e al cui interno sono presenti dei semi di fiori di campo: il cliente può dunque portarlo via e poi "piantarlo" e far crescere i fiori in ricordo dell'esperienza al Ronchi Rò.

⇚ 🍴 🅿 – Prezzo: €€
Località Cime di Dolegna 12 – ☏ 371 429 5269 – ronchiro.it – Chiuso lunedì, martedì, a mezzogiorno mercoledì e giovedì e domenica sera

DOMODOSSOLA
✉ 28845 – Verbano-Cusio-Ossola (VB) – Carta regionale n° 1–C1

✿ ATELIER

Chef: Giorgio Bartolucci

DEL TERRITORIO • **CONTESTO CONTEMPORANEO** La storica struttura, dal 2020 prima stella in assoluto della Val d'Ossola, è un solido punto di riferimento gastronomico. Lo chef-patron Giorgio Bartolucci, affiancato dall'intraprendente sorella Elisabetta, ha saputo rinnovare con passione e competenza la tradizione familiare dei genitori fondatori dell'attività, mentre la moglie Katia accudisce la sala con garbo e professionalità. La cucina a vista, costruita artigianalmente e grande quasi quanto la sala, è un elemento distintivo voluto dall'energico cuoco per corroborare il rapporto tra brigata e commensali. Gusto, varietà ed estetica delle proposte sono gli architravi della cucina di Atelier, ristorante che convince per le intriganti rivisitazioni di molte ricette ossolane. Tra i piatti che più abbiamo apprezzato i Tajarin al vino Prünent, ragù di lepre, marroni e mirtilli, riuscita rielaborazione di ingredienti locali dal sapore ben equilibrato.

P – Prezzo: €€€

Piazza Matteotti 36 – 𝒞 0324 481326 – eurossola.com/it/atelier-restaurant – Chiuso lunedì e domenica sera

LA MERIDIANA

PESCE E FRUTTI DI MARE • ACCOGLIENTE Locale centrale di lunga tradizione che ha superato i 50 anni di gestione, rifacendosi nel tempo il look e proponendo ora anche un dehors estivo nel bel centro cittadino. Oggi è un moderno bistrot, dove lo chef-patron William Vicini propone pesce in due versioni: secondo la tradizione italiana o ispirandosi a quella spagnola, terra d'origine materna. La paella è tra i must! Il servizio in sala è coadiuvato con garbo da Barbara, che vi consiglierà anche sulla scelta del vino.

🅰 ⇄ – Prezzo: €€

Via Rosmini 11 – 𝒞 0324 240858 – ristorantelameridiana.com – Chiuso lunedì e domenica

DOSSOBUONO

✉ 37062 – Verona (VR) – Carta regionale n° **8**-A3

CAVOUR

VENETA • AMBIENTE CLASSICO È il ristorante che ognuno vorrebbe sotto casa per apprezzare una cucina di qualità e sostanza legata anche alla tradizione regionale. Giornalmente anche dei fuori carta legati alle verdure di stagione, come la freschissima insalatina di puntarelle con acciughe e grana.

🅰 🛉 ⇄ **P** – Prezzo: €€

Via Cavour 40 – 𝒞 045 513038 – ristorantecavourverona.it – Chiuso mercoledì e domenica

DOSSON

✉ 31030 – Treviso (TV) – Carta regionale n° **8**-C2

😊 ALLA PASINA

VENETA • AMBIENTE CLASSICO In questa bella e accogliente casa di campagna dall'atmosfera piacevolmente familiare, le paste fresche occupano uno spazio importante e - a nostro avviso - ben meritato, in ricette tradizionali e altre più creative, che seguono pur sempre la stagionalità delle materie prime. Ma non fermatevi qui: il celebre radicchio, il pesce e la carne arricchiscono l'ottima proposta. Ci sono anche camere per completare il soggiorno.

🛏 🛉 🅰 🛉 ⇄ **P** – Prezzo: €€

Via Marie 3 – 𝒞 0422 382112 – pasina.it – Chiuso lunedì e domenica sera

DOVERA

✉ 26010 – Cremona (CR) – Carta regionale n° **5**-C2

LA KUCCAGNA

ITALIANA • CONTESTO CONTEMPORANEO La Kuccagna è una proposta fresca e di qualità, forte di una gestione sempre giovane e ricca di energia; i menu spaziano tra terra e mare, mentre la griglia è sempre pronta per accogliere i tagli di carni più adatti. Buona scelta di vini a cominciare dalle etichette d'Oltralpe. La location è squisitamente bucolica, mentre gli interni sono moderni e confortevoli.

🎦 🛋 🅿 – Prezzo: €€
Via Milano 14, località Barbuzzera – ✆ 0373 978457 – lakuccagna.it – Chiuso lunedì e a mezzogiorno da martedì a giovedì

DRENA
✉ 38074 – Trento (TN) – Carta regionale n° **6**–A2

LA CASINA 🆕

CUCINA DI STAGIONE • CASA DI CAMPAGNA Grande casolare contadino - gli interni sono stati rinnovati in modo piacevole - di fronte ad un verdeggiante panorama, nel cuore della valle del Sarca, cui ci si affaccia dal pergolato estivo sotto ad un bellissimo glicine. La giovane chef Giada cucina ingredienti regionali con precisione e buon gusto: si va dal tradizionale tortel di patate alla carne salada "conservata" da loro e poi, ancora, salmerino, carni trentine, funghi... La famiglia Miori coltiva, inoltre, frutti rossi che, insieme ai propri maroni, ritroverete spesso nei dolci.
🍴 🛋 🅿 – Prezzo: €€
Località La Casina 1 – ✆ 0464 541212 – ristorantelacasina.com – Chiuso martedì e a mezzogiorno lunedì, mercoledì, giovedì, venerdì

EBOLI
✉ 84025 – Salerno (SA) – Carta regionale n° **17**–C2

🌸 IL PAPAVERO

MODERNA • COLORATO Il Papavero è figlio dell'eccellente e duraturo sodalizio tra il proprietario Maurizio Somma e lo chef Fabio Pesticcio, che qui iniziò a cucinare nel 2006, quando aveva ancora "i calzoncini corti". È il fiore gastronomico di Eboli, dove occupa il primo piano di un palazzo semi-centrale. Una volta entrati, tra salottini, divanetti e quadri colorati alle pareti, ci si sente accolti in una bella casa privata. Gli ingredienti presenti in carta descrivono al meglio le produzioni alimentari del territorio circostante (la Piana del Sele e il Golfo di Salerno) e sono utilizzati nella loro interezza, con l'obiettivo di ridurre al minimo gli sprechi. Nascono così piatti mediterranei contemporanei, semplici e leggeri, costruiti con pochi ingredienti e con la nettezza tipica dei sapori del Sud. Gradevole servizio all'aperto nel verdeggiante terrazzino sul retro, sotto un romantico gelsomino. Un posto del cuore, anche in virtù dell'assoluta correttezza dei prezzi.
🎦 🛋 ✿ – Prezzo: €€
Corso Garibaldi 112/113 – ✆ 0828 330689 – ristoranteilpapavero.it – Chiuso lunedì, a mezzogiorno martedì e mercoledì e domenica sera

ISOLA D'ELBA

Marciana Marina
✉ 57033 – Livorno (LI) – Carta regionale n° **11**–B3

SALEGROSSO

PESCE E FRUTTI DI MARE • CONTESTO CONTEMPORANEO Situato in un angolo della graziosa piazzetta "di sotto" di Marciana Marina, a pochi metri dal Cotone, uno degli scorci più antichi e suggestivi del paese, cucina mediterranea e più specificatamente elbana con piccole reinterpretazioni personali. Il Bollito di mare, con caviale e crema di pomodoro confit è imperdibile! Piacevolissimo il dehors che rende la cena più rilassante, fra il "paseo" di turisti e la bella vista sull'orto della località.
🎦 – Prezzo : €€
Piazza della Vittoria 14 – ✆ 0565 996862 – www.salegrossoelba.it

SCARABOCI

CREATIVA · CONVIVIALE A pochi metri dall'incantevole lungomare di Marciana, ecco uno dei gioielli gastronomici dell'isola: di terra, o più spesso di mare, i piatti esaltano i prodotti, intrigano per gli accostamenti e seducono con le presentazioni. Terrazza privé per cene intime nel periodo estivo (da prenotare con largo anticipo!), e se nella selezione enoica manca la proposta al calice, si può sempre optare per una mezza bottiglia di qualità.

ॐ Ⓜ – Prezzo : €€

Via XX Settembre 27 – ℰ 0565 996868 – Chiuso a mezzogiorno

Marina Di Campo
✉ 57033 – Livorno (LI) – Carta regionale n° **11**–B3

AL MORO

MEDITERRANEA · CONVIVIALE Fuori dal grande flusso turistico, in un rustico edificio che si fa notare per il suo bel dehors sotto un fresco ed invitante gazebo in legno, atmosfera rilassata e informale per una cucina mediterranea di spiccata personalità ed ottimi ingredienti. Piccola lista di ostriche per gli amanti del mollusco.

Ⓜ 🛋 🅿 – Prezzo : €€€

Via Pietri 1277 – ℰ 392 443 0495 – www.ristorantealmoro.it – Chiuso domenica e a mezzogiorno da lunedì a sabato

Porto Azzurro
✉ 57033 – Livorno (LI) – Carta regionale n° **11**–B3

SAPERETA

MODERNA · AGRESTE All'interno di una storica cantina, un ambiente rustico e sobrio e un'aia ben curata. L'atmosfera bucolica non lascia presagire la cucina toscana di stampo contemporaneo di Sante Vaiti, che si avvale di tecniche e cotture all'avanguardia.

♿ 🛋 🅿 – Prezzo : €€€

Via Provinciale Ovest 73, località Mola – ℰ 0565 95033 – www.ristorantesapereta.it – Chiuso lunedì e a mezzogiorno da martedì a domenica

EMPOLI
✉ 50053 – Firenze (FI) – Carta regionale n° **11**–C2

20 POSTI

CONTEMPORANEA · CONTESTO CONTEMPORANEO In uno stretto vicolo del centro, un piccolo locale in stile bistrot, con lounge bar serale; la giovane gestione propone piatti di fantasiosa cucina mediterranea, sia di carne che di pesce, arricchita da tanti ingredienti ben selezionati.

♿ Ⓜ – Prezzo: €€€

Via della Murina 4/a – ℰ 0571 152 0082 – ristorante20posti.it – Chiuso domenica e lunedì a mezzogiorno

ERBUSCO
✉ 25030 – Brescia (BS) – Carta regionale n° **5**–D2

LEONEFELICE VISTA LAGO

ITALIANA · CONTESTO CONTEMPORANEO La cucina del nuovo chef verte sulla valorizzazione dei prodotti dell'orto di casa nonché sulle carni provenienti dall'allevamento, sempre di proprietà, della tenuta l'Andana, nel grossetano. A una proposta alla carta piuttosto classica nelle esecuzioni con qualche vena di personalizzazione (Melanzane al cartoccio di foglia di fico con origano - Biete colorate, patata soffice e filetto di persico/spigola) va aggiungendosi quella a base di menù degustazione, solo serale e in un ambiente dedicato. La carta dei vini, proposta con competenza, pone l'accento su etichette di casa e Franciacorta, allargandosi - comunque - anche al resto d'Italia e del mondo.

🕸 ⇐ 📶 ⌂ ⇔ **P** – Prezzo: €€€

Via Vittorio Emanuele 23 – ☏ 030 776 0550 – albereta.it/franciacorta/ristorante-lago-iseo

ESINE

✉ 25040 – Brescia (BS) – Carta regionale n° **4**-C2

😊 DA SAPÌ

LOMBARDA • **CONVIVIALE** Cucina piuttosto contemporanea su base regionale, con un'attenta ricerca dei prodotti locali, e molti piatti green con verdure e ortaggi di stagione; passione per i gelati artigianali senza alcun semi-lavorato, ma solo ingredienti naturali. Siamo alla quarta generazione: una garanzia!

🔥 📶 ⌂ – Prezzo: €€

Via Giuseppe Mazzini 36 – ☏ 0364 46052 – ristorantesapi.com – Chiuso lunedì e domenica sera

ESTE

✉ 35042 – Padova (PD) – Carta regionale n° **8**-B3

INCÀLMO

CONTEMPORANEA • **AMBIENTE CLASSICO** Ai piedi del castello Carrarese e all'interno dell'albergo Beatrice, gli appassionati di una cucina di ricerca e di originali accostamenti troveranno qui la loro meta. Fantasia e originalità sono servite nel piatto da due bravi cuochi.

🔥 📶 ⌂ **P** – Prezzo: €€€

Viale Rimembranze 1 – ☏ 0429 176 1472 – incalmoristorante.com – Chiuso lunedì, domenica e a mezzogiorno da martedì a giovedì

FABBRICO

✉ 42042 – Reggio Emilia (RE) – Carta regionale n° **9**-B1

CLAUDIO RISTORANTE

PESCE E FRUTTI DI MARE • **CONTESTO CONTEMPORANEO** Un'inaspettata sorpresa nel cuore della bassa: in aperta campagna, in un grazioso casolare, Claudio prepara una cucina quasi esclusivamente di mare di ottima qualità, con qualche accento meridionale, in particolare pugliese, sua terra d'origine. Nei pranzi infrasettimanali c'è anche un menù più semplice ed economico.

⇐ 📶 ⌂ **P** – Prezzo: €€

Via Ferretti 109 – ☏ 0522 660065 – claudioristorante.it – Chiuso lunedì, sabato a mezzogiorno e domenica sera

FAENZA

✉ 48018 – Ravenna (RA) – Carta regionale n° **9**-C2

😊 LA BAITA

EMILIANA • **TRATTORIA** Nel centro storico, trattoria e negozio di specialità gastronomiche sono uniti nello spirito della tradizione e della qualità. Seduti ai tavoli in un'atmosfera semplice ed informale, la selezione di formaggi e salumi balza all'occhio per vastità, completata da paste fresche e piatti di carne.

🕸 🔥 📶 ⌂ ⇔ – Prezzo: €

Via Naviglio 25/c – ☏ 0546 21584 – labaitaosteria.it – Chiuso lunedì e domenica

IL FENICOTTERO ROSA GOURMET

CONTEMPORANEA • ELEGANTE Troverete proprio dei fenicotteri ad accogliervi nel parco del ristorante, all'interno di Villa Abbondanzi, il lussuoso hotel che lo ospita. In sale raffinate ed eleganti, anche la cucina spicca il volo verso piatti tecnici ed elaborati, ricchi di fantasia. La coccola continua con la selezione enoica: da una carta con notevoli etichette naturali il bravo sommelier troverà la bottiglia più adatta al vostro palato. Un vino che ci è particolarmente piaciuto è stato il Sauvignon altoatesino Weingut In Der Eben: un 2019 ricco e complesso, perfetto per tutto il pasto anche con un menu di carattere.

 🚪🅰️🍴♿🅿️ – Prezzo: €€€

Via Emilia Ponente 23 – ☎ 0546 622672 – villa-abbondanzi.com/ristorante-fenicottero-rosa-gourmet.php – Chiuso martedì, mercoledì, domenica e a mezzogiorno lunedì, giovedì, venerdì

FAGAGNA
✉ 33034 – Udine (UD) – Carta regionale n° **7**–A2

SAN MICHELE

MODERNA • RUSTICO Attiguo alle antiche rovine del castello e alla chiesetta intitolata a San Michele, questo edificio del XIII secolo - che fu probabilmente sede del corpo di guardia - ospita un ristorantino caratteristico con piatti legati al territorio e alle stagioni in chiave moderna. Durante la settimana, a pranzo, svariati "cicchetti" accompagnati da proposte alla carta. Alcune camere per prolungare il soggiorno.

 🚪♿🍴🅿️ – Prezzo: €€

Via Castello di Fagagna 33 – ☎ 0432 810466 – sanmichele.restaurant – Chiuso lunedì e martedì

FAGNANO
✉ 37060 – Verona (VR) – Carta regionale n° **8**–A3

TRATTORIA ALLA PERGOLA

VENETA • CONTESTO TRADIZIONALE Trattoria d'altri tempi, semplice e familiare, dove si arriva da tutta la provincia per gustare una cucina classica del territorio, senza fronzoli e incurante delle mode. La carta è ristretta ma non mancano tortelli, tortellini, i celebri i risotti (siamo in terra di risaie) e soprattutto il carrello dei bolliti: un vero e proprio rito! Detto ciò, bisogna assolutamente tenersi un po' di appetito per i dessert... con un altro carrello di prelibatezze.

🅰️ – Prezzo: €

Via Nazario Sauro 9 – ☎ 045 735 0073 – Chiuso lunedì, martedì, domenica

FAGNANO OLONA
✉ 21054 – Varese (VA) – Carta regionale n° **5**–A1

❄ ACQUERELLO

Chef: Silvio Salmoiraghi

CREATIVA • ACCOGLIENTE La parola chiave è: cucina moderna. Ma il ristorante è molto di più. All'interno di un'antica corte lombarda, Acquerello non propone una tavolozza di colori, ma una girandola di sapori. A concertare il tutto, uno chef defilato dai riflettori, che ancora ama stare dietro ai fornelli. Sebbene vi sia una carta, gli ispettori consigliano di affidarsi alla degustazione: scoprirete un percorso calibrato di note ricercate e combinazioni originali in straordinaria armonia, oltre che accenni all'Oriente con piacevoli contrasti di cotture e temperature. La proposta enoica rispecchia i gusti del padrone di casa: leggermente sbilanciata sulle bollicine d'Oltralpe, annovera comunque di tutto un po'.

🅰️ 🍴 – Prezzo: €€€€

Via Patrioti 5 – 𝒞 0331 611394 – ristoranteacquerello.com – Chiuso lunedì, martedì a mezzogiorno e domenica sera

MENZAGHI

MODERNA • **FAMILIARE** In una saletta dai toni tradizionali si è cordialmente accolti dal titolare, grande appassionato dei suoi vini, e da un servizio informale ma competente. Cucina di sostanza e grande attenzione alle materie prime stagionali e locali. Consigliamo di considerare anche le proposte speciali del giorno.

🅰️ ➪ – Prezzo: €€

Via San Giovanni 74 – 𝒞 0331 361702 – ristorantemenzaghi.it – Chiuso lunedì e martedì e domenica sera

FALZES

✉️ 39030 – Bolzano (BZ) – Carta regionale n° **6**–B1

SICHELBURG

CREATIVA • **ROMANTICO** Regalatevi un grande pasto in un contesto da sogno: in paese, il ristorante si trova al primo piano di un castello di origini trecentesche. Romantiche sale avvolte nel legno, la cucina è creativa, ma fortemente legata ai prodotti della montagna.

🍴 ➪ 🅿️ – Prezzo: €€

Via Castello 1 – 𝒞 0474 055603 – sichelburg.it/it/ristorante-alto-adige – Chiuso mercoledì e giovedì

FANO

✉️ 61032 – Pesaro e Urbino (PU) – Carta regionale n° **14**–B1

🙂 CILE'S

PESCE E FRUTTI DI MARE • **AGRESTE** Non lontano dal mare, questo fresco ristorantino dallo stile quasi shabby mette in mostra legni, tanto bianco e azzurro: quasi un angolo di Provenza in piena Fano! La cucina rimane decisamente nel territorio con ricette semplici a base di pesce (a prezzi davvero onesti) e di ispirazione marchigiana. Divertenti i fantasiosi nomi dati ai piatti stessi: "Ma che fritto fa...", "Si salva chi può"... Servizio tutto al femminile che ha nel garbo e nei bei sorrisi, le sue armi migliori.

🅰️ 🍴 – Prezzo: €€

Viale Cesare Battisti 35 – 𝒞 0721 803390 – ristoranteciles.it – Chiuso lunedì e domenica sera

ALLA LANTERNA

PESCE E FRUTTI DI MARE • **AMBIENTE CLASSICO** Il miglior pesce dell'Adriatico, cucinato in maniera estremamente classica. Al primo boccone, la fragranza e la freschezza della materia prima farà dimenticare la posizione non proprio tra le più affascinanti, lungo una statale dominata dal traffico. Buona anche la selezione enoica.

🅰️ 🍴 🅿️ – Prezzo: €€

SS Adriatica Sud 78 – 𝒞 0721 884748 – allalanterna.com – Chiuso lunedì, sabato a mezzogiorno e domenica sera

IL GALEONE

PESCE E FRUTTI DI MARE • **ELEGANTE** Marco Veglio, lo chef-patron di questo riferimento gastronomico fanese situato al pianterreno dell'albergo Elisabeth Due, negli ultimi anni ha intensificato gli sforzi per reperire pesce e ingredienti stagionali del territorio, per proporre ai propri clienti preparazioni che riescono a collocarsi in perfetto equilibrio tra classicità e modernità.

🎟 🍴 🅿 – Prezzo: €€

Piazzale Amendola 2 – ☏ 347 938 3785 – ilgaleone.net – Chiuso lunedì e domenica sera

OSTERIA DALLA PEPPA

MARCHIGIANA • VINTAGE Piacevole e accogliente l'ambiente vintage di questa osteria del centro storico, che nell'atmosfera e nella proposta decisamente tradizionale ricorda e omaggia la lunga storia della "Peppa", aperta a fine Ottocento. Da segnalare le paste fresche (sfogline all'opera nell'adiacente shop) e i tartufi di stagione, mentre solo il venerdì viene proposta una cucina di mare.

🍴 – Prezzo: €

Via Vecchia 8 – ☏ 0721 823904 – osteriadallapeppa.it

FARA FILIORUM PETRI

✉ 66010 – Chieti (CH) – Carta regionale n° **15**–B1

CASA D'ANGELO

ABRUZZESE • INTIMO Si varca la soglia di quella che era una vecchia casa di famiglia, curata in modo raffinato, per assaggiare ottimi piatti di cucina del territorio, arricchiti a volte dal tocco esperto e fantasioso dei cuochi, vedi la terrina tiepida di fagiano alla mela, mentre sovente si presenta la gustosa tradizione così come è: dai salumi all'agnello nostrano ai carboni passando per gli gnocchi di patate al sugo di papera muta. Piatti quasi sempre vivacizzati dall'olio EVO di produzione propria. Si segnala il menù degustazione di 4 portate per l'eccellente rapporto qualità-prezzo.

🕸 🎟 🍴 ♿ 🅿 – Prezzo: €€

Via San Nicola 5 – ☏ 0871 70296 – casadangelo.it – Chiuso lunedì, martedì, a mezzogiorno da mercoledì a sabato e domenica sera

FASANO

✉ 72015 – Brindisi (BR) – Carta regionale n° **16**–C2

PENTOLE E PROVETTE Ⓝ

MODERNA • ALLA MODA Il ristorante di Luca Trabalzini e della sua compagna Rossella rappresenta una vera e propria perla per la cittadina di Fasano. La loro storia, che inizia in Australia, aggiunge un tocco affascinante a questo progetto gastronomico, mentre l'atmosfera del locale crea un ambiente accogliente e stimolante, perfetto per apprezzare la cucina innovativa proposta dallo chef in tre menù distinti: mare,terra, ricette vegetariane. La cucina di Luca è caratterizzata da un'elegante modernità, con una particolare attenzione ai sapori e alle consistenze; ogni piatto è un'esperienza sensoriale a tuttotondo.

🕸 ♿ 🍴 – Prezzo: €€€

Via Musco 37 – ☏ 348 655 4811 – pentoleeprovette.com – Chiuso lunedì e a mezzogiorno da martedì a domenica

FASANO DEL GARDA

✉ 25083 – Brescia (BS) – Carta regionale n° **4**–C2

✿ IL FAGIANO

ITALIANA CONTEMPORANEA • ELEGANTE Maurizio Bufi presenta la sua cucina, stagionale, territoriale e soprattutto gustosa! Nell'ampia carta possibilità di selezionare quattro menu degustazione: Frammenti, con i suoi piatti più iconici, Sensazioni un po' più creativo, Equinozio d'autunno, ça va sans dire, quello più stagionale, e infine Dalla terra, vegetariano e intrigante. Atmosfera di gran classe sia nella bellissima terrazza che nella sala interna, calda e con un suggestivo soffitto a cassettoni che crea atmosfera per la stagione fredda. Un piatto iconico che abbiamo testato è il fusillone, seppia a carpaccio e vellutata di topinambur... dolce e delicato, abbinato ad un Eruzione bianco 1614 di Planeta, da uve Carricante, intenso e di lunga freschezza.

🍴♿🅰️🍸🅿️ – Prezzo: €€€

Corso Zanardelli 190 – ℰ 0365 290220 – ghf.it/restaurants/ristorante-il-fagiano – Chiuso a mezzogiorno

❀ LIDO 84

Chef: Riccardo Camanini

CREATIVA • ROMANTICO Lasciata la vettura nel parcheggio, una breve discesa condurrà ad un piccolo angolo di paradiso, di fronte ad uno degli scorci più belli del Garda. In una sala elegante sarete oggetto di tante piccole attenzioni lungo un pasto che vede protagonisti i due fratelli Camanini, Giancarlo in sala e Riccardo ai fornelli. La cucina è golosa, senza paura di essere piena, rotonda e generosa, e lascia l'impressione che ogni pasto sia quello della domenica: gioioso, allegro, complice un'atmosfera rilassata e informale e uno scambio frequente con la brigata, che porta spesso in tavola i piatti. Per un'occasione speciale prenotate il tavolo nella saletta in pietra all'interno del meraviglioso giardino: vista mozzafiato! Attenzione: possibilità di attracco e di approdare direttamente in barca al ristorante.

🚤⛵🍴♿🍸♻️🅿️ – Prezzo: €€€€

Corso Zanardelli 196 – ℰ 0365 20019 – ristorantelido84.com – Chiuso martedì e mercoledì

FELTRE

✉️ 32032 – Belluno (BL) – Carta regionale n° **8**-B2

AURORA

VENETA • SEMPLICE A pochi passi dalla bella Concattedrale di San Pietro Apostolo - in un ambiente allegro e contemporaneo dagli arredi colorati, luci soffuse e numerose bottiglie a vista - Aurora propone una cucina ben realizzata, che comprende specialità regionali e italiane di carne e di pesce, alleggerite con gusto moderno.

🅰️ – Prezzo: €€

Via Garibaldi 68 – ℰ 0439 2046 – auroraristorantefeltre.com – Chiuso lunedì e domenica sera

PANEVIN

MODERNA • ACCOGLIENTE In una frazione verdeggiante appena fuori Feltre, la cucina moderna di Gianluca Campigotto si è fatta nel tempo sempre più interessante; gli ingredienti del mare sono presenti in una piccola carta, attenta anche ai sapori del territorio. Crocchetta di gamberi, spuma di patate e salsa alle acciughe: la specialità preferita dall'ispettore. Molto piacevole il servizio estivo in terrazza

♿🅰️🍸🅿️ – Prezzo: €€

Via Cart 16 – ℰ 0439 83466 – ristorantepanevin.com – Chiuso mercoledì e domenica

FERMO

✉️ 63900 – Fermo (FM) – Carta regionale n° **14**-C2

EMILIO

PESCE E FRUTTI DI MARE • ELEGANTE Con 60 anni di storia alle spalle, Emilio può di certo definirsi un riferimento ed un classico della ristorazione da queste parti. Sempre all'insegna del buon pesce, presentato in estrema sintesi sulla carta, perché le proposte sono raccontate a voce, si tratta generalmente di preparazioni molto classiche, come il guazzetto di pescato o il misto pesce al vapore poggiato su verdure anch'esse al vapore. Le opere d'arte impreziosiscono una sala elegante.

🕀 🅿 – Prezzo: €€

Via Girardi 1, loc. Casabianca – ℰ 0734 640365 – ristoranteemilio.it – Chiuso lunedì, a mezzogiorno da martedì a sabato e domenica sera

FERRARA

✉ 44121 – Ferrara (FE) – Carta regionale n° **9**–C1

☺ CA' D'FRARA

EMILIANA • **CONTESTO CONTEMPORANEO** In un angolo del centro la piccola entrata riservata si apre su due sale ariose e lucenti che mostrano un ambiente elegante e un servizio professionale, ma non ingessato. La cucina è romagnola con accento su paste fatte in casa e secondi prelibati come la trippa alla parmigiana. Se non avete le idee chiare potete affidarvi al menu degustazione della tradizione che non deluderà per qualità e prezzo.

🕭 🅐🅒 – Prezzo: €€

Via del Gambero 4 – ℰ 0532 205057 – ristorantecadfrara.it – Chiuso martedì e a mezzogiorno mercoledì e giovedì

CUCINA BACILIERI

MODERNA • **INTIMO** Pochi tavoli per questo ristorante del centro, ampliato in anni recenti, la cui cucina è legata alla stagionalità dei prodotti e alle tradizioni. Non può mancare, ad esempio, una citazione per l'anguilla - sempre presente, talvolta associata anche al foie gras - ma la proposta può essere integrata anche da piatti del giorno secondo il mercato. Il servizio è affidato a un'equipe giovane e appassionata.

🕭 🅐🅒 – Prezzo: €€€

Via Terranuova 60 – ℰ 0532 243206 – cucinabacilieri.it – Chiuso martedì, lunedì a mezzogiorno e domenica sera

DA NOEMI

EMILIANA • **CONVIVIALE** Fu la madre dell'attuale titolare ad aprire, dandole il proprio nome, questa frequentata trattoria in un vicolo medievale del caratteristico centro storico. La tradizione ferrarese viene riproposta con i suoi grandi piatti storici, in primis la salama da sugo ed il pasticcio di maccheroni. Un vero must per conoscere sapori già in auge ai tempi della famiglia d'Este, tra cui la selvaggina del territorio.

🅐🅒 – Prezzo: €

Via Ragno 31/a – ℰ 0532 769070 – trattoriadanoemi.it/it – Chiuso martedì e mercoledì a mezzogiorno

MAKORÈ

ITALIANA CONTEMPORANEA • **CONTESTO CONTEMPORANEO** Il nuovo capitolo gourmet di Makorè conduce il cliente ad un'esperienza d'indiscusso valore concentrata sul pesce, fornito dalla adiacente pescheria, e sul vegetale. La ricerca e la tecnica dello chef è ben rappresentata nei tre menu a sorpresa (di lunghezze differenti), o nella scelta alla carta. Dal rassicurante ma non banale calamaro alla griglia - ripieno di prosciutto di tonno, stracciatella e un ciuffo fritto di ottima fragranza - al bollito di pesce, con lingua di baccalà, ventresca di tonno, salsiccia di tonno e seppia, gallinella, giardiniera, patate. Consigliati da un bravo sommelier per la scelta del vino, noi abbiamo appezzato un metodo classico locale dal colore oro intenso: Abate, da vitigno Fortana a bacca rossa. Atmosfera elegante, per un ristorante che vuole lasciare il segno nella città degli Estensi.

&. 📷 - Prezzo: €€€
Via Palestro 10 - 𝒞 0532 092068 - makore.it - Chiuso lunedì e domenica

QUEL FANTASTICO GIOVEDÌ

MODERNA • ACCOGLIENTE Da tempo uno dei ristoranti più gettonati del centro, ne consegue che la prenotazione anticipata è consigliata! Piacevoli salette e tanta cortesia nel servizio; da assaggiare sia i piatti ferraresi che quelli di pesce.
📷 ⛱ - Prezzo: €€
Via Castelnuovo 9 - 𝒞 0532 760570 - quelfantasticogiovedi.it - Chiuso mercoledì e giovedì a mezzogiorno

FIDENZA

✉ 43036 - Parma (PR) - Carta regionale n° **9**-B1

🙂 PODERE SAN FAUSTINO

EMILIANA • CASA DI CAMPAGNA Il cuore inizia a scaldarsi già all'ingresso della bella sala, che accoglie con la tipica atmosfera delle cascine della bassa, a cui si aggiunge la luminosa veranda affacciata sul giardino. Quante leccornie in carta, paiono tutte irrinunciabili! Specialità che spaziano dal mantovano al parmense e al piacentino, a cui si aggiungono anche piatti di pesce e un'inaspettata proposta di abbinamento con il sakè, di cui la signora Daniela, la proprietaria, è un'esperta. L'ispettore ha gradito: i tortelli di zucca con mostarda di pere della casa.
🛏&.📷⛱🅿 - Prezzo: €€
Via San Faustino 33 (SS Emilia Nord) - 𝒞 0524 520184 - poderesanfaustino.it - Chiuso lunedì, a mezzogiorno venerdì e sabato e domenica sera

FIERA DI PRIMIERO

✉ 38054 - Trento (TN) - Carta regionale n° **6**-B2

LA PAJARA GOURMET

ITALIANA CONTEMPORANEA • CONTESTO CONTEMPORANEO Tra le mura dell'hotel Castel Pietra, un piacevole ambiente che unisce tradizione e modernità, dove anche la cucina segue questo trend: piatti contemporanei di carne (spesso legati al territorio) e di pesce. La doppia anima ben descrive le diverse origini dei titolari: montagna per lei, Salento per lui.
⛱🅿 - Prezzo: €€
Via Venezia 28 - 𝒞 0439 763171 - lapajaragourmet.it - Chiuso lunedì, martedì e a mezzogiorno da mercoledì a venerdì

FIESOLE

✉ 50014 - Firenze (FI) - Carta regionale n° **11**-C1

🏵 SERRAE VILLA FIESOLE Ⓝ

ITALIANA CONTEMPORANEA • AMBIENTE CLASSICO La vista su Firenze è solo uno dei tanti motivi per venire al Serrae, a cui si aggiungono l'ambiente rinnovato, la location (una villa medicea) ed infine - o meglio soprattutto - la cucina: ricca di gusto, estro e territorio. Tortellini di bufala con anguilla affumicata e levistico, tra i must; irrinunciabile - tuttavia - è anche il piccione, con finte olive di fegatini.
&.📷⛱🅿 - Prezzo: €€€
Via Fra' Giovanni da Fiesole detto l'Angelico 35 - 𝒞 055 597252 - ristoranteserrae.it - Chiuso lunedì e domenica

FINALBORGO

✉ 17024 – Savona (SV) – Carta regionale n° **10**–B2

AI TORCHI

PESCE E FRUTTI DI MARE • **CONTESTO STORICO** Nel cuore del grazioso borgo medievale, in un frantoio del '600 in cui dominano la macina in pietra e il torchio in legno, si serve una cucina di mare impostata con materia prima locale e un pizzico di fantasia. La ceviche di pescato del giorno, ad esempio, prende il gusto di un saporito crudo all'italiana, mentre nel piatto Mare Mare il misto pesce cuoce a forno in terrina con alloro, pomodorini e zucchine. Per una sosta più semplice all'angolo della stessa via c'è il bistrot I Torchietti.

Prezzo: €€€

Via dell'Annunziata 12 – ☎ 019 690531 – aitorchi.it/ai-torchi – Chiuso martedì e a mezzogiorno lunedì, mercoledì, giovedì, venerdì

FINALE EMILIA

✉ 41034 – Modena (MO) – Carta regionale n° **9**–C1

⊛ OSTERIA LA FEFA

EMILIANA • **FAMILIARE** Fefa è il diminutivo di Genoveffa, ovvero la fondatrice del locale quasi un secolo fa! Ora la nuova generazione di osti prevede servizio snello, cucina decisamente emiliana e un'attenzione maniacale al mondo del vino da parte di Edoardo, bravissimo sommelier, in grado di dispensare consigli su di un sangiovese locale come su di un Côte-du-Rhône francese: il divertimento è garantito a 360° con una pagina della carta dedicata interamente ai magnum. Squisiti i primi piatti – imperdibile il classico tortellino in crema di parmigiano – ma anche i secondi, quali la coscia di anatra in agrodolce, servita con salsa al lambrusco.

❀ Ⓐ🈂 🛋 – Prezzo: €€

Via Trento-Trieste 9/c – ☎ 0535 780202 – osterialafefa.it – Chiuso lunedì e martedì e domenica sera

ENTRÀ

DEL TERRITORIO • **CONTESTO TRADIZIONALE** Impostate il navigatore perché trovare la strada giusta attraverso la campagna potrà non essere facile, ma all'arrivo sarete confortati da un'atmosfera che vi rimarrà nel cuore. Trattoria figlia di una rivendita di vini del 1919, oggi l'ambiente si è rinnovato pur conservando piacevoli tocchi nostalgici. Dalla cucina pochi piatti del territorio di straordinaria fragranza.

🕭🛋 🅿 – Prezzo: €

Via Salde Entrà 60, località Entrà – ☎ 0535 97105 – trattoriaentra.it – Chiuso lunedì, martedì, a mezzogiorno da mercoledì a sabato e domenica sera

FINALE LIGURE

✉ 17024 – Savona (SV) – Carta regionale n° **10**–B2

ROSITA

LIGURE • **RUSTICO** Stile rustico e semplice, come del resto l'alberghino omonimo in cui si trova, ma vi piacerà la bella terrazza affacciata sul mare e sulla costa, che vi ripaga del tratto di strada un po' stretto e tortuoso necessario a raggiungere il locale (meglio quindi prenotare in anticipo uno dei tavoli meglio posizionati). La cucina è squisitamente all'insegna del territorio, sia di mare – ottimi i calamaretti ripieni serviti col sugo e la patata schiacciata – sia di terra, con l'imperdibile coniglio in casseruola.

🛋 🅿 – Prezzo: €€

Via Manie 67 – ☎ 019 602437 – hotelrosita.it – Chiuso a mezzogiorno

FIORANO MODENESE

⊠ 41042 – Modena (MO) – Carta regionale n° **9**–B2

❀ **ALTO**

CREATIVA • **DESIGN** L'ultimo piano del rinnovato Executive Spa Hotel è dedicato al fine dining dello chef Mattia Trabetti, all'interno di un rooftop le cui pareti di vetro offrono una rilassante vista sulle colline e sul Santuario della Beata Vergine del Castello. La cucina è giovane e innovativa e propone un bel percorso degustazione – Emilia Vegetale - totalmente "green" legato al territorio e alla stagione, nonché un tour nelle prelibatezze modenesi nel menu Modena Safari. Trota all'alchermes, pesce gatto e luppolo, oppure tagliatelle verdi di cicoria, aglio nero e bottarga di cortile (con tuorlo grattugiato, a conferire un tocco interessante), ma anche l'anatra di Montese... insomma scelte originali per palati curiosi. Circa il vino, ampia opportunità di scelta; si inizia con la regione per poi spaziare lungo tutta la Penisola e in Francia. Un consiglio? Sangiovese di Romagna "Acereta" di Giorgio Melandri: equilibrato e dal rapporto qualità/prezzo eccellente

⤚ & Ⓜ **P** – Prezzo: €€€

Via Circondariale San Francesco 2 – ℰ 0536 175 3281 – altoristorante.com –
Chiuso lunedì, domenica e a mezzogiorno da martedì a sabato

EXÉ RESTAURANT

ITALIANA • **CONTESTO CONTEMPORANEO** Al pian terreno dell'Executive Spa Hotel c'è un piacevole ristorante, contemporaneo ed elegante: ampi gli ambienti così come ampia è la scelta gastronomica; le proposte spaziano – infatti – dalle ricette tradizionali al crudo di pesce, alcuni piatti dedicati alla brace come la gustosa carne da loro frollata, oppure la pizza gourmet. La carta dei vini si affaccia sul miglior mondo enoico e l'abile sommelier saprà soddisfare i desideri degli appassionati servendo quasi tutti i vini anche al calice.

⅋ & Ⓜ ⇌ **P** – Prezzo: €€

Via Circondariale San Francesco 2 – ℰ 0536 832010 – exerestaurant.com –
Chiuso a mezzogiorno sabato e domenica

FIRENZE

✉ 50122 – Firenze (FI)
Carta regionale n° **11**–C1

La patria della "bistecca"

La specialità locale per antonomasia è la bistecca alla Fiorentina. Narra la leggenda che in età medicea durante la festa di San Lorenzo in vari punti della città venissero accesi dei falò sui quali si cuocevano grossi tagli di manzo, poi distribuiti alla popolazione in festa. In una di queste celebrazioni, alcuni cavalieri inglesi, riferendosi alla carne arrostita in tal modo, esclamarono "beef-steak!", italianizzato poi in bistecca. Secondo quanto indicato dall'Accademia della Fiorentina, la carne di bovino adulto (tra i 15 e i 19 mesi) deve avere l'osso, il filetto e il controfiletto, essere di razza chianina, marchigiana o romagnola, pesare almeno 1 kg e avere uno spessore minimo di 5 cm. Buon appetito!

✿✿✿ ENOTECA PINCHIORRI

Chef: Riccardo Monco

ITALIANA CONTEMPORANEA • **LUSSO** Sono passati più di 50 anni da quando, nel 1972, Giorgio Pinchiorri acquistò la storica Enoteca Nazionale. Ancora oggi la sua cucina stupisce con grandiosità, senza mai scadere in eccessi artificiosi o fine a se stessi, ma rincorrendo e centrando i sapori in ogni piatto. La successione delle proposte assomiglia a uno spettacolo pirotecnico: quando l'ultimo botto pare il più grande eccone un altro e poi un altro ancora... Varrebbe il viaggio il solo assistere al servizio in sala, un sussurrato valzer diretto da Alessandro Tomberli, ai vertici tra i direttori di sala in Italia. Annie Féolde, icona della ristorazione, ha ormai lasciato le redini della cucina al bravissimo Riccardo Monco (Passion Dessert Award 2024), che continua ad alimentare e far crescere il gusto italiano per la buona tavola. A Giorgio Pinchiorri, infine, il merito di aver creato una cantina conosciuta in tutto il mondo.

🏵 🅰🅲 🎍 ⇔ – Prezzo: €€€€

Pianta: D2-1 – *Via Ghibellina 87 – ☏ 055 26311 – enotecapinchiorri.com – Chiuso lunedì, domenica e a mezzogiorno da martedì a sabato*

✿✿ SANTA ELISABETTA

Chef: Rocco De Santis

CREATIVA • **INTIMO** La torre della Pagliazza, probabilmente di origini bizantine, ebbe tante destinazioni: nel XII secolo fu anche carcere femminile, mentre oggi custodisce uno dei più interessanti ristoranti gourmet della città. Protagonista di tanta qualità è lo chef Rocco De Santis, nella cui cucina ci sono alcuni richiami alla Campania, sua regione d'origine, ma anche tanta fantasia, precisione e concretezza di sapori, che si alleano ad un certo slancio creativo ed una predilezione per il mare.

Un esempio? "Triglia in crosta di Pane allo Zafferano 2015", signature dish che esiste fin dall'apertura del locale. A pranzo è disponibile un menu degustazione "Carte Blanche" di sole 3 portate. I coperti a disposizione sono pochi: si consiglia di prenotare con un certo anticipo. Accattivante servizio cocktail al tavolo, con mixology nazionale e non.

⅋ 🅐🅒 – Prezzo: €€€€

Pianta: C1-2 – *Piazza Santa Elisabetta 3* – ☎ *055 273 7673* – *ristorantesantaelisabetta.it* – *Chiuso lunedì e domenica*

❀ ATTO DI VITO MOLLICA

Chef: Vito Mollica

ITALIANA CONTEMPORANEA • **CONTESTO STORICO** A ridosso della cattedrale di Santa Maria del Fiore, questo ristorante gourmet si trova all'interno della Corte degli Imperatori di Palazzo Portinari, già residenza della famiglia Salviati. Qui, lo chef Vito Mollica delizia i suoi ospiti con creazioni che prediligono il mare ed inusitati accostamenti che lasciano piacevolmente sorpresi. I prodotti sono di altissima qualità, dal fragrante pane auto-prodotto ai primi piatti di forte carattere. Eccellenti gli assaggi proposti di olii (umbri e toscani, in primis). Ci si accomoda in un ambiente impreziosito da affreschi originali che riprendono in parte episodi dell'Odissea e scene di vita del '500, mentre il gorgoglio di una fontana fa da piacevole sottofondo. Il servizio altamente professionale mantiene la promessa di una sublime esperienza: dall'arte al palato!

♿ 🅐🅒 ⇆ – Prezzo: €€€€

Pianta: C1-17 – *Via del Corso 6* – ☎ *055 535 3555* – *attodivitomollica.com* – *Chiuso lunedì, martedì e a mezzogiorno*

❀ BORGO SAN JACOPO

MODERNA • **ELEGANTE** All'interno dell'Hotel Lungarno, tra i più suggestivi alberghi della città, il ristorante ne condivide lo stile elegante ed esclusivo. La sua cucina è guidata da Claudio Mengoni, tornato a Firenze dopo esperienze presso importanti maison pluristellate. L'accurata selezione di prodotti italiani nelle sue mani si trasforma in creazioni raffinate di carne, pesce o vegetali, rispettose della stagionalità e belle da vedere. Eccellente la selezione enoica: il sommelier Salvatore Biscotti cura una carta con circa mille etichette, dove non mancano verticali di grandi vini ma anche sorprese di piccoli produttori. Il privilegio aggiunto a tanta qualità è riuscire a prenotare uno dei due romantici tavoli sul balcone davanti all'Arno.

⅋ 🅐🅒 – Prezzo: €€€€

Pianta: B2-4 – *Borgo San Jacopo 62 r* – ☎ *055 281661* – *lungarnocollection.com/it/borgo-san-jacopo* – *Chiuso lunedì, martedì e a mezzogiorno*

❀ GUCCI OSTERIA DA MASSIMO BOTTURA

ITALIANA CONTEMPORANEA • **CHIC** Gli orizzonti cosmopoliti di Firenze acquisiscono echi internazionali in questo moderno e dinamico locale che porta la firma di Massimo Bottura. La cucina, sovraintesa da Karime Lopez e dal marito Takahiko Kondo, si apre al mondo. Insieme gli chef hanno creato un menu che racconta una visione della cucina italiana che si intreccia alle loro identità, messicana e giapponese, e si arricchisce di memorie di viaggio ed esperienze in giro per il mondo. Due sono i menu degustazione, oltre alla carta: I Nostri Souvenirs e Le Nostre Nuove Memorie, a cui a pranzo si aggiunge il Breve Viaggio in Osteria. Vivamente consigliata la visita del Gucci Garden, raffinato museo dedicato alla celebre maison.

🅐🅒 🍽 – Prezzo: €€€€

Pianta: C2-7 – *Piazza della Signoria 10* – ☎ *055 062 1744* – *gucciosteria.com/it/florence*

❀ IL PALAGIO

ITALIANA CONTEMPORANEA • **CONTESTO STORICO** Al piano terra del palazzo della Gherardesca, che ha nel parco secolare il suo cuore pulsante, Il Palagio

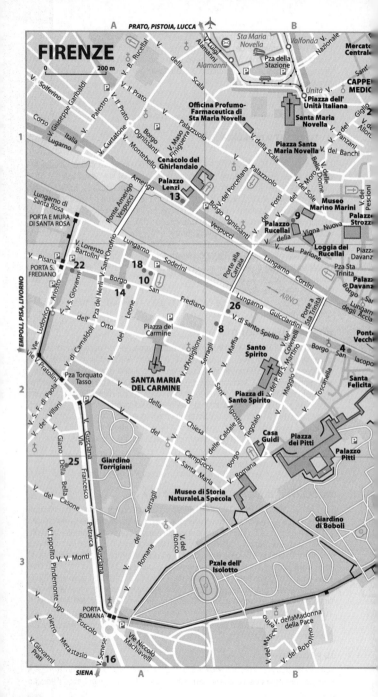

FIRENZE

0 — 200 m

Sta Maria Novella

Valfonda V.

Mercato Centrale

V. Luigi Alamanni
V. degli Alamanni

Pza della Stazione

Piazza dell' Unità Italiana

CAPPE MEDIC

V. Solferino

V. B. Rucellai

V. della Scala

Santa Maria Novella

Sant'

V. del Giglio

V. Corso Italia
Lugarno

V. Palestro
V. Il Prato

V. Il Prato

V. Maso Finiguerra

V. del Moro

Piazza Santa Maria Novella

V. Panzani

V. dei Banchi

V. d. Allori

2

V. Curtatone

Borgo Ognissanti

V. Palazzuolo

V. della Scala

V. delle Belle Donne

V. dei Pescioni

V. Montebello

Cenacolo del Ghirlandaio

Borgo Ognissanti

V. del Porcellana

V. del Sole

Museo Marino Marini

Palazzo Strozzi

Palazzo Lenzi
13

Ponte Amerigo Vespucci

Lungarno

V. Fossi

Palazzo Rucellai
9

Vigna Nuova

Loggia dei Rucellai

PORTA E MURA DI SANTA ROSA

V. Lorenzo Bartolini

Lungarno Soderini

Vespucci

V. della

Pza Sta Trinita

Pza Davanz

V. Pisana

22

V. Ludovico Ariosto

18

Porte alla Carraia

Lungarno Corsini

Palaz Davanz

PORTA S. FREDIANO

V. S. Giovanni

Pza dei Nerli

V. San Onofrio

10

V. San

Frediano

Lungarno Guicciardini

ARNO

Porte a Sta Trinita

Borgo degli Acciai

Lungar

14

V. Leone

V. del

26

Ponte Vecchio

V. Pratolini

V. dell' Orto

V. di Camaldoli

Piazza del Carmine

8

V. di Santo Spirito

V. de' Coverelli

Borgo S. Iacopo

4
San

V. S. F. di Paola

Pza Torquato Tasso

SANTA MARIA DEL CARMINE

V. Serragli

Santo Spirito

Borgo S. Martino

V. Maggio

Santa Felicita

V. dei Villani

V. dei Serragli

V. Sant' Agostino

Piazza di Santo Spirito

V. di Coverelli

Toscanella

V. Giano

Vie Guicciana Francesco

V. della

V. d'Ardiglione

V. delle Caldaie

V. d. Tegolaio

Casa Guidi

Piazza dei Pitti

Palazzo Pitti

Giardino Torrigiani

25

Vie Petrarca

V. Chiesa

V. Borgo

V. Campuccio

V. Santa Maria

V. Romana

Museo di Storia Naturale La Specola

Giardino di Boboli

V. della Bella

V. del Casone

V. Serragli

V. del Ronco

V. Romana

Pzale dell' Isolotto

V. Ippolito Pindemonte

V. V. Monti

V. Ugo Foscolo

V. Pietro Metastasio

PORTA ROMANA

16

V. Senese

Vie Niccolò Machiavelli

V. della Madonna della Pace

V. del Bobolino

V. d. Mascl

V. Giovanni Prati

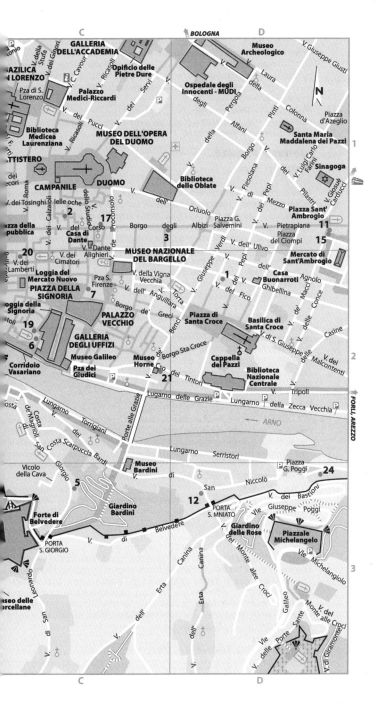

BOLOGNA

GALLERIA DELL'ACCADEMIA

Opificio delle Pietre Dure

Museo Archeologico

Palazzo Medici-Riccardi

Ospedale degli Innocenti - MUDI

N

Piazza d'Azeglio

BASILICA DI LORENZO

V. della Stufa
V. dei Ginori
V. C. Cavour
Ricasoli
V. dei Servi
della
Laura
della
Pergola
Pinti
Colonna
V. Giuseppe Giusti

Biblioteca Medicea Laurenziana

V. dei Pucci
V. Ricasoli
Alfani
della
Borgo
degli
Pepi
V. di Luigi Carlo Farini
V. Giosuè Carducci

Santa Maria Maddalena dei Pazzi

MUSEO DELL'OPERA DEL DUOMO

Sinagoga

BATTISTERO

dei
Pecori
Roma

CAMPANILE

DUOMO

Biblioteca delle Oblate

V. dei Tosinghi
lelle oche
V. dei Calzaioli
V. dello Studio
V. del Corso
Proconsolo
Oriuolo
dell'
degli
V. di Mezzo
V. di Pepi
V. di Pilastri

Piazza Sant' Ambrogio

2
17

Casa di Dante

Borgo
degli
Albizi
Piazza G. Salvemini
V. Pietrapiana
11

azza della pubblica

20

V. dei Lamberti

Loggia del Mercato Nuovo

PIAZZA DELLA SIGNORIA

V. del Cimatori
Dante Alighieri

MUSEO NAZIONALE DEL BARGELLO

V. dell' Ulivo
Verdi
Piazza del Ciompi
15

Pza S. Firenze

V. della Vigna Vecchia
Torta
V. Giuseppe
V. dei Pepi
dell'
V. dei Maccio
Agnolo
Ghibellina

Mercato di Sant'Ambrogio

Casa Buonarroti

7

Loggia della Signoria

19

6

PALAZZO VECCHIO

GALLERIA DEGLI UFFIZI

Borgo
de'
Greci
V. dell' Anguillara
Bentii

Piazza di Santa Croce

Basilica di Santa Croce

V. di S. Giuseppe
V. delle Casine
V. dei Malcontenti
Conce

Corridoio Vasariano

Museo Galileo
Pza dei Giudici

Museo Horne
C.so dei Tintori

Cappella dei Pazzi

Biblioteca Nazionale Centrale

21

V. Tripoli
Lungarno della Zecca Vecchia

FORLÌ, AREZZO

Lungarno delle Grazie
Porte alle Grazie
Lungarno delle Grazie
Lungarno

costa
Lungarno
de' Magnoli
Costa
Torrigiani
Costa Scarpuccia Bardi
Lungarno
Serristori

ARNO

Vicolo della Cava
V. S. Giorgio

Museo Bardini
V. di

San
Niccolò

Piazza G. Poggi
24

5

Giardino Bardini

12

PORTA S. MNIATO

V. dei Bastioni
Giuseppe Poggi

Forte di Belvedere

Giardino delle Rose

Piazzale Michelangelo

PORTA S. GIORGIO

V. di Belvedere

Vie delle Rose
dei Monte
alee Croci
Vie Michelangiolo

Museo delle Porcellane

V. di San Leonardo

dell'

Erta

Canina
Canina
Erta
dell'
Vie delle
Porte Sante
V. del Monte alle Croci
Galileo
V. di Giramontee

C   D

241

è un ristorante gourmet serale dagli ambienti neoclassici, raffinati e signorili. La cucina di Paolo Lavezzini è tesa verso la reinterpretazione della tradizione italiana. Chef "dal cuore italiano e dall'anima rivolta al Brasile" (Paese nel quale ha lavorato per alcuni anni), nei suoi piatti è bello vedere come nonostante i natali emiliani prevalga la tradizione toscana ravvivata da alcuni inserti carioca. Un percorso degustazione è dedicato al vegetale.

&& ⛓♿Ⓜ☂ – Prezzo: €€€€

Fuori pianta – *Borgo Pinti 99 – ☎ 055 262 6450 – ilpalagioristorante.it – Chiuso lunedì, domenica e a mezzogiorno*

✿ SAPORIUM FIRENZE

Chef: Ariel Hagen

CREATIVA • CONTESTO CONTEMPORANEO Una piccola bomboniera all'interno di un edificio sul lungofiume e a ridosso delle Rampe del Poggi, che in pochi minuti conducono a piazzale Michelangelo. Soffitti a volte e pareti in mattoni concorrono a creare un'atmosfera d'altri tempi, arricchita da piante verdi e arredi signorili. Il giovane e talentuoso Ariel Hagen ama stupire con interpretazioni molto personalizzate, utilizzando materie prime stagionali (ad esempio nei tagliolini di pasta fresca con i fiori di sambuco) e fermentati provenienti dall'azienda agricola Borgo Santo Pietro di Chiusdino, a cui appartiene il ristorante. La cantina è in linea con la qualità della cucina: etichette di pregio con una scelta al bicchiere importante e per gli intenditori qualche etichetta degli anni '80 e '90 oramai introvabile. In carta anche gli ottimi vini di Borgo Santo Pietro.

✿ *L'impegno dello chef:* Tutto il menu ruota attorno all'azienda agricola Borgo Santo Pietro di Chiusdino: 120 ettari in biologico che comprendono orti, vigneti e frutteti e una fattoria dove si allevano galline, ovini, maiali, tacchini e conigli. Le proposte di Hagen seguono l'andamento giornaliero della tenuta e l'ampio uso dei fermentati riflette l'attività del laboratorio presente al suo interno.

&& Ⓜ☂ – Prezzo: €€€€

Pianta: D3-24 – *Lungarno Benvenuto Cellini 63r – ☎ 055 212933 – saporium. com/it/firenze – Chiuso lunedì e domenica*

☺ DA BURDE

TOSCANA • CONVIVIALE Bottega di alimentari e trattoria, consigliamo di prenotare perché gli habitué non mancano mai in questo caratteristico salotto tradizionale toscano, dove sua maestà la fiorentina – con cottura alla brace! - resta la scelta della maggior parte della clientela, insieme a tante classiche zuppe e paste fatte in casa. La carta dei vini è gestita da Andrea, appassionato professionista che si diverte organizzando serate-degustazione a tema.

&& Ⓜ – Prezzo: €

Fuori pianta – *Via Pistoiese 154 – ☎ 055 317206 – vinodaburde.com – Chiuso domenica e sera lunedì, martedì, mercoledì, giovedì, sabato*

☺ IL LATINI

TOSCANA • DI QUARTIERE Fedele a se stesso da sempre, il Latini è un'istituzione a Firenze e la tradizione continua nel suo filone toscano classico con salette dal carattere rustico e tante ricette della tradizione eseguite con attenzione e rispetto. La fiorentina regna sovrana, ma anche prosciutti – in bella mostra - appesi in tutte le sale. Pappa al pomodoro, trippa fiorentina, ribollita, dobbiamo continuare? Perfetto! Cantucci al vin santo, un classico per terminare un pasto nel mood del luogo. Passano le generazioni, ma la piacevolezza dell'indirizzo resta: accogliente e adatto a tutti i momenti conviviali.

Ⓜ – Prezzo: €€

Pianta: B1-9 – *Via dei Palchetti 6 r – ☎ 055 210916 – latinifirenze.com – Chiuso lunedì e a mezzogiorno da martedì a venerdì*

L'ORTONE

ITALIANA • BISTRÒ Praticamente un bistrot in stile toscano, adiacente al mercato di Sant'Ambrogio: semplice negli arredi ed anche nell'offerta di cucina che, oltre a qualche citazione di territorio, predilige preparazioni fantasiose su "temi" italiani, partendo da ingredienti stagionali, a cui si aggiungono specialità alla griglia; interessante anche la cantina.

&. 𝕄 𝒻 – Prezzo: €€

Fuori pianta – *Piazza Lorenzo Ghiberti 87 r –* 𝒸 *055 234 0804 – lortone.it*

PODERE 39

TOSCANA • BISTRÒ Podere 39 è l'azienda agricola che fornisce al ristorante molti dei prodotti utilizzati. Proposte di terra e di mare, tra cui gli ottimi i tagliolini fatti in casa con sugo bianco di coniglio, olive taggiasche e pecorino. Ambiente grazioso e suggestivo: i coperti sono pochi, meglio prenotare!

𝕄 – Prezzo: €

Pianta: A3-16 – *Via Senese 39 r –* 𝒸 *345 237 6137 – podere39.business.site – Chiuso domenica sera e a mezzogiorno da lunedì a venerdì*

TRATTORIA CIBRÈO - IL CIBRÈINO

DEL TERRITORIO • SEMPLICE Nella trattoria troverete l'anima più popolare dell'adiacente ristorante Cibrèo, un ambiente semplice e piacevolmente conviviale che dispensa la stessa gustosa cucina e un servizio simpatico ed amichevole. Le proposte sono in prevalenza toscane e puntano sul rispetto e la forza dei sapori. Prenotazione necessaria.

𝕄 – Prezzo: €

Pianta: D1-11 – *Via dei Macci 122 r –* 𝒸 *055 234 1100 – cibreo.com/trattoria*

ZEB

CUCINA DI MERCATO • CONVIVIALE Nel delizioso quartiere di San Niccolò, un'antica gastronomia si è trasformata in un originale ristorantino familiare: seduti intorno al banco centrale, come in un sushi bar, si mangia gomito a gomito scegliendo piatti gustosamente casarecci, come le tagliatelle al cinghiale, le trippe, il peposo e infine la zuppa e il bollito che concorrono a creare l'acronimo Zeb. Interessante anche la mescita di vini, con etichette di qualità non solo toscane.

𝕄 – Prezzo: €€

Pianta: D3-12 – *Via San Miniato 2r –* 𝒸 *055 234 2864 – zebgastronomia.com/home – Chiuso mercoledì e domenica sera*

CESTELLO FIRENZE

PESCE E FRUTTI DI MARE • ROMANTICO Nella bella piazza dominata dall'antica chiesa di San Frediano in Cestello, una cucina di pesce servita in ambienti stilisticamente diversi ma ricchi d'atmosfera, in grado di accogliere una clientela esigente che può scegliere tra i piatti più creativi presenti in carta o avvicinarsi al banco del pesce per selezionare la propria crudité: molto prezzato il menu solo crudo "E' un gioco di sensi..."

𝕄 𝒻 – Prezzo: €€€

Pianta: A2-10 – *Piazza di Cestello 8 –* 𝒸 *055 264 5364 – Chiuso a mezzogiorno*

CIBRÈO

TOSCANA • AMBIENTE CLASSICO Un'elegante sala - quasi un salotto privato - ed un servizio piacevolmente cordiale e amichevole sono il contorno di una cucina che punta su grandi sapori, seguendo una carrellata di piatti ormai storici, che valorizzano il gusto della casa e le tradizioni del territorio. Tra gli antipasti, vivamente consigliato il "Vassoio del Cibrèo". Attenzione: si ordina solo à la carte, ⑧ ⅇ ⅏ ⇔ – Prezzo: €€€

Pianta: D1-15 – *Via A. Del Verrocchio 8 r* – *☏ 055 234 1100* – *cibreo.com/ restaurant* – *Chiuso a mezzogiorno da lunedì a venerdì*

CUCINA ⓝ

TOSCANA • MINIMALISTA Ingredienti di provenienza locale (prevalentemente dal mercato) per un menu giornaliero che cambia– dunque - in base alla disponibilità dei prodotti. I piatti sono semplici, rustici, ma d'intenso sapore; il forno a legna è spesso utilizzato per cuocere verdure e carni. Ambiente piacevolmente informale: gli interni caratterizzati da una profusione di libri di cucina sono stati progettati dagli stessi cuochi-architetti.

⅏ 🍴 – Prezzo: €€

Pianta: A3-25 – *Via Giano della Bella 3r* – *☏ 392 551 0969* – *c-ucina.it* – *Chiuso domenica e a mezzogiorno da lunedì a venerdì*

CUCULIA

CONTEMPORANEA • ELEGANTE Un bel locale dai toni molto raffinati e curati, una sorta di elegante bistrot francese con una piccola biblioteca che mette in mostra testi di cucina e non solo. Chef Oliver Betancourt parte dal Venezuela per formarsi in importanti cucine tra Francia, Spagna e Italia; ne scaturisce una cucina dai mille risvolti, contaminata da tradizioni diverse e basata sui prodotti stagionali della nostra terra e su altri più esotici come il kombu, la salsa di soia e il koji. In carta sono ben evidenziate le proposte vegetariane e qualche piatto vegano. Fatevi consigliare anche sul vino che arriva da una carta con ampie spiegazioni delle varie etichette, tra cui un ottimo rosso di Bolgheri Acciderba.

ⅇ ⅏ – Prezzo: €€€

Pianta: B2-8 – *Via dei Serragli 3r* – *☏ 055 277 6205* – *cuculia.it* – *Chiuso lunedì e a mezzogiorno martedì e mercoledì*

DEGUSTERIA ITALIANA

ITALIANA CONTEMPORANEA • CONTESTO TRADIZIONALE Piccolo e accogliente ristorante nel cuore della città, nei pressi della Galleria degli Uffizi, il cui concept poggia sulla degustazione di tre prodotti tipici della cucina italiana - formaggio, tartufo e selvaggina - in ricette intriganti e succulente.

⅏ – Prezzo: €€€

Pianta: C2-19 – *Via Lambertesca 7r* – *☏ 055 493 9867* – *degusteriaitalianafirenze.com* – *Chiuso lunedì a mezzogiorno*

DEL FAGIOLI

TOSCANA • TRATTORIA Storico indirizzo cittadino questa trattoria che si è rifatta leggermente il look. Con la cucina a vista a dare il benvenuto in entrata, l'atmosfera particolarmente familiare la rende molto gradita, ragion per cui si consiglia vivamente di prenotare. Ricette schiette e fragranti, ottime fiorentine e tutti i grandi classici della tradizione.

⅏ – Prezzo: €

Pianta: C2-21 – *Corso Tintori 47 r* – *☏ 055 244285* – *Chiuso sabato e domenica*

ESSENZIALE

MODERNA • MINIMALISTA Un locale giovane ed essenziale nell'aspetto (un tempo garage della Piazza di Cestello), ma dalla grande cortesia nell'accoglienza e nel servizio. Simpatica l'idea delle posate nel cassetto del tavolo che rimandano a realtà casalinghe di altri tempi. E i piatti? Mai banali, con abbinamenti piacevolmente contrastanti ma nemmeno troppo aggressivi; lo chef- originario di Livorno – si destreggia particolarmente bene con i frutti mare.

&. AC – Prezzo: €€

Pianta: A2-18 – *Piazza di Castello 3 r – ℰ 055 247 6956 – essenziale.me – Chiuso mercoledì e a mezzogiorno lunedì, martedì, giovedì, venerdì*

GUNÈ SAN FREDIANO

ITALIANA CONTEMPORANEA • **ACCOGLIENTE** Il nome, che viene dal greco antico e significa "donna" (ritratti di attrici quali Sophia Loren e Audrey Hepburn adornano - infatti - le pareti), omaggia la tradizione casalinga soprattutto della Basilicata, regione di origine del proprietario. Trapiantato da giovane in Toscana, ha finalmente coronato il suo sogno aprendo questo bel locale nel quartiere fashion di San Frediano. Nel suo "regno gastronomico", propone una cucina che vuole essere un ideale ponte tra queste due regioni: ricette creative e delicate, esteticamente belle. L'interessante carta dei vini annovera etichette regionali con piccoli produttori di qualità (serviti anche al calice). Al tavolo anche un menu di soli cocktail.

AC 🏠 – Prezzo: €€€

Pianta: A2-14 – *Via del Drago d'Oro 1r – ℰ 055 493 9902 – gunesanfrediano.it – Chiuso lunedì e a mezzogiorno da martedì a domenica*

IL GUSTO DI XINGE 🔘

ASIATICA CONTEMPORANEA • **INTIMO** La sala è contraddistinta da una tonalità marrone caldo, quasi a voler ricordare una teiera, ma c'è anche un blu vivace e moderne sedie in pelle. La chef cinese propone la cucina del suo Paese (ci sono anche i dim sum!), lasciandosi - tuttavia - ispirare anche dalla cultura gastronomica italiana e francese. Ispirato all'omonimo libro cinese, Dream of Red Chambers è il piatto consigliato dall'ispettore: polpette a forma di litchi, con scampi e formaggio filante all'interno.

AC – Prezzo: €€

Fuori pianta – *Viale Belfiore 2 – ℰ 055 796 7025 – ilgustodixinge.com*

IL SANTO BEVITORE

TOSCANA • **RUSTICO** L'atmosfera è semplice e conviviale, quella di una tipica trattoria toscana, e proprio dalla regione parte la cucina per proporvi alcuni dei suoi classici: pappa al pomodoro o prosciutti, tra i must. Sapori intensi e gustosi, è la tradizione toscana - talvolta aggiornata in versioni più contemporanee - che ci si aspetta di trovare a Firenze. Per chi volesse portarsi a casa un ricordo mangereccio, a fianco la gastronomia Santino.

⇪ – Prezzo: €€

Pianta: B2-26 – *Via Santo Spirito 64/66 r – ℰ 055 211264 – ilsantobevitore.com*

IO OSTERIA PERSONALE

CREATIVA • **BISTRÒ** Sala di grande semplicità con mattoni e travi a vista, tavoli affiancati, praticamente nient'altro; tutto è concentrato sulla cucina, creativa e personalizzata, per chi vuole sfuggire ai cliché della tradizione fiorentina da trattoria.

&. AC – Prezzo: €€

Pianta: A2-22 – *Borgo San Frediano 167r – ℰ 055 933 1341 – io-osteriapersonale.it – Chiuso domenica e a mezzogiorno*

KONNUBIO

ITALIANA CONTEMPORANEA • **COLORATO** Caffetteria dalla mattina, formula più facile e veloce a pranzo, cocktail bar dall'ora dell'aperitivo. La sera, invece, la carta propone piatti più curati ed originali. Vivace e moderno, rappresenta un buon indirizzo nel centro storico di Firenze.

AC 🏠 – Prezzo: €€

Pianta: B1-23 – *Via dei Conti 8 r – ℰ 055 238 1189 – konnubio.com/it – Chiuso a mezzogiorno*

LA LEGGENDA DEI FRATI

CREATIVA • ELEGANTE Dopo una salita per chi lo raggiunge a piedi, varcata la soglia del complesso museale di Villa Bardini vi attende un'atmosfera elegante ed accogliente. La cucina stupisce con sapori creativi e moderni, molto convincenti. Lo chef Filippo Saporito sperimenta e si perfeziona di continuo. Centro di gravità resta l'interesse verso la cultura gastronomica del territorio, la selezione scrupolosa delle materie prime (la carne, il pane e la pasta), preferibilmente da filiere sostenibili. Differenti menu di cui uno anche vegetariano. Il romantico servizio estivo si svolge su una terrazza avvolta nel verde e nei profumi delle erbe aromatiche, con vista sulla basilica di Santa Croce. Il centro di Firenze non è lontano, ma sembra già di essere sui colli in campagna.

🌂 🅿 – Prezzo: €€€€

Pianta: C3-5 – *Costa San Giorgio 6/a* – 🞉 *055 068 0545* – *laleggendadeifrati. it* – *Chiuso lunedì e a mezzogiorno da martedì a venerdì*

L'INSOLITA TRATTORIA TRE SOLDI

CREATIVA • CONTESTO TRADIZIONALE Una storica trattoria aperta dai genitori negli anni '50, che ora Lorenzo Romano prosegue proponendo una cucina molto personale, dove mette in luce gli ingredienti territoriali. Simpatici i titoli dei piatti: "Amici per la pelle", "Non è un pomodoro", "Solo un chicco di caffè"... Oltre ad un percorso classico viene proposta una simpatica "Unconventional Experience", in cui gli ospiti devono indovinare gli ingredienti dei piatti seguendo alcuni indizi.

🎬 🌂 ⇔ – Prezzo: €€€€

Fuori pianta – *Via Gabriele d'Annunzio 4r/a* – 🞉 *055 679366* – *insolitatrattoria. it* – *Chiuso lunedì, domenica e a mezzogiorno da martedì a venerdì*

LOCALE

CONTEMPORANEA • CHIC In un palazzo dalla storia antica, che va dal Medioevo del sottosuolo sino al Rinascimento del piano in cui si trova il ristorante, si accede dalla vecchia corte – che ospita un lounge bar con grande banco per mixology – per giungere alle bellissime sale sul retro. Qui assaggerete una cucina spiccatamente creativa e innovativa, personalizzata dalle esperienze professionali dello chef in giro per il mondo: Australia, Giappone, Francia... Il preferito dall'ispettore: pasta Risoni con fegato di seppia e pomodorini.

🕸 🎬 ⇔ – Prezzo: €€€€

Pianta: C1-3 – *Via delle Seggiole 12r* – 🞉 *055 906 7188* – *localefirenze.it* – *Chiuso a mezzogiorno*

LUCA'S BY PAULO AIRAUDO 🅝

CONTEMPORANEA • CHIC Nell'affascinante centro storico, a ridosso del Mercato Centrale, un nuovo albergo è il fiore all'occhiello di una nota famiglia di imprenditori fiorentini. Al primo piano, una piccola sala con cucina (parzialmente) a vista è il teatro per piatti freschi e moderni, che portano la firma di Paulo Airaudo, chef argentino di grande valore. Possibilità di un menu degustazione, ma anche di un percorso breve o della scelta à la carte. La selezione enoica spazia in ambito internazionale.

♿ 🎬 – Prezzo: €€€€

Pianta: C2-20 – *Via dei Cavalieri 2/c* – 🞉 *055 010 5200* – *lagemmahotel.com/ lucasristorante* – *Chiuso lunedì, domenica e a mezzogiorno*

NUGOLO

CONTEMPORANEA • CHIC Un locale dall'atmosfera conviviale e dagli arredi chic e colorati con una cucina a vista dove il giovane e talentuoso chef propone piatti contemporanei dai tocchi fantasiosi e dai prodotti altamente stagionali. Servizio gioviale e attento da parte di un motivato team di sala.

&.☂ – Prezzo: €€
Via della Mattonaia 27r – ℰ 055 094 4712 – ilnugolo.com – Chiuso domenica e a
mezzogiorno

ORA D'ARIA

CONTEMPORANEA • ELEGANTE Dietro gli Uffizi, un indirizzo dotato di una
certa originalità, non tanto per la cucina a vista (veramente importante in termini di
dimensioni), ma per il desiderio di creare un ideale dialogo tra i clienti e il personale
ai fornelli. Il ristorante deve il nome alla vicinanza con il vecchio carcere fiorentino
delle Murate e all'intento di offrire ai propri ospiti un momento di relax. Piatti con
svariati richiami toscani, ma che reinterpretano in modo creativo la cucina italiana,
nonché - sempre presente - una ricetta vegetale. Tra i percorsi degustazioni, ricordiamo il Menu Bendato con specialità scelte dallo chef o il menu La Bistecca alla
fiorentina, solo su prenotazione: qui la rinomata bistecca (o ciccia come si una
anche dire!) viene presentata in vari modi. Interessante scelta enoica.
❀ 🅰🅒 ↔ – Prezzo: €€€
Pianta: C2-6 – *Via dei Georgofili 11r – ℰ 055 200 1699 – oradariaristorante.*
com – Chiuso domenica e a mezzogiorno

WINTER GARDEN FLORENCE

MEDITERRANEA • LUSSO Un tempo vi entravano le carrozze, oggi l'antica e
ampia corte del St. Regis, trasformata in signorile giardino d'inverno con divani e
poltrone per il cocktail bar, propone ai suoi ospiti una moderna cucina mediterranea
di terra e di mare, attenta alle stagioni e al territorio. È un viaggio in un'altra epoca,
tra marmi pregiati e lampadari in vetro di Murano.
&.🅰🅒 – Prezzo: €€€€
Pianta: A1-13 – *Piazza Ognissanti 1 – ℰ 055 2716 3770 – wintergardenflorence.*
com/it

FIUMICINO

✉ 00054 – Roma (RM) – Carta regionale n° **12**–A2

☺ IL TINO

Chef: Daniele Usai
CREATIVA • CONTESTO CONTEMPORANEO All'interno del Nautilus, con le
finestre sul Tevere e le barche a fare da sfondo, è in questo contesto moderno e dal
design minimalista - pochi tavoli assistiti da un servizio attento e puntuale - che
lo chef Daniele Usai coltiva il sogno nato da bambino, quando osservava rapito il
lavoro di nonna e mamma, entrambe cuoche eccellenti. Grazie a importanti esperienze all'estero e in patria, tra cui quella, fondamentale, all'Albereta con Gualtiero
Marchesi, Usai mette a punto una cucina contemporanea di forte stampo territoriale, basata sulla qualità degli ingredienti e la loro stagionalità, arricchita da
tecniche di esecuzione all'avanguardia e aperta ad elementi più esotici, come
quelli asiatici, del cui gusto estetico si può scorgere un riflesso nell'amore per la
raffinatezza delle presentazioni. L'orto, ben visibile salendo le scale di accesso al
locale, fornisce le tante erbe usate con sapienza per colorare e rendere ancora più
appetibili le sue golose creazioni di mare. Due i percorsi degustazione: "La prima
boa" - sette portate - e "La regata" un percorso completo che mette in risalto i piatti
più iconici del talentuoso e fantasioso chef. Ottima cantina e la possibilità d'iniziare
il pasto con un intrigante cocktail: vivamente consigliato!
❀ &.🅰🅒 ↔ 🅿 – Prezzo: €€€
Via Monte Cadria 127 – ℰ 06 562 2778 – ristoranteiltino.com – Chiuso martedì,
mercoledì e a mezzogiorno

PASCUCCI AL PORTICCIOLO

Chef: Gianfranco Pascucci

PESCE E FRUTTI DI MARE • **ELEGANTE** Il mare: ecco l'elemento portante di tutta la filosofia del ristorante. Lo chef Pascucci, tuttavia, pur consigliando il menu "Come è profondo il mare", valorizza in pari misura le risorse del mare e quelle dell'entroterra. La cucina si fa forte di una materia prima di ottima qualità, che lo chef tratta con precisione quasi orientale, facendo attenzione a non sovrastare mai l'ingrediente principale e a salvaguardarlo con temperature perfette. Tra i nostri preferiti la ricciola cruda con ceviche, caviale Kaluga-Amur e sedano. L'accoglienza, sotto la valida guida di Vanessa Melis, è una vocazione che tutto il team sente come propria, e la carta dei vini è seguita con classe, professionalità e umiltà dal giovane e bravo Luca Pozzoli.

🕸 🅰🅒 🏠 ⇆ – Prezzo: €€€

Viale Traiano 85, angolo via Fiumara 2 – ☎ 06 6502 9204 – pascuccialporticciolo. it – Chiuso lunedì, a mezzogiorno da martedì a venerdì e domenica sera

QUARANTUNODODICI

PESCE E FRUTTI DI MARE • **BISTRÒ** In riva al fiume, l'osteria di mare di chef Lele Usai (al piano superiore lo stellato Tino) parte dalle colazioni di lavoro per proseguire con ottimi pranzi e cene a base di una cucina di mare legata al territorio e alle sue tradizioni. In aggiunta alla carta, c'è anche il "Diario di Bordo" che riassume la selezione di pesce del giorno: una sorta di vetrina col pescato più fresco.

🕸 🅰🅒 🏠 🅿 – Prezzo: €€

Via Monte Cadria 127 – ☎ 06 658 1179 – quarantunododici.it

L'OSTERIA DELL'OROLOGIO

PESCE E FRUTTI DI MARE • **MINIMALISTA** E' lo chef Marco Claroni a prestare firma e stile a quest'ottimo indirizzo, dove assaggerete un'interessante linea di pesce, basata su di una meticolosa ricerca del migliore prodotto locale: selezione che talvolta conduce verso varietà meno conosciute. In carta si potrà scegliere tra crudi, cotture classiche marinare (in alcuni casi con echi asiatici), salumi di mare e una bottarga di produzione propria.

🅰🅒 🏠 – Prezzo: €€€

Via di Torre Clementina 114 – ☎ 06 650 5251 – osteriadellorologio.net – Chiuso lunedì e a mezzogiorno martedì e mercoledì

FOGGIA

✉ 71121 – Foggia (FG) – Carta regionale n° **16**–A1

LA KUCINA

ITALIANA CONTEMPORANEA • **CONTESTO CONTEMPORANEO** Locale accogliente, strutturalmente vocato alla modernità, la cui offerta è varia e si rifà anch'essa ad un certo gusto contemporaneo. A pranzo la carta è integrata da proposte più facili e per tutte le tasche. In sala, una cella per la frollatura delle carni custodisce alcuni pregiati tagli iberici.

🅰🅒 🏠 – Prezzo: €€

Via Giulio De Petra 67 – ☎ 0881 331274 – lakucina.it – Chiuso domenica sera

FOIANA

✉ 39011 – Bolzano (BZ) – Carta regionale n° **6**–A1

KIRCHSTEIGER

CLASSICA • **ACCOGLIENTE** La carta mostra sicuramente la sua qualità più forte nel saper proporre qualcosa per tutti i gusti: dai piatti più legati al territorio, ad altri a base di pesce. Troverete – inoltre – ricette vegetariane che mostrano un forte legame con la stagionalità, nonché la possibilità di pernotto (tutte le camere sono ormai rinnovate).

🕸 ⪪ 🍴🏠⇔🅿 – Prezzo: €€

Via prevosto Wieser 5 – ☏ 0473 568044 – kirchsteiger.com/it/gastronomia/ ristorante – Chiuso giovedì

FOLLINA

✉ 31051 – Treviso (TV) – Carta regionale n° **8**–C2

LA CORTE

MODERNA • ELEGANTE Nel lussuoso hotel Villa Abbazia, gli ambienti sontuosi impreziositi da camino, affreschi e decorazioni d'epoca, e l'altrettanto elegante servizio all'aperto per la bella stagione sono la cornice ideale per la cucina di Giuseppe Francica, giovane cuoco quasi allevato in casa. Declinata in menù vegetariano o degustazione scomponibili anche in piatti alla carta, la proposta dello chef è fresca, colorata, con erbe e verdure dall'orto di proprietà e materie prime provenienti da fidati produttori per lo più locali. Ottima scelta enoica con particolare passione per il Riesling. Il risultato è un'esperienza serale a tutto tondo, completata dal bistrot per una sosta più informale a pranzo.

🕸 🅰🏠⇔ – Prezzo: €€€

Via Roma 24 – ☏ 0438 971761 – lacortefollina.com – Chiuso giovedì e domenica sera

OSTERIA DAI MAZZERI

VENETA • FAMILIARE In un edificio del 1704 che fu municipio di Follina, due fratelli propongono i migliori sapori del territorio scanditi dal ritmo delle stagioni; nei mesi più freddi da non perdere lo spiedo, piatto della tradizione locale a base di carni di pollo, vitello e maiale. Superba carta dei vini con oltre 650 etichette, con una selezione molto speciale di vini piemontesi e della Borgogna. Un bel gelso, antico simbolo del paese particolarmente attivo nell'allevamento del baco da seta, allieta la sosta nel dehors.

🕸 ♿🅰🏠⇔ – Prezzo: €€

Via Pallade 18 – ☏ 0438 971255 – osteriadaimazzeri.com – Chiuso lunedì, martedì e mercoledì a mezzogiorno

FOLLONICA

✉ 58022 – Grosseto (GR) – Carta regionale n° **11**–B3

😊 IL SOTTOMARINO

PESCE E FRUTTI DI MARE • STILE MEDITERRANEO "Moderno" e "lungomare" sono i due aggettivi che meglio descrivono strutturalmente questo vivace ristorante. Senza dimenticare la convivialità e l'ottima cucina di pesce per i vostri migliori momenti gastronomici in città. L'ispettore consiglia: risotto carnaroli vintage al tè matcha con anemoni di mare, katsuobuschi e mandorle tostate. Nella bella stagione approfittate della terrazza con vista mare.

⪪♿🅰🏠 – Prezzo: €€

Via Fratti 1 – ☏ 0566 40772 – ilsottomarino.it – Chiuso martedì

FONDI

✉ 04022 – Latina (LT) – Carta regionale n° **12**–B3

DA FAUSTO

DEL TERRITORIO • CONTESTO CONTEMPORANEO Fausto è diventato un "classico" della ristorazione locale grazie alla sua qualità ed al suo stile, che intreccia moderno e richiami al territorio. A fine pasto non mancano mai due passioni dello chef: il cioccolato e il gelato. Grande e fresco dehors davanti all'ingresso.

&. 🆇 🍽 – Prezzo: €€

Piazza Cesare Beccaria 6 – ☏ 0771 531268 – dafausto.it – Chiuso mercoledì e sera lunedì e martedì

RISO AMARO

MODERNA • ELEGANTE Elegante e dai toni classici, questo bel ristorante si trova nel centro storico della località. Sulla carta, oltre a ricchi percorsi gastronomici, piatti di cucina moderna che alternano pesce e carne.

&. 🆇 🍽 – Prezzo: €€

Viale Regina Margherita 22 – ☏ 0771 523655 – ristoranterisoamaro.it – Chiuso a mezzogiorno da lunedì a venerdì

FONDO

✉ 38013 – Trento (TN) – Carta regionale n° **6**-A2

ALLE CIASPOLE

REGIONALE • STILE MONTANO Il nome di questo ottimo ristorante-albergo è un riferimento alle tipiche racchette da neve utilizzate nelle escursioni invernali. La cucina dello chef, ispirata alla tradizione locale, è precisa nelle cotture classiche così come nella selezione di materie prime a km 0, salvo naturalmente per i piatti a base di pesce che completano la carta. La sala montana di gusto elegante è gestita con garbo dalla moglie dello chef.

🅿 – Prezzo: €€

Località Plazze 4, frazione Tret – ☏ 0463 880117 – alleciaspole.it – Chiuso martedì

FONTANAFREDDA

✉ 33074 – Pordenone (PN) – Carta regionale n° **7**-A2

OSTERIA BORGO RONCHE

MODERNA • CONTESTO CONTEMPORANEO Pochi tavoli (meglio prenotare) e ambientazione contemporanea per un locale dove lo chef-patron propone una cucina che inneggia al mare, leggermente diversa tra pranzo e cena. I piatti più semplici del mezzogiorno si arricchiscono la sera di un tocco creativo.

🆇 🍽 – Prezzo: €€

Via Silvio Pellico 54 – ☏ 0434 565016 – Chiuso domenica e sabato a mezzogiorno

FORLÌ

✉ 47121 – Forlì-Cesena (FC) – Carta regionale n° **9**-D2

BENSO

MODERNA • CONTESTO CONTEMPORANEO In un giardinetto del centro storico, moderno bistrot particolarmente luminoso in virtù delle sue grandi vetrate, che offre anche il servizio all'aperto nella bella stagione. La giovane brigata di cucina, che ha maturato importanti esperienze, propone piatti personalizzati dall'impostazione contemporanea, che abbracciano terra e mare. Per un semplice aperitivo, ci si dà appuntamento tra le 18 e le 20.

&. 🆇 🍽 – Prezzo: €€

Piazza Cavour 7 – ☏ 346 116 7238 – bensofood.com – Chiuso domenica e lunedì a mezzogiorno

TRATTORIA 'PETITO

ROMAGNOLA • **CONVIVIALE** Ai margini del grazioso centro storico di Forlì, un ristorante moderno, semplice, ma piacevole, con una proposta gastronomica eclettica e di tutto rispetto. C'è un filone più tradizionale con un'ottima selezione di salumi e carni alla griglia, oltre a gustosissime tagliatelle al ragù, ma anche qualche piatto più creativo e di pesce.

♿ 🅰️ 🍴 🅿️ – Prezzo: €€

Via Corridoni 14 – 𝒞 0543 35784 – trattoriapetito.it – Chiuso domenica

FORMELLO

✉ 00060 – Roma (RM) – Carta regionale n° **12**–A2

MOGANO

CREATIVA • **DESIGN** Dal desiderio di elevare la birra artigianale a pairing ideale per cucina gourmet, accanto al proprio birrificio Ritual Lab la famiglia Faenza ha aperto Mogano: un ristorante moderno ed elegante, tra legni e luci soffuse, con soli 5 tavoli. Lo chef è uno dei figli, Matteo; lo conoscerete a inizio cena, quando vi verrà offerto l'aperitivo direttamente in cucina. Mettendo a frutto le varie esperienze internazionali, la sua linea gastronomica coniuga sapori italiani e internazionali. La carta dei vini è comunque presente. A pranzo viene proposta la formula business lunch.

🅰️ 🅿️ – Prezzo: €€€

Via del Praticello Alto 7 – 𝒞 388 634 6424 – moganorestaurant.it – Chiuso martedì, mercoledì e domenica a mezzogiorno

FORNACE

✉ 38040 – Trento (TN) – Carta regionale n° **6**–A2

LE TRE COLOMBE

ITALIANA CONTEMPORANEA • **INTIMO** Intimo e romantico ristorante all'interno di un'antica casa rurale dell'Ottocento, situata in una piccolissima frazione della val di Cembra. In due salette vagamente moderne, la chef Mara Fronza, che si esibisce in una gustosa e ben presentata linea di cucina italiana contemporanea, propone un solo menu degustazione che cambia mensilmente, da potersi scegliere in due diverse lunghezze e con qualche piatto fuori menu.

🅰️ 🅿️ – Prezzo: €€€

Località Santo Stefano 22 – 𝒞 333 522 1610 – letrecolombe.com – Chiuso lunedì, a mezzogiorno da martedì a sabato e domenica sera

FORNO DI ZOLDO

✉ 32012 – Belluno (BL) – Carta regionale n° **8**–C1

TANA DE 'L ORS

MODERNA • **BISTRÒ** Vera "tana" per appassionati della buona tavola, a pranzo la carta si fa più easy pur rimanendo fantasiosamente curata (imperdibile l'orso-burger!). La sera il meglio degli ingredienti di giornata sono cucinati con leggero tocco moderno: la carne è protagonista indiscussa, sebbene non manchi qualche proposta di mare. La struttura dispone di mono e bilocali.

Prezzo: €€

Via Roma 28 – 𝒞 0437 794097 – tanadelors.it – Chiuso lunedì

FORTE DEI MARMI

✉ 55042 – Lucca (LU) – Carta regionale n° **11**–B1

ॐ **BISTROT**

Chef: Andrea Mattei

PESCE E FRUTTI DI MARE • DI TENDENZA Bistrot di nome, di fatto: un ottimo ristorante gourmet! E' la casa madre della famiglia Vaiani, ristoratori seri e professionali, maestri di ospitalità, che in questo caso si affidano alla bravura dello chef Andrea Mattei. Un sodalizio che ha rafforzato lo stile del Bistrot, sospeso tra classicità e modernità, dove la qualità delle materie prime è sempre stata fondamentale; la loro fama è legata in particolar modo all'ottimo pesce, per lo più proveniente dal mar Tirreno, altrettanto interessante è la presenza di due forni a legna in cui il cuoco si diletta nella produzione di lievitati (davvero strepitosi) e nelle cotture di alcune pietanze. La selezione vini è un altro punto di forza: nella bella cantina "dormono" in vostra attesa poco meno di 2000 etichette differenti, con un plauso meritato per le scelte sugli Champagne e sulla Borgogna.

ॐ *L'impegno dello chef:* La Fattoria Vaiani, con i suoi 5 ettari, è una vera e propria ispirazione per la creazione del menù: ortaggi, verdure, frutta, olio EVO... Spesso chef Mattei parte proprio da qui per ideare gli ottimi piatti in carta. Come non citare, ad esempio, il dessert Andrea & Andrea (nomi di battesimo di chef e fattore, appunto), ove il mascarpone è colorato ed insaporito con frutta ed erbe aromatiche di produzione propria in diverse consistenze. Tutto raccontato con competenza e passione dallo staff.

ॐ 🕭 🎧 🕿 ⇔ 🅿 – Prezzo: €€€€

Viale Franceschi 14 – 𝒞 0584 89879 – ristorantebistrot.it – Chiuso martedì

ॐ **LA MAGNOLIA**

MODERNA • ELEGANTE Nell'albergo Lord Byron, una delle gemme dell'hôtellerie del Forte in virtù anche di un recente restyling, la cucina del Magnolia si farà ricordare per la sua tecnica e sofisticatezza, con presentazioni ricercate e di grande effetto. In menu carne e pesce con riferimenti locali e internazionali, ma anche campani, terra d'origine del cuoco, mentre il pane merita una particolare menzione per la sua notevole qualità. Ora, c'è anche uno chef table... da prenotare con debito anticipo.

ॐ 🛏 🎧 🅿 – Prezzo: €€€€

Viale Morin 46 – 𝒞 0584 787052 – lamagnoliaristorante.com/it

ॐ **LORENZO**

PESCE E FRUTTI DI MARE • ELEGANTE Una vera istituzione: da 40 anni Lorenzo è l'emblema della Versilia sin dal lontano 1981, anno di esordio. Il testimone fieramente nelle mani di Chiara, figlia ed esperta sommelier, che assieme allo staff si assicura che la sosta sia la più gradevole possibile. Attorniati da opere di arte contemporanea, per altro in continua evoluzione secondo il gusto dei titolari che hanno una reale passione ereditata dall'omonimo bisnonno, Lorenzo Viani appunto, si assaggia una cucina che ha nella qualità del pescato la sua massima qualità. Piatti iconici e super classici come l'insalatina tiepida di mare con crostacei e molluschi accompagnata da verdure di stagione o gli scampi di qualità eccelsa (cotti al forno o al vapore) e serviti con la maionese preparata al momento in sala davanti ai clienti. L'eccellente selezione enoica, divisa in due tomi (Italia e estero) trova il suo apice sul territorio francese, descritto con abbondanza e mostrando grande amore per Champagne e Borgogna.

ॐ 🎧 🕿 ⇔ – Prezzo: €€€€

Via Carducci 61 – 𝒞 0584 874030 – ristorantelorenzo.com/it – Chiuso lunedì e a mezzogiorno

LUX LUCIS

Chef: Valentino Cassanelli

CREATIVA • ELEGANTE All'interno dell'albergo Principe Forte dei Marmi, un ascensore vi condurrà al roof garden, dove, se il tempo lo consente, vi suggeriamo di fermarvi in terrazza per un aperitivo; la vista sul litorale è incantevole e, con un po' di fortuna, lo sono anche i tramonti. Da qui ci si trasferisce in sala, preceduta dalla cucina a vista. Originario delle colline modenesi, lo chef Valentino Cassanelli ama disseminare qua e là qualche inserto emiliano in piatti cromaticamente perfetti. Originale la carta dei vini ordinata per vitigno, ciascuno accompagnato da interessanti descrizioni.

⅋ ⇛⃒🄼 🍴🅿 – Prezzo: €€€€

Viale A. Morin 67 – ☏ 0584 783636 – principefortedeimarmi.com – Chiuso martedì-giovedì e a mezzogiorno

FOSDINOVO

✉ 54035 – Massa-Carrara (MS) – Carta regionale n° **11**-B1

 LOCANDA DE BANCHIERI

Chef: Giacomo Devoto

DEL TERRITORIO • CASA DI CAMPAGNA Dopo alcuni anni ed esperienze in Valle d'Aosta, lo chef sarzanese Giacomo Devoto ritorna nella sua terra dove ha trasformato un vecchio casale di campagna del Seicento, immerso nel verde e nella tranquillità, in un'intima locanda con camere e azienda agricola. Nella panoramica veranda dove lo sguardo volge sino alla costa ed al mare, si assaggiano le sue creazioni alla ricerca di gustosi sapori della Lunigiana. Le ricette fantasiose poggiano sulla fragranza di ingredienti stagionali, nel caso dei vegetali (e dell'olio evo) per lo più di produzione propria, mentre le proteine animali sono ricercate sia nell'entroterra sia nel vicinissimo mare. La selezione enoica presenta etichette interessanti fra Italia e Francia.

⅋ ⇠⇛⃒🄼🅿 – Prezzo: €€€

Via Porredo 32 – ☏ 333 184 9263 – locandadebanchieri.it/ristorante – Chiuso a mezzogiorno da lunedì a venerdì

FOSSÒ

✉ 30030 – Venezia (VE) – Carta regionale n° **8**-C3

BÀCARO IL GUSTO

VENETA • SEMPLICE Locale semplice e moderno, in cui tutta l'attenzione si concentra sulla notevole abilità dello chef Alessio Boldrin. Il nome del ristorante omaggia i bacari veneziani, di cui qui troverete i tipici piccoli assaggi variamente combinati, tra crudo e cotto, tradizionale o creativo. Oltre a ciò, tante altre proposte, da quelle classiche ad altre più estrose. Ottimi anche i dolci.

⅊ 🄼 ⇆ – Prezzo: €€

Via Provinciale Nord 30 – ☏ 041 517 0035 – ristorantebacaroilgusto.it – Chiuso lunedì e domenica sera

FOSSOMBRONE

✉ 61034 – Pesaro e Urbino (PU) – Carta regionale n° **14**-B1

🙂 **OSTERIA ZANCHETTI**

DEL TERRITORIO • VINTAGE In cima ad una viuzza del bel centro storico di Fossombrone, varcando la soglia di questa romantica osteria si farà un salto negli anni Venti. Dopo anni di gavetta, il bagaglio tecnico appreso dallo chef Luca Zanchetti è messo a disposizione dei migliori ingredienti stagionali che il territorio offre, in ricette in bilico tra tradizione e fantasia; ottimi i cappelletti chiusi a mano e pecorino affinato al pepe. Selezione enoica ristretta, ma attenta ai microproduttori e ai vini naturali.

🆎 🍴 – Prezzo: €

Via Cesare Battisti 1 – 🞉 0721 186 2688 – osteriazanchetti.it – Chiuso mercoledì e giovedì a mezzogiorno

FRAMURA

✉ 19014 – La Spezia (SP) – Carta regionale n° **10**–D2

L'AGAVE

LIGURE • SEMPLICE A strapiombo sul porticciolo di Framura, dalle terrazze di questo ristorante si abbraccia una delle viste più suggestive della zona. I piatti del giovane cuoco sono una dichiarazione d'amore per la Liguria - come la carta dei vini del resto - con una rimarchevole selezione delle eccellenze regionali, dal carciofo e asparagi di Albenga ai fagioli di Pigna, passando per i pinoli, il prebugiun, le olive taggiasche, ovviamente il pescato locale e tanto altro.

🍷 – Prezzo: €€

Località Chiama – 🞉 328 862 6222 – lagaveframura.it – Chiuso mercoledì e giovedì a mezzogiorno

FRASCATI

✉ 00044 – Roma (RM) – Carta regionale n° **12**–A2

CACCIANI

LAZIALE • CONTESTO TRADIZIONALE Nel 2022 hanno raggiunto un magnifico traguardo: 100 anni di vita e di storia sempre sotto la gestione della stessa famiglia, i Cacciani, uno dei nomi più celebri della ristorazione dei Castelli Romani. La loro proposta è fatta di sapori genuini e fragranti, soprattutto laziali. Sempre amata dai clienti la terrazza panoramica.

🍾 🍷 🆎 🍴 – Prezzo: €€

Via Diaz 15 – 🞉 06 942 0378 – cacciani.it

CONTATTO

LAZIALE • DI QUARTIERE Nella piccola cittadina a pochi chilometri dalla capitale due giovani pieni di passione propongono piatti legati al territorio con spunti attuali, come nelle seppie, asparagi e salsa bernese. Interessante la visita alle cantine in tufo dove lo chef sperimenta conservazioni ancestrali e aromatizzazioni particolari. Annualmente, inoltre, gli ambienti vengono "prestati" ad un gallerista di arte moderna per esposizioni.

🆎 – Prezzo: €€

Via Gioberti 11 – 🞉 06 2170 0957 – contattoristorante.it – Chiuso martedì e a mezzogiorno lunedì, mercoledì, giovedì, venerdì

FRISANCO

✉ 33080 – Pordenone (PN) – Carta regionale n° **7**–A2

OSTERIA DA CIPPI Ⓝ

TRADIZIONALE • RUSTICO Un posto fuori dal mondo e, proprio per questo, da noi particolarmente apprezzato! In un delizioso chalet, con camino, la cucina opta per ingredienti e prodotti tipici del territorio. Ai fornelli, Nazzarena segue la stagionalità: in primavera le erbe spontanee che crescono a Valdestali, in estate i vegetali del piccolo orto di proprietà ed in autunno i frutti di stagione che adornano i boschi circostanti. Tra tante squisitezze, non perdetevi i cjarsons. Prenotazione obbligatoria!

Prezzo: €€

Borgo Valdestali 5 – 🞉 340 151 2867 – osteriadacippi.it – Chiuso lunedì e martedì

FURORE

✉ 84010 – Salerno (SA) – Carta regionale n° **17**–B2

✿ **BLUH FURORE**

CONTEMPORANEA • STILE MEDITERRANEO Con la rinascita dell'albergo Furore Inn, ora in veste mediterraneo-contemporanea col nuovo nome di Furore Grand Hotel, si è inaugurato il ristorante gourmet Bluh Furore, minimal bianco con piacevole vista sul mare. Sotto la bandiera di Enrico Bartolini – di cui si propongono un paio di piatti iconici come il gambero mezzo fritto – l'executive chef Vincenzo Russo propone una carta di piatti moderni, quasi sempre ideati e cucinati a partire da ingredienti campani. Non manca un menùu degustazione vegetariano.

⪕ 🖢 🝢 🝤 🅿 – Prezzo: €€€€

Via Dell'Amore 2 – ☏ 089 93573 – enricobartolini.net/ristorante-furore-costieraamalfitana – Chiuso a mezzogiorno

---

HOSTARIA BACCOFURORE

REGIONALE • FAMILIARE Dalla costa, fra tornanti e piccole frazioni, ci vuole pazienza per arrivare a Furore, comune che si sviluppa lungo la strada reso celebre dalla cantina vini Marisa Cuomo (proprio sull'altro lato rispetto al ristorante). Una volta arrivati quassù, tuttavia, l'ampia vista sul mare avrà ripagato ampiamente il breve viaggio. Anche la cucina vi darà soddisfazione, proponendo la fragranza di ingredienti locali cucinati tra tradizione e un pizzico di fantasia. Le confortevoli camere, quasi tutte panoramiche, sono state recentemente rinnovate.

⪕ 🖢 🝢 🝤 🅿 – Prezzo: €€

Via G.B. Lama 9 – ☏ 089 830360 – baccofurore.it

GABICCE MONTE

✉ 61011 – Pesaro e Urbino (PU) – Carta regionale n° **14**–B1

✿ **DALLA GIOCONDA**

Chef: Davide Di Fabio

DEL TERRITORIO • DESIGN Tra il cielo azzurro e il mare Adriatico, nel punto più alto di Gabicce Monte (il tramonto è imperdibile e la vista sulla costa romagnola unica!), Dalla Gioconda è la raffinata rinascita in veste gourmet di un rinomato dancing della località. Il design è curatissimo, caldo, suadente, ideato e realizzato tenendo sempre a mente la sostenibilità. Non da meno è la cucina del bravissimo Davide Di Fabio: formatosi grazie ad una lunga esperienza all'Osteria Francescana di Bottura, lo chef realizza piatti precisissimi e belli da vedere (le porcellane in questo caso ci mettono del loro), cucinati con le migliori materie prime del territorio, a cui si aggiungono quelle del proprio orto. Senza scordare la cantina, che cela vere chicche, e la terrazza estiva, che regala momenti di vera estasi.

✿ *L'impegno dello chef:* L'intero progetto di rinascita dello storico ristorante poggia sull'idea di sostenibilità che ne ha accompagnato la ristrutturazione. Ma anche l'organizzazione quotidiana rispetta questa filosofia: basti ricordare il loro impegno plastic free. Quasi tutta la merce arriva priva di imballaggi in plastica, dalla pasta (in cartone) al riso in sacchi di juta o contenitori in vetro.

🕸 ⪕ 🖢 🝢 🝤 ♻ – Prezzo: €€€

Via dell'Orizzonte 2 – ☏ 0541 962295 – dallagioconda.it

POSILLIPO

PESCE E FRUTTI DI MARE • ELEGANTE Posizione mozzafiato per questa solida insegna, giunta alla terza generazione: in cima a Gabicce Monte, offre allo sguardo dei suoi ospiti un panorama ampio che disegna quasi per intero la costa romagnola. In carta la specialità che ne ha fatto un must in zona è certamente il pesce, a partire dai crudi passando per le celebri paste della tradizione sino ai deliziosi secondi (tranci, pescati del giorno, fritti, ...), mentre il dessert sarà scelto a vista dal carrello dedicato. Ottima scelta enoica dalla cantina.

🕸 ⪦ 🖐 ᴋ ᴀ ᴄ 🍴 **P** – Prezzo: €€€

Via dell'Orizzonte 1 – 𝒞 0541 953373 – ristoranteposillipo.com – Chiuso lunedì

GAETA
✉ 04024 – Latina (LT) – Carta regionale n° **12**–B3

DOLIA GAETA

CONTEMPORANEA • **ELEGANTE** Atmosfera rilassata e informale in un nuovissimo indirizzo dai toni eleganti e chic. La giovanissima brigata propone una cucina che si concentra sul pescato del golfo (ma non solo) in ricette moderne e creative. Anche la carta dei vini è interessante, con una notevole scelta di Champagne e un occhio di riguardo soprattutto per il Lazio.

ᴀᴄ 🍴 – Prezzo: €€€

Piazza Conca 22 – 𝒞 0771 65129 – doliagaeta.it – Chiuso a mezzogiorno da lunedì a sabato

GAIBANA
✉ 44124 – Ferrara (FE) – Carta regionale n° **9**–C1

☺ ## TRATTORIA LANZAGALLO

PESCE E FRUTTI DI MARE • **CONVIVIALE** Non fatevi ingannare dall'ambiente semplice e privo di fronzoli, la Trattoria Lanzagallo è uno dei punti di riferimento nel ferrarese per la qualità del pesce proposto in preparazioni generose, schiette e gustose.

ᴀᴄ **P** – Prezzo: €

Via Ravenna 1048 – 𝒞 0532 718001 – sites.google.com/view/trattoria-lanzagallo – Chiuso lunedì e domenica

GAIOLE IN CHIANTI
✉ 53013 – Siena (SI) – Carta regionale n° **11**–C2

🕸 ## IL PIEVANO

DEL TERRITORIO • **CONTESTO STORICO** Nell'affascinante, romantica atmosfera di un convento millenario, che ceniate all'interno nella sala dei papi o ai tavoli sistemati nella suggestiva corte sarete nelle rassicuranti mani del bravo chef di origine greca Stelios Sakalis. Tre menù degustazione di cui uno a sorpresa, tradizioni toscane ed elleniche rivisitate con occhio e gusto attuali; noi abbiamo apprezzato particolarmente i tanti e fragranti stuzzichini iniziali, i bottoni di farina di ghiande con gamberi rossi (saganaki) e l'ottima pasticceria finale. Da provare anche i vini della cantina del Castello fatti con uve di produzione propria.

🕸 ᴀᴄ 🍴 ♻ **P** – Prezzo: €€€€

Località Spaltenna 13 – 𝒞 0577 749483 – spaltenna.it/it/ristoranti/il-pievano – Chiuso mercoledì e a mezzogiorno

GAIONE
✉ 43124 – Parma (PR) – Carta regionale n° **9**–A3

☺ ## TRATTORIA ANTICHI SAPORI

EMILIANA • **TRATTORIA** Qualche chilometro fuori dalla città, ma già in aperta campagna, troverete la classica trattoria parmense dall'atmosfera semplice ma calorosa e familiare, e soprattutto un'ottima cucina incentrata sulle specialità del territorio. Il patron Davide Censi è spesso in sala, approfittate dei suoi ottimi consigli.

Ⓐ 🛖 ⇔ 🅿 – Prezzo: €

Via Montanara 318 – ℰ 0521 648165 – trattoria-antichisapori.com – Chiuso martedì e mercoledì a mezzogiorno

GALEATA

✉ 47010 – Forlì-Cesena (FC) – Carta regionale n° **9**–C2

😊 LA CAMPANARA

REGIONALE • FAMILIARE In una frazione vicino a Galeata, l'ingresso si apre su un piccolo e grazioso cortile interno, dal quale d'estate si passa ai tavoli all'aperto, a fianco alla chiesa, tra gli alberi e di fronte alle colline: un idillio. Cucina del territorio, che qui non vuol dire solo Romagna, ma anche echi delle vicine Marche e soprattutto Toscana. Se volete prolungare il soggiorno, vicino al ristorante hanno anche le camere.

⇔ 🛖 – Prezzo: €€

Via Borgo Pianetto 24/a – ℰ 0543 981561 – osterialacampanara.it – Chiuso lunedì e martedì

GALLARATE

✉ 21013 – Varese (VA) – Carta regionale n° **5**–A1

ILARIO VINCIGUERRA

MODERNA • ELEGANTE La bellissima villetta liberty è ristorante, bistrot, lounge bar: un posto ideale per qualsiasi momento di svago dal pranzo di lavoro alla cena romantica. Chiunque si sentirà a proprio agio con la cucina moderna e mediterranea di Ilario e l'atmosfera vagamente privata delle piccole sale. Si viene accolti da un'originale collezione di grappe Romano Levi e la cantina prevede chicche introvabili, per veri appassionati.

🐙 ⇔ Ⓐ 🛖 ⇔ 🅿 – Prezzo: €€€

Via Roma 1 – ℰ 0331 791597 – ilariovinciguerra.it/it/home – Chiuso lunedì e a mezzogiorno da martedì a giovedì

RADICI OSTERIA CONTEMPORANEA

MODERNA • CONTESTO CONTEMPORANEO Con il trasferimento nella zona pedonale di Gallarate, Radici Osteria Contemporanea cambia pelle e diventa una sorta di lounge bar per aperitivi e ottimi cocktail in un'atmosfera giovanile e molto alla moda. Rimane, comunque, la sua ottima cucina di stampo moderno e ben personalizzata.

♿ Ⓐ – Prezzo: €€

Via Giuseppe Mazzini 13 – ℰ 0331 122 4176 – radiciosteriacontemporanea.com – Chiuso lunedì e domenica

GALLIATE

✉ 28066 – Novara (NO) – Carta regionale n° **1**–C2

OSTERIA DEL BORGO

CREATIVA • FAMILIARE Ubicato nel cuore del centro storico, la gestione si rivela da subito molto accogliente e gentile, mentre la cucina propone piatti che alternano pesce e carne, elaborati con tecnica personalizzata ma dai tratti anche tradizionali.

Ⓐ – Prezzo: €€

Via Pietro Custodi 5 – ℰ 349 160 3750 – Chiuso lunedì, sabato a mezzogiorno e domenica sera

GALLIERA VENETA

✉ 35015 – Padova (PD) – Carta regionale n° **8**–B2

AL PALAZZON

VENETA • **TRATTORIA** In una casa colonica d'inizio Novecento, le sale interne ripercorrono l'atmosfera di una caratteristica trattoria plurigenerazionale, mentre la cucina propone soprattutto classici della tradizione veneta. Tra i piatti più interessanti i bigoli, la zuppa di fagioli, il baccalà alla vicentina e il germano reale.
&. 🅰 🍴 ⇔ 🅿 – Prezzo: €€

Via Ca' Onorai 2, loc. Mottinello Nuovo – 𝄞 049 596 5020 – alpalazzon.it – Chiuso lunedì e sera martedì, mercoledì, domenica

GALLUZZO

✉ 50124 – Firenze (FI) – Carta regionale n° **11**–C2

DA BIBE

TOSCANA • **CONTESTO REGIONALE** Anche Montale immortalò nei suoi versi questa trattoria, gestita dalla stessa famiglia da quasi due secoli, dove trovare piatti tipici della tradizione toscana - in primis la zuppa di ceci e funghi, ma anche pollo o coniglio fritti - e un piacevole servizio estivo all'aperto: una sorta di delizioso giardino con pergolato.
🍴 🅿 – Prezzo: €€

Via delle Bagnese 1r – 𝄞 055 204 9085 – trattoriabibe.com – Chiuso mercoledì e a mezzogiorno lunedì, martedì, giovedì, venerdì

GAMBOLÒ

✉ 27025 – Pavia (PV) – Carta regionale n° **4**–A3

DA CARLA

LOMBARDA • **CONTESTO TRADIZIONALE** Un tempo mulino, la roggia presta ancor oggi al ristorante un fascino bucolico, ripreso dall'accogliente sala e da un servizio premuroso. Dalla cucina non fatevi mancare i risotti, le rane, le lumache e le portate a base d'oca, salumi compresi, nonché - il sabato e la domenica - il carrello dei bolliti. Accoglienti camere completano un grazioso quadro campestre.
🅰 🍴 🅿 – Prezzo: €€

Via Necchi 3/5, fraz. Molino Isella – 𝄞 0381 930006 – trattoriadacarla.com – Chiuso mercoledì e domenica

GARBAGNATE MILANESE

✉ 20024 – Milano (MI) – Carta regionale n° **5**–A2

LA REFEZIONE

ITALIANA • **ELEGANTE** Un'elegante club-house all'interno di un centro sportivo, dove gustare una cucina classica con impronte toscane, vista l'origine dello chef-patron Maurizio Galligani. Nelle giornate più fredde scoppietta il camino, mentre in quelle più tiepide ci si può accomodare nel tranquillo dehors.
🅰 🍴 🅿 – Prezzo: €€

Via Milano 166 – 𝄞 02 995 8942 – larefezione.com – Chiuso domenica e lunedì a mezzogiorno

GARDA

✉ 37016 – Verona (VR) – Carta regionale n° **8**–A2

REGIO PATIO

MODERNA • **ELEGANTE** A pochi passi dal lungolago. Un bel giardino all'inglese dà il benvenuto in questo elegante ristorante con un bel patio esterno e una sala raffinata. Il talentuoso chef Costantini ha un'idea precisa di cucina: valorizzare con creatività la tradizione del lago e della regione, includendo anche i prodotti vegetali del loro orto e scandendo la stagionalità degli stessi. Non a caso sono due i menu che si possono scegliere da 4 o 8 portate: la Tradizione e l'Orto.

🐦 ⇦🕍🏠⇄🅿 – Prezzo: €€€€

Via San Francesco d'Assisi 23 – ☎ 045 725 5977 – regiopatio.it – Chiuso mercoledì e a mezzogiorno

LOCANDA PERBELLINI - AI BEATI

CONTEMPORANEA • **ACCOGLIENTE** Sulle prime colline alle spalle di Garda, la vista dalla terrazza immersa nel verde è un incanto, e abbraccia la parte meridionale del lago, mentre le sale interne sono state ricavate all'interno di un vecchio frantoio con mura in pietra. Qui chef Perbellini ha impostato una cucina che partendo dal territorio, dal pesce d'acqua dolce in particolare, si apre a proposte di mare e di terra con gusto mediterraneo e contemporaneo.

⇽⇦🕭🕍🏠🅿 – Prezzo: €€€

Via Val Mora 57 – ☎ 045 657 3114 – locandaperbelliniallago.it – Chiuso martedì e mercoledì a mezzogiorno

GARDONE RIVIERA

✉ 25083 – Brescia (BS) – Carta regionale n° **4**–C2

OSTERIA ANTICO BROLO

DEL TERRITORIO • **ACCOGLIENTE** Nella parte alta della località e nei pressi del Vittoriale, rustico edificio del '700 che offre una variegata cucina del territorio elaborata con prodotti stagionali. Grazioso e fresco il cortiletto dove mangiare nella bella stagione; all'interno piccole salette e un tavolo sul balconcino da prenotare con largo anticipo.

🏠⇄ – Prezzo: €€

Via Carere 10 – ☎ 0365 21421 – ristoranteanticobrolo.it – Chiuso lunedì e martedì a mezzogiorno

VILLA FIORDALISO

ITALIANA CONTEMPORANEA • **ROMANTICO** Villa Fiordaliso è una delle belle dimore di inizio '900 che punteggiano il lungolago. Cinta da un verdeggiante parco e protesa sulla distesa blu, la sua cucina si colloca nel solco della modernità. Lo chef è a suo agio sia con il pesce sia con la carne, mentre il tomo della carta dei vini lascia immaginare che non manchi in cantina il vostro preferito. E' possibile raggiungere la struttura anche dall'acqua, grazie al pontile d'attracco.

🐦 ⇽⇦🏠⇄🅿 – Prezzo: €€€€

Corso Zanardelli 150 – ☎ 0365 20158 – villafiordaliso.it – Chiuso lunedì e martedì

GARGNANO

✉ 25084 – Brescia (BS) – Carta regionale n° **4**–C2

 VILLA FELTRINELLI

Chef: Stefano Baiocco

CREATIVA • **LUSSO** Villa Feltrinelli era la dimora di vacanza dell'omonima famiglia milanese, che vide in questo angolo di costa lambita dalle acque del Garda e affiancata da irte montagne un luogo dove soggiornare in assoluto relax. Oggi, dopo oltre 100 anni, possiamo tutti godere di tanta bellezza grazie al ristorante gourmet. L'aperitivo è rigorosamente "au bord du lac" poi, al tavolo nella bella terrazza o nell'elegante sala interna, Stefano Baiocco con il suo menu a sorpresa vi conquisterà con pesce di lago, di mare e tagli pregiati di carne italiane, tecnica rigorosa e innumerevoli erbe aromatiche che ingentiliscono le ricette. La cantina conta più di 500 etichette e - a parte gli Champagne - è improntata su una vinificazione solo italiana. Preparatevi ad un emozionante salto a ritroso nel tempo, tra architetture eccentriche e bellezza mozzafiato!

🍴 🅰🅲 🛋 ⟷ 🅿 – Prezzo: €€€€

Via Rimembranza 38/40 – ☎ 0365 798000 – ristorantevillafeltrinelli.com/it – Chiuso martedì e a mezzogiorno

❀ **LA TORTUGA**

Chef: Maria Cozzaglio

CLASSICA • **ELEGANTE** Il nome evoca onde e spiagge dei Caraibi, tuttavia qui di caraibico c'è solo l'anima corsara di Danilo Filippini, figlio della signora Teresa che aprì il locale alla fine degli anni Sessanta, e la cui famiglia gestisce ancora il ristorante. Nella piccola ed incantevole bomboniera l'atmosfera si fa aggraziata in virtù di cucina e servizio al femminile. La proposta gastronomica non si cura delle mode passeggere, ma punta su cotture semplici e precise, capaci di esaltare il sapore degli ingredienti, soprattutto marini e lacustri. Tra i dessert, vivamente consigliato è lo zabaione al Marsala con frutta fresca e biscottini al burro: una delizia creata da Orietta, la figlia di Danilo, che insieme ai dolci prepara anche il pane. Grande tomo per la carta dei vini, ben articolata, dal respiro internazionale e proposta con garbo. La stella qui brilla da oltre 40 anni!

❀❀ 🅰🅲 – Prezzo: €€€€

Via XXIV Maggio 5 – ☎ 0365 71251 – ristorantelatortuga.it – Chiuso martedì e a mezzogiorno

GATTINARA

✉ 13045 – Vercelli (VC) – Carta regionale n° **1**–C2

CUCINE NERVI

MODERNA • **CONTESTO CONTEMPORANEO** All'interno delle Cantine Nervi, locale di gusto contemporaneo dove la cucina è totalmente a vista e si può scegliere se mangiare sull'ampio bancone o su tavoli più classici. Ambiente molto chic e linea gastronomica fantasiosa e creativa; ampio raggio per la selezione enoica, sebbene i vini della maison siano caldamente consigliati.

🅰🅲 – Prezzo: €€€

Corso Vercelli 117 – ☎ 333 182 4123 – cucinenervi.com – Chiuso lunedì e domenica sera

OSTERIA CONTEMPORANEA

ITALIANA CONTEMPORANEA • **ELEGANTE** Nei locali della vecchia macelleria del paese, in pieno centro, si trova questa "osteria", intima e di eleganza semplice, gestita da una coppia di giovani. Ai fornelli, Agnese Loss, classe 2001 ma già con importanti esperienze alle spalle dopo la scuola alberghiera, esprime tutta la sua passione in una cucina personale e accurata, con un menù interamente dedicato alle frattaglie di cui ricorderemo soprattutto Lingua e Animelle di cuore, lasciando agli altri appassionati del genere il piacere di scoprirne la preparazione... Le altre due proposte - per tutto il tavolo! - rispecchiano le sue preferenze e quelle di Davide - compagno di vita - che gestisce la sala con signorilità e competenza, anche per quanto riguarda i vini. Non solo percorsi degustazione, ma possibilità di scelta alla carta.

🅰🅲 – Prezzo: €€€

Via Francesco Mattai 4 – ☎ 339 462 1463 – osteriacontemporanea.it – Chiuso mercoledì, a mezzogiorno lunedì, martedì, giovedì, venerdì e domenica sera

GAVI

✉ 15066 – Alessandria (AL) – Carta regionale n° **1**–C3

LA GALLINA

PIEMONTESE • **CASA DI CAMPAGNA** Tre menù degustazione, tra piatti più classici e altri creativi, nella bellissima sala invernale che ospita una cucina ideale trait d'union tra Piemonte, Liguria e Campania (terra di provenienza dello chef), il tartufo re della tavola in autunno, e le produzioni dell'orto privato in primavera. Tra gli imperdibili citiamo senza indugi la battuta di fassona alla piemontese (consorzio La Granda), nonché il gelato alla crema mantecato in una Carpigiani del 1982 servito con una serie di dolci accompagnamenti. Curiosa, ma azzeccata la scelta di proporre solo Champagne e Piemonte nella carta dei vini; noi consigliamo la Barbera del Monferrato della maison, magari con qualche anno alle spalle.

🎇 ⇐ 🛏 Ⓜ 🍴 ⇩ 🅿 – Prezzo: €€€

Frazione Monterotondo 56 – 𝒞 0143 685132 – villasparinaresort.it – Chiuso a mezzogiorno da lunedì a venerdì

LOCANDA LA RAIA

Chef: Mirko Natali

PIEMONTESE • **CASA DI CAMPAGNA** La tenuta La Raia, oasi incantata tra Novi Ligure e Gavi, nei suoi 180 ettari comprende una fondazione di arte contemporanea, la tenuta vinicola della famiglia Rossi Cairo, una scuola steineriana per i figli dei dipendenti, una zona riservata all'accoglienza e questo ristorante che gode di un ecosistema privilegiato, che lo rifornisce di prodotti a km 0. A cena, e anche a pranzo nel week end, scelta tra la carta e il menu degustazione "Tra Gavi e Langhe" con piatti della tradizione delle due terre accompagnati da vini di loro produzione. Nella bella stagione imperdibile un tavolo nel dehors con indimenticabile vista su colline e vigneti.

🏵 *L'impegno dello chef:* La Raia è un'azienda agricola biodinamica certificata dal 2007. Conta 180 ettari di vigneti, orti, pascoli, boschi di acacia, sambuco e castagno, che proteggono numerose specie di animali selvatici. Allevano mucche di razza Fassona e galline ovaiole e producono farro monococco, frutta e verdura, con cui riescono a coprire oltre il 50% del fabbisogno annuale del ristorante.

⇐ 🛏 ६ Ⓜ 🍴 🅿 – Prezzo: €€

Località Lomellina 26 – 𝒞 0143 642860 – locandalaraia.it – Chiuso mercoledì e a mezzogiorno lunedì, martedì, giovedì, venerdì

GENAZZANO

✉ 00030 – Roma (RM) – Carta regionale n° **12**–B2

🏵 MARCO BOTTEGA RISTORANTE

Chef: Marco Bottega

CREATIVA • **ELEGANTE** Tra colline disseminate di ulivi e prodotti agricoli, lungo un bel percorso che dai confini della Ciociaria conduce ai suggestivi altipiani di Arcinazzo, il casolare ottocentesco è la casa di uno dei più interessanti cuochi della campagna romana: Marco Bottega. Oltre alla possibilità di pernottare in confortevoli camere, Aminta Resort è la principale fornitrice di frutta, verdura e animali da cortile in virtù dei cinquanta ettari dell'azienda agricola di proprietà coltivata senza alcuna traccia di pesticidi. E dalla terra alla tavola, gli ingredienti vanno ad alimentare una cucina laziale aperta a divagazioni di ogni genere, sempre all'insegna di piatti autentici e gustosi proposti in tre menu degustazione:

vegetale con prodotti della propria tenuta, stagionale, e un terzo con i soli nomi dell'ingrediente principale elaborato secondo la fantasia del cuoco. Interessante anche la carta dei vini con un particolare accento posto sugli champagne (più di 900 referenze!); in un edificio separato dal corpo della struttura lo chef ha infatti creato una zona-degustazione per aperitivi e percorsi enologici.

爲 *L'impegno dello chef:* Da anni sono proprietari di un'azienda agricola certificata biologica, da cui attingono molte materie prime. Oltre a noci, ulivi, frutteti e ortaggi, ci sono l'orto e le erbe aromatiche. Nei 50 ettari ad est di Roma si trovano animali da cortile e maiali, mentre il bosco circostante la proprietà accoglie cinghiali e alcuni alveari. Un'ambientazione bucolica che dà grande ispirazione.

爲 💺 🏢 🏠 🅿 – Prezzo: €€€

Via Trovano 3 – ℰ 06 957 8661 – amintaresort.it – Chiuso lunedì e martedì e domenica sera

GENOVA

✉ 16121 – Genova (GE)
Carta regionale n° **10**-C2

L'oro verde della Liguria

Profumato, colorato, goloso: come parlare della cucina genovese senza citare il pesto? Il suo ingrediente principale è il basilico genovese DOP, caratterizzato da foglioline più piccole e da un aroma intenso ma privo di quei sentori di menta che affiorano nel basilico comune. Lo si prepara pestando (possibilmente in un mortaio di marmo e con un pestello di legno) basilico, sale, pinoli e aglio, il tutto condito con Parmigiano Reggiano, Fiore Sardo e olio EVO. Particolarmente indicato per condire trofie e trenette, viene ormai usato per insaporire anche insalate e secondi piatti di pesce.

ॐ **IL MARIN**

PESCE E FRUTTI DI MARE • **CONTESTO CONTEMPORANEO** Al Porto Antico, nell'edificio e allo stesso piano che ospita Eataly, la sala punta sulla semplicità per enfatizzare il panorama che si apprezza attraverso le pareti vetrate. La cucina si basa sul territorio ma lo rinnova con tecniche e idee attuali; ecco, ad esempio, lo spaghetto Martini cocktail, shakerato in sala dallo chef Marco Visciola con bitter Martini e olive in crema e un gin extra virgin alle taggiasche nebulizzato per aromatizzare, oppure i tortelli sostenibili con interiora, lische e testa di pesce in salsa e brodo, con un piacevole tocco di maggiorana a completare il tutto.

⬳ & 🅰 🛋 – Prezzo: €€€

Pianta: B2-5 - *Calata Cattaneo, 15, Edificio Millo, Porto Antico* – ☎ 010 869 8722 - *ilmarin.it* - *Chiuso martedì e mercoledì e domenica sera*

ॐ **SAN GIORGIO**

MODERNA • **AMBIENTE CLASSICO** In città, ma non esattamente in centro, è... "IL" locale di Genova: elegante e classico allo stesso tempo, dalla qualità solida, garantita dalla famiglia Scala che ne guida da decenni e che si affida in cucina alle mani di Samuele Di Murro. Il giovane cuoco ha fatto qui la sua gavetta, scalando tutte le posizioni della brigata sino a diventare sous-chef e, poi, nel 2022 chef. Linea gastronomica di gusto mediterraneo che, seppur con presentazioni attuali e utilizzo di tecniche moderne, esprime una forte matrice ligure, sapida, profumata e saporita, ben sintetizzata dal crudo di tonno rosso condito con spuma intensa di verbena ed accompagnata con crema di capperi e "caviale" di tonno essiccato e fritto. Decisamente ottima anche la carta dei vini, con uno spazio - ed un tomo a parte - dedicato alle bollicine italiane e soprattutto francesi.

🕸 & 🅰 – Prezzo: €€€

Pianta: D3-7 - *Viale Brigate Bisagno 69r* – ☎ 010 595 5205 – *ristorantesangiorgiogenova.it* – *Chiuso domenica*

263

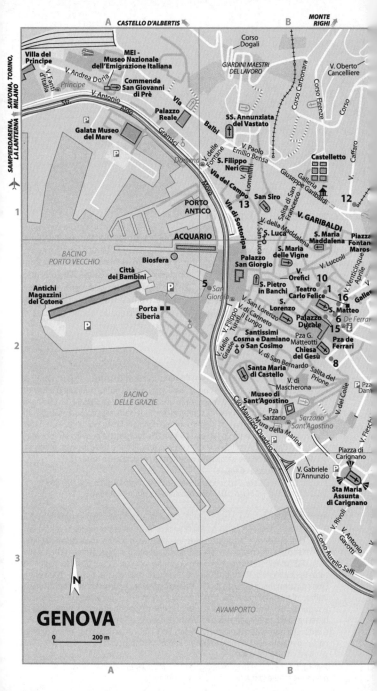

SAVONA, TORINO, MILANO
SAMPIERDARENA, LA LANTERNA, ✈

Villa del Principe
V. Fanti d'Italia
V. Andrea Doria
Principe
MEI - Museo Nazionale dell'Emigrazione Italiana
Commenda San Giovanni di Prè
V. Antonio
Str.
Aldo

Corso Dogali
GIARDINI MAESTRI DEL LAVORO
Corso Carbonara
V. Oberto Cancelliere

Palazzo Reale
Via
Balbi
SS. Annunziata del Vastato
Corso Firenze
Corso

Galata Museo del Mare
Gramsci
Mole
Doganа
V. delle Fontane
V. Paolo Emilio Bensa
Castelletto

P

S. Filippo Neri
V. delle Lomellini
Galleria Giuseppe Garibaldi
Caffaro

PORTO ANTICO
Via del Campo
San Siro
13
Salita di San Francesco
12

ACQUARIO
Via di Sottoripa
S. Luca
V. della Maddalena
V. GARIBALDI
S. Maria Maddalena
Piazza Fontane Marose

BACINO PORTO VECCHIO
Biosfera
S. Luca
Palazzo San Giorgio
S. Maria delle Vigne
V. Luccoli
V. Venticinque Aprile

Città dei Bambini
P
San Giorgio
5
V. degli Orefici
V. Orefici
10
1
16 Galler

Antichi Magazzini del Cotone
P
Porta Siberia
S. Pietro in Banchi
S. Matteo
Teatro Carlo Felice
S. Matteo
6 De Ferr

P
V. delle Grazie
V. di Canneto il Lungo
V. San Lorenzo
S. Lorenzo
Palazzo Ducale
15
Pza de Ferrari

BACINO DELLE GRAZIE
V. Filippo Turati
Santissimi Cosma e Damiano o San Cosimo
Pza G. Matteotti
Chiesa del Gesù
8

Santa Maria di Castello
V. di San Bernardo
Salita del Prione
V. di Mascherona
V. del Colle
P Pza Dant

Museo di Sant'Agostino
Pza Sarzano
Mura della Marina
Sarzano Sant'Agostino
V. Fieschi

Cso Maurizio Quadrio
Piazza di Carignano

V. Gabriele D'Annunzio
P
Sta Maria Assunta di Carignano

BACINO DELLE GRAZIE

AVAMPORTO

V. Rivoli
V. Antonio Gavotti
Corso Aurelio Saffi

GENOVA

N

0 ——— 200 m

A B

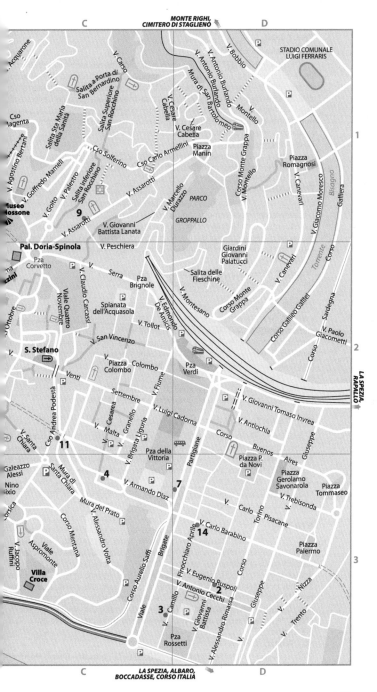

⌘ THE COOK

Chef: Ivano Ricchebono

MODERNA • CONTESTO STORICO All'interno del trecentesco palazzo Branca Doria, di cui occupa una sala dallo straordinario soffitto affrescato da Bernardo Strozzi nel 1618, il ristorante si trova nel centro storico più tipico, quello dei carrugi e della Genova popolare che, alla prima svolta, sa diventare aristocratica. La cucina di Ivano Ricchebono e di Simone Belfiore propone due menu degustazione, lasciando poi la libertà di ridurre e incrociare i piatti da un percorso all'altro. Le proposte sono fondamentalmente creative e si dividono tra mare e terra.

🕸 ⇔ – Prezzo: €€€€

Pianta: B2-1 – *Vico Falamonica 9 r – ℰ 375 500 4773 – thecookrestaurant.com – Chiuso martedì e a mezzogiorno lunedì, mercoledì, giovedì*

㊗ ROSMARINO

LIGURE • TRATTORIA A pochi metri da piazza De Ferrari, tavoli all'aperto e una piacevole ed informale atmosfera nelle tre sale interne. Ecco il Rosmarino, dove su tutto trionfa la qualità della cucina: un'intelligente proposta di classici liguri, sia di carne che di pesce, sorretta da ottimi ingredienti. Imperdibile il baccalà "branda-cujun", ma anche i raviolini di borragine al tocco e la trippa alla "sbira".

🕸 🍴 – Prezzo: €€

Pianta: B2-15 – *Salita del Fondaco 30 – ℰ 010 251 0475 – trattoriarosmarino.it – Chiuso domenica sera*

20TRE

CUCINA DI MERCATO • CONTESTO CONTEMPORANEO Nel cuore del centro storico, l'insegna nasce dalla collaborazione di tre soci: locale contemporaneo, la sua cucina si basa sulla ricerca della migliore materia prima stagionale, presentata in maniera moderna. L'offerta spazia dalla carne al pesce, con attenzione al territorio e qualche spunto orientale, come nel bonbon di ricciola e ponzu.

🕸 ⇔ – Prezzo: €€

Pianta: B2-10 – *Via David Chiossone 20 r – ℰ 010 247 6191 – ristorante20tregenova.it – Chiuso domenica e sabato a mezzogiorno*

CAPO SANTA CHIARA

PESCE E FRUTTI DI MARE • ELEGANTE All'estremo della romantica spiaggetta di Boccadasse, locale moderno ed elegante, dove gustare piatti creativi essenzialmente di pesce, sebbene non manchi anche qualche ricetta di terra. Da non perdere nella bella stagione un tavolo sulla terrazza prospiciente il mare.

⇐ 🍴 🕸 🍴 – Prezzo: €€€

Fuori pianta – *Via al Capo di Santa Chiara 69, Boccadasse – ℰ 010 798 1571 – ristorantecaposantachiara.com – Chiuso lunedì*

ETRA ⓝ

CREATIVA • DESIGN Etra è l'anagramma della parola "arte", e l'arte è sicuramente l'involucro speciale in cui si inserisce il ristorante. Si trova, infatti, sulla bella e celebre piazza Ferrari, all'interno di Palazzo Doria De Fornari, che fa parte dei magnifici Rolli di Genova (palazzi nobiliari dove un tempo si ospitavano personalità in visita a Genova). La sala invece si fa moderna ed ospita raffinate mostre d'arte contemporanea. Qui arriva lo chef, Davide Cannavino, che si cimenta con una piccola carta di piatti creativi: una dozzina di ricette sia di terra sia di mare, ispirate al bello che lo circonda e raccolte in due menù degustazione ma ugualmente estraibili a piacimento.

🕸 – Prezzo: €€€

Pianta: B2-16 – *Piazza De Ferrari 4 – ℰ 010 731 6733 – etra.art – Chiuso lunedì e a mezzogiorno da martedì a domenica*

HOSTARIA DUCALE

MODERNA • ACCOGLIENTE A ridosso della bella piazza De Ferrari, un locale dagli ambienti raccolti ed arredati elegantemente dove a brillare è la cucina - in continua crescita - del giovane Daniele Rebosio. Lo chef prende spunto dal territorio per poi lanciarsi con creatività in ricette moderne, dagli spunti fantasiosi. A suo agio con la carne e con il pesce, in alcuni suoi signature cucinandoli insieme... come per la lingua di vitello accompagnata con scampo (carpaccio marinato al passion fruit e biscotto salato farcito con tartare nature) o col raviolo al coniglio e cozze dedicato a Crêuza de mä di De Andrè.

AC 🛗 – Prezzo: €€€

Pianta: B2-6 – *Salita di San Matteo 29 r* – ✆ *010 455 2857* – *hostariaducale.it* – *Chiuso martedì, mercoledì e a mezzogiorno lunedì, giovedì, venerdì, sabato*

IL MICHELACCIO

TRADIZIONALE • BISTRÒ Un vero e proprio bistrot in stile moderno ed in posizione centrale, ad un passo dalla celebre via XX Settembre, dove lo chef patron si cimenta in una cucina fragrante, del mercato, molto spesso dedicata alla tradizione ligure (crema di patate con lumachine di mare alla genovese), ma con aperture a sapori italiani (pappa al pomodoro e burratina). A volte si concede un tocco fantasioso, come nel risotto con acciughe e lamponi. Solo vini naturali.

&. AC – Prezzo: €€

Pianta: C2-11 – *Via Frugoni 49 r* – ✆ *010 570 4274* – *ilmichelaccio.it* – *Chiuso domenica e sabato a mezzogiorno*

IPPOGRIFO

PESCE E FRUTTI DI MARE • ELEGANTE "Salotto" elegante non troppo lontano dal centro città, in zona fiera, come gli interni virano verso un'ambientazione classica e signorile, così anche la cucina che da sempre è conosciuta per la qualità del pesce proposto (seppure in carta vi siano anche piatti a base di carne) e cucinato secondo ricette e tecniche di cottura ultra classiche: carpacci di tonno e ricciola, l'insalata tiepida di mare, il pescato cotto alla griglia o alla ligure con patate e olive taggiasche, la zuppa di pesce coi crostini... insomma, una sicurezza sin dal 1982!

AC ⇔ – Prezzo: €€€

Pianta: C3-3 – *Via Gestro 9 r* – ✆ *010 592764* – *ristoranteippogrifo.it*

LA PINETA

TRADIZIONALE • VINTAGE Ormai un'istituzione: in zona isolata e immersa nella natura, al pian terreno di un anonimo edifico, al suo interno gli ambienti sono semplicissimi e "datati", ciononostante confortevoli. Sebbene vi sia una carta, normalmente però i piatti sono presentati a voce dai titolari (per i vini non esiste un'apposita lista). Cucina tradizionale, semplice, dalle porzioni abbondanti, che ruota soprattutto attorno alle cotture alla brace (posizionata nel mezzo della sala) sia di carne - la vera specialità! - sia di pesce.

🛗 🅿 – Prezzo: €€

Fuori pianta – *Via Gualco 82, località Struppa* – ✆ *010 802772* – *ristorantelapineta.org* – *Chiuso lunedì e domenica sera*

LE CICALE IN CITTÀ

PESCE E FRUTTI DI MARE • ACCOGLIENTE Gli ambienti sono molto curati, ci si sente coccolati tra specchi ed argenteria e servizio da tè d'altri tempi, mentre nel piatto viene servita una cucina classica di mare, una cucina - come si dice in questi casi - di prodotto, tecnicamente elaborata con precisione e ben presentata. Ottimo ad esempio è il risultato sul generoso crudo di mare. Anche la selezione vini si fa notare per la passione con cui è stata strutturata.

🆎 ⇦ – Prezzo: €€€

Pianta: C3-4 – *Via Macaggi 53* – ✆ *010 592581* – *lecicalegenova.it* – *Chiuso domenica e sabato a mezzogiorno*

LE RUNE

LIGURE • **RUSTICO** Diverse piccole salette con tavoli anche sopra la cucina, per un insieme molto semplice eppure allo stesso tempo accogliente, ed una linea gastronomica legata alla regione, al mare ed alle stagioni: stoccafisso brandacujun - panna cotta di burrata con spinacino, porcini e pinoli tostati - calamari ripieni di gamberi e zucchine in salsa aiioli - linguine di mais con tonno fresco, cipolla rossa e olive su fondo di peperone.

🍴 – Prezzo: €€

Pianta: B1-12 – *Salita inferiore Sant'Anna 13r* – ✆ *010 594951* – *ristorantelerune. it* – *Chiuso lunedì, domenica e sabato a mezzogiorno*

OSTERIA DELLA FOCE

CUCINA DI MERCATO • **CONVIVIALE** Questo è un indirizzo semplice, la cui qualità migliore sta proprio in un'offerta di cucina schietta e gustosa, Dove si cita la tradizione ligure ed italiana utilizzando tecniche classiche sia per la carne (ottimo l'arrosto di vitello) sia per il pesce (spesso ci può essere anche un piatto a base di crudo). Tra i primi compare addirittura una pasta secca trafilata al bronzo fatta in casa, condita di volta in volta con quanto stagione e mercato ispirano.

🍴 – Prezzo: €€

Pianta: D3-2 – *Via Eugenio Ruspoli 72r* – ✆ *010 302 7696* – *osteriadellafocegenova.it* – *Chiuso domenica e sabato a mezzogiorno*

SANTA TERESA

MODERNA • **SEMPLICE** A due passi dalla presunta casa di Cristoforo Colombo, accoglienti sale e salette dove l'esperta mano della famiglia Scala vi porterà ad apprezzare una cucina di mercato e regionale, soprattutto di mare (spesso troverete il celebre cappon magro genovese), seppur non manchino pietanze anche a base di carne, rivisitate in chiave leggermente contemporanea ed impiattate con bella cura. Sarà facile trovare un buon abbinamento grazie ad una valida selezione vini.

🆎 🍴 ⇦ – Prezzo: €€

Pianta: B2-8 – *Via di Porta Soprana 55 r* – ✆ *010 583534* – *ristorantesantateresagenova.it* – *Chiuso domenica e lunedì a mezzogiorno*

SANTAMONICA

PESCE E FRUTTI DI MARE • **ACCOGLIENTE** Si scende verso la spiaggia in una stradina lungo Corso Italia, nel quartiere di Albaro: sia dalla sala interna sia naturalmente dalla terrazza estiva, la vista abbraccia totalmente il mare. È da qui – infatti – che proviene la maggior parte delle materie prime del menù (non a caso mezza pagina è dedicata al crudo). Dal canto loro i cuochi si cimentano in ricette moderne che puntano ad una bella presentazione finale; le acciughe marinate della tradizione, ad esempio, fresche e croccanti, sono sistemate con precisione geometrica nel piatto e condite in modo coreografico con svariati sapori liguri come i pinoli ed i pomodorini confit.

≼ 🆎 🍴 – Prezzo: €€€

Fuori pianta –*Lungomare Lombardo 27* – ✆ *010 553 3155* – *santamonicagenova. it* – *Chiuso lunedì e martedì a mezzogiorno*

SOHO

PESCE E FRUTTI DI MARE • BISTRÒ In pieno centro storico e a pochi passi dall'acquario, un locale di design che mantiene - tuttavia - alcuni dettagli storici del palazzo che lo ospita. Le specialità ittiche spaziano dai crudi di mare ai calamaretti al pesto genovese o i tentacoli di polpo cotti a bassa temperatura e serviti con le patate schiacciate.

🅰️ 🍴 ⇔ – Prezzo: €€

Pianta: B1-13 – *Via al Ponte Calvi 20 r – ℰ 010 869 2548 – ristorantesoho.it*

SPIN RISTORANTE-ENOTECA

LIGURE • BISTRÒ Nata come enoteca, si è poi trasformata in ristorate che apre anche all'orario dell'aperitivo: gli ambienti interni ricordano da vicino quelli di un bistrot e sono disseminati di bottiglie di vino, soprattutto italiane, e distillati, mentre in cucina si punta su sapori per lo più liguri (brandacujun, fiori di zucca ripieni alla genovese, trofie al pesto,...) ed italiani, con pesce e carne. In vendita anche prodotti enogastronomici di qualità, regionali e non.

🥢 🅰️ ⇔ – Prezzo: €€

Pianta: D3-14 – *Via Carlo Barabino 120 r – ℰ 010 594513 – spinristorante-enoteca.com – Chiuso domenica sera*

VOLTALACARTA

PESCE E FRUTTI DI MARE • COLORATO Il piccolissimo uscio nasconde, in effetti, un locale intimo, semplice e simpatico, con pochi tavoli, dove conviene prenotare in anticipo, soprattutto vista la buona nomea in città. Fama che deriva dalla cucina dello chef patron: una linea a base di pesce che parte da buone materie prime e si esprime attraverso tecniche classiche utilizzate con fantasia e ricette personali. Quando disponibile, non mancate il loro cappon magro: talmente buono da avere la carta d'identità!

🅰️ – Prezzo: €€

Pianta: C1-9 – *Via Assarotti 60 r – ℰ 010 831 2046 – voltalacartagenova.it – Chiuso lunedì, domenica e a mezzogiorno da martedì a sabato*

San Desiderio

✉️ 16133 – Genova (GE) – Carta regionale n° **10**-C2

🏠 **BRUXABOSCHI**

LIGURE • AMBIENTE CLASSICO Mettete in conto un po' di tempo per raggiungere nell'entroterra la frazione di San Desiderio, dove Bruxaboschi delizia i clienti dal 1862 con la stessa gestione familiare, ma ne varrà la pena. Giustamente celebre, la cucina omaggia le tradizioni locali (quasi esclusivamente carne), a cominciare da un'ottima cima alla genovese, picagge e pansotti tra le paste, coniglio fritto. In stagione è immancabile l'appuntamento con i funghi.

🥢 🍴 🅿️ – Prezzo: €€

Via Francesco Mignone 8 – ℰ 010 345 0302 – bruxaboschi.com – Chiuso lunedì, a mezzogiorno da martedì a venerdì e domenica sera

GHIRLANDA

✉️ 58020 – Grosseto (GR) – Carta regionale n° **11**-C2

❀ **BRACALI**

Chef: Francesco Bracali

ITALIANA CONTEMPORANEA • ELEGANTE Locale di inaspettata eleganza nella piccola frazione di Ghirlanda, nel cuore delle Colline Metallifere. E' qui che la cucina di Francesco Bracali si concretizza in due menu degustazione (i cui piatti possono essere ordinati anche alla carta), tra proposte classiche e continue innovazioni, molta carne e anche un po' di pesce. Della cantina e dell'accoglienza si occupa con grande competenza Luca, fratello dello chef: ampissima e ben strutturata è la proposta enoica, suddivisa in due blocchi ben precisi, Italia e resto del mondo. Particolare attenzione e passione sono riservate alle verticali. Attenzione: prenotazione obbligatoria!

⚭ 🅰 – Prezzo: €€€€

Via di Perolla 2, Ghirlanda – ☎ 0566 462399 – mondobracali.it – Chiuso lunedì e domenica

GIARRE – Catania (CT) ➜ Vedere Sicilia, in fondo alla Guida

GIULIANOVA
✉ 64021 – Teramo (TE) – Carta regionale n° **15**–B1

APRUDIA

CUCINA DI MERCATO • BISTRÒ In un locale del centro storico, in ambienti con volte di mattoni che creano un piacevole contrasto con gli arredi moderni, Enzo Di Pasquale celebra - attraverso alcuni menù degustazione di diversa lunghezza - le stagioni impiegando prodotti per lo più locali, quando non addirittura provenienti dal proprio orto, (molte verdure). Lo chef mette - inoltre - in mostra capacità e tecnica sia con la carne sia col pesce, il tutto in un'ottica no waste.

♿ 🅰 🛋 – Prezzo: €€€

Largo del Forno 16 – ☎ 085 201 1844 – aprudia.com – Chiuso lunedì-mercoledì, a mezzogiorno da giovedì a sabato e domenica sera

GIULIANOVA LIDO
✉ 64021 – Teramo (TE) – Carta regionale n° **15**–B1

😊 OSTERIA DAL MORO

ABRUZZESE • SEMPLICE Vivace locale sul lungomare, sempre molto frequentato (prenotazione vivamente consigliata). Cucina esclusivamente a base di pesce, proposta e illustrata a voce in quanto legata alla disponibilità del mercato. I piatti sono concreti, semplici e fragranti, ordinabili anche in mezze porzioni.

🅰 🛋 – Prezzo: €

Lungomare Spalato 74 – ☎ 085 800 4973 – Chiuso martedì e mercoledì

LUCIA

PESCE E FRUTTI DI MARE • AMBIENTE CLASSICO Superato il mezzo secolo di vita (sono in pista dal 1971!), ristorante ed hotel omonimi rimangono un buon riferimento per la litoranea abruzzese. Protagonista della cucina è solo e soltanto il pesce (tant'è che, in linea con il pairing più diffuso, la carta vini è quasi totalmente dedicata ai bianchi). Gran lavoro è fatto proprio nella selezione del prodotto ittico, quasi sempre dal mar Adriatico, mentre in cucina si applicano tra classicità (come per gli enormi scampi locali cotti - e serviti - in padella con olio e vino, aglio e rosmarino) e qualche ricetta in cui giocare con richiami più moderni (triglie croccanti con il pluripremiato salume ventricina).

🅰 ⇔ – Prezzo: €€

Via Lampedusa 12 – ☎ 085 800 5807 – hlucia.it – Chiuso lunedì

GIUSTINO

✉ 38086 – Trento (TN) – Carta regionale n° **6**–A2

MILDAS

REGIONALE • **CONTESTO STORICO** Originariamente cappella di un convento medievale, la cucina oltre ai classici trentini elenca una serie di piatti ideati da Mirko, compianto fondatore del locale, ed ora riproposti dal figlio. Carta dei vini illustrata e descritta.

✿ 🅿 – Prezzo: €€€

Via Rosmini 7, località Vadaione – ℰ 0465 502104 – ristorantemildas.com – Chiuso lunedì e a mezzogiorno da martedì a venerdì

GLORENZA

✉ 39020 – Bolzano (BZ) – Carta regionale n° **6**–A1

FLURIN

CUCINA DI MERCATO • **DI TENDENZA** Glorenza è un piccolo borgo della val Venosta, protetto da un muro di cinta di epoca medievale. Allo stesso periodo risale la costruzione della vecchia torre che ospita il Flurin. Sotto le volte antiche l'arredo è moderno, così come moderna è la cucina. Lo chef-patron Thomas Ortler si impegna con passione nella ricerca della miglior materia prima stagionale e di territorio, che poi racconterà, con estro e fantasia, in piatti quali la ceviche di salmerino alpino con pompelmo, cetriolo e sesamo. Bar e suites completano la proposta.

🅰🅲 😀 ✿ – Prezzo: €€

Laubengasse 2 – ℰ 0473 428136 – flurin.it – Chiuso lunedì e martedì

GRAGNANO

✉ 80054 – Napoli (NA) – Carta regionale n° **17**–B2

🕸 O ME O IL MARE 🅝

Chef: Luigi Tramontano

ITALIANA CONTEMPORANEA • **CONTESTO CONTEMPORANEO** Nella città della pasta - qui troverete ancora dei piccoli pastifici di grandissima qualità che hanno reso Gragnano famosa nel mondo - il ristorante stesso è stato aperto in un palazzo del 1695 un tempo usato per la produzione dei "maccheroni". Ampi e moderni spazi sotto soffitti a volta, cucina a vista, la scelta spazia fra tre menù degustazione, tutti ovviamente con forti legami con il territorio, ma anche contributi più creativi. Legame con la regione che continua anche nella carta dei vini, ma vi consigliamo di affidarvi all'esperienza e alle scoperte della bravissima sommelier.

🎖 ♿🅰🅲 – Prezzo: €€€€

Via Roma 45/47 – ℰ 081 620 0550 – omeoilmare.com – Chiuso lunedì e martedì

GRAZIE

✉ 46010 – Mantova (MN) – Carta regionale n° **4**–C3

😊 LOCANDA DELLE GRAZIE

MANTOVANA • **CONTESTO REGIONALE** Al centro del delizioso borgo di Curtatone che "scende" sino al Mincio, da anni sono un faro per gli appassionati della cucina mantovana grazie ad una proposta che parte dalla tradizione per poi allargarsi a qualche citazione nazional-popolare. Quasi sempre vi troverete i tortelli di zucca, i salumi, il luccio in salsa verde, carni in lunghe cotture, sbrisolona, zabaione... piatti semplici ma fragranti, casalinghi e generosi nelle porzioni, proposti a prezzi interessanti.

🛏 ✿ – Prezzo: €

Via San Pio X 2 – ☏ 0376 348038 – Chiuso mercoledì

GREVE IN CHIANTI

✉ 50022 – Firenze (FI) – Carta regionale n° **11**–C2

VITIQUE

CONTEMPORANEA • **CONTESTO CONTEMPORANEO** Una sferzata di modernità nella zona fiorentina del Chianti; si tratta - infatti - di un locale contemporaneo sia negli arredi sia nella cucina che viene proposta unicamente sotto forma di menu-degustazione, con la libertà di poter scegliere la lunghezza del percorso. Carne e pesce sono cucinati con precisione e proposti sempre con soluzioni creative.

🅐🅒 🛏 – Prezzo: €€€

Via Citille 43/b – ☏ 055 933 2941 – vitique.it – Chiuso sera martedì e mercoledì

GREZZANA

✉ 37023 – Verona (VR) – Carta regionale n° **8**–A2

CA' DEL MORO 🆕

ITALIANA CONTEMPORANEA • **CASA DI CAMPAGNA** All'interno della tenuta vinicola La Collina dei Ciliegi, di cui occupa il primo piano (con ascensore), tra le verdi colline della Valpantena: due chef in azione, lui calabrese e lei pugliese, per un'intrigante linea di cucina moderna e mediterranea, in cui ben si combinano ingredienti delle proprie regioni di origine (lo spaghetto fatto in casa, condito con un gustoso ed equilibrato sugo di 'nduja, ricotta affumicata e ristretto di pomodoro, è un loro signature) con fragrante materia prima locale (vedi la pecora Brogna addirittura allevata in loco, cotta alla brace e servita con una squisita salsa ai capperi e tortino di funghi di stagione). Carta vini ristretta su Veneto ed alcuni francesi.

🍽♿🅐🅒 🛏 ✿ 🅿 – Prezzo: €€€

Località Erbin 31 – ☏ 045 981 4900 – cadelmoro.wine/it – Chiuso lunedì e martedì e domenica sera

GRINZANE CAVOUR

✉ 12060 – Cuneo (CN) – Carta regionale n° **2**–A2

ALESSANDRO MECCA AL CASTELLO DI GRINZANE CAVOUR

MODERNA • **CONTESTO STORICO** Non mancano tanti rimandi soprattutto agli ingredienti classici della cucina piemontese (acciughe, peperoni, vitello...) rielaborati in chiave personalizzata e contemporanea nel contesto di un'offerta che non si ferma - comunque - alla soglia della regionalità, proponendo anche diversi piatti a base di pesce. Il tentativo è quello di utilizzare più parti possibili di ogni animale per ridurre gli sprechi. E la location? In uno splendido castello con origini nel XI secolo, già dimora di Camillo Benso conte di Cavour.

🛏 – Prezzo: €€€

Via Castello 5 – ☏ 375 540 3500 – alessandromecca.it – Chiuso lunedì e martedì

GROSSETO

✉ 58100 – Grosseto (GR) – Carta regionale n° **11**–C3

CANAPONE

MODERNA • FAMILIARE In ambienti eleganti oppure, nella bella stagione, con affaccio sulla splendida piazza Dante, si serve una cucina maremmana di ottima fragranza e basata su di una materia prima ineccepibile. La solida gestione familiare ne fa un valido punto di riferimento. A fianco, l'Osteria Canapino propone una cucina più snella e informale.

🕸 🅰🅲 🏠 – Prezzo: €€

Piazza Dante 3 – ☏ 0564 24546 – canapone.business.site – Chiuso domenica

GRANTOSCO

TOSCANA • BISTRÒ L'ambiente è personalizzato con mattoni a vista e un imponente banco in stile newyorkese. L'ottima cucina (soprattutto di mare) e la simpatia della chef-titolare Camelia Decu allietano la sosta. Specialità maremmane e prodotti a km 0.

🅰🅲 🏠 – Prezzo: €€

Via Solferino 4 – ☏ 0564 26027 – grantosco.it – Chiuso domenica

L'UVA E IL MALTO

PESCE E FRUTTI DI MARE • FAMILIARE In pieno centro, è una coppia molto brillante a gestire questo intimo e moderno locale con annesso wine-bar. In carta si trova soprattutto pesce, a voce il meglio del mercato ittico, squisiti i frutti di mare! Per la scelta enoica fatevi consigliare dalla padrona di casa: ampia carta dei vini soprattutto toscani.

🕸 🅰🅲 – Prezzo: €€

Via Mazzini 165 – ☏ 0564 411211 – Chiuso domenica

GROTTAFERRATA

✉ 00046 – Roma (RM) – Carta regionale n° **12**–A2

TAVERNA DELLO SPUNTINO

LAZIALE • TRATTORIA E' tutta all'interno la peculiarità di questa trattoria romana: dagli antichi camminamenti scavati nel tufo trasformati in cantina al di sotto del locale alle scenografiche sale sotto archi in mattoni dove trionfa una coreografica esposizione di prosciutti, fiaschi di vino, frutta e antipasti. Emozionante cantina di cui vi suggeriamo la visita e 10 camere presso la Locanda dello Spuntino per chi volesse prolungare la sosta.

🕸 🅰🅲 – Prezzo: €€

Via Cicerone 20 – ☏ 06 9431 5985 – tavernadellospuntino.com

GROTTAMMARE

✉ 63066 – Ascoli Piceno (AP) – Carta regionale n° **14**–C2

ATTICO SUL MARE ⓝ

ITALIANA CONTEMPORANEA • CONTESTO CONTEMPORANEO Al secondo ed ultimo piano (non preoccupatevi, c'è l'ascensore!) dello storico palazzo Kursaal, è un vero e proprio attico panoramico, ridisegnato dopo quasi 20 anni di attività con un rinnovo in chiave contemporanea. La modernità rifinisce anche l'offerta gastronomica, soprattutto di mare seppur non solo, in un invitane menù che tiene insieme con stile omogeneo ricette classiche locali (bella l'idea della cottura espressa in sala dell'insalata di mare) con creazioni inedite dello chef (come per il rombo di cui si servono praticamente tutte le parti, dal trancio principale alle guance passando per i "ciccioli"). Consigliata in chiusura pasto la torta all'alchermes con crema pasticceria e al cioccolato, assemblata in sala davanti al cliente.

⇐ ⅄ 🆔 ⋒ – Prezzo: €€€

Piazza Kursaal 6 – ℰ 0735 736394 – atticosulmare.it – Chiuso mercoledì, a mezzogiorno lunedì, martedì, giovedì, venerdì, sabato e domenica sera

GRUMELLO DEL MONTE

✉ 24064 – Bergamo (BG) – Carta regionale n° **5**–D1

VINO BUONO

LOMBARDA • WINE-BAR In un antico fienile del 1600 adiacente al campanile del Duomo, un'interessante enoteca con circa 400 etichette dove poter assaggiare una cucina semplice, ben fatta e di carattere tradizionale, anche se non mancano alcune ricette di pesce. Salumi, formaggi e ottimi primi piatti, tra i must!

⅏ ⅄ 🆔 ⋒ – Prezzo: €€

Via Castello 20 – ℰ 035 442 0450 – vinobuono.net – Chiuso lunedì, martedì e a mezzogiorno da mercoledì a domenica

GUALDO CATTANEO

✉ 06035 – Perugia (PG) – Carta regionale n° **13**–B2

IL GROTTINO

CARNE • OSTERIA Tra le morbide valli che si aprono intorno all'antico borgo medievale di Gualdo Cattaneo, a poca distanza da Foligno, Il Grottino è un palazzetto del gusto, meta ideale per chi è alla ricerca di un'esperienza autentica tra i profumi e i sapori tipici dell'Umbria. Via libera ai tartufi e ai prodotti a km 0, con un'attenzione particolare alla carne, rigorosamente cotta sulla griglia a vista dove sulle braci, oltre ai prodotti di allevamenti locali, viene proposta una selezione pregiata di manzetta prussiana.

🆔 ⋒ – Prezzo: €€

Piazza Beato Ugolino 5 – ℰ 0742 760228 – Chiuso lunedì e a mezzogiorno da martedì a venerdì

GUARDIAGRELE

✉ 66016 – Chieti (CH) – Carta regionale n° **15**–B1

⁂ VILLA MAIELLA

Chef: Arcangelo Tinari

ABRUZZESE • ELEGANTE L'Abruzzo: ecco cosa racconta la famiglia Tinari nel suo ristorante dal 1966. Oggi, al limitare del Parco della Maiella, troviamo mamma Angela insieme al figlio Arcangelo in cucina, e Peppino in sala con il figlio Pascal, alle prese con i migliori ingredienti abruzzesi, selezionati al ritmo delle stagioni, mentre i maiali neri (e i salumi che ne derivano) provengono dalla propria fattoria. La storia enogastronomica della regione, insieme agli insegnamenti di mamma e papà, sono la base su cui i fratelli stanno rilanciando l'insegna, costruendo una proposta sempre più avvincente. Una certezza anche per gli amanti del buon bere: in cantina riposano oltre 1000 etichette, nonché un'ampia scelta al bicchiere.

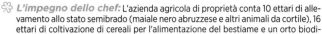

L'impegno dello chef: L'azienda agricola di proprietà conta 10 ettari di allevamento allo stato semibrado (maiale nero abruzzese e altri animali da cortile), 16 ettari di coltivazione di cereali per l'alimentazione del bestiame e un orto biodinamico che produce piccoli ortaggi ed erbe aromatiche. Una gran passione per il territorio che si respira a pieni polmoni anche in sala e nel menu.

&& & 📺 🎠 ⟳ 🄿 – Prezzo: €€€

Via Sette Dolori 30, località Villa Maiella – ☏ 0871 809319 – villamaiella.it –
Chiuso lunedì e martedì e domenica sera

GUARENE

✉ 14012 – Cuneo (CN) – Carta regionale n° **2**-A1

IO E LUNA ⓝ

REGIONALE • **AMBIENTE CLASSICO** Ambienti classici e cucina del territorio rivisitata alla luce delle diverse esperienze accumulate dallo chef-patron; in evidenza lievitati e dolci (il locale funziona anche come pasticceria d'asporto), pasticcini, torte e quant'altro. Una buona percentuale dei vegetali proviene dall'orto anche visitabile sul retro, nel contesto di un gradevole giardino. E la cucina non tradisce assolutamente le attese: piatti belli e generosi, un' offerta molto articolata con diversi menù degustazione ed uno dedicato anche ai bambini. Nella bella stagione è preferibile la terrazza con vista sulle colline circostanti.

&& ⇚ 📺 🎠 ⟳ 🄿 – Prezzo: €€

Località Montebello 1 – ☏ 0173 611724 – ioeluna.com – Chiuso lunedì e martedì a
mezzogiorno

LA MADERNASSA

CREATIVA • **ELEGANTE** In uno dei paesaggi più fiabeschi del Roero (e la terrazza del ristorante con vista mozzafiato sulle Langhe ci mette del suo!), la cucina di Giuseppe D'Errico si presenta con una serie di menù imposti e al buio, secondo l'estro dello chef. I piatti non si rifanno necessariamente al territorio, propongono materie prime esclusive in elaborazioni che, nella presentazione, s'ispirano anche a grandi artisti contemporanei (Jackson Pollock, Alberto Burri) e che vengono proposti con nomi sintetici e che lasciano spazio alla fantasia (Grande Rosso, Inedita Croccantezza).

&& ⇚ 📺 🎠 ⟳ 🄿 – Prezzo: €€€€

Località Lora 2 – ☏ 0173 611716 – lamadernassa.it – Chiuso lunedì e martedì a
mezzogiorno

GUDON

✉ 39043 – Bolzano (BZ) – Carta regionale n° **6**–B1

UNTERWIRT

MODERNA • **ROMANTICO** Un paio di graziose stube all'interno di un'abitazione privata. Assicuratevi di prenotare quella più romantica del XIII secolo: tra legni antichi vi domanderete se l'abbiano ricostruita con materiali di recupero, mentre invece è qui da secoli. Lo chef-patron Thomas Haselwanter si cimenta in una cucina intelligente, che sa armonizzare precisione e confort classici e piccolissime aperture moderne, riuscendo a sposare alla perfezione richiami al territorio e influenze mediterranee, come nei suoi apprezzati piatti a base di pesce. Accogliente terrazza per la bella stagione.

⇚ 🎠 ⟳ 🄿 – Prezzo: €€€

Gudon 45 – ☏ 338 385 4015 – unterwirtgufidaun.com/it – Chiuso lunedì,
domenica e a mezzogiorno da martedì a sabato

GUSSAGO

✉ 25064 – Brescia (BS) – Carta regionale n° **4**–C2

DINA

CREATIVA • **INTIMO** Quella che pare una semplice casa di paese ad angolo di strada, rivela all'interno quattro sale, una più originale e confortevole dell'altra, dalla romantica rusticità dell'ex cantina al mix di design e modernariato che le arreda. Tavoli piacevolmente grandi, anch'essi ricercati, ospitano menù degustazione ma con piatti estraibili alla carta. La cucina di Alberto Gipponi, oscillante fra tradizione e creatività, è una delle tappe gastronomiche più interessanti della zona.

🕭 🎴 ⇄ – Prezzo: €€€€

Via Santa Croce 1 – 𝒞 030 252 3051 – dinaristorante.com – Chiuso martedì e a mezzogiorno da mercoledì a venerdì

ILLASI

✉ 37031 – Verona (VR) – Carta regionale n° **8**–B3

LE CEDRARE

CREATIVA • **ROMANTICO** Nella settecentesca villa Perez-Pompei-Sagramoso, nello spazio che un tempo era adibito a serra per la conservazione delle piante di agrumi, cucina regionale reinterpretata creativamente. Il luogo è incantevole, la tavola altrettanto.

🍽 🎴 🍸 – Prezzo: €€

Stradone Roma 8 – 𝒞 045 652 0719 – lecedrare.it – Chiuso lunedì e martedì

IMOLA

✉ 40026 – Bologna (BO) – Carta regionale n° **9**–C2

✿✿ SAN DOMENICO

Chef: Massimiliano Mascia

CLASSICA • **LUSSO** Se le cucine sono state recentemente rinnovate con le più moderne attrezzature e uno chef's table - "Saletta 22" - permette di ammirare i cuochi all'opera, San Domenico rimane un ristorante dal fascino senza tempo, nella progressione dei suoi spazi interni dall'atmosfera vagamente inglese, ma anche nei tavoli all'aperto, affacciati su una bella piazza con i giardini pubblici del centro storico. La cucina di Massimiliano Mascia si presta volentieri a questo quadro, proponendo una carrellata di specialità che vanno dal locale al nazionale, eseguite senza stravolgimenti, ma in piatti rassicuranti, che puntano innanzitutto a piacere, senza seguire mode e tendenze, sposati ad una cantina di straordinaria ampiezza e qualità: vi è una carta dedicata esclusivamente alle numerose rarità (prodotte dal 1985 in giù)!

🍷 🎴 🍸 – Prezzo: €€€€

Via Sacchi 1 – 𝒞 0542 29000 – sandomenico.it – Chiuso lunedì e domenica sera

IMPERIA

✉ 18100 – Imperia (IM) – Carta regionale n° **10**–A3

✿ SARRI

Chef: Andrea Sarri

PESCE E FRUTTI DI MARE • **DI TENDENZA** Questo bel ristorante gode di una gradevole posizione nell'incantevole Borgo Prino, un'infilata di case dipinte con i tipici colori pastello proprio davanti al mare. La leggendaria mitezza del clima ligure consente di mangiare spesso all'aperto, ma qualora non fosse possibile il fascino della sala interna, un'antica rimessa arredata con ottimo gusto contemporaneo, sarà tutt'altro che un ripiego. Il servizio è elegante e inappuntabile, capeggiato con grazia dalla padrona di casa Alessandra. Dulcis in fundo, la cucina dello chef-patron, nonché marito, Andrea Sarri: la qualità straordinaria degli ingredienti, indicati dalla stagionalità e provenienti dal mar Ligure, nonché verdure e germogli coltivati in orti biologici, danno vita ad originali proposte quali la verticale di crudi oppure i crostacei di Oneglia in casseruola alle erbette aromatiche.

🕸 ♿ 🅰 🛋 ⇔ – Prezzo: €€€

Lungomare C. Colombo 108, Borgo Prino – 𝒞 0183 754056 – ristorantesarri.it – Chiuso mercoledì e a mezzogiorno lunedì, martedì, giovedì, venerdì

😳 OSTERIA DIDÙ

PESCE E FRUTTI DI MARE • SEMPLICE Letteralmente a due passi da piazza del Duomo e nel cuore pedonale del centro cittadino, il ristorante è semplice ma decisamente piacevole e offre un'ottima carrellata sulle specialità liguri. Tra i piatti più riusciti, noi abbiamo apprezzato il brandacujun (pasticcio di patate e stoccafisso) e i generosissimi calamari ripieni.

♿ 🅰 🛋 – Prezzo: €

Via Felice Cascione 70 – 𝒞 0183 273636 – Chiuso martedì e giovedì a mezzogiorno

INDUNO OLONA

✉ 21056 – Varese (VA) – Carta regionale n° **5**–A1

OLONA - "DA VENANZIO" DAL 1922

DEL TERRITORIO • ELEGANTE Da oltre cent'anni, un caposaldo per la cucina di queste zone.... Un bel caseggiato con ampio dehors estivo sotto un pergolato e - al suo interno - atmosfera un po' retrò, ma d'indiscusso fascino. Ricette tradizionali, con belle reinterpretazioni personali e, sebbene ci si trovi in Lombardia, i ravioli del plin ai tre arrosti con sugo di carne sono eccezionali! Lista dei vini notevole anche al bicchiere.

🕸 🍴 🛋 ⇔ 🅿 – Prezzo: €€€

Via Olona 38 – 𝒞 0332 200333 – davenanzio.com – Chiuso lunedì

ISOLA DI ISCHIA

Forio

✉ 04010 – Napoli (NA) – Carta regionale n° **17**–A2

IL MIRTO

Chef: Tommaso Luongo

VEGETARIANA • CONTESTO CONTEMPORANEO Arrivati al lussuoso hotel Botania sarete accompagnati al ristorante, attraversando un parco di più di tre ettari tra la più lussureggiante vegetazione mediterranea. È la migliore introduzione alla cucina che vi aspetta al Mirto: due lunghi menu degustazione - con possibilità tuttavia di ridurne le portate a quattro scegliendole liberamente dall'elenco. Un percorso è vegetariano, l'altro vegano, con la quasi totalità delle verdure provenienti dagli orti della struttura o da coltivazioni comunque ischitane. Ottimo anche il servizio, giovane e simpatico, per una serata immersa nella natura.

🐝 *L'impegno dello chef:* Un grande orto bio nella tenuta dell'albergo è l'ideale cestino delle delizie a cui il menu di questo ristorante vegetariano e vegano attinge a piene mani. Plastic free dall'inizio dell'attività e nessuno scarto in cucina, Il Mirto ha bandito qualsiasi bottiglietta di plastica e i dipendenti hanno la loro borraccia personale.

🍴 🅰 🛋 🅿 – Prezzo: €€€€

Via Provinciale Lacco, 284 – 𝒞 081 997978 – ilmirtoristorantevegetariano.it – Chiuso giovedì e a mezzogiorno lunedì, martedì, mercoledì, venerdì, sabato, domenica

IL SATURNINO ⓝ

PESCE E FRUTTI DI MARE • STILE MEDITERRANEO Una storia d'amore tra un americano e una foriana portò nel 1949 all'apertura di questo ristorante affacciato sul porto, con una bella veranda panoramica sul mare. L'attuale gestione ne ha fatto uno degli indirizzi più interessanti per chi vuole conoscere le tradizioni isolane e campane. Imperdibile la pasta con i locali e rarissimi fagioli zampognari, cozze e totanetti, poi il coniglio all'ischitana, scenograficamente servito in una casseruola di terracotta e naturalmente tanti piatti di pesce.

⪜🍴 – Prezzo: €€

Via Soprascaro 17 – ℰ 081 998296 – ristorantesaturnino.it – Chiuso lunedì

UMBERTO A MARE

PESCE E FRUTTI DI MARE • STILE MEDITERRANEO In posizione mozzafiato, sotto la chiesa del Soccorso e con una vista su mare e tramonto con pochi eguali, la cucina non si sottrae al confronto con tanta bellezza convincendo appieno: su basi campane attualizzate, i piatti sono tanto eleganti quanto raffinati. Dalla tagliatella di calamaro, limone e latte di soia alla rivisitazione della parmigiana, dalla mesca-francesca (pasta mista) con gamberoni e fagioli di Controne fino alla strepitosa carrellata di dolci, Umberto è una tappa imperdibile sull'isola. Rimarchevole anche la cantina (visitabile) con più di mille etichette, tra i punti di forza la selezione di Champagne.

𝕭 ⪜🍴 – Prezzo: €€€

Via del Soccorso 8 – ℰ 081 997171 – umbertoamare.it – Chiuso a mezzogiorno da lunedì a venerdì

Ischia
✉ 04010 – Napoli (NA) – Carta regionale n° **17**–A2

✿✿ DANÍ MAISON

Chef: Nino Di Costanzo

CONTEMPORANEA • ELEGANTE A casa di Nino, questo il significato del nome del ristorante e non è un modo di dire: sarete proprio nella casa dello chef Di Costanzo, sulle colline di una zona residenziale dell'isola. Varcata la soglia, il percorso lungo il giardino in prevalenza coltivato a macchia mediterranea vi lascerà incantati per cura e varietà di pianti e fiori, è qui che la sera vengono serviti gli aperitivi e il dopo cena. All'interno, sotto un tipico soffitto a volta, sono sistemati i pochi tavoli, ma per chi vuole vedere il cuoco all'opera, ci si può sedere proprio davanti alla cucina. Piatti estremamente elaborati, tecnici, ricercati, per chi ama una cucina che parte sovente da un concetto e giunge a risultati sorprendenti, anche esteticamente. Un suggerimento: se venite in auto, attenzione all'ultimo tratto di strada perché è piuttosto stretta.

𝕭 ⍾🎦 🅿 – Prezzo: €€€€

Via Montetignuso 4 – ℰ 081 993190 – danimaison.it – Chiuso lunedì e martedì a mezzogiorno

Lacco Ameno
✉ 04010 – Napoli (NA) – Carta regionale n° **17**–A2

✿ INDACO

CREATIVA • LUSSO Siate puntuali con l'appuntamento del tramonto: il sole scende alle vostre spalle, ma il mare assume sfumature meravigliose, capirete allora il perché del nome del ristorante. Siamo in una zona riservata dell'albergo della Regina Isabella, una piccola darsena dove la vista spazia tra Lacco Ameno,

Casamicciola, l'isola di Procida, il Vesuvio, Bacoli... tutto si svolge davanti a voi con il mare racchiuso fra terre e isole come una baia. Indimenticabile! Ai fornelli l'ischitano Pasquale Palamaro ripercorre le sue memorie isolane in piatti elaborati e creativi. La proposta parte da due menu degustazione, in prevalenza di pesce, ma con incroci anche di carne (i piatti possono essere scelti anche singolarmente alla carta). Di gran livello l'accompagnamento enologico, sia per vastità scelta - più di mille etichette - che per i consigli dell'appassionato sommelier.

⚜ ⇆ Ⓜ 🏠 🅿 – Prezzo: €€€€

Piazza Santa Restituta 1 - ℰ 081 994322 – reginaisabella.com – Chiuso martedì e a mezzogiorno lunedì, mercoledì, giovedì, venerdì, sabato, domenica

ISEO

✉ 25049 – Brescia (BS) – Carta regionale n° **5**–D1

RADICI

ITALIANA CONTEMPORANEA • **CONTESTO CONTEMPORANEO** In centro al grazioso paesino lacustre, sotto al Castello Oldofredi e non lontano dal lago stesso, gestione giovane che si propone sia nell'ambiente sia nella linea gastronomica con uno stile contemporaneo leggero. All'interno di un edificio storico, sebbene l'arredo si rifaccia ad un design moderno, la cucina prende spunto da alcune ricette ed ingredienti del territorio; di fatto si allarga poi ad ispirazioni italiane ed internazionali.

🛋 ⅗ Ⓜ 🏠 – Prezzo: €€€

Via Mirolte 53 - ℰ 392 920 6145 – radiciristoranteiseo.com – Chiuso mercoledì e a mezzogiorno lunedì, martedì, giovedì, venerdì

ISERA

✉ 38060 – Trento (TN) – Carta regionale n° **6**–A2

🏡 **CASA DEL VINO DELLA VALLAGARINA**

REGIONALE • **RUSTICO** Sapori, profumi e vini della Vallagarina sono i protagonisti di questa insegna piacevolmente ubicata tra le mura seicentesche di Palazzo de Probizer, con strepitosa vista sulle montagne (tempo permettendo). La cantina propone praticamente tutti i produttori di vino della zona (anche al bicchiere!), mentre la cucina si affida ad una formula ormai rodata: un singolo menu degustazione, ma che cambia quotidianamente e con la possibilità di optare anche solo per qualche piatto. I manicaretti prendono spunto dalle stagioni, dal territorio e dal gusto italiano, così come dalle fragranze del proprio orto. L'ispettore consiglia: maltagliati con verza, fagioli e scaglie di Vezzena, ottimi e sostanziosi!

🏠 – Prezzo: €€

Piazza San Vincenzo 1 - ℰ 0464 486057 – casadelvino.info

LOCANDA DELLE TRE CHIAVI

REGIONALE • **CONTESTO REGIONALE** All'interno di un edificio settecentesco, la solida gestione di Sergio in sala e Annarita in cucina propone con passione e mestiere il meglio degli ingredienti stagionali del Trentino, in preparazioni classiche e gustose da accompagnare con una buona etichetta di vino regionale.

🏠 🅿 – Prezzo: €

Via Vannetti 8 - ℰ 348 402 0857 – locandadelletrechiavi.it – Chiuso lunedì, a mezzogiorno da martedì a venerdì e domenica sera

ISOLA D'ASTI

✉ 14057 – Asti (AT) – Carta regionale n° **2**–B1

IL CASCINALENUOVO

PIEMONTESE • **AMBIENTE CLASSICO** Superati i 50 anni di attività e con una brigata di cucina ampiamente rinnovata, Il Cascinalenuovo continua a proporre, sotto lo sguardo vigile di chef Ferretto, prelibatezze classiche e stagionali, glorie e tradizioni, in un carosello dei migliori piatti piemontesi: i famosi plin, al tovagliolo o al sugo di arrosto, la millefoglie di lingua e il piccione in due servizi. Vi sono poi idee più contemporanee come il carciofo e carciofo oppure il pescato del giorno in leggera frittura. Carta dei vini sbilanciatamene piemontese e ben fornita. Nella bella stagione i tavoli nel dehors affacciato su giardino e piscina creano un'atmosfera incantevole. La struttura dispone anche di romantiche camere per un week end rilassante e gourmet.

🕸 ᕦ🖼♨♻🅿 – Prezzo: €€€€

SS 231 Asti-Alba 15 – ☎ 0141 958166 – walterferretto.com – Chiuso lunedì, martedì, a mezzogiorno da mercoledì a venerdì e domenica sera

ISOLA DI CAPO RIZZUTO

✉ 88841 – Crotone (KR) – Carta regionale n° **19**–B2

PIETRAMARE NATURAL FOOD

CREATIVA • **STILE MEDITERRANEO** In una raffinata atmosfera di muretti a secco e vegetazione mediterranea, lo spazio del ristorante è elegante e personalizzato in ogni più piccolo dettaglio. Il nuovo cuoco s'impegna in preparazioni moderne che prendono spunto dal territorio ma, più in generale, dai sapori del sud d'Italia, concedendo più spazio al pesce rispetto alla carne, e proponendo anche un menu vegetariano. Intrigante la cigar room con salotti e camino.

ᕦ🖼♨🅿 – Prezzo: €€€€

SS 106, loc. Praialonga, – ☎ 0962 376640 – pietramarenaturalfood.com – Chiuso lunedì e a mezzogiorno da martedì a domenica

RURIS

PESCE E FRUTTI DI MARE • **ACCOGLIENTE** Lo chef-patron Natale Pallone mostra una certa predilezione per il pesce. Non potrebbe essere diversamente, perché sebbene leggermente all'interno rispetto alla costa, in un'atmosfera di fatto rurale, siamo pur sempre a due passi dal mare e nell'Area Marina Protetta Capo Rizzuto. In cantina si custodiscono oltre 200 etichette e più di 60 distillati internazionali pregiati.

🖼🅿 – Prezzo: €€€

Via Spiaggie Rosse, località Mazzotta – ☎ 339 737 2712 – ruris.it

ISOLA DOVARESE

✉ 26031 – Cremona (CR) – Carta regionale n° **4**–C3

🏵 CAFFÈ LA CREPA

Chef: Federico Malinverno

LOMBARDA • **VINTAGE** Affacciato su una scenografica piazza rinascimentale, il caffè risale al primo Ottocento, poco più tarda la trattoria. Oggi vi invita ad un nostalgico viaggio dal Risorgimento alla metà del Novecento, passando per il Liberty. Insomma, un posto del cuore, ma anche del palato: la ricerca dei migliori prodotti del territorio si accompagna a un'eccellente esecuzione di ricette tradizionali, piene di gusto e di sapori (trippa, tortelli, lumache...). E se desiderate portarvi a casa un ricordo gastronomico o enologico c'è anche una bottega con rivendita.

❀ *L'impegno dello chef:* Le mani affondano nel suolo dell'orto e della vigna di proprietà, il cui vino si inserisce in una carta attenta alle produzioni bio. Le materie prime a km 0 del proprio orto sono completate da fornitori della zona. La visione di turismo sostenibile globale comprende, tra molte altre attività, il service point per le biciclette.

🕸 🏠 ⟳ – Prezzo: €€

Piazza Matteotti 14 – ✆ 0375 396161 – caffelacrepa.it – Chiuso lunedì e domenica sera

ISOLA SANT'ANTONIO

✉ 15050 – Alessandria (AL) – Carta regionale n° **1**–C2

DA MANUELA

DEL TERRITORIO • **TRATTORIA** Le proposte del basso Piemonte e della Lomellina si arricchiscono di pesci d'acqua dolce, mentre sempre presenti restano le rane. Per i più golosi c'è un fornitissimo carrello dei formaggi. Buona anche la selezione enoica.

🕸 🚗🎦🏠🅿 – Prezzo: €€

Frazione Capraglia – ✆ 0131 857177 – ristorantedamanuela.it – Chiuso lunedì e domenica sera

ISSENGO

✉ 39030 – Bolzano (BZ) – Carta regionale n° **6**–B1

TANZER

CREATIVA • **ROMANTICO** Proprio sotto il campanile della piccola frazione, due romantiche stube del 1600 dove Melanie e il marito Michael, sommelier, vi accoglieranno e vi accompagneranno in un percorso di piatti regionali, moderni e fantasiosi.

🚗🏠⟳🅿 – Prezzo: €€€

Via del Paese 1 – ✆ 0474 565366 – tanzer.it – Chiuso lunedì e martedì

JESOLO

✉ 30016 – Venezia (VE) – Carta regionale n° **8**–C2

DA GUIDO

PESCE E FRUTTI DI MARE • **ELEGANTE** La storia comincia nel 1967, quando Guido e Giovanna Fasan, tuttora presente in sala, si conoscono in Germania e tornando in Italia si stabiliscono qui nei primi anni '90. Se il bianco è il colore dominante delle sale di tono elegantemente contemporaneo, sulla tavola il riflettore è puntato su appetitosi piatti di mare, la cui specialità è la cottura alla griglia. L'atmosfera diventa romantica nel giardino, che d'estate si trasforma in accogliente garden bar. Insieme ad altri ristoratori veneziani, i Fasan gestiscono un orto, condotto con criteri di agricoltura sostenibile, sull'isola veneziana di Sant'Erasmo.

🕸 🚗🦽🎦🏠🅿 – Prezzo: €€€

Via Roma Sinistra 25 – ✆ 0421 350380 – ristorantedaguido.com – Chiuso lunedì e martedì a mezzogiorno

LABICO

✉ 00030 – Roma (RM) – Carta regionale n° **12**–B2

ANTONELLO COLONNA LABICO

Chef: Antonello Colonna

ITALIANA CONTEMPORANEA • MINIMALISTA Sofisticato indirizzo dal grande impatto scenico, il ristorante è un'originale e avveniristica struttura immersa nella campagna di Vallefredda. All'interno l'ambiente austero e moderno crea un'atmosfera da museo contemporaneo, mentre all'esterno, nella bella stagione, si ha quella sensazione da gita fuori porta che vale la sosta, magari in una delle camere del resort, per un soggiorno gourmet in totale relax. La cucina proposta da chef Colonna è di base classica, ma personalizzata con accostamenti talvolta inusuali, il cui filo conduttore è sempre la qualità della materia prima e una tecnica precisa per esaltarla al meglio. Tre i percorsi degustazione: "Senza tempo" un tour tra i piatti storici di Antonello, "Il Mare di Roma" un omaggio alle specialità ittiche e - infine - "Orto" esplicito nel titolo!

⪝ ⇔ & Ⓜ 🛖 ⇔ 🅿 – Prezzo: €€€€

Via di Valle Fredda 52 – ✆ 06 951 0032 – antonellocolonna.it/resort-spa/ristorante – Chiuso lunedì e domenica sera

LADISPOLI

✉ 00055 – Roma (RM) – Carta regionale n° **12**–A2

THE CESAR

MEDITERRANEA • ELEGANTE La terrazza è romanticamente affacciata sulla distesa blu del mar Tirreno, mentre la sala interna garantisce la stessa eleganza che contraddistingue il lussuoso albergo Posta Vecchia in cui ci si trova. La cucina è di stampo classico, legata al territorio e dallo stile fortemente mediterraneo.

⪝ ⇔ Ⓜ 🛖 🅿 – Prezzo: €€€

Località Palo Laziale – ✆ 06 994 9501 – postavecchiahotel.com

LAGUNDO

✉ 39022 – Bolzano (BZ) – Carta regionale n° **6**–A1

LUISL STUBE

CREATIVA • STUBE Schlosswirt Forst è una caratteristica dimora del 1500 che ospita un ristorante tradizionale, alcune camere e, soprattutto, la Luisl Stube: un piccolo gioiello apparecchiato tra i bellissimi legni antichi ed i tradizionali lampadari di una stube storica, più candele accese che tavoli (sono solo 4) per un'atmosfera davvero intima e romantica, fuori dal tempo. Ai fornelli invece il tocco si fa contemporaneo grazie allo chef Luis Haller, ricercatore di prodotti del territorio, a cui alterna anche qualche ingrediente più esotico o di mare, presentandosi con 2 menù degustazione. Il bravo sommelier Nicola Spimpolo vi farà divertire in wine pairing mai banali, risalendo il tempo verso vecchie annate alla ricerca di una piccola, grande emozione enoica.

🐌 & 🅿 – Prezzo: €€€€

Via Venosta 4 – ✆ 0473 260350 – schlosswirt-forst.it – Chiuso lunedì, martedì, domenica e a mezzogiorno da mercoledì a sabato

BLAUE TRAUBE

MODERNA • FAMILIARE L'antichissimo ristorante "Uva blu", il cui nome pare circolasse già nel Seicento, è ripartito a nuova vita nel 2019 con la gestione del

282

giovane Christoph Huber, che mette a frutto le mirabili esperienze fatte in ristoranti pluristellati. I suoi piatti omaggiano ingredienti e ricette sudtirolesi ma sempre con una chiave di lettura moderna. Gli ospiti vengono accolti in un'area lounge per gustare l'aperitivo, quindi accompagnati al tavolo dove viene loro servito il menu degustazione elaborato dallo chef, anche in versione vegetariana.

🍽 ⇩ – Prezzo: €€€€

Strada Vecchia 44 – ☏ 0473 447103 – blauetraube.it/it – Chiuso lunedì, domenica e a mezzogiorno da martedì a sabato

OBERLECHNER

REGIONALE • CONTESTO TRADIZIONALE Da Merano si sale fino a mille metri di altitudine, dove lo sguardo abbraccia città e monti in un panorama mozzafiato. La carta si basa soprattutto su ingredienti locali cucinati con precisione e senza troppi svolazzi creativi, il brasato di manzo con salsa al Lagrein (con verdure e riso) ne è un esempio significativo: piatto succulento, goloso e generoso. La vista si offre anche dalle belle camere, tutte con balcone.

≤ 🍴 🍽 ⇩ 🅿 – Prezzo: €€

Località Velloi 7 – ☏ 0473 448350 – gasthofoberlechner.com – Chiuso mercoledì

LAIGUEGLIA

✉ 17053 – Savona (SV) – Carta regionale n° **10**-B2

SAVÔ

ITALIANA CONTEMPORANEA • DESIGN La riapertura nel 2022 dell'albergo Windsor, con il suo design dal romantico richiamo vintage, rappresenta una bella sferzata per Laigueglia, soprattutto per la novità del ristorante gourmet, il Savô ("sapore" in dialetto ligure). Nella sala interna contemporanea, o meglio ancora nel dehors vista spiaggia e mare, la cucina è moderna, impostata su ingredienti regionali e stagionali, con molto pesce, ma anche un piatto di terra per ogni portata. Il tutto si accompagna ai vini della carta oppure ai cocktail del grazioso Windsor Bar.

≤ ♿ 🅰 🍽 – Prezzo: €€€

Piazza XXV Aprile 8 – ☏ 0182 038029 – thewindsor.it

LAINATE

✉ 20045 – Milano (MI) – Carta regionale n° **5**-A2

LA CORTE GOURMET

ITALIANA • ACCOGLIENTE Interessante scelta di vini con tante possibilità al calice, servizio competente in ambienti tra il classico ed il contemporaneo, nonché la cucina di Roberto Bottini: lo chef-patron propone un menu a base stagionale dove affianca specialità come la battuta di fassona e la cotoletta milanese di vitello cotta nel burro a primi piatti e ricette con tartufo. Piacevole l'opportunità di un pasto nella champagneria, attorniati da mattoni a vista e bottiglie attentamente selezionate da Antonella.

⅛ 🅰 ⇩ – Prezzo: €€€

Piazza Angelo Borroni 1 – ☏ 333 498 3847 – lacortegourmet.com – Chiuso sera lunedì e martedì

LALLIO

✉ 24040 – Bergamo (BG) – Carta regionale n° **5**-C1

BOLLE

ITALIANA CONTEMPORANEA • CONTESTO CONTEMPORANEO Ci troviamo in zona industriale, ma nel moderno showroom di un noto produttore di pentole ed oggetti per la cucina, e... lo si vede già dall'entrata, accanto al negozio! Al primo piano va in scena una cucina d'autore: gli chef si esprimono con entusiasmo su gusti ed accostamenti interessanti e la selezione enoica, che contempla tutta Italia, permette un buon wine pairing.

&. 🅺 🅿 – Prezzo: €€€

Via Provinciale 30 – ℰ 035 090 0208 – bollerestaurant.com – Chiuso lunedì e domenica

LAMA MOCOGNO
✉ 41023 – Modena (MO) – Carta regionale n° **9**–B2

😊 VECCHIA LAMA

EMILIANA • SEMPLICE Cordialità e ospitalità sono le padrone di casa, insieme ad un'ottima cucina di sola carne con specialità emiliane e montane, nonché tartufi in stagione. D'estate si pranza sulla terrazza affacciata sul giardino. Sara Ori, figlia del patron, si occupa con grazia e competenza di sala e selezione enoica.

🍴 ⇄ – Prezzo: €

Via XXIV Maggio 24 – ℰ 0536 44662 – ristorantevecchialama.it – Chiuso lunedì e martedì a mezzogiorno

LAMEZIA TERME
✉ 88046 – Catanzaro (CZ) – Carta regionale n° **19**–A2

🕸 ABBRUZZINO OLTRE 🆕 🅝

Chef: Luca Abbruzzino

CONTEMPORANEA • CONTESTO STORICO È la nuova intrapresa del giovane chef Luca Abbruzzino che si è insediato al primo piano di un palazzo storico del centro città, recentemente divenuto un piccolo resort con sei camere esclusive. Per l'aperitivo ci si accomoda nell'elegante salottino; si passa poi in una delle due sale per un totale di cinque tavoli - tutti di forma ellissoidale - per assaggiare il suo menù a sorpresa, tante piccole portate legate da un filo rosso di fantasia, competenza, passione, amore anche per la propria terra. Noi abbiamo apprezzato soprattutto la pescatrice dry aged al sesamo nero (una sua preparazione già "classica",) cipollotto, uvetta e colatura d'alici, lo spaghetto al sugo di triglia, arancia, curcuma e nduja e il piccione con pesca, pomodoro e orzo. Previsto anche un wine-pairing: ci si può affidare - comunque - alla competenza e alla passione del maître-sommelier per scegliere una bottiglia o anche un solo bicchiere.

🅺 – Prezzo: €€€€

Piazza Salvo d'Acquisto 16 – ℰ 0968 188 8038 – abbruzzinoltre.it – Chiuso martedì, mercoledì e a mezzogiorno lunedì, giovedì, venerdì, sabato

🕸 LUIGI LEPORE

Chef: Luigi Lepore

CREATIVA • CONTESTO CONTEMPORANEO Se all'esterno passa quasi inosservato, aperta la porta si schiude un mondo di eleganza moderna dallo stile vagamente scandinavo: una piccola bomboniera gastronomica in un palazzo ottocentesco a Nicastro, nel centro storico di Lamezia. Lo chef-patron Luigi Lepore è rientrato nell'amata Calabria dopo ottime esperienze maturate fra Italia e Francia. Tecnica e precisione sono messe al servizio dei migliori ingredienti della regione per dar vita a piatti dai decisi sapori contemporanei con ben gestite punte di amaro ed acido, nonché un intrigante utilizzo degli agrumi. Non c'è carta: tre sono i menu degustazione: Origini (5 portate) e A Mano Libera (che si sdoppia in 7 o 9 portate). La piacevole accoglienza è affidata al sorriso di Stefania, sorella dello chef, che coordina la sala e illustra le creazioni gastronomiche del fratello.

&. 🅺 – Prezzo: €€€

Via Ubaldo de' Medici 50 – ℰ 0968 407639 – luigilepore.it – Chiuso lunedì, martedì, a mezzogiorno da mercoledì a venerdì e domenica sera

LA MORRA

✉ 12064 – Cuneo (CN) – Carta regionale n° **2**–A2

✿ MASSIMO CAMIA

Chef: Massimo Camia

PIEMONTESE • **AMBIENTE CLASSICO** In una sala dall'atmosfera e dagli arredi moderni, l'attenzione è rapita dalle ampie finestre affacciate sulle colline e il paese della Morra. La cucina di Massimo Camia e di sua figlia Elisabetta propone piatti divenuti ormai classici del suo repertorio, come l'ottimo e scenografico carré d'agnello sulla pietra di Luserna e salsa bbq a cui se ne aggiungono altri di ricerca e qualcuno di pesce. Notevole anche l'ottima selezione di formaggi piemontesi. Per quanto riguarda i vini l'altro figlio, Iacopo – sommelier - saprà guidarvi con passione e competenza nei meandri di una lista quasi enciclopedica: soprattutto, ma non solo, per ciò che riguarda Barolo e vini locali.

⚜ 🅐🅒 🛋 🅟 – Prezzo: €€€

SP3 Alba-Barolo 122 – ☎ 0173 56355 – massimocamia.it – Chiuso martedì e mercoledì

☺ OSTERIA VEGLIO

PIEMONTESE • **CONTESTO REGIONALE** Con comodo parcheggio riservato e una grande terrazza affacciata sul panorama delle Langhe, la casa costruita negli anni '20 vi accoglie con minimalismo stilistico, ma entusiasmo gastronomico... Noi, grandi golosi di quinto quarto, ci siamo buttati sui rognoncini di agnello rifiniti al Marsala, e abbiamo fatto bene perché sono squisiti! La scelta minima alla carta è di due piatti esclusi i dessert.

⚜ ⇐ 🛋 ♻ 🅟 – Prezzo: €

Frazione Annunziata 9 – ☎ 0173 509341 – osteriaveglio.it – Chiuso lunedì e domenica e sera da martedì a giovedì

COLTIVARE

Chef: Luca Zecchin

PIEMONTESE • **CONTESTO CONTEMPORANEO** Accanto all'azienda vinicola Brandini è nato questo piccolo relais, che affida i fornelli allo chef Luca Zecchin, grande conoscitore dei sapori delle Langhe e tra gli ultimi discepoli della "regina" della cucina piemontese, Lidia Alciati. È dal territorio che provengono quasi tutti gli ingredienti utilizzati, in parte prodotti in proprio, come nel caso delle verdure dell'orto e delle uova. I piatti si dividono tra quelli della memoria, veri e propri omaggi alla tradizione (non si possono non assaggiare i plin), e alcune ricette più personali dello chef, che propone anche un menu interamente dedicato alla brace, il cui utilizzo si estende anche a un dolce: il pane e cioccolato! La carta dei vini mostra lo stesso grande affetto per il Piemonte, oltre che per gli Champagne. Di giorno godetevi la splendida vista dalle grandi vetrate che cingono la sala, impreziosita anche da un grande camino.

✿ *L'impegno dello chef:* Si coltiva una filosofia di rispetto e salvaguardia del territorio in questo nuovo ristorante ospitato all'interno dell'azienda vinicola Brandini, biologica già dal 2011. Nella serra germogliano i semi delle verdure scelte personalmente dallo chef, che poi passano nell'orto biologico. Nel pollaio vivono 10 galline ovaiole alimentate naturalmente. L'impegno verso la sostenibilità traspare chiaramente nell'accoglienza e nel menu incentrato unicamente sul territorio.

🛏 🕭 🅐🅒 🅟 – Prezzo: €€€

Borgata Brandini 16 – ☎ 0173 328231 – coltivarerelais.it/la-cucina – Chiuso lunedì e martedì

OSTERIA ARBORINA

MODERNA · CONTESTO CONTEMPORANEO L'Arborina Relais è davvero un bel posto, moderno, raffinato ed elegante, eppure vi si verrà soprattutto per la sua cucina intrigante, una cucina che mette in mostra tecnica e diversi passaggi in ogni ricetta. L'ispirazione ha diverse origini: noi, per esempio, ci siamo imbattuti in un menù ispirato agli anni '80 (quando lo chef napoletano Fernando Tommaso Forino non era ancora nato), apprezzando molto la Triglia alla Vodka o il Carrello dei Dolci, nonché l'idea alla base di tutta la carta, cioè il "no waste", con l'utilizzo di tutte le parti di una materia prima e sempre allo scopo di renderla più godibile. Nel cuore di alcuni dei vigneti più blasonati d'Italia, la scelta enologica si concentra in prevalenza sul Piemonte.

✦ 🛥 ♻ 🅿 – Prezzo: €€€

Frazione Annunziata 27/b – ✆ 0173 500340 – arborinarelais.it/osteria – Chiuso martedì, mercoledì e a mezzogiorno lunedì, giovedì, venerdì, sabato

LAMPEDUSA - Agrigento (AG) → Vedere Sicilia, in fondo alla Guida

LANCENIGO

✉ 31020 – Treviso (TV) – Carta regionale n° **8**–C2

✿ VITE

CONTEMPORANEA · DESIGN Entrati nel ristorante, non mancate di farvi accompagnare in una visita delle sue sale: di design contemporaneo, ciascuna diversa dall'altra, si rimane impressionati dalla personalità, originalità e bellezza degli arredi. In cucina Leoluca Brambilla elabora due menu degustazione, fondamentalmente creativi, ma con citazioni del territorio, sia verso il mare, in particolare la laguna veneta, che l'entroterra regionale, cioè la Marca Trevigiana.

&♿ 🅰 🛥 ♻ 🅿 – Prezzo: €€€€

Viale della Repubblica 3 – ✆ 375 564 4295 – tadtreviso.com/vite – Chiuso lunedì, domenica e a mezzogiorno da martedì a sabato

LAPIO

✉ 36057 – Vicenza (VI) – Carta regionale n° **8**–B3

🏵 TRATTORIA DA ZAMBONI

CLASSICA · ACCOGLIENTE In un imponente palazzo d'epoca, le sobrie sale al primo piano quasi si fanno da parte per dare spazio al panorama sui colli Berici, mentre la cucina, tradizionale e rivisitata al tempo stesso, ha la forza di 50 anni di storia. Molto valida anche la selezione di bottiglie, per cui gli appassionati chiederanno la carta completa per sbizzarrirsi.

✦ ≤& 🅰 🛥 ♻ 🅿 – Prezzo: €

Via Santa Croce 73 – ✆ 0444 273079 – trattoriazamboni.it – Chiuso lunedì e martedì

L'AQUILA

✉ 67100 – L'Aquila (AQ) – Carta regionale n° **15**–A1

FØRMA CONTEMPORARY RESTAURANT

CREATIVA · MINIMALISTA In pieno centro storico, seppur in zona residenziale e defilata, intimo locale dall'atmosfera elegantemente minimal, dove vi destreggia Simone Ciuffetelli. Forte di esperienze internazionali, lo chef-patron propone una linea creativa cucinando materia prima locale in ricette contemporanee, a volte ricorrendo alle amate fermentazioni e puntando a far spiccare normalmente 3 ingredienti: vedi il dolce con la crema e croccante di nocciole tostate, nascosti sotto ad una generosa spuma di cioccolato bianco, "camuffata" da meringa all'italiana grazie alla polvere di liquirizia di cui è cosparsa.

&. 🖬 – Prezzo: €€

Via Fortebraccio 53 – ✆ 331 688 0236 – formarestaurant.it – Chiuso lunedì, domenica e a mezzogiorno da martedì a sabato

LA SPEZIA

✉ 19121 – La Spezia (SP) – Carta regionale n° **10**–D2

ANDREE

CONTEMPORANEA • ELEGANTE Nel centro di Spezia, il ristorante si apre su una cucina a vista di grande impatto per poi svilupparsi in una saletta con soffitti a volte di mattoni. Cucina dai toni moderni che ha nel pesce locale la migliore espressione, supportata da una carta dei vini di carattere ed un servizio professionale.

&. 🖬 – Prezzo: €€€

Via San Martino della Battaglia 16 – ✆ 0187 872808 – andree.eu – Chiuso a mezzogiorno

OSTERIA DELLA CORTE

MEDITERRANEA • FAMILIARE Muri in sasso del 1600 con volte a vista e saletta intima all'interno, un cortile per la bella stagione ed una cucina soprattutto di mare, efficace nella sua semplicità. La ricchezza di gusto è un imperativo per la chef Silvia Cardelli: tra i suoi classici, lo Spaghetto ai frutti di mare e il Filetto alla Rossini. Ottima selezione di vini (700 etichette) accompagnata da interessanti consigli del sommelier.

🏵 🛱 – Prezzo: €€

Via Napoli 86 – ✆ 0187 715210 – osteriadellacorte.com – Chiuso lunedì

LATINA

✉ 04010 – Latina (LT) – Carta regionale n° **12**–B2

IL FUNGHETTO

PESCE E FRUTTI DI MARE • AMBIENTE CLASSICO A pochi minuti di macchina dalle spiagge, un ristorante dove le specialità ittiche sono le regine del menu. Lo chef patron Michele Lombardi (seconda generazione dal 1973) saprà consigliarvi al meglio anche per quanto concerne la scelta enoica, con una panoramica sull'Italia e non solo. In una sala accogliente o sotto un fresco pergolato in estate.

🏵 🛱🛱🅿 – Prezzo: €€

Strada Litoranea 11412, località Borgo Grappa – ✆ 0773 208009 – ristoranteilfunghetto.it – Chiuso mercoledì e domenica sera

LAVAGNA

✉ 16033 – Genova (GE) – Carta regionale n° **11**–C2

ARIA 🆕

ITALIANA CONTEMPORANEA • STILE MEDITERRANEO Il resort diffuso Villa Riviera che ospita il ristorante si trova leggermente all'interno rispetto al mare, sopraelevato, in un'oasi di tranquillità verdeggiante. Se la sala-veranda, moderna e dal mood "asciutto", è accogliente ed elegante, il romanticismo si eleva al massimo sulla terrazza estiva da cui si gode di una vista speciale sulla costa, inimitabile al calar del sole. In carta, una cucina moderna, a tratti creativa, con alcuni richiami ai sapori liguri come nel dessert "La mia Liguria" dove si combinano ingredienti quali il basilico e le olive col cioccolato bianco, i pinoli ed il gelato al fiordilatte.

< 🛱🛱🅿 – Prezzo: €€€

Via Costa 18 – ✆ 331 300 7385 – villarivieraresort.com – Chiuso a mezzogiorno

LAVARIANO

✉ 33050 – Udine (UD) – Carta regionale n° **7**–B2

AB OSTERIA CONTEMPORANEA

MODERNA • **DI QUARTIERE** Un piccolo borgo a pochi chilometri da Udine è il palcoscenico di una cucina moderna ricca di spunti locali e molta personalità. Negli spazi rinnovati con estro convivono due anime: una più conviviale all'ingresso, l'altra decisamente formale. C'è anche un ampio dehors, ideale per la bella stagione.
&♿ 🅰 🍽 – Prezzo: €€
Via Aquileia 5 – ☎ 0432 184 4110 – abcontempo.it – Chiuso lunedì e martedì

LAVELLO

✉ 85024 – Potenza (PZ) – Carta regionale n° **18**–A1

☸ DON ALFONSO 1890 SAN BARBATO

DEL TERRITORIO • **LUSSO** Se la consulenza è quella della famiglia Iaccarino, artefice della grande ristorazione mediterranea a Sant'Agata sui Due Golfi e di cui qui troverete riproposti alcuni piatti (come lo spaghetto Don Alfonso), bisogna tuttavia rendere onore al merito e al talento del cuoco Donato De Leonardis. La sua è una cucina pienamente riuscita, che spazia con abilità da citazioni lucane a spunti orientali e mantiene equilibrio e armonia, senza mai deragliare, anche nei piatti più originali. Noi abbiamo apprezzato molto, per esempio, il Riso acquerello, agretti, cannolicchi, mela verde e salvia, così come la triglia con pak choi, guazzetto di mare e patata viola. Il tutto si svolge al primo piano del San Barbato Resort, un albergo lussuoso - molto impegnato nella gestione sostenibile delle risorse ambientali - che dispone anche di altri tre ristoranti ognuno con una sua offerta ben caratterizzata.
&♿ 🅰 🍽 🅿 – Prezzo: €€€
SS 93, km 56,300 – ☎ 0972 816011 – sanbarbatoresort.com/it/ristorazione/don-alfonso-1890-it – Chiuso lunedì, domenica e a mezzogiorno da martedì a sabato

FORENTUM

DEL TERRITORIO • **FAMILIARE** Nel centro storico, ristorante rustico e familiare dove si serve una cucina locale alimentata anche dai prodotti del proprio orto. Affascinante la sala all'interno di una grotta naturale di antica origine. Semplici, ma ben attrezzate camere come albergo diffuso tutt'intorno.
🅰 🍽 – Prezzo: €
Piazza Plebiscito 16 – ☎ 0972 85147 – forentum.it – Chiuso lunedì a mezzogiorno

LAVENO

✉ 21014 – Varese (VA) – Carta regionale n° **4**–A2

LA TAVOLA

CREATIVA • **AMBIENTE CLASSICO** Ristorante dell'albergo Il Porticciolo che farà innamorare gli appassionati del lago: lasciata l'auto nel parcheggio, si scende con l'ascensore nella sala con finestre affacciate sull'acqua e vista sulla riva opposta del lago Maggiore. Lago che ritorna poi anche in molti dei piatti dei due menu degustazione proposti da Riccardo Bassetti, molti dei quali basati su pesce d'acqua dolce, elaborati e creativi, per chi cerca una cucina personalizzata.
⛱ ⬱ 🍽 🅿 – Prezzo: €€€€
Via Fortino 40 – ☎ 0332 667257 – ilporticciolo.com – Chiuso mercoledì e a mezzogiorno lunedì, martedì, giovedì, venerdì

COMPRA COME, QUANDO E DOVE VUOI E RICEVI I PRODOTTI COMODAMENTE PRESSO LA TUA ATTIVITÀ

8.000	Prodotti alimentari
1.000	Prodotti di carne, pesce e ortofrutta
1.000.000	Consegne l'anno

Prova la nostra delivery, ti sorprenderà!
Per info 800.800.808 o in Punto Vendita

PER NOI METRO È ESSERCI, SEMPRE. COME, LO DECIDI TU.

LA CARNE SECONDO METRO:

57 RAZZE,
23 PAESI,
90 TIPI DI LOMBATA.

QUANDO SI TRATTA DI MATERIA PRIMA
NON ACCETTARE COMPROMESSI, MAI.

Crediamo che ogni piatto, ogni menù, ogni chef sia unico e in quanto tale debba poter **scegliere i suoi ingredienti in totale libertà**. Per questo ci impegniamo ad offrirti la massima varietà e la massima qualità. Di numeri avremmo potuto aggiungerne molti altri: i gradi di marezzatura, i mesi di frollatura, i tipi di porzionatura e poi ancora le filiere di produzione, le certificazioni e così via. **Preferiamo però che tu li scopra direttamente in METRO.**

PER NOI METRO È ESSERCI, SEMPRE. COME, LO DECIDI TU.

metro.it

METRO

LE FERRIERE

✉ 04100 – Latina (LT) – Carta regionale n° **12**–A2

SATRICVM

DEL TERRITORIO • **CHIC** Le esperienze raccolte a Londra ed in giro per il mondo tornano nell'atmosfera piacevolmente internazionale che non ci si aspetterebbe in queste lande, ma anche nella capacità di dare il giusto tocco di modernità ai prodotti del territorio. L'Agro Pontino viene, infatti, esaltato da una cucina attuale, ricca di fantasia, con un filo conduttore che rimanda alla tradizione e alle perle del passato.

&. Ⓜ 🍴 🅿 – Prezzo: €€€

Strada Nettunense 1227 – 𝒞 349 192 3153 – blog.maxcotilli.com – Chiuso martedì, mercoledì, a mezzogiorno lunedì e giovedì e domenica sera

LECCE

✉ 73100 – Lecce (LE) – Carta regionale n° **16**–D3

✿ BROS'

Chefs: Floriano Pellegrino e Isabella Potì

CREATIVA • **MINIMALISTA** Bros' è sinonimo di spirito libero e giovanile, di creatività e di immagine sorretta da qualità: Floriano Pellegrino e Isabella Potì di energia ne hanno da vendere e la usano al meglio nei due menu degustazione: 20 e 23 passi. Al tavolo giungono un bel numero di assaggi innovativi e sorprendenti, partendo proprio da prodotti salentini – parecchi dei quali rifiniti con teatralità direttamente in sala – sino alla conclusione del pasto con un dessert di alto livello, campo in cui eccelle Isabella Potì. Gli ospiti sono condotti senza alcun filtro e con sottofondo musicale up-to-date nel mondo gastronomico e personale dei due intriganti chef. Interessante carta dei vini che elenca produzioni anche biologiche e biodinamiche e ottimo servizio.

&. Ⓜ – Prezzo: €€€€

Via degli Acaja 2 – 𝒞 351 661 5513 – pellegrinobrothers.it

✿ PRIMO RESTAURANT

MEDITERRANEA • **INTIMO** Pochissimi tavoli in una sala altrettanto piccola e dal caratteristico soffitto a stella in pietra leccese, con la sorpresa del servizio all'aperto a lume di candela: questo è Primo Restaurant, ovvero il luogo dove Solaika Marrocco, classe 1995, nata nella non lontana Gallipoli, esprime la sua personalità di cuoca moderna in piatti belli per la vista, squisiti per il palato. A dispetto della giovanissima età, la chef è già in grado di proporre una cucina di raffinata ed elegante semplicità, mai banale, dove del Salento e della Puglia si citano spesso alcuni ingredienti (particolare predilezione per il pomodoro!), nonché le ricette più antiche e tradizionali che Solaika si diverte a reinventare con uno stile decisamente contemporaneo e originale, se non addirittura audace. Tanta ottima Puglia anche nella carta dei vini con qualche incursione negli Champagne e nelle bollicine italiane.

Ⓜ 🍴 – Prezzo: €€€€

Via 47° Reggimento Fanteria 7 – 𝒞 0832 243802 – primorestaurant.it – Chiuso martedì e a mezzogiorno lunedì, mercoledì, giovedì, venerdì, sabato, domenica

DUO RISTORANTE

PUGLIESE • **CONTESTO CONTEMPORANEO** Intimo e raffinato, è il ristorante ideale per serate gourmet e romantiche a luce soffusa. Il cuoco Fabiano Viva propone vari menu, ma lascia poi liberi gli ospiti di incrociare i piatti secondo i propri gusti. Le ricette, costituite da ingredienti spesso pugliesi, sono per lo più creative e si parte sempre con la generosa sorpresa di numerosi appetizer.

🖼 – Prezzo: €€€

Via Giuseppe Garibaldi 11 – 𝒞 0832 520956 – ristoranteduo.it – Chiuso lunedì e martedì a mezzogiorno

GIMMI RESTAURANT

CONTEMPORANEA • MINIMALISTA L'edificio è un ex convento domenicano risalente al 1442, che ospita anche un boutique hotel. Il ristorante è, invece, decisamente moderno e arredato in stile minimalista: pavimento chiaro, possenti colonne in pietra, volte a crociera e sala con vista sulla vetrina dei vini. Il servizio è molto efficiente, attento e cordiale, e la cucina raggiunge alti livelli. Tra le specialità più consigliate ci sono i Capelli d'angelo Benedetto Cavalieri con canocchie, spaghetto di alghe, zafferano del Galateo, sedano e peperone.

🖼 🛋 ⇔ – Prezzo: €€€€

Via San Pietro in Lama 23 – 𝒞 0832 700920 – chiostrodeidomenicani.it/ ristorante – Chiuso a mezzogiorno

LECCO

✉ 23900 – Lecco (LC) – Carta regionale n° 5–B1

NICOLIN

MODERNA • ELEGANTE Gestito dalla stessa famiglia da oltre trent'anni, ma totalmente rinnovato in tempi recenti, ristorante con proposte tradizionali affiancate da piatti più fantasiosi; bella cantina visitabile e ricca di etichette di pregio, nonché servizio estivo in terrazza.

🖼 🛋 ⇔ 🅿 – Prezzo: €€

Via Paisiello 4, località Maggianico – 𝒞 0341 422122 – ristorantenicolin.it – Chiuso martedì e domenica sera

LEGNANO

✉ 20025 – Milano (MI) – Carta regionale n° 5–A2

KOINÈ

CONTEMPORANEA • CONTESTO CONTEMPORANEO Che siate nella moderna sala interna o, con il bel tempo, nella piccola corte di questo palazzo centrale, Alberto Buratti vi proporrà una serie di menù degustazione, tra cui anche il vegetariano "1MQ d'orto", nonché una piccola carta. La sua cucina è un mix di piatti locali (tra cui i classici risotto e costoletta alla milanese) e proposte più creative.

🖼 🛋 ⇔ – Prezzo: €€€

Vicolo Filippo Corridoni 2/c – 𝒞 0331 599384 – koinerestaurant.com – Chiuso martedì

LENNA

✉ 24010 – Bergamo (BG) – Carta regionale n° 4–B2

AGRITURISMO FERDY ⓝ

Chef: Alessio Manzoni

REGIONALE • CASA DI CAMPAGNA Lasciata l'auto nel parcheggio e varcato il fiume Brembo si entra in un contesto da favola, tra prati e cavalli, circondati dalle cime orobiche. La cucina è una dichiarazione d'amore per la montagna: a tratti tecnica e complessa, ma sempre gustosa, piena e rotonda, con la carne e i prodotti caseari che la fanno da padrone. Imperdibile è - infatti - il carrello dei formaggi a fine pasto: ce n'è per tutti i gusti! Circa i vini, fatevi consigliare da Niccolò una bottiglia delle valli bergamasche, ve ne sono di sorprendenti qualità! Camere e negozio con rivendita di prodotti tipici completano il quadro di uno straordinario agriturismo di alto livello.

🕸 *L'impegno dello chef:* Il cuore del locale è l'azienda agricola, da cui proviene oltre il 50% dei prodotti utilizzati: latte e derivati, carne grass fed di razze in estinzione (capra orobica e bruna alpina) utilizzate "dalla coda al naso", foraging, coltivazione in serra di erbe aromatiche, allevamento di trote di montagna, galline e maiali. Il tutto spiegato e raccontato con passione, con l'intento di far scoprire e amare il territorio che li ospita.

🛏 ♿ 🅰 � 🅿 – Prezzo: €€€

Località Fienili, fraz. Scalvino – ℰ 0345 82235 – agriturismoferdy.com/it – Chiuso a mezzogiorno da lunedì a venerdì

LERICI

✉ 19032 – La Spezia (SP) – Carta regionale n° **10**-D2

IL FICO TRENTACAREGHE

PESCE E FRUTTI DI MARE • AMBIENTE CLASSICO Lungo una delle strade costiere più belle della zona, preceduto da un grazioso giardino di ulivi, è proprio la vista uno dei punti di forza del ristorante, che si apprezza da alcuni tavoli della sala e ancor più dalla terrazza estiva. Naturalmente insieme alla cucina: un omaggio ai prodotti del mare, sovente con richiami alle tradizioni liguri.

⟨ 🅰 � 🅿 – Prezzo: €€

Località Fiascherino 7 – ℰ 0187 304242 – ilficotrentacareghe.com – Chiuso lunedì e martedì a mezzogiorno

LESA

✉ 28040 – Novara (NO) – Carta regionale n° **1**-C1

BATTIPALO

MODERNA • CONVIVIALE Un locale raccolto e d'atmosfera per una sosta romantica a bordo lago. Atmosfera rilassante per una cucina italiana e di lago rivisitata talvolta in chiave più contemporanea. Pochi manierismi e ottima sostanza con utilizzo di buone materie prime.

🅰 � – Prezzo: €€

Viale Vittorio Veneto 2 – ℰ 0322 76069 – battipalolesa.it – Chiuso lunedì e a mezzogiorno da martedì a venerdì

LESINA

✉ 71010 – Foggia (FG) – Carta regionale n° **16**-A1

😊 LE ANTICHE SERE

PUGLIESE • CONVIVIALE Piccolo locale di fronte al lago di Lesina, dove tutto ruota attorno alla professionalità ed esperienza dello chef-titolare, che effettua una bella ricerca sui prodotti lagunari, pesci ed erbe aromatiche, producendo in proprio la bottarga di muggine. Sapori del territorio, quindi, cucinati e serviti con tocco moderno come nella vellutata di cavolo, scampi marinati e fonduta di capra.

♿ 🅰 � – Prezzo: €€

Via P. Micca 22 – ℰ 0882 991942 – leantichesere.it

LEVANTO

✉ 19015 – La Spezia (SP) – Carta regionale n° **10**–D2

ANTICA TRATTORIA CENTRO

PESCE E FRUTTI DI MARE • FAMILIARE Nel cuore di Levanto e a pochi passi dal mare, gestione quasi ventennale per una trattoria che propone una tradizionale cucina di mare con qualche piatto anche di terra. Ambiente famigliare con un buon servizio; i pochi tavolini nel piccolo dehors vanno prenotati con largo anticipo.
&. ⅯⒸ – Prezzo: €€
Corso Italia 25 – ℰ 0187 808157 – Chiuso martedì

LA SOSTA DI OTTONE III

LIGURE • ACCOGLIENTE Non proprio dietro l'angolo, fatevi consigliare il percorso alla prenotazione, lasciate l'auto nel parcheggio privato all'inizio del paese e da qui proseguite a piedi sino alla sommità, nella pittoresca cornice di un tipico paesino dell'entroterra ligure, ma con ancora uno scorcio di mare sullo sfondo. Col bel tempo, si mangia sotto un glicine. La cucina propone una scelta ristretta di piatti regionali e anche la carta dei vini è dedicata alla Liguria.
⅋ ⪕ 🖐 ⅯⒸ 🕮 🅿 – Prezzo: €€
Località Chiesanuova 39 – ℰ 0187 814502 – lasosta.com/it – Chiuso domenica e a mezzogiorno da lunedì a sabato

LEVICO TERME

✉ 38056 – Trento (TN) – Carta regionale n° **6**–A2

😊 BOIVIN

REGIONALE • FAMILIARE All'interno di un'antica casa del centro, il locale si basa sulla personalità e le idee dello chef-patron Riccardo Bosco, che mixa con originalità tradizione e ingredienti trentini con inserti provenienti dal mondo intero, come, ad esempio, il kimchi coreano o la tecnica orientale di cottura tataki, di cui la trota con purea di sedano rapa rappresenta il loro signature dish (ma ci sono anche fuori carta giornalieri in base al mercato). La lista dei vini è in gran parte dedicata al territorio.
🕮 ⇔ – Prezzo: €€
Via Garibaldi 9 – ℰ 0461 701670 – boivin.it – Chiuso lunedì, a mezzogiorno da martedì a venerdì e domenica sera

LEVIZZANO RANGONE

✉ 41014 – Modena (MO) – Carta regionale n° **9**–B2

OPERA|02

EMILIANA • DESIGN Azienda agricola, camere, spa, bistrot e... ristorante gourmet! La proposta verte sul territorio e gioca con la creatività dello chef, con due menu degustazione - Carta Bianca e Storico - che possono essere modulati. Da non perdere il soufflé al cioccolato con gelato alla nocciola e salsa al caramello, golosissimo. I prodotti della azienda, tra i quali lo squisito aceto balsamico - posso essere acquistati.
⪕ 🖐 &. ⅯⒸ 🕮 ⇔ 🅿 – Prezzo: €€€
Via Medusia 32 – ℰ 059 741019 – opera02.it – Chiuso martedì

LEZZENO

✉ 22025 – Como (CO) – Carta regionale n° **4**–A2

FILO

ITALIANA CONTEMPORANEA • INTIMO Dalla splendida posizione sul lago la vista raggiunge la costa opposta, l'isola Comacina e Villa Balbianello. L'esperienza non si esaurisce qui, ma continua con la cucina, che con le proposte moderne di un giovane chef campano spazia in tutto lo Stivale, a cominciare dagli stuzzichini iniziali per finire con i dolcetti abbinati al caffè. Ricette sofisticate, ma mai complicate, con la possibilità di scelta tra menu degustazione e carta. È il gusto italiano con i suoi sapori a conquistare il palato, a cui si aggiungono belle presentazioni che appagano il senso estetico.

← ⅋ 🏠 – Prezzo: €€€

SP 583 - Località Bagnana 96 – ☎ 031 537 5101 – ristorantefilo.it – Chiuso a mezzogiorno da lunedì a venerdì

LICATA – Agrigento (AG) ➜ Vedere Sicilia, in fondo alla Guida

LIDO DI CAMAIORE

✉ 55041 – Lucca (LU) – Carta regionale n° **11**–B1

IL MERLO

MEDITERRANEA • COLORATO Location direttamente sulla spiaggia ed un'accogliente sala dall'eleganza contemporanea; dei piatti si occupa il patron, con una carta che predilige il pesce, come per il gran crudo di mare oppure il pescato del giorno al sale. Non mancano - tuttavia - stuzzicanti ricette di carne, vedi il plin o il piccione.

& ⅋ 🏠 🅿 – Prezzo: €€€

Via Bernardini 660 – ☎ 0584 166 0839 – ilmerlocamaiore.it – Chiuso martedì e a mezzogiorno lunedì, mercoledì, giovedì, venerdì, sabato, domenica

LIDO DI JESOLO

✉ 30016 – Venezia (VE) – Carta regionale n° **8**–C2

DA OMAR

PESCE E FRUTTI DI MARE • ACCOGLIENTE Affacciato sul passeggio della zona centrale, Omar è il ritrovo degli appassionati di pesce fresco che non amano elaborazioni eccessive, ma prediligono la fragranza dei sapori: qui trovano un porto di sicura qualità.

⅋ 🏠 – Prezzo: €€€€

Via Dante Alighieri 21 – ☎ 0421 93685 – ristorantedaomar.com – Chiuso mercoledì

LIDO DI SAVIO

✉ 48125 – Ravenna (RA) – Carta regionale n° **9**–D2

SALSEDINE367

PESCE E FRUTTI DI MARE • STILE MEDITERRANEO Sulla spiaggia, il ristorante svolge anche la funzione di lido, si mangia quindi sempre all'aperto gustando una cucina fantasiosa e personalizzata che fa della bontà delle materie prime uno dei suoi tratti fondamentali, mentre piacevoli abbinamenti valorizzano le specialità ittiche. Degustazione alla cieca secondo l'estro dello chef o scelta à la carte ben variegata con porzioni anche generose.

🏠 – Prezzo: €€

Via Marradi 11 – ℰ 0544 949400 – salsedine367.it – Chiuso mercoledì

LIGNANO SABBIADORO

✉ 33054 – Udine (UD) – Carta regionale n° **7**–B3

RUEDA GAUCHA

GRIGLIA • **CONTESTO TRADIZIONALE** Se cercate succulenti carni selezionate sia in Italia che all'estero, siete nel posto giusto. Ma non è finita qui! Sulla griglia sfrigola anche il miglior pescato del vicino mare. Oltremodo, difficile non iniziare con i pregiati salumi... Ambiente conviviale.

🏠 – Prezzo: €€

Viale Europa 18 – ℰ 0431 70062 – Chiuso a mezzogiorno lunedì e mercoledì

LIMITO

✉ 20096 – Milano (MI) – Carta regionale n° **5**–B2

ANTICO ALBERGO

ITALIANA • **CONTESTO TRADIZIONALE** Gli ambienti di questo noto ristorante rimandano alle origini settecentesche dell'edificio, un'atmosfera accogliente sotto soffitti di travi e mattoni a vista, mentre nella bella stagione ci si può accomodare nel gradevole dehors ombreggiato dal glicine. La cucina sia di terra che di mare non fa mancare i piatti lombardi che sono tra i più amati: ideale per chi cerca sapori autentici, senza troppe contaminazioni.

🎟 🏠 ⇔ – Prezzo: €€

Via Dante Alighieri 18 – ℰ 02 926 6157 – anticoalbergo.it – Chiuso domenica e sabato a mezzogiorno

LIMONE PIEMONTE

✉ 12015 – Cuneo (CN) – Carta regionale n° **1**–B3

OSTERIA IL BAGATTO

MODERNA • **STILE MONTANO** Nel centro della bella località alpina e con un ambiente interamente rivestito in legno da stube vera e propria, una cucina attenta ai dettagli, dove ottime materie prime vengono plasmate dalle abili mani dello chef. La carta propone piatti del territorio, ma non solo: ci sono, infatti, proposte di pesce ed altre d'ispirazione contemporanea.

🏠 – Prezzo: €€

Via XX Settembre 16 – ℰ 0171 927543 – releven11.it – Chiuso lunedì-mercoledì e giovedì a mezzogiorno

LIMONE SUL GARDA

✉ 25010 – Brescia (BS) – Carta regionale n° **4**–C2

SENSO ALFIO GHEZZI LAKE GARDA

ITALIANA CONTEMPORANEA • **DESIGN** Nel contesto dell'albergo Eala, raffinato hotel moderno ad una passeggiata dall'incantevole centro storico di Limone, il ristorante Senso ne rappresenta l'offerta gourmet. Pochi tavoli affacciati sul Garda, dove il celebre chef stellato a Rovereto Alfio Ghezzi propone una cucina creativa, ma sovente imperniata sulle risorse del territorio, a partire dai pesci d'acqua dolce.

⇐ ⅖ ⓜ 🅿 – Prezzo: €€€€

Via IV Novembre 86 – ☏ 0365 954613 – ealalakegarda.com/ristoranti/ fine-dining-senso

LINGUAGLOSSA – Catania (CT) → Vedere Sicilia, in fondo alla Guida

LIVIGNO

✉ 23041 – Sondrio (SO) – Carta regionale n° **4**–C1

AL PERSEF

MODERNA • **STILE MONTANO** All'interno dell'hotel Sporting, in una sala contemporanea e molto signorile con ampie vetrate sull'esterno, la cucina creativa - a tratti orientaleggiante - riserva grande attenzione alle materie prime della zona. Bella carta dei vini.

🏠 🅿 – Prezzo: €€€

Via Saroch 1272 – ☏ 0342 996665 – ristorantealperseflivigno.com – Chiuso lunedì e a mezzogiorno da martedì a domenica

CAMANA VEGLIA

MODERNA • **RUSTICO** Un ristorante che è anche un piccolo museo: i suoi interni, infatti, risalgono all'inizio del '900 e provengono da vecchie baite di Livigno. Davvero particolare è la "Stua Mata" nella quale cenare diventa una vera e propria esperienza polisensoriale. In menu, proposte del territorio, ma con spunti di moderna creatività.

🏠 ✿ 🅿 – Prezzo: €€

Via Ostaria 583 – ☏ 0342 996310 – camanaveglia.it – Chiuso a mezzogiorno

KOSMO TASTE THE MOUNTAIN

ALPINA • **CONTESTO REGIONALE** A pochi passi dal centro e raggiungibile anche dalle piste da sci in inverno, ambiente alpino di impronta contemporanea con un'ampia sala a grandi vetrate panoramiche. La proposta è quella di una cucina sostenibile e di stagione, a base di prodotti di montagna elaborati con tocco moderno. La cantina offre un'ampia selezione con una particolare attenzione ai vini di montagna di produttori che lavorano in viticoltura sostenibile.

🏠 – Prezzo: €€

Via Bondi 473/a – ☏ 346 115 2048 – kosmotastethemountain.com – Chiuso giovedì

LOANO

✉ 17025 – Savona (SV) – Carta regionale n° **10**–B2

BAGATTO

LIGURE • **RUSTICO** Nascosta in un carruggio del centro, in cui per altro si mettono i tavoli all'aperto nella bella stagione, questa è una simpatica trattoria dal particolare soffitto con mattoni a vista: un indirizzo indicato per gli amanti della cucina ligure e, soprattutto, di mare, semplice e classica.

ⓜ 🏠 – Prezzo: €€

Via Ricciardi 24 – ☏ 019 675844 – Chiuso mercoledì e lunedì a mezzogiorno

LODI

✉ 26900 – Lodi (LO) – Carta regionale n° **4**–B3

🕸 **LA COLDANA**

CONTEMPORANEA • ELEGANTE Una cascina di origini settecentesche nella prima periferia cittadina è il regno di due giovani soci che a poco a poco, grazie anche all'arrivo del giovane chef romano Alessandro Proietti Refrigeri, l'hanno trasformata in un ristorante in cui venire a provare una linea gastronomica di qualità e personalità, con alcuni piatti già definiti iconici. Un esempio? "Rape, radici e vegetali", a base di oltre trenta varietà combinate e preparate in mille modi e da accompagnare, su suggerimento della cucina, con kombucha di malva. Possibilità di scegliere tra tre formule degustazione, una delle quali prevede una selezione a mano libera dello chef.

🍴 🖘 **P** – Prezzo: €€€

Cascina Coldana, via del Costino – 𝒞 0371 431742 – lacoldana.it – Chiuso lunedì, martedì e a mezzogiorno mercoledì e giovedì

LOMAZZO

✉ 22074 – Como (CO) – Carta regionale n° **5**–A1

🕸 **TRATTORIA CONTEMPORANEA**

Chef: Davide Marzullo

ITALIANA CONTEMPORANEA • DESIGN Una giovane brigata capitanata dal talentuoso chef Davide Marzullo sorprende per tecnica e cucina di moderna concezione, dove i piatti si fanno ambasciatori di sapori e abbinamenti sia nazionali che internazionali, con la presenza anche di un menu - Istinto - completamente vegetariano. A pranzo l'offerta si fa più light, tuttavia si potranno gustare anche le specialità à la carte e i tre menu degustazione (numero di portate differenti). La riqualificazione industriale di un ex cotonificio offre una valida cornice a tutta questa energia.

🖘 🖾 🍴 – Prezzo: €€€€

Via del Ronco 10 – 𝒞 02 8089 6040 – trattoriacontemporanea.it – Chiuso domenica, sabato a mezzogiorno e mercoledì sera

LONGIANO

✉ 47020 – Forlì-Cesena (FC) – Carta regionale n° **9**–D2

🕸🕸 **MAGNOLIA**

Chef: Alberto Faccani

CREATIVA • ELEGANTE All'interno del raffinato Relais Villa Margherita, antica villa di origini settecentesche trasformata in elegante dimora con solo sei camere, parco, piscina, Magnolia ne è la parte contemporanea: una sala-veranda attraverso le cui finestre la vista spazia sui colli romagnoli sino addirittura allo "spuntone" montagnoso di San Marino. Suo patron è il bravo chef Alberto Faccani, intelligente nel sapersi proporre con piatti classici che ne descrivono il percorso professionale insieme ad altri inediti, che ne mostrano l'instancabile volontà di ricerca ed evoluzione. Il suo stile contemporaneo mira ad una certa eleganza ed equilibrio; vedi - ad esempio - la delicata salsa al latte cocco che completa le seppioline condite con caviale e piselli.

🕸 🖘 👥 🖾 🍴 **P** – Prezzo: €€€€

Via Pelliciano 35, loc. Montilgallo – 𝒞 0547 81598 – magnoliaristorante.it – Chiuso lunedì e a mezzogiorno da martedì a venerdì

DEI CANTONI

ROMAGNOLA • FAMILIARE Gli interni tradizionali del ristorante aggiungono ulteriore fascino alla sua collocazione pittoresca in un borgo storico con castello malatestiano. La sorpresa più grande arriva però dalla cucina, gustosissima proposta di specialità romagnole: tra terra e mare, paste al mattarello e dolci golosi, è una tavola imperdibile.

AC ⌂ – Prezzo: €€

Via Santa Maria 19 – ☎ 0547 665899 – ristorantedeicantoni.it – Chiuso mercoledì

TERRE ALTE

PESCE E FRUTTI DI MARE • ELEGANTE Una delle mete più conosciute in zona per gli appassionati di pesce, le proposte vengono elencate secondo gli arrivi del giorno ed elaborate in piatti relativamente semplici e tradizionali per esaltare la materia prima. Buona carta dei vini, in particolare sugli Champagne, terrazza panoramica.

AC ⌂ P – Prezzo: €€€

Via Olmadella 11, località Balignano – ☎ 0547 666138 – ristoranteterrealte.com – Chiuso lunedì e martedì a mezzogiorno

LONIGO

✉ 36045 – Vicenza (VI) – Carta regionale n° **8**-B3

✿✿ LA PECA

Chef: Nicola Portinari

MODERNA • ELEGANTE Quando arrivi nella zona alta di Lonigo e posteggi accanto alla villetta privata che ospita La Peca, sai che sei arrivato in uno dei grandi classici della ristorazione gastronomica italiana. La famiglia Portinari per competenza e serietà rappresenta, infatti, un caposaldo. Una volta passati per la grande anticamera al pian terreno (dove per altro si trova anche l'elegante salottino dedicato ai fumatori), si sale al primo piano; qui ci si accomoda in ambienti caldi, dal design contemporaneo, ricercato e piacevole. Della cucina si occupa Nicola Portinari (Passion Dessert Award 2024) che – con mano precisa - sa accompagnare ingredienti stagionali e sapori veneti verso percorsi creativi, destreggiandosi fra carne e pesce con eguale abilità. Una menzione particolare, però, va riservata alla carta dei dessert ampia e ricercata, si noterà che la fantasia si sposa perfettamente con le tecniche e preparazioni più classicheggianti (come per il soufflé al cioccolato fondente accompagnato da gelato al caffè, albicocca e whisky torbato). Interessante carta dei vini, mirabilmente illustrata dal sommelier Matteo Bressan.

✿ *L'impegno dello chef:* Con discrezione e riserbo da anni i Portinari fanno attenzione alla sostenibilità e utilizzano per intero la materia prima per evitare sprechi, anche con raffinate tecniche di elaborazione che aggiungono valore gastronomico (jus, fondi di cottura...). L'incremento di pannelli fotovoltaici ha portato ad una produzione di 40 Kw di potenza. Inoltre da tempo si utilizza l'ozono per il lavaggio della biancheria e la pulizia delle attrezzature e dei banchi di lavoro.

✿ ᚷ AC ⇄ P – Prezzo: €€€€

Via Alberto Giovanelli 2 – ☎ 0444 830214 – lapeca.it – Chiuso lunedì e domenica

LORETO

✉ 60025 – Ancona (AN) – Carta regionale n° **14**-C1

✿ ANDREINA

Chef: Errico Recanati

MODERNA • ELEGANTE Errico Recanati, ad oltre 60 anni dall'apertura del locale da parte di nonna Andreina, aggiunge un altro splendido tassello alla saga familiare. Con il rinnovo totale degli interni dell'ex casa colonica aumenta ulteriormente il confort delle sale, oggi ancor più eleganti ed accoglienti, dove l'ottimo servizio si muove con un accresciuto garbo, mentre si consolidano le radici culturali di una cucina in cui cacciagione e brace son sempre state protagoniste. Questo sembrano voler raccontare gli unici elementi rimasti: la brace e il camino! Lo stile distintivo di Recanati porta dritto al fuoco vivo, alla già evocata brace, nonché allo spiedo, che egli conosce come pochi altri ed i cui sentori entrano praticamente in tutti i piatti, rifiniti da soluzioni personali, spesso utilizzando frutta e verdura di produzione propria. Tutto ciò contribuisce alla formazione di quello che lo chef stesso definisce "cucina neorurale"... illuminata magistralmente dai nuovi faretti puntati su ogni tavolo con precisione da set teatrale. Selezione enoica ben strutturata.

&& 🅐🅒 🍴 ⇔ 🅿 – Prezzo: €€€

Via Buffolareccia 14 – ℰ 071 970124 – ristoranteandreina.it – Chiuso martedì e mercoledì

LORO CIUFFENNA

✉ 52024 – Arezzo (AR) – Carta regionale n° **11**–C2

IL CIPRESSO - DA CIONI

TOSCANA • COLORATO Quadri di arte contemporanea realizzati dal titolare-pittore rallegrano la sala, mentre le migliori specialità del territorio - salumi, pane, paste e le celebri carni toscane - e l'ottimo gelato fatto in casa deliziano gli avventori, che potranno prolungare il piacere dei sapori gustati portandosi a casa prodotti locali acquistabili nella piccola enoteca.

🅐🅒 🅿 – Prezzo: €€

Via Alcide De Gasperi 28 – ℰ 055 917 1127 – Chiuso lunedì-mercoledì

LUCARELLI

✉ 53017 – Siena (SI) – Carta regionale n° **11**–D1

🕄 OSTERIA LE PANZANELLE

TOSCANA • OSTERIA Una cucina del territorio eseguita con gusto e generosità: paste fatte in casa e ottime carni - a noi sono piaciuti molto i pici all'aglione e il coniglio ripieno di spinaci - in una simpatica trattoria di paese informale e sbarazzina, con un piacevolissimo dehors nel giardino ombreggiato. Venerdì pesce fresco dall'Isola d'Elba; lista dei vini che privilegia la Toscana. Prenotare è sempre meglio!

🍴 – Prezzo: €€

Località Lucarelli 29 – ℰ 0577 733511 – lepanzanelle.it – Chiuso lunedì e domenica sera

LUCCA

✉ 55100 – Lucca (LU) – Carta regionale n° **11**–B1

🕄 NIDA

GIAPPONESE • COLORATO Fuori dal centro storico, a solo 1 km circa delle mura cittadine, lo chef Masaki Kuroda (titolare anche del Serendipico a Capannori) propone piatti tradizionali giapponesi, risalendo con i ricordi sino alla propria infanzia. Ci sono gli osashimi (i crudi), i nigiri, naturalmente, i famosi ravioli gyoza, poi i ramen col brodo come faceva a casa sua, nel sud del Giappone (con carne di maiale) e altro ancora. A pranzo, ottima l'opzione nipponica teishoku: si sceglie la portata principale e lo chef abbina tutta una serie di ottimi stuzzichi.

🅖 – Prezzo: €€

Via Nicola Barbantini 338 – ℰ 375 648 6320 – serendepico.com/nida – Chiuso lunedì, domenica e martedì a mezzogiorno

ALL'OLIVO

TOSCANA • **AMBIENTE CLASSICO** In una delle caratteristiche piazze del bel centro storico, quattro sale di cui la centrale costellate di bottiglie di vino, mentre le altre sono impreziosite dai moltissimi disegni di autori che sono transitati al mitico Lucca Comics. La cucina s'ispira al territorio che da queste parti significa sia terra sia mare. Piacevole servizio estivo all'aperto.

🚗 🍴 ⇔ – Prezzo: €€

Piazza San Quirico 1 - 𝒞 0583 493129 – ristoranteolivo.it

BUCA DI SANT'ANTONIO

TOSCANA • **CONTESTO TRADIZIONALE** A pochi metri da piazza San Michele, nel cuore del bellissimo centro storico di Lucca, la Buca di Sant'Antonio è il gran classico cittadino dal oltre 200 anni: la sala principale è un trionfo di pentole di rame appese sul soffitto, in generale l'atmosfera al suo interno è calda e romantica. La cucina è, come intuibile, all'insegna della tradizione toscana presentata con una sequenza di piatti regionali: la carne spopola, così come le paste fresche tirate dalle sfogline.

🦐 🚗 🍴 ⇔ – Prezzo: €€

Via della Cervia 3 - 𝒞 0583 55881 – bucadisantantonio.com – Chiuso lunedì e domenica sera

GIGLIO

CLASSICA • **ELEGANTE** Il Giglio gode di una bellissima posizione in una delle tante piazze del centro storico dell'incantevole Lucca, di cui occupa un bel palazzo settecentesco, dotato tra l'altro di grazioso servizio all'aperto. La cucina è ispirata ai sapori italiani, sia di carne sia di pesce, che propone in maniera classica con rifinitura leggermente moderna, come per la patata sifonata e spolverata di bottarga che copre un sugo ai calamaretti, finferli e crema piccante al prezzemolo. Sempre molto buono il pane.

🚗 🍴 – Prezzo: €€€

Piazza del Giglio 2 - 𝒞 0583 494058 – ristorantegiglio.com – Chiuso a mezzogiorno da martedì a venerdì

IL MECENATE

TOSCANA • **FAMILIARE** Nei locali di una storica tintoria lungo il "fosso" della città, respirerete l'atmosfera di un'autentica, conviviale trattoria. Il menu è una vera e propria carrellata di sapori locali: come non citare i tordelli lucchesi (ravioli ripieni di carne mista, timo e noce moscata e conditi con ragù sempre di carne), la trippa e il budino di pane, la cui ricetta originale risale sino al Settecento. Scenografico servizio estivo di fronte alla chiesa di San Francesco e buona scelta enoica a completare l'offerta.

🍴 – Prezzo: €

Via del Fosso 94 - 𝒞 0583 511861 – ristorantemecenate.it – Chiuso martedì e lunedì a mezzogiorno

L'IMBUTO

CREATIVA • **CONTESTO CONTEMPORANEO** Uno degli chef più controversi per l'estro creativo dei suoi piatti e gli originali accostamenti, Cristiano Tomei ha trovato casa nelle antiche scuderie del seicentesco palazzo Pfanner. Si sceglie il numero delle portate, si dichiarano eventuali allergie e poi si è nelle sue mani, che in tutta libertà sforneranno piatti sorprendenti.

🚗 🍴 – Prezzo: €€€€

Piazza del Collegio 8 - 𝒞 331 930 8931 – limbuto.it – Chiuso lunedì e martedì

PEPEROSA

MODERNA · SEMPLICE La pittoresca posizione sulla piazza dell'Anfiteatro non ha fortunatamente trasformato questo ristorante in una trappola per turisti, ma in una delle più interessanti destinazioni gastronomiche della città. La cucina omaggia la Toscana con proposte legate alle stagioni, in equilibrio tra terra e mare con più di un tocco creativo.

&.🖼 – Prezzo: €€

Piazza dell'Anfiteatro 4 – ☏ 0583 082361 – peperosaristorantebistro.it – Chiuso mercoledì e a mezzogiorno martedì e giovedì

Marlia

✉ 55012 – Lucca (LU) – Carta regionale n° **11**-B1

 BUTTERFLY

Chef: Fabrizio Girasoli

ITALIANA · CASA DI CAMPAGNA Il casolare ottocentesco dell'incantevole Butterfly è meravigliosamente cinto dal proprio giardino di cui si può godere dell'abbraccio in tutte le stagioni. La recente sala-veranda a tutto vetro ci mette del suo per ammaliare: in estate, è completamente spalancata sulla frescura del prato, mentre in inverno - chiusa e riscaldata - ne concede la vista. Bel sodalizio in cucina tra padre, Fabrizio Girasoli, e figlio, Andrea, la loro carta presenta un'ampia scelta, a proprio agio sia con la carne sia con il pesce, così come la tecnica permette loro alle volte di "sostare" nelle rassicuranti zone di sapori classici (eccellenti gli scampi del mar Tirreno cotti al momento su pietra lavica e serviti con spumosa salsa cocktail al sifone e fiore di verdure e frutta), altre di concedere tocchi più creativi (come il goloso sigaro di cacao farcito con foie gras, mela e nocciola, dedicato al maestro Puccini). La gestione si distingue per il suo côté squisitamente familiare sebbene super professionale, il servizio è sovrinteso magistralmente dalla moglie Mariella.

🛏🖼🌣🅿 – Prezzo: €€€€

SS 12 del Brennero 192 – ☏ 0583 307573 – ristorantebutterfly.it – Chiuso mercoledì e a mezzogiorno lunedì, martedì, giovedì, venerdì, sabato

LUCERA

✉ 71036 – Foggia (FG) – Carta regionale n° **16**-A1

😊 **COQUUS**

TRADIZIONALE · CONVIVIALE Nel centro storico di Lucera, nell'ex palazzo vescovile del 1759, il giovane Mirko Esposito, chef con varie esperienze nel ristorante di famiglia e non solo, propone una cucina fresca, stagionale, fragrante. Un esempio? Spezzatino di agnello alla lucerina sotto forma di donuts: originale! Nella bella stagione approfittate del raccolto dehors in zona pedonale. Servizio professionale e appassionato.

&.🖼🌣 – Prezzo: €€

Via Luigi Blanch 19 – ☏ 320 284 6950 – coquusrestaurant.it – Chiuso martedì e mercoledì a mezzogiorno

IL PRESIDENTE 🆕

PESCE E FRUTTI DI MARE · CONVIVIALE Ristorante situato in un vicolo del centro storico, a pochi metri dalla Cattedrale di Lucera, nel passato questi spazi ospitavano le ex scuderie del palazzo nobiliare. La sala da pranzo è – ora - suddivisa in più sezioni sotto volte in pietra e decorata nei toni del nero e dell'oro. Al centro Di questa, due lastre di vetro lasciano intravedere la cantina, con oltre 400 referenze. Cucina mediterranea, moderna e colorata, dove le verdure accompagnano spesso i frutti di mare (tonno rosso, pesce spada, gamberi, scampi... Imperdibile, la focaccia di mare). Non si tratta tanto di tecnica, quanto di una cucina di prodotti: il piacere del gusto è condiviso da tutti!

🐾 🅺 – Prezzo: €€€
Via de Nicastri 10 – ☎ 0881 174 2186 – ilpresidenteristorante.it – Chiuso lunedì e domenica sera

LUSIA

✉ 45020 – Rovigo (RO) – Carta regionale n° **8**-B3

TRATTORIA AL PONTE

DEL TERRITORIO • **FAMILIARE** Fragranze di terra e di fiume si intersecano ai sapori di una volta e alla fantasia dello chef per realizzare instancabili piatti della tradizione, come il mitico risotto (in base alla stagione!) o il petto di faraona alla senape. Un'oasi nel verde, al limitare di un ponte, con laghetto illuminato.
🅺 🍴 ♿ 🅿 – Prezzo: €€
Via Bertolda 27, località Bornio – ☎ 0425 669890 – trattorialponte.it – Chiuso lunedì

MACCHIE

✉ 05022 – Terni (TR) – Carta regionale n° **13**-A3

TENUTA DEL GALLO

ITALIANA • **ROMANTICO** Negli ambienti interni della tenuta, ricchi di charme e romanticismo oppure seduti all'aperto davanti ad un bucolico panorama, la cucina prende spunto dalla tradizione locale senza dimenticare i classici nazionali. Gli ispettori hanno apprezzato: l'ottimo carpaccio di manzo al tartufo e la faraona nostrana ai ceci. Confortevoli camere per prolungare il soggiorno.
⛷ 🍴 🍴 🅿 – Prezzo: €€
Strada degli Ortacci 34 – ☎ 0744 987112 – tenutadelgallo.com – Chiuso lunedì-giovedì e venerdì a mezzogiorno

MACERATA

✉ 62100 – Macerata (MC) – Carta regionale n° **14**-B2

SIGNORE TE NE RINGRAZI

MARCHIGIANA • **ACCOGLIENTE** Nell'incantevole centro storico, il cuoco Biagiola vi presenterà i suoi piatti ispirati alle tradizioni contadine d'una volta, con le erbe raccolte nei campi a farla da protagonista in alcune proposte. Considerate che la carta più gourmet ed elaborata è servita a pranzo, la sera c'è una versione più semplice ed economica.
🐾 ♿ 🅺 🍴 – Prezzo: €€
Via Pescheria Vecchia 26 – ☎ 0733 222273 – signoreteneringrazi.it – Chiuso martedì e mercoledì a mezzogiorno

MADESIMO

✉ 23024 – Sondrio (SO) – Carta regionale n° **4**-B1

❀ **IL CANTINONE E SPORT HOTEL ALPINA**
Chef: Stefano Masanti
CONTEMPORANEA • **STILE MONTANO** Ristorante familiare portato avanti con passione ed orgoglio, il Cantinone vi guiderà alla scoperta delle ricchezze gastronomiche locali, dalla montagna scendendo fino al lago: grano saraceno, trota, coregone e anguilla, polenta, funghi e cacciagione sono solo alcuni esempi. Talvolta alcune proposte prevedono divagazioni più esotiche che il cuoco Stefano Masanti incontra nei viaggi per il mondo prima di fare ritorno nelle sue amate montagne.
❀ *L'impegno dello chef:* Diversi ingredienti provengono dal proprio orto e dalla serra, e si propone spesso della cacciagione del territorio e carne da allevamenti

locali; una costante è inoltre il menu approntato giornalmente. Fonti rinnovabili producono energia elettrica e termica grazie ai pannelli solari, mentre per quanto riguarda il consumo idrico l'intera struttura è collegata alla rete di riciclo della Comunità Montana della Valchiavenna, che recupera totalmente le acque utilizzate, sia bianche che nere.

&& & 🅿 – Prezzo: €€€

Via A. De Giacomi 39 – ☏ 0343 56120 – ristorantecantinone.com

MADONNA DI CAMPIGLIO
✉ 38086 – Trento (TN) – Carta regionale n° **6**–A2

❀ **DOLOMIEU**

CONTEMPORANEA • **STUBE** Dolomieu è un'intima stube in legno di rovere con soli sei tavoli (da prenotare per tempo!), ovvero l'angolo più tradizionale dell'hotel DV Chalet, che per il resto invece interpreta con gusto contemporaneo il concetto di albergo di montagna. Il menu degustazione è un percorso tra le valli che circondano la località, mentre la carta propone interessanti proposte che stuzzicano il palato come i ravioli di cagliata di capra, gamberi di Sicilia crudi e tartufo nero, rifiniti con un brodo delicato di gallina. Al calice sempre proposte differenti selezionate dal maître-sommelier, amante di accostamenti anche d'Oltralpe.

& 🅿 – Prezzo: €€€€

Via Castelletto Inferiore 10 – ☏ 0465 443191 – dvchalet.it/it/ristorante-dolomieu-stella-michelin – Chiuso martedì e a mezzogiorno lunedì, mercoledì, giovedì, venerdì, sabato, domenica

❀ **IL GALLO CEDRONE**

CREATIVA • **ELEGANTE** Eleganza classica alpina – fra sassi e legni profumati – il Gallo Cedrone dell'hotel Bertelli è sempre al top! La cucina di Sabino Fortunato con più sicurezza che mai si esprime sia nel celebrare la montagna - con selvaggina, pesci d'acqua dolce, a volte cotture al fieno, formaggi - sia nelle aperture mediterranee al resto d'Italia, sino al mare. Le sue ricette sono sempre ben strutturate, congegnate a partire da molti ingredienti amalgamati con tecnica e perizia alla ricerca del migliore sapore. Il piano di gestione dei cervi e il loro consumo responsabile diventano spunto per il piatto "Storia di cervi e ChatGPT nel Parco dello Stelvio melograno, sedano, pepe e ginepro". Altrettanto ottima è la selezione dei vini in cantina: oltre 800 etichette scelte con cura dal patron Marco Masè insieme allo storico sommelier Giuseppe Greco, ed una passione per i gin tonic.

&& & 🅿 – Prezzo: €€€

Via Cima Tosa 80 – ☏ 0465 441013 – ilgallocedrone.it – Chiuso lunedì e a mezzogiorno da martedì a domenica

❀ **STUBE HERMITAGE**

CREATIVA • **STUBE** In posizione tranquilla ed isolata, all'interno del Biohotel Hermitage, il ristorante occupa una stube di inizio Novecento, uno scrigno di legno con pochi tavoli in cui cullarsi per una serata all'insegna del romanticismo e dell'alta gastronomia. Dalla stagione invernale 2022-23 il giovane Antonio Lepore, già qui come sous-chef, ha preso in mano le redini della cucina, organizzata ora con vari menù degustazione in cui esprime la sua personalità con nuove idee. L'eleganza qui è la regola e vi avvolgerà, dai piatti all'atmosfera. Da segnalare anche una bella selezione di formaggi

🚗 & 🅿 – Prezzo: €€€€

Via Castelletto Inferiore 69 – ☏ 0465 441558 – stubehermitage.it – Chiuso lunedì e a mezzogiorno da martedì a domenica

DUE PINI

CONTEMPORANEA • RUSTICO I Due Pini, all'interno dell'hotel Chalet del Sogno, è un accogliente ristorante dai toni montani, con tanto legno e stufa ad olle, la cui cucina sa essere eclettica: piatti dedicati al bosco, al pascolo, a pesci di fiume e di lago, ma anche di mare. Originali reinterpretazioni di ricette tradizionali e classiche.
Prezzo: €€€

Via Spinale 37/bis – ☎ 0465 441033 – ristoranteduepini.com – Chiuso a mezzogiorno

MADONNA DI SENALES

✉ 39020 – Bolzano (BZ) – Carta regionale n° **6**–A1

😊 OBERRAINDLHOF

TRADIZIONALE • ROMANTICO Storia familiare e territorio si intrecciano da sempre: tutto è nato attorno ad un maso citato per la prima volta addirittura nel Cinquecento. L'ospitalità arriverà successivamente, in ogni caso siamo ormai giunti alla quinta generazione della stessa famiglia, con il desiderio mai sopito di far assaggiare ai propri ospiti il meglio degli ingredienti e delle ricette della Val Senales. Eccellente esempio è l'arrosto d'agnello allevato nel proprio maso, stufato con le ossa e le patate e servito al tavolo direttamente nel paiolo di rame. Altri motivi per venirci sono la bella carta dei vini, nonché l'accoglienza tipica dell'albergo.
🕸 ⬅🏠🅿 – Prezzo: €€

Raindl 49 – ☎ 0473 679131 – oberraindlhof.com

JOSEF STUBE

DEL TERRITORIO • ROMANTICO Insieme all'albergo "Rosa d'Oro" che la ospita, questa stube gestita passione dai due titolari, che proseguono una lunga tradizione familiare, è una delle più belle fotografie della Val Senales. In ambienti romantici assai curati, lo chef prepara pochi piatti, a partire soprattutto da ingredienti locali, a cui aggiunge qualche richiamo mediterraneo per rendere il risultato finale ancora più intrigante.
♿ 🅿 – Prezzo: €€

Località Certosa 29 – ☎ 0473 679130 – goldenerose.it

MAGLIANO ALFIERI

✉ 12050 – Cuneo (CN) – Carta regionale n° **2**–A1

STEFANO PAGANINI ALLA CORTE DEGLI ALFIERI

MODERNA • CONTESTO STORICO Una serata romantica, la storia e una rimarchevole cucina: qui, in questo castello seicentesco che svetta su Magliano Alfieri con adiacente belvedere, tutto si dà appuntamento. Ai fornelli Stefano Paganini, che allestisce dei menu degustazione di notevole qualità e sapori intensi. Occasionalmente, il ristorante ospita esposizioni di artisti contemporanei locali.
⬦ – Prezzo: €€

Piazza Raimondo 2 – ☎ 0173 66244 – stefanopaganini.it – Chiuso martedì e mercoledì a mezzogiorno

MAGLIANO SABINA

✉ 02046 – Rieti (RI) – Carta regionale n° **12**–A2

DEGLI ANGELI

LAZIALE • CONTESTO TRADIZIONALE Ci sono l'esperienza e la passione di oltre cento anni di storia nella famiglia che gestisce questa valida risorsa affacciata sulla campagna. La carta è da sempre legata ai sapori laziali e grandi attenzioni sono riservate ai vini e agli oli EVO locali. L'ospitalità si completa grazie all'albergo ed alla Bottega delle Delizie dove è possibile acquistare prodotti fatti in casa.

&& ‹≼ ⩗ 🕭 ⇔ 🅿 – Prezzo: €€

Località Madonna degli Angeli – ✆ 0744 91377 – ristorantedegliangeli.it – Chiuso lunedì e domenica sera

MAGLIE

✉ 73024 – Lecce (LE) – Carta regionale n° **16**–D3

BEL AMI

PESCE E FRUTTI DI MARE • **CONTESTO STORICO** In un palazzo ottocentesco rinnovato con gusto moderno, la cucina predilige il mare e i crudi, accompagnati da una buona selezione di Champagne. La qualità del pescato è eccellente: è il posto giusto in cui venire se si ama il pesce.

& 🕭 ⩗ – Prezzo: €€

Via Roma 86 – ✆ 0836 312930 – hotelbelami.it

MAIORI

✉ 84010 – Salerno (SA) – Carta regionale n° **17**–B2

OLTREMARE

CONTEMPORANEA • **ELEGANTE** Al quinto piano dell'hotel Due Torri, il ristorante è stato oggetto di un importante restyling che gli ha conferito ulteriore fascino ed atmosfera. La cucina si propone con idee creative, partendo quasi sempre da citazioni e interpretazioni dei sapori campani, come l'utilizzo del pomodoro in mille modi, tra cui la distillazione della sua acqua con un piccolo alambicco. Le ricette di chef Crisci sono articolate e ricche di ingredienti e il risultato finale è molto colorato. La pasticceria di fine pasto stupirà per la generosità che non permette di chiamarla "piccola".

‹≼ 🕭 ⩗ 🅿 – Prezzo: €€€€

Via Diego Taiani 3 – ✆ 089 877699 – restaurantoltremare.it – Chiuso lunedì e a mezzogiorno da martedì a venerdì

MALCESINE

✉ 37018 – Verona (VR) – Carta regionale n° **8**–A2

✿ VECCHIA MALCESINE

Chef: Leandro Luppi

DEL TERRITORIO • **ELEGANTE** Ai margini del centro storico, defilato in un vicolo, il ristorante si apre a sorpresa dopo un giardino con piante d'ulivo; da qui si gode di una bella vista su un'ampia parte di lago, nella più totale tranquillità data dalla posizione appena rialzata rispetto al cuore di Malcesine. È il locale di Leandro Luppi, origini altoatesine, da oltre 20 anni sulla cresta dell'onda del lago di Garda per le sue riconosciute doti di chef capace e fantasioso. Oggi affida la sua offerta, creativa e personale, a due menu degustazione: "Qcina 24" con le ultime creazioni e "Our Classic" con i piatti iconici (le proposte possono essere scelte anche alla carta).

‹≼ 🖢 🕭 ⇔ – Prezzo: €€€€

Via Pisort 6 – ✆ 335 637 7699 – vecchiamalcesine.com – Chiuso mercoledì e giovedì a mezzogiorno

MALNATE

✉ 21046 – Varese (VA) – Carta regionale n° **5**–A1

CROTTO VALTELLINA

VALTELLINESE • **RUSTICO** I crotti sono anfratti tipici delle Alpi lombarde, arieggiati da correnti naturali e dunque ideali per la maturazione del vino e la stagionatura dei salumi. Questi ambienti suggestivi sono spesso diventati affascinanti location di ristoranti, come nel caso di questo locale, che propone una cucina di rigida osservanza valtellinese in un quadro rustico ed elegante al tempo stesso.

🕸 🅰🅲 🏠 ♿ 🅿 – Prezzo: €€€

Via Fiume 11, località Valle – ℰ 0332 427258 – crottovaltellina.it – Chiuso martedì e a mezzogiorno lunedì, mercoledì, giovedì, venerdì

OSTERIA DEGLI ANGELI

MEDITERRANEA • **AMBIENTE CLASSICO** Un bel ristorante dai tratti famigliari per quanto riguarda l'accoglienza e il servizio, ma – al tempo stesso – signorile in virtù dei suoi arredi classici e personalizzati. La cucina si fa portavoce di un certo gusto mediterraneo, sottolineato da prodotti stagionali e locali. Chef autodidatta animato da una grande passione.

🅰🅲 🏠 – Prezzo: €€

Via Giuseppe Brusa 5 – ℰ 0332 427614 – osteriadegliangeli.net – Chiuso lunedì e martedì

MALO

✉ 36034 – Vicenza (VI) – Carta regionale n° **8**–B2

❀ **LA FAVELLINA**

Chef: Federico Pettenuzzo

ITALIANA CONTEMPORANEA • **ELEGANTE** Caterina Gianello, innamoratasi di questo delizioso borgo di fine '800 situato nel verde delle basse colline a nord di Vicenza, nel 1999 acquista un locale e lo ristruttura con gusto femminile e raffinato. Gestito insieme ai due figli, Riccardo in sala e Federico ai fornelli con la mamma (solida e tenace addetta ai primi), il ristorante propone una linea di cucina prevalentemente italiana contemporanea, basata su di un'ottima materia prima, spesso proveniente dalle zone limitrofe. Castagne, olio EVO, corbezzoli, erbe aromatiche e spontanee vengono ricercate personalmente nei dintorni. L'Ispettore consiglia: tortelli alla crema di Parmigiano Reggiano 24 mesi insaporiti ai germogli di artemisia e riduzione di vermouth.

🏠 ♿ 🅿 – Prezzo: €€€€

Via Cosari 4/6, località San Tomio – ℰ 0445 605151 – lafavellina.it – Chiuso lunedì, martedì e a mezzogiorno da mercoledì a venerdì

MANCIANO

✉ 58014 – Grosseto (GR) – Carta regionale n° **11**–C3

LA FILANDA

TOSCANA • **CONTESTO TRADIZIONALE** Nel cuore del centro storico, in un'antica filanda completamente ristrutturata mantenendone il fascino originario, l'autodidatta Barbara Cannarsa propone piatti della tradizione rivisitati con estro, come nell'involtino di ciaffagnone ripieno con manzo di Maremma su fondente di pecorino e porro croccante. La selezione di vini toscani, presentata dal marito, completa il pasto. Nella bella stagione la terrazza offre una vista a 180° sull'Argentario.

♿ 🅰🅲 – Prezzo: €€

Via Marsala 8 – ℰ 0564 625156 – lafilanda.biz – Chiuso mercoledì e a mezzogiorno lunedì, martedì, giovedì, venerdì, sabato, domenica

MANDELLO DEL LARIO

✉ 23826 – Lecco (LC) – Carta regionale n° **4**–B2

IL GIARDINETTO

ITALIANA • **AMBIENTE CLASSICO** Affacciato sul blu delle calme acque lacustri, un locale con proposte di cucina tradizionale e qualche venatura di fantasia. Alcuni piatti di lago ma ci sono anche mare e terra a soddisfare gli appetiti di una clientela che può sfruttare la bella terrazza come piccolo salotto o per un momento di relax a fine pasto.

⪡ 🕭 🏠 – Prezzo: €€

Piazza Garibaldi 10 – 𝒞 0341 700487 – ristoranteilgiardinetto.it – Chiuso lunedì-mercoledì e domenica sera

MANDURIA

✉ 74024 – Taranto (TA) – Carta regionale n° **16**–D3

❀ ### CASAMATTA

Chef: Pietro Penna

MODERNA • **ELEGANTE** Pochi chilometri fuori Manduria, la capitale del vino Primitivo, il ristorante si trova all'interno del Vinilia Wine Resort, aperto in un imponente castello d'inizio Novecento circondato da uno splendido giardino di ulivi secolari. Il ristorante è il fiore all'occhiello di questa bella struttura. La sala è molto luminosa con ampie vetrate che si affacciano sul dehors (vivamente consigliato in stagione), gli arredi sono di moderna concezione e l'illuminazione – sapientemente studiata – contribuisce al fascino degli spazi. Dopo significative esperienze presso grandi tavole, lo chef Pietro Penna torna in patria e rende omaggio alla sua terra con una cucina che attinge ai prodotti locali (talvolta nel vero senso della parola, visto che frutta e verdura provengono spesso dall'orto di proprietà) con gusto moderno e fantasioso. L'offerta si declina in tre menu degustazione, di cui uno interamente vegetariano. Il piatto che ha conquistato i nostri ispettori? Agnello, agnello, agnello con torta di rigaglie: la pasta sfoglia è perfettamente lavorata!

❀ *L'impegno dello chef:* L'impianto fotovoltaico li ha resi indipendenti dal punto di vista energetico, mentre per gli arredi degli interni è interessante l'uso di materiali di recupero, come le belle luminarie. In aggiunta al proprio fragrante olio EVO e alla produzione del proprio orto, il ristorante ha costruito una rete di fornitori di carne e di pesci locali, attenti alle stagionalità. A completare il contesto eco friendly c'è la piscina realizzata con cemento osmotico, altamente impermeabilizzante.

❀ ⪡ 🕭 🅰 🏠 **P** – Prezzo: €€€€

Contrada Scrasciosa – 𝒞 099 990 8013 – viniliaresort.com – Chiuso a mezzogiorno da lunedì a sabatodomenica sera

ES CANTINA&RISTORANTE 🆕

MODERNA • **CONVIVIALE** Situato all'interno dell'azienda vinicola di Gianfranco Fino, l'edificio in tufo ospita al 1° piano il ristorante con grandi vetrate che si affacciano sui vigneti e un'ampia terrazza con vista sulla natura circostante. Lo chef Simone Profeta, originario di Napoli, propone qui una cucina moderna che unisce terra e mare, talvolta abbinata ai vini della tenuta, come nella corposa riduzione di ES con la tenera guancia di vitello brasata: una squisitezza! Disponibile anche un menu vegetariano con verdure biologiche provenienti dall'orto della tenuta. La carta dei vini presenta tutti i prodotti dell'azienda di ogni annata.

🕭 🅰 🏠 **P** – Prezzo: €€€

Contrada Reni – 𝒞 351 261 9410 – gianfrancofino.it

MANERBA DEL GARDA

✉ 25080 – Brescia (BS) – Carta regionale n° **4**–D1

⚬ CAPRICCIO

Chef: Giuliana Germiniasi

MODERNA • ELEGANTE Questo ristorante situato sulle sponde del Lago di Garda è famoso fin dagli anni Sessanta per la gran passione della cucina per i prodotti ittici del mar Mediterraneo. Freschezza e aromi vengono esaltati in ricette di imposta-zione classica, in cui è ben riconoscibile il sapore degli ingredienti. Il menu prevede anche qualche specialità di terra. Tra i piatti storici ricordiamo le melanzane alla parmigiana - in carta dal 1965 - e la zuppetta di frutti rossi marinati al mosto cotto, gelato al latte e meringa all'italiana. In sala, la gentile Francesca accompagna gli ospiti alla scoperta delle prelibatezze di mamma Giuliana Germiniasi, consigliando il giusto abbinamento da un'interessante carta dei vini che non deluderà gli appas-sionati di Champagne e di riesling tedeschi. Nella bella stagione, approfittate del piacevole servizio all'aperto che svela davanti ai vostri occhi il bucolico giardino con il lago sullo sfondo.

🕸 ⋞🄰🛋🄿 - Prezzo: €€€

Piazza San Bernardo 6, località Montinelle - ℰ *0365 551124 – ristorantecapriccio. it – Chiuso martedì e a mezzogiorno lunedì, mercoledì, giovedì*

⊛ DALIE E FAGIOLI

DEL TERRITORIO • COLORATO Lo chef patron Fabio Mazzolini mette al ser-vizio del suo locale tutta l'esperienza appresa in un percorso di ristoranti stellati, interrotto una decina di anni fa proprio per aprire Dalie e Fagioli. Qui la sua abilità tecnica valorizza ingredienti del territorio e ricette locali, preparate con un tocco di fantasia e da accompagnarsi con una discreta carta dei vini.

♿🄰🛋🄿 - Prezzo: €€

Via Campagnola 45 - ℰ *0365 190 3311 – dalieefagioli.it – Chiuso giovedì*

MANFREDONIA

✉ 71043 – Foggia (FG) – Carta regionale n° **16**–B1

COPPOLA ROSSA

PESCE E FRUTTI DI MARE • FAMILIARE Nel centro storico e non lontano dal mare, un locale caratteristico con soffitto a volta e mattoni vivi in cui gustare una cucina di mare preparata secondo ricette tradizionali e servita in porzioni gene-rose. Il menu è quasi sempre integrato da piatti del giorno raccontati a voce, in un ambiente squisitamente familiare.

♿🄰🛋 - Prezzo: €€

Via Maddalena 28 - ℰ *0884 582522 – coppolarossamanfredonia.it – Chiuso lunedì*

OSTERIA BOCCOLICCHIO

PUGLIESE • FAMILIARE In pieno centro storico, con salette e dehors, un locale raccolto il cui patron, dopo essersi "fatto le ossa" in diversi ristoranti europei, esprime la sua passione per il mare con ricette classiche che mettono al centro gusto e freschezza.

🄰🛋 - Prezzo: €€

Via Arco Boccolicchio 15 - ℰ *0884 090317 – Chiuso domenica sera*

MANOPPELLO SCALO

✉ 65024 – Piacenza (PC) – Carta regionale n° **15**–B1

TRITA PEPE

ABRUZZESE • SEMPLICE Lungo la strada che attraversa Manoppello Scalo, trovate il parcheggio proprio davanti al ristorante, all'interno un'ampia e semplice sala. È l'indirizzo che vi consigliamo in zona se siete alla ricerca della tipica cucina abruzzese. Solo carne tra i secondi (eccetto il baccalà); tra le proposte segnaliamo l'ottimo gnocco fritto con salumi e formaggi del territorio.

& 🅰 🅿 – Prezzo: €

Via Gabriele D'Annunzio 4 – ☎ 085 856 1510 – trattoriatritapepe.it – Chiuso sera mercoledì, giovedì, domenica

MANTELLO

✉ 23016 – Sondrio (SO) – Carta regionale n° **4**–B1

❀ **LA PRESÉF**

Chef: Gianni Tarabini

CREATIVA • RUSTICO Affacciata sul giardino interno, un'accogliente stua valtellinese in legno di pino cembro dal profumo arboreo, dove gustare raffinatezze locali e verdure provenienti dall'orto di proprietà. Ingredienti a km zero – la struttura consta di mangiatoia (preséf, in dialetto), nonché caseificio propri! – e sperimentazione visiva sensoriale sono i tratti distintivi della sua cucina estremamente legata al territorio con cacciagione, bitto DOP e perfino un tartufo valtellinese. Due sono i percorsi degustazione: uno più creativo di 7 portate e uno più tradizionale di 4. Ottima selezione enoica ed accoglienti camere dotate di ogni confort.

❀ *L'impegno dello chef:* Sul tetto della stalla di proprietà del ristorante è attivo un impianto che supporta la produzione di energia elettrica per il 36% circa del fabbisogno. Ma sostenibilità è anche attenzione nei confronti degli animali. Le vacche sono a stabulazione libera: calpestano una lettiera in sabbia salvaguardando gli zoccoli e sono libere di uscire dai paddock.

🛏 & 🅰 🍴 🅿 – Prezzo: €€€€

Via Lungo Adda 12 – ☎ 0342 680846 – lapresef.com – Chiuso lunedì, martedì, domenica e sabato a mezzogiorno

MANTOVA

✉ 46100 – Mantova (MN) – Carta regionale n° **4**–C3

LO SCALCO GRASSO 🔵

MANTOVANA • DI QUARTIERE Piccolo ed intimo locale dagli ambienti accoglienti, semplici ma vivaci, dove la cucina è impostata e curata dallo chef patron che – durante il servizio – segue anche i tavoli. Troverete, quindi, la sostanza delle porzioni, la tradizione mantovana di alcune portate come i mitici tortelli di zucca (con burro o sugo delle feste a base di salsiccia al pomodoro), nonché la fantasia di altri piatti: eccellente la tartare di agnello emiliano condita delicatamente con un jus di cottura, biete spadellate, sbrisolona salata e in stagione tartufo nero della bassa mantovana.

🅰 – Prezzo: €€

Via Trieste 55 – ☎ 349 374 7958 – loscalcograsso.it – Chiuso lunedì a mezzogiorno e domenica sera

SÜCAR BRÜSC

CONTEMPORANEA • BISTRÒ Nel pieno centro storico della città dei Gonzaga una novità interessante: il Sücar Brüsc, ovvero zucchero "aspro" in dialetto locale. Cucina di territorio ma moderna, cui si aggiunge da alcuni mesi anche una interessante carta dei caviali; il tutto presentato in ambienti informali con divertenti scritte sui soffitti a riprendere comuni detti mantovani.

🅰️ 🍴 – Prezzo: €€

Via Cavour 49 – 𝒞 333 184 8730 – sucarbrusc.it

MARANELLO

✉️ 41053 – Modena (MO) – Carta regionale n° **9**–B2

CAVALLINO

EMILIANA • **DI TENDENZA** Il Cavallino, locale storico in omaggio alla Ferrari simbolo di Maranello e dell'Italia nel mondo, si avvantaggia della vena creativa di Massimo Bottura. La cucina regionale più ortodossa – immancabili i tortellini del Tortellante - viene quindi rappresentata anche con fini personalizzazioni, come il crème caramel al Parmigiano Reggiano 36 mesi, con cipollotto e aceto balsamico stravecchio di 12 anni. Il tutto in un ambiente alla moda e un giardino fiorito.

♿ 🅰️ 🍴 ✿ – Prezzo: €€

Via Abetone Inferiore 1 – 𝒞 0536 944877 – ristorantecavallino.com – Chiuso domenica sera

MIKELE

PESCE E FRUTTI DI MARE • **ELEGANTE** In zona periferica e residenziale, un'inaspettata ed elegante parentesi ittica tra tanti bolliti modenesi. Dalla cucina arrivano piatti di mare fragranti e ben realizzati, con qualche tocco creativo.

🅰️ – Prezzo: €€€

Via Flavio Gioia 1 – 𝒞 0536 941027 – ristorantemikele.com – Chiuso lunedì, sabato a mezzogiorno e domenica sera

MARANO DI VALPOLICELLA

✉️ 37020 – Verona (VR) – Carta regionale n° **8**–A2

LOCANDA DI NONNA IDA 🆕

CLASSICA • **CONVIVIALE** Un accogliente locanda incastonata fra gli ultimi vigneti della Valpolicella e i primi pascoli della bassa Lessinia: è qui che un giovane chef propone una cucina fatta di prodotti locali e ricette classiche nazionali dal tocco moderno. In estate la terrazza assicura un ampio panorama e freschezza. Ottime le carni cotte alla brace.

≼ 🅰️ 🍴 🅿️ – Prezzo: €€

Località Pontarola 12 – 𝒞 045 570 3508 – lalocandadinonnaida.it – Chiuso martedì

MARANO LAGUNARE

✉️ 33050 – Udine (UD) – Carta regionale n° **7**–B2

ALLA LAGUNA - VEDOVA RADDI

PESCE E FRUTTI DI MARE • **AMBIENTE CLASSICO** In questa graziosa cittadina attraversata dai canali, il ristorante propone inevitabilmente piatti a base di pesce, in ricette tradizionali. Il locale è di fronte al porto e al mercato ittico: va da sé che il prodotto non possa che essere di una freschezza assoluta.

🅰️ 🍴 ✿ – Prezzo: €€

Piazza Garibaldi 1 – 𝒞 0431 67019 – Chiuso lunedì e domenica sera

MARATEA

✉ 85046 – Potenza (PZ) – Carta regionale n° **18**–A2

TAVERNA ROVITA

LUCANA • **CONTESTO STORICO** A pochi metri dalla piazza centrale della vecchia Maratea, la taverna è uno storico e caratteristico locale con un angolo cucina del '700, ceramiche di Vietri, ma soprattutto un grande entusiasmo nel farvi conoscere le produzioni gastronomiche di nicchia lucane, come il Polpo murato, uno dei piatti simbolo del locale. La cantina conta circa 400 etichette, con attenzione particolare alla Francia e ai piccoli produttori italiani e del mondo. Per gruppi ristretti (massimo 6 persone) è possibile cenare nella sala/cantina circondati da bottiglie antiche e vini da collezione.

🆔 ✜ – Prezzo: €€

Via Rovita 13 – ℰ 0973 258417 – tavernarovitamaratea.it – Chiuso a mezzogiorno

MARIANO COMENSE

✉ 22066 – Como (CO) – Carta regionale n° **5**–B1

LA PIEMONTESE

PIEMONTESE • **CONTESTO CONTEMPORANEO** Cucina soprattutto di carne, sebbene non manchino in stagione selvaggina e tartufo fresco in questo locale semplice e familiare di gusto moderno, tipo bistrot. Una buona esperienza a prezzi ragionevoli in rapporto alla qualità e generosa proposta business a pranzo.

♿ 🍴 – Prezzo: €€

Via San Martino 48 – ℰ 031 412 4745 – lapiemontesemariano.it – Chiuso lunedì, sabato a mezzogiorno e domenica sera

MARIANO DEL FRIULI

✉ 34071 – Gorizia (GO) – Carta regionale n° **7**–B2

😊 AL PIAVE

FRIULANA • **FAMILIARE** In una frazione immersa nella campagna friulana, una curata ed accogliente trattoria a gestione familiare composta da due intime salette che condividono un bel camino in pietra e un gradevole giardino per il servizio estivo. In menu i piatti del territorio si avvicendano a seconda delle stagioni, con una prevalenza di carne e tra i secondi diverse proposte alla griglia.

♿ 🆔 🍴 – Prezzo: €

Via Cormons 6 - Fraz. Corona – ℰ 0481 69003 – trattoriaalpiave.it – Chiuso martedì

MARINA DI ARBUS – Sud Sardegna (SU) ➜ Vedere Sardegna, in fondo alla Guida

MARINA DI BIBBONA

✉ 57020 – Livorno (LI) – Carta regionale n° **11**–B2

✿ LA PINETA

Chef: Daniele Zazzeri

PESCE E FRUTTI DI MARE • **AMBIENTE CLASSICO** Con la macchina si attraversa una pineta e si arriva praticamente sulla battigia, mentre di fronte si apre un orizzonte di spiaggia, mare ed onde, sulla sinistra scorgerete una bassa casetta che par quasi un ordinario stabilimento balneare: di fatto, è lo storico ristorante di pesce della famiglia Zazzeri, Daniele in cucina e Andrea in sala. Sempre uguali a loro stessi, senza alcuna necessità di cercare brusche virate moderne, la semplicità della cucina, che fa il paio con lo stile vintage degli ambienti, è la loro assoluta direzione, sia negli abbinamenti sia nelle tecniche di cottura ultra-classiche; finché la qualità del pescato (per lo più locale) e la bontà confortevole del risultato finale rimarranno invariate, sarà sempre un piacere suggerire questo indirizzo al di sopra delle mode.

୫ ⇜ & ₥ **P** – Prezzo: €€€

Via dei Cavalleggeri Nord 27 – ℰ 0586 600016 – lapinetadizazzeri.it – Chiuso lunedì e martedì a mezzogiorno

MARINA DI CASAL VELINO

✉ 84040 – Salerno (SA) – Carta regionale n° **17**–C3

ALESSANDRO FEO

CAMPANA • **CONTESTO TRADIZIONALE** Il giovane chef-patron Alessandro Feo lascia il segno in questa zona meno avvezza rispetto ad altre alla ristorazione gastronomica e lo fa in virtù di una cucina che sa sposare con equilibrio i richiami alla tradizione nonché ai classici campani con l'estro individuale e la ricerca creativa; partendo da una materia prima locale e stagionale, appoggiandosi prevalentemente sui due orti di proprietà e su pescatori locali, ma anche alle uscite in mare effettuate direttamente dallo chef. Il bel locale con volte in pietra viva sul lungomare della località nasce nel Seicento come convento.

Prezzo: €€

Via Angelo Lista 24 – ℰ 328 893 7083 – alessandrofeoristorante.it – Chiuso mercoledì e a mezzogiorno lunedì, martedì, giovedì, venerdì, sabato

MARINA DI CECINA

✉ 57023 – Livorno (LI) – Carta regionale n° **11**–B2

DA ANDREA

PESCE E FRUTTI DI MARE • **ELEGANTE** Lungo la passeggiata pedonale, moderno, bianco e lineare, su tutto prevale la vista del Tirreno attraverso la parete vetrata, ma ancor di più dalla terrazza estiva. E sempre il mare ritorna nel piatto, con un menu ricco di crudi e proposte del giorno elencate a voce.

& ₥ ₥ – Prezzo: €€

Viale della Vittoria 68 – ℰ 0586 620143 – ristorantedaandrea.net – Chiuso lunedì, martedì e a mezzogiorno da mercoledì a domenica

MARINA DI GIOIOSA IONICA

✉ 89046 – Reggio di Calabria (RC) – Carta regionale n° **19**–A3

❀ **GAMBERO ROSSO**

Chef: Riccardo Sculli

PESCE E FRUTTI DI MARE • **CONTESTO CONTEMPORANEO** Il Gambero Rosso nasce negli anni Settanta dal desiderio di Anna Maria e Giuseppe Sculli di rendere omaggio al mare che avevano lasciato anni prima da emigranti. Da allora questo ristorante è diventato il luogo attorno a cui gira tutta la vita della famiglia e delle sue nuove generazioni: Riccardo in cucina e Francesco in sala, con la loro schiera di piccoli fornitori disseminati lungo tutta la costa ionica da qui a Reggio Calabria, rispettano non solo la qualità ma anche il modo in cui il pesce viene pescato. Rinomate le proposte di crudo, così come i primi e i secondi dove il mare incontra la campagna. Da settembre 2024 saranno pronte anche alcune camere di charme per ospitare al meglio chi avesse necessità di fermarsi.

🕸 🅰🅲 ⇦ – Prezzo: €€€

Via Montezemolo 65 – ☏ 0964 415806 – gamberorosso.net – Chiuso lunedì

MARINA DI GROSSETO

✉ 58100 – Grosseto (GR) – Carta regionale n° **11**–C3

❀ **GABBIANO 3.0**

CREATIVA • **ELEGANTE** Affacciato sulla darsena, il ristorante è un involucro di legno con panorama a 180° sul mare e Punta Ala, le isole d'Elba, del Giglio e Montecristo e l'Argentario. Insomma, uno spettacolo, soprattutto quando aprono le tende su un bellissimo tramonto. Ai fornelli, Alessandro Rossi allestisce due menu degustazione con piatti comunque ordinabili alla carta. Tanto pesce, ovviamente, ma anche carne e diversi ingredienti vegetali provenienti dal suo orto.

🅰🅲 🍴 – Prezzo: €€€

Porto turistico 11 – ☏ 0564 337812 – ilgabbianotrepuntozero.it – Chiuso martedì, mercoledì e a mezzogiorno lunedì, giovedì, venerdì, sabato

MARINA DI MASSA

✉ 54100 – Massa-Carrara (MS) – Carta regionale n° **11**–B1

LA PÉNICHE

PESCE E FRUTTI DI MARE • **ROMANTICO** Un angolo di Francia lungo il canale Brugiano. Si mangia in una palafitta dagli originali e romantici ambienti che sposano stile coloniale e modello parigino con un risultato molto caldo e romantico. Crudità di mare (ostriche comprese) fra le specialità e una ben strutturata selezione enoica con ottima scelta anche di bollicine d'Oltralpe. D'estate sono ambitissimi i tavoli sulla zattera, che richiamano ancora di più le péniche sulla Senna. Meglio prenotare con largo anticipo.

🅰🅲 🍴 – Prezzo: €€

Via Lungo Brugiano 3 – ☏ 0585 240117 – lapeniche.com

MARINA DI PIETRASANTA

✉ 55045 – Lucca (LU) – Carta regionale n° **11**–B1

ALEX

MEDITERRANEA • **STILE MEDITERRANEO** Piatti moderni e personalizzati con proposte equilibrate tra pesce e carne: tre menu degustazione che ben rappresentano l'idea di cucina dello chef, in un ambiente dal sapore etnico. La selezione di vini è uno dei punti di forza, ricca di ottime etichette internazionali, tutte acquistabili presso l'enoteca.

🕸 ♿ 🅰🅲 🍴 – Prezzo: €€€

Via Versilia 157/159 – ☏ 0584 746070 – ristorantealex.eu – Chiuso martedì e a mezzogiorno

VESTA MARE ⓝ

PESCE E FRUTTI DI MARE • **STILE MEDITERRANEO** Nuova insegna che si inserisce al posto del celebre Franco Mare, ereditando, quindi, posizione e conformazione del locale: dall'ingresso si sviluppa lungo l'elegante sala dagli arredi tipo marina, nel mezzo c'è la piscina ed infine il servizio all'aperto, nonché la spiaggia con lo stabilimento balneare. Rinnovata è anche la linea di cucina che ora predilige la semplicità e la classicità di ricette e cotture, riservando - comunque - molto spazio anche ai crudi di mare. Degni di nota gli ottimi paccheri col sugo alla "trabaccolara" e l'aggiunta di king crab, così come la millefoglie con coulis di fragole. A pranzo la proposta si fa leggermente più easy.

🕸 ᜕ 🖼 🍴 🅿 – Prezzo: €€€€

Viale Roma 41 – ☏ 0584 20187 – vestafiorichiari.com/mare

MARINA DI PISA

✉ 56128 – Pisa (PI) – Carta regionale n° **11**–B2

FORESTA

PESCE E FRUTTI DI MARE • **AMBIENTE CLASSICO** Affacciato sul mar Tirreno, che si scorge da tutti i tavoli, sia in inverno all'interno, sia nella bella stagione ai tavoli all'aperto, in cucina puntano molto - e giustamente - sulla qualità del pescato e su di uno stile classico, fil rouge di tutto: dagli ambienti alla musica in sottofondo, dalla carta dei vini alle cotture del pesce stesso. I dolci si concedono una maggiore fantasia.

᜕ ᜕ 🖼 🍴 – Prezzo: €€€

Via Litoranea 2 – ☏ 050 35082 – ristoranteforesta.com – Chiuso giovedì

MARINA DI PULSANO

✉ 74026 – Taranto (TA) – Carta regionale n° **16**-C3

LA BARCA

PESCE E FRUTTI DI MARE • **STILE MEDITERRANEO** Incastonato tra splendidi lidi e baie, il mare è protagonista anche al ristorante, nel panorama e soprattutto nei piatti. Il patron Saverio Galeone è il punto di riferimento in sala e dalla cucina arriva un'offerta di grande generosità e abbondanza. Le ricette sono quelle classiche, che consentono di apprezzare l'ottimo pescato, appetitosi molluschi e crostacei. .

᜕ 🖼 🍴 🅿 – Prezzo: €€

Litoranea Salentina – ☏ 099 533 3335 – Chiuso a mezzogiorno lunedì e martedì

MARINA DI RAGUSA – Ragusa (RG) ➜ Vedere Sicilia, in fondo alla Guida

MARINA DI SAN VITO

✉ 66038 – Chieti (CH) – Carta regionale n° **15**–B1

L'ANGOLINO DA FILIPPO

PESCE E FRUTTI DI MARE • **ACCOGLIENTE** La porta rossa a pochi metri dal mare indica l'ingresso di questa insegna storica (oltre 100 anni di tradizione familiare), quindi, una volta salite le scale, ci si accomoda sotto al soffitto di mattoni, in una delle due salette dall'atmosfera vivace. La specialità della casa, naturalmente, è la cucina di mare, che viene preparata in un gustoso mix di tradizione e modernità.

🖼 ⇔ – Prezzo: €€

Via Sangritana 1 – ☏ 0872 61632 – Chiuso lunedì e domenica sera

MARLENGO

✉ 39020 – Bolzano (BZ) – Carta regionale n° **6**–A1

OBERWIRT

CLASSICA • **CONTESTO TRADIZIONALE** Romantici ambienti tirolesi nelle diverse stube in cui potrete sedervi, la cucina dell'albergo Oberwirt è decisamente classica, con un occhio di riguardo per stagionalità e territorio, sebbene un paio di proposte a base di pesce siano sempre presenti in menu. Gli appassionati troveranno una bella selezione enoica.

🏵 🍽 ♿ 🅿 – Prezzo: €€€

Vicolo San Felice 2 – 𝒞 0473 222020 – oberwirt.com/it – Chiuso domenica e sabato sera

MARNE

✉ 24040 – Bergamo (BG) – Carta regionale n° **5**–C1

METODO Ⓝ

CREATIVA • **ROMANTICO** In un romantico contesto di casolari settecenteschi, ritroverete questa stessa atmosfera rustica anche all'interno del ristorante, ma coniugata con elementi e rifiniture di grande pregio, a partire dai tavoli in massello di acero e le raffinate posate. La cucina propone due menu degustazione (ma con piatti estraibili alla carta) dal carattere creativo e talvolta molto elaborato.

🏧 – Prezzo: €€€

Via Vittorio Emanuele 9 – 𝒞 342 036 5600 – ristorante-metodo.it – Chiuso martedì, mercoledì e a mezzogiorno lunedì e giovedì

MAROSTICA

✉ 36063 – Vicenza (VI) – Carta regionale n° **8**–B2

😊 OSTERIA MADONNETTA

TRADIZIONALE • **TRATTORIA** Una semplice realtà familiare accogliente e simpatica. All'interno di un palazzo storico dietro la piazza con la famosa scacchiera, soffitti antichi a grosse travi, pochi tavoli in legno e uno scoppiettante camino; un gradevole dehors lascia intravedere parte delle mura cittadine. La cucina è impostata dalla signora Annamaria, ambasciatrice di un sapere casalingo di cucina veneta, rispettosa della stagionalità. Un locale molto gettonato: meglio prenotare!

🍽 – Prezzo: €

Via Vajenti 21 – 𝒞 0424 75859 – osteriamadonnetta.it – Chiuso giovedì

LA ROSINA

VENETA • **AMBIENTE CLASSICO** Con oltre 100 anni di storia, un ottimo ristorante in bella posizione sui colli attorno a Marostica; la carta alterna in egual misura carne e pesce con ricette che prendono spunto dalla tradizione veneta e mediterranea. Dalle camere si gode di una gradevole vista sui colli circostanti.

≼ ♿ 🏧 🍽 ♿ 🅿 – Prezzo: €€

Via Marchetti 4 – 𝒞 0424 470360 – larosina.it – Chiuso martedì

MAROTTA

✉ 61032 – Pesaro e Urbino (PU) – Carta regionale n° **14**–B1

😊 BURRO & ALICI

PESCE E FRUTTI DI MARE • **STILE MEDITERRANEO** Separato dalla spiaggia solo dalla strada (in estate la sala si apre diventando quasi una terrazza), un locale semplice, non tanto differente dai molti che affollano il lungomare di Marotta. Il motivo per venirci è la cucina: piatti a base di pesce dell'Adriatico, colorati e abbondanti, spesso classici, a volte rifiniti da un tocco personale fantasioso. Deliziose pizze gourmet dove il pescato -ancora una volta - primeggia.

🍽 – Prezzo: €€

Lungomare Colombo 98 – 𝒞 0721 961200 – ristoranteburroealici.it – Chiuso lunedì

MARZAMEMI – Siracusa (SR) ➜ Vedere Sicilia, in fondo alla Guida

MASIO

✉ 15024 – Alessandria (AL) – Carta regionale n° **2**–B1

🕮 **TRATTORIA LOSANNA**

PIEMONTESE • SEMPLICE Piatti e vini della tradizione monferrina sono accompagnati da un servizio attento e cortese: un caposaldo della ristorazione locale, in un rustico edificio dall'ambiente molto familiare.

🅰🅲 🄿 – Prezzo: €

Via San Rocco 40 – 𝒞 *0131 799525 – Chiuso lunedì e domenica sera*

MASSA

✉ 54100 – Massa-Carrara (MS) – Carta regionale n° **11**–B1

IL TRILLO

DEL TERRITORIO • ELEGANTE Sulle colline che dominano la cittadina, un'antica residenza che oggi ospita anche la cantina dell'azienda vinicola di proprietà accoglie gli ospiti in un'atmosfera elegante, che si fa incantevole nella bella stagione, quando si cena nella romantica limonaia: terrazza panoramica, luci soffuse e tutt'intorno limoni, aranci, bergamotti e mandarini. La cucina prende spunto dal territorio: ingredienti di terra e di mare preparati secondo una linea classica ma non priva di fantasia, e presentazioni curate.

≼ 🅰🅲 🈸 🄿 – Prezzo: €€€

Via Bergiola Vecchia 30 – 𝒞 *0585 46755 – iltrillo.net – Chiuso lunedì e a mezzogiorno da martedì a domenica*

MASSA LUBRENSE

✉ 80061 – Napoli (NA) – Carta regionale n° **17**–B2

❀ **RELAIS BLU**

MEDITERRANEA • ROMANTICO Di fronte a Capri e questa volta non è proprio un modo di dire: dalle finestre e dalla terrazza del ristorante l'immagine dell'isola è tra le più belle che si possano vedere, sospesa nel suo inconfondibile e leggendario profilo. Fumiko Sakai è in cucina, ma non lasciatevi fuorviare dal nome: giapponese di nascita sì, ma con tanti anni di esperienze lavorative in costiera, sforna una cucina autenticamente campana, forte anche dei prodotti dell'orto della struttura. Ovviamente tanto pesce, ma anche carne, e anche qui di eccellenze campane, dal maialino nero casertano all'agnello di laticauda.

≼ 🍴 & 🅰🅲 🈸 🄿 – Prezzo: €€€

Via Roncato 60 – 𝒞 *081 878 9552 – relaisblu.com/it/restaurant/fine-dining – Chiuso martedì e mercoledì a mezzogiorno*

TERRAZZA FIORELLA

ITALIANA CONTEMPORANEA • CONTESTO CONTEMPORANEO Nella cornice del Villa Fiorella Art Hotel, la posizione rialzata e strategica della terrazza offre un'incantevole vista sul Golfo e sulle isole. La cucina omaggia frequentemente il territorio campano e le sue eccellenze gastronomiche, che il cuoco rilegge con piatti piuttosto creativi e personalizzati.

≼ 🈸 🄿 – Prezzo: €€€

Via Vincenzo Maggio 5 – 𝒞 *081 878 9832 – arthotelvillafiorella.com/terrazza-fiorella – Chiuso a mezzogiorno*

MATERA

✿ VITANTONIO LOMBARDO

Chef: Vitantonio Lombardo

CREATIVA • ROMANTICO La storia del ristorante coglie l'essenza dell'anima di Matera: un'antica grotta abbandonata è stata trasformata in un'elegante sala, diventata l'indirizzo gourmet della città dopo un impegnativo recupero. Si trova proprio nella zona dei Sassi, inutile suggerirvi di prendervi il tempo per una passeggiata attraverso uno dei centri storici più suggestivi d'Italia, in particolare dopo cena, se ci andate la sera, quando l'illuminazione regala all'insieme un'atmosfera struggente, specialmente dal belvedere di piazza Duomo. Il cuoco vi darà ampia dimostrazione del suo legame con il territorio, scegliendo spesso ricette e ingredienti lucani, ma che poi interpreta con molta libertà giungendo a risultati personalizzati e creativi. I piatti proposti (alcuni dei quali millesimati e ormai quasi storici) parlano del territorio raccontando le sue tradizioni in un modo adatto ai gusti della clientela contemporanea - tantissimi gli stranieri! - che si lascia anche consigliare dall'ottimo Donato, storico collaboratore di sala di Vitantonio Lombardo. Noi abbiamo apprezzato soprattutto la tartara di tonno in corteccia di crapiata (zuppa di verdure locale resa qui croccante), briciole di olio affumicato e gelato di cipolla rossa, il calamarro (calamaro ripieno di interiora di agnello) e il Monte Crusko come dessert, con il suo elegante gelato al peperone crusco.

❀ 🆒 – Prezzo: €€€€

Via Madonna delle Virtù 13/14 – ✆ 0835 335475 – vlristorante.it – Chiuso martedì e mercoledì a mezzogiorno

BACCANTI

MODERNA • CONTESTO STORICO In una delle zone più suggestive dei Sassi, di fronte allo scenografico dirupo che accoglie le chiese rupestri, il ristorante occupa gli spazi di antiche grotte, ma la cucina, pur ispirata alle tradizioni locali, si fa moderna, a volte creativa, e sempre di ottimo livello.

❀ 🍴 – Prezzo: €€

Via Sant'Angelo 58/61 – ✆ 0835 333704 – baccantiristorante.com – Chiuso lunedì e domenica sera

DA_MÓ 🆕

REGIONALE • AMBIENTE ESOTICO Nella zona alta dei Sassi, ancora nei pressi della parte urbana di Matera e dei suoi parcheggi, un piccolo e grazioso dehors anticipa un ambiente familiare contenuto, nuovo, ristrutturato, in cui la famiglia al completo (papà in cucina, mamma e figlia in sala), traferitasi da Venosa, patria del poeta latino Orazio, dove già conduceva un ristorante, propone con grande garbo e professionalità una cucina territoriale dagli accenti contemporanei. Diverse formule degustazione, ma anche una carta; interessante la cantina.

🍴 – Prezzo: €€

Via Bruno Buozzi 20 bis – ✆ 0835 686548 – damoristorante.it – Chiuso mercoledì e giovedì a mezzogiorno

DIMORA ULMO

LUCANA • CONTESTO STORICO Tre menù degustazione (Contaminazioni, Dimora Ulmo e A mano libera) che spaziano tra cucina moderna e tradizioni locali in un antico palazzo restaurato con una splendida terrazza estiva affacciata sui Sassi. Anche la sala esprime passione e competenza così come l'interessante selezione enoica che ugualmente non dimentica di evidenziare il territorio, ma che si allarga anche al resto d'Italia e non solo.

🆒 🍴 – Prezzo: €€€

Via Pennino 28 – ✆ 0835 165 0398 – dimoraulmo.it – Chiuso mercoledì e giovedì a mezzogiorno

EGO

CREATIVA • **CONTESTO CONTEMPORANEO** A pochi passi dagli storici Sassi, un angolo contemporaneo dove gustare la cucina creativa proposta da Nicola Popolizio, giovane chef con importanti esperienze alle spalle.

&. 🎪 – Prezzo: €€€

Via Stigliani 44 – 🗘 392 903 0963 – egogourmet.it – Chiuso martedì e a mezzogiorno lunedì, mercoledì, giovedì, venerdì, sabato

MELFI

✉ 85025 – Potenza (PZ) – Carta regionale n° **18**–A1

🍴 LA VILLA

LUCANA • **ACCOGLIENTE** Sulle prime colline intorno a Melfi, è una simpatica gestione familiare che vi accoglierà e guiderà alla scoperta delle specialità lucane. Due fratelli si dividono il timone, uno in cucina, l'altro in sala, professionalità e sorrisi per un pasto di ottimo livello.

🎪 ⇔ 🅿 – Prezzo: €

Contrada Cavallerizza, SS 303 verso Rocchetta Sant'Antonio – 🗘 0972 236008 – lavillamelfi.it – Chiuso lunedì e domenica sera

MELIZZANO

✉ 82030 – Benevento (BN) – Carta regionale n° **17**–B1

LOCANDA RADICI

MODERNA • **CONTESTO CONTEMPORANEO** Un lussureggiante giardino con olivi secolari anticipa il bel casolare dagli interni moderni e luminosi. La cucina di Angelo D'Amico valorizza i prodotti locali con leggiadra fantasia. Particolare attenzione è data alla sostenibilità del piatto, calcolata con un modello matematico messo a punto dal fratello Giuseppe - che si occupa della sala - e riportata sul menù.

≼ 🖐 🎪 🏮 🅿 – Prezzo: €€

SP 21, contrada San Vincenzo – 🗘 0824 944506 – locandaradici.it – Chiuso lunedì, martedì, mercoledì a mezzogiorno e domenica sera

MENFI – Agrigento (AG) ➜ Vedere Sicilia, in fondo alla Guida

MERANO

✉ 39012 – Bolzano (BZ) – Carta regionale n° **6**–A1

🌸 IN VIAGGIO - CLAUDIO MELIS

Chef: Claudio Melis

CREATIVA • **MINIMALISTA** Claudio Melis è sempre "In Viaggio": ora con destinazione Merano, dove ha spostato il suo ristorante all'interno dell'incantevole e secolare hotel Villa Irma. È in questa fastosa location che intraprenderete un ideale percorso attraverso prodotti e ricette liberamente scelti dal cuoco, alcuni alpini, altri provenienti da tutto il mondo. La proposta prevede menu degustazione da 5/7 o 9 portate; la selezione enoica è altrettanto interessante ed annovera di tutto un po'.

&. 🎪 🅿 – Prezzo: €€€€

Via Belvedere, 17 – 🗘 0471 168 4878 – inviaggioristorante.com – Chiuso lunedì, martedì, domenica e a mezzogiorno da mercoledì a sabato

🌸 PREZIOSO

Chef: Egon Heiss

ALPINA • **ROMANTICO** Lasciata Merano, si sale per circa 5 km lungo una strada tra i boschi che conduce a Castel Fragsburg, una piccola dimora da favola, i cui raffinati ambienti interni e le camere traboccano d'atmosfera sudtirolese, mentre i fortunati ospiti del ristorante gourmet Prezioso, quando il tempo lo consente, possono accomodarsi su una delle terrazze più spettacolari d'Italia, a strapiombo sulla valle. In cucina chef Egon Heiss esprime il suo talento attraverso un unico menu degustazione in cui propone piatti creativi, ma il più delle volte basati su ingredienti locali. Salmerino e trota non mancano quasi mai, così come un assaggio di cacciagione o carne allevata di ottima qualità; davvero squisito l'agnello della val di Funes in due servizi, col filetto cotto al rosa e servito col suo jus ai pomodori confit, seguito dalla golosa spalla alle erbe aromatiche con polenta al prezzemolo.

🍃 *L'impegno dello chef:* L'unico menù degustazione proposto dallo chef prende spunto dalla stagionalità e dal territorio. Quanto più possibile le verdure sono dell'orto di proprietà, il Fragsburg Soul Garden, 2000 mq in cui vengono coltivati ortaggi, frutta ed erbe in modo naturale, impiegando anche ragazzi della cooperativa giovanile Jugenddienst di Merano. Il Castel Fragsburg dispone inoltre di una propria sorgente di acqua cristallina che viene utilizzata in tutte le aree dell'albergo e servita al tavolo in caraffa.

⇜ 🕭 🖵 ⇔ 🅿 – Prezzo: €€€€

Via Fragsburg 3 – ☏ 0473 244071 – fragsburg.com – Chiuso lunedì, domenica e a mezzogiorno da martedì a sabato

⌘ SISSI

Chef: Andrea Fenoglio

MODERNA • LIBERTY Appena fuori dal centro pedonale della bella Merano, il cui Liberty si esprime anche nella calda e accogliente sala principale del ristorante, Sissi è il regno dello chef-patron Andrea Fenoglio, che durante il servizio si divide tra sala e cucina per meglio coinvolgere i suoi ospiti. La sua è una proposta dalle solide basi classiche, come dimostra il fatto di presentare una carta con ampia scelta, culminante nel menù Settepiatti a sorpresa, che cambia annualmente (ceramiche di servizio comprese). Si tratta di una linea gastronomica generosa nei sapori e rassicurante, a cui Fenoglio sa dare una leggera nota moderna, nella scelta di un abbinamento o nella presentazione finale. Qualunque sia la vostra scelta, non mancherà il perfetto abbinamento enologico, potendo contare su una carta dei vini ben strutturata.

⌘ 🆎 ⇔ – Prezzo: €€€

Via Galilei 44 – ☏ 0473 231062 – sissi.andreafenoglio.com – Chiuso lunedì e martedì a mezzogiorno

MERCATO SAN SEVERINO

✉ 84085 – Salerno (SA) – Carta regionale n° **17**–B2

CASA DEL NONNO 13

CAMPANA • RUSTICO Ha riaperto i battenti con una nuova gestione questo affascinante ristorante che si snoda di sala in sala fino ad arrivare – e il colpo d'occhio è incantevole – nelle vecchie cantine del palazzo. La cucina proposta ha un forte legame territoriale, ben descritto da una carta invitante con alcuni temi cari, dai salumi alle verdure passando per le paste, il pomodoro San Marzano, la preponderanza data alla carne, le cotture alla brace. Un grande omaggio alla Campania.

⌘ 🆎 🕭 – Prezzo: €€€

Via Caracciolo 13, loc. Sant'Eustachio – ☏ 089 894399 – casadelnonno13.it – Chiuso lunedì, a mezzogiorno da martedì a venerdì e domenica sera

MERCENASCO

✉ 10010 – Torino (TO) – Carta regionale n° **1**–B2

DARMAGI

PIEMONTESE • **FAMILIARE** Villetta in posizione defilata caratterizzata da una calda atmosfera familiare, soprattutto nella bella sala con camino. La cucina è ricca di proposte della tradizione piemontese e canavesana, nel fine settimana imperdibili il fritto misto e la bagna caoda. Piacevole dehors nel verde per la bella stagione.

⅍ 🅰 🍴 ⇔🅿 – Prezzo: €€

Via Rivera 7 – 𝒞 0125 710094 – ristorantedarmagi.it – Chiuso lunedì, martedì e mercoledì a mezzogiorno

MERGOZZO

✉ 28802 – Verbano-Cusio-Ossola (VB) – Carta regionale n° **1**–C1

LA FUGASCINA RISTORANTE

ITALIANA CONTEMPORANEA • **BISTRÒ** Direttamente sulla piazzetta con piacevole dehors, il menu punta sempre più sul pesce di lago e sulla stagionalità delle materie prime, abbinate a tecniche di lavorazione moderne o ripescate dal passato, ma di estrema attualità; materia prima locale e il più possibile a Km0.

🍴 – Prezzo: €€

Piazza Vittorio Veneto 8 – 𝒞 0323 800970 – lafugascinaristorante.it – Chiuso lunedì e martedì

LA QUARTINA

CLASSICA • **AMBIENTE CLASSICO** Un locale dalla gestione seria e cordiale che propone una solida cucina mediterranea con pesce anche lacustre. Nella bella stagione imperdibile è la bella terrazza fronte lago. La struttura dispone di accoglienti camere per un soggiorno a tutto relax, grazie anche alla spiaggetta privata.

⇐ & 🍴 🅿 – Prezzo: €€

Via Pallanza 20 – 𝒞 0323 80118 – laquartina.com – Chiuso domenica a mezzogiorno

MESE

✉ 23020 – Sondrio (SO) – Carta regionale n° **4**–B1

CROTASC

VALTELLINESE • **STILE MONTANO** Dal 1928 il fuoco del camino scalda le giornate più fredde e le due sale in pietra svelano la storia del crotto e una cordiale accoglienza. In estate, invece, sono i boschi a far da cornice ai tavoli delle terrazze all'aperto. In cucina la tradizione rivive con creatività e la notevole carta dei vini annovera etichette del territorio molto interessanti.

⅍ 🍴 ⇔🅿 – Prezzo: €€

Via Don Primo Lucchinetti 63 – 𝒞 0343 41003 – ristorantecrotasc.com – Chiuso lunedì-mercoledì

MESSINA – Messina (ME) ➜ Vedere Sicilia, in fondo alla Guida

MESTRE

✉ 30173 – Venezia (VE) – Carta regionale n° **8**–C2

ALL'OMBRA DEL GABBIANO

ITALIANA CONTEMPORANEA • **AMBIENTE CLASSICO** Un simpatico locale, tipo bistrot mediterraneo, nato una ventina di anni fa come osteria-cicchetteria, ma che recentemente si è convertito ad un'offerta totalmente gluten free. La proposta comprende anche piatti vegani, senza alcun compromesso sulla qualità, sulla bontà e neppure sulla bella presentazione di ciò che si trova nella carta ben articolata. Servizio attento e cordiale e tavoli all'aperto in zona pedonale nella bella stagione.
🅰🍴 – Prezzo: €€
Via Caneve 2 – ☎ 041 611905 – allombradelgabbiano.eatbu.com – Chiuso domenica e lunedì a mezzogiorno

MIANE

✉ 31050 – Treviso (TV) – Carta regionale n° **8**–C2

DA GIGETTO

REGIONALE • **AMBIENTE CLASSICO** Ristorante di lungo corso e di rinomata fama, tutto merito dell'ospitalità di una famiglia appassionata ed ovviamente della validità della cucina proposta. La carta, infatti, è ben impostata e pur nell'omogeneità di uno stile classico, riesce a divagare sulla tradizione del territorio, concedersi tocchi contemporanei e perfino alcune aperture verso le specialità a base di pesce. Ottima cantina: ben oltre le mille referenze, con numerose sorprese e varie verticali.
🕸 🅰 ⇔ 🅿 – Prezzo: €€
Via De Gasperi 5 – ☎ 0438 960020 – ristorantedagigetto.it – Chiuso martedì e lunedì sera

LA GUIDA
MICHELIN

Prenota gli Hotel Più Belli ed Esclusivi Che Riesci a Immaginare

Da oltre 120 anni la Guida MICHELIN è impegnata a individuare esperienze gastronomiche di alta qualità. Ora stiamo applicando lo stesso livello di passione e competenza agli hotel. I nostri esperti hanno setacciato il mondo per trovare strutture che si distinguono per stile, servizio e personalità, con opzioni per tutti i budget.

Visita il sito web e l'app della Guida MICHELIN per prenotare gli hotel più belli ed esclusivi che riesci a immaginare.

 Sextantio | Santo Stefano di Sessanio, Italia

MILANO

✉ 20121 – Milano (MI)
Carta regionale n° 5–B2

Consacrata capitale del food dall'Expo 2015, evento
che ha acceso sulla città i riflettori internazionali del
mondo della gastronomia (per finanza, moda e design
non ce n'era bisogno), Milano ha goduto negli anni
a seguire di un dinamismo eccezionale nel settore
turistico e gastronomico, che ne ha fatto "the place
to be", attirando investimenti e nuove aperture a cui
la pandemia ha messo un freno solo momentaneo.
Oggi la scena gastronomica milanese vede fine dining
blasonati, una bella offerta di cucina etnica che spazia
dai locali più semplici agli stellati, bistrot moderni
che recuperano la tradizione e cucine di giovani e
talentuosi chef che continuano a subire il fascino della
città più cosmopolita del Bel Paese.

Nella "Milano da bere" non si può non cedere alla
tentazione dell'happy hour, l'aperitivo che spesso
prevede un drink e buffet libero, divenuto rito sociale
irrinunciabile per giovani e meno giovani. Per una bella
esperienza, accomodatevi in una terrazza panoramica
e godetevi lo spettacolo. Menzione speciale anche per
le proposte di mixology di molti ristoranti, che spesso
abbinano la carta dei cocktail all'offerta gastronomica.

Tra le tradizionali architetture di Brera e dei Navigli
o tra i più avveniristici grattacieli di Porta Nuova, a
ciascuno la sua tavola e la sua personale esperienza
nella città più vibrante della Penisola.

A TAVOLA, SECONDO I VOSTRI GUSTI

RISTORANTI DALLA A ALLA Z

BEST-OF

MILANO

RISTORANTI PER TIPO DI CUCINA

MILANO

MILANO

TAVOLI ALL'APERTO

voir plan II

Parco del Portello

Casa Milan

Fiera Milano City

VELDROMO VIGORELLI

Q.T.8

MiCo

Tre Torri

CITY LIFE

62

Amendola Fiera

61

83

Wagner

Cso. Vercelli

Gambara

De Angeli

Bande Nere

CASTELLO SFORZESCO

Foro Buonaparte

PINACOTECA AMBROSIANA

Lancetti

Cenisio

Monumentale Gariba F.S.

SOLARI

Darsena

TORTONA

70

Romolo

Auditorium

46

ABBIATEGRASSO

MILANO

plan I

0   1 km

N

V. Cufra
V. Taormina
Istria
Turro
Rovereto

Veglia
Zara
Arbe

Vle Marche
Marche

S. Maria
a Fontana
Zara

V. Torquato Tatamelli
Vle Nazario Sauro
Sondrio

V. Edolo
V. Melchiorre Gioia
V. Gianfranco Zuretti
V. Giovanni Battista Sammartini
V. Tonale

V. Ferrante Aporti
V. Natale Battaglia
Vle Brianza

V. Monza
V. Marco Aurelio
Pasteur
V. Ruggero Leoncavallo

V. Padova
piezo

V. Palmanova
V. Camia
Udine
V. Pordenone
V. Ronchi

22

87

Isola
OLA

Palazzo
Lombardia
Grattacielo
Pirelli

PORTA
NUOVA

Stazione
Centrale
Caiazzo

Loreto

Abruzzi
Vle Gran Sasso
Piola

V. Alfredo Catalani
V. Accademia
Teodosio
LAMBRATE

V. Giovanni Pacini
Averardo Buschi
V. Edoardo Bassini

V. Galileo Galilei
V. Vittor Pisani
V. Vitruvio

V. Felice Casati
Vle Tunisia
V. Panfilo Castaldi
V. Città di Fiume
Benedetto Marcello
Lima
Corso Buenos Aires

V. Antonio Stoppani

V. Donatello
V. Bronzino
Pinturicchio
V. G. Pascoli
Romagna

V. Camillo Golgi
V. Celeste Clericetti

v. della Moscova

Giardini Pubblici
Indro Montanelli

Vle Abruzzi

V. Filippo Juvara

V. Luigi Manglagalli
V. Sandro Botticelli

V. Carlo Forlanini
V. Beato Angelico
V. Giovanni Antonio Amadeo

ACOTECA
BRERA

V. A. Manzoni

Cso. Monforte

Plave
Vle Luigi Majno
V. A. Kramer
V. Carlo Pisacane
V. Carlo
V. Castel Morrone
V. Ciro Menotti
Vle dei Mille

Goldoni
Cso. Plebisciti
Dateo

Vle Argonne
Lomellina
Negroli
V. Ferdinando Mareschalchi

DUOMO

V. Pietro Mascagni
V. Premuda
Vle Bianca Maria
V. Gaetano Donizetti
V. Pasquale Sottocorno
V. Fratelli Bronzetti
V. Piceno

V. Francesco Reina
V. Cardinale Mezzofanti

Ca' Granda
Università
Cso. di Pta Romana

V. Larga

V. Francesco Sforza

S. Barnaba
Via Alfonso Lamarmora
V. Orti

Cso. 22 Marzo
V. Augusto Anfossi
V. A. Fogazzaro
V. Spartaco
V. Simone
Cadore
Vle Umbria
V. Friuli
V. Marcona
Ple Martini

Vle Campania
V. Mugello

Vle Corsia
V. Giovanni Battista Piranesi
V. Cesare Lombroso

82

74

75

Vle Beatrice d'Este
V. A. Filippetti

Porta Romana

V. Emilio Caldara
Vle Monte Nero
V. Carlo Botta
V. Lazio
Vle Cirenaica
V. Ennio
V. Tito Livio
V. Tertulliano

Molise

88

oberto arfatti

V. di Pta Vigentina
V. Cesare Balbo
V. Carlo Vittadini
V. Giulio Romano
V. Trebbia
Vle Isonzo
Lodi
V. Friuli
Umbria

V. Monte Cimone

Varsavia
V. Zama

V. G. Spadolini

Polimneo Leoni
V. Giuseppe Ripamonti
V. Giovanni Lorenzini
Orobia

Lodi Tibb

PTA ROMANA
Cso. Lodi
Brenta

Fondazione Prada
Vle Ortles
Vle Brenta
Corvetto

V. Puglie
V. Sulmona
V. Vincenzo Toffetti
V. Enrico Caviglia

BRESCIA

MILANO

BOLOGNA, FIRENZE

MILANO

E F

59 V. Ruggero di Lauria
V. E. Filiberto
V. E. Biondi
V. Cenisio
V. Cenisio
V. Monviso
Cenisio
Luigi Nono
Carlo Farini
V. G. F.
Cimitero Monumentale
Monumentale

Corso Sempione
V. E. L. B. Alberti
V. G. Giovanni
V. Arona
V. F. G. Savonarola
da Domodossola
64
66
V. Lodovico Castelvetro
V. Fratelli Induno
Nicolò Tartaglia
V. Paolo
V. Messina
V. G. B. Bertini
V. A. Aleardi
V. A. Fioravanti
V. G. B.
Battista
Cesare
Procaccini
60 20
V. Ceresio
PORTA VOL
Vle Pasi

V. Poliziano
Gerusalemme
Giuliao
Pza Gramsci
15
V. G. B. Bertini
V. G. Lomazzo
Paolo Sarpi
Niccolini
V. G. Bruno
V. G. Giusti
Bramante
19
V. Varese

Vle Duilio
Procida
V. G. Prina
V. Pietro Moscati
Luigi
Bastioni di Porta Volta
Moscova

Torre Libeskind
Tre Torri
Torre Allianz
V. Demetrio Stratos
V. Francesco Ferrucci
V. G. Prina
V. Andrea Massena
Corso Sempione
V. Pietro
V. F. Melzi D'Eril
Canonica
Vle Elvezia
Corso Garibaldi

Domodossola

GIARDINO VALENTINO BOMPIANI
V. Ippolito
V. Nievo
V. A. Antonio Sangiorgio
V. Antonio Canovano
Pagano
Arco della Pace
PORTA SEMPIONE
Parco Sempione
Arena
Lugano

V. Senofonte
Vle Belisario
V. Cassiodoro
V. Gabriele Rossetti
V. Vincenzo
Niccolò Machiavelli
Mario
Torre Branca
Triennale Design Museum e palazzo d'Arte
San Simpliciar
Lanza
14

V. Michelangelo
V. Buonarroti
Buonarroti
V. Tiziano
V. Giotto
GIARDINI GUIDO VERGANI
V. del Burchiello
V. Bernardino Telesio
58
V. Monti
V. T. Tasso
V. Lodovico Ariosto
V. Giuseppe Leopardi
V. Pietro Paleocapa
CASTELLO SFORZESCO
V. Pontaccio
Pza d Carmi

Wagner
V. Belfiore
V. G. Rasori
PORTA MAGENTA
Pagano
V. Mario
V. 20 Settembre
V. G. Rovani
V. G. Leopardi
Cadorna
Teatro dal Verme
Cairoli
Picc
V. Tea

Washington
V. Monferrato
Corso
V. Elba
V. Domenico Cimarosa
Vercelli
V. B. Panizza
Conciliazione
V. Giovanni
Boccaccio
Carducci
V. Giosuè
Palazzo Litta
San Maurizio
Piazz
Cordu

V. Giorgio
V. Paolo
V. A. Verga
Santa Maria delle Grazie
CENACOLO
Corso
Magenta
68
Casa degli Atellani-Vigna di Leonardo
Museo Civico Archeologico
11
PINACOTEC AMBROSIAN
Museo M. Bonomi
Sa Sepol

73
Piazza Po
V. Giacomo Boni
V. Giuseppe
V. San Michele del Carso
Vle di Porta Vercellina
67
V. San Vittore
S. Vittore al Corpo
V. A. de Togni
SANT' AMBROGIO
V. Cappuccio
V. Capp

V. Egadi
Pza Vesuvio
Dezza
V. Foppa
Pzale Aquileia
Vle
Museo della Scienza e della Tecnologia Leonardo da Vinci
Sant' Ambrogio
V. Olona
V. Lanzone
Morigi
V. C. Correnti
Stampa
Sant' Vito
PTA

V. dei Grimani
V. California
V. Moisè
Rienzo
Coni Zugna
Papiniano
Sant' Agostino
V. Edmondo De Amicis
V. San Vicenzo
54
V. C. Correnti
Ticinese
S. Loren Maggiore
PTA TICINESE-MEDIEVALE

V. Cola di Rienzo
V. Andrea
V. Valparaiso
52
Parco Solari
Montevideo
Solari
Savona
Voghera
Zugna
V. D. Crespi
81
PORTA GENOVA
Corso Genova
V. C. Simonetta
Vle d. Naviglio
Arena
Parco delle Basiliche
Basilica di Sant'Eustorg

V. Stendhal
77
45
Tortona
Tortona
Armani Silos
V. Voghera
Porta Genova
Vigevano
57
Darsena
V. Gabriele d'Annunzio
V. Gorizia
Naviglio Grande
Porta Ticinese
Vle Col din L
Corso di
Vle Gian Galea.

E F

MILANO

plan II

0   300 m

N

Stazione Centrale

32

Palazzo Lombardia

Grattacielo Pirelli

28

V. Sebenico

Isola

V. F. Restelli

V. Pola

V. Luigi Galvani

V. F. Filzi

V. F. Confalonieri

Vle F. Confalonieri

Gioia

V. Copernico

Caiazzo

Loreto

V. Gaetano de Castillia

Gioia

Melchiorre

B. Pirelli

Centrale FS

V. Roberto Lepetit

V. Macchi

V. Settembrini

V. Errico Petrella

PARCO BIBLIOTECA DEGLI ALBERI

Garibaldi FS

V. Fratelli Castiglioni

Vle della Liberazione

V. Emilio Cornalia

V. Gustavo Fara

V. Vittor Pisani

V. Mauro Macchi

V. Vittruvio

Marcello Setala

Tadino

V. Gaspare Spontini

Aires

Porta Garibaldi

86

18

16

34

V. Carlo Tenca

V. Luigi

Lodovico

Benedetto

Buenos

Piazzale F. Bacone

23

51

Vle Monte Santo

Repubblica

50

65

San

V. Alessandro

Corso

Lima

Abruzzi

4

PORTA NUOVA

21

Santa Maria Incoronata

V. Porta Nuova

Appiani

Piazza della Repubblica

31

Vle Tunisia

Felice Casati

Gregorio

V. Giovanni Battista Morgagni

Plinio

Vle

Bartolomeo

24

26

V. A. Appiani

Filippo Turati

Bastioni di Porta Venezia

Panfilo Castaldi

29

V. Lazzaro Palazzi

Vittorio Veneto

Porta

36

V. G. Ombroni

V. Antonio

Eustachi

Stoppani

San Marco

V. Fatebenefratelli

Giardini Pubblici Indro Montanelli

Padiglione d'Arte Contemporanea

41

PORTA VENEZIA

2

V. Metro

V. G. Sirtori

Pisacane

47

11

Manzoni

Galleria d'Arte Moderna

Palestro

Museo Civico di Storia naturale

56

Nino Bixio

30

33

PINACOTECA DI BRERA

5

Montenapoleone

6

Museo Bagatti Valsecchi

Palestro

Vle Venezia

V. Cappuccini

V. F. Kramer

V. Antonio Kramer

Poerio

Carlo Poerio

V. G. Modena

63

V. Ciro Menotti

V. Castel Morrone

Vle dei Mille

V. Andegari

Museo P. Pezzoli

Palazzo Morando

V. Mozart

Vivaio

V. F. Bellotti

Plave

V. Giulio Uberti

Teatro alla Scala

Galleria d'Italia

San Carlo al Corso

Cso Monforte

Maino

Vle Majno

35

PORTA MONFORTE

Corso Indipendenza

Broletto

12

GALLERIA V. EMANUELE II

3

S. Babila

Piazza S.Babila

40

37

Macedonio Melloni

Poma

53

80

10

Cso V. Emanuele II

DUOMO

V. Durini

V. Cerva

V. U. Vle di Modrone

V. Conservatorio

Gaetano

78

V. Pietro Calvi

V. Galvano Fiamma

Goffredo Mameli

Archimede

V. Fratelli Bronzetti

Carlo Piceno

Vle Marcona

Duomo

San Satiro

Piazza Fontana

V. Verziere

Sforza

V. Filippo Corridoni

Bianca

Premuda

Maria

PORTA VITTORIA

Corso

22

Marzo

79

Museo del Novecento

Museo del Duomo

Cso di Porta Vittoria

Nero

V. Fontana

V. Enrico Besana

V. L. Manara

Margherita

Regina

V. Amatore Sciesa

Morosini

Bezzecca

Cadore

PARCO VITTORIO FORMENTANO

Pza. G. Missori

San Gottardo in Corte

Giardino della Guastalla

Vle Regina

Augusto

Spartaco

Anfossi

3

Missori

San

Barnaba

Santi Barnaba e Paolo

V. Antonio Fogazzaro

Cadore

V. Perugino

Friuli

V. Rugabella

Corso

Francesco

Ca'Granda Università

V. M. Fanti

Vle

Monte

V. A. Maffei

Bergamo

Lazio

V. Maestri Campionesi

V. Simone d'Orsenigo

Italia

V. Sta Sofia

di

Crocetta

V. Alfonso Lamarmona

V. Orti

Caldara

V. Carlo Pier Lombardo

Piazzale Libia

V. Angelo Maj

V. Comelico

Umbria

V. Tito Livio

49

V. G. Mercalli

Cso di Pta Vigentina

Romana

Emilio

Vle

Piazzale

Vle Cirene

V. Sigieri

San Martino

V. B. di Savoia

V. Carlo Crivelli

Porta

8

39

V. G. Tiraboschi

V. Friuli

44

PORTA TICINESE LODOVICA

Beatrice d'Este

PORTA VIGENTINA

Vle A. Filippetti

Porta Romana

38

42

Vle

Bigny

Sabotino

G   H

MILANO

✿✿ SETA BY ANTONIO GUIDA

Chef: Antonio Guida

INTERNAZIONALE • ELEGANTE All'interno del Mandarin Oriental, frequentato da una raffinata clientela internazionale, la cucina riflette il gusto cosmopolita della città. Tre menu degustazione danno spazio ai classici dello chef Antonio Guida nel primo, alla stagione nel secondo e a un prodotto a scelta nel terzo. In estate - ad esempio - i grandi protagonisti sono i crostacei, come i gamberi rossi con royale di pollo, cappasanta, salsa al prezzemolo e asparagi o l'astice blu arrosto con bagna cauda, seppia e bisque alla vaniglia. L'articolata selezione di vini, che al calice può regalare ottime emozioni, dà anche grandi soddisfazioni a tavoli più numerosi, grazie a svariate etichette in Magnum anche di importanti annate del passato.

🕸 ♿ ㎞ ⌖ – Prezzo: €€€€

Pianta: G2-1 – *Via Andegari 9* – Ⓜ *Montenapoleone* – ☏ *02 8731 8897* – *mandarinoriental.com/it/milan/la-scala/dine/seta* – *Chiuso lunedì e domenica*

✿✿ VERSO CAPITANEO

Chefs: Mario Capitaneo e Remo Capitaneo

CREATIVA • DESIGN I due fratelli Capitaneo, uniti dalla grande passione per la cucina, ma con caratteri differenti, dopo importanti esperienze in blasonati ristoranti stellati hanno aperto il loro locale in piazza Duomo. Il concept informale prevede la possibilità di accomodarsi sui grandi banconi che circondano la cucina o ai tavoli in vetro nero: osservare così da vicino il lavoro degli chef è già di per sé un divertimento. Nel piatto, materia prima di stagione, freschissima, lavorata con tecniche che ne esaltano caratteristiche e sapori senza inutili orpelli. Intrigante, lo scampo - cedro marinato - salsa al pepe rosa e foie gras.

㎞ ⌖ – Prezzo: €€€€

Pianta: G2-10 – *Piazza del Duomo 21* – ☏ *02 8975 0929* – *ristoranteverso.com* – *Chiuso martedì e mercoledì*

✿ CRACCO IN GALLERIA

Chef: Carlo Cracco

MODERNA • ELEGANTE La Galleria Vittorio Emanuele II è uno dei posti più iconici di Milano e come tale può fregiarsi di una vera stella della ristorazione italiana, il cui percorso professionale è tra i più importanti in Italia (tra i suoi maestri Ducasse in cucina e Pinchiorri in cantina). Assieme al patron Carlo, il resident chef Luca Sacchi esegue una cucina di prodotto e tecnica impeccabili, abbracciando le tradizioni meneghine e allargandosi a tutta l'area mediterranea, con il pesce ligure in primo piano. La cantina è un viaggio a sé, con una delle migliori selezioni di vini francesi in Italia per ampiezza e profondità, arricchita da un ottimo servizio al calice e dall'opportunità di degustare i vini dell'azienda biologica Vistamare, di proprietà dello chef, situata sulle colline romagnole. I tavoli più ambiti sono quelli vicino alle finestre con vista sull'Ottagono della Galleria, da prenotare per tempo.

🕸 ♿ ㎞ ⌖ – Prezzo: €€€€

Pianta: G2-3 – *Galleria Vittorio Emanuele II* – Ⓜ *Duomo* – ☏ *02 876774* – *ristorantecracco.it* – *Chiuso domenica e a mezzogiorno lunedì e sabato*

✿ HORTO

Chef: Alberto Toè

MODERNA • DESIGN Norbert Niederkofler arriva a Milano portando con sé il suo impegno verso la sostenibilità. La cucina, nelle sapienti mani di Alberto Toè, propone due percorsi degustazione dove la ricerca di prodotti di prossimità (non più di un'ora dal capoluogo) è un must. Nella bella stagione, le terrazze con la vista che spazia dalle guglie del Duomo al Castello Sforzesco costituiscono un ulteriore plus del locale, che diventa anche la meta ideale per un aperitivo grazie ad un'ampia lista di cocktail. Gli interni con tavoli in legno naturale creano un ambiente sobrio e curato adatto sia al fine dining che ad un pranzo casual, in questo caso, però, la proposta si fa più semplice.

🐾 *L'impegno dello chef:* La filosofia Cook the Mountain di Niederkofler arriva a Milano nella formula 1 Hour: tutti i fornitori delle materie prime del ristorante (naturali e biologiche) si trovano a meno di 1 ora di viaggio (traffico permettendo!), un bel sostegno alla tradizione delle cascine lombarde! Altrettanto efficace è la politica 100% no waste attraverso fermentazioni, garum, disidratazioni e compostaggio. Il palazzo Medelan che ospita Horto, infine, è stato certificato per la sostenibilità ambientale.

🕸 ♿ 🅰 🏠 – Prezzo: €€€€

Pianta: G2-9 – *Via San Protaso 5 –* 🔵 *Cordusio –* ☎ *02 3651 7496 – hortorestaurant.com – Chiuso domenica*

🌸 SADLER

Chef: Claudio Sadler

ITALIANA • **CONTESTO CONTEMPORANEO** Presso l'hotel Casa Baglioni, bellissimo edificio in stile Liberty del 1913, l'atmosfera è molto contemporanea, con una sala raffinata dove accomodarsi su poltroncine colorate per gustare una cucina dall'impronta ben precisa e riconoscibile, in perfetto equilibrio fra tradizione e innovazione, supportata da impeccabili materie prime. Anche la cantina è all'altezza del suo blasone: etichette nazionali e internazionali di pregio con alcune rarità. A mezzogiorno interessante business lunch, mentre al Rooftop Bar (7° piano), vista panoramica a 360° sullo skyline milanese e una proposta di aperitivo studiata appositamente dallo chef (tutti i giorni - dalle 18.00 alle 01.00).

🕸 🅰 ⇔ – Prezzo: €€€€

Pianta: G2-47 – *Via dell'Annunciata 14 –* 🔵 *Turati –* ☎ *02 5810 4451 – ristorantesadler.it – Chiuso domenica sera*

AIMO E NADIA BISTRO

ITALIANA CONTEMPORANEA • **CHIC** Il celebre ristorante stellato presenta qui la sua versione più informale, in una sala tanto piccola quanto graziosa ed originale. Il motto della maison non muta: in prima fila troverete i prodotti italiani, evidenziati da una cucina rispettosa dei loro sapori e integrità.

🅰 – Prezzo: €€€

Pianta: E2-67 – *Via Matteo Bandello 14 –* 🔵 *Conciliazione –* ☎ *02 4802 6205 – aimoenadia.com/bistro-aimo-e-nadia – Chiuso lunedì e domenica*

ARMANI/RISTORANTE

ITALIANA CONTEMPORANEA • **LUSSO** Al settimo piano dell'Armani Hotel Milano - con spettacolare vista sulla città - ricercatezza estetica, contemporaneità ed essenzialità sono i tratti salienti della proposta gastronomica dello chef Francesco Mascheroni, che armonizza la tradizione italiana con suggestioni di cucine internazionali. Particolare attenzione è riservata alla stagionalità.

🍴 ♿ 🅰 ⇔ – Prezzo: €€€€

Pianta: G2-5 – *Via Manzoni 31 –* 🔵 *Montenapoleone –* ☎ *02 8883 8702 – armanihotels.com – Chiuso lunedì, martedì, domenica e a mezzogiorno da mercoledì a sabato*

CAFÉ CRACCO

CLASSICA • **ELEGANTE** Bar-pasticceria sul salotto cittadino per eccellenza, il Café del celebre chef (il suo ristorante gourmet è al primo piano dello stesso edificio) è una piacevole tappa gastronomica, con una carta che passa con disinvoltura dalle specialità milanesi ai piatti internazionali, passando per la pizza. I dessert si scelgono da una vetrina e sono di notevole raffinatezza. Tavoli anche all'esterno, nella straordinaria cornice della galleria.

♿ 🏠 – Prezzo: €€€

Pianta: G2-8 – *Galleria Vittorio Emanuele II –* 🔵 *Duomo –* ☎ *02 876774 – ristorantecracco.it – Chiuso domenica e a mezzogiorno lunedì e sabato*

MILANO

FRADES PORTO CERVO

SARDA • **CONTESTO CONTEMPORANEO** È l'avventura di tre fratelli, già ristoratori con bottega a Porto Cervo, che sbarcano a Milano per portare la loro idea di ospitalità sarda a due passi da Piazza Duomo. Un locale elegante e molto contemporaneo per i grandi classici della cucina regionale in chiave moderna.

& ▥ – Prezzo: €€€

Pianta: G3-79 – *Via Giuseppe Mazzini 20* – Ⓜ *Missori* – 🕾 *391 386 3232 – frades. eu/it/content/milano – Chiuso lunedì e domenica*

IL MARCHESE - OSTERIA MERCATO LIQUORI

ROMANA • **LIBERTY** In un sontuoso ambiente art déco che stride piacevolmente con la cucina popolare che viene proposta, lo spin off milanese dell'omonimo locale romano, omaggio al Marchese del Grillo di Alberto Sordi, è anche il primo amaro bar d'Europa, con una selezione di oltre 600 amari. La filosofia del locale è basata sulla tradizione romana interpretata in chiave contemporanea. Preparatevi dunque ad una deliziosa carrellata di carbonara, matriciana, gricia, filetto di vitello come saltimbocca, pancia di maiale e tanto altro ancora!

& ▥ ⇔ – Prezzo: €€€

Pianta: G2-76 – *Via dei Bossi 3* – Ⓜ *Cordusio* – 🕾 *02 5812 4986 – ilmarchesemilano.it – Chiuso sera*

IL RISTORANTE - NIKO ROMITO

ITALIANA CONTEMPORANEA • **DI TENDENZA** All'interno dell'hotel Bulgari, strategicamente posizionato nel cuore di Milano e di fronte ad un esclusivo giardino, il cuoco tristellato abruzzese continua a curarne la cucina, all'insegna di una linea italiana, contemporanea e alleggerita. Atmosfera trendy e spazio bar.

⇔ & ▥ ⇱ – Prezzo: €€€€

Pianta: G2-7 – *Via Privata Fratelli Gabba 7/b* – Ⓜ *Montenapoleone* – 🕾 *02 805 8051 – bulgarihotels.com*

NOBUYA Ⓜ

GIAPPONESE CONTEMPORANEA • **INTIMO** Un'eleganza essenziale - tipica dei ristoranti giapponesi - con colori che variano dal marrone dei tavoli alle travi in legno scuro del soffitto; luci piacevolmente soffuse con la cantinetta illuminata a dare colore... Un talentuoso chef del Sol Levante assicura una cucina di qualità e di freschissimi ingredienti. A pranzo anche un "Bento box"più easy e anche un percorso degustazione omakase ("Mi affido a te") completamente vegetariano.

▥ – Prezzo: €€€

Pianta: F2-11 – *Via San Nicolao 3/a* – Ⓜ *Cadorna FN* – 🕾 *331 808 8558 – nobuya. it – Chiuso domenica*

PELLICO 3

MODERNA • **ELEGANTE** A pochi metri dalla Galleria, nel lussuoso albergo Park Hyatt, il giovane cuoco propone una cucina raffinata e talvolta complessa, con salse e tradizioni delle sue esperienze francesi insieme ad una frequente presenza vegetale, nonché piatti d'ispirazione mediterranea.

& ▥ ⇔ – Prezzo: €€€€

Pianta: G2-53 – *Via Silvio Pellico 3* – 🕾 *02 8821 1236 – pellico3milano.it – Chiuso lunedì, domenica e a mezzogiorno da martedì a sabato*

ROVELLO 18

ITALIANA • **VINTAGE** Vivace ed accogliente bistrot dai curati arredi in legno, per una cucina che punta su un'attenta selezione delle materie prime, presentate senza troppe elaborazioni. Dal menu fanno capolino alcune specialità milanesi, sebbene la maggior parte dei piatti sia d'impronta mediterranea. Interessante scelta di vini anche a bicchiere.

⅋ ▥ – Prezzo: €€€

Pianta: F2-14 – *Via Tivoli 2* – Ⓜ *Lanza* – 🕾 *02 7209 3709 – rovello18.it*

TANO PASSAMI L'OLIO

CREATIVA • AMBIENTE CLASSICO Tano Simonato, chef-patron di questo locale di moderna eleganza situato in un bel quartiere residenziale, propone la sua estrosa cucina che reinterpreta i sapori italiani in chiave moderna: per lui il cibo non è solo nutrimento, ma anche divertimento. Si accosterà, quindi, al tavolo per consigliarvi e raccontarvi i suoi piatti suggerendo il migliore wine pairing, grazie anche ad una fornita cantina. L'ispettore consiglia: tiramisù di seppia e patate, nonché Cannoli di mandorla ripieni di mousse di ricotta alla mandorla, limone candito e gocce di cioccolato, con crema di agrumi e marmellata di mandorle.

&. [M] ⇄ – Prezzo: €€€€
Pianta: E2-58 – *Via Francesco Petrarca 4* – ❶ *Cadorna* – ✆ *02 839 4139* – *tanopassamilolio.it* – *Chiuso domenica e a mezzogiorno da lunedì a sabato*

VOCE AIMO E NADIA

ITALIANA CONTEMPORANEA • DI TENDENZA Nel cuore di Milano, l'ingresso si apre sul bar pasticceria con uno spazio bistrot per chi desidera scegliere tra una selezione ristretta di piatti più semplici, da qui si passa alla sala del ristorante con cucina a vista, dove l'insegna storica Aimo e Nadia di via Montecuccoli porta il suo credo: ricerca di eccellenze gastronomiche italiane interpretate in chiave contemporanea. Oasi verde nel cuore della città, Voce in Giardino è lo spazio in plein air di cui approfittare nella bella stagione, circondati da sculture.

[M] ⇄ – Prezzo: €€€€
Pianta: G2-12 – *Piazza della Scala 6* – ❶ *Duomo* – ✆ *349 327 3374* – *aimoenadia.com/voce-aimo-e-nadia*

WICKY'S INNOVATIVE JAPANESE CUISINE

GIAPPONESE • DESIGN L'atmosfera, contemporanea ed essenziale, è quella tipica dei ristoranti giapponesi, ma la cucina vi sorprenderà, proponendo un magico matrimonio tra classici nipponici ed ingredienti mediterranei, tra estetica e sapori. Due sale: una con vetrine sulla strada, l'altra con cucina a vista e banco sushi, dove la sera Wicky Pryan serve un menu degustazione per chi vuole affidarsi al suo estro creativo.

&. [M] ⇄ – Prezzo: €€€
Pianta: G3-13 – *Corso Italia 6* – ❶ *Missori* – ✆ *02 8909 3781* – *wicuisine.it* – *Chiuso domenica e a mezzogiorno lunedì e sabato*

ZELO

MODERNA • LUSSO L'eleganza di ZELO è incorniciata dal bellissimo giardino della corte quattrocentesca interna, dove si allestisce la bella terrazza estiva. Linea di cucina moderna, grazie allo chef che utilizza il fior fiore dei prodotti italiani per preparare piatti contemporanei e creativi, oltre ad alcune "icone" nazionali come il vitello tonnato o la milanese. Se a pranzo la carta si alleggerisce di qualche proposta per lasciare spazio ad alcune insalate, la sera ecco trionfare i plateau di crudi.

⇔ [M] ☂ ⇄ – Prezzo: €€€€
Pianta: G2-6 – *Via Gesù 6/8* – ❶ *Montenapoleone* – ✆ *02 7708 1478* – *fourseasons.com*

ZERO MILANO

GIAPPONESE • MINIMALISTA "Zero" compromessi su attenzione e qualità: la cucina, infatti, si basa su ottime materie prime e sulla tecnica e la disciplina giapponesi. Gli chef, guidati da Hide Shinohara, propongono una cucina nipponica in purezza, concentrata sulla massima qualità e l'arte della forma. In sala troverete i pannelli di onice bianca, minimalismo e luci soffuse, mentre al classico bancone, oltre a poter sbirciare la destrezza dei cuochi all'opera, c'è anche l'opportunità di una degustazione creata al momento.

[M] – Prezzo: €€€
Pianta: E2-68 – *Corso Magenta 87* – ❶ *Conciliazione* – ✆ *02 4547 4733* – *zero-milano.it* – *Chiuso a mezzogiorno*

MILANO

❀ ANIMA

CONTEMPORANEA • CONTESTO CONTEMPORANEO All'interno del prestigioso hotel Milano Verticale | UNA Esperienze, in zona corso Como, Enrico Bartolini firma questo locale in cui eleganza, confort e design sono le parole chiave per interpretare il concept e le linee raffinate degli spazi, ispirati alla città del secondo Novecento, quella di Gio Ponti. Il resident chef Michele Cobuzzi con mano precisa crea piatti dai sapori moderni, esaltati dall'ottima materia prima proveniente principalmente dalla sua terra di origine, la Puglia. Degna di nota la proposta enoica non ampissima, ma con etichette sia italiane che straniere. Sul fronte mixology, oltre ai classici cocktail, in lista troverete anche dei signature accattivanti e originali, che vi porteranno in giro per il mondo.

🕸 🅰🄲 – Prezzo: €€€€

Pianta: G1-86 – *Via Gaspare Rosales 4* – Ⓜ *Garibaldi* – 🕾 *02 6227 8500 – enricobartolini.net/ristorante-milano-verticale – Chiuso domenica e a mezzogiorno da lunedì a sabato*

❀ BERTON

Chef: Andrea Berton

ITALIANA CONTEMPORANEA • DESIGN Nel cuore di Porta Nuova, un'intera parete vetrata filtra luce su una sala di eleganza contemporanea e raffinata, in linea con i caratteri del nuovo e avveniristico quartiere. La cucina ruota intorno a pochi ingredienti in piatti accattivanti, essenziali ma non minimalisti, in percorsi degustazione che abbinano carne e pesce, a cui si aggiunge una proposta interamente vegetariana. L'impostazione è creativa e moderna; i prodotti provengono da diverse parti d'Italia senza un riferimento territoriale preciso, come del resto la ben articolata lista dei vini che annovera etichette da ogni dove. Business lunch in settimana.

🕸 ♿ 🅰🄲 – Prezzo: €€€€

Pianta: G1-16 – *Via Mike Bongiorno 13* – Ⓜ *Gioia* – 🕾 *02 6707 5801 – ristoranteberton.com – Chiuso lunedì, domenica e martedì a mezzogiorno*

❀ IYO KAISEKI

GIAPPONESE • CONTESTO CONTEMPORANEO Nell'avveniristico quartiere di Porta Nuova, dove il volto della città è cambiato in modo spettacolare e già iconico, il ristorante si trova proprio all'ingresso di uno dei grattacieli più celebri, la Torre Solaria. All'interno, in un moderno mix di legno, pietra e vetro, troverete uno dei ristoranti più eleganti della città. AALTO diventa cucina kaiseki, una versione fedele all'originale della più famosa cucina giapponese, in alcune delle sue portate più rinomate. C'è anche una saletta a parte con banco sushi e pochi posti, dove si può invece prenotare il menù a sorpresa omakase.Se il nome Iyo vi risulta familiare non vi sbagliate: il ristorante stellato Iyo (in zona corso Sempione) serve sempre cucina giapponese, ma con trovate più creative o fusion rispetto a questa sede.

🕸 ♿ 🅰🄲 ❄ – Prezzo: €€€

Pianta: G1-18 – *Piazza Alvar Aalto 9N02* – Ⓜ *Repubblica* – 🕾 *02 2506 2888 – iyo-kaiseki.com – Chiuso martedì e a mezzogiorno lunedì, mercoledì, giovedì, venerdì, sabato*

SERENDIB

INDIANA • **STILE ORIENTALE** Serendib, l'antico nome dello Sri Lanka, significa "rendere felici": attraverso un locale accogliente e una cucina che propone piatti tipici cingalesi e indiani la sfida è vinta! Si consiglia il menù degustazione per esplorare - almeno la prima volta - le varie specialità.

ℳ – Prezzo: €

Pianta: F1-19 – *Via Pontida 2* – Ⓜ *Moscova* – ℰ *02 659 2139* – *serendib.it*

CERESIO 7

MODERNA • **DESIGN** Chi è interessato a trovare la Milano elegante e di tendenza, qui individuerà uno dei locali faro della città: pool bar, ristorante e piscina, tutto al quarto piano del civico 7 di via Ceresio. Se l'interior design gioca con ottone, marmo e legno, in un riuscito mix di colori suadenti e stile vintage, lo sguardo corre libero dalle due terrazze sempre aperte che regalano uno scorcio suggestivo sui grattacieli di Porta Garibaldi. Sulla tavola, i grandi classici della cucina italiana rivisitati con guizzo moderno. Non mancano mai i crudi di pesce.

⪡ℳ❦ – Prezzo: €€€

Pianta: F1-20 – *Via Ceresio 7* – Ⓜ *Monumentale* – ℰ *02 3103 9221* – *ceresio7.com*

DANIELCANZIAN

ITALIANA CONTEMPORANEA • **CONTESTO CONTEMPORANEO** Nel cuore di Brera, questo ristorante si presenta come un luogo che valorizza l'alta artigianalità italiana, grazie ad arredi realizzati su misura per trasmettere la filosofia culinaria di Canzian anche attraverso lo spazio. Chi ama i classici italiani con qualche divagazione più estrosa troverà nel piatto solo il meglio delle materie prime. Tanto Veneto, terra d'origine di Canzian, nelle varie proposte e un menu dedicato all'Alta Cucina Veneta di 4-6 portate.

⪢ℳ❦ – Prezzo: €€€

Pianta: G1-21 – *Via Castelfidardo 7* – Ⓜ *Moscova* – ℰ *02 6379 3837* – *danielcanzian.com* – *Chiuso lunedì e domenica*

FINGER'S GARDEN

FUSION • **ALLA MODA** Locale dall'atmosfera orientale con luci soffuse e un deciso target mondano. Lo chef si destreggia con disinvoltura fra proposte di pesce crudo e originali creazioni fusion, in cui inserisce qualche tocco brasiliano. I più gourmet si affideranno al suo menu a mano libera.

⪢ℳ❦ – Prezzo: €€€

Pianta: C1-22 – *Via Keplero 2* – Ⓜ *Sondrio* – ℰ *02 606544* – *fingersrestaurants.com* – *Chiuso a mezzogiorno da lunedì a sabato*

IL LIBERTY

CREATIVA • **ACCOGLIENTE** All'interno di un palazzo Liberty, poco distante dal quartiere di Porta Nuova, ambiente accogliente e ricercato, con una sala principale, una romantica balconata, una saletta con cucina a vista e un social table. Il menu, di stampo mediterraneo, comprende mare e terra.

ℳ – Prezzo: €€€

Pianta: G1-23 – *Viale Monte Grappa 6* – Ⓜ *Garibaldi* – ℰ *02 2901 1439* – *il-liberty.it* – *Chiuso lunedì, giovedì-domenica*

LOCANDA PERBELLINI

ITALIANA • **CONVIVIALE** Il pluristellato chef Giancarlo Perbellini: una certezza nella sua Verona e altrettanto nella città della Madonnina. Anche qui si propone una cucina fatta di tradizione italiana da nord a sud, ma che strizza l'occhio a nuove tecniche e a tendenze contemporanee, con in più qualche citazione meneghina. Nella centralissima Brera, il locale è accogliente e piacevolissimo, piccolo, discreto ed elegante.

⪢ℳ – Prezzo: €€

Pianta: G1-26 – *Via Moscova 25* – Ⓜ *Moscova* – ℰ *02 3663 1450* – *locandaperbellini.it* – *Chiuso lunedì e domenica*

OSAKA

GIAPPONESE • **MINIMALISTA** Sull'animato corso Garibaldi, ma nascosto in una piccola galleria, un locale di atmosfera sobrio-minimalista e dal cui banco si potrà apprezzare l'abilità e l'ossequioso rispetto nel taglio del pesce. Se a pranzo prevale la formula set menu, la sera contempla la carta, tra cui segnaliamo il sukiyaki. Piatto festivo e conviviale per eccellenza, è una sorta di bourguignonne in cui carne e verdure vengono cotte in brodo in una pentola posta sul tavolo stesso e utilizzata da tutti i commensali.

AC – Prezzo: €€€

Pianta: F1-27 – *Corso Giuseppe Garibaldi 68* – Ⓜ *Moscova* – ℰ *02 2906 0678* – *milanoosaka.com* – *Chiuso lunedì*

PACIFICO

PERUVIANA • **BISTRÒ** Luci soffuse e atmosfera cool nella zona mixology, ambiente moderno nella sala dining e una cucina che strizza l'occhio ad una linea gastronomica connotata da sapori peruviani contaminati da influenze asiatiche. Ottima la scelta di tacos e ceviche e le proposte di carne e pesce alla griglia.

AC – Prezzo: €€€

Pianta: G1-24 – *Via Moscova 29* – Ⓜ *Moscova* – ℰ *02 8724 4737* – *wearepacifico. com* – *Chiuso domenica e a mezzogiorno da lunedì a sabato*

QUADRI BISTROT Ⓝ

MODERNA • **BISTRÒ** Moderno bistrot con cocktail-bar, arredi fashion, luci soffuse, music lounge in sottofondo, nonché piccolo dehors lungo il marciapiede da prenotare con largo anticipo. La fantasiosa cucina è supportata da uno chef di talento che assicura personalità e ottimi prodotti stagionali. La ricetta che ha conquistato gli ispettori? Pollo di Bresse farcito con salsa alle ciliegie.

AC – Prezzo: €€

Pianta: G1-4 – *Via Solferino 48* – ℰ *02 4775 5505* – *quadribistrot.it* – *Chiuso lunedì e domenica*

RATANÀ

ITALIANA • **VINTAGE** Ritmo e dinamismo all'interno di un edificio ristrutturato che fu cinema e poi rimessa tramviaria, di fronte al celebre complesso del Bosco Verticale. La materia prima è protagonista, declinata in preparazioni dove il sapore italiano veste i panni dell'attualità. Il dehors sul parco pubblico è un atout in più. A mezzogiorno, easy lunch e alcuni simpatici posti direttamente al bancone.

AC 🛋 – Prezzo: €€

Pianta: G1-28 – *Via G. de Castillia 28* – Ⓜ *Gioia* – ℰ *02 8712 8855* – *ratana.it*

UOVODISEPPIA MILANO

MEDITERRANEA • **BISTRÒ** Locali completamente rinnovati in un'area pedonale a ridosso di Gae Aulenti: zona di rinnovato prestigio gastronomico della grand Milan! Forno a legna, un bel banco bar e piccoli tavoli in stile bistrot per una proposta a carattere siciliano, molto curata sia nella forma che nel contenuto. Polpo, cernia, gamberi rossi di Mazara... tutto il meglio della produzione isolana messa in evidenza con ricette rivisitate come la "fuori Norma", dove la pasta è esterna e il piatto - di fatto - una melanzana ripiena, lavorata abilmente con aromi e sentori mediterranei. Nell'area pedonale c'è il dehors che consigliamo - soprattutto – nelle fresche serate di inizio stagione, per vivere una esperienza quasi bohémien.

🔥 AC 🛋 – Prezzo: €€€

Pianta: G1-51 – *Via Amerigo Vespucci 11* – Ⓜ *Gioia* – ℰ *375 910 8923* – *uovodiseppiamilano.it* – *Chiuso domenica*

❀❀ **ANDREA APREA**

Chef: Andrea Aprea

ITALIANA CONTEMPORANEA • ELEGANTE Posto all'ultimo piano della Fondazione Luigi Rovati - in un magnifico edificio storico ristrutturato secondo criteri di sostenibilità certificati e che ospita anche un Museo d'Arte - il talentuoso Andrea Aprea corona il sogno di un suo ristorante: uno spazio dal grande impatto scenografico, dove una vetrata panoramica offre scorci dello skyline cittadino, Tutti si è - però - concentrati verso la cucina, totalmente a vista, con le pareti della sala centrale rivestite di bucchero (la caratteristica ceramica nera con cui gli etruschi realizzavano i loro vasi) che corrono inclinate appunto per indirizzarvi gli sguardi. È qui che potrete ammirare lo chef e la sua brigata intenti a preparare i piatti dei tre menu degustazione: Contemporaneità, un percorso di 4 portate dedicato al rapporto tra memoria e innovazione; Partenope, viaggio in 6 portate nelle suggestioni della Campania e Signature, esperienza assoluta nella filosofia dello chef in 8 portate. Ottima la scelta enoica, valida anche nelle proposte al calice. Nella segreta corte verde del palazzo di corso Venezia 52 trova posto il Caffè Bistrot, per il quale lo chef ha ridefinito i canoni della cucina popolare attraverso una selezione di grandi classici.

⅋ ⅊ 🅰 ⇆ – Prezzo: €€€€

Pianta: H2-41 – *Corso Venezia 52 – 𝒞 02 3827 3030 – andreaaprea.com – Chiuso lunedì, domenica e a mezzogiorno da martedì a venerdì*

❀ **FELIX LO BASSO HOME & RESTAURANT**

Chef: Felice "Felix" Lo Basso

ITALIANA CONTEMPORANEA • CONTESTO CONTEMPORANEO Il format del vulcanico Felix Lo Basso si ispira al Nord Europa: un unico menu che cambia con regolarità seguendo forniture e mercato del momento ed orario comune di inizio cena per tutti i commensali, previa indispensabile prenotazione. Le proposte, benché creative e talvolta piuttosto elaborate, pescano sovente nelle ricette e negli ingredienti della Puglia, regione d'origine dello chef, che ne propone originalissime rivisitazioni, non disdegnando pur tuttavia qualche citazione orientale. Al di là delle salette dedicate a cene private, la sala principale prevede un elegante banco, lungo il quale si è fatti sedere con gli altri clienti di fronte ai cuochi al lavoro, con Felice che cucina e intrattiene come un abile e simpatico presentatore. Sul dessert vogliamo mantenere il mistero, fornendovi solo un indizio: Nuvola...

⅊ 🅰 ⇆ – Prezzo: €€€€

Pianta: H2-63 – *Via Carlo Goldoni 36 – 𝒞 02 4540 9759 – felixlobassorestaurant.it – Chiuso lunedì, domenica e a mezzogiorno da martedì a sabato*

❀ **JOIA**

Chefs: Sauro Ricci e Raffaele Minghini

VEGETARIANA • MINIMALISTA Siamo in casa dello chef che per primo ha introdotto la cucina vegetariana e naturale nel panorama del fine dining italiano. Dietro all'etichetta di "ristorante vegetariano", con un menu per l'80% vegano e senza glutine, c'è un filosofo: Pietro Leemann, che - a partire dai primi mesi del 2024 - si fa un po' in disparte per lasciare spazio a due giovani chef. I suoi piatti al limite dell'onirico sono testimonianza concreta del percorso spirituale e della consapevolezza raggiunta nel corso degli anni. Ricette che lasciano sempre trasparire la loro essenza nel colore, nel gusto, nella consistenza e nella presentazione. Due i percorsi degustazione da 6 o 8 portate, mentre a pranzo fa capolino un interessantissimo e più easy "Piatto Quadro": 5 assaggi per una sosta decisamente veloce. Le linee

MILANO

architettoniche del locale si rifanno ad un'elegante essenzialità e la parallela Joia Academy ha lo scopo di divulgare questa filosofia a tutto tondo.

❀ *L'impegno dello chef:* Pietro Leeman ha fatto della sua visione della vita la stella polare per una cucina sostenibile: il pianeta e i suoi abitanti visti come entità in armonia. Più filosofia che gastronomia? Tuttavia dalla scelta vegetariana scaturiscono scelte pratiche, come l'utilizzo di materie prime da micro-produttori mai troppo distanti da Milano. Il contributo all'ambiente è anche di tipo culturale e divulgativo, attraverso la creazione di bellissimi libri a tema.

❀ 🅰️ ⇄ – Prezzo: €€€€

Pianta: H1-29 – *Via Panfilo Castaldi 18* – ⓜ *Repubblica* – ☏ *02 2952 2124 – joia. it* – *Chiuso lunedì e domenica*

☸ ## MOEBIUS SPERIMENTALE

CREATIVA • DI TENDENZA Da un vecchio magazzino tessile si è ricavato un locale multitasking molto moderno in zona semicentrale: bistrot e cocktail bar al piano d'ingresso, salita una rampa di scalini c'è invece la saletta gourmet con soli 12 posti, scenograficamente sospesa al centro del ristorante, di cui sei alla "barra" ammirando il lavoro di preparazione della cucina, dove si propongono piatti "sperimentali" che tuttavia fanno della selezione di ottime materie prime il loro punto di partenza. Dal menù Mare (tre le formule degustazione possibili, di cui una, Libertà, di creazione dello chef) noi abbiamo apprezzato soprattutto il crudo (e la sua salsa "segreta"), Rimini 1982-risotto ai frutti di mare e il rombo selvaggio in stile giapponese; nel menù Terra imperdibile il piatto che da anni accompagna le peregrinazioni anche straniere di chef Croatti, cioè gli agnolotti di ossobuco tradizionale. Il servizio pur accurato cerca di mantenersi anche informale; lo stesso chef interagisce a più riprese con i clienti.

🅰️ – Prezzo: €€€€

Pianta: H1-65 – *Via Cappellini 25* – ⓜ *Centrale FS* – ☏ *02 3664 3680* – *moebiusmilano.it* – *Aperto le sere di giovedì, venerdì e sabato*

⊛ ## DA GIANNINO - L'ANGOLO D'ABRUZZO

ABRUZZESE • CONTESTO TRADIZIONALE Fedele a se stessa da molti anni, è la vera trattoria molto semplice, con i tavolini ravvicinati, ma allo stesso tempo vivace e sempre frequentata: il piacere consiste nel riscoprire, in piatti dalle abbondanti porzioni, la tipica cucina abruzzese proposta con prezzi davvero contenuti per gli standard milanesi. A pranzo, vari menu a prezzo fisso per pasti molto easy e veloci.

🅰️ – Prezzo: €

Pianta: H2-30 – *Via Rosolino Pilo 20* – ⓜ *Porta Venezia* – ☏ *02 2940 6526* – *da-giannino-langolo-dabruzzo.it* – *Chiuso lunedì*

ACANTO

MODERNA • LUSSO Matteo Gabrielli, giovane chef dalle esperienze internazionali, presenta la nuova cucina di Acanto con la tradizione rigorosamente in prima linea: il risotto alla Milanese resta uno dei must! Nella classicheggiante sala all'interno dell'albergo Principe di Savoia, accompagnati da un servizio attento e professionale, il menu riserva tanto spazio a pesci e carni italiane, lavorate con tecniche moderne per farne risaltare tutta la qualità.

♿ 🅰️ ⇄ – Prezzo: €€€€

Pianta: G1-31 – *Piazza della Repubblica 17* – ⓜ *Repubblica* – ☏ *02 6230 2026* – *dorchestercollection.com*

BITES

INTERNAZIONALE • MINIMALISTA In un locale raccolto, semplice negli arredi e nel confort, una proposta dalle influenze francesi, nordiche ma soprattutto giapponesi, con marinature, fermentazioni e cotture alla brace. I tanti piccoli assaggi (bites, appunto) che formano il menu permettono di avere una bella panoramica della cucina. Ancora più accattivante la carrellata di 6, 8 o 12 portate scelte dallo chef.

🅰️ – Prezzo: €€€

Pianta: H2-2 – *Via Lambro 11* – ⓜ *Porta Venezia* – ☏ *351 866 8452* – *bitesmilano. net* – *Chiuso lunedì e domenica*

MILANO

DIM SUM

CANTONESE • CONTESTO CONTEMPORANEO In un ambiente ovattato e signorile, con parte della cucina a vista, avrete la golosa opportunità di gustare specialità cantonesi e del sud della Cina. I dim sum, tradizionali ravioli e piattini di carne, pesce, verdura e uova, che caratterizzano questa tradizione gastronomica, sono appena ingentiliti da un vago tocco contemporaneo. Per un'esperienza asiatica a tutto tondo.

&. 🖾 ⇔ – Prezzo: €€€

Pianta: H2-33 – *Via Nino Bixio 29* – ⓜ *Porta Venezia* – ☏ *02 2952 2821* – *dimsummilano.com* – *Chiuso lunedì*

GIANNINO DAL 1899

MEDITERRANEA • ELEGANTE Un nome storico per la città, con una linea di cucina mediterranea con influenze internazionali. Piacevole ambiente retrò di recente rinnovo e alle pareti vecchie fotografie del bel mondo che ha frequentato il locale nel corso di oltre un secolo.

&. 🖾 ⇔ – Prezzo: €€€

Pianta: G1-50 – *Via Vittor Pisani 6* – ⓜ *Repubblica* – ☏ *02 3651 9520* – *gianninoristorante.it* – *Chiuso domenica e sabato a mezzogiorno*

LA CANTINA DI MANUELA

CLASSICA • BISTRÒ Si mangia circondati da bottiglie di vino in un ambiente giovane e dinamico. Ad una carta di piatti particolarmente elaborati si aggiungono la sera gli antipasti, sostituiti a pranzo da insalate assortite per una clientela business orientata a proposte veloci. I tavoli nel piacevole dehors sono da prenotare con largo anticipo.

⅋ 🖾 ㋨ – Prezzo: €€

Pianta: H2-35 – *Via Carlo Poerio 3* – ☏ *02 7631 8892* – *lacantinadimanuela.it*

LA RISACCA BLU

PESCE E FRUTTI DI MARE • CONVIVIALE Nei pressi della Stazione Centrale, sarà un grande e ricco buffet di fresco pescato giornaliero a darvi il benvenuto! A seguire, piatti marinari in preparazioni schiette e d'impostazione classica, con un posto di riguardo riservato a sua maestà il crudo. Atmosfera rilassata e gioviale per un ristorante a gestione famigliare.

Prezzo: €€€

Pianta: H1-36 – *Via Tunisia, angolo via Tadino* – ⓜ *Porta Venezia* – ☏ *02 2048 0964* – *larisaccablu.com* – *Chiuso lunedì*

LA SOCIETÀ MILANO

MODERNA • DI TENDENZA Non lontano da Porta Venezia e dai suoi lussureggianti giardini, il locale di Giulia e Andrea vi accoglierà nella sua calda e originale atmosfera. Tre sale arricchite da tappezzerie e all'ingresso il bel camino in marmo bianco per una cucina dai sapori mediterranei con qualche accento esotico. Imperdibile la caponata di ricciola dove la ceviche si stempera nella dolcezza della melanzana fritta nel pane.

&. 🖾 ㋨ – Prezzo: €€€

Pianta: H1-25 – *Via Panfilo Castaldi 19* – ⓜ *Porta Venezia* – ☏ *02 2940 1119* – *lasocietamilano.it* – *Chiuso lunedì e a mezzogiorno da martedì a sabato*

MU DIMSUM

CINESE CONTEMPORANEA • ALLA MODA Atmosfera orientale, bella ed elegante, in questo ristorante diretto dalla titolare Suili Zhou, che con raffinatezza e determinazione racconta le tradizioni più autentiche della cultura gastronomica del suo Paese. Interessante carta dei tè - serviti con rito tradizionale al tavolo - e selezione di bollicine nazionali e Champagne.

&. 🖾 – Prezzo: €€

Pianta: G1-34 – *Via Aminto Caretto 3* – ⓜ *Centrale FS* – ☏ *338 358 2658* – *mudimsum.it/it*

MILANO

MILANO

REMULASS

MODERNA • BISTRÒ "Cucina con le radici" per un locale piccolo, vivace e molto frequentato la sera, rigorosamente da prenotare. I piatti moderni e colorati contengono sempre una forte componente vegetale, tra radici ed erbe aromatiche. Un esempio? Pinzimonio di verdure fermentate con ricotta infornata e dressing al gin.

  🕭 🖼 – Prezzo: €€

Pianta: H2-56 – *Via Nino Bixio 21* – Ⓜ *Porta Venezia* – ✆ *02 5251 7356* – *remulass.it* – *Chiuso domenica*

TERRAZZA GALLIA

ITALIANA CONTEMPORANEA • LUSSO Al settimo piano dell'Hotel Gallia, con vista panoramica sulla città e soprattutto sulla maestosa Stazione Centrale, il ristorante si propone come luogo d'elezione per un pranzo leggero, un cocktail o una cena informale. La cucina verte su alcuni classici italiani, rivisitati all'insegna di un gusto personalizzato e partenopeo.

  🕭 🖼 🍽 ⇕ – Prezzo: €€€€

Pianta: H1-32 – *Piazza Duca d'Aosta 9* – Ⓜ *Centrale FS* – ✆ *02 6785 3514* – *terrazzagallia.com/it*

PORTA ROMANA - PORTA VITTORIA

❀ ### SINE BY DI PINTO

Chefs: Roberto Di Pinto

ITALIANA CONTEMPORANEA • CONTESTO CONTEMPORANEO Al Sine per respirare Napoli, terra di origine dello chef, con notevoli inserti lombardi: i piatti sono contemporanei, a volte giocosi, come il raviolo di gambero servito con alcune preparazioni tra cui un caciucco di grande intensità, ma il must dello chef resta la pizzetta fritta, al nero, con palamita e zucchine. Per apprezzare al meglio le novità della cucina selezionate il menu "Sine Confini", un percorso motivante e creativo dove il cuoco esprime il meglio di sé. Servizio curato e brillante, con una cantina in evoluzione e ricca di etichette anche poco conosciute.

  🖼 🍽 – Prezzo: €€€

Pianta: D2-82 – *Viale Umbria 126* – ✆ *02 3659 4613* – *sinerestaurant.com* – *Chiuso lunedì, domenica e a mezzogiorno da martedì a venerdì*

🙂 ### DONGIÒ

CALABRESE • FAMILIARE Se volete contenere i costi e amate la cucina calabrese, al Dongiò avete trovato l'indirizzo che fa per voi. In un ambiente semplice e conviviale, il menu propone una bella carrellata di specialità regionali, in un susseguirsi di sapori intensi ed appaganti. Imperdibili, le polpettine di controfiletto al sugo!

  🖼 🍽 – Prezzo: €

Pianta: H3-38 – *Via Corio 3* – Ⓜ *Porta Romana* – ✆ *349 276 1011* – *dongio.it* – *Chiuso domenica e sabato a mezzogiorno*

🙂 ### TRIPPA

ITALIANA • TRATTORIA In un locale semplice, informale e con un tocco rétro, la trippa è una delle proposte di quinto quarto che troverete spesso in una carta che si amplia a piatti di ogni regione, di immediata forza e comprensibilità, senza inutili fronzoli. La qualità dei prodotti e le capacità di un grande interprete, il bravo Pietro Caroli, ne fanno una delle migliori trattorie della città. Motivo per cui è indispensabile prenotare con largo anticipo.

 ⌖ 🎴 ⌂ – Prezzo: €€

Pianta: H3-39 – *Via Giorgio Vasari 1 -* 🄼 *Porta Romana –* ☏ *327 668 7908 – trippamilano.it – Chiuso domenica e a mezzogiorno da lunedì a sabato*

AUTEM*

CUCINA DI MERCATO • **ELEGANTE** Indirizzo moderno con cucina ampiamente a vista, anche dall'esterno, a pochi passi da Porta Romana, in un quartiere di grande fermento tra locali e ristoranti. Interessante l'iniziativa di portare i menu scritti a mano dallo chef, per meglio valorizzare il lavoro artigianale e spiegare a voce le varie proposte. Ecco la cucina di Luca Natalini, toscano doc che ama mostrare la sua regione ed i prodotti che meglio conosce: il piccione intero alla brace, servito con una tartelette del quinto quarto è un ottimo esempio della sua maestria ai fornelli. Luminosa saletta all'ingresso e uno spazio più riservato sul retro.

 ⌖ 🎴 ⇔ – Prezzo: €€€

Pianta: H3-8 – *Via Serviliano Lattuada 2 -* 🄼 *Porta Romana –* ☏ *351 278 0368 – autem-milano.com – Chiuso martedì e mercoledì a mezzogiorno*

GONG

CINESE • **STILE ORIENTALE** L'Oriente incontra l'Occidente in un'armoniosa fusione di sapori: questo è il Gong, che oltre a prestare il nome al locale dissemina imponenti gong nella sala moderna ed elegante. Un servizio attento e premuroso, sempre disponibile a spiegare le varie prelibatezze, porta in tavola ricette cinesi libere e all'avanguardia. L'attenzione all'estetica e la rigorosa selezione delle materie prime raccontano in ogni piatto lo spirito internazionale di questo tipo di cucina: un'offerta ampia e variegata, con scelta à la carte e diversi menù degustazione uno dei quali dedicato al signature dish, la peking duck!

 🕮 ⌖ 🎴 – Prezzo: €€€€

Pianta: H2-40 – *Corso Concordia 8 –* ☏ *02 7602 3873 – gongoriental.com – Chiuso lunedì e martedì a mezzogiorno*

ICHIKAWA

GIAPPONESE • **SEMPLICE** Ichikawa è uno dei maestri che più hanno contribuito ad introdurre e a far conoscere la cucina giapponese in Italia. Le opzioni proposte sono due: menu degustazione (servito al banco, di conseguenza maggiore interazione con lo chef!) oppure à la carte. Nel primo caso il menu omakase contempla creazioni del maestro in base all'estro della giornata; in alternativa le "costanti" della carta. Il servizio cortese e professionale ben conosce le tecniche e i segreti dello chef.

 ⌖ 🎴 – Prezzo: €€€

Pianta: H3-42 – *Via Lazzaro Papi 18 –* 🄼 *Porta Romana –* ☏ *02 4775 0431 – ichikawa.it – Chiuso lunedì, domenica e a mezzogiorno da martedì a venerdì*

L'ALCHIMIA

MODERNA • **CONTESTO CONTEMPORANEO** Il calore del parquet, il soffitto a travi e qualche mattone a vista per sdrammatizzare l'ambiente: benvenuti a L'Alchimia. Locale luminoso di giorno, vibrante di romanticismo la sera grazie alle luci soffuse, la sua cucina, guidata da Giuseppe Postorino, spazia tra piatti classici ed elaborazioni personali arricchite da ingredienti esclusivi sfruttando le materie prime eccellenti della tradizione italiana. Si consiglia di scegliere uno dei due menu degustazione: Senza Tempo, che ripercorre i piatti del passato della maison, ed Evoluzione, con creazioni più attuali. Seppur non grandissima, la bellissima cantina con volte in mattoni è anche visitabile. Per un pranzo veloce o un buon aperitivo, ci si accomoda nel bar-bistrot adiacente.

 🕮 🎴 ⇔ – Prezzo: €€€

Pianta: H2-37 – *Viale Premuda 34 –* ☏ *02 8287 0704 – ristorantelalchimia.com*

MILANO

LA CUCINA DE' MIBABBO

TOSCANA • **TRATTORIA** Il nome parla chiaro: i sapori toscani (origine familiare del titolare) e le eccellenze dei suoi prodotti vengono serviti con piccole e attuali rivisitazioni. Se la sera il menu è ampio con tante specialità toscane - carni alla brace o forno a legna - a pranzo vi è una carta più ridotta che strizza l'occhio a una cucina più nazionale.

ᙡ 🕮 – Prezzo: €€

Pianta: C3-88 – *Corso Lodi 19* – Ⓜ *Porta Romana* – ℰ *02 4548 8997* – *mibabbo. it* – *Chiuso domenica e sabato a mezzogiorno*

MATER BISTROT

MODERNA • **BISTRÒ** Un bistrot informale dove l'estrosa cucina dello chef Alex Leone poggia sulle eccellenze italiane, ma si apre anche a contaminazioni dal mondo: gusti insoliti, estremi e accattivanti. Si può scegliere una selezione di piccoli piatti da condividere, tuttavia per scoprire la vera essenza del locale consigliamo di optare per il menu guidato.

🕮 – Prezzo: €€

Pianta: H2-78 – *Via Pasquale Sottocorno 1* – ℰ *02 9132 1602* – *materbistrot.it* – *Chiuso lunedì e a mezzogiorno da martedì a venerdì*

UN POSTO A MILANO

CUCINA DI MERCATO • **CASA DI CAMPAGNA** All'interno della Cascina Cuccagna, che ospita un mercato agricolo, un laboratorio di falegnameria e tante altre attività, questo ristorante è il posto ideale per passare qualche ora all'aperto tra i palazzi di Milano. Piatti della tradizione italiana (talvolta rivisitati), realizzati con materie prime fresche e stagionali, e per quanto possibile biologiche. A pranzo il menu è più semplice.

🕮 🍴 – Prezzo: €€

Pianta: H3-44 – *Via Cuccagna 2* – Ⓜ *Lodi* – ℰ *02 545 7785* – *unpostoamilano.it*

NAVIGLI

❀❀❀ ENRICO BARTOLINI AL MUDEC

Chef: Enrico Bartolini

CREATIVA • **CONTESTO CONTEMPORANEO** Raggiunte le tre Stelle nella sede milanese, il ristorante di punta della galassia Bartolini, lungi dal prendere fiato il grande chef, coadiuvato dal resident Davide Boglioli, continua ad elaborare piatti nuovi, sempre all'insegna della pienezza e dell'intensità dei sapori, per nulla cerebrali, anche se volendo ci si può addentrare nel gioco delle stratificazioni, delle citazioni e dei rimandi, oppure semplicemente godersi l'equilibrio perfetto del risultato. Mudec Experience è il menu degustazione proposto, ma i piatti possono essere estrapolati e serviti anche alla carta. Se, infine, gli spaghetti freddi sono un must, l'ideale sarebbe conservare un po' di appetito per assaggiare una delle cinque proposte in carta di "formaggi creativi", con rarità e accostamenti molto interessanti. Il tutto al terzo piano del Mudec, il Museo delle Culture, in uno spazio-salotto di raffinata e contemporanea eleganza.

❀ ᙡ 🕮 🅿 – Prezzo: €€€€

Pianta: E3-45 – *Via Tortona 56* – Ⓜ *Porta Genova* – ℰ *02 8429 3701* – *enricobartolini.net* – *Chiuso lunedì e domenica*

✿ CONTRASTE

Chef: Matias Perdomo

MODERNA • **ELEGANTE** Il rinnovo dei locali ha dato viva ad un'atmosfera ricca di colore, tra il blu, il rosso e il verde, in una struttura d'epoca che vuole far rivivere uno scorcio di vecchia Milano. Nel cortile suggeriamo di fermarvi per un sigaro oppure un aperitivo: un piccolo angolo di tranquillità circondati da un inaspettato verde urbano. Entrati nella casa di Perdomo, ecco invece la scelta tra il menu Riflesso, quello dai gusti più tradizionali ma dalle tecniche moderne, oppure Riflessioni avanguardia pura con accostamenti inusuali: la filosofia di Contraste risiede proprio nella capacità dello chef di far vivere gli ingredienti, modellandoli e accostandoli fantasiosamente nell'intento di divertire il palato. Ospitati con professionalità da un solido team che vi consiglierà al meglio il giusto accostamento con vino o bevande analcoliche, la selezione enoica annovera – comunque – etichette da tutto il mondo con un accento particolare sulla Francia.

⊛ ⅃AC 屛 – Prezzo: €€€€

Pianta: B3-46 – *Via Giuseppe Meda 2 – ✆ 02 4953 6597 – contrastemilano.it – Chiuso a mezzogiorno da lunedì a venerdì*

[BU:R]

CREATIVA • **CONTESTO CONTEMPORANEO** La proposta di Eugenio Boer, "100% italiana", rappresenta un omaggio alle ricette tradizionali del nostro Paese, enfatizzando l'importanza dei prodotti locali e il sostegno ai piccoli produttori. Questa filosofia non si limita a rispettare la tradizione; al contrario, offre allo chef la libertà di esprimere la propria creatività attraverso una selezione di piatti che uniscono il passato al presente.Possibilità di scelta, quindi, tra una piccola carta e tre distinti percorsi gastronomici: "I Classici", che propone piatti a base di carne; "Lo Stagionale", dedicato al pesce e alle materie prime del periodo; "Per mano...", un percorso che cambia in base all'ispirazione di Eugenio. In sintesi: un approccio "flessibile" per un'esperienza culinaria che lascia il segno!

ᬛ ⅃AC – Prezzo: €€€€

Pianta: G3-49 – *Via Giuseppe Mercalli 22 – Ⓜ Crocetta – ✆ 02 6206 5383 – restaurantboer.com – Chiuso lunedì, martedì e a mezzogiorno da mercoledì a venerdì*

BELÉ

ITALIANA CONTEMPORANEA • **CONTESTO CONTEMPORANEO** Un nome che già conquista: in milanese belè è un tenero complimento, che ben caratterizza il locale. Il lampadario old fashion, con gocce di cristallo che creano giochi di luce che sembrano un pizzo luminoso e mobile, è un bel viatico alla sala dai colori contemporanei, con sedie super comode e un'acustica perfetta per la conversazione. Cucina italiana tra carne e pesce dal mood moderno.

⊛ ⅃AC 屛 ⇔ – Prezzo: €€

Pianta: B3-70 – *Via Angelo Fumagalli 3 – ✆ 02 3664 2933 – beleristorante. com – Chiuso a mezzogiorno da lunedì a venerdì*

BENTŌTECA

FUSION • **CONTESTO CONTEMPORANEO** Una cucina giapponese di livello con forti contaminazioni mediterranee, questa è la cucina del bravo chef Yoji Tokuyoshi, che trova espressione in piatti quali il tataki di cavallo con salsa alla pizzaiola o il collare di tonno alla brace con friggitello. Se optate per un posto lungo il bancone potrete ammirare alcune preparazioni che si svolgono in cucina nonché la precisione dei vari tagli del sushi. Sala di tono moderno dalle linee sobrie.

ᬛ ⅃AC – Prezzo: €€€

Pianta: F3-54 – *Via San Calocero 3 – ✆ 340 835 7453 – bentoteca.com – Chiuso lunedì, martedì e a mezzogiorno mercoledì e giovedì*

BORGIA MILANO

CONTEMPORANEA • **ELEGANTE** Un giovane chef di talento per questo locale milanese che propone anche colazioni mattutine, bistrot a pranzo e wine-bar la sera. Atmosfera moderna e vibrante, grazie ad un ambiente che assicura privacy, mentre il servizio è decisamente attento alle esigenze dell'ospite, specie quando si seleziona il menu di punta, "Psyche", dove il cuoco interpreta e crea un percorso sulla base del gusto dell'ospite. La cucina è - comunque - attuale e creativa, con ottima tecnica come nel piccione (essenziale nella sua preparazione) accompagnato da crema d'ibisco, more e ginepro. Interessante scelta enoica che spazia in tutto il globo con vere e proprie rarità.

🕸 🎔 ⇔ – Prezzo: €€€

Pianta: E3-73 – *Via Giorgio Washington 56 –* ⓜ *Wagner –* ℰ *02 4802 1442 – borgiamilano.com – Chiuso domenica*

DRY AGED

CONTEMPORANEA • **COLORATO** Due soci con importanti esperienze alle spalle hanno aperto questo locale vivace: gli ambienti uniscono moderno e classico in uno stile industrial-newyorkese decorato con opere di importanti street artist. All'ingresso, la vetrina mette in mostra pregiate carni in affinamento, di razze differenti da assaggiare anche alla brace, ma le specialità non finiscono qui: piatti accattivanti di moderna impostazione e paste fatte in casa.

ⓖ 🎔 – Prezzo: €€

Pianta: F3-81 – *Via Cesare Da Sesto 1 –* ⓜ *Sant Agostino –* ℰ *02 5810 7932 – thedryaged.it – Chiuso a mezzogiorno da lunedì a venerdì*

HAZAMA

GIAPPONESE • **CONTESTO CONTEMPORANEO** Cucina nipponica in un piccolo ristorante dal mood minimalista a cui fa eco la sua cucina. È qui che il giovane Satoshi Hazama propone un percorso Kaiseki elaborato con prodotti di altissima qualità. Nella cucina kaiseki sono presenti cinque tecniche basilari da applicare alle materie prime stagionali: crudo, grigliato, fritto, lessato e al vapore, in un crescendo di intensità che racconta l'alta cucina giapponese (prenotazione anticipata necessaria).

🎔 – Prezzo: €€€€

Pianta: E3-77 – *Via Savona 41 –* ⓜ *Porta Genova –* ℰ *02 0995 5972 – ristorantehazama.com – Chiuso lunedì*

LANGOSTERIA

PESCE E FRUTTI DI MARE • **DI TENDENZA** Uno degli indirizzi cittadini di riferimento per gli amanti delle pesce, che arriva in preparazioni perlopiù classiche e con ampia scelta di crudi. L'atmosfera del ristorante aggiunge un côté molto milanese, raffinato e di tendenza, in una successione di salette con possibilità di mangiare anche al banco.

🕸 🎔 – Prezzo: €€€€

Pianta: E3-52 – *Via Savona 10 –* ⓜ *Porta Genova –* ℰ *02 5811 1649 – langosteria. com – Chiuso a mezzogiorno*

SEMPIONE - CITY LIFE

❀ **IYO**

GIAPPONESE • **DESIGN** Riapre dopo un profondo restyling presentandosi in veste totalmente nuova: il marmo nero lascia il posto a tinte più contemporanee rendendo Iyo ancor più internazionale, sebbene caratterizzato da una certa essenzialità e rigore tipico nipponico. In entrata, un salottino e una lunga cucina a vista con numerosi sushiman al lavoro danno il benvenuto; si accede quindi ad una sala dai colori tenui e rilassanti, mentre i tavoli rotondi in marmo della Patagonia sono – a dir poco - stupendi! La carta particolarmente ampia elenca le classiche proposte che ci si aspetterebbe in un ristorante del Sol Levante - sushi nelle più celebri declinazioni, sashimi e tempura per citarne solo alcune - affiancate da ricette più creative o fusion, frutto di originali combinazioni tra elementi giapponesi, europei e altro ancora. Buona selezione enoica con circa 500 etichette e possibilità di scelta al bicchiere.

🕸 ⅋ 🅰 🍴 – Prezzo: €€€€

Pianta: E1-59 – *Via Piero della Francesca 74* – Ⓜ︎ *Gerusalemme* – ☏ *02 4547 6898* – *iyo-restaurant.com* – *Chiuso lunedì e martedì*

ALTRIMÉNTI

MODERNA • CONTESTO CONTEMPORANEO Atmosfera informale e contemporanea, in stile bistrot, per questo locale dall'appeal elegante che si avvale della consulenza di Eugenio Boer. La proposta gastronomica, molto attenta alla stagionalità di una materia prima proveniente da piccoli produttori, si articola in tre percorsi – Verdure, Carni e Pesci – all'interno dei quali si può disegnare il proprio personale viaggio, monotematico o no. Per il vino fatevi consigliare dal simpatico titolare.

⇗ – Prezzo: €€

Pianta: A2-62 – *Via Monte Bianco 2/a* – Ⓜ︎ *Amendola-Fiera* – ☏ *02 8277 8751* – *altrimenti.eu* – *Chiuso lunedì e domenica*

BA RESTAURANT

CINESE • STILE ORIENTALE In un ambiente sobrio ed essenziale, con pareti in cemento grezzo e grandi lampadari rossi che rappresentano le lanterne cinesi, tradizione e design si fondono per accompagnare una bella esperienza gastronomica nel cuore della Cina, riletta con un tocco contemporaneo.

🅰 – Prezzo: €€€

Pianta: A2-61 – *Via Raffaello Sanzio 22* – Ⓜ︎ *Wagner* – ☏ *02 469 3206* – *ba-restaurant.com* – *Chiuso lunedì e martedì a mezzogiorno*

BON WEI

CINESE • DESIGN La Cina è in tavola! Oltre alla piacevolezza del locale, intrigante connubio tra eleganza e modernità con richiami di gusto asiatico, Bon Wei propone un'ampia scelta di specialità cinesi. Molti gli antipasti, ravioli e paste, carni di differenti generi, ma soprattutto una finestra con piatti tipici di otto regioni dalle caratteristiche differenti: dal piccante del Sichuan a quelli delicati e vellutati del Zhejiang.

⅋ 🅰 – Prezzo: €€

Pianta: E1-64 – *Via Castelvetro 16/18* – Ⓜ︎ *Gerusalemme* – ☏ *02 341308* – *bonwei.it* – *Chiuso lunedì*

BOTTEGA LUCIA

CONTEMPORANEA • BISTRÒ Il locale propone una linea sostanzialmente italiana, a cui si aggiungono alcuni piatti della vicina penisola iberica e di altre realtà geografiche. Carta volutamente ridotta di paste fatte in casa, carne e pesce, in un ambiente dall'accattivante stile bistrot, con legno e mattoni a vista. A pochi metri, Casa Lucia per proposte più semplici e pizza.

⅋ 🅰 🍴 – Prezzo: €€

Pianta: A2-83 – *Via Carlo Ravizza 4* – Ⓜ︎ *Wagner* – ☏ *02 481 4295* – *bottegalucia.eu*

LA ROSA DEI VENTI

PESCE E FRUTTI DI MARE • ACCOGLIENTE Cucina di mare semplice e tradizionale, con ricette che si ispirano alla Sardegna ma non solo. Lasciatevi condurre dal titolare con alcuni fuori carta legati ai prodotti del mercato giornaliero.

🅰 – Prezzo: €€

Pianta: E1-66 – *Via Piero della Francesca 34* – Ⓜ︎ *Gerusalemme* – ☏ *02 347338* – *ristorantelarosadeiventi.it* – *Chiuso lunedì e sabato a mezzogiorno*

MILANO

MORELLI

CREATIVA • DESIGN All'interno di un bellissimo hotel di design, la proposta gourmet dello chef viene offerta solo la sera nell'elegante sala a luci soffuse o allo chef's table in cucina; la linea gastronomica è prevalentemente italiana e attinge ai tanti prodotti del Bel Paese, tra cui lumache e pesci d'acqua dolce. Tutta la giornata, invece, il Bulk, mixology and food bar, è disponibile per pranzi veloci, aperitivi o cene più semplici, nella bella stagione anche all'aperto.

&. 🅰 – Prezzo: €€€

Pianta: F1-60 – *Via Aristotile Fioravanti 4* – 🅜 *Cenisio* – 🕾 *02 8001 0918* – *morellimilano.it* – *Chiuso lunedì, domenica e a mezzogiorno da martedì a sabato*

PROCACCINI 🅝

MODERNA • CONTESTO CONTEMPORANEO Il talentuoso chef Emin Haziri, originario del Kosovo ma cresciuto in Italia e con importanti esperienze professionali alle spalle, firma ora una linea di cucina contemporanea e personalizzata. Accanto alle proposte più creativa e fantasiose ne troviamo un'altra con crudi di mare, dalle ostriche al caviale, dai gamberi di Sicilia agli scampi. Spicca nell'elegante e raffinata sala da pranzo dai colori armonici e dagli arredi di pregio, la cucina a vista e lo chef's table in marmo con sgabelli in velluto. Il ristorante ha anche un'anima cocktail bar dove si può fare anche un aperitivo con drink e un piccolo menu tapas creato per condividere la sosta.

🅰 – Prezzo: €€€€

Pianta: F1-15 – *Via Giulio Cesare Procaccini 33* – 🕾 *02 7709 1277* – *procaccini. com* – *Chiuso domenica e a mezzogiorno da lunedì a sabato*

MILANO

ZONA URBANA NORD-OVEST

ABBA 🅝

CONTEMPORANEA • MINIMALISTA In zona Certosa, ristorante dall'atmosfera moderna e minimalista con cucina a vista, un'apertura verso la sala che continua durante la serata con i cuochi che portano e spiegano personalmente le portate. La scelta oscilla fra due menu degustazione, mentre a pranzo, se non avete molto tempo, si possono estrarre dai menu i piatti che preferite limitandosi a tre. Comunque sia, una nuova, interessante cucina si affaccia su Milano: contemporanea e creativa, con ottimi lievitati e più d'un richiamo alla Puglia, regione d'origine del cuoco Abbattista.

&. 🅰 – Prezzo: €€€

Fuori pianta – *Via Varesina 177* – 🅜 *Certosa* – 🕾 *02 8568 9735* – *ristoranteabba. com* – *Chiuso lunedì e domenica*

INGALERA

CLASSICA • COLORATO InGalera è il ristorante del carcere di Bollate: l'unico al mondo all'interno di un penitenziario. Realtà sui generis in termini di location con mansioni di sala ed esecuzione del menu affidate ai detenuti ed allineate, per modalità e risultati, a quelle di altri professionisti del settore. Il locale dall'ambiente sobrio propone piatti sia di carne che di pesce; ridotta la scelta a pranzo con possibilità di optare anche per un piatto unico.

🅰 🍷 🅿 – Prezzo: €€

Fuori pianta – *Via Cristina Belgioioso 120* – 🕾 *334 308 1189* – *ingalera.it* – *Chiuso lunedì e domenica*

INNOCENTI EVASIONI

MODERNA • **CONTESTO CONTEMPORANEO** Bella la nuova location di chef Arrigoni! Una moderna sala di ampio respiro con luminose vetrate sul grande giardino mediterraneo, che non farà rimpiangere quello zen del locale precedente. La variopinta cucina si sviluppa in tre menu degustazione, con la possibilità di comporre una propria carta. Interessante il menu delle Mezze che consente di assaggiare più portate in porzioni ridotte; tavolo under 25 - in settimana - per avvicinare i giovani alla cucina gourmet con costo fisso calmierato.

🛋️🎴🏮⇌ – Prezzo: €€€

Fuori pianta – *Via Giuseppe Candiani 66* – Ⓜ *Portello* – ℰ *02 3300 1882* – *innocentievasioni.com* – *Chiuso domenica e a mezzogiorno da lunedì a sabato*

ZONA URBANA NORD-EST

ALTATTO BISTROT

VEGETARIANA • **CONTESTO CONTEMPORANEO** In un angolo della vecchia Milano, un'ex panetteria è stata trasformata in un minuscolo locale dall'atmosfera contemporanea con proposte di cucina vegetariana e vegana in due menu degustazione che cambiano mensilmente. Indispensabile la prenotazione: i tavoli sono solo 4 (in base al numero dei commensali, il vostro potrebbe essere un tavolo conviviale).

♿🎴 – Prezzo: €€

Fuori pianta – *Via Comune Antico 15* – Ⓜ *Istria* – ℰ *328 664 1670* – *altatto.com* – *Chiuso sabato, domenica e a mezzogiorno da lunedì a venerdì*

LE NOVE SCODELLE

CINESE • **ACCOGLIENTE** La cucina etnica presente ormai lungo tutto lo Stivale entra qui nel dettaglio, come mostrano le specialità di questo indirizzo che attingono alla ricchezza gastronomica della provincia di Sichuan, nella Cina sud-occidentale. Piatti speziati e piccanti, segnalati in carta con il "grado" di piccantezza.

♿🎴⇌ – Prezzo: €

Pianta: D1-87 – *Viale Monza 4* – Ⓜ *Loreto* – ℰ *331 800 1116* – *lenovescodelle.com*

ZONA URBANA SUD-EST

ANTICA OSTERIA IL RONCHETTINO

MILANESE • **ELEGANTE** Il nome pare tragga origine dallo zoccolo rotto (il ronchetto) di Napoleone, che nel 1800 vi si sarebbe fermato per pernottare: qui, infatti, sorgeva una stazione di posta dove venivano ferrati i cavalli. Trasformatasi successivamente in panetteria, macelleria, ma anche trattoria con annessa bocciofila, è oggi un ristorante di eleganza rustica; la cucina regionale si esprime in specialità quali le cervella fritte e l'immancabile cotoletta alla milanese che qui diventa anche "imperiale", sicuramente da condividere.

🎴🏮🅿️ – Prezzo: €€

Fuori pianta – *Via Lelio Basso 9* – ℰ *342 564 3955* – *ronchettino.it* – *Chiuso lunedì e a mezzogiorno da martedì a venerdì*

IL CAPESTRANO

ABRUZZESE • FAMILIARE Il nome viene dalla misteriosa statua di un guerriero del VI sec. a.C. rinvenuta a Capestrano, non lontano da L'Aquila. Nessun mistero invece circa il genere di cucina di questo locale: schietti sapori abruzzesi, con salumi e formaggi selezionati in loco da piccoli artigiani del gusto, carni di pecora e agnello, ma anche manzo, arrosticini e tante altre golosità...

&. 🖾 ⇔ – Prezzo: €€

Fuori pianta – *Via Gian Francesco Pizzi 14 – ℰ 02 569 3345 – ilcapestrano.it – Chiuso domenica sera*

LA CUCINA DEI FRIGORIFERI MILANESI

MODERNA • CONTESTO CONTEMPORANEO Location intrigante nel contesto artistico-culturale dei Frigoriferi Milanesi per questo ristorante dai toni moderni, sia nell'ambiente sia nella cucina di terra e di mare, a base di prodotti legati alla stagionalità e al mercato, come le cervella fritte o il vitello tonnato 2.0 con salsa tonnata alla barbabietola.

&. 🛱 – Prezzo: €

Pianta: D3-74 – *Via Piranesi 10 – ℰ 02 3966 6784 – lacucinadeifrigoriferimilanesi.it – Chiuso domenica e lunedì a mezzogiorno*

TRATTORIA DEL NUOVO MACELLO

LOMBARDA • TRATTORIA Battezzata con questo nome nel 1927 - quando di fronte ad essa sorse il nuovo macello - trent'anni dopo il nonno di uno degli attuali soci la prese in gestione, fiutando il "buon affare" in base all'usura della soglia. Non si sbagliò affatto! Piatti fedeli ai sapori di un tempo, con la tradizione regionale alleggerita e rielaborata in chiave più contemporanea. Imperdibile è la cotoletta alla milanese, alta e con carne frollata 40 giorni: inutile chiedere l'orecchia di elefante!

🖾 ⇔ – Prezzo: €€

Pianta: D3-75 – *Via Cesare Lombroso 20 – ℰ 02 5990 2122 – trattoriadelnuovomacello.it – Chiuso domenica e sabato a mezzogiorno*

ZONA URBANA SUD-OVEST

🌱 ### IL LUOGO AIMO E NADIA

Chefs: Alessandro Negrini e Fabio Pisani

ITALIANA CONTEMPORANEA • DESIGN Da più di 60 anni sulla scena milanese, meta ancora adesso di chi ricerca una cucina di qualità, il ristorante propone due menu degustazione in cui il territorio italiano viene esaltato in chiave moderna, elargendo tuttavia alcuni indizi sulle origini dei due dinamici chef – Alessandro Negrini e Fabio Pisani – uno lombardo e l'altro pugliese. Riservatevi un po' di tempo per consultare sul tablet la generosa scelta enoica, che svela qualche chicca oramai pressoché introvabile. Il servizio attento e premuroso farà da accompagnamento alla serata.

🕸 &. 🖾 ⇔ – Prezzo: €€€€

Fuori pianta – *Via Montecuccoli 6 – Ⓜ Primaticcio – ℰ 02 416886 – aimoenadia. com/il-luogo-aimo-e-nadia – Chiuso domenica e a mezzogiorno da lunedì a sabato*

28 POSTI

MODERNA • MINIMALISTA Piccolo e dal fascino informale, 28 Posti pone l'accento sulle buone pratiche di una cucina sostenibile, dove l'attenzione agli sprechi ed una selezione di materie prime scelte da piccole realtà sono tra i must. Le stagioni si susseguono con i loro prodotti in piatti ricchi di tecnica e fantasia, generosi

MILANO

di elementi fushion e fermentazioni. Di solito, ci si affida ai menu a sorpresa degli chef Franco Salvatore e Andrea Zazzara, con numero di portate differenti, ma non manca una piccola carta.

🅰🅲 🍴 – Prezzo: €€€

Pianta: F3-57 – *Via Corsico 1* – Ⓜ *Porta Genova* – ✆ *02 839 2377* – *28posti.org* – *Chiuso lunedì, domenica e a mezzogiorno da martedì a sabato*

ANTICA OSTERIA DEL MARE

PESCE E FRUTTI DI MARE • FAMILIARE Lungo il Naviglio ma defilato rispetto alla movida serale, un ristorante dai toni rustici e simpatico servizio. Tanti antipasti per stuzzicare l'appetito e invitanti vassoi di crudi spesso serviti in condivisione allo stesso tavolo, prima di passare a paste e grigliate in elaborazione tradizionali e ricche di gusto.

♿ – Prezzo: €€

Fuori pianta – *Via Ascanio Sforza 105* – Ⓜ *Famagosta* – ✆ *02 8954 6534* – *anticaosteriadelmare.it* – *Chiuso domenica e lunedì a mezzogiorno*

MOTELOMBROSO

MODERNA • DESIGN Questo ristorante moderno e signorile è il risultato della riuscita riqualificazione di un'ex casa cantoniera sull'Alzaia Naviglio Pavese, dove Alessandra e Matteo accolgono gli ospiti con garbo ed elegante informalità. Cucina contemporanea di terra e di mare accompagnata da una buona selezione enoica. Se vi incuriosisce il nome dell'insegna, chiedete lumi; noi vi suggeriamo che è in parte legato alla saletta privata...

🅰🅲 🍴 ✿ – Prezzo: €€€

Fuori pianta – *Alzaia Naviglio Pavese 256* – ✆ *333 185 5267* – *motelombroso.it* – *Chiuso lunedì, a mezzogiorno da martedì a venerdì e domenica sera*

MILANO

MILANO MARITTIMA

✉ 48015 – Ravenna (RA) – Carta regionale n° **9**–D2

😊 OSTERIA BARTOLINI

PESCE E FRUTTI DI MARE • CONVIVIALE Formula tutto mare: proprio davanti alla spiaggia e alle barche ormeggiate, il menu prevede le classiche specialità dell'Adriatico, con i fritti a farla da protagonista e diverse proposte, oltre ai piatti del giorno secondo gli arrivi dal mercato di Cesenatico. Non prendono prenotazioni.

🏠 – Prezzo: €€

Via A. Boito 26 – 𝒞 0544 974348 – osteriabartolinimilanomarittima.com – Chiuso lunedì

SALEGROSSO

PESCE E FRUTTI DI MARE • ACCOGLIENTE Se quasi tutti gli ortaggi e le verdure utilizzati nel menu sono prodotti in agricoltura biologica e con sistemi di coltivazione rispettosi del consumo di acqua ed energia, Sale Grosso è decisamente un ristorante di pesce diventato un autentico punto di riferimento in città, dove tra i must vanno ricordati i crudi. Ambiente gradevole dai colori chiari e decorazioni d'ispirazione marinara.

🅰🄲 🏠 – Prezzo: €€

Viale II Giugno 15 – 𝒞 0544 971538 – ristorantesalegrosso.it – Chiuso lunedì, martedì e a mezzogiorno da mercoledì a venerdì

TERRAZZA BARTOLINI

PESCE E FRUTTI DI MARE • ROMANTICO Fronte mare, spiaggia e porticciolo, dopo la riapertura del 2020 oggi si può optare per la sala interna o meglio ancora - in stagione - per la panoramica terrazza: meglio portarsi avanti con la prenotazione, in quanto sempre molto gettonata! La cucina è esclusivamente a base di pesce, semplice, "pulita"; non mancano i crudi e le cotture che vedono protagonista il sale di Cervia. Quotidianamente – elencati a voce - si aggiungono i piatti del mercato.

≼ 🅰🄲 🏠 – Prezzo: €€€

Via A. Boito 30 – 𝒞 0544 954235 – terrazzabartolini.com – Chiuso mercoledì e a mezzogiorno lunedì, martedì, giovedì, venerdì

MILAZZO – Messina (ME) → Vedere Sicilia, in fondo alla Guida

MINERVINO DI LECCE

✉ 73020 – Lecce (LE) – Carta regionale n° **16**–D3

OSTERIA ORIGANO

CONTEMPORANEA • AMBIENTE CLASSICO Nel centro del paese, all'entrata del ristorante una piccola enoteca mostra i vini di loro produzione acquistabili anche da asporto e vivamente consigliati durante il pasto. Sul retro una bella veranda chiusa e un dehors sono gli spazi dove gustare una ricca cucina della tradizione che spazia dalle carni allo spiedo, passando per i taglieri di salumi locali e le paste rigorosamente fatte in casa. Qualche proposta anche di pesce.

🅰🄲 – Prezzo: €€€

Via Giuseppina Scarciglia 18 – 𝒞 0836 190 5996 – menhirsalento.com

MINERVINO MURGE

✉ 76013 – Barletta-Andria-Trani (BT) – Carta regionale n° **16**–B2

🔞 LA TRADIZIONE - CUCINA CASALINGA

PUGLIESE • **RUSTICO** Celebre trattoria del centro storico, accanto alla chiesa dell'Immacolata. Ambiente piacevole in stile rustico, foto d'epoca alle pareti e piatti del territorio. Imperdibile la serie di assaggi di antipasto composti da salumi e formaggi locali con numerose altre proposte stagionali tipiche. I pochi tavolini del dehors vanno prenotati con largo anticipo.

🅰️ 🏠 – Prezzo: €

Via Imbriani 11/13 – ☎ 0883 691690 – osterialatradizione.net – Chiuso giovedì e domenica sera

MIRA

✉ 30034 – Venezia (VE) – Carta regionale n° **8**–C3

TRATTORIA DALL'ANTONIA

PESCE E FRUTTI DI MARE • **AMBIENTE CLASSICO** Sulla piazza da 50 anni con la medesima gestione familiare, ora in una graziosa casetta ottocentesca affacciata sul Naviglio del Brenta, gli interni sono stati completamente rinnovati per far spazio ad un accogliente ristorante, dove i prodotti del mare regnano protagonisti. Realizzate fin dove possibile con pescato locale, le ricette sono quelle semplici e tradizionali della tradizione marina italiana e veneta.

🅰️ – Prezzo: €€

Riviera Silvio Trentin 8 – ☎ 041 567 5618 – trattoriadallantonia.it – Chiuso giovedì e domenica sera

MIRANO

✉ 30035 – Venezia (VE) – Carta regionale n° **8**–C2

🔞 DA FLAVIO E FABRIZIO "AL TEATRO"

PESCE E FRUTTI DI MARE • **CONTESTO CONTEMPORANEO** Adiacente al cinema-teatro, la sala più raccolta all'ingresso si presta a pasti veloci; per occasioni più importanti salite al primo piano. In ogni caso, cucina tradizionale veneta di mare, tra cui spiccano i tagliolini bianchi e neri con calamari, scampi e zucchine. Dulcis in fundo, semifreddo al miele con caramello.

🅰️ 🏠 – Prezzo: €

Via della Vittoria 75 – ☎ 041 440645 – ristorantedaflavioefabrizio.it – Chiuso lunedì e martedì

MISANO ADRIATICO

✉ 47843 – Rimini (RN) – Carta regionale n° **9**–D2

LE VELE

PESCE E FRUTTI DI MARE • **CONTESTO CONTEMPORANEO** Sorge sulla sabbia, dove per altro si predispongono alcuni tavolini per uno dei due dehors estivi, mentre la vista da una parte attende, la sera, il tramonto, e davanti cerca il mare alla fine degli ombrelloni. Le Vele è un ottimo ristorante di pesce, i cui piatti oscillano tra ricette classiche ed altre più moderne, in modo particolare nei dolci.

≤ 🅰️ 🏠 – Prezzo: €€

Via Litoranea Sud 71, Bagni 70 – ☎ 349 241 8018 – ristorantelevele.net – Chiuso martedì e a mezzogiorno lunedì, mercoledì, giovedì

MODENA

✉ 41121 – Modena (MO) – Carta regionale n° **9**–B2

✿✿✿ OSTERIA FRANCESCANA

Chef: Massimo Bottura

CREATIVA • **CONTESTO CONTEMPORANEO** Arrivati in via Stella, di tanti orpelli e medaglie il ristorante sembra liberarsi volentieri in favore di una sobria eleganza contemporanea, messa in risalto dalle notevoli opere d'arte di cui Massimo Bottura è appassionato. Una cifra di understatement che si ritrova anche nella cucina, dove la grandezza si traduce in misura, controllo e padronanza di ogni mezzo, oltre ad una grande visione che partendo da Modena e dall'Emilia - parmigiano, aceto balsamico, tagliatelle e tortellini tra gli elementi imprescindibili - arriva a classici internazionali, che lo chef cita e rilegge con giocosa leggerezza, per ricordarvi che il cibo non è una noiosa liturgia, ma divertimento, memoria e cultura. Il menù attualmente in voga si chiama Globale, ricordando le tante suggestioni raccolte da Bottura in giro per il mondo, in seguito riportate ed elaborate – qui - nello storico locale; in alternativa, c'è la scelta alla carta con alcuni dei suoi piatti classici più legati alla territorialità da cui è partito. Noi da quest'ultimo passaggio ricorderemo – soprattutto - Un'anguilla che risale il fiume Po: golosità e leggerezza! Se nella lista dei vini ci sono molte eccellenze, non mancano tuttavia anche etichette meno famose, frutto della ricerca di piccoli produttori che riescono a raccontare una storia a molti sconosciuta.

✿ *L'impegno dello chef:* Se nel ristorante di via Stella si celebra la cucina gourmet di uno dei cuochi più famosi del mondo, l'impegno di Bottura per la sostenibilità copre ormai analogamente più parti del globo, con l'apertura di refettori per combattere la fame e lo spreco alimentare, trasformando il cibo prodotto in eccesso in pasti per bisognosi.

⚜ ♿ Ⓜ ➪ – Prezzo: €€€€

Via Stella 22 - ✆ 059 223912 – osteriafrancescana.it

✿ AL GATTO VERDE Ⓝ

Chef: Jessica Rosval

CONTEMPORANEA • **BISTRÒ** All'interno di Maria Luigia, l'accogliente casa di campagna voluta da Massimo Bottura e dalla moglie Lara Gilmore per ospitare una clientela cosmopolita, Al Gatto Verde tutto ruota attorno al fuoco, vero protagonista della maggior parte dei sapori del menu. A fiamma viva si finiscono, infatti, una serie di ricette, tra cui il tortellino gratinato al forno, crema di parmigiano 36 mesi, oppure l'agnello di Montreal – una ricetta canadese, terra di origine della chef Jessica Rosval – rivisitato e cucinato allo spiedo con ottime spezie e purea alla pera. La sala è accogliente tanto quanto la verdissima area esterna e il servizio è attento e cordiale.

✿ *L'impegno dello chef:* Jessica Rosval è impegnata in prima persona nel sociale ed è protagonista di diverse attività non-profit a favore dell'integrazione delle donne migranti in difficoltà attraverso la formazione e il lavoro, spesso naturalmente in ambito alimentare. Ovvio che questa sua predisposizione si rispecchi anche nella cucina del Gatto Verde, per cui, per esempio, frutta e ortaggi che non riescono a produrre in proprio sono presi da orti e frutteti coltivati nel Carcere di Sant'Anna di Modena.

♿ Ⓜ 🍴 🅿 – Prezzo: €€€€

Stradello Bonaghino 56 - ✆ 059 469054 – ristorantealgattoverde.com – Chiuso lunedì, martedì, a mezzogiorno da mercoledì a sabato e domenica sera

✿ L'ERBA DEL RE

Chef: Luca Marchini

CREATIVA • **CONTESTO CONTEMPORANEO** Adiacente ad una delle chiese più antiche di Modena - Santa Maria della Pomposa risalente al periodo medioevale (facciata) e ricostruita nel 1717 - questo locale recentemente ristrutturato, con quadri contemporanei alle pareti e soli 9 tavoli, si trova in un palazzo d'epoca. L'abile chef Luca Marchini propone piatti dall'impronta prevalentemente creativa, ma gli appassionati della tradizione troveranno comunque qualche proposta di cucina emiliana; il bravo sommelier consiglia interessanti rarità che provengono da piccoli produttori (talvolta stranieri), spesso anche al calice. Pochi e distanziati tavoli in un'atmosfera sobria e moderna.

❀ ♿ 🅰 🎐 ♻ – Prezzo: €€€

Via Castelmaraldo 45 – ☏ 059 218188 – lerbadelre.it – Chiuso domenica e lunedì a mezzogiorno

ANTICA MOKA

MODERNA • ELEGANTE Lungo la via Emilia, elegante locale a conduzione diretta che da decenni propone le eccellenze della cucina regionale riadattate ai giorni nostri, insieme a specialità ittiche anch'esse rivisitate. Oltre alla bontà generale dell'offerta, l'ispettore ha apprezzato le paste fatte in casa e l'ottima selezione enoica.

❀ 🅰 🎐 🅿 – Prezzo: €€€

Via Emilia Est 1496 – ☏ 059 284008 – anticamoka.it – Chiuso lunedì e martedì a mezzogiorno

FRANCESCHETTA 58

EMILIANA • SEMPLICE In cucina si parte dalle tradizioni territoriali, in particolare emiliane, per poi approdare a piatti più creativi. "Tradizione in evoluzione" propone alcuni classici come la gramigna panna e salsiccia, mentre nel menu "I love Modena" ricette più creative con nel finale il cacio e pepe... dolce. Ambienti raccolti e vivaci per questa formula di ristorazione più semplice. Sempre in carta anche i tortellini di produzione della associazione fondata da Massimo Bottura Il Tortellante: laboratorio terapeutico – abilitativo dove giovani e adulti nello spettro autistico imparano a produrre pasta fresca fatta a mano. Pochi e ben selezionati vini, al buon Lambrusco è dedicata un'intera pagina.

♿ 🅰 🎐 – Prezzo: €€

Strada Vignolese 58 – ☏ 059 309 1008 – franceschetta.it – Chiuso domenica

HOSTERIA GIUSTI

EMILIANA • VINTAGE Nel retrobottega di un'elegante ed antica salumeria, troverete solo quattro tavoli in una sala gustosamente retrò. In carta poche proposte, ma di gran qualità e imperniate sulle tradizioni emiliane. La sera è aperto solo su prenotazione e per gruppi di almeno 12 persone con menu concordato.

❀ 🅰 🎐 – Prezzo: €€€

Via Farini 75 – ☏ 059 222533 – hosteriagiusti.it – Chiuso lunedì e domenica e sera da mercoledì a sabato

LA MASSERIA

PUGLIESE • CONTESTO REGIONALE Quello che fu un vecchio mulino è ora un accogliente ristorante dai toni rustici e con un bel giardino per il servizio estivo. Pane e pasta fatti in casa e sapori pugliesi, con i suoi prodotti tipici, le torte salate e carni alla griglia.

🎐 ♻ 🅿 – Prezzo: €

Via Chiesa 61, località Marzaglia – ☏ 059 389262 – ristorantemasseria.com – Chiuso lunedì e domenica sera

TRATTORIA POMPOSA - AL RE GRAS

EMILIANA • CONVIVIALE Non saranno solo i prezzi competitivi a farvi tornare, ma soprattutto la sua fragrante cucina emiliana, rivisitata in alcune preparazioni per dare un tocco più moderno. Tra i primi, tortellini in brodo di gallina oppure con crema di parmigiano 24 mesi; tra i secondi, un'ottima trippa con bruschetta, mentre il lambrusco scivola già che un piacere (si raccomanda di scegliere un buon

Grasparossa di Castelvetro). Nella bella stagione ci si accomoda nella piccola piazza della Pomposa.

&. 🅰 🍽 – Prezzo: €

Via Castel Maraldo 57 – ℰ 059 214881 – trattoriapomposa.it – Chiuso lunedì

MODICA – Ragusa (RG) → Vedere Sicilia, in fondo alla Guida

MOENA

✉ 38035 – Trento (TN) – Carta regionale n° **6**–B2

🕸 **MALGA PANNA**

Chef: Paolo Donei

REGIONALE • STILE MONTANO La storia della famiglia Donei è la storia di questa storica malga, divenuta ristorante negli anni Cinquanta, quando i genitori dell'attuale chef-patron Paolo preparavano gustosi manicaretti ai primi villeggianti, fino a divenire una delle migliori tavole della val di Fassa. Della malga oggi c'è giusto il nome e la panoramica posizione sopra la località e la valle, godibilissima dalla recente sala veranda, minimal alpina, a tutto vetro. Il resto, invece, è alta ristorazione grazie alla bravura del padrone di casa, cuoco dal talento naturale che sa come destreggiarsi con modi attuali in piatti ispirati al territorio. In carta si propone anche un menu degustazione, dove lo stile trentino si sposa con gusti mediterranei; apprezzabile è anche l'idea del "Alpin Ukiyo" ovvero il salmerino con una cottura che prende spunto dal Giappone. Non mancano alcune ricette più semplici, che omaggiano la lunga tradizione dell'insegna e la location silvestre. Circa i vini due le carte: bianchi e rossi per una notevole ricerca anche nel territorio.

🕸 ≤ ↔ 🅿 – Prezzo: €€€

Strada de Sort 64, località Sorte – ℰ 0462 573489 – malgapanna.it – Chiuso lunedì

🕸 **AGRITUR EL MAS**

Chef: Stefano Croce

REGIONALE • RUSTICO Sopra il paese, un vero e proprio agriturismo con allevamento di mucche, cavalli, maiali e produzione di carne, salumi e formaggi, in vendita nel proprio shop (anche online). Il tutto da gustare insieme ad altre prelibatezze della valle, spesso d'ispirazione ladina, in un bell'ambiente tra legni antichi ed un braciere acceso in mezzo alla sala a darvi il benvenuto. Se nei ristoranti moderni il must è la cucina a vista, qui, dietro ad una bella vetrate si vedono le mucche nella stalla... Nello stesso edificio, costruito secondo i criteri della bioedilizia, ci sono anche delle gradevoli camere.

🕸 *L'impegno dello chef:* Gran parte degli ingredienti arriva da molto vicino, praticamente da dietro l'angolo: dalla stalla, dove trovano ricovero mucche, capre, asinelli e maiali, e dall'orto privato. Senza dimenticare la variegata proposta di latticini e formaggi del caseificio di proprietà, in vendita presso la bottega El Cajelo. Ma non è tutto. Fervido sostenitore dell'importanza della divulgazione, l'Agritur El Mas è anche fattoria didattica.

🛏 🍽 🅿 – Prezzo: €€

Strada de Saslonch 176, località Col de Soldai – ℰ 0462 574221 – agriturelmas.it – Chiuso lunedì

🕸 **FORESTA**

REGIONALE • STILE MONTANO Appena fuori dal centro del paese, alle spalle di una fitta abetaia in cui val di Fiemme e val di Fassa si scambiano la mano, all'interno dell'omonimo hotel la famiglia Schacher vi accoglie con calore e passione. Le proposte sono quelle tipiche del territorio (imperdibili gli strangolapreti alla trentina con scamorza affumicata e burro dorato) e i loro dessert rigorosamente fatti in casa. Le etichette in cantina arrivano a circa 300, ma primeggiano quelle della regione.

⏍ 🅿 – Prezzo: €€
Strada de la Comunità de Fiem 42 – ☏ 0462 573260 – hotelforesta.it – Chiuso lunedì

⊛ OSTARIA TYROL

DEL TERRITORIO • FAMILIARE Cucina del territorio con paste e dolci fatti in casa - squisiti i tortelli ripieni di capriolo, fonduta di formaggio Puzzone di Moena - nonché carni e salumi di produzione propria nel maso di famiglia e arredi caratteristici con le bellissime composizioni in legno di un famoso artista locale. Nel pieno centro della località, nel complesso del Post Hotel e all'interno della ZTL, il servizio si svolge dalle 11 alle 22 (non è possibile prenotare).
🄰🄲 🍴 – Prezzo: €€
Piaz de Ramon 8 – ☏ 0462 573760 – posthotelmoena.it – Chiuso martedì e sera lunedì, mercoledì, giovedì, venerdì, sabato, domenica

INALTO ALFIO GHEZZI DOLOMITES

REGIONALE • STILE MONTANO A Col Margherita, 2550 metri raggiungibili in inverno tramite funivia (da Moena si parte dal passo San Pellegrino), un nuovo ski bar griffato Alfio Ghezzi. Varie proposte: hamburger o una scelta più articolata e creativa con una serie di piatti imperdibili dello chef. Nella bella stagione è raggiungibile anche a piedi o – per i più allenati – in bicicletta (due colonnine di ricarica per le e-bike).
☚ 🍴 – Prezzo: €€
Via San Pellegrino 32, stazione a monte della funivia Col Margherita – ☏ 344 049 1503 – inaltocolmargherita.it – Chiuso sera

MALGA RONCAC

REGIONALE • STILE MONTANO Caratteristica malga in pietra e legno in splendida posizione panoramica al limitare del bosco; la cucina punta su un menu ristretto, a volte più legato al territorio, altre di respiro nazionale, ma sempre attento alla stagionalità degli ingredienti elaborati con un pizzico di fantasia. Non dimenticate di prenotare uno dei pochi tavoli nella piccola veranda, la vista sulla valle è compresa nel prezzo!
☚ 🖐 🍴 🅿 – Prezzo: €€
Strada de Roncac 7 – ☏ 334 222 1135 – malgaroncac.it – Chiuso mercoledì

MOGGIONA

✉ 52014 – Arezzo (AR) – Carta regionale n° **11**–D1

⊛ IL CEDRO

TOSCANA • TRATTORIA A pochi chilometri dall'eremo di Camaldoli, al Cedro si celebra una cucina toscana casalinga, semplice e saporita, con due sorelle al comando, una in cucina e l'altra in sala. Con simpatia tutta locale, quest'ultima vi elencherà le proposte del giorno, privilegiando arrivi freschi e specialità del Casentino.
Prezzo: €
Via di Camaldoli 20 – ☏ 0575 556080 – ristorante-il-cedro.business.site – Chiuso lunedì-giovedì e domenica sera

MATER

CREATIVA • ELEGANTE La natura qui è in primo piano, che si tratti della location ai piedi dell'Eremo di Camaldoli o della linea gastronomica in sintonia con le stagioni e il territorio casentinese. Menu degustazione In profondità e una scelta libera dalla carta di 3 portate e un dessert.
🄰🄲 🅿 – Prezzo: €€€
Via di Camaldoli 52 – ☏ 366 503 5127 – ristorantemater.it – Chiuso martedì, mercoledì e a mezzogiorno lunedì, giovedì, venerdì, sabato

MOIRAGO

✉ 20080 – Milano (MI) – Carta regionale n° **5**-B2

ANTICA OSTERIA MOIRAGO

ITALIANA CONTEMPORANEA • **ROMANTICO** Nella frazione di Moirago, affacciato sul Naviglio Pavese, nel 1250 nacque un convento, che già nel 1478 funzionava come osteria. Sono passati secoli, ma oggi la tradizione continua, nel portico chiuso e dipinto, così come nelle due sale interne, piene di calore e atmosfera. La cucina lascia ampio spazio a verdure e crudità di pesce, in aggiunta a ricette locali un po' più "invernali".

⇔🏠🅿 – Prezzo: €€

Via Pavese 4 – 𝒞 02 9000 2174 – anticaosteriamoirago.it – Chiuso lunedì e domenica sera

MOLINI

✉ 39030 – Bolzano (BZ) – Carta regionale n° **6**-B1

✿ SCHÖNECK

Chef: Karl Baumgartner

REGIONALE • **ELEGANTE** Con oltre 30 anni di carriera alle spalle, i fratelli Baumgartner sono un confortevole classico della buona cucina in Alto Adige. Il menu appare decisamente incentrato sui sapori del territorio, sebbene non manchino alcuni piatti a base di pesce. Le specialità sono cucinate partendo da valide materie prime (spesso di provenienza locale), trattate da chef Karl con tecniche canoniche, senza inseguire nessun tipo di moda o spinta contemporanea. Il tutto in ambienti che mostrano gli arredi lignei del territorio interpretati con eleganza: molto bello è il salotto fronte bar con tanto di pianoforte, ma ci si può anche accomodare in una delle stube o nella sala-veranda, mentre in estate è da preferirsi la fresca terrazza. La cantina è sempre un punto forte.

🐝 ≼🅼🏠⟳🅿 – Prezzo: €€€

Via Schloss Schöneck 11 – 𝒞 0474 565550 – schoeneck.it/it/home – Chiuso lunedì e martedì

MOLTRASIO

✉ 22010 – Como (CO) – Carta regionale n° **5**-B1

IMPERIALINO

CREATIVA • **ELEGANTE** Lasciatevi coccolare in questo contesto elegante e suggestivo direttamente sul lago, che in estate, dal bel giardino, sembra letteralmente a portata di mano. Piatti dal sapore mediterraneo sia di terra che di acqua, dolce o salata, in un'offerta fantasiosa declinata in tre menu degustazione (Sentiero, Giardino, Territorio) o nella generosa scelta alla carta.

≼⇔🅼🏠 – Prezzo: €€€

Via Regina 26 – 𝒞 031 346600 – imperialino.it – Chiuso lunedì e a mezzogiorno da martedì a sabato

LA VERANDA

DEL TERRITORIO • **AMBIENTE CLASSICO** A pochi metri dal lago, nel cuore della piccola località, una sala da pranzo che nella bella stagione si apre in veranda e servizio all'aperto, per una cucina classica e sempre generosa a base di pesce di lago e non solo; il tutto in un ambiente accogliente di lunga tradizione familiare.

≼🅼🏠⟳ – Prezzo: €€

Piazza San Rocco 5 – 𝒞 031 290444 – hotel-posta.it/ristorante

MONASTIER DI TREVISO

✉ 31050 – Venezia (VE) – Carta regionale n° **8**-C2

MENEGALDO

PESCE E FRUTTI DI MARE • FAMILIARE Una storia di oltre 100 anni: una volta, dopo la grande guerra, i carrettieri si fermavano qui con i cavalli e così venne soprannominata "l'osteria dei cava'i". Successivamente, si specializzò in crostacei e pesci dell'Adriatico. A tutt'oggi, Menegaldo è un punto di riferimento in zona!

🅰️ ⇔ 🅿 – Prezzo: €€

Via Pralongo 216 – ℰ 0422 898802 – ristorantemenegaldo.it – Chiuso mercoledì e sera martedì e domenica

MONCALIERI

✉ 10024 – Torino (TO) – Carta regionale n° **1**-B2

LA MAISON DELFINO

PESCE E FRUTTI DI MARE • ELEGANTE Sono i due fratelli Delfino, Pino e Luigi, a gestire con passione e capacità questo elegante locale ricavato da un'antica cascina e dotato di raffinato portico per il dehors. Due menu: uno semplice, l'altro più creativo, dai quali è possibile scegliere anche solo alcuni piatti, ma tutti rigorosamente di pesce.

🅰️ 🍴 ⇔ – Prezzo: €€

Via Lagrange 4, borgo Mercato – ℰ 011 642552 – lamaisondelfino.com – Chiuso lunedì, a mezzogiorno da martedì a sabato e domenica sera

MONDOVÌ

✉ 12084 – Cuneo (CN) – Carta regionale n° **1**-B3

OSTERIA BERTAINA

PIEMONTESE • VINTAGE Sulla pittoresca piazza del rione più antico della città, di origini medioevali, attraverso i portici si entra nelle due salette dai soffitti affrescati a inizio Novecento e dall'atmosfera piacevolmente retrò. L'ottima cucina verte in prevalenza su proposte locali, ma c'è anche qualche piatto più creativo.

🅰️ 🍴 – Prezzo: €€

Piazza Maggiore 6 – ℰ 0174 330396 – osteriabertaina.it – Chiuso lunedì e domenica

MONFALCONE

✉ 34074 – Gorizia (GO) – Carta regionale n° **7**–B2

AI CAMPI DI MARCELLO

PESCE E FRUTTI DI MARE • FAMILIARE Non lontano dai cantieri navali, piacevole atmosfera in un locale a conduzione familiare dalle valide proposte di mare. Tra le tante specialità, noi consigliamo la zuppa fredda con pesce crudo e cotto. Nota curiosa: la passione del titolare per il rum si traduce in un'intrigante ed inaspettata selezione di tale liquore.

🛋🎐ℙ – Prezzo: €€

Via Napoli 11 – ✆ 0481 481937 – ristorante.aicampi.it – Chiuso lunedì, a mezzogiorno da martedì a venerdì e domenica sera

MONFORTE D'ALBA

✉ 12065 – Cuneo (CN) – Carta regionale n° **2**–A2

❀ ### BORGO SANT'ANNA

Chef: Pasquale Laera

DEL TERRITORIO • ELEGANTE Pasquale Laera, di origini pugliesi, lavora ormai da anni in Piemonte e della cucina regionale ha imparato regole e codici, allargando i suoi orizzonti con una proposta - degustazione anche di cacciagione in stagione e carta - di piatti sempre colorati e generosi nell'utilizzo di ingredienti mirati al gusto assai più che alla apparenza. Ricerca con cura, anche fuori dall'orto di proprietà, le verdure che da buon pugliese sa valorizzare al massimo, come nel caso del cartoccio autunnale: un mix di sapori vegetali cui il Castelmagno aggiunge una sapidità tutta piemontese. L'ultima novità è "Anima", saletta dedicata alla ricerca di nuove idee in cucina ma anche all'accoglienza esclusiva per una tavola di 8 coperti con menu particolare.

🐝 ≼ 🖾🎐⇔ℙ – Prezzo: €€€

Località Sant'Anna 84 – ✆ 0173 195 0332 – borgosantanna.it – Chiuso lunedì e domenica

❀ ### FRE

CREATIVA • ELEGANTE A meno di quattro km dal delizioso borgo di Monforte d'Alba, immerso tra i vigneti della tenuta Réva sorge il FRE, guidato dallo chef Francesco Marchese (Passion Dessert Award 2024), che con ricercata semplicità propone un connubio perfetto fra sofisticate tecniche francesi e pregiate materie prime del territorio langarolo. Per quanto articolate, le preparazioni tengono sempre alla ricerca di una piacevole dose di golosità. È il caso del risotto cucinato sostituendo il tradizionale brodo con l'estrazione di prosciutto crudo, poi condito con midollo gratin al parmigiano e caviale. Tempo permettendo, optate per il servizio all'aperto sulla stupenda terrazza affacciata sui vigneti. Cucina più easy al Piccolo FRE Bistrot.

🐝 ⅙🖾🎐ℙ – Prezzo: €€€€

Località San Sebastiano 68 – ✆ 0173 789269 – revamonforte.com/it/ristorante-fre – Chiuso lunedì-mercoledì e giovedì a mezzogiorno

GENNARO DI PACE

ITALIANA • COLORATO Le origini calabresi dello chef-patron sono ben percepibili in un menu che, utilizzando estetica e tecnica contemporanee, crea un piacevole dialogo tra sapori mediterranei (anche dal mare) ed ovvi rimandi territoriali piemontesi. In un piccolo locale moderno all'ombra del Castello di Perno, aperto anche a pranzo ma solo con prenotazione anticipata.

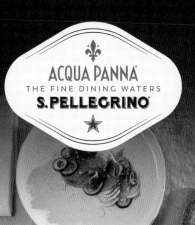

ACQUA PANNA®
THE FINE DINING WATERS
S.PELLEGRINO®

INSIEME
CON GUSTO

Ⓜ️ – Prezzo: €€

Vicolo della Chiesa 8, loc. Perno – 🕾 379 113 0854 – gennarodipace.it – Chiuso lunedì, a mezzogiorno da martedì a sabato e domenica sera

IL GIARDINO "DA FELICIN"

PIEMONTESE • **ELEGANTE** Bastione della classicità piemontese, il ristorante è ospitato all'interno di un bel palazzo d'epoca con terrazza panoramica e un romantico giardino per i pasti all'aperto. Le sale riflettono lo stesso gusto per una sontuosa atmosfera tradizionale, che trova poi la sua massima espressione nei piatti, precisa e gustosa esecuzione dell'intramontabile cucina regionale. Albergo diffuso con camere nell'edificio stesso e altre sparse per il paese, tra cui Palazzo Boeri con la sua piccola spa su prenotazione. Ci si può affidare anche ai titolari per conoscere le Langhe, tramite visite guidate da loro stessi o da un esperto locale.

🐾 ⇆ 🏠 ♻ 🅿 – Prezzo: €€€

Via Vallada 18 – 🕾 0173 78225 – felicin.it – Chiuso lunedì, a mezzogiorno da martedì a venerdì e domenica sera

LE CASE DELLA SARACCA

PIEMONTESE • **ALLA MODA** Locale piuttosto incredibile ubicato all'interno del vecchio centro storico di Monforte, quartiere Saracca appunto, dentro una vecchia casa completamente restaurata, con i tavoli distribuiti su più piani collegati da un sistema di scale quasi vertiginoso, vetro e acciaio in armoniosa combinazione con la struttura preesistente. Intimo e raccolto, è un locale dalla doppia anima con wine-bar per aperitivi e la cucina che propone piatti della regione e non. Ottima e profonda lista vini, diverse possibilità anche al calice. Possibilità di pernottamento in questo ambiente unico e originale.

🐾 – Prezzo: €€

Via Cavour 5 – 🕾 0173 789222 – saracca.com – Chiuso mercoledì e a mezzogiorno lunedì, martedì, giovedì, venerdì, sabato, domenica

REPUBBLICA DI PERNO

PIEMONTESE • **FAMILIARE** Nel cuore della Langa gastronomica, con prenotazione obbligatoria, un piccolo e rinnovato locale ubicato nel centro abitato intriso della passione della coppia che lo conduce, lei in sala, lui in cucina. Come da tradizione piemontese vi si accede scorgendo innanzitutto la cucina a vista, per poi passare al primo piano con soli cinque tavoli disponibili. Ambiente curato, atmosfera da rustico bistrot familiare ed un menu giornaliero di piatti rigorosamente regionali; a disposizione anche 3 camere.

🏠 – Prezzo: €€

Vicolo Cavour 5, loc. Perno – 🕾 0173 78492 – repubblicadiperno.it – Chiuso martedì, mercoledì, domenica e sera lunedì, giovedì, venerdì

TRATTORIA DELLA POSTA

PIEMONTESE • **ELEGANTE** Nel contesto di un bel paesaggio collinare, il ristorante si trova in una tipica cascina ottocentesca: all'interno due sale che rievocano l'atmosfera di una raffinata casa piemontese con qualche arredo d'epoca. Coerente sino in fondo, anche la cucina rispecchia il territorio; d'altra parte siamo alla quarta generazione di ristoratori in famiglia, e sempre qui a Monforte d'Alba!

🐾 ♿ 🏠 🅿 – Prezzo: €€

Località Sant'Anna 87 – 🕾 0173 78120 – trattoriadellaposta.it – Chiuso giovedì e venerdì a mezzogiorno

MONFUMO

✉ 31010 – Treviso (TV) – Carta regionale n° **8**–B2

DA GERRY

CLASSICA • **FAMILIARE** Carne e pesce si contendono la carta di questo ristorante nel centro del paese, dotato anche di camere spaziose e confortevoli. Piacevolissimo il dehors esterno con ampia vista sulle colline circostanti.

&. 🕭 🛋 ✿ – Prezzo: €€

Via Chiesa 6 – ☎ 0423 945750 – ristorantedagerry.com – Chiuso lunedì e martedì a mezzogiorno

OSTERIA ALLA CHIESA

MODERNA • **RUSTICO** Una giovane coppia ha ridato vita alla vecchia osteria di paese; se l'ambiente mantiene ancora le rustiche caratteristiche, la cucina parla invece di creatività e innovazione. Claudio con originalità e fantasia abbina, divide e ricompone carne, pesce e verdure, nel contesto di una formula basata su tre menu degustazione.

🕭 🛋 – Prezzo: €€€

Via Chiesa Monfumo 14 – ☎ 0423 969584 – osteriaallachiesa.com – Chiuso martedì, a mezzogiorno da mercoledì a venerdì e domenica sera

MONIGA DEL GARDA

✉ 25080 – Brescia (BS) – Carta regionale n° **4**–D1

L'OSTERIA H2O

CREATIVA • **MINIMALISTA** Posizione stradale, ma sala rivolta verso il lago - la cui bella terrazza estiva offre un incantevole panorama - per una cucina piacevolmente moderna che unisce estro e leggerezza, lago, mare e terra, in proposte sempre interessanti e con notevole personalizzazione negli accostamenti.

≤ 🕭 🛋 🅿 – Prezzo: €€€

Via Pergola 10 – ☎ 0365 503225 – losteriah2o.it – Chiuso lunedì

MONOPOLI

✉ 70043 – Bari (BA) – Carta regionale n° **16**–C2

ORTO

CONTEMPORANEA • **STILE MEDITERRANEO** Orto, il ristorante di Nina Trulli Resort, sceglie i migliori ingredienti della Puglia e li racconta sulla tavola. Nella bella corte mediterranea si assaggeranno piatti personali e ben presentati in cui pesce e carne sono protagonisti non più di frutta e verdure, provenienti dal proprio orto e frutteto. Prenotazione vivamente consigliata.

🖢 🛋 🅿 – Prezzo: €€

Contrada Tortorella – ☎ 080 222 6831 – ortoilristorante.com – Chiuso lunedì

RADIMARE Ⓝ

MODERNA • **CONTESTO CONTEMPORANEO** Non c'è un percorso degustazione, ma solo un appetitoso menu à la carte, in cui lo chef propone una moderna cucina mediterranea basata su prodotti stagionali di qualità, con pesce e crostacei quali protagonisti indiscussi. Agrumi e alcune spezie (in primis lo zenzero) sono usati con parsimonia e "buon senso", così come le erbe aromatiche che aggiungono quel tocco di freschezza e vivacità. Calda accoglienza in un ambiente contemporaneo; profusione di legno e piante.

&. 🕭 – Prezzo: €€

Via Beato Piergiorgio Frassati 5/a – ☎ 080 403 8320 – radimare.com – Chiuso lunedì e a mezzogiorno da martedì a giovedì

MONSELICE

✉ 35043 – Padova (PD) – Carta regionale n° **8**–B3

LA TORRE

TRADIZIONALE • **AMBIENTE CLASSICO** In una piazza del centro in cui svetta una torre medioevale, questo ristorante è l'indirizzo da consigliare a chi cerca una cucina classica e tradizionale, con la cottura alla griglia come specialità tra i secondi piatti.

🅼 – Prezzo: €€

Piazza Mazzini 14 – ℰ 0429 73752 – ristorantelatorremonselice.it – Chiuso lunedì e domenica sera

MONSUMMANO TERME

✉ 51015 – Pistoia (PT) – Carta regionale n° **11**–B1

OSTERIA IL MAIALETTO

TOSCANA • **FAMILIARE** Accanto alla macelleria di famiglia, vivace osteria dallo spirito giovanile dove gustare una schietta cucina toscana, a partire dalla pappa al pomodoro fino alla bistecca alla fiorentina che viene scelta direttamente dal display. Buoni vini e tanta simpatia condiscono l'esperienza di carattere.

🅼 🛋 – Prezzo: €

Via Della Repubblica 348 – ℰ 0572 953849 – ilmaialetto.com – Chiuso lunedì

MONTÀ

✉ 12046 – Cuneo (CN) – Carta regionale n° **2**–A1

MARCELIN

DEL TERRITORIO • **ELEGANTE** Le proposte sono spesso creative ma mantengono il più delle volte un legame con il territorio, i suoi prodotti, le sue ricette, che vengono riletti dal cuoco con fantasia.

🕸 ⅋ 🅼 🛋 – Prezzo: €€€

Piazzetta della Vecchia Segheria 1 – ℰ 0173 975569 – marcelin.it – Chiuso lunedì e domenica sera

MONTALCINO

✉ 53024 – Siena (SI) – Carta regionale n° **11**–C2

✿✿ CAMPO DEL DRAGO

Chef: Matteo Temperini

CONTEMPORANEA • **ELEGANTE** Armatevi di pazienza per arrivarci lungo una strada bianca e polverosa, per quanto affascinante, circondata dal tipico paesaggio toscano. Accolti da un ottimo servizio, troverete un incantevole borgo di origini medioevali con torre e chiesetta affrescata, nonché le splendide camere del Rosewood Castiglion del Bosco, premiato con 3 chiavi Michelin, ma soprattutto uno dei migliori ristoranti della zona. E' tra queste mura che lo chef Matteo Temperini offre una delle letture più interessanti e creative della cucina toscana, con diversi prodotti vegetali che crescono nell'orto della struttura, in tre menu degustazione o à la carte con scelta minima di 3 portate. I piatti sono serviti in una sala dall'eleganza contemporanea con terrazza panoramica, mentre l'offerta enologica elenca oltre 700 etichette e si concentra sulla regione: tanto Brunello e un plauso particolare al 2016 di Sasso al Sole, degustato anche al calice.

🕸 ⅋ 🏠 ⅋ 🅼 🛋 ✿ 🅿 – Prezzo: €€€€

Località Castiglion del Bosco – ℰ 0577 191 3001 – rosewoodhotels.com/it/ castiglion-del-bosco/dining/ristorante-campo-del-drago – Chiuso lunedì, domenica e a mezzogiorno da martedì a sabato

✿ LA SALA DEI GRAPPOLI

MODERNA • ROMANTICO L'emozione inizia chilometri prima di arrivarci, guidando tra vigneti, cipressi e ulivi, nella più tipica campagna toscana, una cartolina che culmina con l'arrivo all'imponente Castello Banfi, di origini medioevali, che si erge maestoso davanti al ristorante. Le viti affrescate nelle sale interne ne chiariranno il nome, ma, appena il tempo lo consente, cenare in terrazza sarà un'esperienza indimenticabile, per il panorama, la qualità del servizio e ovviamente la cucina. Lo chef Domenico Francone è di origini pugliesi e dalla sua regione porta qualche stuzzicante contributo, dai taralli ai piccoli ma squisiti panzerotti. Ha tuttavia abbondantemente sposato la cucina toscana, spesso maremmana, che interpreta con creatività, rivedendone in modo personale alcuni dei più celebri classici. Un esempio? Tortelli maremmani a modo mio...ricordo della domenica! Dalla cantina, tra le proposte del bravissimo sommelier, ovviamente anche i grandi Brunelli di Castello Banfi.

🛏️ 🅴 🆔 🍴 🅿️ – Prezzo: €€€€

Castello di Poggio alle Mura – ℰ 0577 877505 – castellobanfiwineresort.it/it/ ristorante-sala-dei-grappoli – Chiuso lunedì, domenica e a mezzogiorno da martedì a sabato

☺ TAVERNA DEL GRAPPOLO BLU

TOSCANA • RUSTICO Si accede direttamente da una stretta e ripida scalinata, a due salette dall'atmosfera tradizionale e famigliare; cucina ruspante toscana, le tagliatelle ai funghi e crema tartufata tra i must, oltre ad un'interessante selezione di vini, tra cui spiccano i Brunelli suddivisi per annata. Non mancheranno anche vecchie bottiglie di alta qualità per i più appassionati. Il patron assicura un servizio informale, ma attento.

🆔 🍴 – Prezzo: €

Scale di via Moglio 1 – ℰ 0577 847150 – grappoloblu.com – Chiuso martedì

BOCCON DIVINO

TOSCANA • CONTESTO TRADIZIONALE Una casa colonica recentemente restaurata alle porte della località: si può scegliere fra la curata sala rustica o la terrazza chiusa da vetrate e utilizzabile anche in inverno. Nel piatto, i sapori del territorio leggermente rivisitati in chiave moderna ed alcuni evergreen come il peposo e la zuppa di cipolle. La carta dei vini annovera rossi locali quali il Brunello, alcuni datati di qualche decade.

🐌 🍷 🍴 – Prezzo: €€

Via Traversa dei Monti 201, località Colombaio Tozzi – ℰ 0577 848233 – boccondivinomontalcino.it/web – Chiuso martedì

MONTALDO SCARAMPI

✉ 14040 – Asti (AT) – Carta regionale n° **2**–B1

CA' DEL PROFETA

CONTEMPORANEA • ELEGANTE Nel mezzo di una bellissima conca, con vista su dolci colline per metà a vigneto di proprietà, Ca' del Profeta si trova nella campagna astigiana, a pochi chilometri dal capoluogo. Interni moderni e una terrazza panoramica fanno da contorno ad una cucina piemontese decisamente innovativa. Degni di nota sono il carciofo con gli asparagi, in varie consistenze, e la bagna cauda proposta anch'essa con gli asparagi. In cantina si consiglia un assaggio del vino di punta dell'azienda vinicola omonima, l'Efraim, Barbera d'Asti DOCG ampia e armonica. Servizio professionale ma amichevole. Camere moderne e una piscina panoramica completano l'offerta.

🅴 🆔 🍴 🅿️ – Prezzo: €€€

Via Montaldino 19 – ℰ 0141 196 7229 – cadelprofeta.com – Chiuso lunedì, martedì, a mezzogiorno mercoledì e giovedì e domenica sera

MONTALLEGRO – Agrigento (AG) → Vedere Sicilia, in fondo alla Guida

MONTE SANT'ANGELO
✉ 71037 – Foggia (FG) – Carta regionale n° **16**–B1

LI JALANTUÙMENE

PUGLIESE • ROMANTICO La travolgente passione dello chef vi guiderà alla scoperta dei tesori gastronomici pugliesi in un piccolo e romantico ristorante, affacciato su un'incantevole piazzetta. La formula prevede un light lunch a mezzogiorno, mentre la sera si offre un ventaglio di tre menu degustazione di cui uno vegetariano.

🍴 – Prezzo: €€€

Piazza de Galganis 9 – ☎ 0884 565484 – li-jalantuumene.it – Chiuso martedì

MONTEBENICHI
✉ 52021 – Arezzo (AR) – Carta regionale n° **11**–C2

OSTERIA L'ORCIAIA

TOSCANA • CONTESTO STORICO Caratteristico localino rustico all'interno di un edificio cinquecentesco, con un raccolto dehors estivo. Cucina tipica toscana elaborata partendo da ottimi prodotti.

🍴 – Prezzo: €

Via Capitan Goro 10 – ☎ 055 991 0067 – osterialorciaia.it – Chiuso martedì e a mezzogiorno lunedì, mercoledì, giovedì, venerdì, sabato, domenica

MONTECALVO VERSIGGIA
✉ 27047 – Pavia (PV) – Carta regionale n° **4**–B3

PRATO GAIO

DEL TERRITORIO • AMBIENTE CLASSICO La ristorazione è nel DNA di famiglia: osti già nell'Ottocento, i Liberti si ispirano ancora oggi alla tradizione dell'Oltrepò, talvolta riproposta come si faceva un tempo, talvolta corretta con personalità e attualità. Una tappa obbligatoria per gli amanti dei sapori locali: ottime le paste fatte in casa!

🅿 🍴 🅿 – Prezzo: €€

Località Versa, bivio per Volpara – ☎ 0385 99726 – ristorantepratogaio.it – Chiuso lunedì e martedì

MONTECARLO
✉ 55015 – Lucca (LU) – Carta regionale n° **11**–B1

ANTICO RISTORANTE FORASSIEPI

MEDITERRANEA • ACCOGLIENTE Grande classico della provincia di Lucca, grazie ad un'affidabile gestione che dal 2004 prosegue la storia di un locale aperto addirittura ad inizio Novecento. Elegante, animato da un servizio attento e cordiale, diviene suggestivo durante la bella stagione, quando ci si sposta anche all'aperto: la posizione collinare, infatti, offre una vista tipicamente toscana, sulla valle e sui paesini circostanti. Naturalmente anche la cucina fa la sua parte nel decretarne il successo: sapori regionali di terra e di mare sono rielaborati con tocco moderno.

≼ 🔥 🅿 🍴 🅿 – Prezzo: €€€

Via della Contea 1 – ☎ 0583 229475 – ristoranteforassiepi.it – Chiuso martedì e a mezzogiorno lunedì, mercoledì, giovedì, venerdì

MONTECCHIO PRECALCINO

✉ 36030 – Vicenza (VI) – Carta regionale n° **8**–B2

LA LOCANDA DI PIERO

MODERNA • **ELEGANTE** In una villetta di campagna che evoca l'atmosfera di una raffinata residenza privata, nella sala riscaldata dal camino in inverno o nella veranda illuminata dai raggi del sole si gusta una cucina che mostra un'impronta moderna dalla matrice decisamente italiana. Nel 2022 ha festeggiato i 30 anni di attività.

🅰️ 🏡 ♿ 🅿️ – Prezzo: €€€

Via Roma 34, strada per Dueville – ☏ *0445 864827 – lalocandadipiero.it – Chiuso lunedì, martedì a mezzogiorno e domenica sera*

MONTEFALCO

✉ 06036 – Perugia (PG) – Carta regionale n° **13**–B2

😊 CAMIANO PICCOLO

UMBRA • **BISTRÒ** In un casale del XVI secolo con piscina all'aperto, l'agriturismo Camiano Piccolo si trova su una collina che domina la campagna umbra, a 1 km da Montefalco. Sulla tavola, lo chef Giuseppe Fabrizi porta il meglio del territorio: verdure e olio dell'orto di proprietà, vini locali, carni prelibate. Grande spazio in tavola è dedicato al tartufo nero.

⇐ 🍴 🅰️ 🏡 🅿️ – Prezzo: €€

Via Camiano Piccolo 5 – ☏ *0742 379492 – camianoagriturismo.com/ristorante – Chiuso a mezzogiorno*

MONTEFIORINO

✉ 41045 – Modena (MO) – Carta regionale n° **9**–B2

LUCENTI

EMILIANA • **AMBIENTE CLASSICO** Locale a gestione familiare di taglio classico, arredato in caldi colori pastello, dove gustare una cucina fedele al territorio declinata con estetica e accostamenti moderni. Più semplice e tradizionale è l'Enoteca, la versione bistrot del locale.

⇐ ♿ – Prezzo: €

Via Mazzini 38 – ☏ *0536 965122 – lucenti.net – Chiuso lunedì e martedì*

MONTEGRIDOLFO

✉ 47837 – Rimini (RN) – Carta regionale n° **9**–D2

😊 OSTERIA DELL'ACCADEMIA 🆕

REGIONALE • **FAMILIARE** All'interno di un suggestivo borgo medioevale risalente al XIII secolo, qui troverete un'autentica osteria dove assaggiare piatti casalinghi della tradizione locale e regionale: imperdibili i ravioli con bieta e ricotta con cacio e olio. Per una sosta ancora più bella, prenotate i tavoli nell' accogliente terrazza estiva con ampia vista sulle colline circostanti.

⇐ 🏡 – Prezzo: €€

Via Roma 16 – ☏ *378 303 4411 – Chiuso lunedì-mercoledì e domenica sera*

MONTEGROSSO

✉ 76123 – Barletta-Andria-Trani (BT) – Carta regionale n° **16**–B2

⊛ ANTICHI SAPORI

PUGLIESE • **RUSTICO** Bella e solida realtà che da trent'anni propone una cucina regionale e delle Murge elaborata partendo da ottime materie prime, in un contesto grazioso e curato. Dolci assolutamente deliziosi, quindi da provare! Visto il seguito che ha in zona si consiglia vivamente di prenotare.

&. 🖼 – Prezzo: €€

Piazza Sant'Isidoro 10 – ℰ 0883 569529 – pietrozito.it – Chiuso domenica e sera mercoledì e sabato

MONTEMAGNO

✉ 14030 – Asti (AT) – Carta regionale n° **1**–C2

LA BRAJA

PIEMONTESE • **ELEGANTE** Classica ospitalità piemontese, dove il titolare Giuseppe Palermino accoglie con savoir faire da grande scuola in un ambiente elegante. Le specialità sono legate alla regione, ma vi è anche uno sguardo esterno. Consigliati i tajarin al ristretto di coniglio e lo strepitoso carrello di formaggi.

🖼 ⇔ 🅿 – Prezzo: €€€

Via San Giovanni Bosco 11 – ℰ 0141 653925 – ristorantelabraja.it – Chiuso lunedì e martedì e domenica sera

MONTEMARCELLO

✉ 19031 – La Spezia (SP) – Carta regionale n° **10**–D2

PESCARINO-SAPORI DI TERRA E DI MARE

CONTEMPORANEA • **RUSTICO** Atmosfera calda e accogliente con pareti e soffitto in legno, la cucina, relativamente semplice in alcune elaborazioni, più creativa in altre, punta ad evidenziare la qualità del prodotto, in prevalenza di mare, con spunti liguri ma anche di altre regioni. Considerando la posizione isolata, può essere una buona idea approfittare delle camere.

🖼 🛋 🅿 – Prezzo: €€

Via Borea 52 – ℰ 366 122 3749 – lefigarole.it – Chiuso a mezzogiorno da lunedì a venerdì

MONTEMARCIANO

✉ 52028 – Arezzo (AR) – Carta regionale n° **11**–C2

LA CANTINELLA

TOSCANA • **AMBIENTE CLASSICO** Ristorantino di campagna dagli interni piacevolmente personalizzati, si mangia nella sala veranda con vista sul verde o, in stagione, in una bella terrazza affacciata sulle balze. La cucina rivisita la tradizione toscana con piatti solo di terra.

⇐ 🛋 🅿 – Prezzo: €

Località Montemarciano 70/g – ℰ 055 917 2705 – Chiuso lunedì, a mezzogiorno da martedì a sabato e domenica sera

MONTEMERANO

✉ 58014 – Grosseto (GR) – Carta regionale n° **11**-C3

❀❀ **CAINO**

Chef: Valeria Piccini

TOSCANA • ELEGANTE Nel cuore di un grazioso borgo toscano, Caino è il centro gravitazionale della cucina maremmana e Valeria Piccini la sua migliore interprete: capace ricercatrice della migliore materia prima del territorio rielaborata senza che un grammo di sapore vada perduto, come nei ravioli di cacio alla crema di bar-babietola oppure nei pici alla amatriciana diversa. Ma per chi desidera un tocco di mare ecco il caciucco, delicato nel pesce proposto, ma intenso per la cremosa salsa servita con verdurine di stagione solo sbollentate ed il classico crostino tostato. La sala è ben supportata dal figlio Andrea, custode di una cantina vini fornitissima: profonde verticali di Brunello, Barolo, toscani a taglio Bordolese, ad ottimi prezzi. Venite in compagnia per degustarvi un buon Vin Santo Occhio di Pernice del 1988 oppure 1989. D'estate - in terrazza - si apre Il Giardino di Caino: forma più semplice in stile bistrot, con ricette ancor più legate a tradizioni antiche e di famiglia.

❀ 🅰🅲 – Prezzo: €€€€

Via della Chiesa 4 – ☏ 0564 602817 – dacaino.com – Chiuso martedì, mercoledì e a mezzogiorno lunedì, giovedì, venerdì

MONTEMONACO

✉ 63088 – Fermo (FM) – Carta regionale n° **14**-B2

❀ **IL TIGLIO**

Chef: Enrico Mazzaroni

CONTEMPORANEA • CONTESTO CONTEMPORANEO È un bel viaggio quello che si fa per raggiungere i pendii scoscesi alle falde dei Monti Sibillini dove si trova il ristorante di chef Enrico Mazzaroni, ma la "fatica" è presto ricompensata dalla squisitezza della cucina! La sua grande passione è la materia prima del territorio (funghi, trota, cervo, patate...), molto spesso autoprodotta nel proprio agriturismo, l'approccio però è decisamente creativo e le ricette originali, ma l'equilibrio dei sapori è garantito dalla perizia tecnica, ma a l'equilibrio dei sapori è garantito dalla perizia tecnica, come succede alla trota e diaframma di vitello con funghi, mentre le presentazioni nel tempo si sono fatte ancor più "foto-geniche". Il servizio garantisce sempre una bella esperienza, grazie ad un riuscito mix di esperienza e gioventù.

❀ *L'impegno dello chef:* Forte è il legame col territorio dello chef-patron Enrico Mazzaroni. Se moltissimi ingredienti sono prodotti e allevati in proprio (verdure, castagne, tartufi, agnelli ...), tutto ciò che manca viene ricercato presso i piccolissimi produttori che vivono nei paraggi. Il ristorante è inserito nel contesto del Parco Naturale dei Monti Sibillini e fa parte della Comunanza Agraria di Isola San Biagio, che si occupa della salvaguardia e del supporto dei territori e dei residenti delle zone montane.

♿ 🅰🅲 🍴 🅿 – Prezzo: €€€

Via Isola San Biagio 34 – ☏ 0736 856441 – ristoranteiltiglio.it – Chiuso lunedì-giovedì

MONTEPULCIANO

✉ 53045 – Siena (SI) – Carta regionale n° **11**-D2

❀ **OSMOSI**

CONTEMPORANEA • CONTESTO CONTEMPORANEO In aperta campagna, dove è tutto un inseguirsi di vigneti, all'interno di una villa storica che ospita la Fattoria Svetoni – accoglienza con belle camere e produzione di vino sin dal 1865 – il ristorante si sviluppa in parte all'interno, tra muri antichi, e in parte nella moder-nissima veranda vetrata che si apre su di un bel panorama verdeggiante. La cucina di Mirko Marcelli, pur non mancando qualche richiamo al territorio, naviga per il mondo sulla rotta della creatività per cui - accanto ad un piatto con protagonista la locale carne di chianina - ecco comparire il riso alla radice di genziana, nonché altre varietà di carne come la golosa animella impanata con piselli, teriyaki e caprino o l'anatra con bieta, porro confit e cajun (mix di spezie tipicamente nordamericano); vasta libertà di scelta con tre menù degustazioni declinabili e intercambiabili anche alla carta. Per il vino potete affidarvi alla dettagliata lista e alla passione di Simone, che conduce le danze insieme alla sorridente Elena.

⅋ 🖽🖼🍴🅿 – Prezzo: €€€

Via Umbria 65 – 𝄐 389 652 2511 – osmosimontepulciano.it – Chiuso mercoledì e giovedì a mezzogiorno

INDIGENO 🅝

TRADIZIONALE • CONVIVIALE In un contesto di rara bellezza - all'interno della tenuta Salcheto Organic Winery, tra le sinuose colline che circondano Montepulciano - un casolare del Duecento convertito da torre di posta in azienda vinicola, che strizza l'occhio anche alla ristorazione con piatti della tradizione locale - semplici e casalinghi - elaborati con ingredienti di produzione propria o provenienti da piccoli produttori locali. Ci si accomoda a grandi tavoli comuni ricavati da querce dell'Amiata o nel fresco dehors estivo, per assaggiare il pane prodotto dai loro forni e numerose altre specialità, fra cui gli gnocchetti di pane con crema di fave ed erbe amare o il coscio d'oca vignarola arrosto

≼🖼🍴🅿 – Prezzo: €€

Via di Villa Bianca 15 – 𝄐 0578 799031 – indigeno.salcheto.it – Chiuso martedì-giovedì e lunedì sera

LE LOGGE DEL VIGNOLA

TOSCANA • CONTESTO TRADIZIONALE Un piccolo locale curato e accogliente nel centro storico di Montepulciano, che in un ambiente piacevolmente classico propone una cucina regionale con spunti innovativi, preparata con materie prime di qualità. Interessante anche la carta dei vini.

⅋ 🖼🍴 – Prezzo: €€

Via delle Erbe 6 – 𝄐 0578 717290 – leloggedelvignola.com – Chiuso martedì e mercoledì a mezzogiorno

MONTERIGGIONI

✉ 53035 – Siena (SI) – Carta regionale n° **11**–D1

🍽 FUTURA OSTERIA

TOSCANA • OSTERIA Lungo la Via Francigena, nei pressi di Monteriggioni sorge il piccolo borgo medievale di Abbadia Isola, con la splendida chiesa romanica e gli antichi edifici che costituivano il monastero e le sue dipendenze. Futura Osteria si trova nelle cantine dove i monaci tenevano i vini; è qui che gusterete una saporita cucina di ispirazione toscana, semplice e assolutamente stagionale, con un ottimo rapporto qualità-prezzo. La raffinata selezione enoica, il servizio piacevole e una terrazza appartata completano il quadro.

♿🖼🍴🅿 – Prezzo: €€

Largo Garfonda 10, località Abbadia Isola – 𝄐 0577 301240 – futuraosteria.it/it – Chiuso lunedì e martedì e domenica sera

MONTEROSSO AL MARE

✉ 19016 – La Spezia (SP) – Carta regionale n° **10**–D2

DA MIKY

PESCE E FRUTTI DI MARE • ALLA MODA Pescato di qualità e una mano che lo valorizza, oltre a un bel forno a legna per alcune cotture speciali, sono i segni distintivi di Miky a Monterosso. In una location da favola, a ridosso della spiaggia, calda accoglienza e possibilità anche di accomodarsi all'esterno (pochi tavoli, meglio arrivare con debito anticipo!); buona selezione di vini.

🕸 🕮 🕎 – Prezzo: €€€

Via Fegina 104 – 𝒞 0187 817608 – ristorantemiky.it – Chiuso martedì

L'ANCORA DELLA TORTUGA

PESCE E FRUTTI DI MARE • STILE MEDITERRANEO Locale in stile marina letteralmente aggrappato alla scogliera (una parete è di roccia viva): dal dehors superiore la vista è mozzafiato, mentre la cucina onora il mare, ma non dimentica la terra.

🕎 🕮 🕎 – Prezzo: €€

Salita Cappuccini 4 – 𝒞 0187 800065 – ristorantetortuga.it – Chiuso lunedì e martedì a mezzogiorno

MONTEROTONDO

✉ 00015 – Roma (RM) – Carta regionale n° **12**–A2

😊 TRATTORIA DELLA FORTUNA ⓝ

REGIONALE • CONVIVIALE È la trattoria che non ti aspetti in uno svincolo stradale fuori paese e all' interno di un anonimo rustico edificio. All'interno invece un ambiente curato e famigliare con un'accoglienza gentile tutta al femminile. I loro piatti sono fragranti e genuini, legati alle tradizioni regionali italiane e alla qualità delle materie prime locali. Qui le paste e i dessert son tutti fatti in casa. Piccolo e semplice dehors esterno sotto un pergolato. Due specialità fortemente consigliate: Girella e Cartellata (36 tuorli) ripieni di ricotta e caprino con ragù di ciauscolo (insaccato tipico di Marche e Umbria), riduzione di vino rosso.

🕎 🕮 🕎 – Prezzo: €€

Via Salaria 55 – 𝒞 06 900 4098 – trattoriadellafortuna.it – Chiuso lunedì-domenica

MONTESCUDAIO

✉ 56040 – Pisa (PI) – Carta regionale n° **11**–B2

SAQUA BY IL FRANTOIO

TOSCANA • CONTESTO CONTEMPORANEO Con il passaggio dal centro della località alla sede attuale, la cucina più grande permette allo chef-patron Simone Acquerelli una maggiore precisione nella preparazione di una linea toscana moderna. Nella bella stagione, inoltre, il servizio all'aperto offre un bel panorama che si fa incantevole al tramonto.

🕮 🕎 – Prezzo: €€

Viale Vittorio Veneto 40 – 𝒞 0586 650381 – saqua.it – Chiuso martedì e a mezzogiorno lunedì, mercoledì, giovedì, venerdì, sabato

MONTEU ROERO

✉ 12040 – Cuneo (CN) – Carta regionale n° **2**–A1

😊 CANTINA DEI CACCIATORI

PIEMONTESE • CONTESTO REGIONALE L'insegna originale dipinta sulla facciata ammicca alla storia ultracentenaria del locale. Nato dal recupero di una vecchia trattoria fuori paese - fra castagni e rocce di tufo - il ristorante propone piatti tipici piemontesi. Incantevole dehors per la bella stagione e cantina interrata d'inizio '900 (visitabile). In inverno un moderno camino rende ancora più piacevole l'atmosfera della sala.

🦞 🔠 🍴 ♿ 🅿 – Prezzo: €
Località Villa Superiore 59 – ☎ 0173 90815 – cantinadeicacciatori.com – Chiuso lunedì e martedì

MONTICELLI BRUSATI

✉ 25040 – Brescia (BS) – Carta regionale n° **5**–D1

HOSTARIA UVA RARA

DEL TERRITORIO • **ACCOGLIENTE** Gestione professionale in un antico cascinale del '400 con arredi di gusto e caratteristici soffitti sorretti da volte in pietra. La cucina si divide equamente tra terra, lago e mare. Bel dehors estivo per un pasto en plein air.

♿ 🔠 🍴 – Prezzo: €€
Via Foina 42 – ☎ 030 685 2643 – hostariauvarara.it – Chiuso martedì e mercoledì a mezzogiorno

MONTICELLI D'ONGINA

✉ 29010 – Piacenza (PC) – Carta regionale n° **9**–A1

😊 ### ANTICA TRATTORIA CATTIVELLI

DEL TERRITORIO • **FAMILIARE** L'indirizzo non mente: siamo proprio su un'isola formata dalle anse del Po. Qui, dal 1947, la famiglia Cattivelli celebra a grandi livelli la cucina della bassa piacentina in un paesaggio tra acqua e campagna che più tipico non potrebbe essere. In carta molti piatti del territorio, sempre generosi, che offre anche la maggioranza delle materie prime utilizzate in cucina dove si preparano paste fresche e l'ottimo gelato alla crema. Dal loro orto ricavano anche conserve. Noi abbiamo apprezzato, uscendo magari per un attimo dai piatti più tradizionali, i maccheroni fatti in casa con farina bio ai funghi e la paletta di vitello con scalogno caramellato e patate.

🔠 🍴 🅿 – Prezzo: €€
Via Chiesa di Isola Serafini 2 – ☎ 0523 829418 – trattoriacattivelli.it – Chiuso mercoledì e martedì sera

MONTICHIARI

✉ 25018 – Brescia (BS) – Carta regionale n° **4**–D1

MARAGONCELLO

PESCE E FRUTTI DI MARE • **CONTESTO CONTEMPORANEO** In questa piccola frazione nella bassa bresciana, un ristorante inaspettatamente a base di pesce dove spiccano i crudi di mare e menu degustazione dal buon rapporto qualità/prezzo; tanta fragranza e cucina personalizzata in ambienti moderni e conviviali.

🔠 🍴 – Prezzo: €€€
Via San Giovanni 1, località Vighizzolo – ☎ 030 962304 – ristorantemaragoncello. it – Chiuso lunedì e domenica sera

SALAMENSA

DEL TERRITORIO • **CONVIVIALE** Un open space con molteplici servizi, dal bar per le prime colazioni al ristorante classico con pizze a lievitazione naturale. Se l'ambientazione è molto moderna minimal-conviviale, l'attenzione riservata alla scelta delle materie prime e alle preparazioni è di ottimo livello. Anche la proposta enoica riserva delle piacevolezze.

♿ 🔠 – Prezzo: €
Via Monsignor Oscar Romero 29 – ☎ 030 961025 – daldossogroup.it

MONTOGGIO

✉ 16026 – Genova (GE) – Carta regionale n° **10**–C2

😊 ROMA

LIGURE • FAMILIARE Oltre 100 anni di storia e diverse generazioni familiari danno solidità a questa risorsa ligure dell'entroterra. Nell'ariosa sala di stampo classico, viene servita in porzioni generose una buona cucina stagionale di territorio, che poggia sulle produzioni dei propri orto e frutteti, quindi, pesto fatto in casa, funghi e tartufi, ottime carni sotto forma di tartare o tagliate. Una parte del menù è – tuttavia - dedicata anche al pesce.

🖨 🎔 🕎 – Prezzo: €

Via Roma 15 – ✆ 010 938925 – romamontoggio.it – Chiuso giovedì e sera da lunedì a mercoledì

MONTONE

✉ 06014 – Perugia (PG) – Carta regionale n° **13**–A1

😊 LOCANDA DEL CAPITANO & TIPICO OSTERIA

UMBRA • ELEGANTE Se la Locanda del Capitano propone una cucina gourmet, il Tipico offre una proposta più semplice: entrambi - però - sono ambasciatori di una tradizione gastronomica legata all'Umbria. Carta dei vini con oltre 400 etichette ed una selezione di oli dove compaiono le migliori referenze della regione. Il piatto preferito dall'ispettore: maritozzo di mazzafegato con scarola, cipolla caramellata e olive.

🕸 🎔 🕎 – Prezzo: €€

Via Roma 7 – ✆ 075 930 6521 – ilcapitano.com – Chiuso lunedì, a mezzogiorno da martedì a sabato e domenica sera

MONTOPOLI IN VAL D'ARNO

✉ 56020 – Pisa (PI) – Carta regionale n° **11**–B2

QUATTRO GIGLI

TOSCANA • CONTESTO REGIONALE Nel centro del caratteristico borgo, in un palazzo del Quattrocento, l'atmosfera è calda e accogliente, mentre la cucina presenta agli ospiti piatti regionali, sia di terra sia di mare, serviti in ceramiche disegnate ad hoc. La struttura comprende anche alcune camere, tra cui le migliori regalano un bel panorama, così come la vista è garantita dalla terrazza per il servizio ristorativo estivo.

🖨 🎔 🛆 – Prezzo: €€

Piazza Michele da Montopoli 2 – ✆ 0571 466878 – quattrogigli.it – Chiuso a mezzogiorno da lunedì a sabato

MONTORIO AL VOMANO

✉ 64046 – Teramo (TE) – Carta regionale n° **15**–B1

LOCANDA SAN MICHELE 🆕

MODERNA • ACCOGLIENTE Praticamente alle pendici del Gran Sasso, attorniato da un bel panorama verdeggiante d'Abruzzo, vi si assaggia la cucina di uno chef abruzzese di ritorno dopo esperienze in importanti locali stellati: egli si cimenta in alcune deviazioni moderne e contemporanee sui sapori regionali, sia di terra sia di mare (come nel caso della tartare di tonno alla fragole rifinita al tavolo da "neve" di limone), mantenendo però una certa concretezza ed abbondanza nelle porzioni tipica della zona.

🍃 🖨 ♿ 🎔 🕎 🅿 – Prezzo: €€

SS 491 3, Contrada Camerale di Tossiccia – ✆ 331 465 8909 – riccigianluca.com – Chiuso martedì, a mezzogiorno lunedì, mercoledì, giovedì, venerdì e domenica sera

MONTORO

✉ 83025 – Salerno (SA) – Carta regionale n° **17**–B2

CASA FEDERICI

CONTEMPORANEA • MINIMALISTA Il paese di Montoro, già celebre per la cipolla ramata, diventa ora anche una tappa gourmet grazie al giovane cuoco Francesco Cerrato, la cui cucina prende spunto dalle risorse locali, spesso dall'entroterra ma allungandosi in parte anche sino al mare, per poi decollare verso proposte creative ben ingegnate e raccontate da un servizio di sala agile e giovane, come l'ambiente minimal contemporaneo in cui ci si accomoda.

🅰 – Prezzo: €€€

Via Pellegrino Federici – ☏ 0825 457211 – casafederici.com – Chiuso lunedì, a mezzogiorno da martedì a venerdì e domenica sera

MONTRIGIASCO

✉ 28041 – Novara (NO) – Carta regionale n° **1**–C1

⊛ CASTAGNETO

PIEMONTESE • FAMILIARE Sulle prime alture del lago Maggiore, un edificio rustico e particolarmente panoramico; internamente si respira un'atmosfera famigliare e di lunga tradizione (il ristorante è in attività dal 1969), mentre la cucina spazia su tutta la Penisola anche se rimane prevalentemente locale e regionale.

🕭 ⇐ 🖘 🅰 🚼 🅿 – Prezzo: €

Via Vignola 14 – ☏ 0322 57201 – ristorantecastagneto.com – Chiuso lunedì e martedì

STRATTORIA ⓝ

CONTEMPORANEA • COLORATO Nelle prime alture del Lago Maggiore, un locale molto accogliente, colorato e dall'atmosfera piacevolmente rilassata. La cucina trae ispirazione dal territorio, ma non solo, con ricette che mettono in evidenza il talento dello chef e prodotti impeccabili. Un esempio: lingua di vitello, gambero e carote BBQ. Scelta enoica interessante e servizio cordiale.

🅰 🚼 – Prezzo: €€€

Piazza Angelo Gnemmi – ☏ 0322 57142 – strattoria.it – Chiuso martedì e mercoledì

MONTÙ BECCARIA

✉ 27040 – Pavia (PV) – Carta regionale n° **4**–B3

LA LOCANDA DEI BECCARIA

TRADIZIONALE • CONTESTO TRADIZIONALE All'interno della Cantina Storica della località, un ristorante rustico e curato dai caratteristici soffitti in legno, dove assaporare una linea di cucina fedele al territorio con qualche incursione nel mare.

🅰 🚼 ⇔ – Prezzo: €€

Via Marconi 10 – ☏ 0385 262310 – lalocandadeibeccaria.it – Chiuso lunedì, martedì e a mezzogiorno da mercoledì a venerdì

MONZA

✉ 20900 – Monza e della Brianza (MB) – Carta regionale n° **5**–B2

⁕ IL CIRCOLINO

CREATIVA • CONTESTO CONTEMPORANEO All'ingresso c'è la caffetteria col bistrot con una cucina dedicata e un bel giardino per l'estate, mentre nascosta da una porta a soffietto ecco la sala, contemporanea ed elegante, dove entra in scena la proposta gourmet di carne e di pesce di cui noi abbiamo apprezzato soprattutto - saltellando tra i vari menù come è possibile fare scegliendo alla carta - lo Spaghetto al burro di missoltino e carpione, candido coi tanti fiori a colorarlo ma dal sapore deciso (C'era una volta), così come la Triglia e il suo "suquet", spagnoleggiante ma più selettivo nella scelta degli ingredienti (Viaje), Limone nero, shiso e alga kombu a chiudere con una nota esotica, fresca e digestiva. Insomma, una cucina interessante eseguita dal bravo resident chef Lorenzo Sacchi!

&. 🆔 – Prezzo: €€€

Via Anita Garibaldi 4 – 𝒞 039 636 3374 – il-circolino.it – Chiuso lunedì e martedì

DERBY GRILL

ITALIANA CONTEMPORANEA • BORGHESE Di fronte alla Villa Reale, la sala del ristorante condivide l'atmosfera classica e vagamente British dell'Hotel de la Ville in cui si trova, mentre alcuni tavoli sono sistemati in un'elegante veranda annessa alla struttura. In cucina ai piatti più creativi di carne e pesce, molto ben realizzati, si aggiunge qualche proposta della tradizione lombarda, dal risotto con la luganega di Monza all'ossobuco in gremolata con riso allo zafferano, passando per una cotoletta alla milanese veramente ottima.

🆔 🏠 🅿 – Prezzo: €€€

Viale Cesare Battisti 1 – 𝒞 039 39421 – derbygrill.it – Chiuso domenica e sabato a mezzogiorno

PUNTO G

CONTEMPORANEA • CONTESTO CONTEMPORANEO A due passi dal centro storico, un locale con due anime: bistrot e ristorante gourmet, entrambi molto raccolti e arredati con sobria raffinatezza. Un giovane chef campano, con belle esperienze anche all'estero, propone una cucina moderna, raffinata e contemporanea. Al bistrot la scelta di una pizza gourmet rimanda alle origini dello chef.

🆔 ⇄ – Prezzo: €€€

Via Gian Francesco Parravicini 34 – 𝒞 039 321592 – ristorantepuntog.com – Chiuso lunedì e martedì

MORCIANO DI ROMAGNA

✉ 47833 – Rimini (RN) – Carta regionale n° **9**–D2

CONTROCORRENTE

PESCE E FRUTTI DI MARE • CONTESTO CONTEMPORANEO Tra tocchi piacevolmente rustici e un design più contemporaneo, anche se siamo nell'entroterra romagnolo la cucina va controcorrente e rimane legata al mare. Il menu propone specialità ittiche in bilico tra stile classico e giochi creativi, in un contesto informale e accogliente.

🆔 🏠 – Prezzo: €€

Via XXV Luglio 23 – 𝒞 0541 988036 – ristorantecontrocorrente.com – Chiuso lunedì, a mezzogiorno martedì e mercoledì e domenica sera

MORETTA

✉ 12033 – Cuneo (CN) – Carta regionale n° **1**–B3

VILLA SALINA ⓝ

PIEMONTESE • CONTESTO STORICO Deve il suo nome a Edoardo Salina, cuoco di casa Savoia, questa villa di metà '800 con diverse sale impreziosite da soffitti affrescati. Il coraggioso chef-patron Ivo Druetta l'ha totalmente restaurata e riportata a nuova vita per allargare i suoi orizzonti gastronomici, che nascono in pasticceria. Oggi è un moderno locale multitasking che a pranzo, insieme alla carta influenzata dal territorio ma con proposte di pesce, prevede un business lunch e alla sera anche una carta di pizze gourmet. D'estate si apre all'esterno nella bella veranda ed è possibile passeggiare nel curato giardino, di proprietà comunale.

🆔 🏠 – Prezzo: €€

Via Santuario 25 – 𝒞 0172 911272 – villasalina.com

MORGEX

✉ 11017 – Aosta (AO) – Carta regionale n° **3**–A2

CAFÉ QUINSON

VALDOSTANA • **AGRESTE** Agostino Buillas, chef di lunga esperienza molto conosciuto in valle, vi accoglie per farvi assaporare il territorio e i suoi ingredienti (molti
provenienti dall'orto di proprietà) con fantasia e attualità. La sala rustico-elegante
impreziosita da pietre e legni di vecchie baite fa da sfondo a questo moderno
"Restaurant de Montagne". Enciclopedica carta dei vini quasi tutti anche al calice.
Camere confortevoli nell'adiacente residenza.

ஃ 🔟 ⇦ – Prezzo: €€€€

*Piazza Principe Tomaso 10 – ☎ 0165 809499 – cafequinson.it – Chiuso a
mezzogiorno*

MORIMONDO

✉ 20081 – Milano (MI) – Carta regionale n° **5**–A2

TRATTORIA DI CORONATE

DEL TERRITORIO • **CASA DI CAMPAGNA** Accogliente, caldo, intimo e familiare,
ma potrebbero sprecarsi gli aggettivi per descrivere questo ristorante all'interno di
una cascina di origini cinquecentesche. È qui che si viene per gustare una proverbiale cucina di matrice territoriale, accompagnata da una carta dei vini altrettanto
degna di nota. Una visita alla cantina è vivamente consigliata.

ஃ 🔥 🔟 🏠 ⇦ 🅿 – Prezzo: €€

*Cascina Coronate – ☎ 02 945298 – trattoriadicoronate.it – Chiuso lunedì,
martedì a mezzogiorno e domenica sera*

MORNAGO

✉ 21020 – Varese (VA) – Carta regionale n° **5**–A1

ALLA CORTE LOMBARDA

LOMBARDA • **FAMILIARE** In un bel rustico ai margini del paese, un vecchio fienile
ristrutturato racchiude un locale suggestivo: cucina tradizionale rivisitata, ricca
carta dei vini ed ottima selezione di birre. Ogni settimana, specificati nel menu,
cinque dischi che hanno fatto la storia della musica o quelli che per il proprietario
rappresentano il meglio del momento.

ஃ 🔥 ⇦ 🅿 – Prezzo: €€

*Via De Amicis 13 – ☎ 0331 904376 – allacortelombarda.it – Chiuso lunedì e
martedì e domenica sera*

MORRANO NUOVO

✉ 05018 – Terni (TR) – Carta regionale n° **13**–A2

😊 DA GREGORIO

UMBRA • **SEMPLICE** Trattoria familiare dove la semplicità non fa tuttavia mancare la professionalità e una grande cortesia verso gli ospiti. In prevalenza piatti
della tradizione umbra, paste fresche, brace e una buona componente vegetale
caratterizzano la carta.

🔥 🏠 – Prezzo: €€

*Strada provinciale 101 136 – ☎ 0763 215011 – Chiuso mercoledì e giovedì a
mezzogiorno*

MORTARA

✉ 27036 – Pavia (PV) – Carta regionale n° **4**–A3

GUALLINA

DEL TERRITORIO • TRATTORIA Nella generosa campagna della Lomellina, circondata da acacie e sambuchi, una bella trattoria che si presenta con due salette intime ed uno spazio esterno per il piacevole servizio estivo. La cucina è smaccatamente del territorio: lumache, paste fatte in casa e fragranti dessert. Imperdibili le proposte a base di oca, la regina della zona, presente in salume, primi e secondi, nonché il rognoncino di vitello con porri stufati . Ed è già dall'accoglienza - premurosa e sorridente - che questo locale fa sentire i propri ospiti come a casa, in un ambiente che nella sua semplicità', si rivela caldo e molto rilassante.

⅋ 🅺 🍴 🅿 – Prezzo: €€

Via Molino Faenza 19, località Guallina – ✆ *338 726 1869 – trattoriaguallina.it –*
Chiuso lunedì e martedì

MORTEGLIANO

✉ 33050 – Udine (UD) – Carta regionale n° **7**–B2

DA NANDO

REGIONALE • ELEGANTE È l'intera famiglia Uanetto a gestire questa trattoria tipica, diventata ormai un portabandiera della regione. In ambienti di tono classico-signorile, i piatti rivelano influenze territoriali: ottimi prosciutti, buon pesce e, in stagione, anche il tartufo. Con le sue 120 000 bottiglie, la vasta cantina riuscirà a soddisfare qualunque desiderio.

⅋ 🅺 🍴 🅿 – Prezzo: €€

Via Divisione Julia 14 – ✆ *0432 760187 – danando.it – Chiuso lunedì e martedì e*
domenica sera

MOSCIANO SANT'ANGELO

✉ 64023 – Teramo (TE) – Carta regionale n° **15**–B1

☻ BORGO SPOLTINO

ABRUZZESE • CASA DI CAMPAGNA Tra colline e campi di ulivi, con un orizzonte di mare e monti, Borgo Spoltino nasce in un casolare dell'Ottocento. È il luogo ideale per assaporare ricette abruzzesi (attingendo per le verdure il più possibile dal proprio orto) con alcune specialità tradizionali come la pizza dolce (ovvero, diversi strati alternati di pan di Spagna bagnati con alkermes, budino, crema pasticcera - fin qui parrebbe quasi una zuppa inglese - e nel mezzo, nonché sopra, una crema densa e scaglie di mandorle). La carta dei vini si concentra soprattutto sulla regione, senza trascurare – pur tuttavia - anche altre zone.

⅋ ♿♿🅺🍴🅿 – Prezzo: €

Strada Selva Alta – ✆ *085 807 1021 – borgospoltino.it – Chiuso lunedì, martedì, a*
mezzogiorno da mercoledì a venerdì e domenica sera

MULES

✉ 39040 – Bolzano (BZ) – Carta regionale n° **6**–B1

✿ GOURMETSTUBE EINHORN

CREATIVA • ROMANTICO Quella che sul finire del XIII secolo era una stazione di posta, si è trasformata oggi nell'elegante hotel Stafler: presso l'intimo ristorante gourmet (solo cinque tavoli nella romantica atmosfera di una stube in legno di origine medioevale), lo chef Peter Girtler presenta un menù degustazione di cui si può scegliere il numero delle portate che comprendono carne, pesce di montagna e verdure, quasi tutti con l'apporto di un'erba proveniente dall'orto di proprietà (in famiglia si allevano anche animali). Nel nostro ultimo passaggio abbiamo apprezzato il carpaccio di wagyu e il salmerino alpino, in una proposta che segue la stagionalità dei prodotti. La lista vini si affida soprattutto alla regione, ma non solo.

🕸 🖴🅿 – Prezzo: €€€€

Campo di Trens – ☎ 0472 771136 – stafler.com/it/hotel-gourmet-alto-adige.html – Chiuso lunedì-giovedì, domenica e a mezzogiorno venerdì e sabato

GASTHOFSTUBE STAFLER

REGIONALE • STUBE Nella cornice dello splendido Stafler hotel, sulla rotta verso l'Austria, la cordiale accoglienza dello staff vi darà il benvenuto per una cena romantica nella comoda stube o, nelle belle giornate, nel giardino interno. La cucina è tradizionale tirolese, con richiami soprattutto agli ingredienti della Valle Isarco, ma non mancano intriganti personalizzazioni dello chef.

🖴🍴🅿 – Prezzo: €€

Campo di Trens – ☎ 0472 771136 – stafler.com – Chiuso martedì, mercoledì e a mezzogiorno lunedì, giovedì, venerdì

MUTIGNANO

✉ 64025 – Teramo (TE) – Carta regionale n° **15**–B1

BACUCCO D'ORO

ABRUZZESE • FAMILIARE Dalla costa si sale lungo la strada a tornanti per trovare questa trattoria familiare e rivedere, nuovamente, il mare dalla terrazza. La cucina però è di terra (fatta eccezione per il baccalà) ed è decisamente classica ed abruzzese, tradizionale e semplice. In carta si va - infatti - dai celebri arrosticini ai profumati funghi, dalle carni alla brace all'ottima "pizza dogge": una torta a strati di pan di Spagna, budino e crema pasticcera, nonché alkermes. La carta dei vini è ristretta, ma ben incentrata anch'essa sull'Abruzzo.

🍴🅿 – Prezzo: €

Via del Pozzo 10 – ☎ 085 936227 – Chiuso mercoledì e domenica sera

NALLES

✉ 39010 – Bolzano (BZ) – Carta regionale n° **6**–A2

🙂 APOLLONIA

REGIONALE • CONTESTO REGIONALE Dopo una serie di tornanti, inizialmente cinti da vigne e frutteti poi dal bosco, si sale sino a 900 metri per raggiungere la famiglia Geiser, da tre generazioni baluardo di una cucina semplice e fragrante, decisamente regionale, con l'aggiunta di qualche proposta nazionale. La materia prima è per lo più stagionale e altoatesina: provate il salmerino della Val Passiria con polenta di Termeno e salsa allo zafferano di Sirmiano. Molto bella la vista con Terlano al centro della valle e sullo sfondo le maestose Dolomiti: Sciliar, Catinaccio e Latemar.

🍴🖴🅿 – Prezzo: €€

Via Sant'Apollonia 3, località Sirmiano Sopra – ☎ 0471 155 0562 – apollonia.it/it – Chiuso lunedì

NAPOLI

✉ 80121 – Napoli (NA)
Carta regionale n° **17**–B2

Un patrimonio dell'Umanità

La città partenopea è inscindibile dall'immagine di una pizza fumante. Ma cosa rende "napoletana" una pizza? Secondo il disciplinare dell'Associazione Verace Pizza Napoletana, la definizione è riservata a due tipi di pizza: la marinara (pomodoro, olio, origano e aglio) e margherita (pomodoro, olio, mozzarella di bufala o fior di latte, formaggio grattugiato e basilico) realizzate con un impasto di farina 0 o 00. Il diametro non deve superare i 35 cm e con un bordo rialzato (il famoso "cornicione") di 1-2 cm. Nel 2017 "l'arte del pizzaiolo napoletano", che comprende il processo di produzione e le persone coinvolte, è entrata a far parte del Patrimonio immateriale dell'Umanità Unesco.

ఇ ఇ **GEORGE RESTAURANT**

Chef: Domenico Candela

CONTEMPORANEA • ELEGANTE Ristorante roof-garden di uno degli alberghi più lussuosi della città, il Grand Hotel Parker's, alle vostre spalle c'è la cucina a vista e davanti a voi la vista, mozzafiato, che abbraccia il Vesuvio, il Golfo e la splendida Napoli, che si stende ai piedi dell'hotel in un brulichio di luci. Il confronto con tanta bellezza è un percorso in salita per il cuoco Domenico Candela, ma chef ne esce vincente. Nei suoi piatti troverete una delle espressioni gastronomiche più straordinarie della città e non solo. Grandioso matrimonio tra eccellenze in prevalenza campane – sia in termini di prodotti che di ricette – e la tecnica appresa in Francia, Domenico rivisita la cucina regionale con risultati emozionanti.

ఇ ⇐ 🅰 🛋 – Prezzo: €€€€

Pianta: A3-1 – *Corso Vittorio Emanuele 135 – ℰ 081 761 2474 – georgerestaurant.it – Chiuso lunedì, domenica e a mezzogiorno da martedì a sabato*

ఇ **ARIA**

CONTEMPORANEA • ELEGANTE Abbandonata la frenetica vita dell'elegante zona, l'atmosfera all'interno del ristorante non può essere più diversa, ovattata, discreta e soffusa. Nella penombra di sale di eleganza minimalista, i lampadari spioventi sui tavoli illuminano l'essenziale, i piatti di Paolo Barrale. Originario di Cefalù e campano d'adozione, la sua cucina mette radici in entrambe le tradizioni, reinterpretandole a piacimento, talvolta intraprendendo percorsi più personali. Con grande generosità, dal saluto della cucina fino alla piccola pasticceria, aiutato da un personale preparato e professionale, Paolo mette a segno una cena di ottimo livello.

♿ 🅰 ⇔ – Prezzo: €€€€

Pianta: C2-9 – *Via Loggia dei Pisani 2 – ℰ 081 843 0195 – ariarestaurant.it – Chiuso domenica e a mezzogiorno da lunedì a sabato*

⌘ VERITAS

CAMPANA • **ACCOGLIENTE** Al primo gradone verso il Vomero, un locale accogliente con un ottimo servizio in sala ed un sommelier che saprà consigliarvi anche piccoli, intriganti, produttori regionali, mentre la cucina si dileggia tra tre menu degustazione: Essenziale, Autentico e Libero, quest'ultimo quello più rappresentativo dello chef Caputi che esprime territorio, gusti campani e accostamenti dai contrasti talvolta decisi. Tra i piatti che abbiamo particolarmente apprezzato gli spaghetti con vongole, pinoli e limone: un agrodolce ben azzardato.

🕸 🅰 – Prezzo: €€€

Pianta: A3-3 – *Corso Vittorio Emanuele 141* – 𝒞 *081 660585* – *veritasrestaurant. it* – *Chiuso lunedì, a mezzogiorno da martedì a sabato e domenica sera*

😊 LA LOCANDA GESÙ VECCHIO

CAMPANA • **CONVIVIALE** Nei pittoreschi vicoli di Spaccanapoli, è una tipica trattoria con tavoli ravvicinati in una sala semplice e dall'atmosfera informale. Cucina partenopea, con le specialità che tutti amiamo: mozzarella in carrozza, parmigiana di melanzane, vari e gustosissimi fritti, zuppa di fagioli e scarole, pasta e piselli, baccalà, polpette, pastiera... Lungo la stessa strada, al numero 4, c'è un'altra sede dello stesso ristorante con medesima cucina.

🅰 🍴 – Prezzo: €

Pianta: C2-5 – *Via Giovanni Paladino 26* – 𝒞 *081 461 3928* – *lalocandagesuvecchionapoli.it* – *Chiuso lunedì*

😊 OSTARIA PIGNATELLI 🄽

CAMPANA • **CONTESTO TRADIZIONALE** Vicino alla neoclassica Villa Pignatelli e davanti ai giardini della villa comunale, ci si può sistemare all'aperto o nei caratteristici interni, nello stile di un'elegante taverna. "La vita è una, mangiala", recita il loro motto, e di fronte ai piatti che arrivano, è proprio difficile tirarsi indietro. In menu una strepitosa esecuzione dei classici campani nel loro gusto travolgente: parmigiana di melanzane, cuoppo di alici fritte, pasta mista con patate e provola, candele alla genovese, baccalà alla napoletana e delizia al limone sono squisiti.

🅰 🍴 – Prezzo: €

Pianta: A3-21 – *Riviera di Chiaia 216* – 𝒞 *081 015 3134* – *ostariapignatelli.com*

177 TOLEDO

ITALIANA CONTEMPORANEA • **DESIGN** In via Toledo 177, al 5° piano, vi attende una delle creature napoletane di Giuseppe Iannotti, lo chef bistellato del Krèsios di Telese. Opere di artisti contemporanei sono esposte all'ingresso della raffinata sala e il fascino dell'artigianalità campana non risparmia il menu, che utilizza carta fatta a mano di Amalfi e nella grafica ricorda il gioco della Tombola. Il menu, firmato dal resident Antonio Grazioli, offre un'interpretazione creativa e moderna della tradizionale cucina napoletana. Tra i nostri piatti preferiti gli gnocchi ripieni di ragù, serviti bolliti e alla griglia, golosi nella loro semplicità.

🅰 – Prezzo: €€€€

Pianta: C2-7 – *Via Toledo 177* – 𝒞 *081 1818 1380* – *giuseppeiannotti.it/177-toledo* – *Chiuso lunedì, domenica e a mezzogiorno da martedì a sabato*

3.0 CIRO CASCELLA

PIZZA • **CONVIVIALE** Gli appassionati della pizza napoletana troveranno qui una delle sue più riuscite espressioni, dal cornicione grande e gonfio, ma leggero, alveolato e sofficissimo, frutto di una lunga fermentazione e lievitazione, si verrebbe qui anche solo per mangiarne il bordo, tanto è buono. Ma è ampia e ottima anche la scelta delle guarnizioni, sovente a base di prodotti campani d'eccellenza. Disponibile anche un impasto ai cereali e senza glutine.

🅰 – Prezzo: €

Pianta: A3-15 – *Via San Pasquale 68* – 𝒞 *081 497 6322* – *cirocascella.it*

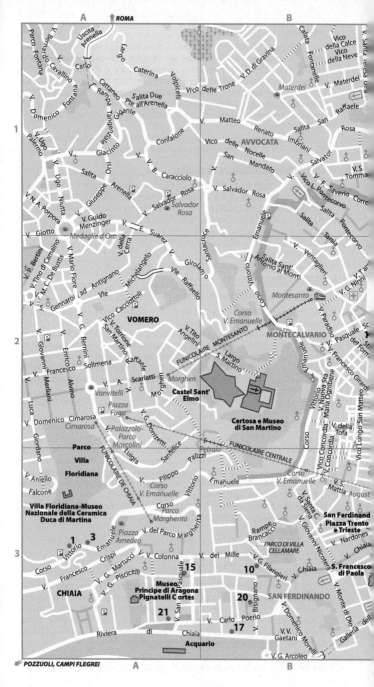

ROMA

Uscita
Arenella

Largo
Carlo

Parco
Fontana

V. Bernardo Cavallino

V. Domenico Fontana

V. Ugo
Palermo

Salita Due
Pte all'Arenella

Rampa Tangenziale

Vico delle Trone

V. D. di Gravina

Calata
Fontanelle

Vico
della Calce
Vico
della Neve

V. Santa Teresa

Caterina

Volpicelli

Gigante

V. Matteo

Renato

Materdei

V. Materdei

Salita

Imbriani

San

Raffaele

Rosa

Cattaneo

V. Ugo

Salita

Confalone

Vico delle
Nocelle

AVVOCATA

Salvator

Salita

V. S.
Tomma

V. B. Caracciolo

V. Giuseppe Arenella

V. Salvador Rosa

San
Mandato

V. F. Saverio Corre

V. Ugo

V. N. A. Porpora

Niutta

Salvador
Rosa

V. Salvador Rosa

Vico L. Pontecorvo

Salita
Pontecorvo

V. Giotto

V. Guido
Menzinger

Medaglie d'Oro

E. Suarez

V. della
Cerra

Tarsia

V. G. Ninni

V. P. Bertini

V. Tito di Camaino

V. M. C. De Bustis

Gennaro ad Antignano

Vle
Michelangelo

Vle
Girolamo

Vle
Raffaello

Sanazzaro

Corso V. Emanuele

Montesanto

V. Ventaglieri

Salita Sant'
Antonio ai Monti

V. Tarsi

V. G. Ninni

V. Mario Fiore

Vico Cacciottoli

V. G.
Bernini

VOMERO

V. Torrione
San Martino

V. Tito
Angelini

FUNICOLAIRE MONTESANTO

Largo
S. Martino

MONTECALVARIO

V. Paradiso

V. Pasquale Sc

V. Francesco Girardi

V. Giovanni
Francesco

Solimena

V. A.
Scarlatti

Morghen

Morghen

Castel Sant'
Elmo

Vittorio

V. Nuova Sta
Maria Ognibene

V. Luca

V. Merliani

Vanvitelli

Certosa e Museo
di San Martino

Vittorio Concordia

V. Concordia

V. della
Tofa

V. Domenico Cimarosa

Cimarosa

Piazza
Fuga

Palazzolo-
Parco
Marcolini

V. G. Donizetti

FUNICOLAIRE CENTRALE

Corso

Vico Lungo San Matte

Parco

Villa

Floridiana

FUNICOLAIRE DE CHIAIA

V. Luigia

Sanfelice

Palizzi

Petraio

Corso
V. Emanuele

V. S.
Mattia August

V. Aniello
Falcone

Villa Floridiana-Museo
Nazionale della Ceramica
Duca di Martina

V.
Filippo

Vittorio

Emanuele

Corso
V. Emanuele

San Ferdinand
Piazza Trento
e Trieste

Piazza
Amedeo

Corso
Parco
Margherita

V. del Parco Margherita

Rampe
Brancaccio

PARCO DI VILLA
CELLAMARE

V. Giovanni Nicotera

Nardones

S. Chiaia

1   3

CHIAIA

Corso

Francesco

Crispi

V. G. Martucci

V. G. Piscicelli

V. Vittorio

Emanuele

V. Colonna

V. del Mille

V. G. Filangieri

Bisignano

V. Chiaia

SAN FERDINANDO

S. Francesco
di Paola

V. Monte di Dio

15   10

20

Museo
Principe di Aragona
Pignatelli C ortes

21

V. San

V. Carlo Poerio

17

Riviera   di   Chiaia

Acquario

V. V.
Gaetani

V. Domenico Morelli

Galleria   delli

POZZUOLI, CAMPI FLEGREI

A   B

380

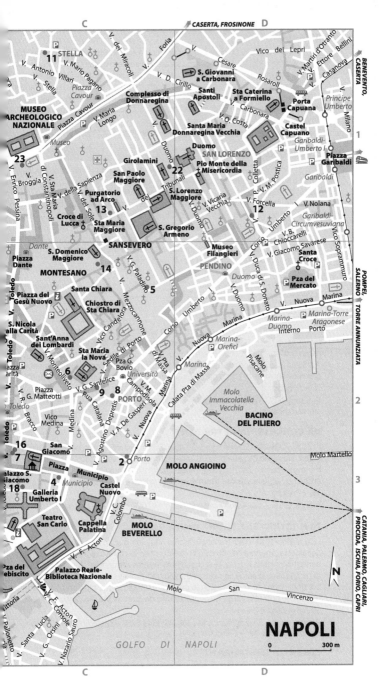

BENEVENTO, CASERTA

POMPEI, SALERNO, TORRE ANNUNZIATA

CATANIA, PALERMO, CAGLIARI, PROCIDA, ISCHIA, FORIO, CAPRI

11 STELLA

V. Antonio Villari
V. Mario Pagano
Piazza Cavour
V. dei Miracoli
Foria

Vico dei Lepri
V. Martiri d'Otranto
V. Ettore Bellini
V. Cesare Rosaroll
V. Casanova

MUSEO ARCHEOLOGICO NAZIONALE

23

V. Enrico Pessina
V. Broggia
Piazza Cavour
V. Maria Longo

Complesso di Donnaregina

S. Giovanni a Carbonara
Santi Apostoli

Sta Caterina a Formiello
Porta Capuana

Castel Capuano

Museo

Santa Maria Donnaregina Vecchia

Girolamini

San Paolo Maggiore
22

Duomo
SAN LORENZO

Pio Monte della Misericordia

Garibaldi-Umberto I

Piazza Garibaldi

13
Purgatorio ad Arco
Croce di Lucca
Sta Maria Maggiore

S. Lorenzo Maggiore

Colletta

V. Vicaria Vecchia
V. Forcella
12

Garibaldi

V. Nolana

SANSEVERO
S. Gregorio Armeno

Museo Filangieri

Garibaldi-Circumvesuviana

Piazza Dante
S. Domenico Maggiore

14
MONTESANO

V. G. Paladino
5

PENDINO

Duomo
V. Duca di S. Donato

Santa Croce

Pza del Mercato

Piazza del Gesù Nuovo
Santa Chiara
Chiostro di Sta Chiara

Mezzocannone

Corso Umberto

V. Nuova
Marina
Marina-Torre Aragonese Porto

S. Nicola alla Carità
Sant'Anna dei Lombardi
Sta Maria la Nová

Vico Candelaio

Marina-Duomo Interno

6

Piazza G. Matteotti

V. G. Sanfelice
8
9
PORTO

Università
Pza G. Bovio

Marina-Orefici

Molo Pisacane

BACINO DEL PILIERO

Vico Medina

Rua Catalana
V. Agostino Depretis
V. A. De Gasperi
V. M. Campodisola
V. Nuova

Calata Pta di Massa

Molo Immacolatella Vecchia

16
San Giacomo
7
Piazza Municipio

2
Porto

Molo Martello

Palazzo S. Giacomo
18
4
Municipio
Castel Nuovo

MOLO ANGIOINO

Galleria Umberto I

V. C. Colombo

Teatro San Carlo
Cappella Palatina

MOLO BEVERELLO

Pza del Plebiscito

Palazzo Reale-Biblioteca Nazionale

V. F. Acton

Molo San Vincenzo

GOLFO DI NAPOLI

N

NAPOLI

0   300 m

50 KALÒ

PIZZA • **FAMILIARE** 50 nella cabala napoletana è il pane, quindi impasto, kalò ha radici greche e significa buono: ecco spiegato il segreto della pizza di Ciro Salvo, uno dei maestri pizzaioli più celebri della città. La sua è una pizza tradizionale napoletana, soffice e molto grande. Non accettano prenotazioni, in caso di grande affluenza si lascia il nome e si aspetta di essere chiamati. Se invece non amate attendere, c'è un'altra sede in piazza della Repubblica 2, dove invece si può prenotare.
🅰🅺 🍴 – Prezzo: €
Fuori pianta – *Piazza Sannazzaro 201/b* – ☎ *081 1920 4667* – *50kalo.it*

CARUSO ROOF GARDEN ⓝ

CAMPANA • **ELEGANTE** In una città già ricca di roof garden, l'indirizzo si segnala come uno dei ristoranti più prestigiosi per frequentazione e vista panoramica: Castel dell'Ovo, Capri, la costiera Sorrentina e il Vesuvio. Oltre il mare! Lo chef Petrosino propone il meglio di sé nei suoi menu degustazione, tra tutti il "suite 531" dedicato al mitico tenore Enrico Caruso, oppure il Blu, Per Mano o A Modo Mio. Se optate per la carta, vi suggeriamo vivamente gli gnocchi di patate ai ricci, aromatizzati con il limone amalfitano e capperi. Qualsiasi scelta facciate, è il prodotto campano ad essere il protagonista, assieme alla professionalità di un ottimo servizio e la bellezza del golfo di Napoli.
⬱ 🅰🅺 🍴 – Prezzo: €€€€
Fuori pianta – *Via Partenope 45* – ☎ *081 764 0044* – *vesuvio.it* – *Chiuso lunedì e domenica sera*

DA ATTILIO

PIZZA • **SEMPLICE** In una delle zone più animate e popolari del centro storico troverete le classiche pizze alla napoletana, con alcune divagazioni come quella a forma di stella a 8 punte. In attività dal 1938 e ormai alla terza generazione, Da Attilio ha pochi coperti distribuiti in due salette e non accettando prenotazioni, nei giorni e negli orari di punta può capitare di dover attendere, ma ne vale la pena!
🅰🅺 – Prezzo: €
Pianta: B2-19 – *Via Pignasecca 17* – ☎ *081 552 0479* – *Chiuso domenica e lunedì a mezzogiorno*

DA CONCETTINA AI TRE SANTI

PIZZA • **COLORATO** Nel cuore del rione Sanità: antico, vivace, popolare, spesso folle. La famiglia Oliva da oltre 60 anni gestisce questo valido locale che ha saputo rinnovarsi con un bel restyling, senza smarrire il legame con la tradizione; oggi anche pizze più fantasiose e moderne, oltre ai fritti e al menu degustazione.
🅰🅺 – Prezzo: €
Pianta: C1-11 – *Via Arena alla Sanità 7 bis* – ☎ *081 290037* – *pizzeriaoliva.it*

DI MARTINO SEA FRONT PASTA BAR

ITALIANA • **BISTRÒ** Di fronte al Maschio Angioino, questo è il posto per gli amanti della pasta, aperto a Napoli da un produttore della vicina Gragnano: seduti ad un banco tipo sushi bar di fronte ai cuochi, il menu prevede quasi esclusivamente piatti di pasta (oltre ai dolci), in ricette perlopiù tradizionali. Ordinate singolarmente, le porzioni sono abbondanti, perciò per avere un panorama più completo è forse preferibile optare per il menu degustazione, più portate ma di quantità inferiori.
🅰🅺 – Prezzo: €€
Pianta: C3-4 – *Piazza Municipio 1* – ☎ *081 1849 6287* – *pastadimartino.it/pages/ sea-front-pasta-bar* – *Chiuso lunedì e domenica sera*

ESSENCIA RESTAURANT

MEDITERRANEA • **AMBIENTE CLASSICO** Superato l'ingresso con la cucina a vista, la sala si trova al primo piano di un palazzo affacciato su una graziosa piazzetta. Il nome spagnolo non è stato scelto casualmente: lo chef ha lavorato a Barcellona ed ora, nel cuore storico di Napoli, propone una cucina creativa di ottimo livello con qualche reminiscenza dell'esperienza iberica.

🔠 – Prezzo: €€€

Pianta: C2-6 – *Piazza Santa Maria la Nova 9 – 𝒞 081 1822 9709 – essenciarestaurant.eatbu.com – Chiuso martedì e a mezzogiorno lunedì, mercoledì, giovedì, venerdì, sabato, domenica*

GINO SORBILLO

PIZZA • CONVIVIALE Nella "via della pizza", un nome storico propone ambienti semplici e ricchi di energia sia partenopea sia internazionale, sempre con pizze ottime e prodotti D.O.P. Armatevi di pazienza all'arrivo in orario di punta: se scegliete il tavolo in condivisione la convivialità è unica!

🔠 ⇔ – Prezzo: €

Pianta: C1-13 – *Via dei Tribunali 32 – 𝒞 081 446643 – sorbillo.it – Chiuso domenica*

IL RISTORANTE ALAIN DUCASSE NAPOLI ⓝ

CREATIVA • DESIGN A Napoli sbarca Alain Ducasse: un gigante del fine dining contemporaneo, nei locali che già erano del prestigioso ristorante Il Comandante, al nono piano dell'hotel Romeo affacciato sul porto, con la vista sul golfo e sul Vesuvio che regala tramonti e colori che difficilmente si dimenticheranno... i moderni interni in total black – tuttavia - non sono meno scenografici! Qui Alessandro Lucassino, classe 1991 e una lunga esperienza di lavoro con il suo mentore, interpreta in modo personale e prelibati sapori locali; utilizzando cotture brevi, ne conserva i principi nutritivi ed esalta i sapori dell'orto e dei pesci che popolano le acque della costa, mantenendo fede alla filosofia di "cuisine de la naturalité" propria di Ducasse.

🕸 ⫤🔠 – Prezzo: €€€€

Pianta: C3-2 – *Via Cristoforo Colombo 45 – 𝒞 081 604 1580 – theromeocollection.com/en/romeo-napoli/restaurants-bars/il-ristorante-alain-ducasse – Chiuso lunedì, domenica e a mezzogiorno da martedì a sabato*

J CONTEMPORARY JAPANESE RESTAURANT

GIAPPONESE • ALLA MODA Distribuito su più piani e diverse sale, è un ristorante raffinato ed elegante, con un ottimo servizio. Immersi nella penombra di un'atmosfera moderna, si trovano le più tipiche specialità nipponiche quasi esclusivamente di pesce, dettagliate in un lunghissimo menu.

🔠 ⇔ – Prezzo: €€€

Pianta: C2-8 – *Via Agostino Depretis 24 – 𝒞 081 580 0543 – j-japaneserestaurant.com – Chiuso domenica e a mezzogiorno da lunedì a sabato*

JANUARIUS ⓝ

CAMPANA • ACCOGLIENTE Dedicato a San Gennaro, le cui reliquie sono custodite nell'antistante Duomo, insieme al santo qui si celebra il cibo, declinato nelle più tradizionali e autentiche specialità campane, come il polpo alla Luciana, lo zito spezzato al ragù della tradizione e il baccalà con scarole alla napoletana. L'ingresso si apre su una bottega di ottimi prodotti – in prevalenza salumi e formaggi – ai cui lati troverete le due originali sale.

🔠 🏮 – Prezzo: €€

Pianta: C1-22 – *Via Duomo 146/148 – 𝒞 081 014 5980 – Chiuso martedì*

JOCA ⓝ

MODERNA • ALLA MODA Atmosfera moderna e di tendenza, il cuoco Gianluca D'Agostino prepara un linea di cucina gourmet con piatti creativi e qualche reminiscenza campana. Accanto a questa, in una zona dedicata del ristorante, si possono invece scegliere delle proposte in stile tapas, niente di spagnoleggiante in realtà, ma perlopiù rivisitazioni di classici nazionali e locali. Tra i piatti più riusciti del menu gastronomico l'animella, ma anche fettuccine e baccalà, nonché pasta e piselli; sia pesce che carne tra i secondi.

&. 🅰️🆖 – Prezzo: €€€

Pianta: B3-20 – *Vico Sospiri 10/C* – ☏ *081 335 6376* – *jocarestaurant.it* – *Chiuso lunedì, martedì e a mezzogiorno da mercoledì a venerdì*

LA NOTIZIA 53

PIZZA • **PIZZERIA** Benché in posizione non turistica, la pizzeria di Enzo Coccia continua ad essere un punto di riferimento tra i maestri pizzaioli campani. Classica pizza napoletana dall'impasto morbido e filante, i gusti si dividono tra storici e creativi. Non ci sono i fritti, ma è in compenso da provare la 'mpustarella, panino con farina integrale e ai cinque cereali variamente farcito. Al numero 53 la sede storica, ce n'è poi un'altra al vicino 94/a.

🆖 – Prezzo: €

Fuori pianta – *Via Caravaggio 53/55* – ☏ *081 714 2155* – *pizzarialanotizia.com* – *Chiuso lunedì e a mezzogiorno da martedì a domenica*

L'ANTICA PIZZERIA DA MICHELE

PIZZA • **SEMPLICE** Si respira la storia di Napoli in questo locale oramai qui dal 1870! E l'atmosfera è proprio quella che si intende pensando a Napoli, Pulcinella e i corni. Tutto esprime convivialità, soprattutto se vi accomodate soli, avrete certamente dei compagni con cui condividere qualche aneddoto di viaggio. Attenzione: si serve solo pizza Margherita e marinara, premunitevi di un ticket all'entrata per accomodarvi e verrete chiamati in seguito (orario continuato tutti i giorni). Da poco una seconda sede a pochi metri a cui potrebbero indirizzarvi.

Prezzo: €

Pianta: D1-12 – *Via Cesare Sersale 1/7* – ☏ *081 553 9204* – *damichele.net*

LUMINIST CAFÈ BISTROT ⓝ

CLASSICA • **CONTESTO CONTEMPORANEO** Al piano terra del sontuoso palazzo del Banco di Napoli, che ospita anche il complesso museale delle Gallerie d'Italia, l'ingresso si apre su un bar pasticceria e la proposta del menù è poliedrica: ci sono piatti di cucina internazionale per una sosta veloce, specialità di mare declinate in ricette da tutto il mondo, piatti più creativi e infine, per chi ama la Campania, le ricette regionali. Queste ultime, dalla parmigiana di melanzane alle candele spezzate al ragù alla napoletana e all'immancabile babà – per citarne solo alcune – sono veramente ottime e regalano tutto il gusto e il colore della cucina partenopea.

&. 🅰️🆖 – Prezzo: €€

Pianta: C2-16 – *Via Toledo 177* – ☏ *081 1975 8023* – *giuseppeiannotti.it/ Luminist* – *Chiuso sera lunedì, martedì, mercoledì, giovedì, venerdì, domenica*

MICHELASSO

CONTEMPORANEA • **ELEGANTE** In pieno centro, un locale raffinato dagli interni elegantemente classici per una cena romantica e intima. La cucina spazia fra terra e mare; la tradizione è rivisitata dal talento e dall'ottima esperienza dello chef. Nella bella stagione, optate per il piacevole dehors nella vivace via Santa Brigida.

&. 🅰️🆖 🍴 – Prezzo: €€€

Pianta: C3-18 – *Via Santa Brigida 14/16* – ☏ *081 1865 8804* – *michelasso.it* – *Chiuso domenica e a mezzogiorno da lunedì a giovedì*

PALAZZO PETRUCCI

CREATIVA • **CONTESTO CONTEMPORANEO** L'ingresso dalla strada non prepara alla sorpresa che coglie una volta scesi nel ristorante con l'ascensore: la sala si affaccia sulla spiaggia, si cena con il rumore delle onde come romantico sottofondo. Per il resto l'atmosfera è moderna ed essenziale, con la proposta del cuoco Lino Scarallo che ruota intorno a menù degustazione, da quelli alla cieca in cui sarà lui a scegliere ad altri esplicitati nelle proposte: piatti signature, con crudo o di terra.

🦞 ≼ ♿ Ⓜ️ – Prezzo: €€€€
Via Posillipo 16 b/c – ✆ 081 575 7538 – palazzopetrucci.it – Chiuso a mezzogiorno da lunedì a giovedì

PALAZZO PETRUCCI PIZZERIA

PIZZA • **CONTESTO CONTEMPORANEO** Della stessa proprietà dell'omonimo ristorante gourmet, l'ambiente è contemporaneo e minimalista e non manca un bel dehors sull'incantevole piazza. Oltre alle buone pizze dagli ingredienti selezionati troverete anche quelle ideate dal giovane e capace pizzaiolo, quelle "stagionali", nonché la pizza firmata dallo chef Scarallo del ristorante Palazzo Petrucci.
Ⓜ️ 🍴 – Prezzo: €
Pianta: C2-14 – *Piazza San Domenico Maggiore 5-7 – ✆ 081 551 2460 – palazzopetrucci.it*

SALVO Ⓝ

PIZZA • **FAMILIARE** Davanti ai giardini della villa comunale, qui troverete non solo una delle migliori pizze della città - nella versione classica napoletana, morbida ed enorme, supera il diametro del piatto - ma anche una serie di entrée da non lasciarsi sfuggire, in particolare le frittatine di pasta variamente guarnite, superlative. Il tutto in sale accoglienti e più ricercate di quanto ci si possa aspettare in una pizzeria.
Ⓜ️ 🍴 – Prezzo: €
Pianta: B3-17 – *Riviera di Chiaia 271 – ✆ 081 359 9926 – pizzeriasalvo.it*

SUSTANZA Ⓝ

CREATIVA • **LIBERTY** Nella galleria Principe di Napoli, ingresso attraverso l'ottocentesco café chantant ScottoJonno per poi prendere l'ascensore che conduce alle sale Liberty del ristorante, in un'atmosfera di raffinata rievocazione storica. Ci pensa però la cucina a dare una sferzata di modernità con i piatti complessi ed elaborati di Marco Ambrosino, che pescano nelle tradizioni e negli ingredienti di tutto il bacino mediterraneo e del nord Africa, usando fermentazioni e qualche cottura alla griglia. Un'esperienza sorprendente per chi vuole uscire dalla tradizione gastronomica più usuale.
Ⓜ️ – Prezzo: €€€
Pianta: C1-23 – *Galleria Principe di Napoli 13 – ✆ 081 379 5766 – sustanzanapoli. com – Chiuso lunedì, domenica e a mezzogiorno da martedì a sabato*

URUBAMBA

FUSION • **CHIC** In una delle zone più esclusive di Napoli, tra shopping di lusso e palazzi storici, si cena al primo piano nella penombra di una sala romantica e chic, con ulteriore possibilità di un'esclusiva terrazza in caso di bel tempo. La cucina tiene il passo di un ambiente così di tendenza proponendo un riuscito mix tra due mondi gastronomici diversi, ma che qui si intersecano a meraviglia, quello peruviano e giapponese.
Ⓜ️ 🍴 – Prezzo: €€€
Pianta: B3-10 – *Via Gaetano Filangieri 16/c – ✆ 349 813 9574 – urubamba.it – Chiuso lunedì e a mezzogiorno da martedì a domenica*

NE

✉ 16040 – Genova (GE) – Carta regionale n° **10**-C2

🌱 LA BRINCA

LIGURE • **FAMILIARE** Senza ombra di dubbio questa é una delle migliori trattorie d'Italia: dal 1987 si viene qui per godere della tavola e dell'ospitalità della famiglia Circella- La carta è un susseguirsi di sapori, ingredienti e ricette orgogliosamente legati al territorio, presentati con generosità e fragranza, nel menù trovate anche i "piatti dell'anno" dal 2010 in poi. Il piano inferiore ospita l'eccellente cantina - custode di oltre 1000 etichette, tra cui singolari chicche - e che valse l'award per il servizio vino nel 2021 al sommelier Matteo. In sintesi, il ristorante che tutti vorrebbero sotto casa!

🕸 Ⓜ 🍴 **P** – Prezzo: €€

Via Campo di Ne 58 – ℰ 0185 337480 – labrinca.it – Chiuso lunedì e a mezzogiorno da martedì a venerdì

NEGRAR

✉ 37024 – Verona (VR) – Carta regionale n° **8**–A2

TRATTORIA ALLA RUOTA

VENETA • ACCOGLIENTE Trattoria nel nome, ma ristorante nell'anima! Che vi accomodiate nella sala interna con camino, nella graziosa veranda o in terrazza nella bella stagione, la calda accoglienza vi porterà nel mondo della chef Renza Peretti, che valorizza il territorio ma che non esita ad accogliere anche idee moderne; degno di nota sono i tacos di fagiano e fettuccine all'uovo con ragù di vitello. La carta vini dedica molte pagine al veronese e l'offerta di servizio al calice è davvero ampia.

⇐ & Ⓜ 🍴 **P** – Prezzo: €€

Via Proale 6, località Mazzano – ℰ 045 752 5605 – Chiuso lunedì e martedì

LOCANDA '800

PESCE E FRUTTI DI MARE • ACCOGLIENTE Nella sala interna, nella luminosa veranda o in cantina con barricaia visitabile e vini dell'azienda, la cucina si è guadagnata una nomea in zona per per le proposte di carne e di pesce in egual misura! Ottima accoglienza e gestione famigliare in un rustico caseggiato immerso nel verde.

🍴 **P** – Prezzo: €€

Via Moron 46 – ℰ 045 600 0133 – locanda800.it – Chiuso lunedì e martedì a mezzogiorno

NERANO

✉ 80061 – Napoli (NA) – Carta regionale n° **17**–B2

🕸🕸🕸 QUATTRO PASSI

Chef: Fabrizio Mellino

MEDITERRANEA • CONTESTO CONTEMPORANEO Quarant'anni di storia. A cominciare dal nonno di Fabrizio Mellino, l'attuale chef-patron, che aveva una piccola rivendita di uova autoprodotte da un allevamento di galline. Poi si decise di aprire una pizzeria "A Quattro Passi" dal mare; nel tempo Antonio ed ora il figlio Fabrizio hanno creato questo tempio della cucina mediterranea, dove gusti, tecniche e prodotti si fondono per dare vita ad una danza del palato che termina con una serie di piccole uova di cioccolato dai gusti molto particolari, dal roquefort alla rucola, dal peperoncino al limone. In mezzo ci sono il mare, il Sannio, la Francia, il Giappone, il San Marzano, lo sfusato Amalfitano... ecco alcuni degli elementi che fanno della cucina di Fabrizio un viaggio all'insegna della semplicità, del gusto, del piacere. Un viaggio un po' impegnativo fino a Marina del Cantone, ma una volta arrivati, abbandonatevi all'emozionante accoglienza di Raffaele e del suo staff, per passare un momento indimenticabile di vera cucina.

🕸 ⇐ 🍴 Ⓜ 🍴 ⇔ **P** – Prezzo: €€€€

Via Vespucci 13/n, Loc Marina del Cantone – ℰ 081 808 1271 – ristorantequattropassi.it – Chiuso mercoledì

✿ TAVERNA DEL CAPITANO

Chef: Alfonso Caputo

CREATIVA • STILE MEDITERRANEO Una serie di tornanti in discesa portano a Marina del Cantone, una delle spiagge più belle della costiera racchiusa in una romantica baia che termina con il promontorio dei Tre Pizzi. È qui che trovate la Taverna del Capitano, ingresso sulla sala dedicata a Casa Caputo, se desiderate una cucina più semplice e tradizionale, mentre per il ristorante gourmet stellato si sale all'ultimo piano, nel roof-top dell'edificio, dove si mangia dominando dall'alto la spiaggia con il rumore delle onde in sottofondo. Nella cucina a vista alle spalle dei tavoli, Alfonso Caputo prepara piatti basati sul pescato locale con qualche proposta anche di carne: portate identitarie e mediterranee, che puntano sugli straordinari prodotti della zona.

⛵ ⬅ 🅺 🍴 – Prezzo: €€€€

Piazza delle Sirene 10/11, loc. Marina del Cantone – ☎ 081 808 1028 – tavernadelcapitano.com – Chiuso lunedì

NERVIANO

✉ 20014 – Milano (MI) – Carta regionale n° **5**–A2

ANTICA LOCANDA DEL VILLORESI

MEDITERRANEA • ACCOGLIENTE Quella che fu un'antica stazione di posta, è – oggi - un rinomato ristorante affacciato sul canale Villoresi. La bella sala non rinnega il passato, ma lo stile si rifà in ogni caso al presente; cucina mediterranea prevalentemente a base di pesce e belle presentazioni. Delizioso in stagione il carciofo alla giudia con gamberi rossi e bottarga. Crudi in base alla disponibilità.

🅺 🍴 🅿 – Prezzo: €€

Via Sempione 4 – ☎ 0331 559450 – Chiuso lunedì e domenica sera

NETTUNO

✉ 00048 – Roma (RM) – Carta regionale n° **12**–A2

LA TAVERNA DI BACCO

MODERNA • CONVIVIALE Questo ristorantino a due passi dal mare si farà ricordare per i suoi interni chic e l'atmosfera intima. La cucina crea un ponte tra tradizione e innovazione portando in tavola piatti ambiziosi, creativi e moderni, come nella rana pescatrice con scaglie di cioccolato o l'entrecôte con salsa di ostriche e rabarbaro. La carta dei vini merita un'attenzione particolare.

⛵ ♿ 🅺 🍴 – Prezzo: €€

Largo Luigi Trafelli, 5 – ☎ 366 905 3795 – latavernadibacconettuno.it – Chiuso domenica e a mezzogiorno da lunedì a venerdì

TERRAMADRE

DEL TERRITORIO • DESIGN Questo piccolo ristorante - moderno e minimalista - rimane defilato nei vicoli del centro storico. La predominanza di nero o comunque di colori scuri conferisce un tono elegante al locale, mentre la cucina si fa portavoce di una linea contemporanea e creativa, basata interamente su prodotti regionali.

🅺 – Prezzo: €€

Via del Baluardo 7 – ☎ 06 5513 5169 – terramadrenettuno.com – Chiuso martedì e a mezzogiorno lunedì, mercoledì, giovedì, venerdì, sabato

NIBBIAIA

✉ 57016 – Livorno (LI) – Carta regionale n° **11**–B2

LOCANDA MARTINELLI

MODERNA • CHIC Vale la pena lasciare la costa, salire le prime colline, ed accomodarsi in questo ristorantino per gustare i suoi piatti di grande spessore. In un caseggiato rustico con arredi personalizzati, quasi fosse la saletta di una dimora privata, il menu elenca specialità di carne e di pesce elaborate con fantasia nei loro richiami ad ingredienti regionali e non. La padrona di casa – oltre ad essere un'esperta di vini – raccoglie erbe, fiori e bacche che andranno ad insaporire le ricette.

🏧 – Prezzo: €€

Piazza Mazzini 11 – 📞 0586 740161 – locandamartinelli.it – Chiuso lunedì, martedì e a mezzogiorno da mercoledì a sabato

NIZZA MONFERRATO

✉ 14049 – Asti (AT) – Carta regionale n° **2**–B1

LE DUE LANTERNE

PIEMONTESE • **CONTESTO REGIONALE** In pieno centro, è la classica trattoria a gestione famigliare molto frequentata dagli habitué. Tra i piatti più iconici consigliamo il coniglio all'Arneis e la battuta piemontese. Al momento della prenotazione richiedete un tavolo nella prima sala, più confortevole.

🐝 🏧 – Prezzo: €

Piazza Garibaldi 52 – 📞 0141 702480 – ristoranteleduelanterne.it – Chiuso martedì e lunedì sera

NOCERA SUPERIORE

✉ 84015 – Salerno (SA) – Carta regionale n° **17**–B2

LA FRATANZA

CAMPANA • **FAMILIARE** Seguendo il navigatore satellitare si giunge agilmente in questo edificio privato fuori paese. Il locale è familiare e gli arredi classici, la sala veranda assai piacevole in quanto protetta dal proprio giardino. Il simpatico titolare propone una cucina regionale davvero ben fatta, partendo da ottime materie prime locali e potendo sfruttare la fragranza dei propri frutteti ed orto. In particolare, da qui provengono deliziosi limoni e l'eccellente pomodoro San Marzano che entrano in parecchie ricette.

🖴🏧🍴🅿 – Prezzo: €

Via Garibaldi 37 – 📞 081 936 8345 – lafratanzaristorante.it – Chiuso lunedì e sera martedì, mercoledì, domenica

NOCETO

✉ 43015 – Parma (PR) – Carta regionale n° **9**–B1

PALAZZO UTINI 🆕

EMILIANA • **ELEGANTE** Rinasce a nuova vita uno storico palazzo nel centro della località acquistato anni fa da una famiglia d'imprenditori locali che gli ha apposto anche il proprio nome. Ora è diventato un angolo di esclusiva accoglienza a tutto tondo a due passi dalla capitale della food valley: al piano terra bar e bistrot, al primo gli spazi dedicati alla cucina gourmet affidata all'esperienza e all'organizzazione di Enrico Bartolini e all'operatività dello chef Roberto Monopoli con importanti esperienze alle spalle. La formula prevede menù degustazione con piatti eleggibili anche alla carta, nonché una vasta e profonda carta dei vini. Squisiti, tra i nostri assaggi, i saltimbocca di rombo e il dessert/poco dessert a base di cipolla, amarena e lambrusco. Ai piani superiori camere intime ed eleganti nello stesso stile rassicurante di tutti gli interni dell'edificio.

♿🏧🔄 – Prezzo: €€€€

Via Antonio Gramsci 42 – 📞 0521 152 1001 – palazzoutini.com – Chiuso lunedì, martedì e a mezzogiorno da mercoledì a venerdì

NOCI

✉ 70015 – Bari (BA) – Carta regionale n° **16**–C2

FÈ RISTORANTE

PUGLIESE • **DESIGN** Appena fuori dal centro, il ristorante di chef Francesco Laera si presenta all'interno di un piccolissimo nucleo di trulli sapientemente ristrutturati.

Molto raccolto, con una ventina di posti a sedere distribuiti nelle salette di queste piccole costruzioni, offre un ambiente elegante e suggestivo. Attraverso alcuni menu degustazione la cucina ripercorre la tradizione regionale con stile personale e un tocco moderno.

&. Ⓜ ⇔ – Prezzo: €€€

Via Giulio Pastore 2 – ℰ 080 321 5963 – feristorante.it – Chiuso martedì, a mezzogiorno lunedì, mercoledì, giovedì, venerdì, sabato e domenica sera

NOLA

✉ 80035 – Napoli (NA) – Carta regionale n° **17**–B2

❀ RE SANTI E LEONI

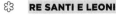

CONTEMPORANEA • ELEGANTE Non lontano dal Duomo, in un palazzo d'epoca, all'interno un ambiente allungato come una navata porta dall'accoglienza alle cucine a vista, in mezzo la sala, dall'atmosfera contemporanea ed essenziale, caratteri che introducono ad una delle cucine più convincenti della zona. Ai fornelli Luigi Salomone, un vero talento della gastronomia campana, fantasia nei giusti binari, senza strafare, ottimi prodotti, una grande abilità nel pane, strepitoso, come nei dolci (riuscitissima la rivisitazione della pastiera) e tanto altro ancora. Insomma, un'esperienza da non farsi mancare.

&. Ⓜ – Prezzo: €€€

Via Anfiteatro Laterizio 92 – ℰ 081 278 1526 – resantieleoni.com – Chiuso martedì e domenica sera

LE BACCANTI

CAMPANA • FAMILIARE Piatti della tradizione regionale elaborati con fantasia e buone materie prime locali, dove il pesce ha la meglio. Il servizio informale cede il passo ad una superba carta dei vini che annovera circa 1.000 referenze, quasi tutte italiane.

❀ Ⓜ 🏠 – Prezzo: €€

Via Puccini 5 – ℰ 081 512 2117 – Chiuso lunedì e domenica sera

REAR RESTAURANT

ITALIANA CONTEMPORANEA • CHIC In una sala moderna ed elegante con un'intera parete occupata dalla cucina a vista, la proposta è molto variegata: accanto a piatti più elaborati c'è anche un elenco di street food, come fritture, sandwich, prosciutto spagnolo e tacos, poi crudi di mare, piatti di cucina più classica o creativa, mentre diversi secondi, sia di carne che di pesce, sono destinati ad una cottura alla brace. Ottima la selezione enologica, in particolare sugli Champagne.

❀ &. Ⓜ 🅿 – Prezzo: €€€

SS 7bis Km 50 – ℰ 333 211 1322 – roworldexperience.com/rear

NOLI

✉ 17026 – Savona (SV) – Carta regionale n° **10**–B2

❀ VESCOVADO

Chef: Giuseppe Ricchebuono

LIGURE • ROMANTICO La famiglia Ricchebuono si distingue da tempo per ottima cucina e squisita accoglienza, a maggior ragione oggi che i genitori sono coadiuvati in sala da due figli appassionati. Papà Giuseppe naturalmente è il perno: chef capace e preciso, sa dare bella forma, minimal e raffinata, a fragranti ingredienti di prossimità, come il pescato di Noli citato in carta con il nome in dialetto (la "cicetta", ad esempio, è la rana pescatrice), mentre i figli si adoperano in sala con la madre. Martina ormai ha il preciso controllo della carta dei vini suddivisa in tre tomi (Liguria, resto del mondo e proposta al calice) e il fratello Elia, tra le altre cose, suggerisce e descrive il carrello dei formaggi dedicato esclusivamente alla regione. In stagione, optate per la splendida terrazza panoramica sul piccolo golfo di Noli. A Palazzo Vescovile, complesso architettonico quattrocentesco che ospita il ristorante, si può anche pernottare.

🕸 🛱 ⇔ – Prezzo: €€€€

Piazzale Rosselli – ☎ 019 749 9059 – ricchebuonochef.it – Chiuso martedì e mercoledì a mezzogiorno

CONTROCORRENTE

MODERNA • DESIGN Nell'incantevole centro storico, ai piedi della torre medievale di San Giovanni, un locale moderno e minimal, il cui chef-patron Davide Pastorino propone una linea di cucina moderna, elaborata partendo quasi sempre da ingredienti liguri, sia di mare (come l'interessante tartare di gamberi viola di Sanremo con maionese al sedano, crema al limone e chips soffiate al plancton) che di terra (l'agnello col suo fondo di cottura e i carciofi di Albenga è da provare).

♿ 🎐 🛱 – Prezzo: €€

Via Colombo 101 – ☎ 349 220 8133 – ristorantecontrocorrente.it – Chiuso mercoledì e a mezzogiorno lunedì, martedì, giovedì, venerdì, sabato, domenica

NORCIA

✉ 06046 – Perugia (PG) – Carta regionale n° **13**–B2

❀ **VESPASIA**

Chef: Fabio Cappiello

UMBRA • ELEGANTE Nel centro storico di Norcia, il ristorante si trova all'interno del raffinato albergo Palazzo Seneca. Un moltiplicarsi di salotti conduce all'elegante sala del Vespasia, dove lo chef Fabio Cappiello si avvale delle eccellenze gastronomiche umbre - olio, salumi, lenticchie, cipolla di Cannara, gamberi e pesci di fiume, agnello dei monti Sibillini e naturalmente l'eccellenza del tartufo nero - per dar vita a piatti creativi e accattivanti. L'offerta è declinata in quattro menù degustazione (Vespasia, Terra, Acqua, Orto) da scegliere all'atto della prenotazione o comunque almeno un giorno prima della cena, anche per favorire una corretta politica anti-spreco. La descrizione non sarebbe completa senza una parola spesa per l'eccellente accoglienza della famiglia Bianconi, storici albergatori e ristoratori di Norcia, e un ottimo servizio che coniuga professionalità e familiarità.

❀ *L'impegno dello chef:* Il Vespasia si adopera in ogni modo per attuare pratiche sostenibili. Le materie prime provengono da produttori della zona selezionati con attenzione e dall'azienda agricola di proprietà, che fornisce lenticchie, ceci, cicerchia, grano e farro (utilizzati in cucina anche per lievitati e farinacei) e che comprende delle tartufaie naturali. Possiedono inoltre 3 impianti fotovoltaici dislocati in diverse zone di Norcia e una lavanderia che opera ad osmosi inversa per il recupero dell'acqua.

🛏 ♿ 🎐 🛱 ⇔ – Prezzo: €€€€

Via Cesare Battisti 10 – ☎ 0743 817434 – vespasianorcia.com – Chiuso mercoledì e a mezzogiorno lunedì, martedì, giovedì, venerdì, sabato, domenica

NOTO - Siracusa (SR) ➜ Vedere Sicilia, in fondo alla Guida

NOVA LEVANTE

✉ 39056 – Bolzano (BZ) – Carta regionale n° **6**–B2

❀ **JOHANNESSTUBE**

ALPINA • INTIMO È un'intima nicchia all'interno dell'ottimo Hotel Engel, gestito con stile dalla famiglia Kohler: un'elegante stube avvolta dal legno, dalla boiserie antica delle pareti sino al pavimento e al soffitto. È il regno della cucina moderna, ma estremamente ancorata al territorio, dello chef Theodor Falser, che fa dello slogan "Taste Nature" il proprio motto. Orgoglioso ricercatore di materia prima locale, per il 90% utilizza ingredienti acquistati in Alto Adige e presentati in piatti creativi, a volte con cotture contemporanee e qualche fermentazione. Le porcellane del servizio sono pezzi unici realizzati nel Renon da un amico. Ottima selezione di vini, la cui massima espressione è riservata alla regione.

⌗ ♿ 🅰 🅿 – Prezzo: €€€€
Via San Valentino 3 – ☎ 0471 613131 – johannesstube.com – Chiuso lunedì, martedì, domenica e a mezzogiorno

NOVAFELTRIA

✉ 47863 – Rimini (RN) – Carta regionale n° **14**-A1

😊 DA MARCHESI

DEL TERRITORIO • FAMILIARE La strada che si inerpica sull'appennino tra Romagna e Marche ospita questa piccola risorsa dove gustare la tradizione romagnola al meglio della sua semplicità e bontà: sfoglie fatte in casa per le paste, secondi con carni locali e piatti del giorno sempre rispettosi della stagionalità. Tra i must le tagliatelle al ragu' della tradizione bolognese e i tortelloni al burro fuso e tartufo. Piacevolissimo dehors sotto un fresco pergolato

🌤 ⇔ 🅿 – Prezzo: €
Località Ca' Gianessi 7 – ☎ 0541 920148 – damarchesi.com – Chiuso martedì

NOVARA

✉ 28100 – Novara (NO) – Carta regionale n° **1**-C2

LA RIMA

CONTEMPORANEA • FAMILIARE In pieno centro cittadino, un locale signorile dove assaggiare un'ottima cucina contemporanea d'impronta mediterranea, personalizzata dallo chef-patron Matteo Ridoni.

🅰 – Prezzo: €€
Viale Dante Alighieri 11/c – ☎ 0321 158 8260 – ristorantelarima.it – Chiuso lunedì e martedì

TANTRIS

CREATIVA • ELEGANTE Un'unica elegante sala per un menu che invita ad un viaggio gastronomico firmato Marta Grassi: al Tantris troverete richiami al territorio, ma la proposta è fondamentalmente creativa e interpreta liberamente prodotti della regione e non solo. Ottima scelta di vini.

♿ 🅰 – Prezzo: €€€
Corso Risorgimento 384 – ☎ 0321 657343 – tantrisristorante.com – Chiuso lunedì e domenica sera

TRE SCALINI

DEL TERRITORIO • BISTRÒ La cucina di Marcello Gado si esprime attraverso proposte che prediligono la carne e i prodotti di stagione, in ricette personalizzate e dalle cotture contemporanee. Tre menu degustazione: il principale consta di otto portate a mano libera da parte dello chef. Il locale ricorda un moderno bistrot con un servizio attento e una calda accoglienza.

🅰 – Prezzo: €€
Via Sottile 23 – ☎ 0321 151 3303 – trescalininovara.com – Chiuso lunedì e domenica

NOVENTA

✉ 35027 – Padova (PD) – Carta regionale n° –

BOCCADORO

VENETA • AMBIENTE CLASSICO Alle porte di Padova, ristorante di classica eleganza, molto amato dalla clientela locale e a buona ragione: piatti in prevalenza della tradizione veneta ben realizzati - dai bigoli al baccalà passando per il fegato alla veneziana - a cui si aggiunge una selezione di piatti "soe bronse" (alla brace).

⌗ 🅰 ⇔ – Prezzo: €€
Via della Resistenza 49 – ☎ 049 625029 – boccadoro.it – Chiuso mercoledì e martedì sera

NOVENTA PADOVANA

✉ 35027 – Padova (PD) – Carta regionale n° **8**–B3

OPIFICIO ⓝ

CONTEMPORANEA • BRASSERIE Locale moderno della provincia di Padova che nel giro di una decina di anni si è evoluto, crescendo, da gastro pub sino al buon livello gastronomico di oggi. La cucina è abbastanza eclettica, carne e pesce sono entrambi presenti, così come il pranzo raddoppia l'offerta con l'aggiunta del menù più easy. La carta - però - mostra il meglio nei piatti a base di ingredienti di lusso come il foie gras, gli scampi, il wagyu... Buona la selezione enoica, con evidente passione per le bollicine d'Oltralpe, mentre l'ottima proposta di vini al calice è ampliata dai cocktail (disponibili anche a pranzo).

&⯑ ⯑ – Prezzo: €€€

Via Roma 131 – ☎ 049 261 4655 – opificiopadova.it – Chiuso domenica e sabato a mezzogiorno

NUMANA

✉ 60026 – Ancona (AN) – Carta regionale n° **14**–C1

CASA RAPISARDA

ITALIANA CONTEMPORANEA • ELEGANTE Come nel salotto di un'abitazione privata lungo la splendida scalinata della Costarella, chef Rapisarda propone una cucina creativa dalle sfumature delicate, in cui il pesce viene rispettato nella sua freschezza e sovente è accompagnato da verdure ed erbe aromatiche dell'orto di proprietà. Il menu mostra una predilezione particolare per i moscioli, una cozza selvatica locale presidio Slow Food a cui lo chef è affezionato, ma anche gli amanti delle frattaglie troveranno di che deliziarsi, in base al mercato giornaliero. In estate la prenotazione è indispensabile, soprattutto per accaparrarsi uno dei due tavolini sul piccolo e romantico terrazzino. Attenzione: si parcheggia un po' distante!

⯑ ⯑ – Prezzo: €€€

Via IV Novembre 35 – ☎ 071 969 6138 – ristorantecasarapisarda.it – Chiuso mercoledì

RIVA ⓝ

MEDITERRANEA • CONTESTO CONTEMPORANEO I migliori prodotti dell'Adriatico e del territorio in piatti creativi e dai sapori intriganti con possibilità di scelta à la carte o menu degustazione. Riva è il fine dining che cercavi all'interno dell'hotel Vista, a ridosso della spiaggia di Numana. Posizione con scorci panoramici.

&⯑ ⯑ ⯑ – Prezzo: €€€

Via Flaminia 109 – ☎ 071 972 0971 – rivanumana.it – Chiuso lunedì e a mezzogiorno da martedì a domenica

ODERZO

✉ 31046 – Treviso (TV) – Carta regionale n° **8**–C2

✿ GELLIUS

Chef: Alessandro Breda

MODERNA • CONTESTO STORICO L'ambientazione è originalissima e di grande suggestione. Gellius si trova, infatti, all'interno del sito museale dell'antica Opitergium, tra mura e reperti che raccontano una storia iniziata in epoca romana. Da questo lontano passato al presente il passo è breve, grazie allo chef Alessandro Breda. Anche se diversi prodotti provengono dal territorio circostante e dall'Adriatico, la cucina si allontana da vincoli territoriali con una visione creativa che si affranca dalla tradizione. Tra i menu degustazioni proposti, uno rende omaggio ai 20 anni di Stella MICHELIN. Per un cocktail a regola d'arte o un buon bicchiere di vino vi attende il Lounge Bar affacciato sulla Piazza Grande.

⊗ ⅄ – Prezzo: €€€

Calle Pretoria 6 – ℰ 0422 713577 – ristorantegellius.it – Chiuso lunedì, domenica e martedì a mezzogiorno

OFFANENGO

✉ 26010 – Cremona (CR) – Carta regionale n° **5**-C2

LA LOCANDA DI FABIO E VALE ⓝ

MODERNA • CONVIVIALE Giovani, informali e simpatici, Fabio e Vale vi accolgono in questo ristorante di Offanengo, a pochi chilometri da Crema. Da suggerire a chi desidera uscire dalla tradizione e gustare una cucina moderatamente creativa, in buona parte anche a base di pesce.

⅄ 🏠 – Prezzo: €€

Via Brescia 1 – ℰ 346 148 3963 – lalocandadifabioevale.it – Chiuso lunedì, domenica e a mezzogiorno martedì e sabato

OFFIDA

✉ 63073 – Ascoli Piceno (AP) – Carta regionale n° **14**-C2

🊁 OSTERIA OPHIS

MARCHIGIANA • INTIMO Nel bel centro storico e pedonale di Offida, il ristorante è stato ricavato nelle ex stalle di un antico palazzo con volte di mattoni, nonché arredato con quel giusto tocco moderno affinché la sala si presenti confortevole ed intima. Lo chef-patron Daniele Citeroni Maurizi ci sa fare con la cucina del territorio che reinterpreta in ricette fantasiose, precise e, soprattutto, saporite. Golosi i cannelloni ripieni e cotti sulla brace, ma anche la tartare di vitello condita sul bordo con un jus tiepido di carne, erbe e aromi dell'orto. Segnaliamo anche la presenza di un menù degustazione "low cost" destinato agli under 25.

⅄ 🏠 – Prezzo: €€

Corso Serpente Aureo 54/b – ℰ 0736 889920 – osteriaophis.com – Chiuso martedì e a mezzogiorno lunedì, mercoledì, giovedì, venerdì

OGGIONO

✉ 23848 – Lecco (LC) – Carta regionale n° **5**-B1

BIANCA SUL LAGO ⓝ

CREATIVA • ELEGANTE All'interno di un albergo di gran classe, gli ambienti sono minimal e moderni e le ampie vetrate vi regaleranno i più bei tramonti della regione, magari accompagnati da un aperitivo al lounge bar. Se il nuovo chef si presenta con una cucina mediterranea contemporanea ed echi più internazionali, la sua vena creativa appare ben supportata da una tecnica moderna e di esperienza. Buona selezione di vini.

& ⅄ 🅿 – Prezzo: €€€€

Via Dante Alighieri 18 – ℰ 0341 183 1110 – biancarelais.com/bianca-sul-lago – Chiuso lunedì-mercoledì e a mezzogiorno giovedì e venerdì

OLBIA – Sassari (SS) ➔ Vedere Sardegna, in fondo alla Guida

OLEVANO ROMANO

✉ 00035 – Roma (RM) – Carta regionale n° **12**–B2

SORA MARIA E ARCANGELO

LAZIALE • **RUSTICO** Scendete le scale per raggiungere le sale ricche di atmosfera, situate negli stessi spazi in cui un tempo si trovavano i granai. Dal 1949, la cucina sforna piatti legati alle tradizioni con un'attenta ricerca di prodotti genuini e di qualità. Tra gli imperdibili: Cannelloni della Sora Maria ripieni al pasticcio di vitellone, gratinati al sugo di pomodoro San Marzano e fior di latte.

🏵 🅰🅲 🏡 ↔ – Prezzo: €€

Via Roma 42 – ☎ 06 956 4043 – soramariaearcangelo.com – Chiuso lunedì e mercoledì e sera martedì, giovedì, domenica

OLGIATE OLONA

✉ 21057 – Varese (VA) – Carta regionale n° **5**–A1

❀ **ACQUA**

PESCE E FRUTTI DI MARE • **ELEGANTE** La tradizione familiare della famiglia Possoni continua in questo locale contemporaneo situato di fronte allo storico Ma.Ri.Na. Qui la proposta è giocata sull'ottima qualità della materia prima, sempre al centro delle attenzioni dello chef Menoncin e del patron Davide Possoni, il quale ad inizio serata si accomoderà con voi al tavolo per condividere le migliori scelte possibili dal menù, in base ai vostri gusti: pesci, crostacei e molluschi vengono impiegati in preparazioni talvolta semplici e tradizionali, talaltra più complesse e creative. Sempre presenti anche alcuni crudi come il tris di crostacei (scampi, mazzancolle che più grandi è difficile immaginare e gamberi rossi) ognuno con un suo condimento creativo eppure delicato. La carta dei vini è molto attenta alla zona degli Champagne, con tante proposte anche al calice. Piacevole dehors estivo.

🏵 ♿ 🅰🅲 🏡 – Prezzo: €€€

Via Filippo Corridoni 1 – ☎ 351 730 2292 – acquarestaurant.it – Chiuso martedì e a mezzogiorno lunedì, mercoledì, giovedì, venerdì, sabato

MA.RI.NA.

PESCE E FRUTTI DI MARE • **ELEGANTE** Ristorante dalla classica e intramontabile eleganza, il Ma.Ri.Na è da decenni una delle roccaforti per gli appassionati di cucina di mare. Le proposte oscillano tra ricette che si rifanno alla tradizione gastronomica italiana e altre più creative, con ampio spazio per i crudi, ma anche gustose paste e risotti di mare. Ottima è anche la scelta enoica, che comprende una bella selezione di vini a bicchiere.

🅰🅲 ↔ 🅿 – Prezzo: €€€€

Piazza San Gregorio 11 – ☎ 0331 640463 – ristorante-marina.it – Chiuso mercoledì e a mezzogiorno lunedì, martedì, giovedì, venerdì, sabato

OLIENA – Nuoro (NU) → Vedere Sardegna, in fondo alla Guida

OLIVOLA

✉ 15030 – Alessandria (AL) – Carta regionale n° **1**–C2

I DUE BUOI

PIEMONTESE • **CONTESTO STORICO** Carta o tre menu degustazione, Stile Libero, Tradizione e Territorio e il curioso Quinto Quarto, in cui lo chef si diverte in preparazioni anche creative di tagli e cotture particolari di frattaglie. La carta racchiude tutto il resto con ampio spazio ai prodotti locali e una buona panificazione. Selezione di vini di rilievo, soprattutto di Asti e zone limitrofe e delle Langhe.

P – Prezzo: €€
Via Vittorio Veneto 23 – ℰ 366 254 9251 – iduebuoi.it – Chiuso martedì,
mercoledì e giovedì a mezzogiorno

OLTRESSENDA ALTA
✉ 24020 – Bergamo (BG) – Carta regionale n° **4**-B2

🕸 **CONTRADA BRICCONI**

Chef: Michele Lazzarini

DEL TERRITORIO • **CASA DI CAMPAGNA** Lasciata la Val Seriana si sale lungo tornanti fino a trovare un piccolo borgo in pietra di origini quattrocentesche e un panorama mozzafiato. Qui un gruppo di giovani ha dato corpo al sogno di far rivivere questo angolo isolato di montagna recuperando le tradizioni locali e avviando un sistema di coltivazioni e allevamenti improntato sulla qualità e sul benessere animale. Interprete di tutto ciò in cucina è il giovane Michele Lazzarini, che propone una straordinaria lettura gastronomica delle sue vette natie in un lungo ed emozionante menu degustazione.

🕸 *L'impegno dello chef:* Si nota un grande sforzo quotidiano per sostenere il territorio che circonda l'agriturismo e lavorare i suoi prodotti in modo sostenibile, il più possibile in sintonia con le stagioni, promuovendo così uno stile di vita sano per gli animali e per gli ospiti della struttura. L'installazione di una caldaia a biocompensazione assicura energia 100% green.

🛏 ♿ **P** – Prezzo: €€€€
Via Bricconi 3 – ℰ 351 548 9493 – contradabricconi.it – Chiuso martedì,
mercoledì e a mezzogiorno lunedì, giovedì, venerdì

ONEGLIA
✉ 18100 – Imperia (IM) – Carta regionale n° **10**-A3

SALVO CACCIATORI

LIGURE • **ELEGANTE** Dal 1906, quando i lontani avi iniziarono con una modesta osteria e mescita vini, di strada quest'insegna ne ha fatta tanta: ora è un locale molto invitante, caratterizzato da arredi eleganti e contemporanei, nuovo tovagliato e mise en place. La cucina è legata al mare e alle tradizioni in ricette personalizzate, mentre la ben presentata carta dei vini mette in luce non solo etichette liguri. Piacevole dehors sul passaggio pedonale da prenotare con largo anticipo.

🅰 🍴 – Prezzo: €€€
Via Vieusseux 12 – ℰ 0183 293763 – ristorantesalvocacciatori.it – Chiuso lunedì e
domenica sera

OPPEANO
✉ 37050 – Verona (VR) – Carta regionale n° **8**-A3

🕸 **FAMIGLIA RANA**

CONTEMPORANEA • **ACCOGLIENTE** All'interno dell'oasi naturalistica del Feniletto, la struttura si dipana tra un giardino alberato, un'aia dedicata agli animali da cortile, scuderie con cavalli, un orto biologico e un frutteto... Un profondo restyling ha reso il ristorante ancora più aderente alla filosofia della famiglia Rana che è quella di ricreare un luogo dove sentirsi accolti come in un salotto di casa, e da qui arredi in legno molto caldi, luci soffuse, musica soft. Nuovo anche lo chef Francesco Sodano – persona di talento e di grande esperienza – propone tre percorsi degustazione: Ricomincio da tre" naturalmente ispirato al film di Massimo Troisi e alla sua regione di provenienza, "Contaminazioni" che può variare da 6 a 8 portate e unisce le esperienze asiatiche del cuoco alle materie prima italiane e locali, infine il menù "Vegetale" composto da 6-8 portate, imperniato attorno all'orto e ai piccoli produttori , mettendo al centro di ogni piatto la golosità delle verdure e degli ortaggi, resi ancora più unici grazie ad accostamenti audaci e cotture innovative.

⅋ 🖟⚅ℳ 🏠🅿 – Prezzo: €€€€

Via Feniletto 2, località Vallese – ☏ 045 713 0047 – ristorantefamigliarana.it – Chiuso lunedì, martedì, a mezzogiorno da mercoledì a sabato e domenica sera

ORBASSANO

✉ 10043 – Torino (TO) – Carta regionale n° **1**–B2

CASA FORMAT

Chef: Vincenzo Castronuovo

MODERNA • **DESIGN** Una struttura ecosostenibile, l'orto di proprietà, la cucina moderna e molta passione sono gli elementi che contraddistinguono questo ristorante di grande qualità. Il moderno edificio è caratterizzato da ampissime vetrate che sfruttano al meglio l'energia solare. La cucina è autentica, gustosa e con idee originali: il gelato alla crema mantecato prima del servizio è un goloso esempio.

✿ *L'impegno dello chef:* Casa Format è totalmente autosufficiente dal punto di vista del fabbisogno energetico e per questo completamente sostenibile; a ciò si aggiunge il contenimento dello spreco e il riciclo mirato. Alla costruzione ad impatto zero fa eco un orto naturale di 2000 mq.

⚅ℳ ⇔🅿 – Prezzo: €€

Via Tetti Valfrè – ☏ 011 903 5436 – credenzagroup.it/locali/ristorto-casa-format – Chiuso martedì e mercoledì

ORBETELLO

✉ 58015 – Grosseto (GR) – Carta regionale n° **11**–C3

🐙 ## L'OSTE DISPENSA

DEL TERRITORIO • **CONVIVIALE** L'accento è posto sui prodotti locali, sul mare e sul pesce pescato in modo sostenibile. Il menu a prezzo fisso cambia con le stagioni e con la disponibilità degli ingredienti, mentre la carta dei vini è assolutamente eccellente nella sua proposta di etichette biologiche e biodinamiche. Se scorci della cantina sono visibile attraverso il pavimento in prossimità della cassa, la vista del mare si offre generosa davanti a voi.

≼ℳ – Prezzo: €€

Strada provinciale Giannella 113 – ☏ 0564 820085 – ostedispensa.it – Chiuso mercoledì e a mezzogiorno lunedì, martedì, giovedì

ORIGGIO

✉ 21040 – Varese (VA) – Carta regionale n° **5**–A2

EL PRIMERO

SUDAMERICANA • **MINIMALISTA** All'interno di quello che fu il padiglione Uruguay di Expo 2015, struttura di design dall'ottimo impatto scenico soprattutto in virtù delle prime montagne che si scorgono in prospettiva, una grande sala ospita una cucina sudamericana che ha nella griglia a vista il suo punto di forza. Ambiente semplice e approccio cordiale.

🏠🅿 – Prezzo: €

Largo Umberto Boccioni 3 – ☏ 393 884 8423 – elprimero.it – Chiuso sabato a mezzogiorno

OLIO 🆕

PESCE E FRUTTI DI MARE • **CONTESTO CONTEMPORANEO** All'interno di The Box, uno spazio polifunzionale con auto d'epoca e opere d'arte contemporanea circondato da un giardino con splendidi ulivi, è qui che troverete anche il ristorante (oltre che un bistrot per pranzi più veloci dal martedì al venerdì) e soprattutto un'ottima cucina di mare. Piatti gustosi e di sostanza sorretti da una rimarchevole materia prima, basi tradizionali con la creatività per quel che serve, il giusto, senza strafare: paste, risotti, fritti, brodetti e altro ancora, con un gran finale nei dolci da non farsi mancare.

🍴 & ⓐ ☂ 🅿 – Prezzo: €€€

SP233 Varesina 1 – ☎ 02 8362 0900 – ristoranteolio.it – Chiuso lunedì, giovedì-domenica

ORTA SAN GIULIO

✉ 28016 – Novara (NO) – Carta regionale n° **1**–C1

✿✿✿ **VILLA CRESPI**

Chef: Antonino Cannavacciuolo

CREATIVA • **LUSSO** Ad una passeggiata dal fiabesco borgo e dal suo affaccio da cartolina sul lago e sull'isola San Giulio, la sede di questo tre stelle non è meno sfolgorante: una villa di fine Ottocento in stile moresco, tanto nell'imponente aspetto esterno, quanto nelle sale interne, un'aristocratica dimora dove si svolgeva la vita della famiglia Crespi. Oggi la star della villa è Antonino Cannavacciuolo, ormai a capo di un piccolo impero di ristoranti stellati, che qui a Orta San Giulio ha l'ammiraglia, il locale più premiato e celebrato. Campano, di Vico Equense, benché i suoi piatti prendano ispirazione da tante parti d'Italia e non solo, in tutte le sue proposte troverete la passione, i colori e l'intensità di sapori della sua regione d'origine. Nei due menù degustazione così come nella sintetica alternativa alla carta, un fil rouge di raffinatezza e bontà ininterrotto, in ricette soprattutto a base di mare ma non solo. La sublimazione della cucina mediterranea in chiave contemporanea mai forzata: la cifra prevalente nello stile di Cannavacciuolo & C., al suo punto massimo di espressione.

✿ 🍴 & ⓐ ♻ 🅿 – Prezzo: €€€€

Via Fava 18 – ☎ 0322 911902 – villacrespi.it – Chiuso lunedì e martedì

✿ **ANDREA MONESI – LOCANDA DI ORTA**

Chef: Andrea Monesi

DEL TERRITORIO • **ROMANTICO** Nel centro storico di uno dei borghi lacustri più romantici d'Italia, una cartolina d'altri tempi, questo piccolo edificio ospita un ristorante dal design moderno – recentemente è stato realizzato anche un piccolo privé – ed un romantico tavolino sul terrazzino esterno per soli due coperti. La cucina si vuole creativa, precisa, attenta a coniugare pesce di acqua salata con le ottime carni piemontesi. Ogni ricetta è personalizzata ed il contrasto dei sapori e delle consistenze spesso esaltato; per quanto concerne la proposta enoica una brava sommelier saprà orientarvi nella minuziosa carta dei vini. Degni di nota, infine, i dessert: divertenti ed intriganti!

✿ ⓐ – Prezzo: €€€€

Via Olina 18 – ☎ 0322 905188 – andreamonesi.com – Chiuso martedì e mercoledì a mezzogiorno

ORTISEI

✉ 39046 – Bolzano (BZ) – Carta regionale n° **6**–B1

✿ **ANNA STUBEN**

CREATIVA • **STILE MONTANO** Tante sono state le signore "Anna" che si sono avvicendate nella famiglia che gestisce il ristorante; da oltre 10 anni, però, c'è un brillante cuoco, Reimund Brunner. Il romanticismo delle due stube è celebre ed è uno di quei punti fissi che si vuol ritrovare al ritorno in Val Gardena. La cucina parte decisa dall'Alto Adige ma non si priva di alcune fughe fuori regione e verso il mare, virando verso una linea gastronomica più leggera e fresca, che comporta dosi ridotte di burro e zucchero. Ottimo il servizio, prodigo di attenzioni, con il competente sommelier che dispensa i suoi consigli con garbo. Il ristorante si trova all'interno del Grödnerhof Hotel & Spa, dallo stile tipicamente montano e destinato a chi preferisce un'eleganza classica senza sussulti modaioli.

🏵 ⇔ – Prezzo: €€€€

Via Vidalong 3 – ☏ 0471 796315 – gardena.it/it/ristorante-anna-stuben.asp – Chiuso domenica e a mezzogiorno da lunedì a sabato

TUBLADEL

REGIONALE • ROMANTICO Pare di essere in una baita ma siamo a pochi passi dal centro di Ortisei. Si tratta di un ristorante storico (con alcuni cambi gestione negli anni): si mangia avvolti nel legno, in un'atmosfera tra il rustico ed il romantico, non a caso "tubladel" in ladino significa fienile. I piatti ovviamente si adeguano all'impronta regionale, le divagazioni extra territoriali sono poche, tra cui alcune specialità di pesce; tanta cura è dedicata alle presentazioni. Della scelta enologica si apprezzerà in particolare il numero delle bottiglie aperte al bicchiere.

🏡 🅿 – Prezzo: €€€

Via Trebinger 22 – ☏ 0471 796879 – tubladel.com – Chiuso martedì

ORVIETO

✉ 05018 – Terni (TR) – Carta regionale n° **13**–A2

I SETTE CONSOLI

MODERNA • AMBIENTE CLASSICO Locale sobrio, dotato di un bel servizio estivo in giardino con splendida vista sul Duomo. Le proposte di Anna Rita Simoncini poggiano su di un'accurata selezione di ingredienti del territorio, ma non solo. Imperdibili: l'uovo morbido, zucchine e cipollotti in padella, crumble di pecorino o il morbido scamone di vitello, salsa topinambur e giardiniera casalinga. La carta dei vini e dei distillati darà più di un motivo agli appassionati per un passaggio (consiglio per il dessert: Orvieto Classico Superiore DOC "Vendemmia Tardiva").

🏵 ⇚ 🆔 🏡 – Prezzo: €€

Piazza Sant'Angelo 1/a – ☏ 0763 343911 – isetteconsoli.it – Chiuso mercoledì e domenica sera

LA PALOMBA

UMBRA • FAMILIARE Nel centro storico, in attività dal 1965 e oggi alla terza generazione della famiglia Cinti, nella tipica e piacevole atmosfera di una trattoria all'italiana troverete alcune delle classiche specialità umbre. Tra le paste, consigliamo gli ottimi umbrichelli fatti in casa, variamente conditi.

🆔 🏡 – Prezzo: €

Via Cipriano Manente 16 – ☏ 0763 343395 – Chiuso mercoledì

OSIO SOTTO

✉ 24046 – Bergamo (BG) – Carta regionale n° **5**–C1

LA BRASERIA

CARNE • ACCOGLIENTE È il paradiso per gli appassionati della carne: tagli (per la maggior parte bovini) di razze e frollature diverse fanno bella mostra di sé nelle celle frigorifere all'ingresso del ristorante, questo è il biglietto da visita. Ampia scelta alla carta, gli antipasti consentono diversi assaggi in piccole porzioni, pochi i primi, poi tutta l'attesa è per i secondi, dalla cottura con fumo di faggio alla griglia, nonché al forno a legna: ce n'è per tutti i gusti! Senza dimenticare la selezione di formaggi e gli ottimi dolci.

🆔 🏡 – Prezzo: €€

Via Risorgimento 15 – ☏ 035 808692 – la-braseria.com

OSPEDALETTO D'ALPINOLO

✉ 83014 – Avellino (AV) – Carta regionale n° **17**–B2

🙂 OSTERIA DEL GALLO E DELLA VOLPE

CAMPANA • FAMILIARE Conduzione famigliare da parte dei Silvestro, padre e figlio, per questo ristorante del piccolo centro cittadino (in estate conviene prenotare per assicurarsi uno dei tavoli nel piacevole dehors sulla piazza). La cucina s'ispira alla tradizione locale con alcune personalizzazioni, mentre assai valida è la selezione dei vini, soprattutto (ma non solo) sull'Irpinia di cui offre verticali e ottime cantine: Aglianico e grande Taurasi, in primis.

⅛ 🎟 🏠 – Prezzo: €

Piazza Umberto I 14 – ℰ 0825 691225 – Chiuso lunedì, a mezzogiorno da martedì a venerdì e domenica sera

OSSANA

✉ 38026 – Trento (TN) – Carta regionale n° **6**–A2

🙂 ANTICA OSTERIA

REGIONALE • ROMANTICO Al centro di un bel paesino all'imbocco della Val di Peio e ai piedi del gruppo della Presanella, piacevole ristorante diviso in tre salette ricche di antico fascino montano. Tutta la famiglia è dedita all'attività, con risultati eccellenti: sapori regionali in ricette sfiziose, nelle quali si utilizza il meglio degli ingredienti stagionali della zona, carne e cacciagione in primis.

⇔ – Prezzo: €€

Via Venezia 11 – ℰ 0463 751713 – ristoranteanticaosteria.it – Chiuso mercoledì e martedì a mezzogiorno

OSTUNI

✉ 72017 – Brindisi (BR) – Carta regionale n° **16**–C2

🙂 OSTERIA PIAZZETTA CATTEDRALE

PUGLIESE • CONVIVIALE A pochi metri dalla cattedrale, moglie in cucina e marito in sala gestiscono questo locale come una piccola bomboniera; dai pavimenti ai lampadari, tutto è elegante e con il sapore di un raffinato salotto di una casa privata, complici anche i pochi tavoli a disposizione (per cui, soprattutto in alta stagione, è consigliabile prenotare). I piatti omaggiano i tanti prodotti regionali. Un esempio? Lasagnetta con ragù pugliese, caciocavallo e basilico oppure zuccotto al gelato di ricotta, mandorle e cotto di fichi.

🎟 – Prezzo: €€

Largo Arcidiacono Trinchera 7 – ℰ 0831 335026 – piazzettacattedrale.it – Chiuso martedì

CIELO

MODERNA • ROMANTICO Nella città bianca con i gradini in pietra calcarea, proprio in cima alla località, ricavato in un'antica magione nel rispetto dell'architettura originaria, troverete uno splendido relais che – non a caso – si chiama La Sommità. Il suo ristorante gourmet, Cielo, offre romantiche cene estive, tra gli agrumi della piccola corte interna oppure ospiti della sala dal soffitto a botte. Con un curriculum di tutto rispetto, lo chef di Martina Franca propone una rivisitazione moderna della cucina pugliese; all'ora dell'aperitivo, godetevi il tramonto dalla splendida terrazza. A pranzo, menu più semplice.

🎟 🏠 – Prezzo: €€€€

Via Scipione Petrarolo 7 – ℰ 0831 305925 – lasommita.it

MASSERIA MOROSETA ⓝ

MEDITERRANEA • **CASA DI CAMPAGNA** La chef Giorgia Eugenia Goggi offre un'esperienza gastronomica unica e autentica, incentrata su ingredienti freschi e prevalentemente vegetali, molti dei quali provenienti da piccoli orti biologici. Il menu a 90 euro è una celebrazione della cucina mediterranea, con piatti colorati e ricchi di sapori, che esaltano la freschezza degli ingredienti. L'ambiente rustico e curato crea una cornice ideale per una cena indimenticabile, mentre la selezione di vini naturali italiani accompagna perfettamente le ricette, arricchendo ulteriormente l'esperienza culinaria. Sei confortevoli camere offrono la possibilità di prolungare la sosta per immergersi appieno nella tranquillità della campagna circostante. Si consiglia di effettuare la prenotazione con anticipo, considerando l'unicità dell'offerta e l'alta richiesta.

🏡 🅿 – Prezzo: €€€€

Contrada Lamacavallo – 📞 376 079 8288 – masseriamoroseta.it – Chiuso martedì, domenica e a mezzogiornow

OSTERIA RICANATTI ⓝ

MODERNA • **LOCANDA** Gustosa cucina regionale rivisitata e presentata in diversi menu degustazione o à la carte, a base di prodotti rigorosamente selezionati e tutte le verdure provenienti dall'orto di proprietà situato a pochi chilometri dal paese. Qualche esempio? Tartare di pecorino e patate, condito con chimichurri (salsa verde tipica dell'Argentina), o paccheri al dente con coulis di due pomodori, tonno rosso crudo e capperi fritti. Passione ed umiltà sono i tratti distintivi dello chef in un ristorante dalla calorosa accoglienza e dal servizio eccellente.

🅰🅲 🏡 – Prezzo: €€€

Corso Cavour 37 – 📞 0831 156 1831 – osteriaricanatti.it – Chiuso domenica

RESTAURANT 700

CONTEMPORANEA • **ALLA MODA** All'inizio del centro storico, il ristorante si trova nel lussuoso albergo Paragon 700. Affascinanti interni recuperano elementi storici sposandoli a qualche decorazione più moderna e c'è anche un esclusivo giardino con tavoli se il tempo lo consente. Sul fronte cucina, se a pranzo viene proposto un light lunch con un menu bistrot, la sera la proposta dello chef si fa più tecnica ed elaborata, di ottimo livello, con possibilità di scegliere tra menù degustazione e menù alla carta.

� 🅰🅲 🏡 – Prezzo: €€€

Largo Michele Ayroldi Carissimo 14 – 📞 0831 369219 – restaurant700.com

OTRANTO

✉ 73028 – Lecce (LE) – Carta regionale n° **16**–D3

RETROGUSTO

DEL TERRITORIO • **FAMILIARE** Ambiente classico con arredo semplice, ma di qualità, musica di sottofondo ed atmosfera informale: leggermente arretrato rispetto al lungomare, è solo una piccola deviazione di pochi metri compensata da una cucina di qualità dai tipici sapori salentini. Molto grande e piacevole il dehors che - in estate - diventa la "sala principale" davanti allo struscio cittadino.

🅰🅲 🏡 – Prezzo: €€

Via Tenente Eula 7 – 📞 320 777 6406 – Chiuso a mezzogiorno

OVADA

✉ 15076 – Alessandria (AL) – Carta regionale n° **1**–C3

L'ARCHIVOLTO - OSTERIA NOSTRALE

PIEMONTESE • **TRATTORIA** Sulla piazza principale del paese, l'atmosfera è quella tipica e piacevole familiare di una trattoria, ma non sottovalutatene la cucina: dagli antipasti rustici al fassone, passando per i ravioli di carne fatti a mano. Qui troverete uno straordinario viaggio nel cuore gastronomico del Piemonte, a cui si aggiunge l'enoteca/bottega con tante bottiglie e prodotti alimentari in vendita; aperitivi all'ora di pranzo e cena.

♨ 戋 🖩 – Prezzo: €€

Piazza Garibaldi 25/26 – ☎ 0143 835208 – archivoltoosterianostrale.com – Chiuso mercoledì

OVIGLIO

✉ 15026 – Alessandria (AL) – Carta regionale n° **1**–C2

BISTROT DONATELLA

PIEMONTESE • **ELEGANTE** Il benvenuto lo dà il grazioso cortile interno che - nella stagione più mite - è un vero tesoro di romanticismo e piacevolezza. La cucina piemontese pone grande attenzione alla qualità della materia prima. Tanta simpatia nell'accoglienza per una bella esperienza gastronomica nel cuore del piccolo paese dominato dal campanile.

戋 🖩 斉 – Prezzo: €€

Piazza Umberto I 1 – ☎ 0131 776907 – donatellabistrot.it – Chiuso lunedì, martedì e a mezzogiorno da mercoledì a venerdì

PACENTRO

✉ 67030 – L'Aquila (AQ) – Carta regionale n° **15**–B2

😊 TAVERNA DEI CALDORA

ABRUZZESE • **CONTESTO STORICO** Un curioso intrico di stradine disegna il centro storico di Pacentro, uno dei Borghi Storici più belli d'Italia. Nel cuore della località, in un palazzo del '500, si celebra la cucina regionale con particolare attenzione alla cottura alla brace, che dà il meglio di sé nelle costolette di agnello e negli arrosticini. Il piccolo terrazzo offre una vista impareggiabile sulla valle Peligna.

🖩 斉 – Prezzo: €

Piazza Umberto I 13 – ☎ 0864 41139 – Chiuso lunedì e martedì e domenica sera

PADENGHE SUL GARDA

✉ 25080 – Brescia (BS) – Carta regionale n° **4**–D1

AQUARIVA

PESCE E FRUTTI DI MARE • **DI TENDENZA** Un locale storico molto rinomato e frequentato per le sue proposte di pesce, classiche, fragranti e ben realizzate. Tra i must la lunga serie di crudi e il plateau royal. L'ambiente, di recente ristrutturazione, è signorile e dai toni rilassati e dalla grande sala con ampie vetrate si gode dell'incantevole panorama sul porticciolo e sul lago di Garda.

♨ 戋 🖩 斉 ⇆ 🅿 – Prezzo: €€€

Via Marconi 57 – ☎ 030 999 5814 – aquariva.it

IL RIVALE AL LAGO

MEDITERRANEA • **AMBIENTE CLASSICO** Cucina mediterranea, con più carne in inverno e più proposte di pesce in estate, in un locale accogliente distribuito su diversi ambienti. Due punti forti: la saletta in cantina con tante bottiglie a fare da arredo (tra cui molti Champagne) e l'ampio dehors con vista sul lago e il curato giardino.

🚱 ᠪ 🔟 🏠 ✿ 🅿 – Prezzo: €€€

Via Marconi 93 – ℰ 030 999 5813 – ilrivale.it/Rivale-al-lago

PADERNO DEL GRAPPA

✉ 31017 – Treviso (TV) – Carta regionale n° **8**–B2

OSTERIA BELLAVISTA

ITALIANA CONTEMPORANEA • **FAMILIARE** Ottima osteria di moderna concezione dalla calda accoglienza familiare. La cucina asseconda l'estro, il mercato e le tradizioni, orientandosi equamente su carne e pesce.

🔟 🏠 🅿 – Prezzo: €€€

Via Piovega 30, località Farra – ℰ 0423 949329 – osteriabellavista.tv.it – Chiuso mercoledì e martedì sera

PADOVA

✉ 35121 – Padova (PD) – Carta regionale n° **8**–B3

AI PORTEGHI BISTROT

CONTEMPORANEA • **AMBIENTE CLASSICO** Sotto i pittoreschi portici di via Cesare Battisti, il giovane cuoco propone una cucina che spesso parte da basi tradizionali e ricette conosciute, finendo poi però per rielaborarle con personalità, aggiungendovi qualcosa di suo e arrivando ad un risultato molto interessante. A pranzo c'è anche una scelta più semplice ed economica.

🔟 🏠 ✿ – Prezzo: €€

Via Cesare Battisti 105 – ℰ 347 759 8738 – aiporteghibistrot.it – Chiuso lunedì e domenica

BELLE PARTI

CLASSICA • **ROMANTICO** In un grazioso vicolo porticato del centro pedonale, al pianterreno dello storico Palazzo Prosdocimi, il romanticismo caldo e accogliente della sala vi convincerà di essere nel posto giusto. Quadri, specchi e boiserie rivaleggiano con il bellissimo soffitto di travi a vista, mentre la carta si accorda con le stagioni, proponendo una rassegna di gustosi e classici piatti di carne ma soprattutto di pesce, di provenienza per lo più regionale.

🔟 ✿ – Prezzo: €€

Via Belle Parti 11 – ℰ 049 875 1822 – ristorantebelleparti.it – Chiuso domenica

ENOTAVOLA

PESCE E FRUTTI DI MARE • **WINE-BAR** L'ingresso attraverso il wine-bar può trarre in inganno, ma da qui vi accompagneranno alle sale del ristorante, semplici ma piacevoli, per gustare ottimi piatti di cucina marinara dalle interpretazioni sovente creative. Per gli appassionati del pesce è un indirizzo interessante nel cuore di Padova. Particolarmente ampia la scelta di vini al bicchiere.

🍴 🔟 – Prezzo: €€

Via dell'Arco 37 – ℰ 049 876 2385 – enotavola.com – Chiuso lunedì e domenica a mezzogiorno

RADICI GOURMET

CONTEMPORANEA • **DI QUARTIERE** In una graziosa villetta di inizio Novecento, uno spazio poliedrico che combina la zona informale del bar bistrot con un ristorante gourmet. Due menu degustazione e un'ampia carta per soddisfare tutte le preferenze; un servizio professionale e personalizzati consigli sul vino completano il quadro.

ᠪ 🔟 – Prezzo: €€€

Via Andrea Costa 18/a – ℰ 049 232 0525 – radicirestaurant.it – Chiuso domenica

STEFANO MOCELLIN AL PADOVANINO

CREATIVA • ACCOGLIENTE Nel bel centro storico padovano, lo chef patron Mocellin mette in mostra una cucina pregna delle sue esperienze passate e del suo gusto personale: è una cucina colorata e creativa in cui si rincorrono citazioni italiane, in particolare da Milano a Venezia. Del capoluogo lombardo - ad esempio - si cita la mitica cassoeula, alleggerita grazie all'uso di carni miste (maiale e anatra muta veneta), mentre veneziani sono il saor e le sarde che fan da ripieno ai plin. Sottolineando, infine, quella che è la grande passione dello chef: la cottura alla brace, presente in quasi tutti i piatti della carta.

🄰🄲 🏠 – Prezzo: €€€

Via Santa Chiara 1 – ☏ 375 619 7434 – padovanino.com – Chiuso lunedì, a mezzogiorno martedì e sabato e domenica sera

TOLA RASA

MODERNA • DESIGN In un ristorante dal design elegante ed essenziale la cui sala gourmet si trova al primo piano, mentre l'annessa enoteca con proposta stuzzichini sta al piano terra, lo chef - forte di una tecnica appresa in importanti strutture - rivisita con successo i sapori italiani con l'aggiunta di qualche ingrediente e condimento etnico, spesso dall'Oriente. Per vederlo all'opera prenotate un tavolo di fronte alla cucina!

♿🄰🄲🏠⇔🄿 – Prezzo: €€€

Via Vicenza 7 – ☏ 049 723032 – tolarasa.it – Chiuso mercoledì e a mezzogiorno martedì e giovedì

PAESTUM

✉ 84047 – Salerno (SA) – Carta regionale n° **17**–C3

🕸 ## LE TRABE

Chef: Marco Rispo

CAMPANA • CONTESTO STORICO Siamo all'interno della tenuta Capodifiume, un microcosmo con la fonte dell'omonimo fiume Trabe e la centrale idroelettrica a cui il suo scorrere dà vita (breve ma significativa visita prima di cena, accompagnati dallo squisito personale di sala). Ci si accomoda in cantina per l'aperitivo e i canapè di benvenuto, per passare poi nei curati ambienti interni e tanta bellezza si trasforma in sensibilità per l'ambiente, incarnata in diverse iniziative a sua difesa. Tuttavia, a colpirvi saranno non solo la cucina di Marco Rispo, declinata in due menù degustazione, innervata della passione per il territorio e i suoi prodotti, tra cui certamente non può mancare il latte dell'animale simbolo della zona e il piatto iconico relativo (Bufala bufala bufala), ma anche le cure e i piccoli vizi che vi saranno concessi dal bravissimo maitre-sommelier Simone Munzillo e dai suoi collaboratori. Insomma, vi divertirete con una sequenza di piatti raffinati e saporiti, mai cervellotici, felicemente ispirati alle tradizioni campane con ampio utilizzo di ingredienti stagionali territoriali.

🕸 *L'impegno dello chef:* Il contesto bucolico dell'oasi di Tenuta Capodifiume è splendido. In mezzo scorre il fiume omonimo, che fornisce energia pulitissima: tra la centrale idroelettrica e i pannelli fotovoltaici, la produzione supera di gran lunga il fabbisogno del ristorante, che diviene così esempio virtuoso di gestione energetica. In linea con tanta attitudine green, in cucina si utilizzano esclusivamente ingredienti di prossimità, a partire dai propri orti.

🕸 ⇔🄰🄲🏠🄿 – Prezzo: €€€€

Via Capo di Fiume 4 – ☏ 0828 724165 – letrabe.it – Chiuso lunedì, a mezzogiorno da martedì a venerdì e domenica sera

OSTERIA ARBUSTICO

Chef: Cristian Torsiello

MODERNA • ELEGANTE Nel contesto dell'Hotel Royal Paestum, ci si accomoda in una sala elegante, contemporanea, piacevolmente sobria, dove protagonista è la cucina di Cristian Torsiello, quarantenne di Valva, comune salernitano dove mosse i primi passi l'Osteria. Lo chef mette in mostra tecnica e idee creative alla ricerca continua della sintesi perfetta, di una sobrietà che permetta agli ingredienti, quasi sempre locali, di sublimare la propria carica di sapore. Tutto ciò è ben rappresentato dal suo piatto iconico: lo spaghettino allo zafferano. La pasta secca di Gragnano è "risottata" (cotta come un risotto) con uso di brodo per 1/3 di manzo, 1/3 di parmigiano ed 1/3 di cipolla, quindi viene mantecata con burro acido e zafferano abruzzese, per un risultato davvero molto goloso, solo apparentemente semplice. La cantina mostra continui spunti di crescita: giunta alle 600 etichette circa, nasconde alcune rarità di territorio.

⅏ ⇔⅄🖩 🅿 – Prezzo: €€€

Via Francesco Gregorio 40 – ℰ 0828 851525 – osteriaarbustico.it – Chiuso mercoledì e giovedì

 TRE OLIVI

CREATIVA • ELEGANTE Oliver Glowig, tedesco di nascita ma italiano d'adozione, ritorna in Campania insediandosi qui, nel salotto gourmet all'interno del Savoy Beach Hotel. La nuova proposta verte su due menù degustazione con piatti estraibili anche in formule alla carta, molte materie prime provenienti dall'azienda agricola a impatto zero della medesima proprietà dell'albergo e - in ogni caso - si cerca di valorizzare nel piatto le tante ricchezze del Cilento e della dieta mediterranea ovviamente seguendo un gusto e un'estetica contemporanei. Unica novità strutturale invece una private room con cucina dedicata dove è possibile organizzare eventi privati. Anche la sala è in mano a personale nuovo ma esperto che saprà cullarvi con le giuste attenzioni e, magari, anche qualche coccola. Per la scelta sulla cantina affidatevi tranquillamente a Roberto e alla sua competenza.

⅏ ⇔⅄🖩 🅿 – Prezzo: €€€€

Via Poseidonia 41 – ℰ 0828 720023 – treolivi.com – Chiuso lunedì, martedì, mercoledì a mezzogiorno e domenica sera

CASA COLONI

CONTEMPORANEA • ROMANTICO Dinnanzi all'area archeologica, una splendida dimora ottocentesca è stata trasformata nel raffinato albergo Tenuta di Marigliano: il ristorante si trova all'interno dell'adiacente casa colonica, e col bel tempo è impossibile sottrarsi al fascino dei tavoli sistemati sotto un pergolato di canne nel romantico giardino. Assistito da un servizio impeccabile, lo chef Luigi Coppola, di Paestum, riporta alla luce la cucina del territorio, rivedendola in forma personalizzata in pietanze a base di carne, di pesce e anche vegetariane.

⇔🖩 🛱🅿 – Prezzo: €€€

Via Tavernelle 86 – ℰ 0828 721297 – tenutaducamarigliano.it – Chiuso lunedì e a mezzogiorno da martedì a domenica

DA NONNA SCEPPA

CAMPANA • AMBIENTE CLASSICO La famiglia Chiumento porta avanti la tradizione culinaria sin dagli anni Sessanta, cioè dalla fondazione da parte di nonna Giuseppa: il menù è un racconto dei sapori del Cilento, cucinati in modo classico e porzioni generose. I prezzi, salvo che per certi piatti a base di pescato un po' più costosi (esempio il branzino al sale o il rombo al forno), sono assai corretti!

🖩 🛱🅿 – Prezzo: €€

Via Laura 45 – ℰ 0828 851064 – nonnasceppa.com – Chiuso giovedì

PAGAZZANO

✉ 24040 – Bergamo (BG) – Carta regionale n° **5**–C2

LOCANDA VIOLA

ITALIANA CONTEMPORANEA • **CONTESTO CONTEMPORANEO** Raffinato ristorante con tavoli e sedie di design e fattura diversi e originali, è tuttavia la cucina a rapire la vostra attenzione, tanto bravo è il cuoco Filippo Moriggi. Particolarmente interessanti gli antipasti che propongono un viaggio esotico, come l'empanadas, il fish bao (il panino soffice al vapore, anche nella variante con salsa bbq) oppure i dumpling (i ravioli cinesi). Il resto del percorso continua verso lidi più nostrani con paste, risotti, pesce, pecora bergamasca e tra i dolci diversi gelati, semplici o affogati.

&. 🕅 – Prezzo: €€€

Via Morengo 164 – ℰ 0363 703956 – locandaviola.com – Chiuso mercoledì, a mezzogiorno e domenica sera

PALAIA

✉ 56036 – Pisa (PI) – Carta regionale n° **11**–B2

ANTICA FARMACIA

TOSCANA • **INFORMALE** Il nome fa riferimento all'antico utilizzo del locale come farmacia fino agli anni Settanta. Nel 2010 lo chef patron Juri Zanobini ne ha ricavato il proprio ristorante, in cui propone una cucina che prende spunto dal territorio toscano. Ingredienti e ricette locali sono rielaborati con leggerezza, mentre ai piatti non manca mai una buona dose di sapore, come nel caso del midollo al forno o del peposo al Chianti.

🕅 – Prezzo: €€

Via del Popolo 51 – ℰ 339 792 6995 – ristoranteanticafarmacia.it – Chiuso martedì, mercoledì e a mezzogiorno

PALAU – Sassari (SS) ➜ Vedere Sardegna, in fondo alla Guida

PALAZZO SAN GERVASIO

✉ 85026 – Potenza (PZ) – Carta regionale n° **18**–A1

BRAMEA

CREATIVA • **ACCOGLIENTE** E' il laboratorio gourmet con pochissimi coperti di due giovani amici, divenuti soci nella gestione del Bramea, uno in sala, l'altro in cucina. Articolati lungo diversi menu degustazione, propongono piatti creativi e originali, sovente partendo da ingredienti lucani. Il risultato è avvincente e di ottimo livello.

🕅 🛱 – Prezzo: €€

Viale Villa d'Errico 10 – ℰ 0972 209498 – bramearistorante.it – Chiuso martedì, a mezzogiorno e domenica sera

PALAZZOLO ACREIDE – Siracusa (SR) ➜ Vedere Sicilia, in fondo alla Guida

PALAZZOLO SULL'OGLIO

✉ 25036 – Brescia (BS) – Carta regionale n° **5**–D2

🏵 OSTERIA DELLA VILLETTA

LOMBARDA • **VINTAGE** Da oltre cent'anni baluardo della tradizione, arredi liberty e atmosfera retrò sono il contorno a classici bresciani e ricette familiari: sempre sulla base di ingredienti stagionali, come nel caso delle molte verdure del proprio orto, da cui provengono anche l'olio Evo ed una buona bollicina. E' il classico indirizzo che si vorrebbe sotto casa!

🛒 ⇔ – Prezzo: €

Via Marconi 104 – 𝒞 030 740 1899 – osteriadellavilletta.it – Chiuso lunedì e domenica e sera da martedì a giovedì

LA CORTE

CLASSICA • ROMANTICO Profuma di Mediterraneo la cucina di questo bel ristorante che alterna piatti di carne e pesce; stagionale nella scelta dei prodotti. Una visita nella fornitissima cantina è vivamente consigliata!

🕸 占 🅰 ⇔ 🅿 – Prezzo: €€

Via San Pancrazio 41 – 𝒞 030 740 2136 – ilristorantelacorte.com – Chiuso lunedì, sabato a mezzogiorno e domenica sera

PALERMO – Palermo (PA) ➜ Vedere Sicilia, in fondo alla Guida

PALLANZA

✉ 28922 – Verbano-Cusio-Ossola (VB) – Carta regionale n° **1**–C1

MILANO

DEL TERRITORIO • CONTESTO STORICO È uno storico locale, erede di una lunga tradizione familiare, con un'affascinante veranda affacciata direttamente sul lago e un attracco privato. I piatti sono ispirati al gusto contemporaneo senza dimenticare la classicità, forti di ottime materie prime sia di terra che di acqua dolce.

⩤ 🖴 占 🅰 🛒 🅿 – Prezzo: €€€

Corso Zanitello 2 – 𝒞 0323 556816 – ristorantemilanolagomaggiore.it – Chiuso martedì e lunedì sera

PALMI

✉ 89015 – Reggio di Calabria (RC) – Carta regionale n° **19**–A3

DE GUSTIBUS - MAURIZIO

PESCE E FRUTTI DI MARE • ACCOGLIENTE Cucina di pesce fragrante, semplice e moderna, per questa gestione familiare nel grazioso centro storico. Tra i crudi, irrinunciabile è il carpaccio di pesce del giorno condito con una delicata vinaigrette della casa rifinita con pomodorini. Chi non ama il pesce non si preoccupi, nel menu compaiono 4 "Intrusi": antipasto, primo piatto e 2 secondi a base di carne. Tra i dolci, raccontati a voce, non manca mai il cannolo scomposto nei suoi ingredienti. Selezione di vini nazionale con una concessione estera per gli Champagne.

占 🅰 🛒 – Prezzo: €€

Viale delle Rimembranze 58/60 – 𝒞 0966 25069 – degustibuspalmi.it – Chiuso a mezzogiorno

PANICALE

✉ 06064 – Perugia (PG) – Carta regionale n° **13**–A2

LILLOTATINI

UMBRA • RUSTICO Nel cuore di un borgo-castello di origini medioevali, caratteristici interni e piacevole dehors affacciato sulla storica piazza. Dalla cucina tutte le specialità della zona, compreso il pesce d'acqua dolce e il tartufo in stagione, accompagnate da una bella selezione di vini. Appena entrati nel cuore della località c'è l'enoteca con vendita di prodotti tipici.

🕸 🛒 ⇔ – Prezzo: €€

Piazza Umberto I 13-14 – 𝒞 075 837771 – lillotatini.it – Chiuso lunedì e domenica sera

PANTELLERIA – Trapani (TP) ➔ Vedere Sicilia, in fondo alla Guida

PANZANO

✉ 50022 – Firenze (FI) – Carta regionale n° **11**–D1

ANTICA MACELLERIA CECCHINI - SOLOCICCIA

CARNE • **CONVIVIALE** Uno dei più celebri macellai d'Italia diventa anche cuoco! Al Solociccia o all'Officina della Bistecca il menu è unico e servito ad un orario preciso con una proposta di carne o un percorso vegetariano. Il Solociccia è aperto solo per pranzo.

🅰🅒 🍴 – Prezzo: €€

Via Chiantigiana 5 – ☎ 055 852020 – dariocecchini.com – Chiuso sera

PARADISO DI POCENIA

✉ 33050 – Udine (UD) – Carta regionale n° **7**–B2

AL PARADISO

REGIONALE • **ROMANTICO** Una piccola bomboniera in un antico cascinale, con decorazioni e tendaggi ovunque. Lunga tradizione familiare di una cucina che segue il territorio, con tanta carne e cacciagione, ma anche cotture alla brace nel grande camino della sala principale.

🅰🅒 🍴 ✥ 🅿 – Prezzo: €€

Via Sant'Ermacora 1 – ☎ 0432 777000 – trattoriaparadiso.it – Chiuso lunedì, martedì e a mezzogiorno da mercoledì a venerdì

PARAGGI

✉ 16038 – Genova (GE) – Carta regionale n° **10**–C2

LANGOSTERIA PARAGGI

PESCE E FRUTTI DI MARE • **CHIC** Di fronte alla bellissima e raccolta baia di Paraggi, l'estetica curatissima della celebre insegna milanese, all'interno dei Bagni Fiore, acquista un'atmosfera realmente marinara e vacanziera. Stile vintage, eppure perfettamente attuale e glamour, la spiaggia e il mare si profilano davanti, ma quest'ultimo anche nel piatto, grazie ad un ricco ed invitante menù a base di pesce fresco: crostacei, ostriche, frutti di mare...

🌊 🍴 – Prezzo: €€€€

Via Paraggi a Mare 1 – ☎ 0185 046284 – langosteria.com/it/langosteria-paraggi – Chiuso mercoledì sera

PARMA

✉ 43122 – Parma (PR) – Carta regionale n° **9**–A3

✿ INKIOSTRO

CREATIVA • **DESIGN** Lo chef calabrese Salvatore Morello porta una ventata di novità nella città della gastronomia: forte di esperienze internazionali, la sua cucina abbraccia ricette e prodotti molto diversi, ma accomunati da grande finezza, stile e originalità grazie all'utilizzo di materie prime eccellenti e ingredienti che, quand'anche esotici, trovano sempre una loro razionalità nell'equilibrio delle singole portate. Noi non dimenticheremo facilmente il suo razza, giardiniera asiatica, fagioli, ramen, ma nemmeno la golosa sequenza finale di pre-dolce, dessert al parmigiano 24 mesi e deliziosa piccola pasticceria. Non solo vino, a cui è comunque dedicata una vasta e selezionata carta, ma anche ricca scelta di birre, sakè e distillati: affidatevi tranquillamente a Daniele, sommelier fidato di casa, per un consiglio appassionato.

🕸 ⚐ 🅺 ⇔ 🅿 – Prezzo: €€€€

Via San Leonardo 124 – ☏ 0521 776047 – ristoranteinkiostro.it – Chiuso domenica e sabato a mezzogiorno

⊛ I TRI SIOCHÈTT

EMILIANA • CASA DI CAMPAGNA Alle porte della città, appena fuori dalla tangenziale, tipica trattoria dalle ampie sale in cui troverete un'atmosfera familiare ed informale, mentre dalla cucina arrivano i pilastri della tradizione parmense, eseguiti ad un ottimo livello: piatti gustosi elaborati da prodotti prevalentemente locali. Tra le proposte imperdibili, la torta fritta con i salumi misti e la zuppa inglese.

⚐ 🅺 🍽 ⇔ 🅿 – Prezzo: €€

Strada Farnese 74 – ☏ 0521 929415 – itrisiochett.it – Chiuso lunedì e domenica sera

COCCHI

EMILIANA • FAMILIARE Annessa all'hotel Daniel, una gloria cittadina che, in due ambienti raccolti e rustici, propone la tipica cucina parmigiana con inserti di piatti e prodotti che seguono il succedersi delle stagioni; strepitosi i tortelli alle erbette con parmigiano e burro fuso, oppure il bollito in stagione (ovvero da settembre ad aprile). Il tutto accompagnato da una ricercata lista dei vini. Attenzione: prenotare con largo anticipo, il ristorante è conosciutissimo e molto frequentato anche dai locali!

🕸 🅺 ⇔ 🅿 – Prezzo: €€

Pianta: A1-3 – *Via Gramsci 16/a – ☏ 0521 981990 – ristorantecocchi.it – Chiuso sabato*

MELTEMI

PESCE E FRUTTI DI MARE • DESIGN In un ambiente contemporaneo da moderno bistrot urbano, Meltemi propone piatti esclusivamente di pesce, con diverse alternative di crudo tra gli antipasti, ed un'ampia scelta di Champagne, nonché bollicine italiane. Servizio attento e professionale, piacevolmente informale.

⚐ 🅺 🍽 – Prezzo: €€

Pianta: B2-4 – *Piazzale Carbone 3 – ☏ 0521 030814 – ristorantemeltemi.com – Chiuso domenica e lunedì a mezzogiorno*

OSTERIA DEL 36

EMILIANA • OSTERIA La più antica osteria del centro, fondata nel 1880, propone una cucina in prevalenza locale, a cominciare dalla selezione di salumi tra gli antipasti e le paste all'uovo tra i primi. Sempre goloso il gelato mantecato al momento a fine pasto.

🕸 ⚐ 🅺 – Prezzo: €

Pianta: C1-2 – *Strada Aurelio Saffi 26/a – ☏ 0521 287061 – osteriadel36.it – Chiuso domenica*

PARIZZI

CREATIVA • ELEGANTE Cucina basata su un'accurata selezione delle materie prime, con grande lavoro di ricerca dei migliori fornitori, al tempo stesso gustosa e leggera. Vi troverete riferimenti parmigiani, ma anche tanta creatività, piatti di terra e di mare con un po' più di slancio per quest'ultimo e la selvaggina, vera passione dello chef Marco Parizzi che insieme alla moglie Cristina - addetta alla sala - rinnova la tradizione familiare di accoglienza e buona cucina. Camere (e siamo in zona centrale) per chi vuole prolungare il soggiorno in città.

🕸 ⚐ 🅺 ⇔ – Prezzo: €€€

Pianta: C2-1 – *Strada della Repubblica 71 – ☏ 0521 285952 – ristoranteparizzi. it – Chiuso lunedì*

PARMA ROTTA

GRIGLIA • **CONTESTO TRADIZIONALE** Qui dove un tempo il torrente Parma rompeva gli argini troverete una bella trattoria con piacevoli sale e soprattutto un'ottima cucina caratterizzata dalla tecnica di cottura più antica al mondo: a fuoco di legna ed erbette), mentre i secondi sono esclusivamente di carne, con ampia possibilità di scelta. Dolci fatti in casa, noi consigliamo il gelato al fior di latte, da ingolosire ulteriormente con salse a piacere.

⅋ 🍽 ⟳ 🅿 – Prezzo: €€

Strada Langhirano 158 – ☏ 0521 966738 – parmarotta.com – Chiuso lunedì e domenica

PASSIGNANO SUL TRASIMENO

✉ 06065 – Perugia (PG) – Carta regionale n° **13**–A2

DA LUCIANO

ITALIANA • **SEMPLICE** Se vi accomodate all'esterno, la vista del lago Trasimeno si dispiega in tutta la sua bellezza davanti ai vostri occhi. Il menu è essenzialmente di mare, con prodotti ittici provenienti da Anzio. Si utilizzano inoltre ingredienti del territorio come le lenticchie di Castelluccio, il tartufo nero o i fagioli del Trasimeno, per creare specialità tipiche quali il tegamaccio.

⪡🍽 – Prezzo: €€

Via Nazionale 11 – ☏ 075 827210 – ristorantedaluciano.com – Chiuso mercoledì

IL MOLO

DEL TERRITORIO • **FAMILIARE** Proprio sull'estremità di Passignano, che sembra lanciarsi sul lago Trasimeno (alcuni tavoli della saletta principale – da prenotare per tempo! –ne offrono la vista), dal 1978 il Molo della famiglia Pellegrini è un ottimo approdo per gli appassionati di pesce di lago e/o volatili. Noi ci lecchiamo ancora i baffi dopo aver provato la quaglia farcita, funghi e i suoi fegatini accompagnata da un ottimo calice di rosso, assemblaggio locale biodinamico. Buona scelta di bollicine e Champagne nell'apposita carta.

🆎 🍽 – Prezzo: €€

Via Aganor Pompili 9 – ☏ 075 827151 – ristoranteilmolo.com – Chiuso lunedì e sera giovedì e domenica

PASTRENGO

✉ 37010 – Verona (VR) – Carta regionale n° **8**–A3

STELLA D'ITALIA

CLASSICA • **ELEGANTE** Se dal 1962 è la stessa famiglia a gestirlo, in realtà il locale esiste addirittura dal 1875: ambienti caldi ed eleganti al suo interno, nonché un bel servizio estivo in giardino che concede uno scorcio del lago di Garda. Cucina classica italiana, con alcune ricette di territorio (le lumache tra le specialità). Interessante anche la selezione enoica.

🖙🍽⟳ – Prezzo: €€

Piazza Carlo Alberto 25 – ☏ 045 717 0034 – stelladitalia.it – Chiuso mercoledì

PEDRACES

✉ 39036 – Bolzano (BZ) – Carta regionale n° **6**–B1

MASO RUNCH-HOF

REGIONALE • **SEMPLICE** Attraversare il bosco è come fare un viaggio nel tempo alla scoperta di un vero maso del Settecento. Accomodatevi tra i legni delle sue stube per provare il menù degustazione interamente dedicato a sapori e ricette ladine, servite in porzioni abbondanti e cucinate in maniera squisitamente casalinga: i cajinci t'ega (i ravioli ripieni di spinaci), le eccellenti costine di maiale con la polenta e lo strudel di mele. Di territorio anche la piccola carta dei vini dedicata all'Alto Adige. Da poco hanno a disposizione anche alcuni chalet spaziosi ed accoglienti.

🅿 – Prezzo: €€

Via Runch 11 – ☏ 0471 839796 – masorunch.it/it – Chiuso domenica e a mezzogiorno da lunedì a sabato

PEGLI

✉ 16156 – Genova (GE) – Carta regionale n° **10**–C2

TERESA

PESCE E FRUTTI DI MARE • AMBIENTE CLASSICO Dal 1968, anno di apertura da parte di mamma Teresa e papà Giuseppe, di anni di attività familiare ne sono passati ben oltre 50.... e sono portati davvero bene! Orgogliosamente legati alla propria lunga storia e tradizione, non sono ad essa incatenati: la proposta odierna, infatti, è al passo con i tempi. Le ricette sanno come introdurre tocchi pacatamente moderni su di una base classica, mentre rimangono sempre fedeli al concetto di materia prima fresca e di qualità, soprattutto quando si tratta del pesce.

& 🎞 – Prezzo: €€€

Piazza Lido di Pegli 5 r – ☏ 010 697 3774 – ristoranteteresa.it – Chiuso martedì

PELLA

✉ 28010 – Novara (NO) – Carta regionale n° **1**–C1

CASA FANTINI/LAKE TIME

DEL TERRITORIO • DESIGN Sulle sponde del lago d'Orta, un inserto moderno e molto accogliente ricavato dalla ristrutturazione di un vecchio edificio, pensato e arredato affidandosi a un design ricercato e omogeneo. Al ristorante, con un'offerta più leggera a pranzo, si propongono piatti della tradizione interpretati con gusto attuale e presentazioni contemporanee. Lounge, giardino, piscina e 11 camere completano l'esclusiva offerta.

& 🎞 🍴 – Prezzo: €€€

Piazza Motta – ☏ 0322 969893 – casafantinilaketime.com/it/il-ristorante.html – Chiuso lunedì e martedì

PELLIO INTELVI

✉ 22024 – Como (CO) – Carta regionale n° **4**–A2

LA LOCANDA DEL NOTAIO

CREATIVA • CASA DI CAMPAGNA Immerso in un rilassante e curatissimo giardino affacciato sulle Alpi Lepontine, è un locale elegante, dalla calda atmosfera impreziosita dal camino centrale. Lo chef Marco Moretto ha fatto un bel percorso in ristoranti di alto livello e qui alla Locanda del Notaio completa l'esperienza con piatti moderni, eleganti ed equilibrati. Si valorizza la stagione, il territorio e non solo: sarete sorpresi da fragranti specialità di mare e - immancabile - qualche prodotto ittico d'acqua dolce.

🍴& 🍴 🅿 – Prezzo: €€€€

Via Piano delle Noci 42 – ☏ 031 842 7016 – lalocandadelnotaio.com – Chiuso lunedì, martedì e mercoledì a mezzogiorno

PENANGO

✉ 14030 – Asti (AT) – Carta regionale n° **1**-C2

 LOCANDA SANT'UFFIZIO ENRICO BARTOLINI

Chef: Gabriele Boffa

PIEMONTESE • **ELEGANTE** In un pittoresco contesto collinare del Monferrato, sotto l'insegna del pluristellato Bartolini troviamo ai fornelli Gabriele Boffa, giovane all'anagrafe, ma straordinario conoscitore della cucina piemontese. Forte di una preparazione che l'ha portato in alcuni dei migliori ristoranti del mondo, Boffa ha accumulato una sorprendente conoscenza e una rimarchevole abilità tecnica. La sua cucina spazia dai classici regionali interpretati in purezza – come gli straordinari agnolotti del plin – a piatti più creativi, in cui si rintraccia comunque un legame con il territorio, che siano prodotti o ricette. Il tutto all'interno di un'antica struttura monastica trasformata in un raffinato albergo, dove si prende posto in un'elegante sala o nella suggestiva limonaia per un surplus di romanticismo. Viene servito un carosello di piatti che lascerà una memoria indelebile, dalla generosità degli amuse bouche alla bontà del pane e dell'incredibile focaccia, per non dire della qualità delle carni.

🕸 ⇐ 🖨 ᕫ 🎨 🅿 – Prezzo: €€€€

Strada Sant'Uffizio 1, loc. Cioccaro – ☎ 0141 171 0098 – enricobartolini.net/ristorante-sant-uffizio – Chiuso lunedì, a mezzogiorno da martedì a venerdì e domenica sera

PENNABILLI

✉ 47864 – Rimini (RN) – Carta regionale n° **14**–A1

 IL PIASTRINO

Chef: Riccardo Agostini

DEL TERRITORIO • **CASA DI CAMPAGNA** È la casa di Claudia e Riccardo, un sogno tra le sinuose colline del Montefeltro cullato a lungo, abbellito anno dopo anno sino alla splendida forma attuale: al Piastrino il calore e la semplicità della campagna si sposano – infatti - con dettagli e arredi contemporanei. Su tutto svetta la cucina di Agostini che, forte di tecnica e creatività, esprime al meglio ingredienti stagionali e territoriali; i suoi piatti sono complessi ed elaborati, ma mai inutilmente artificiosi. Tra i nostri preferiti lo Spaghetto al verde, gamberi rosa dell'Adriatico e pecorino: pasta Latini colorata di verde con cavolo nero e cicoria, squisiti gamberi interi, carnosi, che profumano di mare e il giusto tocco sapido del pecorino che lega l'amarognolo della cicoria e la dolcezza dei gamberi. Molto interessante è inoltre il menu degustazione "Collina", un percorso di ingredienti e tradizioni che ha inizio dalle sorgenti del fiume Marecchia attraversando le dodici colline sino al mare.

🌼 *L'impegno dello chef:* Il Parco Begni in cui si trova il ristorante, immerso nelle verdi colline della Valmarecchia, è una fonte di ispirazione per un atteggiamento rispettoso verso il territorio e la sua biodiversità. L'orto di proprietà copre circa il 60% del fabbisogno e il resto proviene da fornitori locali, nel raggio di 50 km. Il foraging completa la rosa delle materie prime. Per il riscaldamento e la cottura alla brace viene usato legname derivante dalle potature e dalle rotture causate dal maltempo.

🕸 🖨 ᕫ 🎋 🅿 – Prezzo: €€€

Via Parco Begni 7 – ☎ 0541 928106 – piastrino.it – Chiuso martedì, mercoledì, giovedì a mezzogiorno e domenica sera

PERGINE VALSUGANA

✉ 38057 – Trento (TN) – Carta regionale n° **6**–A2

😊 **OSTERIA STORICA MORELLI**

REGIONALE • **VINTAGE** Il profumo di legno e fuoco del camino che vi dà il benvenuto appena varcata la soglia, la dice lunga su quest'autentica osteria di montagna... Piatti locali con materie prime eccellenti e stagionali - ottimi gli gnocchetti di mais al ragù di selvaggina locale – ed un servizio caloroso e attento.

P – Prezzo: €

Piazza Petrini 1, località Canezza di Pergine – ℰ 0461 509504 – osteriastoricamorelli.it – Chiuso lunedì, martedì e a mezzogiorno da mercoledì a venerdì

INNESTI

MODERNA • **CONTESTO CONTEMPORANEO** Daniele ed Elisa sono una giovane coppia di ristoratori che avevamo già conosciuto con la Blumenstube a Sant'Orsola. Chiuso quel capitolo, ripartono da Pergine con un nuovo progetto tutto loro: un locale alpino-contemporaneo - sia negli ambienti sia nella cucina - che si affida ad una formula abbastanza in voga ultimamente, ovvero 3 menù degustazione (corto, medio e lungo), con piatti da poter scegliere anche alla carta. Tutte le ricette sono caratterizzate da una certa spinta creativa, che vede lo chef alle volte giocare con più ingredienti contemporaneamente.

&. Ⓜ ⌂ **P** – Prezzo: €€

Via San Pietro 8 – ℰ 0461 158 3289 – innestirestaurant.it – Chiuso martedì e mercoledì a mezzogiorno

PERIGNANO

✉ 56035 – Pisa (PI) – Carta regionale n° **11**–B2

LOCANDA LO SCOPICCIO

TOSCANA • **ACCOGLIENTE** Gestito dalla titolare-chef insieme al marito, Locanda Lo Scopiccio è un delizioso ristorante dove farsi coccolare da un ambiente curato in ogni minimo particolare – c'è anche un luminoso e romantico giardino d'inverno – gustando una cucina del territorio non scevra da spunti creativi. Possibilità di scelta fra due menu a sorpresa o à la carte.

⌂ ⇔ **P** – Prezzo: €€

Via delle Casine 5 – ℰ 370 327 5680 – loscopiccioristorante.it – Chiuso lunedì, a mezzogiorno da martedì a sabato e domenica sera

PERUGIA

✉ 06121 – Perugia (PG) – Carta regionale n° **13**–A2

✿ ADA

Chef: Ada Stifani

CREATIVA • **ELEGANTE** Nel centro storico, a pochi passi dalla cinta muraria etrusca del III sec. a.C., un locale dal confort contemporaneo dove una cuoca esperta propone la sua cucina fatta di colori e sapori che richiamano questa terra, e le sue acque dolci ma non solo, con una proposta basata su due menù degustazione o una soddisfacente scelta alla carta. Noi abbiamo apprezzato molto l'anguilla alla brace nel suo "tegamaccio" (zuppa locale di pesci d'acqua dolce), così come la visita finale nelle misteriose cantine: un tempo passaggio segreto oggi scrigno di ottime e variegate proposte gestite da un appassionato sommelier.

&. Ⓜ – Prezzo: €€€€

Via del Bovaro 2 – ℰ 349 313 0982 – adagourmet.it – Chiuso lunedì, a mezzogiorno da martedì a giovedì e domenica sera

✿ L'ACCIUGA

CONTEMPORANEA • **CONTESTO CONTEMPORANEO** In una zona commerciale e periferica difficilmente si sospetterebbe la presenza di un ristorante gourmet. Una volta entrati, però, tutto cambia. La sala originale e luminosa ruota intorno alla cucina a vista, mentre i piatti esprimono un'incantevole sintesi tra le esperienze internazionali del cuoco e diversi ingredienti locali, sebbene non manchino ricette anche a base di pesce. La carta raggiunge il massimo dell'essenzialità, con gli ingredienti presentati in estrema sintesi, senza neanche l'orpello di articoli o preposizioni. Un esempio? CALAMARO. PISELLI. Buona selezione di vini, soprattutto naturali e biodinamici.

🏵 ♿ 🅰️ 🍴 – Prezzo: €€€

Via Settevalli 217 – 𝒞 339 263 2591 – lacciuga.net – Chiuso mercoledì, giovedì e a mezzogiorno martedì e venerdì

IL GIURISTA

REGIONALE • **CONTESTO TRADIZIONALE** Il giurista del nome (a cui è dedicata anche la via) è Bartolo da Sassoferrato, insigne giureconsulto del XIV secolo. Dalla strada si scende qualche metro per accedere in sale accoglienti, un ambiente storico con volte a mattoni vivi, molto fresco e apprezzato in estate. La cucina è legata alle tradizioni del territorio con una carta tutta dedicata alla terra, che in stagione si arricchisce di una sezione sugli abbinamenti con il tartufo nero. Servizio attento e cortese.

Prezzo: €€

Via Bartolo 30 – 𝒞 075 374 8749 – ristoranteilgiurista.it – Chiuso domenica

L'OFFICINA

CREATIVA • **FAMILIARE** Tradizioni e cosmopolitismo si fondono dando vita a una proposta originale e stimolante: una fantasiosa divagazione dagli usuali binari gastronomici! Non per altro, il locale si autodefinisce "ristorante culturale".

🏵 🅰️ – Prezzo: €€

Borgo XX Giugno 56 – 𝒞 075 572 1699 – lofficinaristorante.it – Chiuso lunedì, a mezzogiorno martedì e mercoledì e domenica sera

PESARO

✉ 61121 – Pesaro e Urbino (PU) – Carta regionale n° **14**–B1

✿ NOSTRANO

Chef: Stefano Ciotti

DEL TERRITORIO • **CONTESTO CONTEMPORANEO** E' il palcoscenico di chef Stefano Ciotti dagli interni eleganti e - allo stesso tempo – contemporanei; del recente passato rimane il gioco dei tavoli tondi e quadrati alternati, nonché una leggiadra aria "pop" nel piccolo dehors. Lo chef-patron, dal canto suo, continua a proporre il proprio stile "nostrano", elaborando soprattutto ingredienti territoriali (delle Marche e della vicina Romagna) andandoli a cercare sia in mare sia nel generoso entroterra. Imperdibili le mazzancolle alla brace, teriyaki (salsa) di mela, rape e cipolle. Servizio giovane e dinamico.

🅰️ 🍴 – Prezzo: €€€

Piazzale della Libertà 7 – 𝒞 0721 639813 – nostranoristorante.it – Chiuso martedì e a mezzogiorno da mercoledì a venerdì

GIBAS

PESCE E FRUTTI DI MARE • **ACCOGLIENTE** Nel cuore del Parco Naturale Monte San Bartolo, in uno dei punti più belli della strada panoramica che da Pesaro sale verso nord (celebre in tutto il mondo perché su queste curve si fece le ossa il campione di motociclismo Valentino Rossi), la pedana estiva è un terrazzo a strapiombo sull'Adriatico, dei cui pesci si rifornisce la cucina, con impronta contemporanea.

⬷ 🍴 🅿️ – Prezzo: €€

Strada Panoramica Adriatica – 𝒞 0721 405344 – gibasristorante.it – Chiuso mercoledì

LO SCUDIERO

DEL TERRITORIO • ELEGANTE Nelle suggestive scuderie di un palazzo cinque-centesco interamente ristrutturato, al timone della cucina c'è Daniele Patti, giovane chef molto appassionato che propone piatti creativi, l'intrigante menu Vieni in Sicilia con me - che si rifà alle sue origini - il menu Adriatico e la scelta à la carte, che poggia sulla ricchezza d'ingredienti di cui il territorio è generoso. Gli appassionati di vino chiederanno di visitare la splendida cantina, valorizzata anche dà un buon servizio al bicchiere.

🕸 🔠 – Prezzo: €€€

Via Baldassini 2 – ℰ 0721 165 1804 – ristorantescudiero.it – Chiuso martedì e mercoledì a mezzogiorno

PESCARA

✉ 65122 – Piacenza (PC) – Carta regionale n° **15**–B1

😊 **ESTRÒ**

CONTEMPORANEA • BISTRÒ Nella zona pedonale del centro cittadino, il risto-rante di Alfonso Della Croce è semplice e informale, e punta tutto su un'ottima cucina di terra e di mare, su basi per lo più classiche nazionali. Golosa la parmigiana di melanzana rivisitata, cotta al vapore e servita intera, farcita di provola affumicata e cosparsa di polvere di cipolla.

🔠 🍴 – Prezzo: €

Piazza della Rinascita 23 – ℰ 085 62388

😊 **NOLE**

ITALIANA CONTEMPORANEA • CONTESTO CONTEMPORANEO Nole si trova in una delle vie iconiche di Pescara ed è un locale dal doppio ingresso, che racconta infatti della sua duplice anima: da una parte (nel vero senso del termine) c'è la ver-sione bar-bistrot dove si ha la possibilità di consumare ottime colazioni, light lunch e merende (chiuso la sera); dall'altra parte c'è l'area del ristorante vero e proprio, minimal e contemporaneo. I due spazi sono divisi dalla cucina a vista; è qui che si prepara una linea classico-moderna a base sia di pesce sia di carne, con particolare attenzione alla disponibilità giornaliera del mercato.

♿ 🔠 – Prezzo: €€

Viale Regina Margherita 84 – ℰ 085 445 8925 – Chiuso martedì

😊 **TAVERNA 58**

ABRUZZESE • CONTESTO TRADIZIONALE Buona trattoria nello stesso quar-tiere che vide venir alla luce Flaiano e D'Annunzio e che esiste ormai da oltre 40 anni, "sopravvivendo" pure ad un cambio gestione (nel 2020) senza che modi-ficasse di una virgola la propria essenza. Cucina rustica e semplice, saporita e generosa, totalmente legata alla tradizione abruzzese in un menù in cui troverete arrosticini, la frittatina sublime del poeta-vate con verdure e caprino, i molti secondi a base di carne (pecora naturalmente, ma anche maiale, coniglio, cinghiale, vitello, manzo...), torrone abruzzese bianco che alla Taverna hanno battezzato Oh pe' la Maiella. Suggeriamo di visitare le cantine con vestigia medievali e romane.

♿ 🔠 ✿ – Prezzo: €

Corso Manthoné 46 – ℰ 085 690724 – taverna58.it – Chiuso domenica e a mezzogiorno venerdì e sabato

CAFÉ LES PAILLOTES 🔵

MODERNA • AMBIENTE CLASSICO "Vecchia" conoscenza della guida, il risto-rante presenta un nuovo chef! Se ambiente ed arredi rimangono sempre gli stessi, con il loro mood che ormai potremmo quasi definire demodé, la cucina - moderna ma senza esagerazioni gratuite - mostra freschezza ed una certa generosità; punto di forza sono di nuovo i crudi di mare, cui è dedicato perfino un menù degustazione. Ben fornita la cantina: circa 500 etichette proposte con un valido rapporto qualità-prezzo.

⅏ ⅊ ⅏ ⅏ ⟺ – Prezzo: €€€

Piazza Le Laudi 2 – ℰ 085 61809 – lespaillotes.it – Chiuso lunedì e domenica

SOMS

ABRUZZESE • **AMBIENTE CLASSICO** In pieno centro storico, in zona pedonale, la storica "società operaia di mutuo soccorso" - SOMS - è ora una sala luminosa e accogliente, dove lo chef propone una cucina legata alle tradizioni abruzzesi ma decisamente originale nella sua esecuzione. Il punto di forza è la cottura alla brace di alcune preparazioni. Un arredo che tende al classico e uno spazio esterno per godere delle piacevoli serate estive.

⅊ ⅏ ⅏ – Prezzo: €€

Via Piave 61 – ℰ 085 943 0068 – somsristorante.it – Chiuso mercoledì e domenica a mezzogiorno

PESCHICI

✉ 71010 – Foggia (FG) – Carta regionale n° **16**–B1

⅏ PORTA DI BASSO

Chef: Domenico Cilenti

PESCE E FRUTTI DI MARE • **CONTESTO CONTEMPORANEO** Lo chef-patron Domenico Cilenti si presenta con due menu degustazione: uno dedicato ai classici che rappresentano la storia del locale e uno alla cieca, costruito giorno per giorno con i migliori ingredienti del mercato. Qualunque sia la vostra scelta, nei piatti traspare evidente una ricercata semplicità, alimentata da un intento preciso: esprimere il sapore della vibrante materia prima pugliese. Ogni assaggio è composto da pochi elementi presentati con cromatismi eleganti, in porcellane ad hoc. Il locale è romanticamente abbarbicato alla scogliera (splendide le due terrazze attrezzate!); 8 preziose camere inducono alla sosta.

⅏ ⅊ ⅏ ⅏ – Prezzo: €€€

Via Colombo 38 – ℰ 0884 355167 – portadibasso.com – Chiuso martedì e mercoledì a mezzogiorno

PESCHIERA BORROMEO

✉ 20068 – Milano (MI) – Carta regionale n° **5**–B2

ASINA LUNA

CARNE • **BISTRÒ** Un locale d'atmosfera, grazie alla profusione di legno, luci soffuse e colori contemporanei. La specialità è sua maestà la carne, di differente provenienza e stagionatura: si va quindi dalla dolce e suadente Vicciola piemontese nutrita con nocciole, alla tenera e delicata scottona australiana frollata nel grasso. Non mancano proposte dal gusto più deciso e con importanti frollature.

⅏ – Prezzo: €€€

Via della Resistenza 23 – ℰ 02 5530 0205 – asinaluna.it – Chiuso domenica e sabato a mezzogiorno

PESCHIERA DEL GARDA

✉ 37019 – Verona (VR) – Carta regionale n° **4**–D1

OSTERIA BAKARÉ

MODERNA • **CONTESTO CONTEMPORANEO** Piccolo ma curatissimo ristorante ubicato nelle retrovie rispetto al lago propone una cucina di stampo contemporaneo con ricette che alternano piatti di pesce ad altri di carne, elaborati partendo da ottime materie prime e in sintonia con le stagioni. Creatività e personalità si accompagnano a qualche tocco orientale. Bella veranda chiusa.

&. – Prezzo: €€€

Via Venezia 30 – ℰ 045 611 4830 – osteriabakare.it – Chiuso lunedì e a mezzogiorno da martedì a giovedì

PESCOCOSTANZO

✉ 67033 – L'Aquila (AQ) – Carta regionale n° **15**–B2

LA CORNIOLA

MODERNA • ELEGANTE Se la cittadina di Pescocostanzo - tra i borghi più belli d'Italia e all'interno del Parco della Maiella - è rinomata in tutta Italia per i suoi merletti al tombolo, La Corniola dell'hotel Relais Ducale lo è per la bontà della sua cucina abruzzese dal tocco moderno, stagionale e fragrante anche e soprattutto grazie ai due orti di proprietà per la produzione di vegetali vari, patate e cipolle, comodamente seduti in una sala sobria ed elegante.

&. ✿ – Prezzo: €€

Via dei Mastri Lombardi 24 – ℰ 0864 642470 – lacorniola.com – Chiuso martedì e mercoledì

PETTENASCO

✉ 28028 – Novara (NO) – Carta regionale n° **1**–C1

✿ CANNAVACCIUOLO BY THE LAKE ⓝ

CONTEMPORANEA • DESIGN All'interno del raffinato boutique hotel Laqua by the Lake – facente parte della "galassia" Cannavacciuolo – la vista del lago fa da accompagnamento alla cucina del resident chef Gianni Bertone che assicura piatti dal forte accento mediterraneo e fantasiose elaborazioni. Tre i percorsi degustazione: "Brezza" d'ispirazione lacustre; "Acquolina" dagli afflati partenopei e, infine, un menu totalmente "Vegetariano". Per chi volesse scegliere in maniere più personale, la carta è sempre disponibile. Gli imperdibili secondo l'ispettore: ricciola, finocchio e bottarga e il ghiottissimo babà di Antonino.

≼ &. 🖭 🏠 🅿 – Prezzo: €€€€

Via Legro 33 – ℰ 0323 212121 – laquabythelake.it/resort-sul-lago-d-orta-pettenasco-novara/ristorante-sul-lago-bistrot-cannavacciuolo – Chiuso mercoledì

GIARDINETTO

MODERNA • AMBIENTE CLASSICO Sulle rive del lago, all'interno dell'omonimo ed elegante albergo che con i dovuti adeguamenti si avvicina ai cento anni di vita, la vista dalle sue sale è bellissima e abbraccia anche l'Isola di San Giulio. Cucina mediterranea con qualche piccola interpretazione fantasiosa, mentre per l'aperitivo o l'after dinner è consigliata una sosta al Roof Top Bar.

≼ 🍴 🏠 🅿 – Prezzo: €€

Via Provinciale 1 – ℰ 0323 89118 – giardinettohotel.com

PIACENZA

✉ 29121 – Piacenza (PC) – Carta regionale n° **9**–A1

IO LUIGI TAGLIENTI

CONTEMPORANEA • DESIGN In un contesto di gran fascino, in special modo ai tavoli sistemati nel cortile della chiesa sconsacrata che ospita la galleria Volumnia, la cucina di Luigi Taglienti si presenta agli ospiti attraverso una serie di piatti ricercati. Le proposte dello chef amano ripercorrere e rileggere i classici nazionali e internazionali attraverso uno stile personale decisamente contemporaneo. Interessante menu "Riscoperta" dedicato al territorio ad un prezzo accattivante.

🅰🅲 🍴 – Prezzo: €€€

Via Pietro Giordani 14 – ℰ 0523 604703 – ioristorante.it – Chiuso lunedì e domenica sera

OSTERIA DEL TRENTINO - DA MARCO

EMILIANA • ACCOGLIENTE Ristorante storico, il cui nome allude all'origine di uno dei primi titolari. Oggi il locale propone piatti della cucina internazionale quali il Filetto alla Rossini e alla Wellington, cucina piacentina con le specialità del territorio: ogni tipo di pasta ripiena confezionata nel proprio laboratorio, così come gelati e sorbetti.

🅰🅲 🍴 – Prezzo: €€

Via del Castello 71 – ℰ 0523 324260 – Chiuso lunedì e domenica

PIADENA

✉ 26034 – Cremona (CR) – Carta regionale n° **4**-C3

🙂 DELL'ALBA

LOMBARDA • TRATTORIA Qui dal 1850 e ora alla sesta generazione, è una verace trattoria familiare, mecca degli amanti della cucina della bassa padana. L'atmosfera semplice, ma autentica, della sala scalda il cuore, mentre al palato ci pensa ciò che arriva dai fornelli: una straordinaria alleanza tra specialità cremonesi e mantovane.

🐄 🅰🅲 ⇄ – Prezzo: €

Via del Popolo 31 – ℰ 0375 98539 – trattoriadellalba.com – Chiuso lunedì e sera martedì e domenica

PIANIGA

✉ 30030 – Venezia (VE) – Carta regionale n° **8**-C3

🙂 TRATTORIA DA PAETO

DEL TERRITORIO • FAMILIARE Piccola trattoria persa tra canali e campagna, gestita da una coppia di soci che con serietà e impegno porta avanti la tradizione di queste terre. Due suggestioni dal menu: baccalà in tutte le salse e sfoglia crema con scaglie di cioccolato. Interessante e fornita carta dei vini con particolare attenzione ai prodotti naturali.

🅰🅲 🍴 🅿 – Prezzo: €€

Via Patriarcato 78 – ℰ 041 469380 – Chiuso lunedì e martedì

PIAZZA ARMERINA – Enna (EN) → Vedere Sicilia, in fondo alla Guida

PIETRA LIGURE

✉ 17027 – Savona (SV) – Carta regionale n° **10**-B2

BUCA DI BACCO

PESCE E FRUTTI DI MARE • CONTESTO TRADIZIONALE Il mare, il pescato del giorno, l'istrionico titolare: tutti elementi che concorrono a far vivere una piacevole esperienza centrata sulla qualità del prodotto ittico. Ospiti di una classica sala, in zona residenziale.

🅰🅲 🅿 – Prezzo: €€

Corso Italia 149 – ℰ 019 615307 – Chiuso lunedì e sera martedì, mercoledì, domenica

LOCANDA NELLI

MEDITERRANEA • FAMILIARE Accogliente e simpatico ristorantino di pesce ubicato nel centro storico della località. Le specialità sono piatti di cucina mediterranea valorizzati da materie prime freschissime e il menu viene composto giornalmente in base alla disponibilità del mercato. Il grazioso dehors si compone di tavolini lungo la stradina pedonale.

🅰🅲 🛖 – Prezzo: €€

Via Vittorio Veneto 15 – ℰ 331 338 3326 – locandanelli.metro.biz – Chiuso martedì e a mezzogiorno lunedì, mercoledì, giovedì, venerdì

PIETRASANTA

✉ 55045 – Lucca (LU) – Carta regionale n° **11**–B1

FILIPPO

MODERNA • DI TENDENZA Il ristorante, ricavato in un'ex autorimessa con decorazioni moderne, interpreta bene lo spirito della pittoresca Pietrasanta, in bilico tra storia e gallerie d'arte contemporanea. Dalla cucina a vista escono dei classici irrinunciabili, come i tordelli al ragù, ma anche le proposte più creative sono decisamente da provare. Quale che sia la vostra scelta, un ottimo ristorante!

♿ 🅰🅲 – Prezzo: €€€

Via Barsanti 45 – ℰ 0584 70010 – filippopietrasanta.it – Chiuso a mezzogiorno

LA MARTINATICA

ITALIANA • ACCOGLIENTE All'interno di un ex frantoio, il ristorante si presenta con sale dal caldo soffitto in legno e un arredo signorile. Le proposte culinarie spaziano tra carne e pesce ma quest'ultimo è la vera specialità dello chef-patron, il quale normalmente si presenta al tavolo per prendere le commande. Il crudo di mare è un viaggio nella fantasia del bravo chef che si diverte con tutta una serie di piccoli assaggini creativi e golosi. Piacevole dehors per la bella stagione.

🛖 ✿ 🅿 – Prezzo: €€€

Via Martinatica 20 – ℰ 0584 178 8946 – martinatica.it – Chiuso a mezzogiorno

PIEVE D'ALPAGO

✉ 32010 – Belluno (BL) – Carta regionale n° **8**–C2

✿ DOLADA

Chef: Riccardo De Pra

DEL TERRITORIO • ELEGANTE L'idilliaco paesaggio da cartolina, in posizione panoramica con vista sul lago di Santa Croce, i paesi e le cime circostanti, si tramuta all'interno in un elegante mix di antico e moderno, un raffinato moltiplicarsi di sale e salotti, con un camino dove vengono cucinati alcuni ingredienti. Da oltre un secolo il ristorante racconta la storia della famiglia De Pra e del loro amore per la montagna, che spesso si trasferisce nel piatto. Lo chef Riccardo ha rafforzato questo legame intensificando la ricerca di ingredienti locali (selvaggina, funghi, pesci d'acqua dolce) e coltivando un orto e un vigneto in proprio. Particolarmente intriganti alcune proposte come il club sandwich di cervo, fois gras e pan brioche o il dessert della casa – tramandato da generazioni – ovvero, lo zabaione gratinato, gelato alla vaniglia e frutti rossi. La struttura dispone anche di splendide suite.

⛳ ⇐ 🛏 ✿ 🅿 – Prezzo: €€€

Via Dolada 21, località Plois alt. 870 – ℰ 0437 479141 – dolada.it – Chiuso lunedì, martedì, mercoledì a mezzogiorno e domenica sera

PIEVE DI CENTO

✉ 40066 – Bologna (BO) – Carta regionale n° **9**–C3

BURIANI DAL 1967

ITALIANA • **AMBIENTE CLASSICO** Un'insegna familiare nella provincia di Bologna, certezza in quanto a buon cibo! Sia che si tratti di ricette a base di pesce, sia che entri in gioco la carne, i sapori son sempre in equilibrio tra gusto classico e ispirazioni moderne, mentre non manca qualche specialità più legata al territorio.

⅃🎹 – Prezzo: €€

Via Matteotti 66 – ☎ 051 975177 – ristoranteburiani.com – Chiuso martedì e mercoledì

PIEVE DI CORIANO

✉ 46036 – Mantova (MN) – Carta regionale n° **4**–D3

CORTE MATILDE

MANTOVANA • **ACCOGLIENTE** La professionalità e la passione dei titolari si accompagnano ad una cucina fatta con prodotti eccellenti, in preparazioni semplici, ma gustose, che esaltano il sapore degli ingredienti (mostarde e confetture fatte in casa con i frutti del proprio orto). La location: una bella cascina ristrutturata, dove non manca un bellissimo dehors utilizzabile in tutte le stagioni, sulla strada che percorse Matilde di Canossa.

🍴⅃🎹↺🅿 – Prezzo: €€

Via Pelate 38 – ☎ 0386 39352 – cortematilde.it – Chiuso lunedì, domenica e a mezzogiorno da martedì a sabato

PIEVE LIGURE

✉ 16031 – Genova (GE) – Carta regionale n° **11**–C2

ORTICA 🟢

CUCINA DI MERCATO • **BISTRÒ** Ci vorranno circa 4 km e mezzo di curve e strade strette e - talvolta - strettissime per raggiungere Ortica, ristorante all'interno della Tenuta Golfo Paradiso, a circa 35 minuti da Genova. Ma, come si dice in questi casi, la vista ampia che vi si apre sul mar Tirreno vi ripagherà della concentrazione tenuta al volante. E non verrete delusi nemmeno dalla cucina proposta, basata sulla fragranza degli ingredienti: le verdure del proprio orto, il pesce locale e le carni super selezionate, elaborati in fresche ricette moderne, oppure cotti alla brace.

⩤🎹🍽🅿 – Prezzo: €€

Via Giovanni Migone 4 – ☎ 010 346 0550 – tenutagolfoparadiso.com/ristorante-ortica – Chiuso a mezzogiorno da lunedì a venerdì

PIEVE SAN GIACOMO

✉ 26035 – Cremona (CR) – Carta regionale n° **4**–C3

☺ OSTERIA DEL MIGLIO 2.10

LOMBARDA • **OSTERIA** Un ristorante di tono moderno, in cui la cucina di Samuele Miglioli omaggia la tradizione locale e la stagionalità dei prodotti in preparazioni accurate che portano in tavola piatti generosi e di grande piacevolezza.

⅃🎹🅿 – Prezzo: €

Via Patrioti 2 – ☎ 0372 166 4229 – Chiuso martedì e mercoledì

PIGNA

✉ 18037 – Imperia (IM) – Carta regionale n° **10**–A2

 TERME

LIGURE • **SEMPLICE** Poco lontano dal pittoresco paese, albergo-ristorante a gestione familiare dalla sala semplice e molto classica, ma che si lascerà ricordare per i suoi piatti altrettanto rustici e familiari, tra cui il classico locale, capra e fagioli.

🏡 🅿 – Prezzo: €

Via Madonna Assunta – ☏ 0184 241046 – ristoranteterme.com/it/the-restaurant – Chiuso mercoledì e sera lunedì e martedì

PINEROLO

✉ 10064 – Torino (TO) – Carta regionale n° **1**–B2

 ZAPPATORI

Chef: Christian Milone

MODERNA • **CONTESTO CONTEMPORANEO** Lasciati i portici, un piccolo cortile conduce al palazzo novecentesco, dove trova posto una trattoria storica che l'attuale chef Christian Milone ha trasformato in un raffinato ristorante, preservando gli elementi antichi, coniugati tuttavia con qualche inserimento più moderno. Su tavoli dall'apparecchiatura particolarmente ricercata ed elegante, viene servita una cucina dalle radici piemontesi, ma quasi sempre accompagnata da rivisitazioni creative. Per chi desidera vedere il cuoco all'opera più da vicino, c'è anche uno chef's table, mentre l'incantevole giardino d'inverno è destinato a chi ricerca una saletta con maggior privacy.

🅰🅲 ⇄ – Prezzo: €€€

Corso Torino 34 – ☏ 0121 374158 – trattoriazappatori.it – Chiuso lunedì e martedì e domenica sera

---

ACAJA

ITALIANA • **CONTESTO CONTEMPORANEO** Centrale, elegante e moderno, la cucina di Acaja si snoda lungo due linee: quella tradizionale regionale, tra ravioli del plin, cardi gobbi, vitella piemontese e nocciole per citare solo alcuni imperdibili, ma anche diversi piatti di pesce, veramente rimarchevoli, con un tocco di contemporaneità e partendo da un'ottima materia prima.

🎐 ♿🅰🅲 – Prezzo: €€

Corso Torino 106 – ☏ 0121 794727 – acajaristorante.it – Chiuso domenica e lunedì a mezzogiorno

PINETO

✉ 64025 – Teramo (TE) – Carta regionale n° **15**–B1

LA CONCHIGLIA D'ORO

PESCE E FRUTTI DI MARE • **CONTESTO CONTEMPORANEO** La posizione abbastanza anonima non mette minimamente in ombra la qualità di questa storica gestione, affermatasi grazie alla bontà della sua cucina di mare: in carta c'è soprattutto il pesce dell'Adriatico, cucinato con tecniche classiche cui, però, si regala qualche piccolissima nota moderna, vedi la tartare di tonno condita con cipolla caramellata e maionese alla polvere di agrumi. Davvero belle le presentazioni dei dolci. Considerando la buona qualità del pescato, i prezzi sono davvero corretti.

♿🅰🅲 – Prezzo: €€

Via Nazionale Adriatica nord – ☏ 085 949 2333 – ristorantelaconchigliadoro.it – Chiuso lunedì-giovedì e domenica sera

PINZOLO

⊠ 38086 – Trento (TN) – Carta regionale n° **6**–A2

 GRUAL

CONTEMPORANEA • ELEGANTE All'interno di uno dei migliori alberghi del Trentino, il Lefay Resort & Spa Dolomiti, elegante struttura che troneggia su Pinzolo mentre alle spalle è protetta dalla montagna che dà nome al suo ristorante gourmet, il Grual, è qui che la sera chef Matteo Maenza propone la propria versione dei sapori montani. In sostanza, i piatti hanno tre diverse ispirazioni legate all'altimetria dove ci si è riforniti di volta in volta per l'ingrediente principale della ricetta. Il fondovalle ispira un piatto come il coregone dal lago di Garda, marinato ed accompagnato da diverse rape ed un latte al mugo, gli gnocchi di rapa rossa con ricotta affumicata e tè nero, sino ad arrivare in alta montagna, con la sella di capriolo e cardi gratinati in crosta di midollo di manzo, crema di segale. Valida anche la selezione enoica che mostra un certo interesse per gli Champagne.

⌀ ⅃ 🖾 🅿 – Prezzo: €€€€

Via Alpe di Grual 16 – ☏ 0465 768802 – grual.lefayresorts.com/it – Chiuso martedì, mercoledì e a mezzogiorno

RENDENÈR ALPINE FOOD 🔟

CONTEMPORANEA • STILE MONTANO All'interno dell'hotel Lory, un ristorante dall'atmosfera molto famigliare, fra arredi in legno e gusto contemporaneo. Il giovane e talentuoso chef propone una cucina di montagna con grande attenzione alle materie prime stagionali; i menù variano, infatti, nel corso dell'anno. In primavera vengono raccolti, ad esempio, radicchio dell'orso, gemme di mugo, asperula, licheni... In estate, per impreziosire i piatti, le erbe e i fiori del proprio orto coltivato in modo assolutamente naturale. Interessante scelta enoica rigorosamente regionale.

⇔ 🅿 – Prezzo: €€

Via Sorano 35 – ☏ 0465 502008 – rendeneralpinefood.it

PIOBESI D'ALBA

⊠ 12040 – Cuneo (CN) – Carta regionale n° **2**–A2

 21.9

Chef: Flavio Costa

DEL TERRITORIO • ELEGANTE 21.9 è la data di nascita delle due gemelle dello chef Flavio Costa, ligure di nascita e piemontese di adozione. All'interno di una tenuta vincola, cantina fin dal XV secolo, accompagnati da una vista strepitosa su vigneti e colline, si apprezza una cucina creativa e di confine, che sposa ricette e ingredienti piemontesi (terra) e liguri (mare), ma anche più contemporanee "contaminazioni", di cui noi abbiamo apprezzato soprattutto il piccione, cime di rapa e mais e la dolce conclusione a base di cioccolato, barbabietola dolce e cocco. In stagione, vi è anche un menu dedicato alla cacciagione.

⌀ ⇐ 🚃 🖾 🍴 🅿 – Prezzo: €€€

Località Carretta 4 – ☏ 0173 619261 – ristorante21punto9.it – Chiuso martedì e mercoledì

PIOMBINO

⊠ 57025 – Livorno (LI) – Carta regionale n° **11**–B3

AL BACCANALE

TOSCANA • FAMILIARE Nel cuore del centro storico e a pochi passi dal castello di Piombino ex Fortezza Medicea, un locale molto raccolto dai sassi a vista e soffitti a volte, con pochi tavoli (meglio prenotare con largo anticipo). L'appassionato e talentuoso chef-patron propone una cucina della tradizione, rivisitata in chiave molto personale e moderna.

&. ᴁ 🖼 – Prezzo: €€

Via XX Settembre 20 – ☏ 0565 222039 – Chiuso lunedì

PISA

✉ 56126 – Pisa (PI) – Carta regionale n° **11**–B2

ERBALUIGIA

CONTEMPORANEA • MINIMALISTA La cucina si presenta con un menù invitante, capace di raccontare il territorio in un riuscito mix di tradizione e modernità, con un capitoletto dedicato alla brace. Molta carne, quindi, anche quinto quarto, e poi formaggi e alcuni piatti vegetariani. Semplice e tendente al minimal, una piacevole realtà nel centro storico, quasi di fronte alla millenaria chiesa di San Frediano.

&. ᴁ 🖼 – Prezzo: €€

Via San Frediano 10/12 – ☏ 050 969052 – erbaluigia.com – Chiuso a mezzogiorno da lunedì a venerdì

PISCIOTTA

✉ 84066 – Salerno (SA) – Carta regionale n° **17**–C3

ANGIOLINA

CAMPANA • STILE MEDITERRANEO La trattoria si trova proprio in fondo a Marina di Pisciotta, posizione che le garantisce tranquillità, anche se la vera attrattiva è la sua ottima cucina di mare proposta a prezzi molto corretti e basata sul pescato locale. In carta spiccano, tra molte altre specialità campane, le alici cucinate in tutti i modi: mbuttate (cioè ripiene), alla scapece, salate da accompagnare al burro, sullo spaghettone...

🖼 – Prezzo: €

Via Passariello 2, località Marina di Pisciotta – ☏ 0974 973188 – ristoranteangiolina.it – Chiuso lunedì a mezzogiorno

PERBACCO

CAMPANA • RUSTICO Chi ama mangiare nel verde troverà qui l'indirizzo giusto, con i tavoli sistemati su terrazzamenti fronte-mare. Cucina semplice e casalinga: la sera sulla griglia accesa con legno d'ulivo si cucina un ottimo pescato locale. Se desiderate prolungare il soggiorno prenotate la camera ricavata nell'ex frantoio.

🌿 ⬜🖼 🅿 – Prezzo: €€

Contrada Marina Campagna 5 – ☏ 0974 973889 – perbacco.it

PITIGLIANO

✉ 58017 – Grosseto (GR) – Carta regionale n° **11**–D3

IL TUFO ALLEGRO

TOSCANA • ROMANTICO Nel cuore di uno dei borghi più spettacolari della Toscana, nei pressi della Sinagoga, un piccolo ristorante con una nutrita cantina di vini e salette ricavate nel tufo. La cucina è squisitamente toscana e tradizionale: nella stagione fredda consigliato il Gran peposo di maremmana, cotto a lungo nel vino rosso e pepato con diverse spezie.

🌿 🖼 – Prezzo: €€

Vicolo della Costituzione 5 – ☏ 0564 616192 – iltufoallegro.it – Chiuso martedì e mercoledì

PIZZIGHETTONE

✉ 26026 – Cremona (CR) – Carta regionale n° **4**-B3

DA GIACOMO

LOMBARDA • CONTESTO STORICO Nel caratteristico centro della bella località divisa dal fiume Adda, un locale dalle note rustiche unite ad elementi più attuali che propone una cucina tradizionale ma attualizzata e alleggerita. Interessanti i due menu degustazioni con spunti di terra o di acqua. Prenotazione obbligatoria.
🕸 ⅃ 🖩 🍴 – Prezzo: €€
Piazza Municipio 2 – ℰ 0372 730260 – dagiacomo.it – Chiuso lunedì e martedì

PIZZO

✉ 89812 – Vibo Valentia (VV) – Carta regionale n° **19**-A2

LOCANDA TOSCANO

CONTEMPORANEA • STILE MEDITERRANEO Suggestivo panorama per questo bel ristorante che sembra abbarbicato sulla scogliera, di fatto a pochi metri dalla piazza centrale e dal castello Murat. Pur ispirandosi alla tradizione marittima calabrese, la cucina si adegua ai tempi moderni sfornando piatti contemporanei anche di terra.
≼ 🖩 – Prezzo: €€
Via Benedetto Musolino 22 – ℰ 0963 531089 – ristorantelocandatoscano.com – Chiuso lunedì

ME RESTAURANT

MEDITERRANEA • CONTESTO CONTEMPORANEO Tra le mura di un ex casolare che si trasferisce sotto al portico in estate, più che scegliere dalla carta conviene affidarsi allo chef patron che costruirà per voi dei menù degustazione (sia di pesce sia di carne) in base alla disponibilità del mercato. Lo stile è mediterraneo, con citazioni calabresi e campane, ma allo stesso tempo personale; non mancano alcuni vaghi riferimenti fusion.
🛬 ⅃ 🖩 🍴 🅿 – Prezzo: €€€
SP per Vibo Marina, località Ponte di Ferro – ℰ 0963 534532 – merestaurant.it

PIZZO CALABRO

✉ 89812 – Vibo Valentia (VV) – Carta regionale n° **19**-A2

SAN DOMENICO

CONTEMPORANEA • CONTESTO CONTEMPORANEO In alto sul tufo che sovrasta la Costa degli Dei – di cui si gode una gran bella vista soprattutto dalla terrazza panoramica estiva ma anche dalle finestre della sala interna – lo stile del San Domenico è decisamente contemporaneo. Anche la cucina proposta dal giovane chef-patron non si sottrae alla modernità: leggera e quasi esclusivamente a base di pesce locale.
≼ 🖩 🍴 – Prezzo: €€€
Via Colapesce 2 – ℰ 327 597 1692 – sandomenicopizzo.it – Chiuso lunedì e domenica sera

PODENZANO

✉ 29027 – Piacenza (PC) – Carta regionale n° **9**-A1

🕸 L'OSTRERIA FRATELLI PAVESI

DEL TERRITORIO • CONVIVIALE Affacciato su una tipica corte novecentesca della bassa padana, "ostreria" non è un refuso, ma un'allusione ai tre fratelli che si suddividono i compiti tra sala e fornelli. Qui pare proprio che il detto "l'unione fa la forza" sia vero: in un ambiente semplice e conviviale, i salumi, gli anolini, i tortelli piacentini di ricotta e spinaci e la bomba di riso sono alcune delle proposte locali che si avvicendano in carta, daino e storione tra i secondi, un'ottima zuppa inglese per finire in bellezza. Il ristorante è molto gettonato: meglio prenotare, anche a pranzo in settimana.

🎦 🕭 ✿ 🅿 – Prezzo: €€

Località Gariga 8 – ℰ 0523 524077 – ostreria.it – Chiuso lunedì e martedì e domenica sera

POGGIBONSI

✉ 53036 – Siena (SI) – Carta regionale n° **11**–D1

INNOCENTI WINE EXPERIENCES

CONTEMPORANEA • **ALLA MODA** Il colpo d'occhio all'ingresso lascia stupiti: la porta si apre su una sala le cui pareti sono ricoperte da centinaia di bottiglie di vino. L'esercizio nasce infatti come enoteca, che negli orari dei pasti si trasforma in un ristorante dalla cucina creativa, in prevalenza di carne, con qualche sfida tecnica di interessante complessità e originalità. Per la scelta del vino ovviamente, non resta che guardarsi attorno! Nuovo dehors utilizzabile anche in inverno: otto tavoli dedicati solo al ristorante

🕮 ⅋ 🎦 🕭 ✿ – Prezzo: €€

Via Cassia nord 2/F – ℰ 0577 980800 – innocentiwines.it – Chiuso domenica

OSTERIA 1126

TOSCANA • **ACCOGLIENTE** L'anno è quello di fondazione del borgo collinare in cui il locale è inserito, parte di un'azienda agricola che mette a disposizione anche appartamenti con cucina e l'intera villa padronale. Ai fornelli una giovane coppia appassionata che propone piatti legati ai prodotti del territorio interpretati in chiave attuale.

🕭 🅿 – Prezzo: €

Località Cinciano 2 – ℰ 0577 932240 – cinciano.it – Chiuso martedì

POGGIRIDENTI

✉ 23020 – Sondrio (SO) – Carta regionale n° **4**–B1

IL POGGIO

DEL TERRITORIO • **FAMILIARE** Lungo la Strada del Vino alle spalle di Sondrio, che dista meno di cinque chilometri, ecco un locale familiare semplice ed accogliente, la cui sala interna si accende del calore del camino-griglia, mentre in estate si concede un panorama sulla valle dalla bella terrazza. In cucina la seconda generazione della famiglia Gianola interpreta ingredienti e ricette della tradizione con piglio moderno.

≼ 🕮 🕭 ✿ 🅿 – Prezzo: €€

Via Panoramica 4 – ℰ 0342 380800 – ilpoggioristorante.it – Chiuso lunedì e martedì a mezzogiorno

POLESINE PARMENSE

✉ 43016 – Parma (PR) – Carta regionale n° **9**–B1

⊗ · **ANTICA CORTE PALLAVICINA**

Chef: Massimo Spigaroli

DEL TERRITORIO • **ROMANTICO** Location da favola, per una struttura che sembra un castello, ma che di fatto nacque come dogana sul Po nel XIV secolo. Se gli avi di famiglia erano mezzadri dell'azienda agricola circostante, Massimo

Spigaroli è oggi proprietario di tutto (camere, bistrot Hosteria del Maiale, spazi comuni dedicati ad eventi/business), proponendo quindi un'experience a 360°, con l'imperdibile visita al Museo del Culatello e, soprattutto, con la sua cucina "gastrofluviale" che trae origine dalle tradizioni locali. Noi ci siamo deliziati con i ravioletti di gallina fidentina cotti in vescica (tecnica francese), nonché il porcelletto da latte di razza Nero Spigaroli con la sua cotenna croccante, gamberi e germogli.

⅏ ⌂🀫🄿 – Prezzo: €€€€

Strada del Palazzo Due Torri 3 – ☎ 0524 936539 – anticacortepallavicinarelais. it – Chiuso lunedì e a mezzogiorno martedì e mercoledì

AL CAVALLINO BIANCO

EMILIANA • CONTESTO TRADIZIONALE Secolare tradizione familiare alla quale affidarsi per assaporare il proverbiale culatello e specialità regionali, lungo le rive del grande fiume. Al "Tipico di Casa Spigaroli", in settimana a pranzo, troverete piatti locali a prezzi contenuti, menu tematici nel week-end.

⅏ ⌂🀫🄿 – Prezzo: €€

Via Sbrisi 3 – ☎ 0524 96136 – ristorantealcavallinobianco.it – Chiuso martedì e sera lunedì, mercoledì, giovedì

POLIGNANO A MARE

✉ 70044 – Bari (BA) – Carta regionale n° **16**–C2

JAMANTÈ

MODERNA • ELEGANTE Non lontano dal centro storico e dalla pittoresca spiaggia Lama Monachile, Jamantè è un ristorante elegante, con tavoli distanziati per passare una serata in grande stile. Nei piatti, in buona parte di mare, troverete evidenti richiami alle tradizioni pugliesi, rivisitate tuttavia in chiave personalizzata e con ottimi risultati dal cuoco.

🀫 🛋 – Prezzo: €€€

Via San Vito 97 – ☎ 351 628 7773 – jamanteristorante.com – Chiuso mercoledì

MERAVIGLIOSO OSTERIA MODERNA

CONTEMPORANEA • CHIC Un bel locale moderno e accogliente nella zona del passeggio serale di Polignano, paese natio del grande Domenico Modugno, a cui è dedicata una statua non lontano dal ristorante. A pranzo una proposta più semplice ma sempre ispirata alla freschezza del mare; la sera carta e menù si fanno più creativi secondo l'estro di uno chef giovane ma con importanti esperienze alle spalle. Per usufruire del comodo parcheggio privato l'arrivo è da concordare al momento della prenotazione.

🀫 🄿 – Prezzo: €€€

Largo Gelso 16 – ☎ 080 424 9509 – ristorantemeraviglioso.it

POLLENZO

✉ 12042 – Cuneo (CN) – Carta regionale n° **1**–B3

SCUDERIE SABAUDE

PIEMONTESE • CONTESTO STORICO Ad un passo dall'Università del Gusto di Pollenzo, vi si accede da una corte d'altri tempi con un giardino curatissimo. Negli spazi rustici delle vecchie scuderie reali, la cucina, che omaggia il territorio, è leggera e tecnicamente impeccabile. Un consiglio: assaggiate il Tistot, una deliziosa panna cotta alla nocciola.

♿🀫 🛋 – Prezzo: €€

Via Amedeo di Savoia 5 – ☎ 339 101 9233 – scuderiesabaude.it – Chiuso lunedì e martedì

POLLONE

✉ 13814 – Biella (BI) – Carta regionale n° **1**-C2

IL PATIO

Chef: Sergio Vineis

DEL TERRITORIO • ELEGANTE Una bella realtà ambientata in antiche stalle, ma con una fresca terrazza affacciata su un giardino allestito per il servizio all'aperto nella bella stagione. Meta gourmet tra le più gettonate della zona, Il Patio deve il suo successo ad una proposta gastronomica di qualità ed a un servizio in sala di notevole livello ed estrema professionalità. Capitanata dallo chef-patron Sergio Vineis, affiancato dal figlio Simone, la cucina parte dal legame con il territorio per atterrare su lande di equilibrata contemporaneità. La scelta enoica è ampia, strutturata, mai scontata.

🐝 🛏🍴♿🅿 – Prezzo: €€€

Via Oremo 14 – ☎ 015 61568 – ristoranteilpatio.it – Chiuso lunedì e martedì

IL FAGGIO

MODERNA • AMBIENTE CLASSICO Una sala elegante dalle grandi vetrate e dagli arredi classici per una cucina di stampo moderno e mediterraneo che alterna piatti di pesce ad altri di carne. La cantina offre una bella selezione di etichette del territorio, ma non solo.

🅿 – Prezzo: €€

Via Oremo 54 – ☎ 015 61252 – ristoranteilfaggio.it – Chiuso lunedì e martedì

POMEZIA

✉ 00071 – Roma (RM) – Carta regionale n° **12**-A2

LOCANDA MARCHESANI

CONTEMPORANEA • CONVIVIALE Da generazioni la famiglia Marchesani investe sostanze ed energie in questo delizioso ristorante gestito con amore. In origine la sua cucina era schietta e tipicamente romana, ma ora l'asticella si è alzata in virtù delle proficue esperienze fatte dalla generazione più giovane. Qui troverete sofisticati piatti di cucina moderna - à la carte o in menu degustazione - che colpiscono per finezza, esecuzione e qualità della materia prima. Un esempio? Calamaro alla diavola, aglione nero toscano e peperoncino fermentato. Aperitivo dalle 17 in poi.

🅰🍴 – Prezzo: €€

Piazza Bellini 13 – ☎ 06 910 7720 – locandamarchesani.it – Chiuso domenica e sabato a mezzogiorno

POMPEI

✉ 80045 – Napoli (NA) – Carta regionale n° **17**-B2

PRESIDENT

Chef: Paolo Gramaglia

MEDITERRANEA • ELEGANTE Dalla cucina arriva una rivisitazione delle tradizioni campane, in qualche particolare (come il pane "sigilinium") addirittura di quelle antiche romane, piatti sempre gustosi e belli anche a vedersi proposti in diversi menù degustazione, ma che possono essere scelti anche alla carte saltando liberamente da uno all'altro. Noi ci siamo affidati al mare, apprezzando ad esempio il "Mediterraneo da scoprire" di cui non sveliamo altro se non che è a base di cernia; si può stare - tuttavia - anche sulla Terra nella sua espressione vegetale.

In sala governano la competenza e la gentilezza della moglie dello chef, che saprà consigliarvi il giusto abbinamento enoico, aprendo addirittura importanti bottiglie per farvene assaggiare un solo calice.

&& 🅰 ☕ 🅿 – Prezzo: €€€

Piazza Schettini 12/13 – ℰ 081 850 7245 – ristorantepresident.it – Chiuso lunedì e martedì e domenica sera

CENERE - MUSEUM & BISTROT ⑩

CAMPANA • **RAFFINATO** Di fronte al parco archeologico, gli appassionati di cucina campana troveranno qui motivo di soddisfazione: accanto a qualche ricetta più creativa, il cuoco propone intramontabili piatti regionali, spesso basati su piccole produzioni di eccellenza: il carciofo violetto di Schito, il cece di Teano, la provola d'Agerola, la salsiccia rossa di Castelpoto e il suino nero casertano solo per citarne alcuni. Due sale, di cui una particolarmente suggestiva nel sottosuolo.

🅰 – Prezzo: €€

Via Plinio 39 – ℰ 081 1953 5367 – cenerepompei.it – Chiuso mercoledì

COSMO RESTAURANT

MODERNA • **CONTESTO CONTEMPORANEO** Benché qua e là il menu contenga rinvii alla gastronomia e ai prodotti campani, il Cosmo si segnala come un'ottima meta gastronomica per chi cerca una cucina più elaborata e creativa, opera di due giovani cuochi che sfornano piatti complessi e di gran livello.

&. 🅰 ☕ – Prezzo: €€

Viale Giuseppe Mazzini 103 – ℰ 349 605 3063 – cosmorestaurantpompei.it – Chiuso lunedì e giovedì a mezzogiorno

IL PRINCIPE

MODERNA • **CONTESTO CONTEMPORANEO** Laboratorio di un'intelligente e creativa rilettura della cucina campana, ci sono piatti che si vorrebbe mangiare ogni giorno, tra ricordi d'infanzia e cucina della nonna, a cui il cuoco aggiunge un tocco più contemporaneo e un'attenzione alle presentazioni. Sia pesce che carne, con tutta la fantasia e i colori della migliore cucina regionale.

🅰 ☕ – Prezzo: €€

Via Colle San Bartolomeo 4 – ℰ 081 850 5566 – ilprincipe.com – Chiuso a mezzogiorno da lunedì a giovedìdomenica sera

PONTASSIEVE

✉ 50065 – Firenze (FI) – Carta regionale n° **11**–C1

PODERE BELVEDERE TUSCANY

TOSCANA • **CASA DI CAMPAGNA** In una casa torre del 1700 circondata dal tipico paesaggio toscano di ulivi e vigneti, oltre che dagli orti e dagli allevamenti che riforniscono il ristorante, il simpatico chef Edoardo Tilli celebra la cucina toscana di campagna: in prevalenza carne con alcune proposte alla griglia, gustose verdure, nonché qualche spunto più creativo, per un risultato di ottimo livello. Ci sono anche delle camere, che tornano comode considerando la posizione piacevolmente isolata della struttura.

🖕 ☕ 🅿 – Prezzo: €€€

Via San Piero a Strada 23 – ℰ 333 869 3448 – poderebelvederetuscany.it – Chiuso giovedì e a mezzogiorno lunedì, martedì, mercoledì, venerdì

PONTE

✉ 28863 – Verbano-Cusio-Ossola (VB) – Carta regionale n° **1**–C1

WALSER SCHTUBA

Chef: Giuseppe Cereda

DEL TERRITORIO • RUSTICO Nella parte più alta e pittoresca della Val Formazza, una piacevolissima risorsa in perfetto stile alpino alla cui conduzione c'è una seria famiglia molto impegnata in valle. Ristorante gastronomico con piatti rivisitati del territorio e grande attenzione ai lievitati nel periodo natalizio (i suoi panettoni sono un must!). Grazioso dehors e sei confortevoli camere per un soggiorno a tutta montagna.

க்🍽 – Prezzo: €€

Località Riale – ℰ 339 366 3330 – locandawalser.it – Chiuso martedì e mercoledì

PONTE A MORIANO

✉ 55100 – Lucca (LU) – Carta regionale n° **11**–B1

🏵 ANTICA LOCANDA DI SESTO

TOSCANA • CONTESTO REGIONALE Le sue origini si perdono nel passato, risalendo sino alla fine del 1300, meritevolmente, quindi, si tratta di uno dei Locali Storici d'Italia, ancora vivo e vivace ai nostri tempi! I piatti proposti spesso riprendono le tradizioni dei contadini toscani, non a caso la proprietà gestisce anche un'azienda agricola biologica (con produzione di vino, olio Evo e aceto). Ottima la zuppa al cavolo nero o lo spaghettone al guanciale mantecato in sala direttamente nella forma di pecorino, mentre la griglia è la regina fra i secondi piatti.

🅰🅿 – Prezzo: €€

Via Ludovica 1660, loc. Sesto di Moriano – ℰ 0583 578181 – anticalocandadisesto. it – Chiuso sabato

PONTE DELL'OLIO

✉ 29028 – Piacenza (PC) – Carta regionale n° **9**–A1

🏵 LOCANDA CACCIATORI

EMILIANA • SEMPLICE È l'autentica trattoria per la gita domenicale sui primi colli piacentini, frequentata comunque anche nei giorni infrasettimanali. La cucina prepara i piatti tipici del territorio, la sala propone tutto a voce, l'ambiente riporta a un mondo della ristorazione del tutto classico ormai fuori moda, ma qui si sprigionano la competenza, la passione e la gentilezza di una famiglia vocata all'ospitalità fin dal secondo dopoguerra. Accogliente dehors per la bella stagione

🅰🍽🅿 – Prezzo: €

Località Mistadello di Castione – ℰ 0523 875105 – locandacacciatori.com – Chiuso mercoledì

RIVA

MODERNA • INTIMO Nel piccolo borgo con l'affascinante castello merlato di Riva, una coppia di coniugi propone una cucina raffinata con quel misurato mix di territorio e creatività. Lasciatevi consigliare dal marito un vino della zona o qualche etichetta italiana o francese (soprattutto di vecchie annate), presenti abbondantemente nell'ampia carta dei vini.

🐾 க்🅰🍽 – Prezzo: €€

Via Riva 16 – ℰ 0523 875193 – ristoranteriva.it – Chiuso lunedì e martedì

PONTE DI LEGNO

✉ 25050 – Brescia (BS) – Carta regionale n° **4**–C1

KRO

ALPINA • STILE MONTANO Sono molti i punti che colpiscono di questa locanda (traduzione di kro dallo scandinavo): la cortesia del servizio, l'ambiente montano curato in legno e pietra e, naturalmente, la cucina. I piatti prevalentemente del territorio sono preparati in chiave moderna ed eseguiti ad arte per soddisfare vista e palato.

&. ♻ 🅿 – Prezzo: €€

Via Tollarini 70/c, località Pontagna di Temù – 𝒞 0364 906411 – Chiuso martedì e mercoledì

PONTE SAN PIETRO

✉ 24036 – Bergamo (BG) – Carta regionale n° **5**–C1

🏵 **CUCINA CEREDA**

Chef: Giuseppe Cereda

MODERNA • CONTESTO STORICO Caratteristico ingresso nella corte di quello che fu un monastero di fine '500, all'interno l'atmosfera si fa più classica e tutta la scena viene rubata dalla cucina: concreta, saporita, senza inutili fronzoli, con piatti sia di carne che di pesce, in buona parte creativa su basi nazionali, ma con qualche accenno locale. A pranzo è disponibile anche un menu più semplice in stile business, mentre tra le proposte della carta che abbiamo particolarmente apprezzato vi sono le lumache, servite con spugnole e un attento condimento al prezzemolo e coriandolo, oppure i paccheri con zuppa di pesce, tanta mediterraneità e gusto grazie ad una salsa in stile bouillabaisse.

&. 🛋 – Prezzo: €€€

Via Piazzini 33 – 𝒞 035 437 1900 – cucinacereda.com – Chiuso lunedì e sabato a mezzogiorno

PONTELONGO

✉ 35029 – Padova (PD) – Carta regionale n° **8**–C3

🏵 **LAZZARO 1915**

Chef: Piergiorgio Siviero

ITALIANA CONTEMPORANEA • COLORATO Un tempo stazione di posta e poi luogo di ristoro per gli operai del vecchio zuccherificio antistante, oggi Lazzaro è un piacevole ristorante familiare di gusto contemporaneo. Daniela Siviero presiede la sala con garbo e competenza, mentre il fratello Piergiorgio è ai fornelli. La scelta verte su due menu degustazione: DNA, 8 portate - cucina creativa che promuove il territorio e il mare con svariate tecniche e preparazioni - Campagna Liquida, 4 portate, cambia settimanalmente e il vegetale predomina. Daniela vi consiglierà - infine - il migliore wine pairing da una carta ben rilegata che racchiude varie chicche.

&. 🎴 🛋 – Prezzo: €€€

Via Roma 351 – 𝒞 049 977 5072 – lazzaro1915.it – Chiuso martedì, mercoledì, giovedì a mezzogiorno e domenica sera

PONTINIA

✉ 04014 – Latina (LT) – Carta regionale n° **12**–B2

🏵 **MATER1APR1MA**

Chef: Fabio Verrelli D'Amico

ITALIANA CONTEMPORANEA • DI TENDENZA Sara, estremamente preparata sui vini, sa offrire un ventaglio originale di scelta a chi si affida alle sue conoscenze, mentre Fabio dalla cucina è in grado di sfornare piatti che, partendo anche dalle (teoricamente) povere materie prime locali - come capra e bufalo - risultano sempre generosi, gustosi, colorati e soprattutto curiosi e attenti agli equilibri dei sapori e delle consistenze. Insomma, un angolino imperdibile nel cuore del piccolo centro in cui lasciarsi sorprendere da una cucina originale.

ॐ 占 🔲 – Prezzo: €€€

Via Sardegna 8 – ℰ 0773 86391 – materiaprimapontinia.it – Chiuso lunedì, a mezzogiorno martedì, giovedì, venerdì e sera mercoledì e domenica

POPOLI

✉ 65026 – Piacenza (PC) – Carta regionale n° **15**–B1

DONEVANDRO ⓝ

CONTEMPORANEA • **INTIMO** Fino ad alcuni anni fa lo chef patron faceva il pittore, ed una certa vena artistica gli è - per fortuna - rimasta: le sue ricette sono infatti personali e moderne e le presentazioni sono naturalmente assai curate ed armoniose, mentre il sapore dei piatti è sostenuto da un'intelligente ricerca della miglior materie prima del territorio interno dell'Abruzzo. Tra l'altro da 2024 si sono trasferiti nella nuova sede: centrale, intima, minimale e particolarmente curata.

🔲 – Prezzo: €€

Via Garibaldi 2 – ℰ 388 887 6858 – donevandroristorante.it – Chiuso lunedì, martedì e mercoledì a mezzogiorno

ISOLA DI PONZA

✉ 19121 – Latina (LT) – Carta regionale n° **12**–B3

✿ ACQUA PAZZA

Chef: Patrizia Ronca

PESCE E FRUTTI DI MARE • **STILE MEDITERRANEO** I tavoli sistemati su una serie di terrazze multilivello offrono una vista mozzafiato sull'emiciclo del porto, buona parte dell'isola che si protende in un lungo abbraccio verso il mare fino a sfiorare Gavi e Zannone: uno dei panorami più spettacolari d'Italia. Nei piatti una cucina quasi esclusivamente di mare, senza troppe complicazioni, i prodotti sono al centro dell'attenzione, insieme al paesaggio.

ॐ ⩗ 🔲 🍴 – Prezzo: €€€

Via Dietro la Chiesa 3/4 – ℰ 0771 80643 – acquapazza.com – Chiuso a mezzogiorno

EEA

PESCE E FRUTTI DI MARE • **ACCOGLIENTE** In posizione rialzata sul bacino portuale di Eea (l'antico nome di Ponza), dalla terrazza del ristorante la vista si estende sulle pittoresche case e sulla suggestiva costa frastagliata dell'isola. Cucina quasi esclusivamente di mare, i piatti oscillano fra tradizione e creatività.

⩗ 🔲 🍴 – Prezzo: €€€

Via Umberto I – ℰ 338 445 6849 – mondoeea.it – Chiuso a mezzogiorno

PORCIA

✉ 33080 – Pordenone (PN) – Carta regionale n° **7**–A2

LA CIOTOLA

CLASSICA • **ACCOGLIENTE** Un locale fresco e dinamico sulla strada per Pordenone. A pranzo, il menu si fa più piccolo e il ritmo più veloce (con prezzi più contenuti), mentre la sera la carta è completa. I fratelli Cover propongono piatti di terra e di mare in cui le buone materie prime sono elaborate con semplicità e un pizzico di fantasia.

&. 🄰🄲 🄿 – Prezzo: €€
Via Sant'Antonio 19 – ℰ 0434 590777 – ristorantelaciotola.com – Chiuso domenica e sabato a mezzogiorno

PORDENONE
✉ 33170 – Pordenone (PN) – Carta regionale n° **7**–A2

LA FERRATA
REGIONALE • **RUSTICO** Foto di locomotive, pentole e coperchi di rame arredano le pareti di questa rustica osteria centenaria, accogliente e conviviale, situata nel grazioso centro storico di Pordenone. Dalla cucina, porzioni generose con sapori della tradizione locale, tra cui affettati, carni e formaggi. Piatti ruspanti, saporiti e golosi.

🄰🄲 – Prezzo: €€
Via Gorizia 7 – ℰ 0434 20562 – Chiuso martedì e a mezzogiorno lunedì, mercoledì, giovedì, venerdì

SOSTANSA
ITALIANA CONTEMPORANEA • **CONTESTO CONTEMPORANEO** Nel centro città, appena fuori dalla ZTL, un locale la cui filosofia parla di "racconti di cucina" e piatti "urban": si sceglie il meglio del mercato, rispettando anche - ma non solo - la stagionalità dei prodotti, per presentarli poi in piatti generosi, gustosi e accattivanti, in un solo menu degustazione davvero intrigante!

&. 🄰🄲 – Prezzo: €€€
Viale Cossetti 3 – ℰ 327 539 6971 – sostansa.it

PORTO CERVO – Sassari (SS) ➜ Vedere Sardegna, in fondo alla Guida

PORTO ERCOLE
✉ 58018 – Grosseto (GR) – Carta regionale n° **11**–C3

ॐ **IL PELLICANO**
CREATIVA • **LUSSO** Dopo un'esperienza parigina, Michelino Gioia, campano con un debole per la Toscana, è tornato a lavorare con la famiglia Sciò, arricchito da una nuova convinzione, ovvero l'importanza di lavorare per riduzione: pochi ingredienti, quindi, ma capaci di esaltare il gusto rendendolo l'unico ed indiscusso protagonista della tavola. Nella sua cucina troviamo consistenze diverse e sapori decisi, abbracci tra terra e mare, estrose interpretazioni della tradizione. Con la sua terrazza sul mare e il profumo di rosmarino nell'aria, Il Pellicano è uno degli indirizzi più romantici d'Italia, impreziosito dal servizio cordiale e professionale offerto dal numeroso personale.

🐝 ⟨ 🖨 🄰🄲 🍴 🄿 – Prezzo: €€€€
Località Lo Sbarcatello – ℰ 0564 858111 – hotelilpellicano.com/it/esperienze-culinarie/ristorante-il-pellicano.html

PORTO ROTONDO – Sassari (SS) ➜ Vedere Sardegna, in fondo alla Guida

PORTO SAN GIORGIO
✉ 63822 – Fermo (FM) – Carta regionale n° **14**–C2

ॐ **L'ARCADE**
Chef: Nikita Sergeev
CONTEMPORANEA • **ELEGANTE** Un ristorante che sposa il mare come pochi altri: sia attraverso la parete vetrata della sala, dove la vista si apre direttamente sul litorale, sia con la cucina, da cui arrivano proposte di pesce articolate in menu

degustazione, ordinabili tuttavia anche singolarmente come se fossero alla carta (su prenotazione c'è anche un menu di carne). E' Sergeev Nikita, sin da bambino in Italia, l'artefice di una cucina tecnica e sofisticata che ama sorprendere e divertire.

🏵 🖾 🏠 – Prezzo: €€€

Lungomare Gramsci snc – ℰ 0734 675961 – ristorantelarcade.it – Chiuso mercoledì

❀ ## RETROSCENA

Chef: Richard Abou Zaki

CREATIVA • MINIMALISTA Uno dei ristoranti stellati più interessanti della regione. Tra le case con mattoni a vista del grazioso centro storico di Porto San Giorgio, pochi tavoli riempiono una sala di minimalista eleganza. Lo sguardo dei clienti, quando non si posa sui piatti, è rapito dalla cucina a vista, dove la brigata guidata da Richard Abou Zaki sforna piatti veramente rimarchevoli, talvolta entusiasmanti. Ancor giovane, ma dal brillante curriculum, la sua cucina presenta qualche traccia del suo passato modenese, ma il più delle volte si nutre di un'inventiva che suscita grandi emozioni.

🏵 ♿ 🖾 🏠 – Prezzo: €€€€

Largo del Teatro 3 – ℰ 0734 302138 – retroscena-ristorante.com – Chiuso martedì e a mezzogiorno lunedì, mercoledì, giovedì, venerdì

PORTO SAN PAOLO – Sassari (SS) ➜ Vedere Sardegna, in fondo alla Guida

PORTO TORRES – Sassari (SS) ➜ Vedere Sardegna, in fondo alla Guida

PORTOFINO
✉ 16034 – Genova (GE) – Carta regionale n° **10**–C2

CRACCO PORTOFINO

PESCE E FRUTTI DI MARE • ROMANTICO A Portofino il celebre chef Cracco si è installato nell'edificio che fu niente meno che Il Pitosforo, proprio davanti al porticciolo, garantendo ai propri fortunati ospiti la vista su di esso, sulla piazzetta e sull'incantato golfo. Attraverso la bravura e competenza dell'executive chef Mattia Pecis, propone una linea di cucina moderatamente moderna, cui non mancano bei riferimenti a ricette (perfino il cappon magro) ed ingredienti liguri (molte verdure direttamente dall'orto di Iva, a breve distanza, sui monti), con la novità della cella frigorifera per la "frollatura" del pescato. La suggestiva terrazza, aperta nella bella stagione dalle 18.30 in poi, è la location ideale per aperitivi e cene en plein air.

🍃 🖾 🏠 – Prezzo: €€€€

Molo Umberto I 9 – ℰ 0185 163 6026 – craccoportofino.it – Chiuso martedì a mezzogiorno

DAV MARE

ITALIANA CONTEMPORANEA • AMBIENTE CLASSICO Il classico dehors in ferro si affaccia su una delle più romantiche piazzette d'Italia, mentre la vista abbraccia il promontorio dominato dal castello. Praticamente una cartolina celebre in tutto il Mondo. In cucina, l'esperienza della famiglia Cerea del celebre tristellato bergamasco Da Vittorio: per un pranzo veloce o per una sosta gourmet, l'alta qualità è sempre garantita. Pochi tavoli e molto richiesti: meglio prenotare in tempo!

🍃 ♿ 🖾 🏠 – Prezzo: €€€€

Via Roma 2 – ℰ 0185 267 8531 – davmare.com

PORTONOVO

✉ 60020 – Ancona (AN) – Carta regionale n° **14**–C1

CLANDESTINO SUSCI BAR

CREATIVA • **ALLA MODA** Il Clandestino è una palafitta, più unica che rara, poggiata su di una spiaggia selvaggia, semplice eppure molto cool, la sera definitivamente romantico, con il mare che si impone da ogni finestra. Moreno Cedroni ha sciolto ogni indugio: gourmet sia a cena che a pranzo. Se il menù Susci Memories racconta la storia del locale attraverso alcuni tra i suoi piatti più storici, l'altro percorso degustazione cambia di anno in anno a seconda dell'estro dello chef.

⋜𝄐 – Prezzo: €€€

Baia di Portonovo – ✆ 071 801422 – morenocedroni.it/clandestino – Chiuso martedì

PORTOSCUSO – Sud Sardegna (SU) ➜ Vedere Sardegna, in fondo alla Guida

POSITANO

✉ 84017 – Salerno (SA) – Carta regionale n° **17**–B2

☖ LI GALLI

CONTEMPORANEA • **DESIGN** All'interno del raffinato albergo Villa Franca, nella zona alta di Positano, una piccola sala luminosa accoglie solo sette tavoli, il cui nero contrasta con il marmo chiaro circostante. In estate soffitto e pareti in vetro si aprono, dando vita a un dehors con affaccio sul mare e sull'isolotto di Li Galli. Originario di Torre del Greco, lo chef Savio Perna prende spunto dalla regione per molti dei piatti proposti, sebbene una delle portate più interessanti, il piccione, arrivi da uno dei migliori allevamenti della Toscana. La tecnica punta a presentazioni estetiche e alla leggerezza del risultato finale, mentre il successo della serata sarà rifinito dall'ottimo servizio. Come non citare alcuni carrelli scenografici? Quello degli oli, quello dell'ottimo pane, nonché quello della piccola pasticceria. La cantina, attraverso le sue circa mille etichette, fa il giro del mondo: Italia e Francia le più presenti, con particolare amore per gli Champagne, soprattutto il Krug, spesso servito anche al calice.

🍸 ⋜𝕄𝄐 – Prezzo: €€€€

Viale Pasitea 318 – ✆ 089 875655 – ligallirestaurant.it – Chiuso a mezzogiorno

☖ ZASS

MEDITERRANEA • **LUSSO** Il leggendario albergo San Pietro, tra i più celebri al mondo, è il gioiello di Positano e della Costiera Amalfitana. Al suo interno ospita questo ristorante che deve il gran successo (meglio prenotare con largo anticipo), oltre alla location di indubbio fascino, alla bravura dello chef belga Alois Vanlangenaeker, qui ormai da oltre 20 anni. La sua cucina racconta con armonia e raffinatezza la forza, i profumi e i sapori del Mediterraneo, utilizzando per lo più il linguaggio campano, che rimane tradizione pura ad inizio pasto con l'assaggio della pizza Margherita appena sfornata, per poi arricchirsi invece nei piatti di una piacevole nota creativa. L'orto biologico all'interno della proprietà prende sempre più spazio in un menù di terra ma soprattutto di mare. L'emblematico San Pietro è un piatto meraviglioso, profumato al limone e accompagnato da purea di patate allo yogurt di bufala, verdure di stagione e la celebre salsa della casa allo Champagne e tartufo. Eccellente servizio con tanto di pianista live, mentre la terrazza renderà l'esperienza un indimenticabile proprio sogno ad occhi aperti.

🕸 ⊰🛋️🅿️ – Prezzo: €€€€

Via Laurito 2 – ℰ 089 875455 – ilsanpietro.com/it/ristorazione/zass – Chiuso a mezzogiorno

AL PALAZZO

MEDITERRANEA • ROMANTICO Il ristorante condivide i bellissimi spazi dell'albergo Palazzo Murat della famiglia Attanasio. Si mangia al centro del bellissimo giardino botanico con minuscolo orto oppure, nelle rare giornate di brutto tempo, nelle intime e curatissime salette interne. La cucina mediterranea spazia dal pesce alla carne, con una proposta che è leggermente differente tra il pranzo, con piatti più semplici, e la sera. Al bar Le Petit Murat l'interessante carta dei cocktail completa la valida offerta vinicola.

🕸 ⊰🛋️ – Prezzo: €€€

Via Dei Mulini 23 – ℰ 089 875177 – palazzomurat.it/it/dining/ ristorante-al-palazzo-a-positano

DA VINCENZO

CAMPANA • FAMILIARE Non è mai facile riuscire a gestire l'equilibrio tra quantità e qualità, a maggior ragione in una località a forte vocazione turistica. Da Vincenzo ci riescono da anni: sin da quel lontano 1958 - anno di apertura da parte di nonno Vincenzo - nel cui solco oggi troviamo l'omonimo nipote, alle prese con piatti soprattutto a base di pesce. Ambiente simpatico, con qualche tavolino sul marciapiede lungo la strada che scende "dentro" Positano come una spina dorsale. Sin dal pranzo, disponibile oltre alla carta vini anche quella dei cocktail.

🆔 🛋️ – Prezzo: €€

Viale Pasitea 172/178 – ℰ 089 875128 – davincenzo.it – Chiuso mercoledì

LA SERRA

MEDITERRANEA • AMBIENTE CLASSICO L'elegante, luminosa e arieggiata sala interna è quasi solo un pro forma, malgrado anch'essa panoramica, dato che tutti vogliono affacciarsi sul blu, sul porto e sulle alture che circondano Positano dalla splendida e romantica terrazza. Un nuovo chef dall'importante curriculum propone ai clienti dell'albergo Le Agavi, di grande charme, o alla clientela esterna, un ventaglio di menù degustazione improntati alla ricerca della valorizzazione di prodotti, provenienti anche dal proprio orto biologico, e piatti legati alla tradizione ma presentati con gusto moderno e aggiornato.

🕸 ⊰🆔🛋️🅿️ – Prezzo: €€€€

Via Marconi 169, località Belvedere Fornillo – ℰ 089 811980 – leagavi.it/ ristorante-la-serra – Chiuso a mezzogiorno

LA SPONDA

MEDITERRANEA • ROMANTICO Dall'elegante sala delle Sirenuse, uno degli alberghi più prestigiosi e glamour della Costiera, appena il tempo lo permette ci si trasferisce in terrazza, con affaccio sulla cascata di case di Positano e centinaia di candele a fare da contorno. Ai fornelli, lo chef Gennaro Russo, di origine partenopea, propone piatti mediterranei (spesso campani) di ispirazione classica, come per il risotto al limone con capperi. Un bel viaggio alla scoperta dei sapori del Sud.

🕸 ⊰🛋️🅿️ – Prezzo: €€€€

Via Colombo 30 – ℰ 089 875066 – sirenuse.it/it/ristoranti-e-bar – Chiuso a mezzogiorno

LA TAVERNA DEL LEONE

CLASSICA • **AMBIENTE CLASSICO** A 3 chilometri ad est di Positano trovate questo locale dalla seria gestione familiare, quasi 60 anni di buon lavoro e un'ottima nomea anche tra i locali. In un ambiente piuttosto classico, spicca la cucina a vista ornata da ceramiche campane bianco-azzurre. In carta sia carne che pesce (per lo più locale), in preparazioni che mostrano la buona qualità della materia prima e alcune elaborazioni personali.

🕭 🎔 🍴 – Prezzo: €€

Via Laurito 43 – ℰ 089 811302 – latavernadelleone.com – Chiuso martedì

NEXT2

CONTEMPORANEA • **ACCOGLIENTE** Un locale molto apprezzato per la qualità della sua cucina, moderna ed invitante, prevista anche carne, in grado di esaltare gli ingredienti per lo più regionali attraverso ricette stuzzicanti (i ravioli di spinaci, stracotto di manzo, blu di bufala oppure il tonno crudo-cotto, burrata, pomodorini e basilico sono tra gli imperdibili). La buona selezione vini, così come la carta dei cocktail, possono essere sfruttate anche con servizio wine bar, per l'aperitivo o il dopo cena.

🕭 🍴 – Prezzo: €€€

Via Pasitea 242 – ℰ 089 812 3516 – next2.it – Chiuso a mezzogiorno

RADA ROOFTOP

MODERNA • **CHIC** Al termine della spiaggia di Positano, superata la discoteca al piano terra, la sala del ristorante si trova al primo piano di un'ex rimessa di pescatori e offre una vista mozzafiato sul paese e sul mare. La cucina ha un orientamento creativo su basi essenzialmente mediterranee.

🕭 ⭤🍴 – Prezzo: €€€

Via Grotte dell'Incanto 51 – ℰ 089 875874 – radapositano.it/index.php/it

POSTAL

✉ 39014 – Bolzano (BZ) – Carta regionale n° **6**-A1

HIDALGO

GRIGLIA • **ACCOGLIENTE** Benché non manchino piatti di pesce, l'Hidalgo è da tempo uno dei punti di riferimento per gli appassionati di carne, con una selezione di razze provenienti da diverse parti del mondo, cotte alla griglia, ma non solo. Sorta di ristorante nel ristorante, ad una delle eccellenze mondiali di carne è dedicato l'Aomi, una sala riservata dove viene servito un menu incentrato sul manzo giapponese wagyu, dagli antipasti ai secondi. Aperto 365 giorni all'anno, condotto da una gestione esperta e signorile, offre anche un'ottima carta dei vini con tante proposte al calice.

🕭 🕭🍴▣ – Prezzo: €€

Via Roma 7 – ℰ 0473 292292 – restaurant-hidalgo.it

POZZA DI FASSA

✉ 38036 – Trento (TN) – Carta regionale n° **6**-B2

EL FILÒ

REGIONALE • **FAMILIARE** Dopo un bel lavoro di restyling, El Filò offre ancora più confort che in passato; permane un certo stile montano ma in una versione che strizza l'occhio alla contemporaneità. Dolomiti e cultura ladina sono sempre i riferimenti della cucina – curata direttamente dall'ottimo chef patron Nicola Vian – che si apre però ad intuizioni moderne e ad alcuni abbinamenti con eccellenze da fuori regione. La carta dei vini esplora in maniera approfondita il territorio.

P – Prezzo: €€€

Strada Dolomites 103 – ℰ 0462 763210 – el-filo.com – Chiuso domenica e a mezzogiorno da lunedì a sabato

POZZOLENGO

✉ 25010 – Brescia (BS) – Carta regionale n° **4**–D1

MOSCATELLO MULINER

DEL TERRITORIO • CASA DI CAMPAGNA L'impressione è quella di essere ospiti in un elegantissimo salotto privato fra piante, tappeti, tavoli in vetro e comode poltroncine, per questo ristorante inserito in un contesto bucolico, i cui piatti si legano al territorio con grande gusto. Per chi volesse prolungare la sosta, consigliamo le belle camere personalizzate da pitture dello chef-artista Lorenzo Bernardini.

🛏 🎬 **P** – Prezzo: €€€

Località Moscatello 3/5 – ℰ 030 918521 – it.agriturismomoscatello.it/muliner-restaurant – Chiuso martedì, a mezzogiorno lunedì, mercoledì, giovedì, venerdì e domenica sera

POZZOLO FORMIGARO

✉ 15068 – Alessandria (AL) – Carta regionale n° **1**–C3

LA LOCANDA DEI NARCISI

MODERNA • ELEGANTE Si viene qui per mangiare il pescato fresco del vicino mar Ligure, gamberi in tempura di nocciola e granita al pompelmo ma anche crudi in accostamento ad un succulento risotto dell'Alta Langa, senza dimenticare la "terra" con fassona e agnolotti al tocco. A tutto ciò segue la pasticceria con ottime preparazioni lievitate disponibili tutto l'anno anche per l'acquisto. Nella bella stagione, agli spazi interni si aggiungono tavoli esterni per un pasto en plein air.

🛢 🎬 🎬 **P** – Prezzo: €€

Via Bettole 35 – ℰ 348 511 6638 – locandadeinarcisi.com – Chiuso lunedì

POZZUOLI

✉ 80078 – Napoli (NA) – Carta regionale n° **17**–A2

ABRAXAS OSTERIA

CAMPANA • FAMILIARE In zona interna e leggermente rialzata rispetto alla costa, un locale colorato e vivace, con tanto legno e le belle teche che espongono le carni (specialità della casa) da gustare anche alla brace. Sapori partenopei e vini anche alla mescita.

🎬 🎬 **P** – Prezzo: €€

Via Scalandrone 15, località Lucrino – ℰ 081 854 9347 – abraxasosteria.it – Chiuso martedì, a mezzogiorno lunedì, mercoledì, giovedì, venerdì e domenica sera

PRAIANO

✉ 84010 – Salerno (SA) – Carta regionale n° **17**–B2

UN PIANO NEL CIELO

MEDITERRANEA • MINIMALISTA Un suggestivo ascensore panoramico conduce dall'albergo Casa Angelina al ristorante: col bel tempo si cena su una terrazza, a lume di candela e con vista mozzafiato sulla Costiera. La cucina di Leopoldo Elefante è mediterranea e in gran parte dedicata al mare. Come non citare l'ormai classico dentice: una scaloppa di pesce del Tirreno adagiata su una dadolata di patate e pomodorini arrosto conditi con zuppetta di vongole lupini, un piatto classico con un vago tocco moderno. Non manca qualche ottima specialità a base di carne. Grande cura è data alle presentazioni e l'illuminazione utilizza varie cromie per accompagnare l'ospite nelle differenti portate, cambiando di tonalità e intensità durante la cena. Lo chef è ben supportato dal servizio, preciso e cordiale, e da un'importante carta dei vini. La cantina si aggira attorno alle 1500 etichette, con un'incredibile disponibilità di grandi formati per intenditori.

&& ≤ 🅰 🛋 🅿 – Prezzo: €€€€

Via Capriglione 147 – 𝒞 089 813 1333 – casangelina.com/it/dining/un-piano-nel-cielo – Chiuso a mezzogiorno

PRALBOINO

✉ 25020 – Brescia (BS) – Carta regionale n° **4**–C3

🥨 LEON D'ORO

DEL TERRITORIO • ROMANTICO Nel centro storico di questo paesino della Pianura Padana, tra Brescia e Cremona, all'interno di un palazzo d'epoca tutto si fa memoria di un passato secolare: dalle travi a vista del soffitto al camino acceso, ogni elemento concorre a trasmettere quel senso di tradizione e di piacevolezza ampliato – nella bella stagione – dal servizio all'aperto. La carta omaggia prevalentemente il territorio con lumache, capretto alla bresciana e cacciagione, ma c'è molto spazio anche per preparazioni a base di pesce di mare e per qualche suggestione più creativa. La carta dei vini mostra con quanta cura il patron Franco Martini, dopo averle fatte evolvere, inserisca solo le annate pronte ad emozionare i clienti.

&& 🅰 🛋 – Prezzo: €€€€

Via Gambara 6 – 𝒞 030 954156 – locandaleondoro.com – Chiuso lunedì e martedì e domenica sera

PRATO

✉ 59100 – Prato (PO) – Carta regionale n° **11**–C1

🥨 PACA

Chef: Niccolò Palumbo

ITALIANA CONTEMPORANEA • CONTESTO CONTEMPORANEO Lo chef Niccolò Palumbo, il pastry chef Gabriele Palumbo e il maître Lorenzo Catucci sono tre giovani dinamici e intraprendenti, che hanno dato vita a questa bella realtà gastronomica a pochi passi dal centro storico. Cosa aspettarsi varcata la soglia del loro accogliente ristorante? Una cucina italiana moderna che riserva grande attenzione alle materie prime, selezionando piccoli produttori locali e, dove possibile, a km 0. Il prelibato lardo di Colonnata è spesso servito con deliziose proposte di pane: da quello fatto con la farina di riso a quello di castagne. Il servizio eccellente completa questa piacevole esperienza gourmet nella città di Prato.

🅰 – Prezzo: €€€

Via Fra' Bartolomeo 13 – 𝒞 0574 182 0222 – pacaristorante.it – Chiuso lunedì, domenica e a mezzogiorno da martedì a giovedì

IL PIRAÑA

PESCE E FRUTTI DI MARE • AMBIENTE CLASSICO In un ambiente elegante e curato dal tipico stile anni Settanta non troverete svolazzi tecnici o invenzioni avanguardiste, bensì una solida e gustosa cucina di pesce. Le cotture sono quelle più semplici e conosciute, le migliori per esaltare la qualità del prodotto. Un porto sicuro per gli amanti della tradizione e un riferimento per la città.

🅰 ⇔ – Prezzo: €€€

Via G. Valentini 110 – 𝒞 0574 25746 – ristorantepirana.it – Chiuso domenica e sabato a mezzogiorno

MOI OMAKASE ⓝ

SUSHI • **AMBIENTE ESOTICO** In centro a Prato, con vista sul Castello dell'Imperatore, preparatevi ad un viaggio nella cultura gastronomica giapponese, senza spostarvi dall'Italia! Si cena tutti allo stesso orario (le 21.00), con un unico menu e lo chef in mezzo a preparare in diretta una selezione di sushi e sashimi. Omakase significa – infatti – "mi fido di te", ma sarà un atto di fiducia del quale non vi pentirete. L'ispettore consiglia: zuppa di miso e rana pescatrice con alga kelp e cipolle verdi.

🅰🅲 – Prezzo: €€€€

Viale Piave 10 – ☎ 0574 065595 – moiprato.it – Chiuso domenica e a mezzogiorno da lunedì a sabato

PRIOCCA

✉ 12040 – Cuneo (CN) – Carta regionale n° **2**-A1

🕸 IL CENTRO

Chef: Elide Mollo

PIEMONTESE • **FAMILIARE** Un soffio di immortalità accarezza questo ristorante, quello della grande cucina piemontese, che qui trova una delle sue migliori espressioni nelle mani della famiglia Cordero. Elide in cucina, il marito Enrico e il bravissimo figlio Giampiero in sala – grande conoscitore di vini che si occupa di una straordinaria cantina in continua crescita – tengono alta la bandiera di un ristorante preso in gestione dai nonni di Giampiero nel 1956. Con sempre maggiore bravura sfornano una cucina tradizionale, ricca di sostanza e sapori, che si verrebbe qui a mangiare tutti i giorni, senza mai stancarsi, come i leggendari peperoni in agrodolce, gli agnolotti del plin e la finanziera, mentre in estate si alleggerisce un po' l'offerta anche con qualche piatto di mare. Ogni anno, dopo la riapertura di gennaio e fino a primavera inoltrata, la proposta si limita al leggendario fritto misto: una carrellata di 12 portate dal salato al dolce (prenotare un tavolo diventa ancora più difficile!). A pochi passi dal ristorante si trovano le eleganti camere della Dimora Cordero.

🕸 🅰🅲 ⇔ – Prezzo: €€€

Via Umberto I 5 – ☎ 0173 616112 – ristoranteilcentro.com – Chiuso lunedì, martedì e mercoledì a mezzogiorno

PUDIANO

✉ 25034 – Brescia (BS) – Carta regionale n° **5**-D2

🕸 SEDICESIMO SECOLO

Chef: Simone Breda

CREATIVA • **ROMANTICO** Una location piacevolmente bucolica nella campagna bresciana, che si raggiunge dopo una stradina che si snoda fra campi di mais e tanto silenzio. Il nome fa riferimento all'epoca d'origine dell'edificio in cui si è ricavata la sala: tra pavimenti in cotto, soffitti originali e camini, la modernità degli arredi dona all'insieme la giusta armonia. La carta mostra una certa attitudine alla fantasia, molta carne, un po' di pesce e qualche riferimento al territorio, mentre lo stile è decisamente moderno-creativo. Se il menu offre tanta scelta per tutti i gusti, i contenuti sono pensati ed elaborati con maestria da Simone Breda, che conosce bene le basi della chimica ai fornelli e ha un buon palato affinato sulla leggerezza.

🅶 🅰🅲 ⇔ 🅿 – Prezzo: €€€

Via Gerolanuova 4 – ☎ 030 563 6125 – ristorantesedicesimosecolo.it – Chiuso lunedì e martedì

PUEGNAGO SUL GARDA

✉ 25080 – Brescia (BS) – Carta regionale n° **4**-D1

❀ CASA LEALI

Chef: Andrea Leali

ITALIANA CONTEMPORANEA • **CONTESTO CONTEMPORANEO** I fratelli Leali, giovani ed appassionati, anno dopo anno mostrano di avere una gran bella qualità: la loro Casa, elegantemente ricavata dalla ristrutturazione di un casale quattrocentesco, ormai è tappa gastronomica da appuntarsi. In cucina, Andrea - preciso e molto attento alla selezione di ingredienti stagionali - preferisce concentrarsi su pochi elementi in ogni piatto, sfruttando tecnica e fantasia. E' così che l'ostrica cotta alla brace, pesto di olive e profumo di scalogno diventa un antipasto davvero interessante: non si perde – infatti - la sinuosa potenza dell'ostrica, pur abbinandosi ad eleganti e sottili note amare. Davvero ottimo anche il pane. Marco segue - invece - sala e cantina, facendo trapelare il suo raffinato amore per bollicine e Champagne. La bella stagione dà l'opportunità di un pasto a bordo piscina, circondati da piante e cinguettii.

⊗ ⅋ ᴦ **P** – Prezzo: €€€

Via Valle 1 – ☏ 366 529 6042 – casalealiristorante.it – Chiuso mercoledì e a mezzogiorno lunedì e martedì

PULA - Cagliari (CA) ➜ Vedere Sardegna, in fondo alla Guida

PUOS D'ALPAGO

✉ 32016 – Belluno (BL) – Carta regionale n° **8**-C2

❀ LOCANDA SAN LORENZO

Chef: Damiano e Renzo Dal Farra

MODERNA • **ACCOGLIENTE** Era il 1900 quando ebbe inizio la saga della famiglia Dal Farra con la loro locanda. I nonni di Renzo, l'attuale chef patron, avviarono una semplice osteria per dare ristoro a chi lavorava nel vicino mulino. Negli anni Cinquanta fu la volta dei genitori, per arrivare nel 1997 al riconoscimento della stella. Passione e costanza sono le caratteristiche che da oltre un secolo entusiasmano gli avventori di questo locale, la cui cucina saldamente legata ai prodotti regionali viene in certi piatti reinterpretata con gusto contemporaneo (imperdibile la "Degustazione di agnello d'Alpago", signature dish del locale). La sala più moderna è la più vocata ad accogliere gli ospiti più esigenti, ma ci sono anche habitué che per nulla al mondo rinuncerebbero a quella rustica, soprattutto per i due tavoli vicini al camino. Bella selezione enoica e - ai piani - alcune semplici camere dallo stile sobrio.

⊗ ᴦ ⇔ **P** – Prezzo: €€€

Via IV Novembre 79 – ☏ 0437 454048 – locandasanlorenzo.it – Chiuso mercoledì e domenica sera

PUTIGNANO

✉ 70017 – Bari (BA) – Carta regionale n° **16**-C2

❀ ANGELO SABATELLI

Chef: Angelo Sabatelli

DEL TERRITORIO • **ELEGANTE** Nel caratteristico centro storico della località, in sale eleganti di gusto contemporaneo, lo chef Angelo Sabatelli - Passion Dessert Award 2024 - propone una cucina tecnica che valorizza il territorio, simpatizzando nel contempo con suggestioni asiatiche; meritevole di visita la grande e fornita cantina (ottima la selezione di spumanti e Champagne). Luci soffuse e musica jazz: già dall'aperitivo la sensazione è quella di essere coccolati e al centro dell'attenzione di Laura, moglie dello chef e "metronomo" impeccabile del servizio di sala.

చ్చి & 🏧 – Prezzo: €€€

Via Santa Chiara 1 – ℰ 080 405 2733 – angelosabatelliristorante.com – Chiuso lunedì, a mezzogiorno da martedì a sabato e domenica sera

QUARONA

✉ 13017 – Vercelli (VC) – Carta regionale n° **1**–C1

 ITALIA

PIEMONTESE • **CONTESTO CONTEMPORANEO** Ormai un caposaldo in zona, con una gestione famigliare pluriennale: una solida cucina del territorio con spunti fantasiosi e creativi che spaziano in tutto il Piemonte. Ottima la cura nei dessert, sfiziosi e ghiotti.

🍽 ✿ – Prezzo: €€

Piazza della Libertà 27 – ℰ 0163 430147 – ristoranteitaliaquarona.it – Chiuso lunedì

QUARTIERE DI PORTOMAGGIORE

✉ 44015 – Ferrara (FE) – Carta regionale n° **9**–C1

LA CHIOCCIOLA

DEL TERRITORIO • **FAMILIARE** Ristorante e locanda in un piccolo paese di campagna, è il luogo giusto per chi cerca ospitalità e apprezza la cucina regionale, fatta di lumache e rane ma anche piatti di pesce dal vicino mare. Una proposta che soddisfa tutti i palati.

చ్చి & 🏧 🍽 **P** – Prezzo: €€

Via Runco 94/f – ℰ 0532 329151 – locandalachiocciola.it – Chiuso lunedì e martedì e domenica sera

QUARTO

✉ 80010 – Napoli (NA) – Carta regionale n° **17**–A2

 SUD

Chef: Marianna Vitale

MODERNA • **CONTESTO CONTEMPORANEO** Quarto si è conquistata una posizione nelle mappe gastronomiche con la cucina di Marianna Vitale e il suo omaggio ai prodotti del sud, pur non mancando qualche escursione più esotica. Una volta seduti al tavolo, non c'è scelta di piatti, se non per il numero di portate che compongono i due menu degustazione pensati dalla cuoca, sette o dodici. Escluse eventuali allergie o intolleranze, tutto arriva a sorpresa, ma con una predilezione per il mare e i suoi prodotti.

🏧 🍽 **P** – Prezzo: €€€

Via Santi Pietro e Paolo 8 – ℰ 081 020 2708 – sudristorante.it – Chiuso mercoledì, a mezzogiorno lunedì, martedì, giovedì, venerdì e domenica sera

QUARTO D'ALTINO

✉ 30020 – Venezia (VE) – Carta regionale n° **8**–C2

DA ODINO

PESCE E FRUTTI DI MARE • **FAMILIARE** Un ristorante storico, che nel tempo fu anche sala da ballo. Le dimensioni, quindi, sono notevoli ma l'atmosfera assolutamente piacevole e conviviale, grazie anche ad un servizio familiare, simpatico e professionale al tempo stesso. Le specialità ruotano attorno al mare, sebbene ultimamente vi trovino posto anche piatti di terra e vegetariani.

🛬♿️🅰️🍽️❄️🅿️ – Prezzo: €€

Via Roma 87 – 🕿 0422 825421 – Chiuso martedì e mercoledì

QUERO

✉️ 32038 – Belluno (BL) – Carta regionale n° **8**-B2

LOCANDA SOLAGNA

ITALIANA CONTEMPORANEA • **RUSTICO** Locale aperto negli anni Cinquanta, ma che sembra appena inaugurato per la freschezza degli ambienti. Ben consolidata è la qualità della cucina nella sua linea serale legata al territorio e, soprattutto, ad un'attenta selezione di ingredienti di stagione. A pranzo la formula "osteria" è più semplice. Ottima anche la proposta enoica.

🐾 🛬🅰️🍽️ – Prezzo: €€

Piazza I Novembre 2 – 🕿 0439 788019 – locandasolagna.it – Chiuso martedì a mezzogiorno e domenica sera

QUISTELLO

✉️ 46026 – Mantova (MN) – Carta regionale n° **4**-D3

L'AMBASCIATA

MANTOVANA • **ELEGANTE** Da sempre uno dei ristoranti in Italia dove le decorazioni interne abbondano sino ad un'opulenza che non ha simili: specchi, tappeti, argenteria, candelabri, pile di libri ovunque, nel periodo natalizio - al centro – l'albero di Natale più sfarzoso e più grande che possiate trovare in un ristorante... La cucina dell'attuale chef patron Matteo Ugolotti prende a piene mani dalla tradizione mantovana e dalla celebre gestione precedente, risalendo alle volte sino a richiami rinascimentali, con un plauso speciale per l'immortale salame di cioccolato avvolto, direttamente al tavolo, dallo zabaione caldo versato dal paiolo di rame: spumoso, goloso e delizioso. Ci sono, tuttavia, anche ricette e menù degustazione più attuali.

🅰️🅿️ – Prezzo: €€€

Piazzetta Ambasciatori del Gusto 1 – 🕿 0376 619169 – ristorantelambasciata.eu – Chiuso lunedì e martedì

RABLÀ

✉️ 39020 – Bolzano (BZ) – Carta regionale n° **6**-A1

HANSWIRT

REGIONALE • **ROMANTICO** Sale e salette dall'ambiente tirolese si sdoppiano con la grande sala veranda, all'interno di un edificio antico che fu stazione di posta. I piatti sono eseguiti utilizzando per lo più ingredienti di territorio, soprattutto verdure e carni (capretti e agnelli allevati nel proprio maso in val Senales), ma anche pesci d'acqua dolce. Alle spalle c'è l'omonimo albergo, una bella struttura secolare.

♿️🍽️❄️🅿️ – Prezzo: €€

Piazza Gerold 3 – 🕿 0473 967148 – hanswirt.com

RACALE

✉️ 73055 – Lecce (LE) – Carta regionale n° **16**-D3

L'ACCHIATURA

PUGLIESE • **CONTESTO STORICO** Un ristorante di lunga tradizione che interpreta la cucina pugliese con grande esperienza: la scelta spazia fra carni e pesci in classiche ricette casalinghe e prodotti locali. Il fascino del passato rivive anche nelle belle ed accessoriate camere, nonché nella scenografica piscina ospitata in una grotta.

🆊 🍴 – Prezzo: €€

Via Marzani 12 – ℰ 0833 558839 – acchiatura.it – Chiuso a mezzogiorno

RAGUSA – Ragusa (RG) → Vedere Sicilia, in fondo alla Guida

RANCO
✉ 21020 – Varese (VA) – Carta regionale n° **4**–A2

IL SOLE DI RANCO

CREATIVA • **ELEGANTE** Un'elegante dimora dai giardini che digradano al lago: la terrazza, dove nella bella stagione ci si accomoda, è un piccolo angolo di piacevolezza con un'ampia vista panoramica, mentre la cucina interpreta la tradizione con tocchi moderni e fantasiosi. Ottima ricerca di prodotti locali.

🕸 ≼ 🛖 🆊 🍴 ♻ 🅿 – Prezzo: €€€

Piazza Venezia 5 – ℰ 0331 976507 – ilsolediranco.it – Chiuso lunedì e martedì

RANDAZZO – Catania (CT) → Vedere Sicilia, in fondo alla Guida

RAPALLO
✉ 16035 – Genova (GE) – Carta regionale n° **10**–C2

LE CUPOLE

ITALIANA CONTEMPORANEA • **LUSSO** Al sesto piano del Grand Hotel Bristol, grazie alla presenza in cucina di uno chef di esperienza, la cucina abbraccia tutto lo Stivale presentandosi con uno stile unico dal tocco moderno, dove, per altro, un occhio di riguardo è riservato ai sapori regionali. Tanto pesce ma anche piatti vegetariani e qualche portata a base di carne. Senza scordarci che Le Cupole "abitano" un roof garden con vista mozzafiato sul Promontorio di Portofino.

≼ 🛖 ♿ 🆊 🍴 🅿 – Prezzo: €€€

Via Aurelia Orientale 369 – ℰ 0185 273313 – grandhotelbristol.it – Chiuso a mezzogiorno da lunedì a venerdì

RAPOLANO TERME
✉ 53040 – Siena (SI) – Carta regionale n° **11**–C2

OSTERIA IL GRANAIO

CLASSICA • **CONTESTO TRADIZIONALE** Nel centro storico di Rapolano, si chiama osteria ma in realtà è un ristorante dalle eleganti sale sotto gli archi in mattoni di un palazzo di origini seicentesche. In carta troverete specialità toscane, dai pici con vari condimenti al peposo, nonché una selezione di piatti di pesce. Per gli amanti del vino, annessa al locale la fornita enoteca del Granaio.

♿ 🆊 🍴 – Prezzo: €€

Via dei Monaci – ℰ 0577 726975 – osteriailgranaio.it – Chiuso lunedì-mercoledì, domenica

RASTIGNANO

✉ 40067 - Bologna (BO) - Carta regionale n° **9**-C2

OSTERIA NUMERO SETTE

EMILIANA • **OSTERIA** L'atmosfera è familiare e informale, i piatti generosi e ben fatti, di gusto locale e nazionale: non certo un luogo di sperimentazione gastronomica ma un approdo sicuro per chi è in cerca di sostanza e buona accoglienza.
🅰🅲 🍴 - Prezzo: €
Via Andrea Costa 7 - ℰ 051 742017 - osterianumerosette.business.site - Chiuso lunedì e domenica sera

RAVALLE

✉ 44123 - Ferrara (FE) - Carta regionale n° **9**-C1

L'ANTICO GIARDINO

MODERNA • **CONTESTO CONTEMPORANEO** Una carta interessante e tradizionale, due degustazioni - menu d'autunno e uno tradizionale (ad ottimo rapporto qualità prezzo entrambi) - in un ambiente di buon confort, coccolati dalla simpatica energia del titolare che non mancherà di consigliarvi il miglior wine-pairing. In menu, battute di carne cruda e flan, agnolotti e ravioli, tagli selezionati cucinati in maniera impeccabile. In stagione, il tartufo bianco accompagna spesso le preparazioni. Noi siamo stati in autunno: il cappellaccio di zucca con burro, salvia e mandorla, ci è piaciuto per la sua cremosità e morbidezza.
🐌 🅰🅲 🍴 🅿 - Prezzo: €€
Via Martelli 28 - ℰ 0532 412587 - ristoranteanticogiardino.com - Chiuso lunedì e a mezzogiorno da martedì a sabato

RAVARINO

✉ 41017 - Modena (MO) - Carta regionale n° **9**-C3

IL GRANO DI PEPE

PESCE E FRUTTI DI MARE • **INTIMO** Se siete indecisi sul menu degustazione o la carta, intanto godetevi gli ottimi pani, tra cui lo sfincione: una sorta di focaccia palermitana con condimento "deciso" al pomodoro che vale di per sé la sosta! Poi la scelta vira verso il mare; in questo caso suggeriamo la zuppa di pesce "Palermo e Marsiglia", una intensa preparazione che contempla sapori decisi e succulenti. Gli ambienti minimalisti e la gioviale accoglienza di chef Rino Duca fanno il resto.
♿ 🅰🅲 - Prezzo: €€€
Via Roma 178/a - ℰ 391 317 2377 - ilgranodipepe.it - Chiuso lunedì, domenica e a mezzogiorno da martedì a sabato

RAVELLO

✉ 84010 - Salerno (SA) - Carta regionale n° **17**-B2

❀ ## IL FLAUTO DI PAN

CREATIVA • **ROMANTICO** Ravello, raffinata ed aristocratica, da sempre rifugio del bel mondo, dalla sua altezza domina il golfo e l'hotel Villa Cimbrone, che ospita il ristorante stellato, ne è una delle sue più esclusive espressioni: immerso in un parco culminante in un belvedere mozzafiato e che comprende anche l'orto biologico visitabile, vi troverete in un luogo indimenticabile. Ai tavoli della sala interna o in terrazza, ammirando le nuove mise en place, gusterete i piatti elaborati dallo chef partendo proprio da ciò che si produce in casa. Grande varietà nell'offerta, con menù degustazione anche vegano e gluten free, così come variegata è la scelta à la carte.

⊗ ⪇ ⧉ ⧄ ⇄ – Prezzo: €€€€

Via Santa Chiara 26 – 𝒞 089 857459 – hotelvillacimbrone.com/it/il-flauto-di-pan – Chiuso a mezzogiorno

☼ ROSSELLINIS

MEDITERRANEA • LUSSO Il celebre fine dining del bellissimo albergo Palazzo Avino, elegante e classico all'interno, diviene un appuntamento imperdibile sulla terrazza, dove regala uno dei panorami più suggestivi di tutta la Costiera Amalfitana, sospeso com'è tra cielo e mare. La cena si apre magicamente con una flûte di Champagne servita nel favoloso giardino sottostante la terrazza, con una vista che rimane impareggiabile; intanto un servizio di superbe ceramiche viene apparecchiato sul tavolo insieme ad alcuni finger food fantasiosi. Benvenuti al Rossellinis! Si continuerà con la cucina di chef Vanacore, a carattere regionale e caratterizzata da leggerezza ed equilibrio di sapori. L'ottimo sommelier Luigi Nitto, nel frattempo, vi condurrà in giro per il mondo grazie ad una carta ampia ed esaustiva.

⊗ ⪇ ⧉ ⧄ ⬚ 🅿 – Prezzo: €€€€

Via San Giovanni del Toro 28 – 𝒞 089 818181 – Chiuso a mezzogiorno

RAVENNA

✉ 48121 – Ravenna (RA) – Carta regionale n° **9**–D2

ANTICA TRATTORIA AL GALLO 1909

ITALIANA • LIBERTY È un riferimento ineludibile nel panorama gastronomico ravennate ed - infatti - è quasi sempre pieno! "Locale Storico d'Italia", e a buon titolo visto che è gestito dalla stessa famiglia da oltre 100 anni, questo ristorante è una trattoria solo nel nome, visto il tripudio di decorazioni Liberty che ne caratterizza l'arredo. Sul fronte della cucina vi attendono piatti regionali: tartufo, carni succulenti e pesci locali. In sala tutti coinvolti, mentre il giovane titolare vi illustrerà le scelte enoiche con una simpatia squisitamente romagnola.

⧉ ⇄ – Prezzo: €€

Via Maggiore 87 – 𝒞 0544 213775 – algallo1909.it – Chiuso lunedì e martedì e domenica sera

L'ACCIUGA Ⓝ

PESCE E FRUTTI DI MARE • COLORATO Acciughe, mazzancolle, seppie e pesce del giorno sono solo alcune delle scelte possibili in questo locale di mare, dove la cucina conquisterà per fragranza e freschezza del prodotto, mentre la piccola carta dei vini – che si estende anche al di fuori del Bel Paese – propone un buon rapporto qualità/prezzo. Gli ambienti in marinari riprendono gli interni delle navi di un tempo e l'accoglienza è romagnola: eccellente in tutto!

⅛ ⧉ – Prezzo: €€

Viale Francesco Baracca 74 – 𝒞 0544 212713 – lacciugaosteria.eatbu.com – Chiuso lunedì, a mezzogiorno da martedì a giovedì e domenica sera

OSTERIA DEL TEMPO PERSO

ITALIANA CONTEMPORANEA • DI QUARTIERE In un angolo nascosto del centro storico, questo piccolo locale dall'anima bistrot è accogliente e gioviale. Alle pareti fotografie, libri, bottiglie e calici per la buona selezione di vini, che lascia spazio anche ad alcune etichette europee. I tavoli piccoli e ravvicinati, le luci calde e soffuse, l'atmosfera quasi parigina rendono l'indirizzo ideale per una serata romantica o tra amici. C'è anche un piccolo dehors per le mezze stagioni, ma i posti sono contati meglio prenotare!

🅰 🍸 – Prezzo: €€

Via Gamba 12 – ℰ 0544 215393 – osteriadeltempoperso.it – Chiuso giovedì e a mezzogiorno lunedì, martedì, mercoledì, venerdì

RAVEO

✉ 33029 – Udine (UD) – Carta regionale n° **7**–A2

INDINIÒ

ITALIANA CONTEMPORANEA • ELEGANTE In carnico antico Indiniò significa "in nessun luogo", una sorta di isola che non c'è in cui si esprime tutta la passione della chef Gloria Clama, che ha lasciato il mestiere di operaia per coronare il suo sogno: proporre i prodotti della sua terra (e non solo!), elaborati con un gusto impeccabile; c'è anche un menu totalmente vegetariano. Il locale è accogliente ed elegante, pochi tavoli, ambiente intimo e possibilità di una saletta privé, sotto la direzione vigile di Mirko.

🅰 🅰 ⇔ – Prezzo: €€

Via Norsinia 21/b – ℰ 329 462 6486 – indinio.it – Chiuso lunedì, martedì, a mezzogiorno da mercoledì a venerdì e domenica sera

RECANATI

✉ 62019 – Macerata (MC) – Carta regionale n° **14**–C1

CASA BERTINI

MODERNA • ELEGANTE Poco fuori dal grazioso centro storico di Recanati, città natale dell'illustre Giacomo Leopardi, un inaspettato indirizzo gourmet all'interno di un centro sportivo. Ai fornelli c'è Andrea Bertini, giovane e bravo cuoco rientrato dopo alcune belle esperienze; qui, a "casa sua" rilegge le tradizioni marchigiane, in particolare quelle di terra, con leggerezza e semplicità, senza inutili esagerazioni, caratteristiche che accomunano la cucina con gli ambienti interni, eleganti e molto sobri.

🅰 🅰 🍸 🅿 – Prezzo: €€€

Via le Grazie 7b – ℰ 071 236 3289 – ristorantecasabertini.it – Chiuso lunedì e domenica sera

RECCO

✉ 16036 – Genova (GE) – Carta regionale n° **10**–C2

DA Ö VITTORIO

PESCE E FRUTTI DI MARE • VINTAGE La rassicurante cucina ligure in un'interpretazione classica, ma ancora in linea con i tempi, servita in due sale distinte: una dal tono tradizionale, l'altra più moderna. Interessante sfogliare menu e carta dei vini con note storiche e informazioni utili sui vitigni. Proverbiale la focaccia!

🐚 🍸 ⇔ 🅿 – Prezzo: €€

Via Roma 160 – ℰ 0185 74029 – daovittorio.it

MANUELINA

LIGURE • AMBIENTE CLASSICO Fondato nel 1885 da colei che diede chiara fama alla celebre focaccia di Recco, proponendola come piatto nella sua osteria, Manuelina è uno dei locali liguri con più storia alle spalle. Oggi la quarta generazione porta avanti l'insegna con passione: da una parte la classica Focacceria, nel solco della tradizione, dall'altra il ristorante vero e proprio (comunque anche qui in carta c'è la mitica focaccia che consigliamo di assaggiare), con soli tavoli tondi, dove le ricette si basano su ingredienti perlopiù liguri, prevalentemente dal mare ma non solo, cucinati alle volte con omaggio alla tradizione, altre con un pizzico di modernità.

🚰 📶 🍴 🅿 – Prezzo: €€

Via Roma 296 – ☏ 0185 74128 – manuelinaristorante.it – Chiuso mercoledì e a mezzogiorno lunedì, martedì, giovedì

RECORFANO

✉ 26030 – Cremona (CR) – Carta regionale n° **4**–C3

🏵 ANTICA TRATTORIA GIANNA

LOMBARDA • **TRATTORIA** In questa gloriosa trattoria familiare, a pranzo troverete piatti semplici ad un prezzo quasi imbattibile; la sera, invece, un menu degustazione più lungo di ricette della bassa padana ma non solo.

📶 🍴 – Prezzo: €

Via Maggiore 12 – ☏ 0375 98351 – Chiuso martedì e lunedì sera

REGGIO DI CALABRIA

✉ 89125 – Reggio di Calabria (RC) – Carta regionale n° **19**–A3

L'A GOURMET L'ACCADEMIA

PESCE E FRUTTI DI MARE • **AMBIENTE CLASSICO** Dal primo piano (senza ascensore) di questo palazzo d'inizio Novecento si vedono il mare e lo Stretto. Il bravo chef Filippo Cogliardo si destreggia molto bene con piatti a base di pesci sospesi tra classicità (i crudi di mare o la ricciola coi friarielli) e modernità (la tagliatella di seppia con crema di avocado, cetriolo e limone salato). Non manca qualche proposta dedicata alla carne.

🍸 ⊰ 📶 – Prezzo: €€

Via Largo C. Colombo 6 – ☏ 0965 312968 – laccademia.it

REGGIO NELL'EMILIA

✉ 42121 – Reggio Emilia (RE) – Carta regionale n° **9**–B3

IL POZZO

TRADIZIONALE • **LOCANDA** La simpatia del titolare v'introdurrà nella piacevole atmosfera di questo ristorante che punta sulla freschezza dei prodotti e delle preparazioni; il pesce è uno degli ingredienti distintivi della sua cucina.

📶 🍴 ♻ – Prezzo: €€

Viale Allegri 7 – ☏ 0522 451300 – Chiuso lunedì e domenica

RENDE

✉ 87036 – Cosenza (CS) – Carta regionale n° **19**–A2

AGORÀ

PESCE E FRUTTI DI MARE • **CONTESTO CONTEMPORANEO** Michele Rizzo è lo chef patron di questo interessante locale situato in una zona moderna di Rende: la sua carta è incentrata sul pesce (c'è comunque anche qualche proposta di carne) che viene cucinato in modo leggero e moderno, mentre sempre maggiore attenzione è dedicata ad ingredienti di territorio. Buona selezione vini.

    ⟨symbols⟩ – Prezzo: €€
Via Rossini 178 – ℰ 347 912 9377 – agorarende.com – Chiuso domenica e lunedì a mezzogiorno

REVERE

✉ 46036 – Mantova (MN) – Carta regionale n° **4**-D3

IL TARTUFO

DEL TERRITORIO • ACCOGLIENTE Come il nome anticipa, la specialità è il tartufo bianco, d'altra parte ci troviamo lungo la riva destra del Po, ovvero, in quella che è definita la Valle del tartufo mantovano. Per cui in stagione sono i sapori del territorio e della tradizione a farla da padrona, fuori stagione, invece, aumenta la proposta a base di pesce; ma eccellente è anche la zucca marinata. All'interno di una villetta defilata, intima e completata dalla veranda per il dehors: volendo iniziare il pasto al meglio conviene prender l'aperitivo in cantina.

    ⟨symbols⟩ – Prezzo: €€
Via Guido Rossa 13 – ℰ 0386 846076 – ristoranteiltartufo.com – Chiuso giovedì e domenica sera

REVIGLIASCO

✉ 10024 – Torino (TO) – Carta regionale n° **1**-B2

LA TAVERNA DI FRA' FIUSCH

PIEMONTESE • ACCOGLIENTE In questo ristorante incastonato in un delizioso borgo collinare (con vista panoramica dal piano superiore), gli amanti della tradizione troveranno tutti i cavalli di battaglia della zona, aggiornati con un gusto ed un'estetica più moderni. In aggiunta, c'è anche qualche specialità di pesce.

    ⟨symbol⟩ – Prezzo: €€
Via Beria 32 – ℰ 011 860 8224 – wwwfrafiusch.it – Chiuso lunedì e a mezzogiorno da martedì a venerdì

REVINE

✉ 31020 – Treviso (TV) – Carta regionale n° **8**-C2

AI CADELACH

VENETA • FAMILIARE In una sala dallo stile rustico o a bordo piscina nella bella stagione, il menu onora la tradizione locale, privilegiando le carni: spesso alla griglia su fuoco di legna. La "Caneva de Ezio" è l'ottima cantina gestita da Ezio Grava.

    ⟨symbols⟩ – Prezzo: €€
Via Grava 2 – ℰ 0438 523010 – cadelach.it – Chiuso domenica a mezzogiorno e sabato sera

RHO

✉ 20017 – Milano (MI) – Carta regionale n° **5**-A2

MEZZOLITRO VINI E CUCINA

ABRUZZESE • ACCOGLIENTE La cucina abruzzese in purezza: spaghetti alla chitarra con polpette al sugo, carne di pecora in diverse preparazioni e cotture (tra cui gli arrosticini, la tartare e la tagliata), pecorini, prosciutti e tanto altro ancora. Tra i gradevoli vicoli del centro di Rho, il locale è uno spaccato d'Abruzzo goloso e familiare, con ambienti semplici e accoglienti.

    ⟨symbols⟩ – Prezzo: €€
Via Pomè 10 – ℰ 02 9132 7868 – mezzolitro.net – Chiuso domenica e lunedì a mezzogiorno

LA BARCA

PESCE E FRUTTI DI MARE • **FAMILIARE** Il cuore di Bari Vecchia batte forte nel petto della famiglia Virgilio, che dal 1967 è riferimento in zona per gli amanti del mare e dei sapori pugliesi di terra che completano la carta. Imperdibili la grigliata di pesce e - per finire - il cannolo rivisitato con ricotta di pecora, salsa di pere e cialde al pistacchio.

&. 🅰️ – Prezzo: €€

Via Ratti 54 – ☏ 02 930 3976 – trattorialabarca.com – Chiuso martedì

RIETI

✉️ 02100 – Rieti (RI) – Carta regionale n° **12**–B2

BISTROT

ITALIANA • **ROMANTICO** In una graziosa piazzetta, nota per essere il centro d'Italia e sulla quale si affaccia la veranda, un locale accogliente, con pochi tavoli ravvicinati, dove gustare piatti sia di carne sia di pesce: a volte più legati alla tradizione locale, altre al gusto italiano.

🍽️ – Prezzo: €€

Piazza San Rufo 25 – ☏ 0746 498798 – Chiuso lunedì e domenica sera

RIMINI

✉️ 47921 – Rimini (RN) – Carta regionale n° **9**–D2

❀ ## ABOCAR DUE CUCINE

Chef: Mariano Guardianelli

CREATIVA • **DI TENDENZA** Tra le vie del centro cittadino ci si "avvicina" (questo significa abocar in spagnolo) alla cucina di Mariano, le cui origini argentine, insieme allo spirito decisamente globetrotter suo e della compagna Camilla, si esprimono in una cucina gourmet dai tratti originali, che unisce due culture diverse ma ben armonizzate in uno stile unico. La proposta oscilla tra una ristretta scelta à la carte e percorsi degustazione di varie lunghezze, a base di pesce (adesione al progetto Hadria 37 per una pesca sostenibile e rispettosa dell'equilibrio marino) o di carne. I piatti nascono da idee creative e vengono realizzati con una certa delicatezza contemporanea, figlia delle tecniche apprese dal giovane cuoco in ristoranti stellati di mezza Europa. Gli ambienti sono gradevoli, dallo spirito giovane, ma se in estate optate per un tavolo all'aperto è meglio prenotare con anticipo.

🅰️ 🍽️ – Prezzo: €€€

Via Carlo Farini 13 – ☏ 0541 22279 – abocarduecucine.it – Chiuso lunedì e a mezzogiorno da martedì a venerdì

❀ ## GUIDO

Chef: Gian Paolo Raschi

PESCE E FRUTTI DI MARE • **ELEGANTE** Dall'esterno pare un elegante stabilimento balneare con vista a perdita d'occhio sulla distesa blu, mentre i suoi interni rivelano un'inaspettata e sussurrata eleganza. Ormai alla terza generazione da quando il nonno nel 1946 aperse il piccolo punto, ci si dà appuntamento da Guido per gustare piatti marinari, talvolta semplici alla lettura della carta, ma che di fatto svelano sorprendenti sfumature di raffinata eleganza e sottili elaborazioni. È la celebrazione della cucina adriatica di pesce a grandi livelli: dai classici come la canocchia si ricorda il gratin ai nuovi – destinati a loro volta diventare classici – quali la pizza ai frutti di mare. Nell'ottima carta dei vini tante bollicine e una prevalenza di bianchi.

◁ Ⓜ 🛆 – Prezzo: €€€
*Lungomare Guido Spadazzi 12 – ℰ 0541 374612 – ristoranteguido.it – Chiuso
lunedì e a mezzogiorno da martedì a domenica*

OSTERIA DE BÖRG

ROMAGNOLA • VINTAGE Nel caratteristico Borgo San Giuliano tanto amato da
Federico Fellini, fatto di viuzze e case colorate dove un tempo vivevano i pescatori,
questa valida osteria celebra la più tipica cucina romagnola di terra, tra salumi di
qualità, paste fresche fatte in casa (imperdibili i cappelletti dell'Osteria alle carote)
e carni tra cui la mora romagnola utilizzata in varie portate. In estate ci si accomoda
nella piazzetta esterna, nelle altre stagioni all'interno in due sale dai rustici e curatissimi arredi vintage.
🛆 – Prezzo: €
Via Forzieri 12 – ℰ 0541 56074 – osteriadeborg.it

DA LUCIO

PESCE E FRUTTI DI MARE • ALLA MODA Nella darsena di Rimini, la collocazione
è emozionante: al termine di un pontile, si mangia sul mare circondati dallo stesso.
Ingresso con cucina a vista (uno spettacolo in sé) e poi la sala che si allunga come
un vascello. Quasi tutto il pesce (proveniente dall'Adriatico) viene frollato per farne
evaporare l'acqua e concentrarne i sapori, diverse cotture sono alla griglia e forno a
legna - in aggiunta ai crudi. Il risultato è sorprendente e rimarchevole.
◁ Ⓜ 🛆 🄿 – Prezzo: €€€
Viale Ortigara 80 – ℰ 0541 161 2020 – da-lucio.com – Chiuso mercoledì e giovedì

DALLO ZIO

PESCE E FRUTTI DI MARE • CONTESTO TRADIZIONALE Curatissimo locale a
due passi dall'Arco di Augusto: caldo ed accogliente, il suo stile vintage cita l'origine ottocentesca della casa ed anche gli anni Sessanta della prima gestione come
ristorante. Diviso su due piani e con piccoli tavoli ravvicinati, vi si propongono carne
e, soprattutto, "il pesce fresco delle barche di Rimini", in preparazioni classiche e
golose, spesso legate alla tradizione. Attenzione: anche interessanti fuori carta
giornalieri, sempre molto appetitosi!
Ⓜ ⇦ – Prezzo: €€
Via Santa Chiara 16 – ℰ 0541 786747 – ristorantedallozio.it

I-FAME

CREATIVA • ALLA MODA Una sorta di simpatico viaggio nel futuro: sale moderne
e luminose, luci colorate e proiezioni. Anche la cucina sposta lo sguardo in avanti,
ma non dimentica il passato. Bel dehors con spazio verde e sdraio.
🖔 Ⓜ 🛆 ⇦ – Prezzo: €€
Viale Regina Elena 28 – ℰ 0541 386331 – i-fame.it

QUARTOPIANO

CREATIVA • ELEGANTE Come si evince dal nome questo ristorante si trova
sul roof di una struttura moderna, e gode di una vista a 180 gradi sulla città. Un
ambiente confortevole con un ottimo servizio e una cucina soprattutto di pesce,
che spicca per modernità e ricerca del gusto. Il tutto è accompagnato da una
selezione di vini superba, decisamente ben dotata di etichette blasonate come
di piccole chicche, ma pur sempre interessanti. Buffet a pranzo, mentre la sera la
scelta è à la carte.
🕸 Ⓜ 🛆 🄿 – Prezzo: €€
*Via Chiabrera 34/c – ℰ 0541 393238 – quartopianoristorante.com – Chiuso
lunedì, domenica e a mezzogiorno da martedì a sabato*

RIOLA SARDO – Oristano (OR) ➜ Vedere Sardegna, in fondo alla Guida

RIOMAGGIORE

✉ 19017 – La Spezia (SP) – Carta regionale n° **10**–D2

RIO BISTROT

CONTEMPORANEA • **CONTESTO TRADIZIONALE** Nell'incantevole Riomaggiore, lungo la strada che porta al mare, troverete un ristorante grazioso e curato, con una scelta ristretta di piatti divisi tra qualche ispirazione ligure e proposte più creative. Sala in stile rustico-elegante all'interno e terrazza per mangiare all'aperto.

🌇 – Prezzo: €€

Via San Giacomo 46 – 𝒞 0187 920616 – Chiuso martedì e sera lunedì, mercoledì, giovedì, sabato, domenica

RIPOSTO – Catania (CT) ➜ Vedere Sicilia, in fondo alla Guida

RIVA DEL GARDA

✉ 38066 – Trento (TN) – Carta regionale n° **6**–A2

AL VOLT

DEL TERRITORIO • **ELEGANTE** Percorrendo i vicoli che dal porto commerciale conducono al centro, ci s'imbatte in questo ristorante articolato su più sale comunicanti, arredato con gusto: mobili antichi ed un tocco di romanticismo sotto alle classiche e storiche volte che gli conferiscono il nome. La cucina è sostanzialmente classica, mentre le proposte del menu si dividono tra ricette del territorio - che prevedono anche pesce di lago - e specialità di mare.

♿🅰🌇 – Prezzo: €€

Via Fiume 73 – 𝒞 0464 552570 – ristorantealvolt.com – Chiuso a mezzogiorno da martedì a giovedì

ANTICHE MURA

ITALIANA CONTEMPORANEA • **AMBIENTE CLASSICO** Cucina contemporanea che prende spunto e ingredienti dal territorio o dal mare, per cui in carta si troveranno, ad esempio, il carpaccio di scampi con yuzu, la ricotta affumicata, il fritto di lago o il maialino da latte con soffice di polenta. Oltre al dehors estivo segnaliamo una decina di camere confortevoli nella loro semplicità.

🅰🌇 – Prezzo: €€

Via Bastione 19 – 𝒞 0464 556063 – antiche-mura.it – Chiuso a mezzogiorno lunedì, martedì, giovedì, venerdì e domenica sera

VILLETTA ANNESSA

CLASSICA • **BRASSERIE** Grazioso edificio annesso all'albergo Villa Miravalle, al limitar del bel centro storico di Riva, dalla calda atmosfera e dal piacevole dehors estivo; la lavagnetta portata ai tavoli al momento della scelta elenca piatti stagionali, su base regionale, mentre la specialità della casa è indubbiamente la carne alla brace cotta sulla griglia: varcata la soglia sarà proprio il suo scoppiettio a darvi il benvenuto.

🛎🅰🌇🅿 – Prezzo: €€€

Via Monte Oro 9 – 𝒞 0464 552335 – hotelvillamiravalle.com/it/il-ristorante-villetta-annessa – Chiuso lunedì e a mezzogiorno da martedì a domenica

RIVA DI SOLTO

✉ 24060 – Bergamo (BG) – Carta regionale n° **5**–D1

MIRANDA

MODERNA • **FAMILIARE** In posizione spettacolare sul lago d'Iseo, che si mangi all'aperto o nella sala interna, la vista sul bacino lacustre e Monte Isola è mozzafiato. In carta piatti di pesce (in prevalenza di mare) e carne, che la cucina interpreta con qualche spunto creativo.

⇐ 🛁 ⚹ 🄰 🄿 – Prezzo: €€

Via Cornello 8 – 🕾 035 986021 – hotelristorantemiranda.com

RIVALTA TREBBIA

✉ 29010 – Piacenza (PC) – Carta regionale n° **9**–A1

LOCANDA DEL FALCO

DEL TERRITORIO • **RUSTICO** In un antico borgo medievale, una locanda caratteristica dove vengono serviti i piatti della tradizione piacentina e ricette alternative piene di fantasia e creatività, il tutto accompagnato da un'offerta completa di vini locali a cui si aggiungono anche etichette da fuori regione. Ampi camini ravvivano le serate invernali, mentre nella bella stagione un glicine secolare ombreggia i tavoli dell'accogliente cortile interno.

🐾 🛖 ♺ 🄿 – Prezzo: €€

Castello di Rivalta 4 – 🕾 0523 182 0269 – locandadelfalco.com – Chiuso lunedì e martedì e domenica sera

RIVANAZZANO TERME

✉ 27055 – Pavia (PV) – Carta regionale n° **4**–A3

SELVATICO

DEL TERRITORIO • **AMBIENTE CLASSICO** In attività dal 1912, ora alla quarta generazione, siamo in uno dei migliori ristoranti dell'Oltrepò pavese. Chi è interessato alla scoperta gastronomica del territorio troverà qui una miniera di delizie, dai salumi agli stufati e bolliti passando per ottime paste fresche e le verdure più fresche del proprio orto. Piacevoli arredi d'epoca nelle camere e piccolo centro benessere con sauna, bagno turco, doccia emozionale, parete di sale...

🐾 ⚹ 🛖 ♺ – Prezzo: €€

Via Silvio Pellico 19 – 🕾 0383 944720 – albergoselvatico.com – Chiuso lunedì e domenica a mezzogiorno

RIVAROLO CANAVESE

✉ 10086 – Torino (TO) – Carta regionale n° **1**–B2

ANTICA LOCANDA DELL'ORCO

PIEMONTESE • **ACCOGLIENTE** Nel centro storico, al termine di un bel corso porticato, gli appassionati di cucina piemontese troveranno qui una delle sue più compiute realizzazioni. Lumache, bagna caoda, agnolotti, qualche piatto di pesce (in buona parte di fiume), brasati, finanziera, bolliti, gli straordinari dolci... ecco solo alcuni dei capolavori di una delle cucine regionali più emozionanti d'Italia, qui eseguiti in modo magistrale.

🐾 ⚹ 🄰 🛖 – Prezzo: €€

Via Ivrea 109 – 🕾 0124 425101 – locanda-dellorco.it – Chiuso lunedì e domenica sera

RIVERGARO

✉ 29029 – Piacenza (PC) – Carta regionale n° **9**–A1

😊 CAFFÈ GRANDE

EMILIANA • **AMBIENTE CLASSICO** Sulla piazza centrale del paese, dietro un'incantevole facciata Liberty si aprono interni inaspettatamente moderni ed essenziali. La cucina va fiera di un'ottima selezione di salumi piacentini DOP (coppa, pancetta e salame), anolini in brodo di terza e tortelli di ricotta e spinaci tra le paste e carne di manzo di rimarchevole qualità tra i secondi.

🍴 ⇕ – Prezzo: €€

Piazza Paolo 9 – 𝒞 0523 958524 – caffegrande.it – Chiuso martedì e lunedì a mezzogiorno

LOCANDA SENSI

ITALIANA CONTEMPORANEA • **ACCOGLIENTE** Un piacevole indirizzo di campagna, gestito con simpatia e passione; gli ambienti sono confortevoli e moderni e il servizio all'aperto affaccia sul panorama più tipico dei colli piacentini. La carta spazia dal territorio ai piatti a base di pesce con stile gourmet. Il patron Simone Barani si muove tra sala e brace, dove oltre ad un paio di tagli di carne si cucinano anche prelibatezze come il petto del piccione, che viene poi servito con crostino alle sue interiora, timballo di riso, coscia e filetto marinato. Buona la selezione di vini. A disposizione anche due suite, un piccolo centro benessere olistico e un giardino zen nella bella stagione.

⚜ ⚐ 🅜 🍴 🅿 – Prezzo: €€

Località Case Negri 116 – 𝒞 0523 182 0409 – locandasensi.eu – Chiuso mercoledì e a mezzogiorno lunedì, martedì, giovedì, venerdì

RIVISONDOLI

✉ 67036 – L'Aquila (AQ) – Carta regionale n° **15**–B2

😊 DA GIOCONDO

ABRUZZESE • **RUSTICO** Trattoria semplice e rustica, inerpicata tra i vicoli della parte alta del paesino. Sono i titolari in prima persona ad occuparsi di sala e fornelli, assicurando che in tavola vengano serviti casalinghi quanto gustosi piatti di cucina abruzzese, talvolta esposti a voce, a completare una carta dove, tra formaggi, salumi e carni (sì, ci sono anche gli arrosticini ma molto altro ancora) le specialità da non mancare sono certamente le paste tradizionali fatte a mano, ognuna con un suo nome particolare. Si segnala – inoltre - la piccola carta vini che propone soprattutto la regione, con cantine da tutte le sue province. Sempre meglio prenotare.

Prezzo: €

Via Suffragio 2 – 𝒞 0864 69123 – ristorantedagiocondo.it – Chiuso martedì

RIVODUTRI

✉ 02010 – Rieti (RI) – Carta regionale n° **12**–B1

🕸 LA TROTA

Chef: Maurizio e Sandro Serva

DEL TERRITORIO • **ELEGANTE** Prima di entrare, fermatevi un istante a guardare le acque del canale Santa Susanna che scorre davanti a voi. Pure e cristalline, sono il biglietto da visita di un ristorante che ha saputo rivoluzionare il concetto di pesce d'acqua dolce, nobilitandolo a livello di ingredienti tradizionali considerati più prestigiosi. Merito dei fratelli Serva, affiancati dai rispettivi figli, aver valorizzato un patrimonio di trote, carpe, tinche, gamberi di torrente, lucci e pesce gatto – per menzionarne solo alcuni – cercandoli nelle acque più incontaminate (menu Acqua) e affiancandoli a qualche proposta di carne (menu Terra). Eccellente scelta vinicola in abbinamento, con una sorprendente collezione di cognac e liquori. Col bel tempo si può mangiare su un ponticello di legno che solca il canale.

🐾 😋 ♿ 🎴 🍴 ⇔ 🅿 – Prezzo: €€€€

Via Santa Susanna 33, località Piedicolle – ☏ 0746 685078 – latrota.com – Chiuso martedì e mercoledì e domenica sera

RIVOLI

✉ 10098 – Torino (TO) – Carta regionale n° **1–B2**

BETWEEN 🆕

CONTEMPORANEA • **SEMPLICE** Un'unica sala, semplice ed essenziale, con cucina a vista, ospita una ristorazione di buon livello: la giovane cuoca propone un felice matrimonio tra qualche prodotto piemontese e trovate più creative apprese nelle sue esperienze internazionali.

♿ 🎴 – Prezzo: €€

Viale Partigiani d'Italia 98/c – ☏ 011 945 1900 – betweenristorante.it – Chiuso martedì e mercoledì

ROBBIATE

✉ 23899 – Lecco (LC) – Carta regionale n° **5–B1**

OSTERIA DELLO STRECCIOLO

ITALIANA CONTEMPORANEA • **CONTESTO TRADIZIONALE** In centro paese, un locale molto frequentato dall'atmosfera informale e ottima professionalità. La cucina prende spunto da ricette mediterranee e dalla tradizione regionale. C'è molta cura nelle materie prime utilizzate e una bella caratterizzazione dei piatti presentati. Da martedì a venerdì, a mezzogiorno, viene proposto anche un menu business lunch.

Prezzo: €€€

Via Indipendenza 2 – ☏ 039 928 1052 – osteriadellostracciolo.it – Chiuso lunedì e domenica sera

ROBBIO

✉ 27038 – Pavia (PV) – Carta regionale n° **4–A3**

ANTO E ROBI

MEDITERRANEA • **COLORATO** Nel cuore della piccola cittadina attorniata da risaie, il locale è particolarmente personalizzato e raccolto, mentre la cucina vira spesso verso il pesce - ma non solo - con proposte che traggono ispirazione dalla regione. Robi si destreggia con grande savoir-faire in sala dispensando consigli su vino (oltre 300 etichette, di cui molte al bicchiere) e rhum: la sua passione! Anto in cucina assicura ottime ricette.

♿ 🎴 – Prezzo: €€

Piazza della Libertà 8 – ☏ 347 116 5808 – antoerobi.it – Chiuso mercoledì e sabato a mezzogiorno

ROCCARASO

✉ 67037 – L'Aquila (AQ) – Carta regionale n° **15**–B2

CHICHIBIO

MODERNA • **INTIMO** Questo è di certo un indirizzo che spicca per la qualità della sua cucina tra quelli, diciamo, senza "award". Intimo, una saletta con pochi tavoli (meglio prenotare) nel centro del paese: vi si assaggia una buona cucina, basata soprattutto su materie prime locali e stagionali, anche se non mancano alcune proposte a base di pesce, preparate con gusto leggermente moderno e fantasioso. Consigliatissimo!

🅼 – Prezzo: €€

Via Guglielmo Marconi 1 – 𝒞 328 905 4831 – Chiuso mercoledì

ROCCELLA IONICA

✉ 89047 – Reggio di Calabria (RC) – Carta regionale n° **19**–B3

LA CASCINA 1899

CALABRESE • **RUSTICO** Lungo la statale che costeggia il mare, un piacevole locale con grande parcheggio: un bel rustico nato dalla ristrutturazione di un casolare di fine Ottocento, con abbondanti spazi esterni anche se d'estate le sale dalle pareti in pietra e soffitti in legno, e l'aria condizionata, offrono un gradito riparo dalla canicola. Menù articolato in cui logicamente il mare la fa da padrone, ma con valide alternative di carne per chi non può farne a meno. Nella bottega adiacente in vendita prelibatezza del territorio, in buona parte di produzione propria, tra cui sua maestà il bergamotto!

🛏🅼🍴🅿 – Prezzo: €€

Strada statale 106 – 𝒞 0964 866675 – ristorantelacascina1899.it – Chiuso martedì

RODENGO SAIANO

✉ 25050 – Brescia (BS) – Carta regionale n° **5**–D2

IL COLMETTO

Chef: Riccardo Scalvinoni

CUCINA DI STAGIONE • **BISTRÒ** Vero e proprio agriturismo gourmet, il cui menu, di fatto, si aggiorna praticamente di settimana in settimana al ritmo della natura. La fragranza delle materie prime, molte autoprodotte, altre comunque locali, è cucinata con precisione e senza complicarsi la vita con fuorvianti tecnicismi: si preferiscono solidità e concretezza contadine, con l'obiettivo del pieno confort per il cliente ed il suo palato. Davvero speciali le pietanze cotte alla brace, come l'animella ma anche l'eccellente topinambur. Attenzione, infine, al loro burro di capra che viene servito come una nuvola insieme a pane e focaccia: morbido, suadente, buonissimo, una sola controindicazione... può creare "dipendenza"!

🦋 *L'impegno dello chef:* L'azienda agricola nasce ancor prima del ristorante. Gli orti, le serre, i frutteti, i campi per i cereali, la stalla e il caseificio di fatto costituiscono la dispensa dello chef. Il menù, che si aggiorna al ritmo delle stagioni, celebra un abbraccio tra sapori gourmet e agricoltura. Loro stessi definiscono la propria linea gastronomica come "cucina agricola".

♿🅼🍴🅿 – Prezzo: €€€

Via Finilnuovo 9 – 𝒞 030 681 1292 – ilcolmetto.it – Chiuso lunedì e martedì

ROGNANO

✉ 27010 – Pavia (PV) – Carta regionale n° **4**–A3

CASCINA VITTORIA

TRADIZIONALE • **CASA DI CAMPAGNA** Una cascina in mezzo a risaie e campagne attorno Milano, i cui punti di forza sono le paste e i lievitati fatti in casa (in apposito laboratorio), le verdure provenienti dall'orto di proprietà ed un braciere per cotture tradizionali di carni piemontesi. Possibilità di acquisto di alcuni prodotti; in arrivo tre camere per chi desiderasse concedersi una serata più rilassata.

🅰🍴🅿 – Prezzo: €€€

Via Roma 26 – ✆ 0382 923772 – cascinavittoria.it – Chiuso lunedì

ROLETTO

✉ 10060 – Torino (TO) – Carta regionale n° **1**–B2

🏵 IL CIABOT

PIEMONTESE • **FAMILIARE** Una piacevole atmosfera riscaldata dal camino nei mesi più freddi vi accoglierà in questo ristorante familiare, dove si celebra la grande cucina piemontese (pur con qualche piatto di pesce). Piatti tradizionali, dimenticati altrove, qui sono intramontabili, dalla terrina di bollito misto in salsa verde al cosciotto di fassone in crosta, con un'ottima mousse al giandujotto tra i dolci. Consigliamo di prenotare.

🍴 – Prezzo: €

Via Costa 7 – ✆ 0121 542132 – ristoranteilciabot.it – Chiuso lunedì e domenica sera

ROMA

✉ 00186 – Roma (RM)
Carta regionale n° 12–A2

La Capitale, magnifica e seduttiva, gioca un ruolo di primo piano anche nel campo della ristorazione. Così come la città sa essere sontuosa e popolare al tempo stesso, anche la sua cucina si polarizza tra fine dining di grande raffinatezza e locali veraci, che celebrano con passione ed entusiasmo una cucina fatta di ingredienti poveri ma ricchi di gusto. Tendenza degli ultimi anni sono le numerose aperture di ristoranti gastronomici nei grandi hotel del centro, tra architetture sontuose e terrazze che offrono viste mozzafiato sulla città.

Tra i resti romani o il verde di Villa Borghese, nell'intramontabile Trastevere, nell'elegante Monti o nei più popolari quartieri di Testaccio, Pigneto e San Lorenzo, dopo che le luci degli indimenticabili tramonti romani hanno accarezzato le antiche rovine e le cupole barocche, accomodatevi al vostro tavolo e fate il pieno di bellezza e bontà.

A. Serrano/hemis.fr

A TAVOLA, SECONDO I VOSTRI GUSTI

RISTORANTI DALLA A ALLA Z

BEST-OF

RISTORANTI PER TIPO DI CUCINA

ROMA

TAVOLE ALL'APERTO

42

Vle Giuseppe Mazzini
V. della Giuliana
V. Silvio Pellico
V. Angelo Brofferio
V. Giuseppe Ferrari
Vle delle Milizie
V. Angelico
V. Triziale
V. Andrea Doria
V. Leone IV
V. Candia
Vle delle Milizie
Vle Giulio Cesare
Ottaviano San Pietro
V. degli Scipioni
V. Germanico
V. Cola di Rienzo
V. dei Gracchi
V. Fabio Massimo
V. Vespasiano
Barletta
Lepanto
V. Virginio Orsini
V. Alessandro Farnese
Ponte Regina Margherita
Lungotevere Arnaldo da Brescia
Lungotevere Michelangelo
V. Marcantonio Colonna
V. Ezio
V. Virgilio
V. Ovidio
V. Boezio
V. Crescenzio
V. Alberico II
V. Mascherino

41

Flaminio
Santa Maria del Popolo
Pincio Il Pincio
Piazza Napoleone I
Pza del Popolo
S. Maria di Montesan
Villa Medi
Santa Maria dei Miracoli
5
10
Pza della Margherita
Liberta
V. Ennio Quirino Visconti
V. Giuseppe Gioacchino Belli
40 39
53
37
38
Pza Cavour
CASTEL SANT'ANGELO
Museo dell' Ara Pacis
Mausoleo di Augusto
35
Pza A. Imperatore
Spagna
V. dei Condotti
Font Barca
V. della Vite
65 63
16 Pza di Parlamento
57 Pza Colonna
Corso
MUSEI VATICANI
GIARDINI VATICANI
V. del Mascherino
Borgo Vittorio
Borgo Sant'Angelo
V. della Conciliazione
PIAZZA S. PIETRO
S. PIETRO
Ospedale di S. Spirito
Pza D. Cavalleggeri
VILLA BARBERINI
V. di Gianicolo
Lungotevere Marzio
6 22
PALAZZO ALTEMPS
V. dei Coronari
67
13
14
PIAZZA NAVONA
San Luigi dei Francesi
Sant'Agnese in Agone
Piazza S. Ignazio di Loyola
S. Ignazio di Lo
8
PANTHEON
3
Santa Maria Sopra Minerva
9
V. del Plebiscito
GESÙ
Palazzo Braschi
Pal. della Cancelleria
P1
21
Sant'Andrea della Valle
64
Vittorio Emanuele II
Area Sacra
Corso
Piazza Campo dei Fiori
56 24
12
29
23
PALAZZO NUO
PALAZZO DE CONSERVATO
Palazzo Farnese
Pza B. Cairoli
Palazzo Spada
Tempio di Apollo Sosiano
47

1
4
7
V. Giulia
Lungotevere dei Sangallo
V. dei Banchi Vecchi
V. della Paola
V. delle Mantellate
Villa Farnesina
GIANICOLO
Palazzo Corsini
Passeggiata del Gianicolo
Vle delle Mura Aurelie
V. Nuova delle Fornaci
V. delle Fornaci
Piazzale Garibaldi
PARCO GIANICOLENSE
45
Museo di Roma in Trastevere
Antica Farmacia d. Scala
43
Lungotevere Raffaello Sanzio
Isola Tiberina
San Benedetto in Piscinula
Teatro Marcell
Tempio del Fortune Vir
Tempio di Vesta
Santa Maria in Cosmed
San Pietro in Montorio
Piazzetta S. Pancrazio
V. Nicola Fabrizi
Santa Maria in Trastevere
S. Crisogono
TRASTEVERE
V. dei Genovesi
Santa Cecilia
PARC SAVEL
Santa Sabina
V. di Sal

44
Pza di S. Cosimato
69
S. Francesco Ripa
V. Anica
V. di S. Michele
Porto di Ripa Grande
Villa Doria Pamphili
V. Aurelia Antica
S. di Pancrazio
V. Fratelli Bonnet
V. Giacinto Carini
V. Dandolo
Vle delle Mura Portuensi
VILLA SCIARRA
V. di Trastevere
V. Vinelia
V. Basilio Bricci
V. di Quattro Venti
V. Felice Cavallotti
V. Alessandro Poerio
V. F. Dall'Ongaro
Ugo Bassi
V. Ippolito Nievo
V. Portuense
Fiume Tevere
Lungotevere Testaccio
V. Amerigo Vespucci
V. Giovanni Branca
Pza Testaccio
TESTACCIO
V. Alessandro Volta
V. Galvani
V. Marmorata
V. di Sant'Anseln
Porta S. Pac
PARC CEST

N

ROMA
plan II
0   250 m

C   D

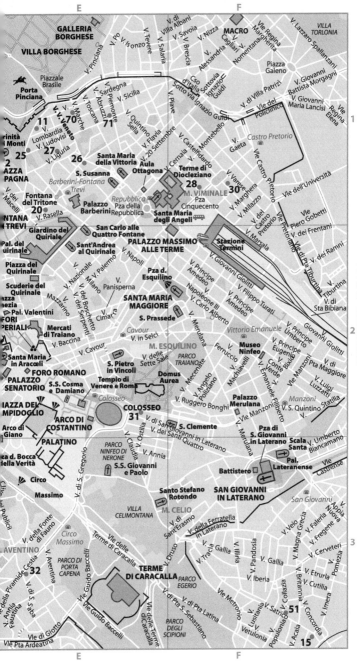

ROMA

ROMA

✿✿ ACQUOLINA

Chef: Daniele Lippi

CREATIVA • ELEGANTE Non lontano da piazza del Popolo, ingresso attraverso l'albergo The First Roma, da qui si viene accompagnati al ristorante, in una sala moderna, con tavoli sistemati nella penombra. Poche decorazioni a distogliere lo sguardo, servizio professionale ma discreto, tutta l'attenzione è concentrata sulla cucina di Daniele Lippi. Il cuoco si esprime attraverso due menu degustazione; il primo, più breve, è basato sul pesce, il secondo, più articolato, prevede qualche inserimento anche di carne. Qualunque sia la scelta, l'espressione sarà di una cucina creativa, ma anche di sostanza, concreta e generosa, con un forte accento sulle erbe aromatiche e alcune cotture alla brace.

🏵 ᯓ 🆎 – Prezzo: €€€€

Pianta: D1-5 – *Via del Vantaggio 14* – Ⓜ *Spagna* – 𝒞 *06 320 1590* – *acquolinaristorante.it* – *Chiuso lunedì, domenica e a mezzogiorno da martedì a sabato*

✿✿ IL PAGLIACCIO

Chef: Anthony Genovese

CREATIVA • ELEGANTE Dal cuore di Roma si parte per un lungo viaggio gastronomico in giro per il mondo, che fa tappa soprattutto in Asia e in particolar modo in Giappone. Anthony Genovese riunisce in due percorsi degustazione - uno dedicato ai piatti che negli anni sono diventati le sue firme, l'altro con le nuove creazioni - uno straordinario bagaglio di esperienze che lascia stupiti. Il tutto si svolge in un locale raccolto ed elegante, assistiti da un ottimo servizio. Quando è aperto a mezzogiorno (sabato), c'è anche un menu degustazione più breve; all'opposto, per un'esperienza più lunga e riservata, si può prenotare Parallels, in una saletta con tavolo per 6 persone al massimo.

🏵 🆎 – Prezzo: €€€€

Pianta: D2-1 – *Via dei Banchi Vecchi 129/a* – 𝒞 *06 6880 9595* – *ristoranteilpagliaccio.com* – *Chiuso lunedì, domenica e a mezzogiorno da martedì a venerdì*

✿ ACHILLI AL PARLAMENTO

CREATIVA • ELEGANTE A pochi passi dal Parlamento, le pareti rivestite di bottiglie rendono conto della sua nascita come enoteca. Da queste radici l'elegante ristorante, la cui proposta verte su diversi menù degustazione, con piatti creativi e qualche reminiscenza campana, sempre ancorati su sapori solidi e convincenti, di ottimo livello. Chef Gallo si dimostra - inoltre - molto abile a valorizzare prodotti totalmente green riuscendo a far emergere sapori e consistenze inaspettate. Vasta scelta di vini al bicchiere, mentre per le bottiglie ci si può alzare e scegliere in enoteca. Nella prima sala d'ingresso trovate il bistrot, aperto anche a pranzo, dove sono servite proposte più semplici.

🏵 🆎 ㇆ – Prezzo: €€€

Pianta: D1-16 – *Via dei Prefetti 15* – Ⓜ *Spagna* – 𝒞 *06 687 3446* – *achilli. restaurant* – *Chiuso domenica*

✿ AROMA

MODERNA • LUSSO È una bella cucina completamente a vista a dare il benvenuto agli ospiti che raggiungono questo incantevole ristorante con affaccio sulla Città Eterna: dal Colosseo al cupolone la vista sarà un souvenir indelebile! Se il nome è un omaggio alla città e agli aromi della cucina mediterranea, lo chef Giuseppe Di Iorio non manca di condire i suoi piatti con un tocco di creatività. La scelta si suddivide in quattro menu degustazione, Corinzio, Dorico, Ionico e Colle Oppio (vegetariano), oltre a qualche classico rivisitato come l'Amatriciana e la Carbonara.

⪬ 🅼 🍴 – Prezzo: €€€€

Pianta: E2-31 – *Via Labicana 125* – 🅜 *Colosseo* – ℰ *06 9761 5109* – *manfredihotels.com/aroma* – *Chiuso a mezzogiorno lunedì e martedì*

✿ IDYLIO BY APREDA

ITALIANA CONTEMPORANEA • **ELEGANTE** Defilato rispetto al centro, il Pantheon Hotel accoglie questa realtà gastronomica con alla guida il bravo chef campano Francesco Apreda, in nuovi spazi ma sempre con arredi classici e di grande eleganza, che qui propone una cucina dalle note asiatiche e speziate in aggiunta a suggestioni partenopee, in un ambiente moderno e trendy. Eliminata la carta, la scelta si dirige ora verso uno dei tre percorsi degustazione: Firma Iconica, Speziale e Idylio's Butterfly (quest'ultimo consente una selezione di 4 portate dagli altri due menu). Il servizio giovane, ma esperto, particolarmente generoso di sorrisi e consigli, faciliterà l'orientamento nella proposta - assai personalizzata - di Apreda.

⅋ 🅼 – Prezzo: €€€€

Pianta: D2-3 – *Piazza dei Caprettari, 56/60* – ℰ *06 8780 7070* – *thepantheonhotel.com/idylio-by-apreda* – *Chiuso domenica e a mezzogiorno da lunedì a sabato*

✿ IL CONVIVIO TROIANI

Chef: Angelo Troiani

CONTEMPORANEA • **ELEGANTE** Un ristorante di lunga tradizione, che nasce nei primi anni '90 dall'idea di tre fratelli di origine marchigiana: Angelo ai fornelli, Giuseppe e Massimo in sala. Da allora sono diventati un punto di riferimento della ristorazione capitolina grazie ad una cucina molto personalizzata, con frequenti citazioni laziali e italiane, in alcuni casi proposte in versione più o meno ortodossa, in altri rivisitate con estro e un pizzico di audacia. Come non citare, quindi, la Amatriciana dei Troiani (in carta dal 1996!), oppure l'agnello locale... In cantina riposano circa 3600 etichette tra distillati e vini, con verticali e annate profonde; la selezione al calice è importante e supportata da una lista di grandi cru rossi italiani.

⅋ 🅼 ⇦ – Prezzo: €€€€

Pianta: D2-6 – *Vicolo dei Soldati 31* – ℰ *06 686 9432* – *ilconviviotroiani.it* – *Chiuso domenica e a mezzogiorno da lunedì a sabato*

✿ IMÀGO

ITALIANA CONTEMPORANEA • **LUSSO** Ristorante gourmet rooftop, la sua collocazione non potrebbe essere più glamour: saliti i gradini della scalinata più celebre del mondo, si entra nell'hotel Hassler e da qui, con l'ascensore, ad una delle più celebrate sale della ristorazione capitolina. Si cena circondati da pareti-finestre affacciate sui monumenti della città, dai campanili gemelli della chiesa di Trinità dei Monti a tante altre icone cittadine, è una gara a chi ne riconosce di più. Nel frattempo, ai fornelli, lavora Andrea Antonini, che allestisce due menu degustazione, oscillanti fra i suoi classici e le ultime creazioni. La sua cucina parte sovente da basi e ricette conosciute, per approdare a nuove scoperte, abbinamenti inconsueti e divertenti rivisitazioni.

⅋ ⪬ 🅼 – Prezzo: €€€€

Pianta: E1-2 – *Piazza Trinità dei Monti 6* – 🅜 *Spagna* – ℰ *06 6993 4726* – *hotelhasslerroma.com/it/ristoranti-bar/imago* – *Chiuso lunedì, domenica e a mezzogiorno da martedì a sabato*

✿ MARCO MARTINI RESTAURANT

Chef: Marco Martini

CREATIVA • **ALLA MODA** Lo si raggiunge salendo al primo piano di una bella palazzina d'epoca, dove troverete la sala in un giardino d'inverno. Luce, verde e le graziose piastrelle del pavimento faranno da cornice al pasto. Da Marco Martini arriva una cucina creativa, con abbinamenti talvolta sorprendenti, che

ROMA

non dimenticano tuttavia l'anima gastronomica romana, non tanto per le ricette, quanto per l'amore per i sapori intensi e un gusto pieno e sferzante che riempie il palato di soddisfazione.

🅰🅒 🍴 – Prezzo: €€€

Pianta: E3-32 – *Viale Aventino 121* – Ⓜ *Circo Massimo* – 𝒞 *06 4559 7350* – *marcomartinichef.com* – *Chiuso domenica e a mezzogiorno da lunedì a sabato*

❀ **PER ME GIULIO TERRINONI**

Chef: Giulio Terrinoni

ITALIANA • **CONTESTO CONTEMPORANEO** In un vicolo del centro storico, una traversa della celebre via Giulia, il valore aggiunto di questo locale sta nella personalità dello chef, originale e fantasioso, bravo a cucinare la carne, eccezionale col pesce, rigoroso nella tecnica ma non privo di estro. Tutto è incentrato sulla sostenibilità, sulla ricerca della migliore materia prima, sulla scelta e la crescita di piccoli produttori locali, con l'obiettivo di raggiungere "zero scarti". Oltre alla carta, l'ospite può optare per uno dei tre percorsi degustazione: "Primi Passi" con 5 piatti iconici dello chef, "Testa, Mani, Cuore" un racconto personale in 10 portate e "Think Green" con 5 piatti vegetariani di stagione. Col bel tempo, prenotate con anticipo per assicurarvi uno dei pochi tavoli nel grazioso dehors.

❀ ♿ 🅰🅒 🍴 – Prezzo: €€€€

Pianta: D2-7 – *Vicolo del Malpasso 9* – 𝒞 *06 687 7365* – *giulioterrinoni.it*

466

✿ PIPERO ROMA

CREATIVA · ELEGANTE Di fronte alla chiesa di Santa Maria in Vallicella, conosciuta dai romani come Chiesa Nuova, il ristorante porta il nome del patron Alessandro Pipero. Ai fornelli, Ciro Scamardella è un giovane cuoco campano, autore di piatti moderni, attenti alle stagioni e alle citazioni della sua terra d'origine. Nelle sue proposte vi è una continua ricerca dell'equilibrio e del cromatismo delle presentazioni. La ricetta che ha conquistato gli ispettori è la rivisitazione dell'impepata di cozze: composizione bellissima, con il mare che prende il sopravvento.

⌘ & Ⅲ𝕄 ⇔ – Prezzo: €€€€

Pianta: D2-4 – *Corso Vittorio Emanuele II 250 – ℰ 06 6813 9022 – piperoroma. it – Chiuso domenica e a mezzogiorno lunedì e sabato*

🍴 53 UNTITLED

ITALIANA CONTEMPORANEA · CONVIVIALE Nel cuore della Roma storica, non lontano da piazza Navona, trovate questo locale piccolo, semplice e con pochi coperti (consigliamo la prenotazione), ma un'ottima cucina. A parte qualche piatto classico laziale, la maggior parte delle proposte sono più creative, talvolta con un tocco orientale, e debuttano in carta con "morsi e morsetti", proposte tipo tapas, interpretabili sia come antipasti che secondi, a cui poi seguono paste, salumi, formaggi e dolci.

Ⅲ𝕄 ⅏ – Prezzo: €€

Pianta: D2-29 – *Via del Monte della Farina 53 – ℰ 375 715 0155 – untitledrestaurant.com – Chiuso lunedì, martedì e a mezzogiorno da mercoledì a domenica*

🍴 GREEN T.

CINESE · STILE ORIENTALE In un originale locale disposto su quattro livelli, non lontano dal Pantheon, il menu propone sapori d'Oriente e cucina imperiale: ovvero quella che da Mao in poi è diventata la "cucina dei banchetti ufficiali". A sorpresa anche qualche piatto di linea asiatica moderna.

Ⅲ𝕄 ⅏ ⇔ – Prezzo: €€

Pianta: D2-9 – *Via del Piè di Marmo 28 – ℰ 06 679 8628 – green-tea.it – Chiuso lunedì*

🍴 HOSTERIA GRAPPOLO D'ORO

ROMANA · RUSTICO Nei pressi di piazza Navona e Campo de' Fiori, locale di lunga tradizione dagli inizi di questo secolo in mano a cinque soci del settore, di cui uno ai fornelli. Cucina classica romana generosa e di qualità (cacio e pepe, agnello al forno, baccalà alla romana…) in un ambiente rustico e piacevole.

& Ⅲ𝕄 ⅏ – Prezzo: €

Pianta: D2-56 – *Piazza della Cancelleria 80 – ℰ 06 689 7080 – hosteriagrappolodoro.it – Chiuso mercoledì a mezzogiorno*

ADELAIDE

ITALIANA CONTEMPORANEA · CHIC Dall'esterno si fatica a notarlo, ma una volta varcato l'ingresso dell'hotel Vilòn è un moltiplicarsi di ambienti traboccanti di decorazioni, un incanto. La cucina si destreggia ad alti livelli tra le reminiscenze campane del cuoco Gabriele Muro e la città d'adozione, a cominciare dalle celebri paste, amatriciana, carbonara e cacio e pepe, per finire con l'ottimo dessert l'oro di Procida.

Ⅲ𝕄 ⅏ – Prezzo: €€€

Pianta: D1-63 – *Via dell'Arancio 69 – Ⓜ Spagna – ℰ 06 878187 – hotelvilon. com/it/10/ristorante – Chiuso a mezzogiorno*

ARMANDO AL PANTHEON

ROMANA · FAMILIARE A pochi metri dal Pantheon, dal 1961 questo localino è gestito dalla famiglia Gargioli, giunta alla terza generazione. La sua cucina tradizionale - romana e laziale - tra carne, pesce e quinto quarto conquista locali e turisti, mentre la nuova generazione ha strutturato una carta dei vini con molti vitigni autoctoni italiani e produzioni sostenibili. Prenotazione fortemente consigliata.

🆊 🍴 – Prezzo: €€

Pianta: D2-8 – *Salita de' Crescenzi 31 –* Ⓜ *Spagna –* ☏ *06 6880 3034 – armandoalpantheon.it – Chiuso domenica*

CAMPOCORI

ITALIANA • **CHIC** Questo ristorante gourmet progettato dal designer sudafricano Tristan Du Plessis traghetta nella Capitale la visione di fine dining elegante, contemporanea e cosmopolita dello chef Alessandro Pietropaoli. Potrete optare per la scelta alla carta o affidarvi ad uno dei menu degustazione a 5 o 7 portate.

🆊 – Prezzo: €€€

Pianta: D2-47 – *Via di Santa Maria de' Calderari 49 –* ☏ *06 8993 5351 – chapter-roma.com – Chiuso lunedì, martedì e a mezzogiorno da mercoledì a domenica*

CASA COPPELLE

MEDITERRANEA • **ROMANTICO** Nel cuore della città, un suggestivo e intimo salotto dalle molteplici sfaccettature: si passa dalla "galleria" dei ritratti all'atmosfera più british della saletta delle librerie, nonché all'herbier con stampe a tema alle pareti. La cucina mediterranea è di stampo attuale, il servizio impeccabile e la selezione di vini degna di nota: soprattutto nella sua estensione internazionale.

🐝 ♿ 🆊 ⇔ – Prezzo: €€€

Pianta: D2-13 – *Piazza delle Coppelle 49 –* ☏ *06 6889 1707 – casacoppelle.com – Chiuso lunedì e a mezzogiorno da martedì a domenica*

CIPASSO

ROMANA • **BISTRÒ** Un bistrot che unisce un'allure contemporanea e toni vintage in alcuni arredi. La cucina prende spunto dalla tradizione romana e regionale, con alcune sfiziosità invitanti e piatti più mediterranei, ma sempre elaborati con prodotti rigorosamente stagionali. La bella carta dei vini propone un'ottima scelta di etichette regionali e un'attenzione particolare per i vini al calice. Servizio giovane, molto accogliente e professionale.

♿ 🆊 🍴 – Prezzo: €€

Pianta: D2-67 – *Via Metastasio 21 –* Ⓜ *Spagna –* ☏ *06 6889 2620 – cipassoitalia.it – Chiuso martedì*

COLLINE EMILIANE

EMILIANA • **TRATTORIA** L'Emilia si dà appuntamento a Roma! Da tempo un accogliente indirizzo dove gustare le specialità regionali, splendidi salumi, paste fatte in casa, gli imperdibili passatelli in brodo... Un viaggio extra-regionale pur rimanendo nella bellissima capitale.

🆊 ⇔ – Prezzo: €€

Pianta: E2-20 – *Via degli Avignonesi 22 –* Ⓜ *Barberini –* ☏ *06 481 7538 – collineemiliane.com – Chiuso lunedì e domenica*

IL MARCHESE - OSTERIA MERCATO LIQUORI

ITALIANA • **OSTERIA** Veracemente romano (il Marchese è quello indimenticabile interpretato da Alberto Sordi), è un locale popolare e aristocratico nello stesso tempo. I piatti sono quelli della tradizione, gustosi, succulenti, immediati, ma serviti in una cornice sofisticata. Non ci sono orari per mangiare o per bere: ogni momento è buono per deliziarsi con le polpette di bollito fritte, un'amatriciana, un galletto farcito o un piatto di spaghetti al pomodoro. Ottima proposta di mixology: il Marchese accoglie il primo amaro bar d'Europa, con una selezione di oltre 500 etichette.

🐝 – Prezzo: €€

Pianta: D1-65 – *Via di Ripetta 162 –* ☏ *06 9021 8872 – ilmarcheseroma.it – Chiuso sera*

IL RISTORANTE - NIKO ROMITO

ITALIANA CONTEMPORANEA • **ELEGANTE** Al 5° piano dell'Hotel Bulgari, con la vista che abbraccia il Mausoleo di Augusto, questo locale, che dispone di un'ampia terrazza, offre al suo interno un'atmosfera accogliente ed elegante, con pareti in legno di mogano ed opere d'arte. Il menu si fa espressione concreta del concetto di tradizione italiana rivisitata con leggerezza ed estro in piatti indimenticabili, come nello spaghetto al pomodoro.

⚜ ⏮ 🍴 ⇔ – Prezzo: €€€€

Pianta: D1-35 – *Via di Ripetta 73 – ☎ 06 3608 0410 – bulgarihotels.com/it_IT/ rome/dining/il-ristorante-niko-romito – Chiuso a mezzogiorno*

IL SANLORENZO

PESCE E FRUTTI DI MARE • **ELEGANTE** Un palazzo storico, costruito sulle fondamenta del Teatro di Pompeo, in un locale d'atmosfera che unisce storia ed arte contemporanea. Ma il vero protagonista è il pesce, principalmente di provenienza laziale, servito crudo o elaborato senza troppi fronzoli. Special guest i crostacei dell'isola di Ponza, nonché i crudi. Bella selezione di Champagne nella carta vini.

⚜ ⏮ ⇔ – Prezzo: €€€€

Pianta: D2-12 – *Via dei Chiavari 4/5 – ☎ 06 686 5097 – ilsanlorenzo.it – Chiuso lunedì a mezzogiorno*

LA CIAMBELLA

ROMANA • **ACCOGLIENTE** Originaria di Testaccio, quartiere romano storicamente legato alle macellerie, la cuoca Francesca Ciucci realizza una delle più convincenti cucine di carne della capitale, in particolare legata al quinto quarto (ma non solo), come le animelle, una strepitosa trippa alla romana, la rivisitazione della coda in carrozza e altro ancora. Quindi una cucina in prevalenza di carne, talvolta con qualche tocco creativo per una tappa gastronomica da non farsi mancare.

⚜ ⏮ – Prezzo: €€€

Pianta: D2-64 – *Via dell'Arco della Ciambella 20 – ☎ 06 683 2930 – la-ciambella.it – Chiuso martedì e mercoledì*

LUCIANO CUCINA ITALIANA

CREATIVA • **DI TENDENZA** Opinione diffusa vuole che qui si mangi una delle migliori carbonare di Roma. Concordiamo, e non è poca cosa, trattandosi di un piatto iconico della capitale, ma l'esperienza gastronomica da Luciano Monosilio si allarga ad altri piatti egualmente convincenti, talvolta ispirati alla cucina laziale, talvolta più creativi, ma quasi sempre carichi di intensi sapori.

🍴 – Prezzo: €€

Pianta: D2-21 – *Piazza del Teatro di Pompeo 18 – ☎ 06 5153 1465 – lucianocucinaitaliana.com*

MATER TERRAE

Chef: Sumon Kan

VEGETARIANA • **LUSSO** Alle spalle di piazza Navona e all'ultimo piano dell'albergo Raphaël, gli appassionati di cucina vegetariana troveranno qui una delle sue migliori espressioni nella capitale. Proposte molto elaborate con tanti ingredienti in ciascun piatto, ogni portata è una sorpresa. Come la terrazza panoramica sui tetti di Roma, dove ci si può sistemare col bel tempo.

🌱 *L'impegno dello chef:* La facciata ricoperta di bellissimi rampicanti è il biglietto da visita del mondo verde del ristorante, che si estende anche al Bio Hotel Raphaël che lo ospita. Nelle grandi città è più difficile che altrove darsi da fare su tematiche sostenibili, eppure la proprietà ci ha sempre creduto. La cucina offre un ventaglio di opzioni vegetariane e vegane mai banali e di alto livello, biologiche quando non biodinamiche, e il Mater Terrae è divenuto il miglior ristorante vegetariano della Capitale.

⬅ ⏮ 🍴 – Prezzo: €€€€

Pianta: D2-14 – *Largo Febo 2 – ☎ 06 6828 3762 – biohotelraphael.com*

469

MIRABELLE

ITALIANA CONTEMPORANEA • **ELEGANTE** Dal penultimo piano dell'Hotel Splendide Royal la vista conosce pochi eguali: da Villa Medici a Trinità dei Monti, da San Pietro al Gianicolo... Per fare di meglio si può salire di un piano per un aperitivo o un after dinner al nuovo lounge bar Adèle! Cucina moderna su base classica per un indirizzo consolidato dell'alta ristorazione in città.

⊛ ≤ ⅢＣ ⸫ – Prezzo: €€€€

Pianta: E1-11 – *Via di Porta Pinciana 14* – Ⓜ *Barberini* – ℰ *06 4216 8838* – *mirabelle.it*

POLDO E GIANNA OSTERIA

ROMANA • **FAMILIARE** Piacevole osteria contemporanea ubicata nei pressi del Parlamento. Proposte di cucina tradizionale romana elaborate con prodotti interessanti e stagionali e un'insospettabile cantina molto ben fornita di etichette anche di pregio. Il gradevole dehors è da prenotare con largo anticipo.

ⅢＣ ⸫ – Prezzo: €

Pianta: D1-57 – *Vicolo Rosini 6/7* – ℰ *06 689 3499* – *poldoegianna.it* – *Chiuso lunedì*

RETROBOTTEGA

ITALIANA CONTEMPORANEA • **MINIMALISTA** Interni minimal e design pulito in questo locale dalle tinte scure che è aperto dalla colazione alla sera tardi. I due chef-patron hanno fatto esperienza in diversi ristoranti stellati italiani e non solo.

ⅢＣ ⇔ – Prezzo: €€€

Pianta: D2-22 – *Via della Stelletta 4* – ℰ *06 6813 6310* – *retro-bottega.com* – *Chiuso lunedì a mezzogiorno*

ROSCIOLI

ROMANA • **FAMILIARE** "Salumeria con cucina" recita il motto di una delle migliori gastronomie della capitale, leccornie che dal banco sono poi servite ai tavoli, con l'aggiunta di proposte più elaborate. Eccezionale selezione di salumi - italiani, spagnoli e dal resto del mondo - acciughe e formaggi, per non dire del cestino del pane; non mancano le tradizionali paste romane, a cominciare da un'ottima carbonara, a seguire sia pesce che carne e naturalmente i dolci. Un luogo ormai di culto, celebre anche fuori dall'Italia, consigliamo di prenotare. Straordinaria cantina di circa 3000 etichette, ampia scelta anche al bicchiere.

⊛ ⅢＣ – Prezzo: €€

Pianta: D2-23 – *Via dei Giubbonari 21* – ℰ *06 687 5287* – *salumeriaroscioli.com*

SAN BAYLON Ⓝ

CONTEMPORANEA • **AMBIENTE CLASSICO** Non lontano da Piazza del Popolo e dalle strade dello shopping più esclusivo, il ristorante si trova all'interno dell'elegante Palazzo Ripetta, e più precisamente in quella che fu la mensa del convento seicentesco. Oggi l'atmosfera è più informale, richiama vagamente quella di un bistrot, e viene servita una cucina che si ispira ai classici piatti italiani, con diverse proposte alla griglia tra i secondi. Col bel tempo si mangia nella corte interna del palazzo.

よ ⅢＣ ⸫ – Prezzo: €€€

Pianta: D1-10 – *Via di Ripetta 232* – Ⓜ *Spagna* – ℰ *06 322 2381* – *sanbaylon.com*

SHIROYA

GIAPPONESE • **SEMPLICE** Uno dei ristoranti giapponesi più amati del centro storico, i tavoli sono pochi per cui consigliamo di prenotare. Cortesia e professionalità accompagno i piatti da noi più conosciuti della tradizione nipponica, come i ravioli (gyoza) fatti a mano e variamente farciti, la tempura e altri fritti, gli immancabili crudi di pesce in tutte le classiche combinazioni, il ramen, tanto riso variamente preparato e altro ancora.

ⅢＣ ⸫ – Prezzo: €€

Pianta: D2-24 – *Via dei Baullari 147* – ℰ *06 6476 0753* – *shiroya.it* – *Chiuso lunedì*

✿ MOMA

CREATIVA • CONTESTO CONTEMPORANEO Tra via Veneto e piazza Barberini, Moma è un indirizzo moderno e poliedrico con proposte informali per il pranzo nel bistrot e cucina tradizionale creativa nel ristorante gourmet situato al primo piano dello stabile, che nei tanti mesi di clima mite offre ai clienti la possibilità di godersi il ponentino nel piccolo dehors. L'equilibrio tra consistenze e abbinamenti e la cura di estetica e materia prima costituiscono il fil rouge di tutto il menu, con evidenti riferimenti territoriali nella scelta degli ingredienti e interpretazioni creative e moderne. L'attenzione alla regione ed alle piccole produzioni di qualità viene rimarcata anche dalla selezione enologica, che tende a prediligere vini di piccole aziende artigianali. Un servizio giovane, attento e particolarmente preparato contribuisce alla buona riuscita della serata.

🅰️ – Prezzo: €€€

Pianta: E1-26 – *Via di San Basilio 42* – 🅜 *Barberini* – ☏ *06 4201 1798* – *ristorantemoma.it* – *Chiuso domenica e sabato a mezzogiorno*

DIANA'S PLACE

CONTEMPORANEA • WINE-BAR Stazione Termini, con affaccio sulla piazza, un'enoteca con cucina che vi sorprenderà per freschezza, idee, cotture: prodotti di qualità soprattutto locali, acquistabili dal bancone gastronomico. Il brillante servizio vi accompagnerà nella scelta del vino, anche al bicchiere. Tra le specialità, mozzarella di bufala, lasagna con ragù alla bolognese ma anche le classiche paste romane.

🅰️ – Prezzo: €€

Pianta: F1-28 – *Via Volturno 54* – 🅜 *Stazione Termini* – ☏ *06 8781 1211* – *dianasplace.it*

GAINN

COREANA • MINIMALISTA Dal 2007 Gainn dimostra quanto sia interessante e gustosa la cucina coreana: una cucina colorata a base di riso, zuppe, carne e pesce, molte verdure, uso della soia. Una cucina conviviale, che permette di scegliere più piatti da disporre in mezzo al tavolo per condividerli coi propri commensali. Non vengono proposti dessert: i golosi sono avvisati.

🅰️ – Prezzo: €

Pianta: F1-3 – *Via dei Mille 18* – 🅜 *Termini* – ☏ *06 4436 0160* – *gainnrome.com* – *Chiuso domenica*

GIANO

MEDITERRANEA • CONTESTO CONTEMPORANEO In bella posizione a ridosso di via Vittorio Veneto, in un angolo di pace all'interno del moderno hotel W con cui condivide un confortevole cocktail bar e il bel giardino, Giano sfoggia un concept attuale, più informale e con proposte semplici per il pranzo, mentre la sera si fa gourmet. Lo chef è coadiuvato dall'esperienza di Ciccio Sultano, che collabora nella definizione del menu. Vivamente consigliati i piatti iconici come lo spaghetto taratatà (tonno e bottarga), la caponata e i carpacci. Ma anche i dessert non sono da meno, come la millefoglie che rivisita la tradizione. Elogio alla Trinacria, dunque, e all'ottimo servizio.

♿🅰️🍸 – Prezzo: €€€

Pianta: E1-27 – *Via Liguria 28* – 🅜 *Barberini* – ☏ *06 894121* – *gianorestaurant. com/it*

ROMA

LA TERRAZZA

MODERNA • LUSSO Rooftop dell'albergo Eden, lungo la moderna sala scorrono i vetri sul centro storico della città, dal Quirinale a San Pietro, Roma è un incanto vista da qui. In cucina Salvatore Bianco elabora due menu degustazione con piatti estraibili alla carta, proposte creative ed elaborate per una tappa gastronomica di grande livello sui tetti della capitale.

🕸 ⪻⛶🅰️⇔ – Prezzo: €€€€

Pianta: E1-25 – *Via Ludovisi 49* – **Ⓜ** *Barberini* – *𝒞 06 4781 2752 – dorchestercollection.com/it/rome/hotel-eden/ristoranti-bar/la-terrazza – Chiuso lunedì, domenica e a mezzogiorno da martedì a sabato*

PRATI - CITTÀ DEL VATICANO

🕸🕸🕸 LA PERGOLA

Chef: Heinz Beck

MEDITERRANEA • LUSSO La nuova Pergola, dopo un completo restauro, omaggia i colori e i materiali di Roma, dal travertino alle sfumature di rosso. Rinnovata anche la terrazza, ma fortunatamente la vista non cambia: per quante volte possiate essere stati qui, ad ogni cena il ricordo non riesce a rievocare un panorama tanto vasto e meraviglioso. Sotto la collina di Monte Mario, Roma si estende nella sua interezza, circondata dai colli; da qui appare silenziosa e fatata, quasi sonnecchiasse. Heinz Beck ai fornelli dal 1994, eppure conserva stimoli per rinnovare i suoi piatti, percorrere nuove strade, all'insegna di una cucina creativa, di impronta fortemente italiana e mediterranea. Oltre alle spettacolari carte dei vini, gli appassionati d'acqua e caffè ne troveranno un'ampia e rimarchevole selezione.

🕸 ⪻⛶🅰️🏠⇔🅿️ – Prezzo: €€€€

Pianta: A1-33 – *Via Cadlolo 101* – *𝒞 06 3509 2152 – romecavalieri.com/it/ la-pergola-it – Chiuso lunedì, domenica e a mezzogiorno da martedì a sabato*

🕸🕸 ENOTECA LA TORRE

Chef: Domenico Stile

MEDITERRANEA • LIBERTY Nelle affascinanti architetture risalenti al 1911 dell'albergo Villa Laetitia, il ristorante occupa una sala sontuosa traboccante di stucchi e colonne, con splendide vetrate affacciate sull'esclusivo giardino: è la destinazione ideale di una serata in grande stile. Il cuoco Domenico Stile non dimentica le sue origini campane e le ripropone in diversi momenti del pasto, dal tarallo fino al babà e altro ancora; insieme a riferimenti più creativi di cucina italiana, nonché internazionali.

🕸 👝🅰️ – Prezzo: €€€€

Pianta: A1-34 – *Lungotevere delle Armi 22/23* – **Ⓜ** *Lepanto* – *𝒞 06 4566 8304 – villalaetitia.enotecalatorre.group/ristorante – Chiuso lunedì e martedì*

🕸 PULEJO

Chef: Davide Puleio

ITALIANA CONTEMPORANEA • DESIGN Nell'elegante scacchiera urbanistica del quartiere Prati, la raffinatezza continua nelle sale interne, dove si cena in una romantica penombra, assistiti da un servizio professionale, discreto ma pronto e presente. Cucina di ampio spettro, si intravedono echi laziali ma anche rimandi ad altre esperienze del cuoco, in piatti ben costruiti e sorretti da ottimi prodotti.

🅰️⇔ – Prezzo: €€€

Pianta: C1-53 – *Via dei Gracchi 31* – **Ⓜ** *Ottaviano* – *𝒞 06 8595 6532 – pulejo.it – Chiuso lunedì, domenica e a mezzogiorno da martedì a giovedì*

ROMA

ROMANÈ

ROMANA • SEMPLICE Vicino al Vaticano trovate una delle migliori trattorie cittadine: ambiente semplice, una sola sala, sovente strapiena (consigliamo di prenotare) e la tipica, gustosissima cucina laziale. Carciofi, sia alla giudia che alla romana, le classiche paste dai ricchi condimenti, una sezione dedicata al quinto quarto e, tra i secondi, per leccarsi i baffi, l'arrosto abbacchiato. Tra i dolci consigliamo la tenerina al cioccolato o ricotta e visciole.

🅰️ 🍴 – Prezzo: €

Pianta: A1-50 – *Via Cipro 106* – ⓜ *Cipro* – ☎ *340 784 5281 – romaneviacipro106.it*

ACCIUGA

PESCE E FRUTTI DI MARE • CONTESTO CONTEMPORANEO Una sala semplice intorno alla cucina a vista per una delle cucine di pesce più interessanti del quartiere Della Vittoria. Il cuoco Federico Delmonte propone un'intelligente ricerca di un pescato talvolta "povero", ma quanto mai saporito, in un menù con formule aperte in modo da adeguarsi agli arrivi giornalieri. Con una particolarità: le origini fanesi di Federico che si esprimono in qualche ricetta marchigiana, a cominciare dal celebre brodetto.

👤 🅰️ 🍴 🔄 – Prezzo: €€€

Pianta: A1-58 – *Via Vodice 25* – ⓜ *Lepanto* – ☎ *06 372 3395 – acciugaroma.it – Chiuso domenica e lunedì a mezzogiorno*

AEDE DINING & WINES

EUROPEA CONTEMPORANEA • CONTESTO CONTEMPORANEO Una piccola bomboniera dagli interni minimal e contemporanei. Smaccatamente in stile nordico anche la cucina che deriva dalle numerose esperienze professionali dello chef in ristoranti stellati scandinavi: tecnica moderna e molta creatività. Il menu è mensile, non diviso fra antipasti primi e secondi, e si articola su 12 piatti con un minimo di quattro alla sera. Vini biologici e piccolo dehors.

👤 🅰️ 🍴 – Prezzo: €€

Pianta: D1-39 – *Via Federico Cesi 22* – ☎ *06 8897 4793 – aederestaurant.com – Chiuso domenica e a mezzogiorno da lunedì a sabato*

ALMATÒ

CONTEMPORANEA • MINIMALISTA Nelle eleganti e residenziali strade del quartiere Prati, la sala moderna ed essenziale ospita una cucina creativa, perlopiù svincolata dalle tradizioni laziali e di grande livello, una sfida per chi vuole uscire dai classici più conosciuti.

🅰️ 🍴 – Prezzo: €€€

Pianta: C1-42 – *Via Augusto Riboty 20/c* – ☎ *06 6940 1146 – almato.it – Chiuso lunedì, domenica e a mezzogiorno da martedì a sabato*

CARTER OBLIO

CONTEMPORANEA • DESIGN Realizza il proprio sogno lo chef-patron Ciro Alberto Cucciniello con la sua prima gestione diretta dopo belle esperienze in locali di fama. Gli ambienti dalle linee pulite e i colori naturali rimandano ad un certo design nordico, mentre la cucina mostra la fantasia e creatività di un cuoco che ha voglia di emergere, a suo agio con preparazioni tecniche e presentazioni accattivanti e contemporanee. Informale servizio tutto al femminile e piacevole dehors per il periodo estivo.

🅰️ 🍴 – Prezzo: €€

Pianta: D1-40 – *Via Giuseppe Gioachino Belli 21* – ⓜ *Lepanto* – ☎ *06 3972 8547 – carteroblio.com – Chiuso lunedì e a mezzogiorno da martedì a venerdì*

ROMA

DA CESARE

CLASSICA • **TRATTORIA** Come allude il giglio di Firenze sui vetri all'ingresso, le specialità di questo locale sono toscane, ma anche il "mare" gioca un ruolo di tutto rispetto tra le proposte dell'ampissimo menu, dove trova spazio anche un'intera pagina con le proposte del giorno. Ambiente accogliente, la sera anche pizzeria, e bottega storica in virtù della sua fondazione avvenuta nel 1921.

🅰️ ⇄ – Prezzo: €€

Pianta: D1-38 – *Via Crescenzio 13* – Ⓜ *Lepanto* – 🕾 *06 686 1227* – *ristorantecesare.com*

L'ARCANGELO

ROMANA • **CONTESTO TRADIZIONALE** Una schietta e interessante trattoria di lunga tradizione che sorprende per le sue proposte regionali, dove la qualità del prodotto è al centro del piatto, elaborato con serietà e capacità. Buona selezione anche di vini a mescita (non solo laziali).

🅰️ – Prezzo: €€

Pianta: D1-37 – *Via Giuseppe Gioacchino Belli 59* – Ⓜ *Lepanto* – 🕾 *06 321 0992* – *larcangelo.com* – *Chiuso domenica e a mezzogiorno da lunedì a sabato*

VILLA BORGHESE - FLAMINIO

ROMA

✿ ## ALL'ORO

Chef: Riccardo Di Giacinto

CREATIVA • **DESIGN** All'interno del raffinato The H'All Tailor Suite, nella sala dal design newyorchese piacevolmente sofisticato oppure in quella dal mood vagamente British, la linea di cucina si riconferma nella sua creatività alimentata da spunti nazionali. L'idea di cucina dello chef Riccardo Di Giacinto si sintetizza in tre aggettivi: sincera, golosa, tenace! A disposizione anche menu vegetariani e vegani. Ampia e attenta la selezione enoica con preferenza per Piemonte e Toscana. Nella bella stagione è ora disponibile anche l'accogliente spazio all'aperto All'Aria.

🏵️ ♿ 🅰️ 🍴 ⇄ – Prezzo: €€€€

Pianta: D1-41 – *Via Giuseppe Pisanelli 25* – Ⓜ *Flaminio* – 🕾 *06 9799 6907* – *ristorantealloro.it* – *Chiuso a mezzogiorno*

✿ ## ORMA ROMA

ITALIANA CONTEMPORANEA • **CONTESTO CONTEMPORANEO** Una porta in rovere lascia intravedere la sala allungata verso la cucina, bel progetto del milanese Hangar Design Group, con una predilezione per il legno (bellissimi i tavoli con sinuosi disegni). Ai fornelli una certezza: Roy Caceres, noto chef di origine colombiana, oramai decisamente romano, che propone un ben riuscito connubio di prodotti laziali e ingredienti della sua terra natia, ma con divagazioni lungo tutto lo Stivale. Ecco, dunque, che un piatto come la pecora abruzzese viene aromatizzata con della 'nduja per poi essere servita insieme a del radicchio di Castelfranco. Lo chef non mancherà di presentarsi e condividere la sua idea con l'ospite, in un susseguirsi di confronti, cultura e accoglienza. La cantina è un altro spazio ben pensato, anche per aperitivi veloci, mentre la terrazza è pronta per la dolce vita estiva fatta di cocktail e servizio bistrot.

🏵️ 🅰️ 🍴 ⇄ – Prezzo: €€€€

Pianta: E1-71 – *Via Boncompagni 31* – 🕾 *06 854 3182* – *ormaroma.it* – *Chiuso lunedì e domenica*

KOHAKU

GIAPPONESE CONTEMPORANEA • **STILE ORIENTALE** Si varca la soglia e come per magia ci si ritrova in Giappone, fra musiche soffuse, eleganza e stile. In tavola arriva la cucina Kaiseki del Sol Levante, basata sulla stagionalità e sul rispetto dell'ingrediente nella sua purezza. Tra le specialità diverse tipologie di spiedini cotti sulla griglia a carbone. Intrigante carta dei sakè e light lunch menu a mezzogiorno.

Prezzo: €€

Pianta: E1-70 – *Via Marche 66 – ℰ 06 4566 5202 – kohakurome.com – Chiuso domenica*

TRASTEVERE - TESTACCIO

☼ ## GLASS HOSTARIA

Chef: Cristina Bowerman

CREATIVA • **DESIGN** Nel cuore della Trastevere più popolare e affollata di trattorie, il Glass nasce sorprendentemente in quella che era una carrozzeria, intuibile ancora oggi per gli ampi soffitti, ma ha poi preso la strada di un raffinato ristorante (se desiderate maggiore privacy, ci sono dei tavoli sistemati sul soppalco). Cristina Bowerman propone percorsi di degustazione (di cui uno vegetariano) e una ristretta scelta alla carta. La sua cucina cita talvolta tradizioni laziali, ma è fondamentalmente creativa. Ottima la carta dei vini, anche per la scelta di liquori e distillati.

⅍ 🆇 – Prezzo: €€€€

Pianta: D2-43 – *Vicolo del Cinque 58 – ℰ 06 5833 5903 – glasshostaria.it – Chiuso lunedì, martedì e a mezzogiorno da mercoledì a venerdì*

☼ ## ZIA

Chef: Antonio Ziantoni

INNOVATIVA • **CONTESTO CONTEMPORANEO** Un giovane cuoco di indubbio e grande talento, che si esprime in un ristorante alle spalle delle strade più popolari e turisticamente più frequentate di Trastevere. Parliamo di Antonio Ziantoni - da qui il nome del ristorante - e della sua cucina, creativa, certo, ma senza improvvisare nulla, con solide basi classiche, che danno ai suoi piatti una struttura, una solidità e una rara piacevolezza, nonché pienezza e rotondità di gusto: uno dei ristoranti stellati più interessanti di Roma.

⅍ 🆇 – Prezzo: €€€€

Pianta: D3-44 – *Via Goffredo Mameli 45 – ℰ 06 2348 8093 – ziarestaurant. com – Chiuso lunedì, domenica e a mezzogiorno da martedì a giovedì*

☺ ## L'OSTERIA DELLA TRIPPA

LAZIALE • **FAMILIARE** Una delle più convincenti realizzazioni di cucina laziale che si possa trovare a Roma: qui troverete i classici - impeccabilmente eseguiti e in porzioni generose - che hanno reso la cucina locale famosa in tutta il mondo. Più d'un piatto di trippa ovviamente, ma anche carciofi alla giudia, la coratella e le paste con i sughi più celebri, amatriciana, carbonara e cacio e pepe. Squisito!

🆇 ⛱ – Prezzo: €

Pianta: D3-69 – *Via Goffredo Mameli 15 – ℰ 06 4555 4475 – losteriadellatrippa. it – Chiuso martedì, a mezzogiorno lunedì, mercoledì, giovedì e domenica sera*

ANTICA PESA

ROMANA • **ELEGANTE** Un secolo di tradizione gastronomica locale per uno storico ristorante giunto ormai alla sua quarta generazione e ospitato in un ex deposito del grano dell'attiguo Stato Pontificio. Conosciutissimo anche a livello internazionale, offre un ambiente elegante e accogliente, con un bel camino a dare il benvenuto. La cucina seleziona accuratamente le materie prime, elaborandole poi in ricette dalla "firma" romana.

🕸 🅰🅒 🛱 – Prezzo: €€

Pianta: C2-45 – *Via Garibaldi 18 – ℰ 06 580 9236 – anticapesa.it – Chiuso domenica e a mezzogiorno da lunedì a sabato*

OSTERIA FERNANDA

CREATIVA • **MINIMALISTA** Nel quartiere celebre per il mercato di Porta Portese, una brillante gestione a due: Andrea segue la sala minimal, mentre Luca, con passione strabordante, si occupa di una cucina creativa che oltre a citare i prodotti del territorio è abile nel proporre ingredienti presi altrove. Tra I dessert, vivamente consigliata la spuma d'aglio nero, gelato di birra Porter, cioccolato, bucce e tuberi.

🅰🅒 – Prezzo: €€€

Pianta: A2-46 – *Via Crescenzo Del Monte 18/24 – ℰ 06 589 4333 – osteriafernanda.com – Chiuso a mezzogiorno da lunedì a venerdì*

SUSHISEN

GIAPPONESE CONTEMPORANEA • **AMBIENTE ESOTICO** Due sale dal design curato per due proposte differenti: la Sushisen Kaitenzushi con le sedute davanti ad un nastro conviviale con mini proposte sfiziose e la Sushisen Experience, in cui gustare una cucina giapponese gourmet e il menu degustazione Omakase. Quasi tutti i vini e i sakè in carta sono serviti anche al bicchiere.

🅰🅒 🛱 – Prezzo: €€

Pianta: A2-60 – *Via Giuseppe Giulietti 21/a – Ⓜ Piramide – ℰ 06 575 6945 – sushisen.it – Chiuso lunedì*

ZONA URBANA NORD

😊 **MOI**

CUCINA DI STAGIONE • **DI QUARTIERE** In questo piccolo e suggestivo bistrot Thomas Moi, forte di una solida esperienza alle spalle, cucina con tecnica moderna ingredienti freschi di stagione, che possono cambiare anche quotidianamente: carne, pesce, verdure ed erbe aromatiche sono proposte in piatti gustosi.

🅰🅒 🛱 – Prezzo: €€

Pianta: A1-61 – *Via Antonio Serra 15 – ℰ 06 8760 0399 – ristorantemoi.com – Chiuso domenica e a mezzogiorno da lunedì a sabato*

BISTROT 64

CREATIVA • **AMBIENTE CLASSICO** Nel quartiere Flaminio, la sala classica non preannuncia il bel viaggio gastronomico che ci aspetta in questo ristorante: troverete echi della tradizione laziale, ma sono solo un punto di partenza per un percorso più creativo, di ottimo livello, che vi porterà anche in oriente.

🅰🅒 🛱 – Prezzo: €€€

Pianta: A1-48 – *Via Guglielmo Calderini 64 – ℰ 06 323 5531 – bistrot64.it – Chiuso lunedì, domenica e a mezzogiorno da martedì a giovedì*

DOMENICO DAL 1968

ROMANA • SEMPLICE Fuori dalle rotte turistiche, un vero ristorante di quartiere frequentato da locali dove trovare due linee di cucina: di pesce o romana. Piatti elencati a voce, è un susseguirsi di tentazioni, dai carciofi alla romana a quelli alla giudia, polpette di melanzane, trippa, animelle, coratella... Tappa imperdibile, è un susseguirsi di sapori veraci, in salette semplici dal sapore familiare. Pochi tavoli, consigliamo la prenotazione.

🅰️ 🍴 – Prezzo: €

Pianta: F3-51 – *Via Satrico 23 – ☏ 06 7049 4602 – domenicodal1968.it – Chiuso lunedì, a mezzogiorno da martedì a venerdì e domenica sera*

TRATTORIA PENNESTRI

LAZIALE • VINTAGE Un'autentica trattoria di quartiere, se non fosse che è così buona che la sua fama ormai sconfina dalle strade di Ostiense ed è spesso affollata (consigliamo vivamente di prenotare). Ambiente semplice ed informale, ma accattivante, la cucina propone i classici romani - a cominciare dai primi, carbonara, cacio e pepe, amatriciana e gricia - e qualche piatto più creativo.

♿ 🅰️ 🍴 – Prezzo: €

Pianta: A2-54 – *Via Giovanni Da Empoli 5 – Ⓜ Piramide – ☏ 06 574 2418 – trattoriapennestri.it – Chiuso lunedì e a mezzogiorno da martedì a giovedì*

LIVELLO 1

PESCE E FRUTTI DI MARE • CONTESTO CONTEMPORANEO Fuori dai giri turistici e nella prima periferia, un ristorante di pesce con pescheria annessa. Cucina di mare davvero interessante con ricette moderne ed elaborate partendo da ottimi ingredienti ma anche una sorta di piccolo lounge per cocktail e buoni vini. Nella cucina a vista, lo chef mostra grande tecnica e bravura.

🅰️ 🍴 – Prezzo: €€€

Via Duccio di Buoninsegna 25 – ☏ 06 503 3999 – ristorantelivello1.it – Chiuso domenica sera

TRATTORIA DEL PESCE

PESCE E FRUTTI DI MARE • BISTRÒ In un'area residenziale fuori dalle rotte turistiche, un ristorante dai toni e dai colori mediterranei, curato e molto accogliente. Gestione giovane e seria per una cucina tutto pesce: ricette elaborate in chiave regionale e classica e lista dei crudi molto variegata e stuzzicante. Accoglienza professionale e attenta!

🅰️ – Prezzo: €€

Pianta: A2-55 – *Via Folco Portinari 27 – ☏ 349 335 2560 – trattoriadelpesce.it – Chiuso lunedì e a mezzogiorno martedì e mercoledì*

ROMA

ZONA URBANA EST

MENABÒ VINO E CUCINA

CUCINA DI MERCATO • CONVIVIALE Nel cuore del quartiere Prenestino-Centocelle, i fratelli Camponeschi hanno dato vita ad un intrigante bistrot, dove gustare i piatti saporiti preparati da Paolo, accompagnati da una bella proposta enoica suggerita da Daniele. Un giusto equilibrio in carta fra carne, pesce e vegetali, e il rispetto maniacale per le stagioni e il meglio che offre il mercato. Il locale è molto gettonato, meglio prenotare.

🕸 🕮 – Prezzo: €

Pianta: B2-62 – *Via delle Palme 44 d/e* – 𝒞 *06 8693 7299 –*
menabovinoecucina.it – Chiuso lunedì e a mezzogiorno da martedì a venerdì

ZONA URBANA SUD-EST

DOGMA ⓝ

PESCE E FRUTTI DI MARE • SEMPLICE Un piccolo ristorante (consigliamo la prenotazione), ma con una grande personalità: qui troverete una cucina di mare, ma con quasi tutti i piatti cotti (almeno per un passaggio) alla griglia di carboni, dolci compresi! Sapori intensi e convincenti, il giovane cuoco ha talento e originalità.

🕭 🕮 🍴 – Prezzo: €€

Pianta: F3-15 – *Piazza Zama 34* – 𝒞 *06 8667 9819 – ristorantedogma.com –*
Chiuso lunedì e martedì

ROMANO D'EZZELINO

✉ 36060 – Vicenza (VI) – Carta regionale n° **8**-B2

CA' APOLLONIO GOURMET ⓝ

CREATIVA • **ELEGANTE** Ristorante allestito nel salone delle colombe - dall'affresco che decora il soffitto - di una villa risalente al '500, ma perlopiù ottocentesca nel suo aspetto attuale, il cuoco Alessio Longhini prepara due menu degustazione, in parte sostenuti dai prodotti dell'orto della medesima proprietà, immersa in 18 ettari di terreno. Piatti di ottimo livello, elaborati e creativi, in un contesto di grande eleganza.

⅋ �cₐₘ🆔 🅿 – Prezzo: €€€€

Via Molinetto 5/a – ℰ 0424 191 0054 – caapollonio.com – Chiuso lunedì e domenica

ROMENO

✉ 38010 – Trento (TN) – Carta regionale n° **6**-A2

ⓐ NERINA

REGIONALE • **SEMPLICE** Nel verde della Val di Non, i fratelli Di Nuzzo proseguono una storia familiare che ormai ha superato i 60 anni di vita. La cucina è fortemente legata alla tradizione, agli ingredienti del territorio e alle verdure dell'orto di proprietà, nonché alla stagionalità. In coerenza anche la carta dei vini rimane soprattutto in Trentino-Alto Adige; non c'è servizio al calice, ma alcune 1/2 bottiglie sono proposte a prezzi onestissimi. Ottimi i ravioli di zucca con burro fuso e Trentingrana.

⥲🅿 – Prezzo: €

Via De Gasperi 31, località Malgolo – ℰ 0463 510111 – albergonerina.it/pages/it/home.php – Chiuso martedì

RONCADE

✉ 31056 – Treviso (TV) – Carta regionale n° **8**-C2

LE CEMENTINE

DEL TERRITORIO • **CASA DI CAMPAGNA** È il ristorante di campagna nel mood dei fratelli Alajmo, "adagiato" nel verde sulle rive del fiume Sile, a pochi minuti dalla Laguna di Venezia: un locale dal sapore agreste e vintage, in un certo senso trasparente per via del suo sguardo sull'orto, sul vigneto e sui bellissimi prati circostanti. La cucina, molto legata al territorio, ai suoi prodotti ed alle stagioni, si diletta sia col pesce sia con la carne, mentre le verdure son protagoniste in molti piatti.

🚻♿🅰🍴🅿 – Prezzo: €€€

Via Sile 6 – ℰ 0422 158 1918 – alajmo.it/pages/homepage-le-cementine – Chiuso lunedì, martedì e mercoledì a mezzogiorno

ROSETO DEGLI ABRUZZI

✉ 64026 – Teramo (TE) – Carta regionale n° **15**-B1

✿ D.ONE RESTAURANT

Chef: Davide Pezzuto

MODERNA • **ELEGANTE** Si definiscono "ristorante diffuso" ed in effetti è davvero originale il susseguirsi di ambienti, sale e salette antiche impreziosite qua e là da opere d'arte modernissime, quasi si trattasse di un piccolo borgo nel borgo. La linea gastronomica è affidata a chef Davide Pezzuto, capace di raccontare attraverso ricette semplici ma fantasiose la sua interpretazione creativa del territorio e delle sue antiche tradizioni, concedendo giusto qualche richiamo alla natia Puglia, egli è supportato molto bene in tutto ciò dalla proprietaria che avvolge i clienti con interessanti racconti sul passato della piccola località. Non a caso la cena può essere terminata con un eccellente caffè alla turca, ricetta originale presa a prestito dal museo e ricordo del dominio saraceno di mille anni fa.

❀ *L'impegno dello chef:* Il recupero e la valorizzazione del territorio nascono innanzitutto nelle proprie produzioni: si va infatti dalla farina Senatore Cappelli alle antiche galline nere per le uova, passando per il vino "subacqueo". Con un approccio culturale ancora più profondo, poi, la titolare e lo chef hanno studiato con amore e rispetto il passato del borgo e dei paraggi e avvolgono i piatti di racconti e storie formidabili.

❀ 🅰 ⇆ – Prezzo: €€€

Via del Borgo 1, Località Montepagano – ℰ 085 894 4508 – donerestaurant.it – Chiuso lunedì, a mezzogiorno da martedì a sabato e domenica sera

🐵 **VECCHIA MARINA**

PESCE E FRUTTI DI MARE • SEMPLICE La Vecchia Marina è molto celebre in zona e - non solo - per l'eccellente rapporto qualità-prezzo con cui riesce a proporre una classica cucina di mare (assolutamente unico il menù degustazione sotto ai 40 euro). A due passi dalla spiaggia, in ambienti semplici e familiari, tutto ruota attorno alla fragranza del pesce fresco che viene servito in preparazioni classiche, come potrebbe essere una gustosa linguina agli scampi, aglio, olio e rosmarino, o un crudo di pescato del giorno. Come avrete capito, la prenotazione è davvero indispensabile.

🅰 🍽 – Prezzo: €€

Lungomare Trento 37 – ℰ 085 893 1170 – Chiuso lunedì, martedì, mercoledì a mezzogiorno e domenica sera

ROTONDA
✉ 85048 – Potenza (PZ) – Carta regionale n° **18**-A3

DA PEPPE

LUCANA • FAMILIARE Nel centro storico del paesino, all'interno del parco del Pollino, uno storico locale la cui proposta verte sui piatti tradizionali della regione realizzati con mano esperta e generosa. Possibilità di alloggiare presso il b&b di famiglia denominato Da Peppe.

🅰 🍽 – Prezzo: €

Corso Garibaldi 13 – ℰ 0973 661251 – Chiuso sera lunedì e domenica

ROTTOFRENO
✉ 29010 – Piacenza (PC) – Carta regionale n° **9**-A1

TRATTORIA LA COLONNA

PESCE E FRUTTI DI MARE • AMBIENTE CLASSICO Ristorante dall'atmosfera classica con una sala recentemente rinnovata lungo la strada che attraversa la frazione di San Nicolò, benché la carta presenti qualche piatto di carne (e nelle domeniche delle stagioni fredde la specialità sia il bollito, preceduto da anolini in brodo per concludere con dolci tipici come la ciambella con lo zabaione), la sua cucina è celebre per l'ampia scelta di pesce. A pranzo nei giorni feriali c'è una scelta di ricette più semplici, ma chiedendo vi sarà data anche la proposta più articolata serale.

❀ 🅰 🍽 – Prezzo: €€

Via Emilia Est 6, località San Nicolò – ℰ 0523 768343 – ristorantelacolonna.com – Chiuso martedì e domenica sera

ROVATO

✉ 25038 – Brescia (BS) – Carta regionale n° **5**–D2

AL MALÒ - CUCINA E MISCELAZIONE

ITALIANA CONTEMPORANEA • **CHIC** Sotto i portici della suggestiva piazza Cavour scorgerete il doppio ingresso: la porta per il cocktail bar serale al piano terra, mentre - nascosto sulla sinistra - c'è l'ascensore che conduce al primo piano, dove si trova il ristorante: la sala contemporanea è animata da una vivace carta da parati che par quasi anticipare la fantasiosa cucina dello chef-patron. Colorata, contemporanea, curata nelle presentazioni creative alterna infatti con abilità carne (loro signature è la millefoglie di lingua, in carta sin dall'apertura avvenuta nel 2019) e pesce, ma non mancano piatti vegetariani. La mezza porzione è prevista. Il divertimento cresce con l'opzione mixology della cocktail list - la sera - oltre alla buona carta vini che ha un occhio di riguardo, ça va sans dire, per la Franciacorta.

🏧 – Prezzo: €€€

Piazza Cavour 28 – 𝒞 030 535 7565 – Chiuso mercoledì e sabato a mezzogiorno

RUBANO

✉ 35030 – Padova (PD) – Carta regionale n° **8**–B3

✿✿✿ LE CALANDRE

Chef: Massimiliano Alajmo

CREATIVA • **ALLA MODA** Lasciata la strada provinciale e la zona commerciale, si entra nel favoloso mondo delle Calandre della famiglia Alajmo: le luci soffuse - effetto realizzato anche di giorno - son quasi un complemento d'arredo della sala essenziale, disegnata dai fratelli Massimiliano e Raffaele, così come la maggior parte delle porcellane utilizzate per il servizio. La proposta viene presentata attraverso 3 menù degustazione: Classico, Max e Raf, con la generosa possibilità di incrociarli a piacimento così come di optare per una scelta come fosse à la carte. Sospesa tra sapori confortevoli e giochi fantasiosi, la cucina di Max a volte cita se stessa attraverso i classici del ristorante come il risotto "passi d'oro" 2.0 o il celebre cappuccino di seppie al nero, più spesso presenta creazioni al passo con le stagioni. Senza scordare che dirimpetto al ristorante c'è il loro negozio di specialità, per chi volesse portare a casa un goloso ricordo gastronomico.

🕸 🏧 ♻ 🅿 – Prezzo: €€€€

Via Liguria 1, località Sarmeola – 𝒞 049 630303 – alajmo.it – Chiuso lunedì, domenica e martedì a mezzogiorno

IL CALANDRINO

CONTEMPORANEA • **DESIGN** Adiacente al tristellato Le Calandre e con la stessa gestione familiare, Il Calandrino è un locale raffinato e poliedrico: bar-pasticceria che merita una sosta anche al di fuori dagli orari dei pasti, la cucina si sposta con abilità da piatti creativi come il cappuccino di lepre al vino rosso fino ai classici della casa, come la celebre tartare di Erminio e la torta pazientina con crema zabaione.

🏧 🍴 🅿 – Prezzo: €€€

Via Liguria 1, loc. Sarmeola – 𝒞 049 630303 – alajmo.it/pages/homepage-il-calandrino – Chiuso domenica sera

RUBBIANINO

✉ 42020 – Reggio Emilia (RE) – Carta regionale n° **9**–A3

✿ CA' MATILDE

Chef: Andrea Incerti Vezzani

ITALIANA CONTEMPORANEA • **MINIMALISTA** Razionalità funzionale, materiali semplici quali ferro e legno, linee essenziali ma decise sono le cifre distintive di questo bel locale con piacevole dehors, immerso nel verde delle terre matildiche. L'inarrestabile ricerca gastronomica porta in tavola piatti al tempo stesso moderni e contadini. La cucina di Vezzani, chef-patron, ha infatti basi nella tradizione reggiana, punto di partenza per un'interpretazione rispettosa della cultura culinaria locale. I cinque percorsi di degustazione a sorpresa – "Gli intramontabili" (omaggio al territorio spesso proposto in accoppiata ai migliori Lambruschi), "Con i piedi per terra" (il territorio in versione creativa), "Acqua in bocca", "Cielo" (viaggio tra mare e terra) e il menu vegetariano "Hortus" – sono un invito a giocare, lasciandosi guidare alla scoperta di abbinamenti, profumi e stagionalità.

🛬🍴🅿 – Prezzo: €€€€

Via Polita 14 – ☎ 0522 889560 – camatilde.it – Chiuso lunedì, martedì e a mezzogiorno da mercoledì a venerdì

RUBIERA

✉ 42048 – Reggio Emilia (RE) – Carta regionale n° **9**–B2

☸ ARNALDO - CLINICA GASTRONOMICA

Chef: Roberto Bottero

EMILIANA • CONTESTO TRADIZIONALE Premiato dal 1959, questo locale è la più longeva Stella d'Italia. Varcare la soglia del palazzo quattrocentesco adiacente all'Hotel Aquila d'Oro è un po' come entrare in un mondo carico di atmosfera e nostalgia. La cucina celebra il passato gastronomico e la tradizione emiliana, a partire dai carrelli di portata: quello degli antipasti (immancabili il prosciutto al coltello e l'erbazzone) così come quello dei dolci, dove spicca un ottimo zabaione, abbinato ad una pera al vino rosso o un semifreddo alla Sambuca. Ma il focus indiscusso sono i carrelli di carne, il vero motivo per cui si viene da Arnaldo: arrosti, bolliti e specialità rarissime a questi livelli, come la testa di vitello, la lingua o il piedino di maiale, serviti con salse e intingoli da manuale. Tutto è cucinato in maniera tradizionale e con le "sfogline" che, ogni mattina, producono ottime paste fresche, servite in brodo o al naturale, con un tocco di burro e salvia. Arnaldo non è certo un ristorante per gli amanti della cucina sperimentale o intellettuale, ma se cercate un pasto autentico e gustoso nella pura tradizione emiliana questo è l'indirizzo giusto.

♿ ⇔ – Prezzo: €€€

Piazza XXIV Maggio 3 – ☎ 0522 626124 – clinicagastronomica.com – Chiuso lunedì e domenica sera

☸ OSTERIA DEL VIANDANTE

Chef: Jacopo Malpeli

EMILIANA • CONTESTO STORICO Al primo piano del duecentesco forte militare che si erge al centro di Rubiera, il ristorante occupa cinque sale, una più affascinante dell'altra, tutte affrescate tranne l'antica limonaia, avvolta in carta da parati che ne ricorda la vecchia funzione. Anche la mise en place è di straordinaria eleganza, insomma un romantico e raffinatissimo quadro per il giovane ed entusiasta Jacopo Malpeli. Nato e cresciuto tra Parma e Reggio, la sua cucina riflette la grandezza e l'opulenza della gastronomia locale. Fra tante interessanti proposte, ricordiamo il savarin di riso, omaggio ai leggendari Mirella e Peppino Cantarelli e al loro ristorante omonimo di Samboseto, vicino a Busseto (2 Stelle fino al 1982, anno della chiusura). Straordinaria la cantina: oltre ai vini italiani anche tanti francesi, tra Champagne e altro.

☸ *L'impegno dello chef:* L'Orto del Viandante nasce in collaborazione con la cooperativa La Collina, situata nei pressi di Reggio Emilia. Fin dagli anni Settanta coltiva i propri terreni con metodi biologici e biodinamici e aiuta persone con dipendenze a reintegrarsi nella società attraverso il lavoro e il contatto con la natura. Importante anche il restauro conservativo all'avanguardia, con il quale si è riusciti ad integrare nella struttura un ottimo impianto fotovoltaico.

🌿 🍴 ⇔ – Prezzo: €€€

Piazza XXIV Maggio 15 – ☎ 0522 260638 – osteriadelviandante.com – Chiuso lunedì e domenica

RUDA

✉ 33050 – Udine (UD) – Carta regionale n° **7**-B2

❀ OSTERIA ALTRAN

ITALIANA • ROMANTICO Piccolo angolo gourmet immerso nel verde della campagna friulana, in quella che un tempo era una semplice azienda agricola, il patron Guido Lanzellotti ha saputo dar vita ad un locale apparentemente rustico, ma in verità squisitamente romantico, dove gustare una cucina moderna, che punta sulla qualità delle materie prime e sulla loro esaltazione. La sala-biblioteca con libri di cucina si presta per piccoli eventi privati, un aperitivo all'arrivo o un distillato a fine pasto. L'ispettore consiglia: zuppa di astice e pasta mista, una proposta elaborata da una ricetta tradizionale, in stile buzara, con un eccellente jus di crostacei e la pasta al dente. Il piatto è servito con una salsa smetana (molto simile alla panna acida) di origine russa.

🐾 ♿ Ⓜ 🍴 ⇔ 🅿 – Prezzo: €€€

Località Cortona 19 – 🕾 0431 969402 – osteria-altran.eatbu.com – Chiuso lunedì, martedì e a mezzogiorno da mercoledì a venerdì

RUFFANO

✉ 73049 – Lecce (LE) – Carta regionale n° **16**-D3

FARMACIA DEI SANI

PUGLIESE • FAMILIARE Ristorante familiare e liquorificio al tempo stesso, il locale occupa un angolo della centrale piazza del Popolo, tra palazzi antichi che fanno da splendida cornice. La giovane e brillante chef Valentina Rizzo arricchisce il patrimonio gastronomico tradizionale con una creatività speciale e un'attualizzazione profonda: i sapori della Puglia prendono così forme moderne e pur mantenendo i piedi per terra e una certa concretezza.

🍴 – Prezzo: €€

Piazza del Popolo 14 – 🕾 339 833 2514 – farmaciadeisani.eu – Chiuso lunedì e a mezzogiorno da martedì a domenica

RUVO DI PUGLIA

✉ 70037 – Bari (BA) – Carta regionale n° **16**-B2

㋡ U.P.E.P.I.D.D.E.

PUGLIESE • FAMILIARE Un indirizzo caratteristico e rustico: le salette, che si susseguono sotto volte ad archi, sono state scavate all'interno della roccia che costituiva le antiche mura aragonesi. In fondo si apre la bella cantina visitabile. Altrettanto storica è la cucina delle Murge, che trova la sua espressione più tipica nella grigliata di carni locali, ma in carta c'è anche posto per ricette dal tocco personale e qualcosa dal mare.

🐾 ⇔ – Prezzo: €

Vico Sant'Agnese 2, angolo corso Cavour – 🕾 080 361 3879 – upepidde.it – Chiuso lunedì e domenica sera

SAINT-CHRISTOPHE

✉ 11020 – Aosta (AO) – Carta regionale n° **3**-A2

L'ATELIER 26

FRANCESE • RUSTICO Una piccola bomboniera in zona defilata, caratterizzata da una saletta in sasso sapientemente rivisitata e molto accogliente. Tra le specialità del menu, rigorosamente francese per idea e prodotti, gli ispettori consigliano escargot e magret d'anatra: piatti iconici del giovane chef!

⌂ – Prezzo: €€
*Località Gerandin 26 – ℰ 0165 189 2015 – latelier26.it – Chiuso lunedì, domenica
e a mezzogiorno martedì e sabato*

SAINT-VINCENT
✉ 11027 – Aosta (AO) – Carta regionale n° **3**–B2

LE GRENIER

VALDOSTANA • **RUSTICO** Nel cuore di Saint-Vincent, la suggestione di un vecchio granaio (grenier in valdostano) con frumento a cascata, camino e utensili d'epoca alle pareti. Ma le sorprese non finiscono qui, è il turno della cucina a sedurre gli ospiti: inaspettatamente moderna con qualche richiamo alle tradizioni valdostane, si accompagna ad una carta dei vini che omaggia con attenzione e ricerca la regione.

Ⓜ ⇄ – Prezzo: €€€
Piazza Monte Zerbion 1 – ℰ 0166 510138 – ristorantelegrenier.com – Chiuso mercoledì e a mezzogiorno lunedì, martedì, giovedì

SALA BAGANZA
✉ 43038 – Parma (PR) – Carta regionale n° **9**–A3

I PIFFERI

EMILIANA • **TRATTORIA** Un solo chilometro basta per abbandonare il paese ed entrare nel verde del Parco Regionale dei Boschi di Carrega. Qui si trova un'antica stazione di posta, risalente all'epoca di Maria Luigia e trasformata in ristorante: incantevole contesto per i piatti parmigiani di sempre, come i tortelli alle erbette di nonna Lina conditi con burro fuso e grana. Nella bella stagione, accomodatevi nel giardino ombreggiato e fresco

⇖ ⌂ ⇄ 🅿 – Prezzo: €
Via Zappati 36 – ℰ 0521 833243 – ipifferi.com – Chiuso lunedì

SALA BOLOGNESE
✉ 40010 – Bologna (BO) – Carta regionale n° **9**–C3

ENSAMA PESCE

PESCE E FRUTTI DI MARE • **ELEGANTE** Proposte rigorosamente di pesce, frutto del mercato giornaliero, vengono elaborate con un tocco tutto pugliese, regione di nascita dello chef-patron Sabino Triglione. Appena ci si accomoda, la tavola viene imbandita di taralli, focaccia e altri lievitati fatti in casa. Lo chef è un vero padrone di casa ed è a lui che ci si deve affidare senza indugi.

Ⓜ – Prezzo: €€€€
Via Aristide Dondarini 4 – ℰ 051 828634 – ristorantensama.it

SALERNO
✉ 84121 – Salerno (SA) – Carta regionale n° **17**–B2

✿ RE MAURÌ

CREATIVA • **STILE MEDITERRANEO** Nell'hotel Lloyd's Baia, al confine tra Salerno e Vietri, dove la costa si alza sul porto, il ristorante offre una rimarchevole vista sul golfo già dalla sala interna attraverso le due pareti vetrate, ma ancor di più quando, con il bel tempo, ci si trasferisce in terrazza. Dalla cucina arrivano proposte campane, ma anche piatti internazionali e prodotti non necessariamente legati alla regione. Lasciate uno spazio per il dessert: il cuoco ha lavorato spesso come pasticcere prima di approdare qui e la cura che riserva ai dolci è rimarchevole.

🐕 ≼ AC ☂ 🅿 – Prezzo: €€€€

Via Benedetto Croce – ℰ 089 763 3687 – remauri.it – Chiuso martedì e mercoledì a mezzogiorno

CASAMARE

PESCE E FRUTTI DI MARE • **ELEGANTE** Locale raffinato ed elegante per trascorrere una gran serata: all'ingresso la piccola rivendita di prodotti di nicchia campani, poi la sala allungata dall'atmosfera piacevole e legata ad un riuscito mix di antico e design moderno, con cucina a vista ed espositore del pesce. Naturalmente spiccano le belle ceramiche di Vietri, mentre la linea gastronomica è classico-campana di mare, con un buon spazio riservato ai crudi.

AC ☂ ⇄ – Prezzo: €€€

Corso Giuseppe Garibaldi 214 – ℰ 089 209 3703 – casamaresalerno.it

HYDRA

CAMPANA • **MINIMALISTA** Lo trovate tra le vie del pittoresco centro storico di Salerno: la sala è essenziale, eppure grazie alle luci soffuse e alla bella musica in sottofondo la sua atmosfera è assai piacevole; con il bel tempo, inoltre, ci si può accomodare nella graziosa corte interna. La cucina è mediterranea e contemporanea: carne, pesce e verdure sono cucinate con leggerezza in ricette creative, da gustare in percorsi degustazione (anche vegetariano e vegano) e alla carta.

AC ☂ – Prezzo: €€

Via Antonio Mazza 30 – ℰ 089 995 8437 – ristorantehydra.com – Chiuso a mezzogiorno da lunedì a venerdì

PESCHERIA

PESCE E FRUTTI DI MARE • **SEMPLICE** Fra il centro storico e il lungomare, il nome del ristorante è il suo programma gastronomico: quasi esclusivamente a base di pesce, fresco e non d'allevamento, in parte visionabile nella vetrinetta dedicata così come nell'acquario con i crostacei, che si trovano al fondo della sala stretta e lunga: un sorta di piccolo separé con la cucina a vista. Crudi di mare, cotture al forno, al sale o all'acqua-pazza, gustose grigliate sono la dimostrazione di uno stile abbastanza classico.

AC – Prezzo: €€€

Corso Giuseppe Garibaldi 227 – ℰ 089 995 5823 – pescheriasalerno.it

SUSCETTIBILE SALERNO

DEL TERRITORIO • **ACCOGLIENTE** Lungo una strada del centro cittadino e da essa separata da una corte interna, il locale è un'oasi di tranquillità, da apprezzare comodamente seduti nella sala veranda - moderna e raffinata come del resto la saletta interna - che in estate si apre quasi totalmente. Il giovane cuoco Mario Quarta – nato a Battipaglia - mixa le proprie origini locali con le varie tecniche apprese nei ristoranti, anche stellati, dove ha lavorato in precedenza in Italia ed all'estero, mostrando, ad esempio, un accenno di stile francese nei fondi di cottura, rendendo così la sua cucina campana ancor più intrigante e contemporanea. Servizio professionale condotto dal direttore Marco Sessa e la sua affiata équipe. Il piatto preferito dall'ispettore: Rombo R-otto, con quattro golose consistenze del carnoso pesce in una presentazione anche visivamente invitante.

♿ AC ☂ – Prezzo: €€€

Via dei Principati 45 – ℰ 089 296 4933 – suscettibilesalerno.it – Chiuso mercoledì e a mezzogiorno lunedì, martedì, giovedì, venerdì, sabato

SALGAREDA

✉ 31040 – Treviso (TV) – Carta regionale n° **8**–C2

MARCANDOLE

PESCE E FRUTTI DI MARE • **ELEGANTE** Nei pressi dell'argine del Piave, questo locale gestito con passione e competenza è diventato un caposaldo della ristorazione trevigiana grazie ad una cucina di pesce contaminata da ispirazioni contemporanee, che rendono i piatti belli da vedere oltre che buoni. La carta è sempre completata da fuori menu molto interessanti. Imperdibili i crudi!

🕸 🅺 🛏 ⇔ 🄿 – Prezzo: €€€

Via Argine Piave 7 – ☏ 0422 807881 – marcandole.it – Chiuso mercoledì e giovedì

SALÒ

✉ 25087 – Brescia (BS) – Carta regionale n° **4**–D1

FELTER ALLE ROSE

CUCINA DI STAGIONE • **COLORATO** Una storica trattoria ripresa da una famiglia da sempre impegnata nell'accoglienza e nella ricerca della qualità. Sala interna, veranda chiusa e tavoli anche in cantina per degustazioni, aperitivi e quant'altro. Piccola carta da cui attingere piatti a base di prodotti stagionali elaborati con semplicità e passione.

🅺 ⇔ 🄿 – Prezzo: €€

Via Gasparo Da Salò 33 – ☏ 0365 43220 – rosesalo.it – Chiuso lunedì e martedì a mezzogiorno

QB DUEPUNTOZERO

MODERNA • **MINIMALISTA** Sul lungolago fronte porticciolo, l'ambiente è fresco e allo stesso tempo moderno dalle linee sobrie; nella bella stagione ancor più gradevole la zona per il servizio estivo. Di pari passo anche la cucina mostra un piglio contemporaneo seppur in chiave mediterranea, che alterna in egual misura carne e pesce a cui si aggiunge anche una proposta vegetariana.

♿ 🅺 🛏 – Prezzo: €€

Via Pietro da Salò 23 – ☏ 0365 520421 – qbduepuntozero.it – Chiuso lunedì e martedì e domenica sera

VILLA ARCADIO

MEDITERRANEA • **ROMANTICO** Il nuovo chef punta su belle presentazioni nella sua interpretazione moderna di cucina italiana; da godersi al massimo della piacevolezza quando - nella bella stagione - ci si può accomodare nei verdeggianti spazi all'aperto, panoramici sulla parte meridionale del lago di Garda e sulla costa. Da prenotare senza esitazione il caratteristico tavolo nella terrazza sotto al vigneto.

≼ 🖢 🅺 🛏 🄿 – Prezzo: €€€

Via Palazzina 2, località Villa di Salò – ☏ 0365 42281 – hotelvillaarcadio.it – Chiuso martedì

SALSOMAGGIORE TERME

✉ 43039 – Parma (PR) – Carta regionale n° **9**–A1

L'OSTERIA DEL CASTELLAZZO

DEL TERRITORIO • **SEMPLICE** È una storia di coerenza, passione e caparbietà quella di Laura e Davide, che da più di dieci anni portano avanti con fermezza il rispetto per la natura e il territorio in cui vivono. Dalla cucina escono piatti gustosi a base di prodotti di stagione e di mercato.

🅰️ 🍴 – Prezzo: €€

Via Borgo Castellazzo 40 – 𝒞 0524 578218 – instagram.com/ osteriadelcastellazzo – Chiuso domenica e lunedì a mezzogiorno

TRATTORIA CERIATI

EMILIANA • SEMPLICE Proprio dove la pianura lascia spazio alle prime colline, in un piacevole paesaggio di campagna - ubicazione perfetta per una gita domenicale fuori porta - troverete una trattoria semplice ma curata, con in carta gli immancabili piatti della tradizione locale: le tipiche paste fresche ad esempio che, così come i dolci, sono fatte in casa.

⅃ 🅰️ 🍴 🅿️ – Prezzo: €

Località Cangelasio Ceriati 18 – 𝒞 0524 573654 – Chiuso martedì e lunedì a mezzogiorno

SALUDECIO

✉️ 47835 – Rimini (RN) – Carta regionale n° **9**–D2

LOCANDA BELVEDERE

DEL TERRITORIO • AMBIENTE CLASSICO È un indirizzo da scovare, sui primi colli alle spalle di Cattolica e nascosto in quella che appare una semplice residenza privata. Ma ne vale la pena: lo chef Mauro Ricciardelli propone dei percorsi degustazione con una selezione di piatti di ottima qualità, che mostrano la passione per i prodotti della Romagna e delle vicine Marche. Carne e pesce da aziende selezionate della zona e olio dall'azienda di famiglia.

⪦ ⅃ 🅰️ 🍴 🅿️ – Prezzo: €€

Via San Giuseppe 736, frazione San Rocco – 𝒞 0541 982144 – belvederesaludecio.it – Chiuso martedì, domenica e a mezzogiorno lunedì, mercoledì, giovedì, venerdì, sabato

SAN BARTOLOMEO AL MARE

✉️ 18016 – Imperia (IM) – Carta regionale n° **10**–B3

OSTERIA MOOD

LIGURE • AMBIENTE CLASSICO Una location a pochi minuti dalla passeggiata lungomare, in area residenziale e tranquilla. Ambienti casual all'insegna del relax e della buona cucina ligure al 100%, con prevalenza di verdure da produzioni biologiche, pesci e crostacei il più possibile locali, pane, paste fresche e dessert fatti in casa. In estate ci si accomoda in giardino a bordo piscina, in inverno al piano superiore, in un'accogliente sala o nella veranda coperta, con ampia vista sul mare.

🍴 🅿️ – Prezzo: €€

Via Cesare Battisti 58 – 𝒞 333 998 0201 - osteriamood.it – Chiuso lunedì e a mezzogiorno da martedì a domenica

SAN BENEDETTO DEL TRONTO

✉️ 63074 – Ascoli Piceno (AP) – Carta regionale n° **14**–C2

ARCA

MODERNA • CONTESTO CONTEMPORANEO Dopo anni di buona cucina in quel di Alba Adriatica, chef Massimiliano Capretta si è trasferito a circa 15 km di distanza, all'interno dell'hotel Smeraldo. Molto attenti alle produzioni bio, in cucina si destreggiano tra carne e pesce, riuscendo sempre a proporre ricette ispirate alla tradizione ed elaborate con uno stile a metà strada tra il classico e il moderno. La pasticceria rimane saldamente nelle mani della sorella Dalila, la millefoglie è certamente un suo cavallo di battaglia.

&. Ⓜ ⌂ – Prezzo: €€€

Viale Rinascimento 137 – ℰ 0735 488908 – arcaristorante.it – Chiuso a mezzogiorno da lunedì a sabato

DEGUSTERIA DEL GIGANTE

DEL TERRITORIO • **CONTESTO STORICO** All'interno del grazioso centro storico nella parte alta della città, proprio dietro la Torre dei Gualtieri, il locale occupa una dimora storica ottocentesca che vanta fondazioni addirittura quattrocentesche. Il territorio rivisto con garbo moderno contraddistingue la carta, caratterizzata da una scelta non ampia ma concentrata su fragranza e stagionalità. I piatti di terra primeggiano: il coniglio disossato caramellato con il suo jus è un loro classico (preso a sua volta dalla tradizione marchigiana più nota), mentre un passaggio quotidiano al mercato, di solito, ispira un paio di piatti a base di pesce.

⌂ – Prezzo: €€

Via degli Anelli 19 – ℰ 0735 588644 – degusteriadelgigante.it – Chiuso martedì e a mezzogiorno

SAN BONIFACIO

✉ 37047 – Verona (VR) – Carta regionale n° **8**–B3

I TIGLI

PIZZA • **DI TENDENZA** Pizzeria ormai iconica che ha aperto una visione contemporanea dello street food per eccellenza in Italia, la pizza! Simone Padoan, con ormai quasi 30 anni di esperienza alle spalle, sa come rendere semplici le cose difficili: uso di farine integrali, spesso miste, e attenzione maniacale alla lievitazione naturale, per un risultato croccante all'esterno ma soffice all'interno. L'altro focus si concentra sui prodotti per la farcitura – dal pesce alla carne, passando per le verdure – con il risultato che sia le proposte più tradizionali che quelle più creative sono a grandi livelli. L'ispettore consiglia: pizza con astice al vapore, burrata e giardiniera, oppure quella con gambero in ceviche.

&. Ⓜ – Prezzo: €€

Via Camporosolo 11 – ℰ 045 610 2606 – pizzeriaitigli.it – Chiuso lunedì-giovedì

SAN CASCIANO DEI BAGNI

✉ 53040 – Siena (SI) – Carta regionale n° **11**–D3

✿ CASTELLO DI FIGHINE

CONTEMPORANEA • **CONTESTO STORICO** Una strada sterrata vi condurrà in un luogo fiabesco: un castello risalente all'XI secolo, una proprietà privata ristrutturata e rinnovata nel corso degli ultimi quindici anni, in panoramica posizione collinare. Nel borgo che lo circonda troverete il ristorante, ma appena fa bello vi suggeriamo di optare per la terrazza immersa nel verde. All'abilità del resident chef Francesco Nunziata si aggiunge la consulenza del tristellato Heinz Beck: il risultato è una cucina creativa e raffinata, dal carattere sovente mediterraneo. Per chi volesse prolungare la sosta, due appartamenti sono a disposizione presso Casa Parretti.

⇖ &. Ⓜ ⌂ Ⓟ – Prezzo: €€€

Borgo di Fighine – ℰ 0578 56158 – fighine.it/it/ristorante.html – Chiuso lunedì e martedì a mezzogiorno

DANIELA

TOSCANA • **ROMANTICO** A poco meno di 100 m dall'albergo Sette Querce, di fronte ad uno splendido belvedere, il ristorante occupa le antiche scuderie del castello. I soffitti a volta e le pietre d'un tempo creano un'atmosfera suggestiva, al palato ci pensa un'ottima cucina del territorio.

&. 🖼 🍴 – Prezzo: €€

Piazza Matteotti 7 – ☏ 0578 58234 – settequerce.it

SAN CASCIANO IN VAL DI PESA

✉ 50026 – Firenze (FI) – Carta regionale n° **11**–C2

NELLO ⓝ

ITALIANA CONTEMPORANEA • **COLORATO** Federico in cucina e Chiara, pastry-chef nonché addetta all'accoglienza, hanno rinnovato uno storico locale della località per creare la loro proposta moderna, di cucina toscana. Nel menù vario e intrigante, ecco un raviolo ripieno di crema di parmigiano da vacche rosse con finferli e cipolle, intenso e tecnico. La piccola carta dei vini racconta soprattutto il vicino Chianti, ma non solo.

🖼 ⇔ – Prezzo: €€

Via IV Novembre 66 – ☏ 055 820163 – nelloristorante.it – Chiuso martedì e a mezzogiorno

SAN CASSIANO

✉ 39036 – Bolzano (BZ) – Carta regionale n° **6**–B1

COCUN CELLAR RESTAURANT

CONTEMPORANEA • **RUSTICO** All'interno del celebre ed elegante albergo Ciasa Salares, tutto qui nasce attorno ad una cantina fornitissima di oltre mille etichette. La cucina, dal canto suo, abbraccia sapori moderni non necessariamente legati al territorio. Vivamente consigliati l'eccellente selezione di formaggi ma soprattutto una visita alla stanza del cioccolato.

⅋ ⇔ 🅿 – Prezzo: €€€

Strada Prè de Vi 31 – ☏ 0471 849445 – ciasasalares.it/it/ristoranti/cocun-cellar-restaurant – Chiuso mercoledì e a mezzogiorno lunedì, martedì, giovedì, venerdì, sabato, domenica

SAN DONÀ DI PIAVE

✉ 30027 – Venezia (VE) – Carta regionale n° **8**–C2

FORTE DEL 48

VENETA • **FAMILIARE** Tutto nasce da un baluardo dell'esercito asburgico costruito qui nel 1848 e col tempo trasformatosi in locanda. Oggi siamo alla terza generazione della famiglia De Faveri e c'è la targa di Locale Storico Veneto per questo piacevolissimo ristorante dove assaporare una cucina della tradizione tra carne e pesce. Camere di buon confort.

&. 🖼 🅿 – Prezzo: €€

Via Vizzotto 1 – ☏ 0421 44244 – hotelfortedel48.com/gourmet.html – Chiuso domenica e lunedì a mezzogiorno

SAN DONATO IN POGGIO

✉ 50028 – Firenze (FI) – Carta regionale n° **11**–D1

☺ ANTICA TRATTORIA LA TOPPA

TOSCANA • **FAMILIARE** I due locali dal tono classico sono perfettamente in linea con gli ambienti medievali del borgo perfettamente tenuto. La cucina parla ovviamente toscano e rassicura l'ospite con squisite paste fatte in casa, fiore all'occhiello del giovane chef Matteo. In occasione di periodi particolari dell'anno vi sono piatti speciali come la cacciagione: il cinghiale in umido è imperdibile! Dulcis in fundo, non mancate la panna cotta al caramello, una delle migliori della zona. Piccola carta dei vini con anche qualche etichetta blasonata delle case più importanti.

🛖 ⇄ – Prezzo: €

Via del Giglio 43 – ☎ 055 807 2900 – anticatrattorialatoppa.business.site – Chiuso lunedì

LA LOCANDA DI PIETRACUPA

TOSCANA • **LOCANDA** In una bella dimora dei primi del Novecento situata nel cuore della campagna toscana, tra Firenze e Siena, si gusta una cucina tradizionale rinnovata nella presentazione dei piatti e nell'elaborazione delle proposte. Accolti dalla premurosa gestione familiare, si potrà approfittare del giardino d'inverno, della bella terrazza panoramica e della possibilità di prolungare il soggiorno nelle accoglienti camere del b&b.

🕸 🛖 – Prezzo: €€

Via Madonna di Pietracupa 31 – ☎ 055 807 2400 – locandapietracupa.it

SAN FELICE DEL BENACO

✉ 25010 – Brescia (BS) – Carta regionale n° **4**–D1

DUO ⓝ

MODERNA • **COLORATO** Nel centro storico del piccolo e suggestivo borgo di San Felice del Benaco nasce e trova dimora il progetto di un duo di cuochi, Daniele Ghedini e Federico Pelizzari (che poi segue la sala durante il servizio). La loro è una cucina personale e moderna, dai sapori mediterranei, in cui compaiono piatti a base di carne, piatti vegetariani e ricette con pesce sia di mare sia di acqua dolce, dove emerge la caratteristica del pesce frollato a cui è dedicato anche un menù degustazione. In un locale colorato, dotato di dehors sotto ad un pergolato attorniato da alberi di noci.

🎞 🛖 ⓟ – Prezzo: €€€

Via Cavour 7 – ☎ 0365 690253 – duosanfelice.it – Chiuso martedì, mercoledì e a mezzogiorno lunedì, giovedì, venerdì

SOGNO

MODERNA • **ELEGANTE** In un ristorante con un tale nome sarà facile sognare ad occhi aperti. Di sicuro lo sarà in estate, quando ci si può accomodare sulla romantica terrazza in riva al lago; la sua cucina di stampo mediterraneo - al pari - conquisterà il palato. Possibilità di pernottamento nell'omonimo hotel, nonché attracco privato per le imbarcazioni.

⇐ 🛖 ⅊ 🛖 ⓟ – Prezzo: €€€

Via Porto San Felice 41 – ☎ 0365 62102 – sognogarda.it

SAN FERMO DELLA BATTAGLIA

✉ 22020 – Como (CO) – Carta regionale n° **5**–A1

[ÀBITAT]

Chef: Mirko Gatti

INNOVATIVA • **CONTESTO CONTEMPORANEO** Una giovane ed appassionata coppia di professionisti ha preso il timone di questo moderno ed accogliente locale, proponendo una linea gastronomica ispirata alla sostenibilità, alla stagionalità, alle erbe raccolte direttamente da loro, agli ingredienti di montagna ma anche di mare, purché provenienti da produttori fidati che rispettino natura e animali. Qui si utilizzano anche gli scarti, dando vita così ad una cucina circolare.

🕸 *L'impegno dello chef:* Il forte impegno di Sara e Mirko ruota attorno ad alcuni elementi cardine. Innanzitutto il foraging, la raccolta di materie prime selvatiche come erbe, fiori, germogli, alghe, licheni, muschi, bacche e pigne. C'è poi la produzione di fermentati (garum, miso, aceti, shoyu e katsuobushi) per utilizzare gli scarti e l'uso esclusivo del fuoco vivo per le cotture. Gli arredi del locale, infine, sono stati realizzati con materiale di recupero.

&. &. &. – Prezzo: €€€

Via Henry Dunant 1 – ☏ 349 068 3973 – abitatproject.it – Chiuso martedì-venerdì

SAN GENESIO ATESINO

✉ 39050 – Bolzano (BZ) – Carta regionale n° **6**–A2

ANTICA LOCANDA AL CERVO - LANDGASTHOF ZUM HIRSCHEN

Chef: Maria Lutz

REGIONALE • **STILE MONTANO** Piacevole posizione sull'Altopiano del Salto, pochi chilometri sopra Bolzano, dove cinque generazioni al femminile sanciscono, oltre che la qualità della proposta, il forte legame con il territorio, testimoniato da un menù all'insegna di sapori sudtirolesi fragranti e invitanti. Piatti generosi e saporiti prendono origine per lo più da ingredienti prodotti in proprio e vengono serviti in sale tipiche rimodernate o sulla terrazza soleggiata e panoramica. Per godere appieno del clima rilassato di San Genesio consigliamo di approfittare delle camere della locanda e magari di montare gli avelignesi della loro scuderia.

❀ *L'impegno dello chef:* Locanda dalla lunga storia ma dalla filiera corta: il menu si basa su maso e orto gestiti in proprio, mentre l'approvvigionamento degli ingredienti mancanti poggia su agricoltori e produttori spesso bio, il più possibile all'interno del territorio di San Genesio e dell'Altopiano del Salto. Dal 2008 aderiscono al Patto per la Neutralità Climatica e calcolano l'impatto ecologico con l'obiettivo di diventare al più presto neutrali.

← ⊖ &. &. ↔ **P** – Prezzo: €€

Via Schrann 9/c – ☏ 0471 354195 – hirschenwirt.it – Chiuso mercoledì

SAN GIMIGNANO

✉ 53037 – Siena (SI) – Carta regionale n° **11**–C2

LINFA

CREATIVA • **ELEGANTE** All'interno delle mura ma facilmente raggiungibile dai parcheggi esterni, un piccolo scrigno di eleganza, con opere d'arte contemporanea alle pareti, e simpatia: qui lo chef salentino Vincenzo Martella propone piatti sia di terra che di mare, i cui ingredienti sono spesso amalgamati insieme con estrema disinvoltura, come nel caso dell'Agnello alla brace, peperoni e anguilla in porchetta. Ma eccellenti sono anche la Seppia come un risotto alla pescatora (antipasto) e i Tortelli maremmani con albicocca concentrata e brodo infuso alla rosa canina. Per i vini ci si affida tranquillamente alla competenza di Cesario Delle Donne. Apprezzatissima, infine, la scelta di usare dei libri come centrotavola, imperdibile quello sui proverbi toscani illustrati di Renato Bellabarba. Insomma, un'esperienza a tutto tondo in una delle gemme del turismo toscano.

❀ &. &. – Prezzo: €€€€

Piazza Sant'Agostino 19a – ☏ 0577 891151 – mktn.it/linfa – Chiuso lunedì e martedì

DA PODE

TOSCANA • **CONTESTO TRADIZIONALE** Ospitato in una bella struttura ricettiva nella campagna di San Gimignano, il ristorante propone la cucina tradizionale toscana. Qui ritroverete i sapori pieni e gustosi di piatti di cui si chiederebbe il bis, dalla ribollita alla trippa, passando per i pici fatti a mano e la fiorentina. L'olio e alcuni vini vengono prodotti in proprio nella tenuta di Sovestro. Piacevolissimo dehors in un cortile alberato.

⊖ &. &. &. ↔ **P** – Prezzo: €€

Località Sovestro 63 – ☏ 0577 943153 – dapode.com – Chiuso giovedì e venerdì a mezzogiorno

SAN MARTINO 26

DEL TERRITORIO • **CONTESTO STORICO** Nel cuore pulsante di San Gimignano, cucina moderna e creativa, la cui intrigante personalità non disdegna il gioco dei contrasti. Una proposta gastronomica inattesa tra le antiche mura di questa dimora storica, accompagnata da un'interessante selezione di Champagne.

🏧 🛎 ⇔ – Prezzo: €€€

Via San Martino 26 – ☎ 0577 940483 – ristorantesanmartino26.it – Chiuso giovedì e venerdì

SAN GIORGIO DEL SANNIO

✉ 82018 – Benevento (BN) – Carta regionale n° **17**–C1

LOCANDA DELLA LUNA

CAMPANA • **ACCOGLIENTE** Posizione sperduta nel Sannio, del quale offre una bella vista dalla curata sala-veranda e dalla terrazza all'aperto, per questo ristorante sincero, dove lo chef-patron propone i sapori della sua terra e le verdure dell'orto senza discostarsi troppo dalla tradizione.

⪑ 🖴 🏧 🛎 🅿 – Prezzo: €€

Via delle Oche 7 – ☎ 320 047 8609 – locandadellaluna.net – Chiuso lunedì, martedì, a mezzogiorno da mercoledì a venerdì e domenica sera

SAN GIORGIO DELLA RICHINVELDA

✉ 33095 – Pordenone (PN) – Carta regionale n° **7**–A2

IL FAVRI

FRIULANA • **RUSTICO** Calda atmosfera dalle note rustiche per questa osteria vocata al cibo da inizio '800. Nella stagione più mite, il bel giardino sarà sicuramente il vostro preferito. La tavola racconta le tradizioni friulane, con il frico e l'immancabile prosciutto crudo.

🏧 🛎 – Prezzo: €

Via Borgo Meduna 12 – ☎ 0427 94043 – ilfavri.it – Chiuso lunedì e domenica sera

SAN GIORGIO DI VALPOLICELLA

✉ 37015 – Verona (VR) – Carta regionale n° **8**–A2

DALLA ROSA ALDA

VENETA • **FAMILIARE** Nel centro storico di questo grazioso paesino inerpicato in Valpolicella, praticamente di fronte alla pieve romanica, un locale storico che la famiglia Dalla Rosa gestisce dal 1853! La sua cucina rimane ancorata alle classiche ricette di una volta, gustose e saporite, come le pappardelle 40 tuorli con tartufo nero su fonduta di Monte Veronese. Nella cantina scavata nella roccia, vini della zona, anche al bicchiere.

🕏 ⅋ 🛎 ⇔ – Prezzo: €

Strada Garibaldi 4 – ☎ 045 770 1018 – dallarosalda.it – Chiuso lunedì e martedì e domenica sera

SAN GIOVANNI AL NATISONE

✉ 33048 – Udine (UD) – Carta regionale n° **7**–B2

CAMPIELLO

PESCE E FRUTTI DI MARE • **AMBIENTE CLASSICO** Imperdibili i grissini fatti in casa e le conserve in vendita, ma non è da qui che vogliamo iniziare il nostro viaggio al Campiello, e nemmeno dall'osteria accanto più informale. Si parte – invece - dal pesce e dal vino. I due elementi su cui si fonda l'offerta di questo locale oramai storico della zona e che annovera il pescato tra il migliore reperibile; vivamente consigliata è – infatti - la zuppa di pesce, crostacei e un jus alla Buzara. Il secondo elemento, il vino, è rappresentato da una cantina di 25000 bottiglie, dove le vicine zone vitivinicole del Collio e Colli Orientali la fanno da padrone, ma nel contempo si trovano grandi etichette sia Italiane che internazionali; una incredibile quantità di grandi formati per i veri appassionati e tanta qualità. .

🐧 ♿ 🅰 ⇔ 🅿 – Prezzo: €€

Via Nazionale 46 – ☎ 0432 757910 – ristorantecampiello.it – Chiuso lunedì e domenica sera

SAN GIOVANNI IN FIORE

✉ 87055 – Cosenza (CS) – Carta regionale n° **19**–B2

❀ HYLE

Chef: Antonio Biafora

MODERNA • ELEGANTE Il termine Hyle (si legge "ile") in greco significa "materia" e venne usato dai Greci sin dalle prime visite sull'altopiano silano. La Sila e suoi millenari boschi erano un posto ricco di legna e quindi di materia. L'intento di Hyle è ripercorrere questa via, che parte dalle colline sul mare e arriva in cima alle montagne. Un percorso breve, ma che comprende un'area fertile e ricca di ingredienti diversi, dai quali partire per costruire un progetto di cucina che, arricchito dall'esperienza dello chef Antonio Biafora, traccia una mappa di eccellenze territoriali, individuando piccoli produttori locali (di verdure, erbe aromatiche, noci...), in una catena di sostenibilità economico-sociale encomiabile. Ideali percorsi alla scoperta della regione già a partire dal nome, due sono i menu degustazione: Pùzaly (dal termine greco pisseres, resinoso) e Chjùbica (l'antica strada che collega Paola a Cirò Marina), con tutti i piatti estraibili anche alla carta. Lo chef, prima della seconda portata, intrattiene una lunga conversazione al tavolo sulla tradizione calabrese dei coltelli da loro rinfocolata tramite la collaborazione con artigiani locali; cinque lame tra cui il cliente può scegliere la sua preferita. Buona la selezione in cantina, tra scelte nazionali e internazionali, e alcune chicche di viticultura calabrese; in aggiunta anche birre prodotte in casa.

❀ *L'impegno dello chef:* Hyle interpreta nel modo più moderno le caratteristiche del Parco della Sila, un territorio montano difficile ma dalle grandi potenzialità. In un rapporto strettissimo con i produttori locali, lo chef ricerca, seleziona, produce e raccoglie le migliori materie prime, che poi trasforma in piatti raffinati a zero spreco, grazie alla produzione di marmellate, miso, birra e fermentazioni. L'orto di proprietà, di 1200 mq e a 1260 m di altitudine, fornisce frutta, verdure ed erbe aromatiche.

🐧 ⟜ 🅰 🅿 – Prezzo: €€€€

Contrada Torre Garga SS 107 – ☎ 0984 970722 – hyleristorante.it – Chiuso lunedì e a mezzogiorno da martedì a venerdì

SAN GIOVANNI IN PERSICETO

✉ 40017 – Bologna (BO) – Carta regionale n° **9**–C3

OSTERIA DEL MIRASOLE

EMILIANA • TRATTORIA Un posto del cuore, dove si coltiva la memoria nelle salette traboccanti di ricordi del tempo che fu, così come nella cucina, che esprime un'adesione straordinaria e di alto livello alle tradizioni gastronomiche emiliane (ma non solo), con la brace protagonista tra i secondi piatti. Tutto nasce con l'azienda agricola e il caseificio di famiglia, i cui prodotti sono in vendita sia presso lo spaccio che online. Si torna e si ritorna, senza mai stancarsi, per un viaggio nell'identità regionale.

🅰 – Prezzo: €€

Via Matteotti 17/a – ☎ 051 821273 – osteriadelmirasole.it – Chiuso lunedì e domenica

SAN GIULIANO MILANESE

✉ 20098 – Milano (MI) – Carta regionale n° **5**–B2

ANTICA OSTERIA LA RAMPINA

LOMBARDA • **CONTESTO REGIONALE** Le cronache narrano che il generale Radetzky, in fuga da Milano durante i moti delle Cinque Giornate, accampò l'esercito proprio davanti al cortile della Rampina. Immerso nella natura e avvolto dal fascino della storia, il ristorante è oggi un ideale rifugio dove poter godere del piacere della variegata proposta gastronomica, che spazia dal territorio al pesce, con mano sapiente e tocchi contemporanei. Curato giardino per il servizio estivo e serate jazz.

🖇 🅰️🎐 ✿🅿️ – Prezzo: €€€

Via Emilia fraz. Rampina 3 ang. via Rocca Brivio – ℰ 02 983 3273 – rampina.it – Chiuso mercoledì

SAN GIUSTINO VALDARNO

✉ 52024 – Arezzo (AR) – Carta regionale n° **11**–D2

OSTERIA DEL BORRO

TOSCANA • **ELEGANTE** Stile elegante dai colori tenui nella sala gourmet al primo piano, con ascensore, mentre il menu sfodera i classici regionali, rivisitati con gusto creativo ed un pizzico di modernità. Disponibile anche una saletta privata con cucina.

🖇🅰️🅿️ – Prezzo: €€€

Località Borro 52 – ℰ 055 977 2333 – osteriadelborro.it – Chiuso a mezzogiorno

SAN LEONE – Agrigento (AG) ➜ Vedere Sicilia, in fondo alla Guida

SAN LORENZO DI SEBATO

✉ 39030 – Bolzano (BZ) – Carta regionale n° **6**–B1

🏵 LERCHNER'S IN RUNGGEN

Chef: Johann Lerchner

SUDTIROLESE • **RUSTICO** È un locale dedicato alla cucina tipica altoatesina, affiancato al proprio maso con allevamento di carne di manzo. C'è una bella cura dei dettagli sia negli ambienti, sia nei piatti, che citano a piene mani i migliori ingredienti e le ricette più sfiziose della regione. Specialità al ritmo delle stagioni: geröstl (rosticciata di carne di manzo e maiale con patate, cipolla e speck), tirtlan (frittelle di segale), è l'immancabile strudel di mele. Alto Adige a tuttotondo anche per la lista dei vini.

🌿 *L'impegno dello chef:* Un ristorante che da anni è impegnato nella sostenibilità su tanti fronti. A cominciare dalla scelta di utilizzare quasi esclusivamente prodotti 100% altoatesini, un proprio allevamento di bestiame per la fornitura delle carni, nonché la rinuncia all'impiego di qualsiasi prodotto esotico o eticamente discutibile in menu. La sua posizione geografica, nel cuore di una natura incontaminata, gli permette di poter offrire gratuitamente ai propri ospiti una cristallina acqua di sorgente.

❄ 🖇🎐🅿️ – Prezzo: €€

Frazione Ronchi 3/a – ℰ 0474 404014 – lerchners.it – Chiuso lunedì e martedì

SAN MARTINO DI CASTROZZA

✉ 38054 – Trento (TN) – Carta regionale n° **6**–B2

RISTORANTE DA ANITA - CHALET PRÀ DELLE NASSE

REGIONALE • **FAMILIARE** Ristorante familiare cinto da un panorama dolomitico che in estate, nel dehors, si fa addirittura emozionante! Locale storico di San Martino di Castrozza propone una cucina per lo più legata ai sapori di montagna, sebbene in menù non manchino alcune ricette più personali. Tra i dolci, oltre ad alcune offerte più attuali, al cucchiaio, ci sono le torte che riprendono ricette storiche delle nonne.

🏡🅿 – Prezzo: €€

Via Cavallazza 24, località Prà delle Nasse – ℰ 0439 768893 – ristorante-da-anita.com/ristorante-da-anita-p14.html

SAN MARTINO IN PASSIRIA

✉ 39010 – Bolzano (BZ) – Carta regionale n° **6**–A1

QUELLENHOF GOURMETSTUBE 1897

CREATIVA • **ELEGANTE** In uno spazio di raffinata eleganza che dispone anche di un intimo privé separato da qualche scalino, il nuovo angolo gourmet propone differenti menu degustazione di stampo moderno su base tradizionale. Visitabile la bella cantina ricca di etichette e con possibilità di degustazioni varie.

🆎 – Prezzo: €€€€

Via Passiria 47 – ℰ 0473 645474 – quellenhof-gourmetstube1897.it – Chiuso lunedì, domenica e a mezzogiorno da martedì a sabato

SAN MARZANO DI SAN GIUSEPPE

✉ 74020 – Taranto (TA) – Carta regionale n° **16**–C3

😊 **VEZ** 🆕

MODERNA • **CONVIVIALE** Deliziosa cucina moderna basata esclusivamente su prodotti locali, con erbe aromatiche provenienti dal piccolo orto di proprietà. La pasta fresca ripiena fatta in casa è una delle specialità della maison: felice ricordo dello chef degli anni trascorsi a Bologna. Ogni preparazione è curata nei minimi dettagli, con sapori decisi ma ben orchestrati. Il ristorante si trova nel centro del paese, all'ombra della chiesa di San Carlo Borromeo; ampia sala a volta con cucina a vista, ma nelle belle giornate il servizio si sposta anche in terrazza.

🏡 – Prezzo: €€

Via Addolorata 7/9 – ℰ 099 946 3780 – vezristorante.it – Chiuso lunedì, a mezzogiorno da martedì a sabato e domenica sera

SAN MARZANO OLIVETO

✉ 14050 – Asti (AT) – Carta regionale n° **2**–B1

😊 **DEL BELBO - DA BARDON**

PIEMONTESE • **CONTESTO TRADIZIONALE** Un esempio di ristorazione tradizionale che da generazioni si prende attenta cura della propria clientela. Forte di una schietta e gustosa cucina supportata da un'interminabile carta dei vini per veri appassionati di Langhe, Asti, Italia intera e Francia, un comodo dehors ne fa un luogo ideale per le belle giornate di mezza stagione. In pratica, il ristorante che vorresti sotto casa!

🍴 🆎🏡⇔🅿 – Prezzo: €€

Valle Asinari 25 – ℰ 0141 831340 – Chiuso mercoledì e giovedì e domenica sera

SAN MAURIZIO CANAVESE

✉ 10077 – Torino (TO) – Carta regionale n° **1**–B2

❀ **LA CREDENZA**

CREATIVA • **ELEGANTE** Tre sale dall'atmosfera moderna - di cui una affacciata su un piccolo giardino dove d'estate trovano posto solo tre tavoli, quindi prenotate con anticipo se preferite mangiare all'aperto e il tempo lo consente - e una cucina che parte da basi piemontesi per poi divagare su percorsi più creativi, talvolta anche orientalizzanti. Notevole cantina, circa 1700 etichette illustrate in due volumi a cui si aggiunge un'ampia scelta al bicchiere.

❀ 🎦 🎋 ✿ – Prezzo: €€€

Via Cavour 22 – ☏ 011 927 8014 – credenzagroup.it/locali/ristorante-la-credenza – Chiuso martedì, mercoledì e a mezzogiorno lunedì, giovedì, venerdì

SAN MAURO A MARE

✉ 47030 – Forlì-Cesena (FC) – Carta regionale n° **9**–D2

ONDA BLU

PESCE E FRUTTI DI MARE • **CONTESTO CONTEMPORANEO** Un angolo di inaspettata eleganza che sorge quasi sulla sabbia e una sala elegante e sobria con ampie vetrate che si aprono sul mare. Ingredienti freschi e prodotti ittici di grande qualità, in proposte classiche della tradizione marinara dell'Adriatico. Di fatto, il menu è una sorta di canovaccio, cui si aggiungono le proposte di mercato giornaliero. Buona carta dei vini che abbraccia anche l'estero, soprattutto la Francia.

❀ 🎦 🎋 – Prezzo: €€€

Via Orsa Minore 1 – ☏ 0541 344886 – ristoranteondablu.com

SAN MICHELE

✉ 39057 – Bolzano (BZ) – Carta regionale n° **6**–A2

❀ **OSTERIA ACQUAROL**

Chef: Alessandro Bellingeri

MODERNA • **CONTESTO CONTEMPORANEO** In un ambiente "asciutto", quasi minimal e dotato di un piccolo ma delizioso spazio esterno lungo il corso pedonale per i pasti estivi, l'Osteria Acquarol propone una cucina che, partendo dal territorio, conduce dritta verso la personalità dello chef patron cremonese Alessandro Bellingeri, che si esprime con tecniche moderne, idee originali e prodotti spesso sostenibili provenienti dalla regione stessa, nel caso di verdure ed erbe aromatiche e spontanee sovente di produzione propria. Dal 2023, dopo essere riusciti ad ampliare l'orto, la parte vegetale ha preso un ampio spazio nei due menù degustazione proposti (a 5 o 8 portate, da cui possono essere scelti i singoli piatti alla carta): citiamo la minestra fredda chiamata "L'orto dietro l'angolo" o le curiose "Tagliatelle verdi", in cui la tendenza all'amaro è ben gestita. La visione del territorio dello chef è interessante, inedita e originale.

🎋 – Prezzo: €€€

Via Johann Georg Plazer 10 – ☏ 0471 362932 – acquarol.it – Chiuso mercoledì, giovedì e a mezzogiorno lunedì, martedì, venerdì

❀ **ZUR ROSE**

Chef: Daniel Hintneri

REGIONALE • **AMBIENTE CLASSICO** La tappa gourmet che lascia il segno lungo la romantica Strada del Vino tirolese è sicuramente Zur Rose, storica insegna dove lo chef Herbert Hintner propone, da più di 5 anni ormai fianco a fianco col figlio

Daniel, la sua idea di creatività contemporanea, scandita da una forte identità regionale e altoatesina. Nell'elegante spazio risalente al 1300, con il nome "La Rosa" utilizzato per il ristorante sin dal 1585, i prodotti e i piatti si adeguano alle stagioni con due menu per ciascuna di queste: menu regionale e menu vegetariano. Da decenni sulla cresta dell'onda, la sua cucina non ha preso una ruga, rimanendo sempre una sosta gastronomica irrinunciabile.

➾ 🛱 ✿ – Prezzo: €€€

Via Josef Innerhofer 2 – 𝒞 0471 662249 – zur-rose.com – Chiuso domenica e a mezzogiorno lunedì e giovedì

OSTERIA PLATZEGG

REGIONALE • SEMPLICE Questo confortevole locale è la versione osteria dello stellato Zur Rose di Herbert Hintner, maestro indiscusso della miglior cucina altoatesina. Gli ambienti sono accoglienti e contemporanei, pur nella loro semplicità. All'interno di un edificio storico in pieno centro pedonale, la linea gastronomica si rifà a ricette e ingredienti territoriali (come per i ravioli di patate ripieni di speck o i crostini di milza in brodo), con qualche influsso mediterraneo (ad esempio negli gli arancini alla salsa di gorgonzola). Si ritorna invece esclusivamente in Alto Adige per la carta dei vini.

🛆 � 🛱 ✿ – Prezzo: €€

Piazza Municipio 1 – 𝒞 0471 058858 – platzegg.com – Chiuso martedì, mercoledì a mezzogiorno e domenica sera

SAN MICHELE AL TAGLIAMENTO

✉ 30028 – Venezia (VE) – Carta regionale n° **8**–D2

AL CJASAL

DEL TERRITORIO • ACCOGLIENTE In una calda e signorile atmosfera dove il legno è dominante, proposte moderne con buone materie prime locali e spirito regionale. La carta presenta un'originale offerta di cicchetti (piccoli assaggi), in mezze o intere porzioni, che concorrono alla creazione di un personale percorso degustativo. L'orto privato che fornisce frutta e verdura tutto l'anno è lavorato a mano e senza prodotti chimici.

🛆 � 🛱 🅿 – Prezzo: €€

Via Nazionale 30, località San Giorgio al Tagliamento – 𝒞 0431 510595 – alcjasal. com – Chiuso mercoledì e a mezzogiorno lunedì, martedì, giovedì, venerdì

SAN MINIATO

✉ 56028 – Pisa (PI) – Carta regionale n° **11**–C2

PAPAVERI E PAPERE

TOSCANA • ACCOGLIENTE La cucina di Paolo Fiaschi prende spunto e ingredienti dal territorio, per poi allargarsi ad una visione moderna, sia nella leggerezza delle preparazioni sia, soprattutto, nelle presentazioni dei piatti, come per i pici con crema di peperone arrostito, animelle e pecorino. Proposte di terra, di mare, vegetali e in autunno va in scena il tartufo bianco di San Miniato.

🛆 � 🛱 ✿ 🅿 – Prezzo: €€

Via Dalmazia 159/d – 𝒞 0571 409422 – papaveriepaolo.com – Chiuso mercoledì e a mezzogiorno lunedì, martedì, giovedì, venerdì, sabato

PEPENERO

TOSCANA • **CONTESTO CONTEMPORANEO** Gilberto Rossi propone una cucina che sa presentare in maniera mirabile i migliori ingredienti di terra e di mare di un territorio generoso: si pensi, ad esempio, all'ottimo tartufo e alle sue varietà nell'arco dell'anno. Le pietanze, cucinate con mano leggera e moderna, sono servite in un'ampia sala le cui molte vetrate regalano scorci sul centro cittadino.

⫷ 🄐 🅿 – Prezzo: €€

Piazza del Duomo 4 – ℰ 0571 520282 – pepenerocucina.it – Chiuso martedì e a mezzogiorno lunedì, mercoledì, giovedì, venerdì, sabato

SAN NICOLA MANFREDI

✉ 82010 – Benevento (BN) – Carta regionale n° **17**–C1

PASCALUCCI

CAMPANA • **RUSTICO** Ristorante nato nel 1932 che oggi, oltre a proposte locali, presenta anche una cucina di pesce elaborata con capacità, a base di prodotti freschi e genuini. Tra le specialità di carne, Marchigiana e Chianina in varie preparazioni.

🄐 🛋 🅿 – Prezzo: €

Via Appia 1 – ℰ 0824 778400 – pascalucci.it – Chiuso lunedì e domenica sera

SAN PANCRAZIO

✉ 48020 – Ravenna (RA) – Carta regionale n° **9**–D2

😊 LA CUCOMA

PESCE E FRUTTI DI MARE • **AMBIENTE CLASSICO** In questo paese dell'entroterra troverete una delle migliori espressioni della cucina di pesce della Romagna. Nessuna strana invenzione o accostamento, ma le ricette classiche dell'Alto Adriatico, preparate con pesce freschissimo, dalle crudità ai fritti, passando per gli spaghetti alle "poverazze" (vongole) alle grigliate alla brace di legna.

🄐 ⇔ 🅿 – Prezzo: €

Via Molinaccio 175 – ℰ 0544 534147 – ristorantecucoma.com – Chiuso lunedì e domenica sera

SAN PANTALEO - Sassari (SS) ➜ Vedere Sardegna, in fondo alla Guida

SAN PAOLO D'ARGON

✉ 24060 – Bergamo (BG) – Carta regionale n° **5**–D1

UMBERTO DE MARTINO

MEDITERRANEA • **ELEGANTE** Annesso al relais con camere Florian Maison, in un paesaggio bucolico e collinare, si mangia in un'ampia ed elegante sala, seguendo i percorsi dei menù degustazione pensati dal cuoco, che nei pranzi dei giorni feriali consente tuttavia di scegliere liberamente i piatti (da tre a più) elencati. Le origini sorrentine di Umberto De Martino fanno capolino in alcune ricette, insieme al mondo vegetariano e tanto pesce, insieme ad altri piatti di carne.

🐝 ⚷ 🄐 🛋 🅿 – Prezzo: €€€€

Via Madonna d'Argon 4/6 – ℰ 035 425 4202 – florianmaison.it – Chiuso lunedì

SAN PELLEGRINO

✉ 38035 – Trento (TN) – Carta regionale n° **6**–B2

RIFUGIO FUCIADE

REGIONALE • RUSTICO Per darvi l'idea della posizione alpina incorniciata dalla catena del Costabella, vi basti pensare che per secoli fu un "alpeggio". Eterno il paesaggio mozzafiato delle Dolomiti, in lontananza sino alle Pale di San Martino, mentre nel piatto gustose ricette regionali come i canderli su letto di cavolo cappuccio, lo spezzatino di vitello con polenta e finferli oppure gli gnocchetti di polenta con pesto di erbe di campo, ricotta affumicata e timo al limone. Oltre 600 etichette riposano in cantina; possibilità di pernottamento nelle silenziose camere.

🕸 ⇐ 🍴 🏠 ⇦ – Prezzo: €€

Località Fuciada - Soraga di Fassa – ☏ 0462 574281 – fuciade.it

SAN PIERO IN BAGNO

✉ 47021 – Forlì-Cesena (FC) – Carta regionale n° **9**–D2

🕸 **DA GORINI**

Chef: Gianluca Gorini

MODERNA • CONTESTO CONTEMPORANEO Nel centro storico di San Piero in Bagno, Gianluca Gorini è artefice di una cucina creativa e originale, con diversi riferimenti a questa bella zona collinare, ma anche divagazioni più estrose. Tra le presenze più frequenti ci sono i funghi, la selvaggina, il pesce d'acqua dolce e il maialino di mora romagnola, che vengono talvolta combinati con ingredienti più esotici. Nelle cotture la brace occupa un posto particolare e regala profumi e consistenze gradevolissimi a piatti come l'agnello, l'anguilla e il piccione.

🚫 �⃝ ⇦ – Prezzo: €€€

Via Verdi 5 – ☏ 0543 190 8056 – dagorini.it – Chiuso martedì e a mezzogiorno da mercoledì a venerdì

SAN POLO D'ENZA

✉ 42020 – Reggio Emilia (RE) – Carta regionale n° **9**–A3

MAMMA ROSA

PESCE E FRUTTI DI MARE • AMBIENTE CLASSICO All'interno di un semplice caseggiato ai margini del paese, tutti gli sforzi si concentrano su una cucina di mare sostenuta dal migliore pescato e da uno stile mediterraneo.

a⃝ 🏠 ⇦ 🅿 – Prezzo: €€€

Via XXIV Maggio 1 – ☏ 0522 874760 – mammarosa.eatbu.com – Chiuso lunedì e martedì

SAN POLO DI PIAVE

✉ 31020 – Treviso (TV) – Carta regionale n° **8**–C2

🕸 **OSTERIA BORSÒ GAMBRINUS**

Chef: Pierchristian Zanotto

VENETA • WINE-BAR Enoteca-osteria dalle calde note rustiche, con un menu che attinge da mare e terra, mentre molto spazio in carta è riservato alle verdure del proprio orto coltivato in modo decisamente sostenibile. Sulla lavagnetta all'ingresso si trovano molti vini al bicchiere, con particolare attenzione a quelli naturali.

❄ *L'impegno dello chef:* Orto sinergico di 300 mq, acqua depurata e vitalizzata dalla fonte di proprietà, eco-detergenza con microorganismi efficaci, compostaggio degli scarti di cucina e delle ramaglie del parco, autoproduzione di aceto, miele, pane e bibite fermentate... queste sono le buone pratiche di sostenibilità dell'Osteria Borsò Gambrinus, che aderisce al progetto CON+TESTA.

🛏 🅰 🍴 🅿 – Prezzo: €€

Via Capitello 18 – ☏ 0422 855043 – gambrinus.it/osteria-borso – Chiuso lunedì

PARCO GAMBRINUS

MODERNA • **ROMANTICO** Salette rustiche, ma romantiche, per una cucina che vuole essere tradizionale e moderna al tempo stesso, elaborata partendo da prodotti tipici della zona e orientata alla sostenibilità; animali esotici nel parco dove un ruscello ospita gamberi, anguille, storioni. Lunga tradizione nella produzione di vini, grappe e liquori, tra cui il rinomato Elisir Gambrinus. A poche centinaia di metri, la locanda offre camere arredate con gusto.

🛏 🅰 🍴 🅿 – Prezzo: €€

Via Capitello 18 – ☏ 0422 855043 – gambrinus.it – Chiuso lunedì e martedì

SAN QUIRICO D'ORCIA

✉ 53027 – Siena (SI) – Carta regionale n° **11**–C2

TAVERNA DA CIACCO

TOSCANA • **CONTESTO TRADIZIONALE** Accogliente locale dai toni rustici: ai fornelli, il titolare stesso saprà conquistarvi con piatti della tradizione interpretati con fantasiosa creatività e sporadiche proposte di pesce. Filettino di cinta senese avvolto nel rigatino croccante su fonduta di cipolle, il nostro preferito!

🅰 – Prezzo: €€

Via Dante Alighieri 30/a – ☏ 0577 897312 – Chiuso martedì

TRATTORIA TOSCANA AL VECCHIO FORNO

TOSCANA • **RUSTICO** Nel cuore di San Quirico, una tipica trattoria ricca d'atmosfera e di ricordi, con una graziosa corte interna e porticati dove cenare appena il tempo lo consente. Cucina tradizionale e toscana.

🅰 🍴 – Prezzo: €€

Via Poliziano 18 – ☏ 0577 897380 – palazzodelcapitano.com/tuscany/ trattoria-toscana

SAN QUIRINO

✉ 33080 – Pordenone (PN) – Carta regionale n° **7**–A2

❄ ### LA PRIMULA

Chef: Andrea Canton

ITALIANA CONTEMPORANEA • **ELEGANTE** Nel magico territorio dei Magredi, incastonato tra Pordenone ed Aviano, l'elegante locale, gestito da sempre dalla famiglia Canton, vanta oltre un secolo e mezzo di attività. La bella sala dominata dal camino è molto confortevole e la cucina vede protagonista Andrea, che propone piatti di terra e di mare, curati e dai sapori rassicuranti, con qualche tocco moderno come nell'uovo pochè, morchelle e crostini di pane croccanti. La proposta enoica entusiasma per la scelta di etichette divise su ben tre tomi: Friuli-Venezia Giulia, Italia e resto del mondo. Lo stesso edificio ospita inoltre l'Osteria alle Nazioni (aperta anche a pranzo), dove le ricette si ispirano ampiamente alla tradizione regionale.

🕸 Ⓜ 🏠 ↻ 🅿 – Prezzo: €€€

Via San Rocco 47 – ☏ 0434 91005 – ristorantelaprimula.it – Chiuso lunedì, martedì, a mezzogiorno da mercoledì a sabato e domenica sera

SAN REMO

✉ 18038 – Imperia (IM) – Carta regionale n° **10**–A3

✿ PAOLO E BARBARA

Chef: Paolo Masieri

DEL TERRITORIO • INTIMO Dal 1987 rappresenta l'eccellenza della ristorazione sanremese. L'attenzione appassionata per la materia prima e le tipicità gastronomiche regionali è supportata dalla coltivazione di alcuni orti che soddisfano buona parte delle esigenze della cucina, uova e olio EVO compresi, a cui si aggiunge la piccola produzione di vino. Insieme alla qualità del pescato, infatti, sono le verdure a rappresentare l'anima più genuina e originale della cucina del Ponente, che Paolo combina attualizzando ricette tradizionali. Foto precisa del suo stile sono i cappelletti, ravioli di pasta all'uovo ripieni ognuno di un gambero di Sanremo e conditi con brodo di verdure allo zafferano (abruzzese), raffinato eppure gustoso. Barbara, come sempre, gestisce la sala - raccolta e un po' d'antan - suggerendo anche i giusti abbinamenti enologici.

Ⓜ ↻ – Prezzo: €€€€

Via Roma 47 – ☏ 0184 531653 – paolobarbara.it – Chiuso lunedì, martedì e a mezzogiorno da mercoledì a domenica

SAN SALVO MARINA

✉ 66050 – Chieti (CH) – Carta regionale n° **15**–C2

✿ AL METRÒ

Chef: Nicola Fossaceca

MODERNA • MINIMALISTA Nei locali che un tempo accoglievano la pasticceria di famiglia, i fratelli Fossaceca hanno creato il ristorante gourmet: l'ambiente al suo interno è minimal-contemporaneo, tendente al neutro, quasi a voler riservare tutta l'attenzione alla cucina di Nicola; più vivace e fresco il dehors in quella che di fatto pare una piazzetta. Lo chef attraverso la tecnica arriva a ricette moderne, educate e "gentili", proposte che esaltano il sapore di ingredienti per lo più regionali, in primis il miglior pescato del mar Adriatico, senza esagerazioni o inutili stravaganze. Sempre ottimo il pane a lievitazione naturale, impastato con farine di provenienza abruzzese (Senatore Cappelli e farro); così come ottimi sono i grissini al mais di montagna Solina. Ora hanno inserito anche un'incredibile carta dei caffè con selezione di eccellenti cru da tutto il mondo.

♿ Ⓜ 🏠 – Prezzo: €€€

Via Magellano 35 – ☏ 0873 803428 – ristorantealmetro.it – Chiuso lunedì, martedì a mezzogiorno e domenica sera

SAN SEVERINO MARCHE

✉ 62027 – Macerata (MC) – Carta regionale n° **14**–B2

CAVALLINI

PESCE E FRUTTI DI MARE • ACCOGLIENTE Al primo piano, un ristorante dai toni chiari e rilassanti, ben insonorizzato, gestito da due fratelli, uno in cucina e l'altro in sala, che proseguono in questo locale la tradizione di famiglia. In prevalenza pesce, vera passione dello chef, ma la carta propone anche valide alternative di carne.

Ⓜ – Prezzo: €€

Viale Bigioli 47 – ☏ 0733 634608 – ristorantecavallini.com – Chiuso mercoledì, lunedì a mezzogiorno e domenica sera

SAN SEVERO

✉ 71016 – Foggia (FG) – Carta regionale n° **16**–A1

LA FOSSA DEL GRANO

PUGLIESE • **FAMILIARE** Nel centro storico, trattoria a conduzione familiare di pochi coperti, dove i tradizionali soffitti a vela e a botte creano un simpatico contrasto con le opere di street art che rallegrano le pareti. Qui vi attende una straordinaria carrellata di prodotti pugliesi: immancabile, interminabile, ma soprattutto indimenticabile la serie di antipasti. A seguire piatti di terra e di mare in porzioni generose.

🆓 🖼 – Prezzo: €€

Via Minuziano 63 – ✆ 0882 241122 – lafossadelgrano.com – Chiuso lunedì e domenica sera

SAN TEODORO – Nuoro (NU) ➔ Vedere Sardegna, in fondo alla Guida

SAN VIGILIO

✉ 39011 – Bolzano (BZ) – Carta regionale n° **6**–A1

RISTORANTE 1500

MODERNA • **ELEGANTE** Se non dormite già nell'albergo Vigilius Mountain Resort che lo ospita, lasciate l'auto a Lana e da qui prendete la funivia per il Monte San Vigilio, un breve viaggio per raggiungere i 1500 metri di altitudine e il ristorante (informatevi sempre sull'orario dell'ultima funivia per ridiscendere). Moderna è la sala a tutto legno, così come moderna e creativa è la cucina del nuovo chef, insediato nel 2023, seppur sempre legata alla montagna.

🐾 🖼 – Prezzo: €€€

Via Pavicolo 43, funivia per raggiungere il ristorante in via Villa 3 – ✆ 0473 556600 – vigilius.it/it/cuisine – Chiuso a mezzogiorno

SAN VIGILIO DI MAREBBE

✉ 39030 – Bolzano (BZ) – Carta regionale n° **6**–B1

FANA LADINA

REGIONALE • **ROMANTICO** Tre salette, tra cui una luminosa e affacciata sul paese, ma i più romantici non mancheranno di prenotare un tavolo nella stube storica. La simpatia e l'ospitalità della chef-patronne Alma Willeit è un valore aggiunto! Ricette regionali, specialità ladine e un delizioso giardino.

🖼 🅿 – Prezzo: €€

Via Plan de Corones 10 – ✆ 0474 501175 – fanaladina.com – Chiuso mercoledì

SAN VINCENZO

✉ 57027 – Livorno (LI) – Carta regionale n° **11**–B2

IL SALE

TOSCANA • **ROMANTICO** Dove le colline, i cipressi e gli ulivi del più tipico paesaggio toscano incontrano il mare nasce il ristorante Il Sale: il legame con il territorio e la qualità dei piatti sono rafforzati dai numerosi prodotti coltivati dall'azienda stessa. A pranzo light lunch (o carta), la sera solo à la carte. La splendida terrazza offre panoramici scorci sulla natura circostante in questa bella villa con arredi d'epoca e genuina ospitalità.

🆓 🖼 – Prezzo: €€

Via San Bartolo 100, frazione San Carlo – ✆ 0565 798032 – poggioaisanti.com – Chiuso martedì

LA PERLA DEL MARE

PESCE E FRUTTI DI MARE • **ELEGANTE** Moderna struttura di legno e acciaio, scenograficamente affacciata sulla spiaggia di San Vincenzo, da cui si gode, all'orizzonte, il profilo delle isole Capraia, Corsica ed Elba. Anche il menu cita il mare in piatti d'ispirazione contemporanea. D'estate, prenotate un tavolo nel dehors direttamente sulla spiaggia.

⪜ � ⅏ 🍴 – Prezzo: €€€

Via della Meloria 9 – 𝒞 0565 702113 – laperladelmare.it – Chiuso mercoledì

SAN VITO CHIETINO

✉ 66038 – Chieti (CH) – Carta regionale n° **15**–B1

BOTTEGA CULINARIA

CREATIVA • **MINIMALISTA** Armatevi di navigatore o chiedete consigli alla prenotazione per arrivarci, perché può non essere semplice trovare questo locale, immerso in un'affascinante campagna di ulivi. In una sala semplice ed essenziale, i piatti della brava Cinzia Mancini - talvolta a carattere vegetale - guidano il cliente alla scoperta di una cucina estrosa, con ricercati contrasti di sapori e richiami al territorio liberamente interpretato.

🍴 ⅏ 🍴 **P** – Prezzo: €€€

Contrada Pontoni 72 – 𝒞 339 142 1111 – bottegaculinaria.com – Chiuso lunedì e a mezzogiorno da martedì a sabato

SAN VITO LO CAPO - Trapani (TP) ➜ Vedere Sicilia, in fondo alla Guida

SAN ZENO DI MONTAGNA

✉ 37010 – Verona (VR) – Carta regionale n° **8**–A2

TAVERNA KUS

CUCINA DI MERCATO • **VINTAGE** Piacevole ristorante sul versante ovest del Monte Baldo, lato da cui guarda il lago di Garda, si sviluppa su diverse sale, rustico-eleganti ed accoglienti, tra cui una luminosa veranda con vista parziale sulla distesa blu (da godersi appieno dal dehors). Diverse le proposte gastronomiche, che vanno dai piatti di carne a quelli di pesce, sino ai vegetariani, in ogni caso sempre ben cucinati, saporiti e coloratissimi, basati su ingredienti per lo più locali e stagionali. Merita una citazione a parte la cantina, ben fornita e pensata: tra le oltre 1000 etichette conservate nell'antica giasàra, impensabile non trovare un vino di vostro gradimento.

⅌ 🍴 **P** – Prezzo: €€€

Contrada Castello 14 – 𝒞 045 728 5667 – ristoranteveronatavernakus.it – Chiuso lunedì

SANDRIGO

✉ 36066 – Vicenza (VI) – Carta regionale n° **8**–B2

🐦 PALMERINO - IL BACALÀ A SANDRIGO

VENETA • **AMBIENTE CLASSICO** Poco fuori il paese, in un accogliente caseggiato lungo l'anonima SP 248, la famiglia Chemello è ormai giunta alla quarta generazione, conferendo il ruolo di protagonista assoluto del proprio locale a sua maestà il baccalà! In menu – tuttavia – ci sono anche tante altre proposte e per chiudere con qualcosa di forte, la carta dei distillati non lascerà a bocca asciutta; ricca e ben articolata anche la lista dei cocktail.

⅏ 🍴 **P** – Prezzo: €€

Via Piave 13 – 𝒞 0444 659034 – palmerino.eu – Chiuso mercoledì e martedì sera

SANSEPOLCRO

✉ 52037 – Arezzo (AR) – Carta regionale n° **11**–D2

FIORENTINO E LOCANDA DEL GIGLIO

TOSCANA • **TRATTORIA** Al pari del bel centro di Sansepolcro in cui si trova, anche il ristorante ha il suo blasone da vantare: conta più di duecento anni di storia. Le sale al primo piano del palazzo traboccano di decorazioni ed eleganza, mentre il servizio si fa più piacevolmente familiare ed informale. Cucina tradizionale dell'entroterra toscano. Le accoglienti camere completano il quadro.

🏨 ⇄ – Prezzo: €

Via Luca Pacioli 60 – ℰ 0575 742033 – ristorantefiorentino.it – Chiuso mercoledì e domenica sera

SANT'AGATA SUI DUE GOLFI

✉ 80061 – Napoli (NA) – Carta regionale n° **17**–B2

❀ **DON ALFONSO 1890** Ⓝ

Chef: Ernesto Iaccarino

CREATIVA • **LUSSO** A Sant'Agata, in bilico tra i due golfi, il Don Alfonso rappresenta il sud, la famiglia e la cucina mediterranea come pochi altri. Tra giardino, splendide camere e il raffinato ristorante, Livia ed Alfonso hanno condotto al successo il ristorante e sono tutt'ora qui, ad accogliere i clienti come amici di lunga data, mentre i due figli Ernesto e Mario si dividono il lavoro rispettivamente in cucina e sala. Una leggendaria cantina (di cui suggeriamo la visita!), nonché selezione di distillati, e l'orto biologico di punta Campanella da cui provengono parte delle verdure mettono il suggello su una delle storie familiari più belle della gastronomia italiana. Per gli appassionati di vino, suggeriamo di selezionare sul tablet le proposte per annata: scoprirete la profondità della cantina... scavata letteralmente nel tufo.

❀ *L'impegno dello chef:* In quanto a biodiversità, la famiglia Iaccarino è pioniera nella ristorazione italiana, con un'intensa valorizzazione del territorio e l'azienda agricola biologica Le Peracciole a Punta Campanella, inaugurata oltre 30 anni fa e che produce frutta e verdura a totale servizio della cucina. L'impegno verso un costante miglioramento continua, grazie anche ad una completa ristrutturazione della struttura (terminata nella primavera 2024) all'insegna della sostenibilità e del risparmio energetico.

⅋ 🛏 🏨 🛋 ⇄ – Prezzo: €€€€

Corso Sant'Agata 11 – ℰ 081 878 0026 – donalfonso.com – Chiuso lunedì, martedì e a mezzogiorno da mercoledì a venerdì

ⓒ **LO STUZZICHINO**

CAMPANA • **FAMILIARE** Nel centro di Sant'Agata, qui troverete un accogliente ristorante familiare con le tipiche ceramiche e cucina a vista. Ordinate i piatti parlandone con il carismatico proprietario, grande conoscitore dei prodotti campani, saprà ben consigliarvi. E sarà proprio la cucina regionale a regalarvi sapori indimenticabili, con le verdure come punto di forza, spesso tra l'altro provenienti dal vicino orto di casa. Un posto dove si verrebbe tutti i giorni!

🏨 🛋 – Prezzo: €€

Via Deserto 1/a – ℰ 081 533 0010 – ristorantelostuzzichino.it – Chiuso mercoledì

SANTA CRISTINA D'ASPROMONTE

✉ 89056 – Reggio di Calabria (RC) – Carta regionale n° **19**–A3

❀ **QAFIZ**

Chef: Antonino "Nino" Rossi

CREATIVA • INTIMO Arrivarci non è semplice, ma piacevolissimo, sperduto com'è in un mare di ulivi della campagna calabrese più selvaggia. Alla fine, ci si ritrova davanti ad un'elegante villa di fine Settecento, con annesso frantoio in cui è stato ricavato il ristorante sotto ad un caratteristico soffitto dalle volte a crociera. Nel 2023 il restyling rivoluzionario ha portato la cucina al centro della sala: gli ospiti si possono accomodare intorno allo Chef's Table (il bancone) o scegliere un unico tavolo più decentrato. Poi, tutti insieme si inizierà l'esperienza del lungo e unico menù degustazione di Nino Rossi. Calabresi sono buona parte dei prodotti maneggiati con perizia davanti agli ospiti; alcuni ingredienti, come l'ottimo olio EVO, alcune verdure e le erbe aromatiche e spontanee sono addirittura prodotti in proprio, mentre le ricette mostrano creatività ed originalità ad ogni assaggio. Al termine della cena, ci si può spostare nel bellissimo Aspro Cocktail Bar, per sorseggiare il caffè con la piccola pasticceria o un distillato. Per chi volesse prolungare la sosta c'è anche Casa Qafiz.

🐟 Ⓜ **P** – Prezzo: €€€€

Località Calabretto – ☎ 0966 878800 – qafiz.it – Chiuso lunedì, martedì e a mezzogiorno da mercoledì a venerdì

SANTA MARIA ANNUNZIATA

✉ 80061 – Napoli (NA) – Carta regionale n° **17**–B2

☺ **LA TORRE**

CAMPANA • FAMILIARE Prima di sedervi al ristorante prendetevi il tempo di una breve passeggiata fino al vicino belvedere su Capri, sarà un piccolo ma suggestivo antipasto dell'ottima cucina che vi aspetta, familiare, casalinga e autenticamente campana. Proprio i ravioli alla caprese sono tra i piatti più riusciti, ma consigliamo anche la parmigiana di melanzane, il gâteau di patate e diversi fritti di pesce tra i secondi.

Ⓜ 🛋 – Prezzo: €

Piazza Annunziata 7 – ☎ 081 808 9566 – latorreonefire.it – Chiuso martedì

SANTA MARIA DEL MONTE

✉ 21100 – Varese (VA) – Carta regionale n° **5**–A1

COLONNE

ITALIANA CONTEMPORANEA • ELEGANTE Bella vista sul lago di Varese e sui dintorni verdeggianti, soprattutto dalla piacevole terrazza estiva, in un locale che a mezzogiorno sfrutta la parte superiore per il bistrot e la sera la sala elegante per una cucina più creativa e gourmet. Ai fornelli, uno chef-patron conosciutissimo in zona, Silvio Battistoni.

≼ 👫 🛋 **P** – Prezzo: €€

Via Fincarà 37 – ☎ 0332 220404 – albergocolonne.it – Chiuso lunedì

SANTA MARIA DELLA VERSA

✉ 27047 – Pavia (PV) – Carta regionale n° **4**–B3

AD ASTRA

CONTEMPORANEA • INTIMO Per aspera ad astra, attraverso le difficoltà verso le stelle... questo è il motto sotteso di questo piccolo e curato locale dell'Oltrepò Pavese, sogno avverato dello chef-patron Alessandro Folli, che vanta belle esperienze in giro per l'Europa. Ad Astra vi delizierà con piatti precisi e generosi, in perfetto bilico tra modernità e rispetto della grande cucina classica.

  ♿ 🖲 ⌂ – Prezzo: €€

Via Cavour 11/13 – ☎ 0385 278271 – adastraristorante.it – Chiuso mercoledì e a mezzogiorno lunedì, martedì, giovedì

SANTA MARIA DI CASTELLABATE
✉ 84048 – Salerno (SA) – Carta regionale n° **17**–C3

OSTERIA 1861

MODERNA • **CONTESTO STORICO** Nei vicoli a ridosso della spiaggia, in un'antica bottaia dedicata all'affumicatura dei salumi e all'essiccazione dei fichi cilentani, un ambiente a volte di pietra viva, romantica atmosfera e un terrazzino impreziosito da belle piante. La cucina dello chef Antoni Tafuri si esprime in diversi menù degustazione (anche vegetariano e vegano) o in una scelta alla carta, con una ricerca di abbinamenti intenti a valorizzare le materie prime soprattutto locali.

⌂ – Prezzo: €€€

Via Valentino Izzo 1 – ☎ 0974 961454 – osteria1861.it – Chiuso martedì e a mezzogiorno lunedì, mercoledì, giovedì, venerdì, sabato

SANTA MARIA DI SALA
✉ 30036 – Venezia (VE) – Carta regionale n° **8**–C2

SOPRATTUTTO

PESCE E FRUTTI DI MARE • **FAMILIARE** Locale minuscolo e accogliente nella sua colorata semplicità, che ha già raggiunto da tempo la maggiore età con la medesima gestione: moglie in sala e marito (con un passato orgogliosamente rivendicato da operaio metalmeccanico) che prende le ordinazioni e sforna piatti di pesce classici, basati su ottime materie prime ed elaborati con semplicità e buon gusto. Frequentato soprattutto da habitué, la prenotazione è indispensabile e la soddisfazione assicurata.

⌂ – Prezzo: €€

Via Noalese 124 – ☎ 041 576 0404 – Chiuso lunedì e domenica sera

SANTA MARIA MAGGIORE
✉ 28857 – Verbano-Cusio-Ossola (VB) – Carta regionale n° **1**–C1

LE COLONNE

DEL TERRITORIO • **FAMILIARE** Piatti ricchi di fantasia legati alle prelibatezze del territorio in un piccolo ed accogliente locale nel centro della pittoresca Santa Maria Maggiore, fra case di sasso e fiori. Bello il tavolo conviviale per chi ama la compagnia.

Prezzo: €€

Via Benefattori 7 – ☎ 0324 94893 – ristorantelecolonne.it – Chiuso martedì e lunedì sera

SANTA REPARATA – Sassari (SS) ➔ Vedere Sardegna, in fondo alla Guida

SANTA TERESA GALLURA – Sassari (SS) ➔ Vedere Sardegna, in fondo alla Guida

SANTA VITTORIA D'ALBA

✉ 12069 – Cuneo (CN) – Carta regionale n° **2**–A2

CASTELLO

MODERNA • **AMBIENTE CLASSICO** Una gustosa cucina del territorio con qualche incursione marittima, da gustare in estate sulla bella veranda con vista sulle Langhe e nella stagione fredda in una sala raccolta e luminosa.

≼ 🚗 ☂ 🅿 – Prezzo: €€

Via Cagna 4 – ☎ 0172 478198 – ristorantecastellodisantavittoria.it – Chiuso lunedì, a mezzogiorno da martedì a venerdì e domenica sera

SANT'AGOSTINO

✉ 44047 – Ferrara (FE) – Carta regionale n° **9**–C1

TRATTORIA LA ROSA 1908

DEL TERRITORIO • **FAMILIARE** Nella periferia di Ferrara, ristorante dal tono classico con una gestione solida e oramai alla quinta generazione propone una cucina di ricerca, sebbene sempre basata su prodotti locali tra cui spicca il tartufo, servito ad esempio con fettuccine, burro e parmigiano, oppure lo sformato dell'Artusi, classicamente accompagnato con una vellutata dal profumo intenso.

🄰🄲 – Prezzo: €€

Via del Bosco 2, ang. via Facchini – ☎ 0532 84098 – larosa1908.it – Chiuso lunedì e sera martedì, mercoledì, giovedì, domenica

SANT'AGNELLO

✉ 80065 – Napoli (NA) – Carta regionale n° **17**–B2

✿ DON GEPPI

CREATIVA • **ROMANTICO** Solo cinque tavoli in una sala del Majestic Palace Hotel, con pareti avvolte in una tela dai temi vegetali che preannunciano i romantici scorci che rivelano le finestre su uno dei più bei giardini della costa, agrumi, ulivi - di cui uno millenario - l'orto da cui provengono parte delle verdure che troverete nei piatti e tanto altro. Il cuoco Mario Affinita allestisce tre menù degustazione che traggono contemporaneamente ispirazione dal territorio campano e dalle sue esperienze internazionali. Ne risulta un cucina elaborata, tecnica e precisa, all'altezza dello scrigno in cui è servita.

⅋⅋ 🄰🄲 🅿 – Prezzo: €€€€

Corso Marion Crawford 40 – ☎ 081 807 2050 – dongeppi.com – Chiuso martedì e a mezzogiorno lunedì, mercoledì, giovedì, venerdì, sabato, domenica

SANT'ANNA

✉ 12020 – Cuneo (CN) – Carta regionale n° **1**–B3

☺ LA PINETA

PIEMONTESE • **FAMILIARE** Bisogna armarsi di pazienza e affrontare tornanti fra boschi e colline per arrivare alla Pineta, ma alla fine la cucina ricompensa il viaggio. Proposta incentrata su un menu degustazione che può essere accorciato nel numero di portate, in cui regna da sempre il fritto misto alla piemontese: il piatto culto del ristorante! Ottimi e abbondanti anche gli antipasti con numerosi assaggini misti.

☂ 🅿 – Prezzo: €

Piazzale Sant'Anna 6 – ☎ 0171 918472 – lapinetaalbergo.it – Chiuso martedì e lunedì sera

SANT'ANTONIO ABATE

✉ 80057 – Napoli (NA) – Carta regionale n° **17**–B2

🉑 GERANI

ITALIANA CONTEMPORANEA • **CONTESTO CONTEMPORANEO** Un viaggio tra i colorati paesi dell'entroterra, gustosissimi pani fatti con il lievito madre, i prodotti dell'orto di proprietà che contribuiscono a creare succulente pietanze, nonché la semplice e calda accoglienza. Tutto questo è Gerani: un'ottima cucina a prezzi contenuti, a due passi dai grandi circuiti turistici.

&. 🛱 – Prezzo: €€

Via Stabia 609 – ℰ 081 874 4361 – geraniristorante.it – Chiuso lunedì e domenica sera

SANTARCANGELO DI ROMAGNA

✉ 47822 – Rimini (RN) – Carta regionale n° **9**–D2

LAZAROUN

ROMAGNOLA • **ACCOGLIENTE** Il prototipo del locale romagnolo, dove un'efficiente e calorosa gestione familiare fa da supporto ad una cucina forte sia fra i primi, sia fra i secondi (paste fresche, salumi, carne anche cotta alla brace). Tra le particolarità del locale è da segnalare la presenza di antichissime grotte tufacee che caratterizzano parte del sottosuolo della località: realizzate intorno al 400 d.C. e riattivate poi dai Malatesta come vie di fuga grazie al loro intricato sviluppo a reticolo.

🆔 🛱 – Prezzo: €€

Via Del Platano 21 – ℰ 0541 624417 – lazaroun.it – Chiuso giovedì

OSTERIA LA SANGIOVESA

ROMAGNOLA • **RUSTICO** Locale caldo e accogliente, per quanto semplice e informale, che si sviluppa in varie salette ricavate nelle gallerie di un antico palazzo. La cucina si ispira al territorio e alle sue tradizioni, tra piadine e paste fresche. Salumi, carni, olio, vini e vermouth provengono dalla tenuta Saiano, creata appositamente per fornire la Sangiovesa di prodotti a filiera corta e certa.

🆔 🛱 – Prezzo: €

Piazza Simone Balacchi 14 – ℰ 0541 620710 – sangiovesa.it – Chiuso a mezzogiorno da lunedì a venerdì

SANTO STEFANO BELBO

✉ 12058 – Cuneo (CN) – Carta regionale n° **2**–B2

🕸 IL RISTORANTE DI GUIDO DA COSTIGLIOLE

PIEMONTESE • **ROMANTICO** In posizione panoramica, circondato da uno straordinario contesto collinare, il ristorante si trova in un ex monastero seicentesco trasformato in uno degli alberghi più esclusivi ed eleganti della regione: il Relais San Maurizio. Andrea Alciati e Monica Magnini perpetuano il ricordo e il mito di Guido e Lidia Alciati, i genitori di Andrea. Lo chef cuneese Fabio Sgrò prosegue con consapevolezza e rispetto la tradizione familiare, dimostrando la sua professionalità con un menu da lui rivisitato e un'offerta che prevede anche il pesce d'acqua dolce e vari fuori carta, nonché una degustazione vegana. Nei vini l'insegna trova ulteriore ricchezza, con una selezione enologica da brividi, anche per la presenza di verticali e rarità.

🕸 ⟨ � 🆔 🛱 ⇔ 🅿 – Prezzo: €€€€

Località San Maurizio 39 – ℰ 0141 844455 – guidodacostigliole.it – Chiuso domenica e a mezzogiorno da lunedì a sabato

SANT'OMOBONO TERME

✉ 24038 – Bergamo (BG) – Carta regionale n° **5**–C1

POSTA

ITALIANA • FAMILIARE Lungo la valle Imagna, un ristorante familiare e accogliente, che punta su piatti gustosi e saporiti, qualche legame con il territorio, nonché versioni più classiche della tradizione italiana, alcune anche di pesce. Tra le proposte più convincenti i cannelloni di baccalà, il guancialino brasato - morbidissimo! - e la spuma di zabaione con briciole di torta sbrisolona e gelato al marzapane, imperdibile.

&. ⅄ – Prezzo: €€€

Viale Vittorio Veneto 169 – ℰ 035 851134 – frosioristoranti.it – Chiuso lunedì e martedì

SAPPADA

✉ 33012 – Udine (UD) – Carta regionale n° **7**–A1

⅋ LAITE

Chef: Fabrizia Meroi

REGIONALE • ROMANTICO In due magnifiche stube di legno del XVII e XVIII secolo, all'interno di una tipica casa di montagna situata in una zona tranquilla e caratteristica, i nomi dei menu, in dialetto sappadino, incarnano la visione di cucina della chef Fabrizia Meroi. Verpai – qualcosa che scorre velocemente – è il menu più breve, Asou (Così) è il menu storico del ristorante e infine Plissn, aghetti di abete, parte dalla tradizione per declinarlo in base alla stagione e all'estro del momento, non scevro di qualche richiamo esotico come nel pesce gatto, dashi di montagna, shitake). Gli aromi di questa terra e i prodotti di stagione caratterizzano i piatti, abbinati ai vini scelti con passione da Elena, figlia di Fabrizia, con una proposta eccellente anche al bicchiere. Nessun virtuosismo, ma un'attenta interpretazione dei sapori, con la garanzia che i pochi fortunati ospiti porteranno con sé emozioni e ricordi indelebili di questo gustoso indirizzo gastronomico.

⅋ – Prezzo: €€€€

Borgata Hoffe 10 – ℰ 0435 469070 – ristorantelaite.com – Chiuso mercoledì e giovedì a mezzogiorno

MONDSCHEIN

REGIONALE • STILE MONTANO Ristorante gourmet a Sappada, dove Paolo Kratter e famiglia vi accolgono e vi fanno sentire come a casa vostra. Nel romantico contesto di un'elegante baita di montagna ai margini del paese, a pranzo l'offerta è più semplice ed informale per accontentare gli sciatori (le piste sono proprio dietro il ristorante), ma è la sera che la cucina dà il meglio di sé, e lo fa a grandi livelli.

⅋ ℗ – Prezzo: €€€

Borgata Palù 96 – ℰ 0435 469585 – ristorantemondschein.it

SARCHE DI MADRUZZO

✉ 38070 – Trento (TN) – Carta regionale n° **6**–A2

HOSTERIA TOBLINO

DEL TERRITORIO • CONTESTO CONTEMPORANEO All'interno del complesso della Cantina Toblino, la parte più accogliente e contemporanea è l'ampia sala in stile minimal dell'Hosteria. Qui si propongono accattivanti reinterpretazioni sul tema del territorio e del km 0, concedendosi qualche apertura anche ad ingredienti da fuori regione per un risultato variegato, presentato attraverso tre menù degustazione a tema (tutti i piatti sono anche alla carta): carne, acqua (sia dolce sia mare) e veg. Non mancano interessanti fuori carta giornalieri, legati al mercato e alla stagione.

 – Prezzo: €€

Via Garda 3 – ℰ 0461 561113 – toblino.it/hosteria/ristorante – Chiuso lunedì e sera martedì, mercoledì, domenica

SARENTINO

✉ 39058 – Bolzano (BZ) – Carta regionale n° **6**–A1

✿✿ TERRA THE MAGIC PLACE

Chef: Heinrich Schneider

CREATIVA • **ROMANTICO** Quando finisce la lunga strada in salita tra i boschi, ecco Terra, un luogo magico in un paesaggio fiabesco, dove godere di un'atmosfera romantica e raffinata che combina la tradizione del legno con elementi moderni, come la cantina sospesa sulla sala. Il patron Heinrich Schneider è diventato un grande chef partendo da autodidatta. Studio e applicazione, uniti all'enorme amore e attaccamento alla montagna, hanno fatto il resto. L'esperienza gastronomica viene proposta attraverso un unico, articolato menu degustazione in cui, a buon ritmo, si assaggeranno piccoli capolavori di estetica e di gusto. Splendido il manzo nostrano: un doppio assaggio a base di brasato con glassa ai ceci, stellaria e gnocchi liquidi, patate e filetto alla brace con glassa alle spezie, olio alla pimpinella e scorzonera. Per i vini basterà affidarsi alla completezza della carta (anche vini analcolici) e alla appassionata competenza di Gisela, sorella dello chef. Trovandosi in posizione piuttosto isolata, potrà far piacere approfittare dell'esclusivo e intimo resort che completa un'experience veramente unica.

 L'impegno dello chef: Terra sostiene il "World Ocean Day", programma in collaborazione con le Nazioni Unite atto a sensibilizzare l'opinione pubblica sulle problematiche degli oceani e dei mari, come l'inquinamento e la presenza di plastica. Terra contribuisce alla causa attestandosi ad un valore di plastic free al 90%. Le materie prime provengono quasi esclusivamente dai masi circostanti.

🍴 ⬌ 🅿 – Prezzo: €€€€

Località Prati 21 – ℰ 0471 623055 – terra.place – Chiuso lunedì, domenica e a mezzogiorno da martedì a sabato

---

BRAUNWIRT

MODERNA • **CONTESTO CONTEMPORANEO** Moderno ed accogliente ristorante nel cuore della località: al pari del design, anche la cucina insegue la modernità e, oltre alle ovvie referenze di territorio, allarga lo sguardo sull'intero Bel Paese. Per i gourmet, la possibilità di selezionare dei percorsi degustazione ad estrazione dalla carta. Servizio gioviale e clientela cosmopolita.

🚿 🅜 🛋 – Prezzo: €€

Piazza Chiesa 3 – ℰ 0471 620165 – braunwirt.it – Chiuso lunedì e martedì e domenica sera

---

RISTORANTE ALPES & LA FUGA

MODERNA • **ROMANTICO** Tre tavoli nella Stube viola, dall'atmosfera contemporanea e raffinata, altrettanti in quella del contadino, storica e romantica. Ovunque vi sediate troverete piatti creativi e sofisticati, amati da chi privilegia le novità e la fantasia. Ai fornelli, c'è Mattia Baroni: chef dal percorso inconsueto, dopo aver completato i suoi studi d'informatica ha lavorato come cuoco presso rinomati ristoranti in varie parti del mondo.

🍴 ⬌ 🅿 – Prezzo: €€€

Via Ronco 24 – ℰ 0471 623048 – bad-schoergau.com/it/food – Chiuso lunedì e martedì

SARONNO

✉ 21047 – Varese (VA) – Carta regionale n° **5**–A1

🏵 **SUI GENERIS.**

Chef: Alfio Nicolosi

CREATIVA • **CONTESTO CONTEMPORANEO** In una sala moderna con cucina a vista opera il giovane Alfio Nicolosi. Cullati da un servizio attento, sorridente e premuroso, alla prenotazione si è invitati a segnalare allergie, intolleranze o eventuali ingredienti particolarmente non graditi, perché il menù degustazione è unico e alla cieca. I piatti sono – comunque - di straordinario interesse, basati su una rimarchevole conoscenza della tradizione italiana e internazionale (influenze asiatiche e sudamericane, per citarne solo due). Il risultato è una cucina molto personale, firmata da uno dei giovani chef più interessanti del momento, dalle proposte gastronomiche trascinanti e piene di gusto, tra grigliate, rimandi allo street food e tanto altro.

🕭 ⓀⒶ ⇆ – Prezzo: €€€€

Via Roma 35 – 𝒞 375 668 1925 – ristorantesuigeneris.com – Chiuso domenica e a mezzogiorno da lunedì a sabato

SARRE

✉ 11010 – Aosta (AO) – Carta regionale n° **3**–A2

TRATTORIA DI CAMPAGNA

VALDOSTANA • **AMBIENTE CLASSICO** Questa conosciutissima trattoria - ormai alla sua terza generazione – propone una solida cucina di tradizione valdostana, con piccole personalizzazioni fantasiose e di stagione. Se nella nuova e fornita cantina trova posto anche un tavolo conviviale per una decina di ospiti, per i vini bisogna tranquillamente lasciarsi consigliare dalla sommelier Beatrice Cortese. Ghiotto carrello dei dessert, ricco di squisitezze.

ⓀⒶ 🛋 🄿 – Prezzo: €€

Località Saint Maurice 57 – 𝒞 0165 257448 – trattoriadicampagna.it – Chiuso martedì e mercoledì

SARTURANO

✉ 29010 – Piacenza (PC) – Carta regionale n° **9**–A1

ANTICA TRATTORIA GIOVANELLI

DEL TERRITORIO • **FAMILIARE** In un grazioso contesto bucolico ai piedi delle colline, in questa trattoria gestita dalla stessa famiglia dal 1939 (ora giunta alla terza generazione) si serve cucina del territorio: tanti salumi, arrosti e bolliti di carne, ma noi vi consigliamo di non perdere le paste fresche fatte in casa e la torta di mandorle con zabaione.

ⓀⒶ 🛋 🄿 – Prezzo: €

Via Centrale 5 – 𝒞 0523 975209 – anticatrattoriagiovanelli.it – Chiuso lunedì e domenica sera

SASSARI - Sassari (SS) ➜ Vedere Sardegna, in fondo alla Guida

SASSETTA

✉ 57020 – Livorno (LI) – Carta regionale n° **11**-B2

LA CERRETA OSTERIA

Chef: Enrico Bellino

TOSCANA • **RUSTICO** Immerso nella natura, La Cerreta Osteria è un indirizzo bucolico dove dormire, rilassarsi alle terme e approfittare della sua buona tavola, che propone due menù degustazione - principalmente vegetali - con ingredienti biodinamici dell'azienda agricola di proprietà (vino, olio, formaggi, ortaggi...).

🌱 *L'impegno dello chef:* È all'interno di un'azienda agricola biodinamica certificata che fornisce il 90% degli ingredienti di una cucina rigorosamente giornaliera e stagionale. Verdure e ortaggi sono freschi d'orto, l'olio EVO è ottenuto da olive spremute a freddo, le carni di manzo maremmano, di maiale di cinta senese e di polli livornesi provengono dai loro allevamenti e i vini sono frutto dei vigneti dell'azienda. Una sostenibilità a 360 ° comunicata con passione e competenza.

🏡 – Prezzo: €€€

Via della Cerreta 7 – ☏ 0565 794352 – lacerretaterme.it/food-wine/osteria – Chiuso sera da lunedì a mercoledì

SASSO MARCONI

✉ 40037 – Bologna (BO) – Carta regionale n° **9**-C2

✿ CASA MAZZUCCHELLI

Chef: Aurora Mazzucchelli

CREATIVA • **CONTESTO CONTEMPORANEO** C'è un momento della giornata in cui varcando la soglia si coglie appieno uno degli elementi nuovi e identitari di questa tavola: la panificazione. Il profumo fragrante del pane sfornato è inebriante e nel menù sono presenti diversi ingredienti cucinati a forno spento, come la pancia di cinghiale con babà al vino rosso e maionese alla salvia. Due menu a disposizione, Attimi di cucina e Momento contemporaneo; sapori tradizionali e gusti decisi.

🕸 ♿ 🅰️🏡 ♻ 🅿 – Prezzo: €€€

Via Porrettana 291 – ☏ 051 846216 – casamazzucchelli.com – Chiuso lunedì e martedì

🐤 ANTICA TRATTORIA LA GROTTA DAL 1918

EMILIANA • **FAMILIARE** Una bella gita arrivarci, su e giù per i colli, ma la cucina saprà ricompensarvi. Basata su un'attenta ricerca di prodotti, che dalla propria azienda agricola si estende all'Appennino e si concede anche qualche svago sulla penisola, la cucina è tesa a recuperare i bei piatti di una volta. I tortellini in brodo sono imperdibili (la "sfoglina" in sala è garanzia di autenticità!) e in stagione non perdete la selvaggina e i tartufi. Dehors estivo.

🅰️🏡 🅿 – Prezzo: €

Via Tignano 3, Loc. Mongardino Grotta – ☏ 051 675 5110 – lagrotta1918.it – Chiuso mercoledì e a mezzogiorno lunedì, martedì, giovedì, venerdì

🐤 NUOVA ROMA

EMILIANA • **TRATTORIA** Un locale dalla lunga gestione familiare sulla strada tra Calderino e Sasso Marconi, dove gustare una cucina regionale e tradizionale presentata in forme attuali e sempre generose. Paste fresche e una vera griglia a legna tra gli imperdibili, ma come rinunciare a una classica cotoletta alla bolognese? Lasciatevi tentare anche dalla esauriente selezione enologica, che riserva un occhio di riguardo all'Emilia Romagna. Bella terrazza per la stagione più calda.

🕸 🍽🅰️🏡🅿 – Prezzo: €

Via Olivetta 87 – ☏ 051 676 0140 – ristorantenuovaroma.it – Chiuso martedì e mercoledì a mezzogiorno

SATURNIA

✉ 58014 – Grosseto (GR) – Carta regionale n° **11**–C3

I DUE CIPPI DAL 1976

CARNE • **ACCOGLIENTE** Si viene accolti da un braciere scoppiettante dove si cuoce la carne in frollatura lì accanto; svariate le tipologie, tra cui la chianina la fa da padrona. L'eleganza delle salette, l'atmosfera calorosa e il servizio accogliente completano il quadro, insieme ad un'ottima selezione di etichette. E nella bella stagione tutti all'esterno!

&& 🖼 🏮 ⇔ – Prezzo: €€€

Piazza Veneto 26/a – 𝒞 0564 601074 – iduecippi.com – Chiuso domenica e a mezzogiorno da lunedì a sabato

SAURIS

✉ 33020 – Udine (UD) – Carta regionale n° **7**–A1

😊 ALLA PACE

FRIULANA • **SEMPLICE** Sauris si trova in posizione un po' isolata, ma anche in ciò risiede il suo fascino. Una volta arrivati troverete un incantevole laghetto, il pittoresco paese di montagna e il ristorante - gestito dalla stessa famiglia dal 1804 - all'interno di una bella casa seicentesca. Un contesto di fiaba, con le gustose specialità del territorio nei piatti.

&& ⇔ – Prezzo: €

Via Sauris di Sotto 38 – 𝒞 0433 86010 – ristoranteallapace.it

ORO NERO 🔘

ITALIANA CONTEMPORANEA • **CONTESTO CONTEMPORANEO** Diversi prodotti locali quali la trota di Sauris, i formaggi di malga, le uova e le erbe nostrane caratterizzano il menu di questo delizioso indirizzo dalla vista spettacolare sulle vette circostanti. In una sala di gusto moderno dove primeggiano l'oro e il nero, Andrea porta in tavola una cucina sfiziosa e creativa come nel signature-dish "piccione in due cotture, il suo fondo all'amarena, arachidi e scalogno agrodolce".

⩥ 🖼 🏮 🅿 – Prezzo: €€€€

Località La Maina 10 – 𝒞 0433 786230 – ristoranteoronero.it – Chiuso mercoledì e martedì sera

SAVELLETRI

✉ 72015 – Brindisi (BR) – Carta regionale n° **16**–C2

✿ DUE CAMINI

MEDITERRANEA • **LUSSO** Luogo di incontro culinario dove si incrociano tradizione mediterranea e creatività, il ristorante guidato dallo chef Domingo Schingaro propone una cucina che porta in ogni piatto i gusti forti e decisi della tradizione pugliese, interpretati in chiave moderna e preparati esaltando i prodotti del territorio, molti dei quali provengono dall'orto della struttura. I percorsi gastronomici valorizzano le materie prime e i produttori locali seguendo il ritmo delle stagioni; il menu "Foglie" è completamente green e consta di otto portate. Ambiente romantico e suggestivo: uno degli indirizzi più intriganti della selezione.

& 🖼 🏮 🅿 – Prezzo: €€€€

Strada Comunale Egnazia – 𝒞 080 225 5351 – ristoranteduecamini.it – Chiuso lunedì e a mezzogiorno da martedì a domenica

SAVIGNO

✉ 40060 – Bologna (BO) – Carta regionale n° **9**–C2

✿ TRATTORIA DA AMERIGO

Chef: Alberto Bettini

EMILIANA • CONTESTO STORICO Sui primi colli alle spalle di Bologna, Amerigo esalta l'idea della trattoria all'italiana, portandoci in un viaggio nostalgico nel passato della regione e non solo. A pochi metri dalla piazza del paese, l'ingresso si apre sulla dispensa, dove è possibile acquistare vini, sughi e altre leccornie. Da qui si passa alla sala di servizio, a cui se ne aggiungono altre due al primo piano, tra cui quella che fu la prima sala TV del paese, ora ornata da cimeli d'epoca. La cucina di Alberto Bettini è schiettamente emiliana e appenninica, in stagione vi troverete tanta selvaggina e il pregiato tartufo bianco locale. Adesione alla tradizione ed ottimi prodotti: una festa per il cuore oltre che per il palato!

🐝 🏠 – Prezzo: €€

Via Marconi 16 – ☎ 051 670 8326 – amerigo1934.com – Chiuso lunedì, martedì e a mezzogiorno da mercoledì a venerdì

SAVOGNA D'ISONZO

✉ 34070 – Gorizia (GO) – Carta regionale n° **7**–B2

☺ LOKANDA DEVETAK

Chef: Gabriella Cottali

REGIONALE • FAMILIARE Un locale inossidabile che ha da poco festeggiato i 150 anni di vita con la medesima gestione familiare (le quattro figlie rappresentano la sesta generazione!) e che continua a riservare un'accoglienza calorosa e professionale. Immutata è anche la passione per i prodotti, i piatti e la storia di questa magnifica terra di confine.

✿ *L'impegno dello chef:* È una cucina del riciclo che viene da lontane tradizioni contadine quella proposta da Lokanda Devetak: minimo spreco del cibo e approvvigionamento di materie prime da piccoli produttori locali e dall'orto di proprietà. Caldaia a biomasse e pannelli solari concorrono al fabbisogno di riscaldamento e acqua calda.

🐝 ⇦ 🅰 🏠 ⇔ 🅿 – Prezzo: €€

Via Brezici 22 – ☎ 0481 882488 – devetak.com – Chiuso lunedì, martedì e a mezzogiorno mercoledì e giovedì

SAVONA

✉ 17100 – Savona (SV) – Carta regionale n° **10**–B2

A SPURCACCIUN-A

PESCE E FRUTTI DI MARE • ELEGANTE Sempre una bella tappa gourmet questo ristorante all'interno dell'hotel Mare, che offre una posizione interessante per il servizio estivo nella zona giardino, affacciato sulla distesa blu e sulla spiaggia. In realtà, che sia all'esterno oppure comodamente all'interno della piacevole sala contemporanea, sarà la cucina di Simone Perata a convincervi che questo è l'indirizzo giusto in città: la carta è ricca di pietanze cucinate a partire da ottime materie prime, soprattutto pesce (strepitosi i rossetti con carciofi alla griglia e salsa al curry verde), affrontate con piglio moderno ed attenzione massima alle presentazioni. Corona l'esperienza l'ottima carta vini, dove si segnalano anche alcune vecchie annate.

🐝 ⇐ ⇦ 🅰 🏠 ⇔ 🅿 – Prezzo: €€€

Via Nizza 41 r – ☎ 019 862263 – aspurcacciun-a.it – Chiuso lunedì, martedì a mezzogiorno e domenica sera

BINO

DEL TERRITORIO • SEMPLICE Nel centro storico, adiacente al museo della ceramica (di cui troverete delle opere esposte anche al ristorante) e con un piacevole servizio all'aperto in una graziosa piazzetta, è lo chef stellato di Noli Giuseppe Ricchebuono a mettere la firma sulla cucina di questo ristorante, con piatti sia di pesce che di carne e qualche spunto di creatività.

&. 🅰️ 🍴 – Prezzo: €€

Via Ambrogio Aonzo 31r – ℰ 019 528 1517 – Chiuso domenica e a mezzogiorno da lunedì a sabato

QUINTOGUSTO

CONTEMPORANEA • MINIMALISTA Novità recente per il centro di Savona, nella zona rinnovata di corso Italia, Quintogusto occupa un lato dell'ex ospedale ed è un piccolo ristorante in veste minimal e contemporanea. Lo chef patron Mirko Lacota è stato lo storico sous-chef del Vescovado di Noli e qui si cimenta in una cucina che, partendo quasi sempre dalla Liguria, aggiunge tocchi di modernità e fantasia.

&. 🅰️ 🍴 – Prezzo: €€

Piazza Sandro Pertini 54 r – ℰ 019 770 2870 – ristorantequintogusto.com – Chiuso a mezzogiorno da lunedì a venerdì

SCALA

✉ 84010 – Salerno (SA) – Carta regionale n° **17**-B2

DA LORENZO

PESCE E FRUTTI DI MARE • TRATTORIA Defilata nel poco conosciuto borgo di Scala, di fronte a Ravello, un'autentica trattoria familiare che da decenni propone ricette di mare con serietà e semplicità. Come portata principale vi consigliamo di prendere ispirazione dal carrello del pescato, per poi accomodarvi nell'incantevole terrazza panoramica.

≼ 🖴 🅰️ 🍴 – Prezzo: €€€

Via Fra' Gerardo Sasso 8 – ℰ 089 858290 – trattoriadalorenzo.com – Chiuso lunedì e a mezzogiorno da martedì a venerdì

SCHIO

✉ 36015 – Vicenza (VI) – Carta regionale n° **8**-B2

✿ SPINECHILE

Chef: Corrado Fasolato

CREATIVA • ROMANTICO Non semplice da scovare, ma di fiabesca atmosfera, tra i boschi delle colline sovrastanti Schio. Una volta giunti in paese si è ancora ben lungi dall'essere arrivati: da Schio, infatti, bisogna inerpicarsi per i tornanti, l'ultimo pezzo di strada diventa sterrato e allora si è quasi in montagna, a 600 metri d'altezza, dove si svela un'elegante baita. Corrado Fasolato, chef di grande esperienza, ha raccolto piatti classici, ma la voglia di innovare è ancora grande e ora il ristorante propone anche un interessante percorso degustazione totalmente "green", con alimenti prodotti nell'azienda agricola di proprietà. Si viene qui per delle emozionanti conferme, si esce emozionati da nuove scoperte. La carta dei vini – seguita da Paola, compagna di lavoro e di vita di Corrado – è giustamente celebre: si articola in ben tre volumi, uno dedicato ai bianchi, un secondo ai rossi e un terzo ai vini dolci.

🕸 ≼ ✤ 🅿️ – Prezzo: €€€€

Contra' Pacche 2, località Tretto – ℰ 0445 169 0107 – spinechile.com – Chiuso lunedì, martedì e a mezzogiorno da mercoledì a venerdì

SCIACCA – Agrigento (AG) ➜ Vedere Sicilia, in fondo alla Guida

SCLAFANI BAGNI – Palermo (PA) ➜ Vedere Sicilia, in fondo alla Guida

SCORRANO

✉ 73020 – Lecce (LE) – Carta regionale n° **16**–D3

BROS' TRATTORIA

TRADIZIONALE • **LOCANDA** Si mangia nel verde di un grande e curato giardino con olivi e luci soffuse, tavoli in legno e sedie di paglia; il must è il forno a legna dove si cuociono quasi tutte le specialità presenti nel menu giornaliero (3 o 4 portate): ricette rigorosamente tradizionali, da accompagnare con le pucce salentine, il tipico pane locale, e antipasti strepitosi!

🦽 ᴧ 🍽 – Prezzo: €€

SP Scorrano-Supersano km 2 – ☎ 351 661 5513 – pellegrinobrothers.it/ bros-trattoria

SCORZÈ

✉ 30037 – Venezia (VE) – Carta regionale n° **8**–C2

SAN MARTINO

Chef: Raffaele Ros

MODERNA • **CONTESTO CONTEMPORANEO** Un locale raffinato ed elegante, caratterizzato da un luminoso minimalismo, con tavoli grandi e distanziati. In una sala riscaldata dal nuovo e moderno camino a legna, la signora Michela, moglie dello chef, accoglie con simpatica familiarità e con una notevole competenza enologica. Ottima, infatti è la scelta dei vini, con una selezione di spumanti e Champagne di grande ampiezza. Ecco la cornice della cucina di Raffaele Ros, che si vuole moderna, personalizzata, divisa tra carne e (soprattutto) pesce.

🎷 🎥 ⇄ – Prezzo: €€€

Piazza Cappelletto 1, località Rio San Martino – ☎ 041 584 0648 – ristorantesanmartino.info – Chiuso lunedì e domenica sera

I SAVI

PESCE E FRUTTI DI MARE • **AMBIENTE CLASSICO** In una piccola frazione di campagna, il ristorante è uno dei riferimenti dell'entroterra veneziano soprattutto per la qualità del pescato, servito in sale accoglienti. Poche divagazioni estrose, le ricette sono quelle tradizionali marinare, il gusto è premiato.

🎥 ᴧ ⇄ 🅿 – Prezzo: €€

Via Spangaro 6, località Peseggia di Scorzè – ☎ 041 448822 – isavi.it – Chiuso lunedì e domenica sera

SEGGIANO

✉ 58038 – Grosseto (GR) – Carta regionale n° **11**–C3

SILENE

Chef: Roberto Rossi

TOSCANA • **CONTESTO TRADIZIONALE** Una vera e propria fabbrica familiare ed artigianale di prelibatezze gastronomiche: in un paesino di poche anime, lo chef-patron Roberto Rossi seduce i suoi ospiti con una linea di cucina decisamente toscana, dai sapori intensi e fragranti, dove l'orto è il principale attore. Ai suoi generosi prodotti ci si affida, infatti, nella creazione di ricette iconiche quali l'uovo fritto con foglie e fiori o il classico piccione con erbette. Il tutto condito con olio di produzione propria fatto con olivastre di Seggiano. Ottima cantina ed illuminati consigli di Sara Vichi per accostare al meglio le pietanze.

🦽 ᴧ 🅿 – Prezzo: €€€

Località Pescina 9 – ☎ 0564 950805 – ilsilene.it – Chiuso lunedì, a mezzogiorno da martedì a giovedì e domenica sera

SELLANO

✉ 06030 – Perugia (PG) – Carta regionale n° **13**–B2

LA TAVOLA ROSSA DI VINCENZO GUARINO

ITALIANA CONTEMPORANEA • **CONTESTO STORICO** Solo dieci coperti e cucina a vista, per garantire un'esperienza di degustazione interattiva, riducendo letteralmente la distanza fisica tra lo chef, Vincenzo Guarino, e i suoi ospiti. Un unico menu degustazione, dove tutto è rigorosamente home made, con un fiore all'occhiello: i lievitati!

🅰 🅿 – Prezzo: €€€€

Castello di Postignano – ☏ 0743 788911 – latavolarossa.com – Chiuso lunedì, martedì, domenica e a mezzogiorno da mercoledì a sabato

SELVA DI VAL GARDENA

✉ 39048 – Bolzano (BZ) – Carta regionale n° **6**–B1

❀ ### ALPENROYAL GOURMET

CREATIVA • **ELEGANTE** È la nicchia gourmet all'interno dell'omonimo albergo, tra i più lussuosi della Val Gardena: una sala di eleganza contemporanea e minimalista, con luci basse e finestre che svelano il grande giardino ammantato di neve in inverno. Chef Mario Porcelli ha origini pugliesi ed è operativo ormai da anni sulle Dolomiti, destreggiandosi con ugual competenza con i sapori della terra di origine e con quelli locali. Le sue preparazioni sono moderne e presentate con grande raffinatezza.

🕸 ⇔ ♿ 🅰 🅿 – Prezzo: €€€€

Via Meisules 43 – ☏ 0471 795555 – alpenroyal.com/it/alpenroyal-gourmet-restaurant.asp – Chiuso domenica e a mezzogiorno da lunedì a sabato

❀ ### SUINSOM

ITALIANA CONTEMPORANEA • **STUBE** Nelle due piccole stube in legno chiaro, va in scena una cucina gourmet dal tocco mediterraneo ma non solo, l'anguilla cotta alla brace ne è un esempio lampante, oltre che goloso. Tra le ottime carni un nostro suggerimento è per il capriolo, tenero e ricco di sapore grazie ad una preparazione che contempla il mango, mentre lo chef toscano attinge alle sue origini in alcuni piatti primi, come i pici al ragù di agnello e tartare di seppia... proposta davvero interessante! La buona selezione di vini annovera svariate produzioni anche internazionali, in una carta ben suddivisa per tipologia di vitigno.

🕸 ⇔ 🅿 – Prezzo: €€€€

Strada Puez 12 – ☏ 0471 774100 – tyrolhotel.it/it/ristorante-michelin-suinsom-val-gardena – Chiuso lunedì e a mezzogiorno da martedì a domenica

CHALET GERARD

DEL TERRITORIO • **STILE MONTANO** Isolato, in un contesto paesaggistico mozzafiato, tra il Sassolungo e il gruppo Sella che si ergono maestosi, accanto a qualche piatto più semplice di montagna, il ristorante propone anche qualche ricetta più moderna partendo sempre da ingredienti altoatesini. A pranzo non si può prenotare; la sera – invece - è obbligatorio farlo. Belle camere a disposizione per prolungare la sosta.

⇐ ⇔ ♿ ⛱ 🅿 – Prezzo: €€

Via Plan de Gralba 37 – ☏ 0471 795274 – chalet-gerard.com/it

NIVES

MODERNA • CONTESTO CONTEMPORANEO All'interno dell'omonimo Boutique Hotel Nives, accoglienza montana dalle linee contemporanee, così come i sapori con decisi richiami al territorio altoatesino (salvo per un paio di portate dedicate al pesce quasi sempre presenti in carta). In condivisione sono disponibili anche grandi tagli di carne serviti su pietra calda. Interessante selezione enoica.

&. 🏠 ⇄ – Prezzo: €€

Via Nives 4 – ☎ 0471 773329 – restaurant-nives.com

SELVA MALVEZZI

✉ 40062 – Bologna (BO) – Carta regionale n° **9**–C2

🙂 LOCANDA PINCELLI

CREATIVA • TRATTORIA Prende il nome dall'ex postino del paese, personaggio carismatico e importante in una piccola comunità, questo ex circolo operaio ospitato in un locale rustico e con un bel porticato in cui d'estate ci si accomoda volentieri, rinfrescati da potenti ventilatori. La cucina esce dal seminato della tradizione locale per proporre piatti mai cervellotici ma creativi, sempre generosi e attenti anche a ciò che vedono gli occhi. Un esempio? Noi abbiamo apprezzato molto le mezze maniche con cipolla bianca stufata, burro acido e limone bruciato, così come la coscia di faraona rosolata alla paprika, il suo fondo e maionese al rafano. Per il vino si può scegliere, magari facendosi consigliare anche dal patron Danilo Draghetti, da una lista non ampia ma selezionata e interessante.

🅰️🅲 🏠 – Prezzo: €€

Via Selva 52 – ☎ 051 690 7003 – locandapincelli.it – Chiuso lunedì, martedì, a mezzogiorno da mercoledì a sabato e domenica sera

SEMPRONIANO

✉ 58055 – Grosseto (GR) – Carta regionale n° **11**–C3

AGRITURISMO IL CAVALLINO

DEL TERRITORIO • AGRESTE Una risorsa in posizione molto tranquilla, la cui gestione è affidata a due giovani appassionati: lui in cucina con esperienze in importanti ristoranti della zona a ereditare il testimone dell'attività di famiglia, lei in sala. Una buona cucina legata al territorio, generosa, saporita e colorata, attenta alla leggerezza di ingredienti e preparazioni. Piccola ma apprezzabile selezione enoica.

🅰️🅲 🅿 – Prezzo: €€

SP 55 Saturnia-Semproniano, località Fibbianello – ☎ 338 890 6873 – agriturismoilcavallino.it – Chiuso lunedì-giovedì, domenica e a mezzogiorno venerdì e sabato

SENAGO

✉ 20030 – Milano (MI) – Carta regionale n° **5**–B2

LA BRUGHIERA

LOMBARDA • AMBIENTE CLASSICO All'interno di una vecchia cascina nel parco delle Groane, un ristorante dotato di ampi spazi e di una scenografica cantina dov'è possibile iniziare il pasto consumando un aperitivo. La cucina mette in evidenza alcuni piatti italiani e regionali... con mano moderna!

🕸 📶🅰️🅲 🏠 ⇄ 🅿 – Prezzo: €€

Via XXIV Maggio 23 – ☎ 02 998 2113 – labrughiera.it

SENIGALLIA

✉ 60019 – Ancona (AN) – Carta regionale n° **14**–B1

🏵🏵🏵 ULIASSI

Chef: Mauro Uliassi

CREATIVA • STILE MEDITERRANEO Da perfetta protagonista di vacanziere cartoline estive, la Riviera Adriatica diventa quadro o, se preferite, film d'autore grazie all'interpretazione avvincente di Mauro Uliassi. Il ristorante pare quasi nascosto e confuso tra gli stabilimenti balneari che affollano il litorale di Senigallia: mai ci si aspetterebbe un 3 Stelle MICHELIN mimetizzato tra ombrelloni e onde del mare. La forza e l'originalità di questa cucina sta proprio nella coerenza di saper offrire il massimo partendo da ciò che la circonda, con il coraggio di attingere e confrontarsi con le tradizioni gastronomiche più conosciute e familiari, quelle stesse che hanno decretato il successo di pubblico di questa costa, ma dandone un'interpretazione creativa e personale. Il mare, naturalmente, coi suoi sapori e profumi, ma anche l'entroterra, con la passione mai spenta verso la tradizione marchigiana della selvaggina: ottimo il colombaccio - servito in spiedino - cottura perfetta! Un'esperienza colorata e scaldata dal sorriso dei titolari, oltre a Mauro, la sorella Catia a far gli onori di casa e Filippo, figlio dello chef. Senza scordare che, nel rispetto del territorio, hanno ormai bandito la plastica e si prodigano nel convincere i marinai a non usare il polistirolo per il trasporto del pesce.

🐧 ⪦ 🅺 🛋 – Prezzo: €€€€

Banchina di Levante 6 – 𝒞 071 65463 – uliassi.com – Chiuso lunedì e martedì

🏵🏵 MADONNINA DEL PESCATORE

Chef: Moreno Cedroni

CREATIVA • DESIGN Dal 1984, anno di apertura della Madonnina, sono passati ormai quasi 40 anni; eppure, non viene mai a mancare a chef Moreno Cedroni quella spinta di creatività che lo ha condotto a diventare uno dei cuochi più influenti della sua generazione. Anno dopo anno, accomodarsi ad uno dei suoi tavoli è sempre una novità: il menu, come pochi, è in grado di dirci qual è la cucina di mare di oggi e di domani. La proposta si arricchisce – infatti – periodicamente di nuovi piatti, spesso studiati nel laboratorio annesso al locale e affidato a un tecnico specializzato in tecnologia alimentare. Due i percorsi disponibili: "Ricordi d'infanzia & Mariella 1984-2024" con i grandi classici di chef Cedroni, e "Luca e Moreno… Il Viaggio di Marco Polo" con piatti che spaziano tra influenze asiatiche e afflati medio-orientali. Al contempo la moglie Mariella batte il ritmo ad un ottimo servizio. La sensibilità di questa meravigliosa coppia di ristoratori viene ulteriormente dimostrata dall'orto marittimo sulla spiaggia, da cui ci si rifornisce di prodotti carichi di salsedine, un'idea geniale che rappresenta un ulteriore filo di congiungimento col territorio. Tra gli abbinamenti, sempre più in auge le bollicine d'Oltralpe.

🐧 ⪦ 🅺 – Prezzo: €€€€

Via Lungomare Italia 11, loc. Marzocca – 𝒞 071 698267 – morenocedroni.it – Chiuso mercoledì e giovedì

🍴 NANA PICCOLO BISTRÒ

MODERNA • ALLA MODA Influenze spagnole caratterizzano la cucina di questo frizzante locale nel cuore della movida serale della bella località: in effetti lo chef patron ha fatto belle esperienze in terra iberica e di ritorno a Senigallia ci regala il suo racconto, come la carbonara iberica, a base di guanciale di pata negra e con queso manchego, o la tortilla di patate e baccalà mantecato. Aggraziato ed efficiente servizio giovane e tutto al femminile. In alta stagione assai consigliata la prenotazione e magari arrivare un poco prima per evitare problemi di parcheggio, stimolando l'appetito con due passi nel bel centro storico di Senigallia.

🛋 – Prezzo: €€

Via Giosuè Carducci 19 – 𝒞 071 64999 – nanapiccolobistro.it – Chiuso giovedì, a mezzogiorno lunedì, martedì, mercoledì, venerdì, sabato e domenica sera

CUOCO DI BORDO

PESCE E FRUTTI DI MARE • **CONTESTO CONTEMPORANEO** Sul lungomare, piacevole arredo con veranda e vista (parziale) sulla distesa blu e piccola sala interna: il mare domina il menu - c'è anche un piccolo buffet in entrata con il pescato del giorno in bellavista - nonché preferenza per crudi e preparazioni classiche. Ottima la selezione vini, soprattutto bianchi, con moltissime verticali a disposizione degli appassionati.

⌘ 🅰 – Prezzo: €€

Lungomare Dante Alighieri 94 – ℰ 071 792 9661 – cuocodibordo.com

SENORBÌ – Cagliari (CA) → Vedere Sardegna, in fondo alla Guida

SEREGNO

✉ 20831 – Monza e della Brianza (MB) – Carta regionale n° **5**–B1

OSTERIA L'ABBICCÌ

ITALIANA CONTEMPORANEA • **AMBIENTE CLASSICO** Nel centro di Seregno, moderna osteria che propone un'ampia e luminosa sala per un ambiente conviviale, ma rispettoso della privacy. La cucina è supervisionata da Davide Frigerio - scuola Mauro Elli, chef patron del Cantuccio di Albavilla - che propone ricette di buona personalità, dove spicca la materia prima e l'ottima tecnica di preparazione. Affidatevi al cuoco per una degustazione a mano libera se siete in mood "esperienza". Una buona selezione di vini e un servizio professionale assicurano dei momenti piacevoli, accolti dal servizio di Gabriele. A pranzo è proposto un business lunch dall'ottimo rapporto qualità-prezzo.

🅰 – Prezzo: €€

Via Medici da Seregno 29 – ℰ 0362 585115 – osterialabbicci.it – Chiuso lunedì e domenica sera

POMIROEU

CREATIVA • **AMBIENTE CLASSICO** Nel 2023 ha festeggiato 30 anni di vita: un bel traguardo per il ristorante di patron Morelli, che è diventato un grande punto di riferimento per la buona cucina lombarda. Intimo ed accogliente, con i muri impreziositi da belle opere d'arte contemporanea grazie alla collaborazione con una galleria d'arte, la sua proposta è moderna ma senza esagerazioni fini a se stesse, a suo agio con carne e pesce ma anche con le verdure e tra i pochi in zona ad avere ancora la proposta dei formaggi.

⌘ 🖮 ⅋ 🅰 🍽 – Prezzo: €€€

Via Garibaldi 37 – ℰ 0362 237973 – pomiroeu.com – Chiuso lunedì e domenica

SERNAGLIA DELLA BATTAGLIA

✉ 31020 – Treviso (TV) – Carta regionale n° **8**–C2

😊 DALLA LIBERA

DEL TERRITORIO • **COLORATO** Un'area esterna in stile American barbecue garden per le serate estive e una sala dai toni rustici e ordinati per una cucina ricercata, che partendo da ricette locali vira poi verso personalizzazioni e creatività gourmet, come gli gnocchi fatti in casa serviti con tre pomodori. La cantina propone etichette italiane e internazionali di ottimo livello, alcune con qualche anno sulle spalle per i degustatori più esigenti.

⌘ 🍽 🅿 – Prezzo: €

Via Farra 52 – ℰ 0438 966295 – trattoriadallalibera.it – Chiuso lunedì e sera martedì, mercoledì, domenica

SERRALUNGA D'ALBA

✉ 12050 – Cuneo (CN) – Carta regionale n° **2**–A2

❀❀ LA REI NATURA BY MICHELANGELO MAMMOLITI

Chef: Michelangelo Mammoliti

CREATIVA • LUSSO Il giovane ma già affermatissimo cuoco piemontese, con origini anche calabresi, si presenta con tre menù degustazione: due di essi, Emozioni (che rincorre, sul sentiero della creatività, ricordi e sapori di infanzia e gioventù) e Voyage (ingredienti, ricette e sensazioni raccolte durante esperienze in giro per il mondo, raccontate alla perfezione nel dessert al mango e cocco) con tutti i piatti disponibili anche alla carta, mentre Mad100% Natura è un percorso alla cieca, in cui lo chef manifesta con creatività tutto l'amore e la passione per la materia prima che, per quanto riguarda i vegetali, proviene in massima parte da produzione autonoma, grazie a orti e serre in agricoltura biodinamica. Nella nostra ultima esperienza indimenticabili le Zucchine alla beccafico, gli Spaghetti al pomodoro in onore di nonna Tita e la Pizza vegetale come dessert. La qualità elevata della proposta gastronomica trova il giusto corrispettivo nella selezione enoica.

❀ 🖨♿🅰🏠♻🅿 – Prezzo: €€€€

Via Roddino 21 – ✆ 0173 613042 – ilboscaretoresort.it/ristorante – Chiuso lunedì, martedì e a mezzogiorno da mercoledì a venerdì

❀ GUIDORISTORANTE

Chef: Ugo Alciati

PIEMONTESE • ELEGANTE Nel 1961 aprirono il loro ristorante e da allora la gastronomia non fu più la stessa. Tra mille sacrifici, Lidia e Guido Alciati segnarono una svolta epocale, che rivoluzionò la cucina italiana. Furono tra i primi a capire l'importanza del territorio, scovando nicchie di eccellenze gastronomiche che Lidia ai fornelli esaltava con cotture espresse, mentre Guido allestiva un servizio memorabile e una cantina monumentale. Oggi il loro insegnamento non si è spento, e qui, nelle sontuose sale della reale tenuta di Fontanafredda, i figli portano avanti e rinnovano il messaggio dei genitori. La sensibilità di Ugo in cucina, l'esperienza di Piero in sala, i due fratelli squadernano il meglio dell'enogastronomia regionale, in piatti la cui apparente semplicità esalta un giacimento alimentare con pochi eguali. A partire da quel plin – il pizzicotto con cui Lidia chiudeva i suoi agnolotti – che divenne meta di pellegrinaggio da tutto il mondo e che ancora oggi viene proposto con la stessa magia, un vellutato fondo d'arrosto che avvolge la pasta, custode di un ripieno di carni e verdure. In una sala, dai tratti austeri e di antica eleganza, il moderno camino acceso si fa trait d'union con il presente.

❀ 🅰🏠♻🅿 – Prezzo: €€€

Via Alba 15 – ✆ 0173 626162 – guidoristorante.it – Chiuso lunedì, domenica e a mezzogiorno da martedì a venerdì

SERRAVALLE LANGHE

✉ 12050 – Cuneo (CN) – Carta regionale n° **2**–A2

LA COCCINELLA

PIEMONTESE • CONTESTO TRADIZIONALE Ricorda le atmosfere di un'accogliente casa di campagna questo piacevole locale, la cui carta principale elenca i migliori piatti della tradizione piemontese. A lato, si propone un altro piccolo menu con ricette legate alla disponibilità del mercato ittico giornaliero, elaborate in chiave classica. In stagione imperdibile il menu dedicato al tartufo.

♻🅿 – Prezzo: €€

Via Provinciale 5 – ✆ 0173 748220 – trattoriacoccinella.com – Chiuso martedì e mercoledì

SERRAVALLE PISTOIESE

✉ 51030 – Pistoia (PT) – Carta regionale n° **11**–B1

🏠 TRATTORIA DA MARINO

TOSCANA • **FAMILIARE** Ha compiuto un secolo di storia questa trattoria tanto semplice quanto capace nel proporre le ricette della tradizione toscana, come la ribollita e il coniglio al coccio. Un'unica sala informale seguita dall'abile patron Edoardo Innocenti, che vi saprà guidare tra i sapori del territorio. Vivamente consigliato il menu degustazione.

🍴 **P** – Prezzo: €€

Via Provinciale Lucchese 102, loc. Ponte di Serravalle – 𝒞 0573 51042 – Chiuso martedì

SESTO SAN GIOVANNI

✉ 20099 – Milano (MI) – Carta regionale n° **5**–B2

85 BISTROT

LOMBARDA • **FAMILIARE** È il ristorante che tutti vorrebbero sotto casa: semplice ma moderno come si addice alle nuove trattorie e con un'accogliente conduzione familiare. Lo chef-patron Daniele Ferrari, dalla lunga esperienza in locali milanesi, sa il fatto suo in materia di cucina e di prodotti: i suoi piatti raccontano molto della tradizione locale e non solo. L'immancabile cotoletta qui viene servita solo spessa per assaporare al meglio la carne delicata del vitello.

♿ 🅰 🍴 – Prezzo: €€

Piazza Martiri di Via Fani 85 – 𝒞 349 898 5891 – 85bistrotsesto.com – Chiuso lunedì sera

SESTRI LEVANTE

✉ 16039 – Genova (GE) – Carta regionale n° **10**–C2

BAIA DEL SILENZIO

ITALIANA CONTEMPORANEA • **DI TENDENZA** In bella posizione nell'incantevole baia di Sestri Levante, il locale propone piatti di impronta contemporanea che esaltano i prodotti del territorio e la materia prima. Alcune pietanze sono cucinate al Josper, una sorta di barbecue che simula la cottura alla brace. L'offerta si articola tra il Bistrot per il pranzo, la cena gourmet e il wine-bar. Suggestiva la terrazza all'aperto, a cui si aggiunge la possibilità di cenare direttamente sulla spiaggia nella bella stagione.

🍷 🅰 🍴 ✿ – Prezzo: €€€

Via Cappellini 9 – 𝒞 0185 480855 – miramaresestrilevante.com/it/ristorante-baia-del-silenzio – Chiuso lunedì e martedì

BALIN SESTRI LEVANTE

CONTEMPORANEA • **INTIMO** Intimo ristorante situato sul lungomare, la saletta interna è davvero minuscola e raddoppia con la "mini" veranda, l'atmosfera è giovane e contemporanea. Piatti di cucina mediterranea, moderna e creativa, basati su materie prime liguri, che la chef si diverte a rifinire con qualche tocco asiatico qui e là, spesso concentrato nella salsa di rifinitura. Si consiglia di prenotare per tempo, visto il numero limitato di coperti!

Prezzo: €€€

Viale Rimembranza 33 – 𝒞 349 947 2695 – balin.superbexperience.com – Chiuso lunedì e a mezzogiorno da martedì a domenica

REZZANO CUCINA E VINO

PESCE E FRUTTI DI MARE • ACCOGLIENTE Negli anni migliorano sempre, grazie anche al confort della sala che è stato aumentato grazie a qualche ritocco ed alla diminuzione dei coperti per una maggior spazio ai tavoli. La cucina è attenta alla stagionalità degli ingredienti ed alla tradizione locale, con particolare scrupolo per la qualità pescato. Piccolo dehors per una simpatica cena in piazza.

🅰🅲 🍴 – Prezzo: €€€

Via Asilo Maria Teresa 34 – ☎ 0185 450909 – rezzanocucinaevino.it – Chiuso lunedì e a mezzogiorno da martedì a domenica

SESTRI PONENTE

✉ 16154 – Genova (GE) – Carta regionale n° **10**–C2

TOE DRÛE

LIGURE • ACCOGLIENTE Al Toe Drûe si entra in un'atmosfera d'altri tempi dove si respira la Genova della panissa, del cappon magro e dei pesci alla ligure, in un ambiente informale e confortevole. La struttura risale ai primi dell'Ottocento e proprio davanti al locale fu costruito il transatlantico REX, storia per gli amanti del mare. Vi è anche una saletta per sorseggiare un calice di vino e degustare dei formaggi.

🅰🅲 – Prezzo: €€

Via Corsi 44 r – ☎ 010 650 0100 – toedrue.it – Chiuso domenica e sabato a mezzogiorno

SETTEQUERCE

✉ 39018 – Bolzano (BZ) – Carta regionale n° **6**–A2

PATAUNER

REGIONALE • SEMPLICE Ben quattro generazioni hanno gestito questo piccolo ristorante alle porte di Bolzano. In un edificio del Seicento con una sala caratteristica e un comodo giardino per la bella stagione, gli chef propongono una cucina a carattere territoriale con qualche divagazione, saporita e basata su prodotti locali.

🍴 🅿 – Prezzo: €€

Via Bolzano 6 – ☎ 0471 918502 – restaurant-patauner.net – Chiuso domenica

SIENA

✉ 53100 – Siena (SI) – Carta regionale n° **11**–C2

CAMPO CEDRO

ITALIANA CONTEMPORANEA • SEMPLICE A due passi dal centro, ma defilato rispetto ai grandi circuiti turistici (bisogna un po' cercarlo, eppure ne vale veramente la pena), il cuoco giapponese Kosuke Sugihara ha accumulato un'esperienza in Italia più che ventennale e propone una moderna versione della nostra cucina, fresca ed elaborata, sia di carne che di pesce. Quasi sempre in carta troverete il risotto alla "marinara" con pescato, cozze, gamberi tagliati finemente e cotti insieme al riso, una spolverata di alghe sbriciolate e un tocco di colore con puntini di ristretto di pomodoro.

🅰🅲 🍴 – Prezzo: €€

Via Pian d'Ovile 54 – ☎ 0577 236027 – campocedro.com – Chiuso lunedì e martedì a mezzogiorno

GALLO NERO 🔘

REGIONALE • CONTESTO STORICO A due passi dal Campo, ai confini della contrada del Leocorno, un locale di origine medievale rinnovato recentemente negli interni di design e moderni; la cucina è affidata a Marco Langella, campano, che reinterpreta alcune tradizioni locali alla luce di una modernità sempre attenta ai sapori ma propone anche, in un apposito menù degustazione, una sua interpretazione a metà tra mare e terra. Abbiamo apprezzato molto: anatra, arancia, bitter, olive taggiasche, ma forse ancora di più il cremoso e goloso dessert a base di Erborinato, datteri, french toast. Bella e visitabile anche la cantina.

🎥 🍴 ⇔ – Prezzo: €€€

Via del Porrione 65/67 – 𝒞 0577 284356 – ristorantegallonero.it

OSTERIA LE LOGGE

CONTEMPORANEA • VINTAGE Chi ama le atmosfere retrò qui troverà una sala d'altri tempi, un'ex drogheria con banco d'ingresso e antichi armadi a vetrina, mentre in menu ci sono diversi spunti di cucina toscana, ma buona parte dei piatti sono creativi, talvolta con qualche ingrediente più esotico. Gli appassionati di vino possono chiedere di visitare la vicina cantina, un tunnel di origine etrusca.

🐝 🎥 🍴 ⇔ – Prezzo: €€

Via del Porrione 33 – 𝒞 0577 48013 – osterialelogge.it – Chiuso lunedì e domenica

PARTICOLARE DI SIENA

MODERNA • ELEGANTE Una corposa carta suddivisa tra carne e pesce o due menù degustazione a discrezione dello chef per questo elegante ristorante appena fuori dalle mura cittadine, moderno sia strutturalmente che nella proposta di cucina, con le materie prime che in buona parte arrivano da fornitori locali o dall'orto di proprietà. In estate il servizio si sposta volentieri nel lussureggiante giardino.

♿ 🎥 🍴 – Prezzo: €€€

Via B. Peruzzi 26 – 𝒞 339 827 5430 – particolaredisiena.com – Chiuso lunedì e a mezzogiorno da martedì a giovedì

SIRACUSA – Siracusa (SR) ➜ Vedere Sicilia, in fondo alla Guida

SIRMIONE

✉ 25019 – Brescia (BS) – Carta regionale n° **4**–D1

🏵 LA RUCOLA 2.0

Chef: Gionata Bignotti

CREATIVA • DI TENDENZA In uno dei vicoli più incantevoli di Sirmione, a fianco del Castello Scaligero, la Rucola 2.0 vi accoglie in un ambiente molto contemporaneo caratterizzato dall'uso del legno. E contemporanea è anche la cucina di Gionata Bignotti, che mantiene salda negli anni la sua vena creativa, così come la predilezione per gli ingredienti di mare (con un menu dedicato ai crudi). I menu degustazione, tuttavia, propongono qualche incursione di terra e di acqua dolce; un percorso è dedicato completamente al vegetale.

🐝 ♿ 🎥 ⇔ – Prezzo: €€€€

Vicolo Strentelle 3 – 𝒞 030 916326 – ristorantelarucola.it – Chiuso domenica e lunedì a mezzogiorno

🏵 LA SPERANZINA RESTAURANT & RELAIS

CREATIVA • ELEGANTE Relais romantico e mediterraneo nel cuore di Sirmione, La Speranzina sfoggia ambienti che si ispirano ad un'elegante classicità, con interni dominati da colori chiari, mentre in estate la terrazza vanta una vista invidiabile su lago e castello (e alcuni tavoli direttamente sull'acqua): la proposta, elaborata dal nuovo chef di scuola Heinz Beck, prevede diverse formule degustazioni e una carta con piatti eleganti e compositi, l'utilizzo bilanciato di diversi ingredienti anche esotici finalizzato sempre alla costruzione di un gusto articolato ma invitante e goloso. Noi abbiamo particolarmente apprezzato lo spaghettone con broccoli selvatici, vongole, limone, peperoncino d'Espelette, gobbetti e cavolo nero. Completa l'esperienza una cantina molto fornita in cui spiccano gli Champagne e qualche grande formato. Per il soggiorno a disposizione tre stupende suite panoramiche.

வ ⇐ கூ 斎 – Prezzo: €€€€

Via Dante 16 – ℰ 030 990 6292 – lasperanzina.it – Chiuso lunedì

☼ TANCREDI

CREATIVA • ALLA MODA Giovane chef di scuola Cannavacciuolo, Vincenzo Manicone ha con sé la moglie Sara nella loro nuova avventura in questo locale elegante con la sua suggestiva sala contornata da luminose vetrate, nonché la terrazza sospesa tra cielo e acqua dolce. La sua linea di cucina, organizzata con menù degustazione o scelta alla carta, dice della maturità raggiunta dal suo stile, sempre attento a colorare e insaporire piatti molto belli alla vista con l'equilibrio nell'utilizzo di materie prime di qualità e sentori adeguati. Evidente anche il tentativo, assai attuale, di ridurre gli scarti di cucina tramite l'utilizzo di ogni parte dell'animale (come nel caso dell'ottima ricciola, insalata riccia e ricci di mare che abbiamo avuto il piacere di assaggiare). Nella bella stagione si suggerisce un tavolo in prima fila, direttamente sul lago.

⇐ 슈 கூ 斎 🅿 – Prezzo: €€€

Via XXV Aprile 75 – ℰ 030 990 4391 – tancredi-sirmione.com – Chiuso lunedì

RISORGIMENTO

MEDITERRANEA • AMBIENTE CLASSICO È un ristorante che si fa notare per il suo elegante dehors a pochi passi dal lago e nel pieno centro di Sirmione. L'atmosfera raffinata lascia poi spazio ad una cucina che alterna piatti di pesce e di carne, dove lo chef esprime creatività e personalità. In esposizione, al primo piano, una vasta gamma di etichette in una sorta di saletta-enoteca.

வ கூ 斎 ⇌ – Prezzo: €€€

Piazza Carducci 5/6 – ℰ 030 916325 – risorgimento-sirmione.com – Chiuso martedì

SIROLO

✉ 60020 – Ancona (AN) – Carta regionale n° **14**–C1

LOFFICINA

CREATIVA • MINIMALISTA Ai margini del centro storico, l'edificio dal design contemporaneo e minimal si affaccia sul belvedere di Sant'Erasmo, dove in stagione si prepara il dehors panoramico sul monte Conero e sul mare (meglio riservare in anticipo). In cucina lo chef-patron Davide Breccia prepara piatti creativi, soprattutto di mare, con abbinamenti originali. Il piatto preferito dall'ispettore: ricciola marinata, passion fruit, pepe nero e vaniglia. La freschezza del pescato è valorizzata con equilibrio e personalità!

⇐ 占 கூ 斎 ⇌ – Prezzo: €€

Via Piave 11 – ℰ 071 933 1628 – lofficinasirolo.com – Chiuso lunedì e a mezzogiorno da martedì a venerdì

SIZZANO

✉ 28070 – Novara (NO) – Carta regionale n° **1**–C2

☺ IMPERO

DEL TERRITORIO • ACCOGLIENTE Caposaldo della ristorazione nel Novarese, questo locale è condotto con passione dalle sorelle Naggi. La loro cucina si concentra sulla tradizione con ricette concrete e l'utilizzo di materie prime stagionali. Il rinnovo degli ultimi anni ha accresciuto la classe e la personalità dell'ambiente, che non manca di un piccolo giardino per il servizio estivo. Buona anche la scelta enoica.

🅴 🍴 ♻ – Prezzo: €€
Via Roma 13 – ☏ 0321 820576 – ristoranteimperosizzano.business.site – Chiuso lunedì e sera martedì, mercoledì, domenica

SOIANO DEL LAGO
✉ 25080 – Brescia (BS) – Carta regionale n° **4**–D1

🅰 VILLA AURORA
CLASSICA • **AMBIENTE CLASSICO** Non distante dal lago di Garda, questo ristorante classico propone piatti di cucina italiana quasi equamente divisi tra terra e mare, con alcune specialità regionali appena rivisitate. Un caposaldo della ristorazione locale, dalla gestione famigliare accogliente e molto affidabile. Menzione speciale per i dessert!
≼ 🅴 🍴 🅿 – Prezzo: €
Via Ciucani 1/7 – ☏ 0365 674101 – ristorantevillaaurora.it – Chiuso martedì e mercoledì

SOMMA LOMBARDO
✉ 21019 – Varese (VA) – Carta regionale n° **4**–A2

CORTE VISCONTI
DEL TERRITORIO • **RUSTICO** Ambiente di tono rustico, dove muri in pietra, volte in mattoni, soffitti in legno e camino acceso nella stagione più fredda conferiscono calore al locale; la corte interna nella bella stagione ospita - invece - un romantico e suggestivo dehors. La cucina, pur partendo dal territorio, spicca per creatività (a mezzogiorno anche una proposta più easy con piatti unici), mentre in cantina riposano vini di pregio, pronti ad essere stappati!
🅴 🍴 ♻ – Prezzo: €€
Via Roma 9 – ☏ 0331 254873 – cortevisconti.it – Chiuso lunedì

SOMMA VESUVIANA
✉ 80049 – Napoli (NA) – Carta regionale n° **17**–B2

⁕ CONTAMINAZIONI RESTAURANT
Chef: Giuseppe Molaro
ITALIANA CONTEMPORANEA • **CONTESTO CONTEMPORANEO** Alle pendici del Vesuvio, è bene chiarire tuttavia che qui non è la classica e tradizionale cucina campana che vi verrà proposta in diversi menu degustazione, di cui sceglierete il numero dei piatti, ma che per il resto vi arriveranno a sorpresa. Il giovane cuoco Giuseppe Molaro ha avuto importanti esperienze professionali all'estero, in particolare in Giappone, dove è nato il suo amore per la cucina nipponica (ma non pensate al sushi) e di cui qui propone un matrimonio con quella locale, con sapori non necessariamente facili, talvolta fermentati o acidi, ma di grande interesse per chi è curioso di sperimentare e guardare gastronomicamente altrove.
🅴 🅿 – Prezzo: €€€
Via San Sossio 2 – ☏ 081 1874 8325 – molaroconcept.com – Chiuso lunedì, a mezzogiorno martedì e mercoledì e domenica sera

SONDRIO
✉ 23020 – Sondrio (SO) – Carta regionale n° **4**–B1

TRIPPI
VALTELLINESE • **CONTESTO REGIONALE** Storico locale appena fuori città, gestito da una decina d'anni da Gianluca intento a vivacizzare proposte principalmente regionali e valtellinesi, con qualche spunto mediterraneo; l'offerta si

completa a pranzo grazie ad una carta più semplice. Ma non è tutto: buona selezione sia di formaggi sia di vini della zona, che all'ingresso del locale troverete in vendita anche a prezzo d'asporto. Ottima scelta di vini nazionali con un accento particolare sulle migliori etichette della Valtellina.

🍴 ♻ 🅿 – Prezzo: €€

Via Stelvio 297, loc. Montagna in Valtellina – ✆ 0342 615584 – ristorantetrippi. it – Chiuso giovedì e domenica

SOPRABOLZANO

✉ 39054 – Bolzano (BZ) – Carta regionale n° **6**–A2

1908

Chef: Stephan Zippl

CREATIVA • INTIMO 1908 è l'anno di inaugurazione del bellissimo Park Hotel Holzner che ospita il ristorante. In una sala piuttosto essenziale, con qualche velato richiamo allo stile Liberty che invece domina l'hotel, va in scena la cucina di Stephan Zippl: piatti creativi, elaborati da ingredienti del territorio, intriganti già a partire dai colorati amuse-bouche. L'attenzione alle materie prime è testimoniata anche dai cartoncini presentati insieme alle portate, che ne raccontano i componenti e la provenienza. Tra le ricette più rappresentative dello chef c'è la trippa, accompagnata nel periodo della nostra visita da pera disidratata e spuma di patata, scalogno fritto e olio alla radice di prezzemolo. Il legame con il territorio è rafforzato dalla solida carta dei vini: poco meno di 400 etichette al 100% regionali, con le quali si crea un perfetto wine pairing. In alternativa troverete anche proposte analcoliche a base di succhi di mele e cocktail alcol free.

🍃 *L'impegno dello chef:* Lo chef riassume l'approccio alla cucina del 1908 con una parola: cucina Re:vier, dal tedesco revier, che sta per "territorio", da dove provengono praticamente tutte le materie prime utilizzate. Se leggendo il menu appare ovvio che lo siano il vitello, il rafano o le fragoline di bosco, meno scontato è scoprire che lo sono anche gli ingredienti più esotici come il wagyu, il pepe di Sichuan, il kumquat, il lama o alcune erbe aromatiche stravaganti, allevati e coltivati in Alto Adige!

🐛 🅿 – Prezzo: €€€€

Via Paese 18 – ✆ 0471 345232 – restaurant1908.com – Chiuso lunedì, domenica e a mezzogiorno da martedì a sabato

SORAGNA

✉ 43019 – Parma (PR) – Carta regionale n° **9**–B1

LOCANDA STELLA D'ORO

EMILIANA • CONTESTO REGIONALE Nelle terre verdiane, la locanda è un locale intimo, che offre tutto il sapore e la magia di una trattoria. È la tradizione gastronomica più autentica, fatta di antipasti (culatello selezionato e stagionato) seguiti da primi piatti come le proverbiali paste fresche. Oltre ai piatti in carta ci sono interessanti proposte giornaliere.

🐛 🅰 🍴 ♻ – Prezzo: €€

Via Mazzini 8 – ✆ 0524 597122 – ristorantestelladoro.it

SORICO

✉ 22010 – Como (CO) – Carta regionale n° **4**–B1

BECCACCINO

MEDITERRANEA • CONTESTO CONTEMPORANEO All'interno di una riserva naturale sulle sponde del fiume Mera, ambienti valorizzati da materiali naturali e da una grande luminosità per questo locale recentemente rinnovato; la cucina propone soprattutto piatti di pesce (quelli di lago pescati direttamente), con verdure, fiori e aromi dall'orto biologico.

&. 𝔸 ⌂ 🅿 – Prezzo: €€

Via Boschetto 49 – ☎ 0344 84241 – ristorantebeccaccino.it

SORISO

✉ 28010 – Novara (NO) – Carta regionale n° **1**-C1

✿ **AL SORRISO**

Chef: Luisa Marelli Valazza

PIEMONTESE • **ELEGANTE** Tra le piacevoli colline novaresi, da decenni è il ristorante di riferimento per gli amanti del Piemonte grazie alla passione della chef Luisa Marelli e di suo marito Angelo Valazza. Se il titolare è impegnato in una costante ricerca delle eccellenze gastronomiche regionali, la moglie, laureata in lettere, autodidatta e in cucina per passione, prepara piatti che sono ormai divenuti dei classici, con molti richiami alla tradizione e dove l'attenzione è concentrata alla stagionalità dei prodotti, all'utilizzo delle erbe aromatiche, della cacciagione, dei funghi e dei tartufi. Tra i piatti iconici dello storico locale il fassone al barolo variamente accompagnato. Particolarmente ricca la lista dei vini.

⅋ 𝔸 ⇄ – Prezzo: €€€€

Via Roma 18 – ☎ 0322 983228 – alsorriso.com – Chiuso lunedì e martedì

SORISOLE

✉ 24010 – Bergamo (BG) – Carta regionale n° **5**-C1

✿ **OSTERIA DEGLI ASSONICA**

Chef: Vittorio Manzoni

ITALIANA CONTEMPORANEA • **ELEGANTE** Sulle prime colline alle spalle di Bergamo, un ristorante elegante e raffinato, ottimamente gestito in sala, mentre ai fornelli ci sono i fratelli Manzoni, artefici di una delle cucine più interessanti della zona. Creativi e sorprendenti, i loro piatti stupiscono dialogando con sapori complessi e originali, anche vegetali, e un sapiente uso di spezie ed erbe aromatiche, ma senza rinunciare alla golosità e alla piacevolezza del palato. L'ispettore consiglia: le lumache al pepe verde e le linguine, bagna càuda, ostriche e ginepro.

&. 𝔸 ⌂ ⇄ 🅿 – Prezzo: €€€

Via Don Santo Carminati 9 – ☎ 035 412 8398 – osteriadegliassonica.it – Chiuso martedì e mercoledì

SORNI

✉ 38015 – Trento (TN) – Carta regionale n° **6**-A2

VECCHIA SORNI

REGIONALE • **FAMILIARE** Nella zona nord e vinicola di Trento, un locale da non mancare se si è alla ricerca di una cucina fragrante, gustosa e ben presentata, con piatti legati al territorio e molte specialità più moderne, alcune delle quali a base di pesce. In alternativa agli interni tipici, ci si può accomodare in veranda anche in inverno, godendo della bella vista sulla valle dell'Adige.

⇇ &. ⌂ – Prezzo: €€

Piazza Assunta 40 – ☎ 0461 870541 – vecchiasorni.it – Chiuso lunedì e sera mercoledì e domenica

SORRENTO

✉ 80067 – Napoli (NA) – Carta regionale n° **17**–B2

☼ ## IL BUCO

Chef: Giuseppe Aversa

MEDITERRANEA • ACCOGLIENTE Nel centro di Sorrento, la scelta si divide tra la sala storica aperta in una cinquecentesca cantina e deposito dei monaci o una sala più contemporanea con cantina a vista - la scelta enologica, più di 1600 etichette, è impressionante. Ovunque vi sediate, vi aspetta una cucina in prevalenza campana, pur se con qualche rilettura più fantasiosa. Tra le proposte più riuscite del cuoco Giuseppe Aversa, meritano un accenno i primi piatti, in particolare le linguine con scorfano marinato al limone, bottarga e pomodoro secco, e gli gnocchi su ragù napoletano con pesto di basilico e crema di ricotta salata.

⅋ 🕸 🛋 ⇔ – Prezzo: €€€€

Il rampa Marina Piccola 5 – ☎ 081 878 2354 – ilbucoristorante.it – Chiuso mercoledì e lunedì a mezzogiorno

☼ ## LORELEI

MEDITERRANEA • AMBIENTE CLASSICO Anche se il tempo non dovesse assistervi e non si potesse mangiare all'aperto, non perdetevi un aperitivo o almeno uno sguardo dalla terrazza affacciata sul Golfo e i suoi spettacolari tramonti. Calato il sole, si alza il sipario sui piatti di Ciro Sicignano, gragnanese, ottimo interprete della cucina campana. Prodotti e ricette della regione sono riviste con brio e fantasia, sorrette da un'ottima componente vegetale - il cuoco può contare su due orti - una carta degli oli e l'elegante contesto dell'hotel Lorelei Londres in cui ci troviamo.

≼ ♿ 🕸 🛋 – Prezzo: €€€€

Via Aniello Califano 4 – ☎ 081 1902 2620 – ristoranteloreleisorrento.com

☼ ## TERRAZZA BOSQUET

CREATIVA • ROMANTICO Nel cuore di Sorrento, uno strepitoso giardino conduce come un lungo corridoio ad uno degli alberghi più iconici della penisola sorrentina, l'Excelsior Vittoria. Al suo interno, su una terrazza panoramica appena il tempo lo permette (sala al chiuso in caso contrario), trovano posto i tavoli del ristorante gastronomico. Ai fornelli Antonino Montefusco allestisce diversi percorsi degustazione (di cui uno vegetariano) con piatti che prendono spunto da ricette e ingredienti sovente campani ma rivisitati con un raffinato senso estetico. Vasta scelta enologica, particolarmente ampia la selezione di vini al bicchiere.

⅋ ≼ � 🕸 🛋 ⇔ 🅿 – Prezzo: €€€€

Piazza Tasso 34 – ☎ 081 877 7111 – terrazzabosquet.exvitt.it

DA BOB COOK FISH 🆕

PESCE E FRUTTI DI MARE • STILE MEDITERRANEO In collaborazione con l'adiacente pescheria dove arriva il pesce fresco e da qui, fatti pochi metri, passa direttamente al ristorante, la sala è stata ricavata in un ex deposito di arance vecchio di 400 anni. C'è un menù, tuttavia, dato il funzionamento del posto e il legame con la pescheria, suggeriamo di confrontarvi con il personale per informarvi degli arrivi del giorno, magari gettando un occhio alla vetrinetta del pesce, impiegato in ricette classiche e tradizionali proprio per valorizzare la materia prima.

🕸 🛋 – Prezzo: €€

Largo Parsano vecchio 16 – ☎ 081 1778 3873 – dabobcookfish.com – Chiuso martedì

SOUL & FISH Ⓝ

PESCE E FRUTTI DI MARE • STILE MEDITERRANEO Dal centro di Sorrento è un susseguirsi di discese fino ad arrivare a Marina Grande, l'antico e pittoresco borgo di pescatori che vale la pena di visitare. E, proprio di fronte all'acqua, si trova il ristorante: quello che appare un tradizionale stabilimento balneare rivela invece un'ottima cucina di mare, che sposa piatti della tradizione con proposte più creative.

🍽 – Prezzo: €€€

Via Marina Grande – ℘ 081 878 2170 – soulandfish.com

ZEST Ⓝ

CREATIVA • ELEGANTE Nel centro di Sorrento, nel lussuoso contesto del Grand Hotel La Favorita, anche la sala del ristorante richiama la più tradizionale opulenza delle grandi sale d'albergo. Ai fornelli il cuoco Iavarone propone una cucina di gran livello, dagli evidenti accenti campani e contributi più personalizzati: zuppa di verdure, "scuncilli" e cipolle marinate, triglia in patate fritte, lattuga, ravanelli e maionese allo zafferano e Caprese 2.0 sono solo alcune delle proposte più interessanti.

🅰🅒 – Prezzo: €€€

Via Torquato Tasso 61 – ℘ 081 878 2031 – zestsorrento.com – Chiuso a mezzogiorno

SOVERATO

✉ 88068 – Catanzaro (CZ) – Carta regionale n° **19**–B2

BREZZA FISH AND CHILL Ⓝ

PESCE E FRUTTI DI MARE • STILE MEDITERRANEO Il locale alternativo della galassia Abbruzzino, sul bel lungomare di Soverato. La proposta è semplice, tutto pesce presentato sì in panini, "broast" e friselle ma anche come crudi e fritti nonché generose insalate e golosi dessert. Fragranza di prodotto, preparazioni leggere, sempre generose e colorate. In accompagnamento vini di qualità al calice, una bella scelta di cocktail che alla sera si fa ancora più invitante con tante creazioni della casa. Accogliente servizio al femminile e, last but not least, ottima musica diffusa. Una sosta di simpatia e qualità a prezzi onestissimi!

🅰🅒 🍽 – Prezzo: €

Via Marina 24 – ℘ 0967 620802 – brezzafishnchill.com – Chiuso martedì

SPILIMBERGO

✉ 33097 – Pordenone (PN) – Carta regionale n° **7**–A2

LA TORRE

REGIONALE • ROMANTICO Nella pittoresca cornice del castello medievale di Spilimbergo, atmosfera romantica e cucina moderna in un ambiente di grande impatto storico. Suggestivo il tavolo nella nicchia con vista panoramica.

🅰🅒 🅿 – Prezzo: €€

Piazza Castello 8 – ℘ 0427 50555 – ristorantelatorre.net – Chiuso lunedì e domenica sera

OSTERIA DA AFRO

REGIONALE • TRATTORIA Genuini piatti regionali e stagionali, presentati su una lavagnetta che gira di tavolo in tavolo, tra cui spiccano i sempre validi salumi. Poco distante dal centro storico, questa trattoria dalla simpatica conduzione familiare mette a disposizione degli ospiti anche graziose camere in legno di abete o ciliegio.

♿ 🅰🅒 🍽 🅿 – Prezzo: €€

Via Umberto I 14 – ℘ 0427 2264 – osteriadaafro.com – Chiuso domenica sera

SPINETTA MARENGO

✉ 15122 – Alessandria (AL) – Carta regionale n° **1**–C2

LA FERMATA

PIEMONTESE • **ELEGANTE** Immerso nella campagna alessandrina, ci troviamo in un casale settecentesco con ampio giardino interno e una proposta di cucina che cita il Piemonte, con moderata modernità sia nelle idee che nell'esecuzione dei piatti: immancabili i plin alla maniera locale, ma anche un menu di mare, per chi preferisce sapori più delicati. La sala è minimalista e luminosa, i tavoli di grandi dimensioni.

଼ (⇛ᕇ▦ᇑ⇔🅿 – Prezzo: €€€

Strada Bolla 2 – ℰ 0131 617508 – ristorantelafermata.it – Chiuso domenica e sabato a mezzogiorno

LE CICALE

MODERNA • **BISTRÒ** La casa dei nonni è diventata un piacevole locale arredato con gusto moderno e leggero. Dalla cucina arrivano proposte classiche e regionali. Il bel dehors circondato dal verde è dedicato agli aperitivi, accompagnati da proposte di fritto preparate a vista.

(⇛▦ᇑ – Prezzo: €€

Via Pineroli 32 – ℰ 0131 216130 – lecicale.net – Chiuso domenica e a mezzogiorno da lunedì a sabato

SPIRANO

✉ 24050 – Bergamo (BG) – Carta regionale n° **5**–C2

TRE NOCI

DEL TERRITORIO • **FAMILIARE** Al centro di un paese nella bassa bergamasca, una lunga gestione familiare in cui il tocco femminile delle proprietarie ha ingentilito il côté rustico dell'ambiente; un piacevolissimo locale stile trattoria elegante, dove si possono gustare ancora i ruspanti sapori della bassa e carni cotte sulla grande griglia in sala. Gazebo per il servizio estivo all'aperto.

&▦ᇑ⇔ – Prezzo: €€

Via Petrarca 16 – ℰ 035 877158 – ristorantetrenoci.it – Chiuso lunedì e domenica sera

SPOLETO

✉ 06049 – Perugia (PG) – Carta regionale n° **13**–B2

APOLLINARE

ITALIANA CONTEMPORANEA • **ELEGANTE** Incastonato fra le mura duecentesche dell'antico convento di Sant'Apollinare, il ristorante omonimo è un angolo intimo e romantico della Spoleto più antica. Pietre e travi a vista, arredi eleganti e una cucina che porta a grandi livelli le tradizioni umbre, a cui lo chef Giuseppe Sinisi aggiunge qualche piatto di pesce.

▦ᇑ – Prezzo: €€

Via Sant'Agata 14 – ℰ 0743 223256 – ristoranteapollinare.it – Chiuso martedì

SAN LORENZO

PESCE E FRUTTI DI MARE • **AMBIENTE CLASSICO** Nel contesto dell'hotel Clitunno una competente gestione familiare presenta generosi piatti classici e stagionali a base sia di carne che di pesce. Non si lesina sul tartufo nero all'occorrenza, il tutto servito nella sala dal recente restyling intimo ed elegante, dove nei fine settimana si può talvolta ascoltare piacevole musica live, o nello spazio esterno sulla piccola piazza dove è ubicato l'hotel. Il consiglio è quello di parcheggiare fuori dalla ZTL e raggiungerlo a piedi: due passi nel bellissimo centro storico.

&. 🏧 🍴 - Prezzo: €€

Piazza Sordini 6 - 𝒞 0743 223340 - ristorantesanlorenzo.com/it - Chiuso lunedì e a mezzogiorno da martedì a venerdì

SPOLTORE

✉ 65010 - Piacenza (PC) - Carta regionale n° **15**-B1

TAMO

CONTEMPORANEA • **MINIMALISTA** In un palazzo storico del piccolo borgo prende vita una piacevole nuova risorsa. Serviti e riveriti dalla titolare nella sala interna di gusto contemporaneo o, nella bella stagione, sulla terrazza con vista sulla valle e Città Sant'Angelo, la cucina è schietta, "trasparente" e senza fronzoli, e si avvale di ottime materie prime, tra cui gli immancabili vegetali di un'azienda vicina.

≤ 🍴 - Prezzo: €€€€

Via del Mulino 6 - 𝒞 085 496 2430 - tamoristorante.it - Chiuso lunedì, martedì e a mezzogiorno da mercoledì a domenica

SQUILLE

✉ 81010 - Caserta (CE) - Carta regionale n° **17**-B1

⛊ MAROTTA

Chef: Domenico Marotta

MODERNA • **CONTESTO CONTEMPORANEO** Sulle verdi colline dell'alto casertano troverete una chicca gastronomica. Il giovane Domenico Marotta propone una cucina di sorprendente qualità, attenta alla valorizzazione di tutto ciò che è locale, amante dei vegetali provenienti anche dall'orto di proprietà, in piatti di moderna e limpida essenzialità ma generosi e tutt'altro che scontati negli aggiornamenti, Noi abbiamo apprezzato tra gli altri il piccione alla Leccarda, rivisitazione di un piatto della tradizione umbra, dove ogni parte dell'animale viene valorizzata e messa in tavola; il tutto articolato in tre menù degustazione o in una piccola carta. Bravo il cuoco, ma anche la sommelier e responsabile di sala, che accompagna il viaggio gastronomico con approfondite ed appassionate spiegazioni.

🏧 🅿 - Prezzo: €€€

Via Marrochelle 52 - 𝒞 349 541 9274 - marottaristorante.com - Chiuso lunedì e martedì

STRADELLA

✉ 46051 - Mantova (MN) - Carta regionale n° **4**-B3

☺ OSTERIA NUMERO 2

ITALIANA • **RUSTICO** Bel cascinale non lontano dalla città, conviviale, colorato ed accogliente, dove la carta presenta una cucina nazionale con alcune specialità legate al territorio, tipo gli agnoli in brodo (anche in versione antipasto come "sorbir"). Spicca la bella selezione delle birre selezionate da Moreno: si va dai piccoli produttori della provincia, sino a birrifici sparsi nel mondo.... E' nato perfino un dessert su tale passione: il Birramisù. Anche grazie agli ottimi prezzi, è sempre molto frequentato: si consiglia di prenotare.

🍺 &. 🏧 🍴 🅿 - Prezzo: €

Via Ghisiolo 2/a - 𝒞 0376 45088 - osterianumero2.it - Chiuso martedì e sabato a mezzogiorno

STRADELLA

✉ 27049 – Pavia (PV) – Carta regionale n° **4**–B3

🌼 **VILLA NAJ**

MODERNA • **CONTESTO CONTEMPORANEO** Nel cuore dell'Oltrepò Pavese, un'entrata minimalista introduce alla villa ottocentesca, nelle cui vecchie cantine si trova una sala moderna con bei soffitti a volte di mattoni. In un ambiente di raffinata eleganza, la cucina – guidata da Dario Fisichella, chef siciliano con significative esperienze italiane ed estere – esalta le ottime materie prime locali, ma attinge a piene mani anche dalla sapienza gastronomica della sua terra d'origine, senza rinunciare a qualche slancio creativo. La carta dei vini propone oltre 300 etichette, un'approfondita selezione di bollicine locali e francesi e un'ottima scelta di Marsala.
♿ 🅰️🅲 🍽 – Prezzo: €€€

Via Martiri Partigiani 5 – ☎ 0385 42126 – najstradella.com – Chiuso lunedì, martedì e a mezzogiorno da mercoledì a venerdì

GIOELE

CLASSICA • **AMBIENTE CLASSICO** Nel centro della località, sarete accolti con professionalità e simpatia in un ambiente colorato di discreta eleganza. La cucina è classica ma di impostazione moderna, sia di terra che di mare, e a pranzo si completa con un conveniente business lunch. Nella bella stagione si mangia nella piccola corte o in terrazza.
🅰️🅲 🍽 – Prezzo: €€

Via Mazzini 26 – ☎ 0385 43444 – ristorantegioele.com – Chiuso lunedì, martedì e a mezzogiorno da mercoledì a venerdì

STRESA

✉ 28838 – Verbano-Cusio-Ossola (VB) – Carta regionale n° **1**–C1

LA BOTTE

MODERNA • **BISTRÒ** Nel cuore della località, un moderno e accogliente bistrò contemporaneo gestito da un intero nucleo familiare. La cucina alterna piatti di mare e di terra elaborati in chiave moderna e fantasiosa, in cui la stagionalità dei prodotti è un elemento imprescindibile. Carta dei vini piuttosto interessante, con offerta anche al bicchiere.
♿ 🅰️🅲 – Prezzo: €€

Via Giuseppe Garibaldi 8 – ☎ 0323 30462 – trattorialabottestresa.it – Chiuso mercoledì e giovedì a mezzogiorno

LO STORNELLO

MEDITERRANEA • **ACCOGLIENTE** Un ristorantino, amato anche dalla gente del posto,che offre qualità e professionalità. Cucina italiana e mediterranea a 360°, fantasiosa nelle elaborazioni, e qualche specialità lacustre.
🅰️🅲 🍽 – Prezzo: €€

Via Cavour 35 – ☎ 0323 30444 – ristorantelostornello-stresa.it

OSTERIA MERCATO

ITALIANA CONTEMPORANEA • **ACCOGLIENTE** Leggermente defilato dai percorsi turistici della città e sulle retrovie del centro storico, locale contemporaneo e molto personalizzato negli arredi per una cucina che spazia fra terra e mare con interpretazioni anche fantasiose. Ottima ricerca di materie prime locali e fresco dehors per la bella stagione.

⌷ 🏠 – Prezzo: €€

Piazza Capucci 9 – ☏ 0323 346245 – osteriamercatostresa.com – Chiuso martedì

VERBANO

ITALIANA • **CONTESTO CONTEMPORANEO** Nella bellissima cornice dell'isola Pescatori e all'interno del piccolo e omonimo hotel di charme, lo chef Marco Sacco propone una cucina classica di qualità in un contesto di estrema bellezza. La sala dai toni contemporanei regala panoramiche vetrate e nella bella stagione è imperdibile una cena in terrazza con vista sull'isola Bella e Palazzo Borromeo. I piatti dei vari menu tematici (lago, Piemonte, Italia e vegetariano) possono anche essere scelti alla carta.

⪡ ⌷ 🏠 – Prezzo: €€€

Via Ugo Ara 2, Isola dei Pescatori – ☏ 0323 31226 – ilverbano.com

VILLA PIZZINI

DEL TERRITORIO • **INTIMO** Dal lago Maggiore si sale sul Mottarone a circa 1400 m, in questa ex residenza di caccia di fine Ottocento, dove a darvi il benvenuto è una giovane coppia di autodidatti che ci mette il cuore. Ed i piatti parlano per loro... Fragranti proposte di terra e qualche specialità di lago servite anche nel dehors con vista panoramica. Ciò che conta per questa appassionata gestione sono il rigoroso rispetto delle stagionalità e la conoscenza di tutta la filiera di approvvigionamento delle materie prime. Grande spazio è dedicato alla selvaggina, rigorosamente ossolana.

🛏 ⅃ 🏠 🅿 – Prezzo: €€€

Località Mottarone – ☏ 0323 290077 – villapizzinimottarone.com – Chiuso martedì

STRONGOLI

✉ 88816 – Crotone (KR) – Carta regionale n° **19**-B2

❀ ## DATTILO

Chef: Caterina Ceraudo

DEL TERRITORIO • **CONTESTO TRADIZIONALE** In un mondo come quello dell'alta cucina che vede una preponderanza di figure maschili, Caterina Ceraudo è una voce fuori dal coro autorevole e di grande personalità. Il suo ristorante è ospitato in un grazioso agriturismo con camere semplici all'insegna di una vita piacevolmente rustica, una bella piscina all'ombra di ulivi millenari e produzioni tradizionali come vino, olio, marmellate di cedro e arance, succhi di frutta. Il tutto contrapposto alla cucina di Caterina che, pur attingendo alle tipicità locali, è moderna e creativa - ma senza eccessi! - in due menù degustazione o scelta alla carta, sempre a prezzo fisso. Simpatico e istruttivo il giro da fare con patron Roberto (papà della chef) antesignano dell'agricoltura biologica in regione che, con la sua famiglia, a questa azienda ha dedicato tutta la vita.

❀ *L'impegno dello chef:* La famiglia Ceraudo è da sempre paladina di una produzione ecosostenibile e l'azienda agricola di proprietà fornisce gran parte del fabbisogno del ristorante, la cui cucina non è che un riflesso della bellezza e della biodiversità di questo territorio. Sono al 100% indipendenti a livello energetico grazie all'impianto fotovoltaico.

❀ 🛏 ⌷ 🏠 🅿 – Prezzo: €€€€

Contrada Dattilo – ☏ 329 418 8323 – dattilo.it – Chiuso a mezzogiorno da lunedì a sabato

SULMONA

✉ 67039 – L'Aquila (AQ) – Carta regionale n° **15**–B2

🐷 CLEMENTE

ABRUZZESE • FAMILIARE Tra le vie del grazioso centro di Sulmona, Clemente si propone da moltissimi anni in un ambiente semplice ed accogliente che è stato ricavato dalle scuderie di un palazzo dei primi dell'Ottocento. In carta compaiono solo e soltanto ingredienti abruzzesi, tra le paste spiccano quelle fatte in casa alla chitarra così come l'uso dello zafferano aquilano. I secondi sonu tutti a base di carne, mentre tra i dessert spicca il semifreddo al Pan dell'Orso. Le porzioni sono davvero generose, ma per chi non se la sente c'è l'opzione della mezza porzione praticamente su tutto il menù. Nella sala "bistrot" si propongono aperitivi.

🅰 🛋 – Prezzo: €€

Piazza Santa Monica – 🕻 *342 622 6522 – Chiuso lunedì e domenica sera*

SUNA

✉ 28925 – Verbano-Cusio-Ossola (VB) – Carta regionale n° **1**–C1

ANTICA OSTERIA IL MONTE ROSSO

DEL TERRITORIO • ROMANTICO Sul lungolago della frazione residenziale di Verbania, una piccola e curata realtà fondata nel 1854, in cui il giovane chef di origini siciliane propone interpretazioni isolane con pesce d'acqua dolce e di mare, nonché qualche specialità di carne. Notevole la carta dei vini, vera passione del titolare. Possibili anche degli interessanti abbinamenti piatto/cocktail. Nella bella stagione consigliamo di prenotare uno dei pochi tavoli sulla terrazza panoramica.

🐝 🅰 🛋 – Prezzo: €€

Via Troubetzkoy 128 – 🕻 *0323 506056 – osteriamonterosso.com*

SUTRI

✉ 01015 – Viterbo (VT) – Carta regionale n° **12**–A2

N'UOVO VINO E CUCINA Ⓝ

MODERNA • CONTESTO CONTEMPORANEO All'interno del signorile resort Antico Borgo di Sutri e nel cuore della verdeggiante Tuscia viterbese, questo ristorante si presenta con un'atmosfera molto intima e contemporanea, fatta di luci soffuse nonché ampie vetrate sul verde circostante. Il giovane e talentuoso chef Lezzereni assicura una cucina che prende spunto dal territorio con ricette della tradizione regionale rivisitate con tecnica moderna ed eccellenze alimentari locali.

🍃 🍴 ♿ 🅰 🛋 🅿 – Prezzo: €€€

S.S. Cassia 46,700 – 🕻 *0761 586988 – nuovovinoecucina.it – Chiuso a mezzogiorno da lunedì a venerdì*

SUVERETO

✉ 57028 – Livorno (LI) – Carta regionale n° **11**–B2

L' CIOCIO - OSTERIA DI SUVERETO

Chef: Fabrizio Caponi

MODERNA • RUSTICO Nel centro storico di Suvereto, la sala ricorda l'atmosfera piacevolmente tradizionale e calorosa di una trattoria, ma la cucina - pur non rinunciando a qualche classico toscano - si fa talvolta più creativa ed elaborata. Tra i piatti più riusciti "la reale familiare": un gustoso taglio di manzo con capperi e acciughe.

🌸 *L'impegno dello chef:* Il ristorante fa parte di un'azienda agricola proprietaria di un mulino a pietra che coltiva e lavora grani biologici del territorio. Grazie ad uno studio condotto in collaborazione con l'Università degli Studi di Firenze creano e uniscono più attività agricole per favorire lo sviluppo del territorio e la tutela delle biodiversità. Le farine vengono utilizzate per la panificazione, la pasticceria e la realizzazione di paste fresche.

&. 🏠 ⇦ – Prezzo: €€

Piazza dei Giudici 1 – ☎ 0565 829947 – osteriadisuvereto.it – Chiuso lunedì e domenica sera

SUZZARA

✉ 46029 – Mantova (MN) – Carta regionale n° **4**-C3

MANGIARE BERE UOMO DONNA

FUSION • FAMILIARE Lei è di Hong Kong, lui di Suzzara: in questo accogliente ristorante lo sguardo aperto sul mondo non riguarda solo le proposte in carta, ma anche l'offerta enologica e le arti applicate. Circondati da migliaia di libri, lascito dello zio di lui, si gustano i piatti della tradizione locale oppure si vira verso alcune ricette orientali. La costante sono, invece, gli ingredienti prevalentemente del territorio e di stagione.

🅐🅒 🏠 – Prezzo: €

Viale Zonta 19 – ☎ 334 880 6508 – mangiarebereuomodonna.com – Chiuso martedì e a mezzogiorno lunedì, mercoledì, giovedì, venerdì, sabato, domenica

TAORMINA – Messina (ME) ➜ Vedere Sicilia, in fondo alla Guida

TARANTO

✉ 74123 – Taranto (TA) – Carta regionale n° **16**-C2

GATTO ROSSO

PESCE E FRUTTI DI MARE • FAMILIARE È stato oggetto di un totale restyling questo locale dalla lunga gestione familiare (siamo ormai alla terza generazione!), raccontata dalle foto in bianco e nero appese alle pareti. Cucina di mare classica e ben eseguita, con buone materie prime: il pesce è servito crudo, in insalata, in padella o alla griglia.

🅐🅒 – Prezzo: €€

Via Cavour 2 – ☎ 340 533 7800 – ristorantegattorosso.com – Chiuso lunedì

TARQUINIA

✉ 01016 – Viterbo (VT) – Carta regionale n° **12**-A2

😊 NAMO RISTOBOTTEGA

CUCINA DI STAGIONE • BISTRÒ Piccolissimo, semplice locale appena fuori le mura e a poco più di 1 km dalla splendida necropoli di Monterozzi, Patrimonio dell'Umanità Unesco. La chef Tiziana Favi omaggia il territorio viterbese con un fantasioso utilizzo dei suoi ingredienti stagionali (verdure in primis), in piatti leggeri e gustosi. Il dehors apre lo sguardo sino alla costa.

🅐🅒 🏠 – Prezzo: €€

Via Giovan Battista Marzi 1 – ☎ 0766 731637 – namoristobottega.it – Chiuso lunedì, a mezzogiorno da martedì a sabato e domenica sera

TAVAGNACCO

✉ 33010 – Udine (UD) – Carta regionale n° **7**-B2

AL GROP

TRADIZIONALE • FAMILIARE Lunga tradizione per un ristorante proprio sotto il campanile di un piccolo e grazioso paese. All'interno ambiente classico con qualche tocco di originalità e tanta atmosfera creata dal camino scoppiettante in sala. Diverse proposte di carni alla griglia, per i più golosi gran finale con il carrello di dolci.

🕭 ⇘🎕⇔🅿 – Prezzo: €€

Via Matteotti 7 – ☏ 0432 660240 – algrop.net – Chiuso martedì e mercoledì

TAVARNELLE VAL DI PESA

✉ 50028 – Firenze (FI) – Carta regionale n° **11**–C2

❁ **LA TORRE**

CREATIVA • **ELEGANTE** La magia del Castello del Nero, spettacolare residenza del XII secolo in cui si trova il ristorante, regala sin dall'arrivo un'esperienza fiabesca che racchiude in sé l'essenza della Toscana: panorama, storia narrata negli interni curatissimi e grandi ingredienti, tra cui olio EVO e vino, di cui la bella cantina è generosamente fornita. Ma l'appuntamento principe è con l'eccellente cucina del simpatico chef Di Pirro: tecnica, creativa e allo stesso tempo carica di gusto, sempre presentata con estetica degna dell'incantesimo del luogo. Sul fronte della sostenibilità la struttura vanta un orto di proprietà - coltivato secondo una visione biologica corredata di certificazione - con 10 varietà di pomodoro, oltre a numerosi alberi da frutta. In dialogo con l'orto, il ristorante propone un menu Esperienza Vegetale come opzione vegetariana, che si aggiunge a La Terra (di carne) e Contaminazioni (di mare). Dulcis in fundo, grande attenzione è riservata alla pasticceria, con una carta dei dessert encomiabile per fantasia e una sinfonia di dolci note al momento del caffè: pasticcini mignon, cioccolatini e macaron.

🕭 ⇘🔥🆔🎕🅿 – Prezzo: €€€€

Strada Spicciano 7 – ☏ 055 806470 – comohotels.com/it/tuscany/como-castello-del-nero/dining/la-torre – Chiuso lunedì, domenica e a mezzogiorno da martedì a sabato

TAVERNERIO

✉ 22038 – Como (CO) – Carta regionale n° **5**–B1

GNOCCHETTO

REGIONALE • **CONTESTO CONTEMPORANEO** Una lunga tradizione familiare (dal 1926!) in un locale che ha saputo rinnovarsi con forme contemporanee continuando a proporre una linea di cucina generosa, sostanzialmente classica ma adatta a un gusto più moderno. Nella bella stagione si mangia all'aperto. A pranzo vengono proposti piatti unici "compositi", ma si può ordinare anche alla carta.

🔥🆔🎕🅿 – Prezzo: €€

Via Primo Maggio 56 – ☏ 031 426133 – gnocchetto.it – Chiuso lunedì e martedì

TEGLIO

✉ 23036 – Sondrio (SO) – Carta regionale n° **4**–C1

⊛ **FRACIA**

VALTELLINESE • **RUSTICO** Parcheggiata la macchina, si percorre una breve strada in salita, 50 metri circa, prima di raggiungere questo rustico cascinale in pietra, con vista panoramica sulla valle circostante. Un'oasi di tradizione valtellinese e sapori intriganti, da assaporare anche in un menu degustazione di piatti tipici. Tempo permettendo, prenotate nello splendido dehors con tavoli in sasso e scorci affascinanti.

🎕 – Prezzo: €

Località Fracia – ☏ 0342 482671 – ristorantefracia.it – Chiuso mercoledì

TELESE

✉ 82037 – Benevento (BN) – Carta regionale n° **17**–B1

❀❀ KRÈSIOS

Chef: Giuseppe Iannotti

CREATIVA • **ELEGANTE** Un antico casale custodisce una delle cucine più innovative della regione: nessuna scelta, ma un lungo menù degustazione che arriva alla cieca, tante portate, ma seguendo un ritmo serrato e rutilante, lungo un sorprendente viaggio gastronomico che contiene qualche riferimento campano, ma che fondamentalmente conduce in giro per il mondo, rivisitando ricette spesso conosciute - italiane e internazionali - con estro personale. Prodotti, tecniche di cottura, presentazioni, Giuseppe Iannotti riesce sempre a sorprendere. Il tutto accompagnato da una selezione di vini scelti tra piccoli produttori, spesso autentiche nicchie, del resto Krèsios altro non era che Bacco.

🐾 ⇆ ♿ 🅼 🚗 ⇔ 🅿 – Prezzo: €€€€

Via San Giovanni 59 – ☎ 0824 940723 – kresios.com – Chiuso lunedì, martedì a mezzogiorno e domenica sera

❀ LA LOCANDA DEL BORGO

DEL TERRITORIO • **CASA DI CAMPAGNA** Lo chef Luciano Villani propone percorsi strutturati su semplicità, prodotti biologici del Sannio e una filosofia senza compromessi. Siamo all'interno dell'Aquapetra Resort&Spa, borgo antico trasformato in un albergo diffuso di lusso personalizzato con pezzi d'antiquariato e accessori di ultima generazione. Il ristorante gourmet propone una cucina sempre riconoscibile, golosa, di territorio con qualche contaminazione. Due i menu degustazione: Aqua (di solo pesce) e Petra (dedicato alla terra). Un aperitivo o un drink dopo cena vi attendono nel delizioso bar, vicino al ristorante.

🐾 ⇆ 🚗 ⇔ 🅿 – Prezzo: €€€€

Località Monte Pugliano 1 – ☎ 0824 941878 – aquapetra.com/dining/la-locanda-del-borgo – Chiuso a mezzogiorno

TERAMO

✉ 64100 – Teramo (TE) – Carta regionale n° **15**–B1

⊛ OISHI

GIAPPONESE • **MINIMALISTA** Il centro di Teramo diventa da Oishi, un ideale incontro tra Oriente ed Occidente. In un'intima sala minimal, l'omaggio fotografico al Giappone che scorgerete alla parete è solo l'inizio di continue citazioni del Sol Levante, in una bella "fusion" con ingredienti e sapori nostrani, tra crudi e marinati, sashimi e nigiri, roll, qualche tempura ed altro ancora. Sino alla nuova sezione "temporary food", più strettamente legata alla stagionalità.

🅰🅲 🚗 – Prezzo: €€

Via Mario Capuani 47 – ☎ 391 394 2429 – oishiteramo.it – Chiuso a mezzogiorno

SPOON

ABRUZZESE • **SEMPLICE** Nel cuore del centro storico, a pochi passi dal bellissimo duomo le cui origini si perdono nel secolo XII, un piccolissimo locale, semplicissimo, col dehors sulla via... ma è la cucina dello chef-patron Marco Cozzi il vero motivo per cui venirci! Proveniente dalla scuola di Niko Romito, il cuoco dà forma contemporanea ad ingredienti stagionali e regionali, citando e rivisitando alcune ricette tradizionali (il pancotto diviene, per esempio, una crema di pane e zafferano di Navelli, poi condita nella parte superiore con gocce di robiola, cime di rapa e triangoli di lonzino). Il tutto proposto con 2 menù degustazione a base di sola carne e buon uso di vegetali.

🏧 🍷 – Prezzo: €€

Via Mario Capuani 61 – 𝒞 345 037 0764 – spoonteramo.jimdofree.com – Chiuso lunedì, domenica e a mezzogiorno da martedì a sabato

TERMENO SULLA STRADA DEL VINO
✉ 39040 – Bolzano (BZ) – Carta regionale n° **6**–A2

ANSITZ ROMANI

REGIONALE • **ROMANTICO** Gli ambienti sono molto curati, con un vago tocco romantico dato soprattutto dall'edificio storico e dal curatissimo giardino. La carta non è ampia ma completa: ci sono piatti più vicini ai sapori di territorio, come le carni di cervo o gli asparagi di Termeno accompagnati dallo speck prodotto in proprio, ma anche un paio di ricette a base di pesce. Tutte le proposte dello chef-patron Armin Pernstich mostrano una certa fantasia e modernità. Molto belle le camere.

🛏 🕭 🍷 🅿 – Prezzo: €€

Via Andreas Hofer 23 – 𝒞 0471 860010 – ansitzromani.com/it/restaurant.php – Chiuso lunedì, domenica e a mezzogiorno da martedì a sabato

TERMINI IMERESE – Palermo (PA) ➜ Vedere Sicilia, in fondo alla Guida

TERMOLI
✉ 86039 – Campobasso (CB) – Carta regionale n° **15**–C2

FEDERICO II

PESCE E FRUTTI DI MARE • **INTIMO** Nel suggestivo centro storico di Termoli, ad un passo dalla cattedrale, un locale intimo e raccolto in cui lo chef-patron Matteo Miucci elabora, talvolta con un pizzico di fantasia, i buoni prodotti del mare che lui stesso acquista giornalmente.

🏧 🍷 – Prezzo: €€

Via Duomo 30 – 𝒞 0875 85414 – Chiuso lunedì, a mezzogiorno da martedì a sabato e domenica sera

SVEVIA

MEDITERRANEA • **ELEGANTE** Nelle cantine di un palazzo d'epoca, la storia si fonde abilmente con atmosfere moderne, mentre la cucina si ancora alla tradizione marittima molisana: i crudi tra le specialità, ma anche tante altre proposte ittiche, sovente legate alle tradizioni locali.

🏧 – Prezzo: €€

Via Giudicato Vecchio 24 – 𝒞 0875 550284 – svevia.it – Chiuso lunedì e a mezzogiorno da martedì a sabato

TERNI
✉ 05100 – Terni (TR) – Carta regionale n° **13**–B3

NASCOSTOPOSTO

ITALIANA • **MINIMALISTA** Nei vicoli storici della città, ambiente minimalista-moderno dove una coppia appassionata vi delizierà con piatti ricchi di fantasia e contaminazioni regionali, nazionali e qualcosa d'inaspettatamente esotico. Pizza in stile napoletano con guarniture gourmet.

🕭 🏧 🍷 – Prezzo: €€

Via Sant'Alò – 𝒞 0744 608309 – Chiuso lunedì e a mezzogiorno da martedì a domenica

TERRACINA

✉ 04019 – Latina (LT) – Carta regionale n° **12**–B3

⟨⟩ ESSENZA

Chef: Simone Nardoni

CREATIVA • **CONTESTO CONTEMPORANEO** La stella di Simone Nardini continua a brillare su Terracina: in un raffinato locale dalla conduzione giovane e preparata, il cuoco allestisce una cucina creativa e brillante. Piatti elaborati, presentazioni ricercate, lo stupore è negli occhi oltre che nel palato. Ragguardevole anche la scelta enologica con circa ottocento etichette.

🐝 ♿ 𝔸𝕂 – Prezzo: €€€€

Via Cavour 38 – ℰ 0773 369762 – essenza.co – Chiuso mercoledì e a mezzogiorno lunedì e martedì

LOCANDA ALTOBELLI

TRADIZIONALE • **FAMILIARE** Un piacevole piccolo indirizzo che esce dal classico mercato ittico locale per proporre una solida cucina della tradizione di terra. L'alchimia è fra un giovane titolare molto appassionato di vini e uno chef di talento con un bel curriculum. L'accurata selezione della materia prima - ricercata direttamente in zona fra piccoli produttori - è alla base di piatti intriganti e saporiti. Anche nella carta dei vini troviamo etichette biologiche interessanti. Piccolo dehors.

𝔸𝕂 🛋 – Prezzo: €€

Via Santissima Annunziata 121 – ℰ 346 825 6622 – Chiuso mercoledì e a mezzogiorno lunedì, martedì, giovedì, venerdì, sabato, domenica

TERRANOVA DI POLLINO

✉ 85030 – Potenza (PZ) – Carta regionale n° **18**–B2

⟨⟩ LUNA ROSSA

LUCANA • **RUSTICO** In centro paese, locale rustico e conviviale con panoramica terrazza affacciata sulla valle. La ricerca dei piatti della tradizione parte dal mondo contadino per concretizzarsi nella continua passione e nel rinnovato talento dello chef Federico Valicenti. Specialità: il raviolo della memoria.

 🛋 ↔ – Prezzo: €

Via Marconi 18 – ℰ 0973 93254 – federicovalicenti.it – Chiuso mercoledì

TERRASINI – Palermo (PA) ➜ Vedere Sicilia, in fondo alla Guida

TESIMO

✉ 39010 – Bolzano (BZ) – Carta regionale n° **6**–A1

⟨⟩ ZUM LÖWEN

Chef: Anna Matscher

CLASSICA • **ROMANTICO** Gli interni affascinanti nascono dalla sapiente ristrutturazione di un antico maso, dal fienile alle vecchie stalle, conglobando all'interno anche ciò che era all'esterno; tutto è stato recuperato ed esaltato da alcuni inserimenti più moderni. La cucina invece è solidamente nelle mani della padrona di casa, Anna Matscher, piatti gourmet altoatesini che oggi potremmo definire "classici" in menù degustazione con alternative alla carta (senza troppa rigidità); in estate – tuttavia – anche diversi piatti di mare, con tanto di zuppa di pesce. In sala, Alois coordina il servizio ed è sempre a lui che bisogna rivolgersi per un consiglio sul miglior accostamento vino-piatto.

🐝 – Prezzo: €€€

Via Tirolo 25 – ℰ 0473 920927 – Chiuso lunedì, martedì e a mezzogiorno mercoledì e giovedì

TICCIANO

✉ 80069 – Napoli (NA) – Carta regionale n° **17**–B2

🏵 **CANNAVACCIUOLO COUNTRYSIDE**

MEDITERRANEA • **CASA DI CAMPAGNA** Questo ristorante racconta la storia dello chef Cannavacciuolo, che ha voluto creare un luogo speciale dove poter ritrovare i suoi ricordi d'infanzia (il nonno qui era custode) e quel senso di ospitalità che gli appartiene. La filosofia della sua cucina, egregiamente interpretata dal resident chef Nicola Somma, celebra il territorio abbinando ingredienti provenienti dalla terra d'adozione di Cannavacciuolo e da quella d'origine, in un itinerario da Nord a Sud. Le materie prime sono selezionate, fornite da produttori locali e coltivate nell'orto di proprietà, recuperando le preziose tradizioni che hanno formato il suo carattere e la sua arte ai fornelli. Grande attenzione viene riservata al vino, con una selezione pronta a soddisfare i palati più esigenti ed in continua evoluzione. Indimenticabili momenti di relax gastro-bucolico!

🛱 🅰🅒 🏠 🅿 – Prezzo: €€€€

Via Ticciano 137 – 𝒞 081 1946 0050 – laquacountryside.it – Chiuso martedì e mercoledì a mezzogiorno

TIGLIOLE

✉ 14016 – Asti (AT) – Carta regionale n° **2**–A1

🏵 **CA' VITTORIA**

Chef: Massimiliano Musso

PIEMONTESE • **ELEGANTE** Nel cuore di un villaggio da cartolina, da diverse generazioni la famiglia Musso accoglie i clienti con serietà e professionalità tutte sabaude. E, soprattutto, con una cucina interessante! Ma se per nonna Gemma e mamma Sandra la regione ritornava sempre nei piatti, oggi Massimiliano personalizza la linea dando un tocco di creatività ed internazionalità inserendo su base regionale spunti d'altrove, come nel risotto cotto in acqua di cipolla, anguilla e vaniglia - creativo e originale - o le apprezzatissime chiocciole di Cherasco con crema di cocco, porri dell'orto alla griglia e cavolo fermentato, dove spicca il contrasto tra la dolcezza del frutto e l'acidità del cavolo. Sono due i menu degustazione, da cui selezionare tutto anche alla carta e alcuni grandi classici da servire abbinati al tartufo bianco (in stagione). Nella selezione enoica spiccano i grandi piemontesi, nonché etichette più giovani; tra i Baroli anche qualche bottiglia degli anni '70.

🛱 ⇐ 🚗 ♿ 🅰🅒 🏠 🅿 – Prezzo: €€€

Via Roma 14 – 𝒞 0141 667713 – ristorantevittoria.it – Chiuso lunedì, a mezzogiorno da martedì a venerdì e domenica sera

TIROLO

✉ 39019 – Bolzano (BZ) – Carta regionale n° **6**–A1

🏵🏵 **CASTEL FINE DINING**

Chef: Gerhard Wieser

CREATIVA • **ELEGANTE** ALa vista a 180° sulla Val Venosta è un teatro che fa da cornice alla cucina millimetrica e tecnica di chef Gerhard Wieser, il menu degustazione cambia con le stagioni e cita il territorio, salvo qualche divagazione come gli scampi siciliani: una squisita alternativa al menù di terra. Tra le migliori ricette, certamente i ravioli di maialino biologico locale con un tocco di parmigiano sottoforma di spuma e tre tipi di pepe ad aumentarne l'originalità: Sichuan, altoatesino e indiano. La bravissima sommelier Ivana saprà guidarvi tra le eccellenze della zona con particolare attenzione al vostro gusto.

🛱 ⇐ 🚗 ♿ 🅰🅒 – Prezzo: €€€€

Vicolo dei Castagni 18 – 𝒞 0473 923693 – castel-fine-dining.com – Chiuso lunedì, domenica e a mezzogiorno da martedì a sabato

TIVOLI

✉ 00010 – Roma (RM) – Carta regionale n° **12**–B2

LI SOMARI

LAZIALE • **RUSTICO** Famosa per la villa dell'imperatore Adriano e per la rinascimentale Villa d'Este, Tivoli è oggi nel taccuino dei buongustai per un appuntamento gastronomico imperdibile in un piccolo e raccolto locale, in cui Adriano Baldassarre propone la sua cucina. Ravioli di coda alla vaccinara, trippa, una pagina intera dedicata al quinto quarto e la panzanella e salmerino by Alessandro Narducci, omaggio ad un cuoco amico. All'inizio del menu viene presentato il manifesto della sostenibilità con le pratiche adottate per una ristorazione consapevole. Alcuni tavoli sulla passeggiata assicurano l'esperienza all'aperto.

🅰🄲 🏠 – Prezzo: €€

Piazza Rivarola 21 – ☏ 0774 282499 – lisomari.com – Chiuso a mezzogiorno da martedì a venerdì

SIBILLA

TRADIZIONALE • **AMBIENTE CLASSICO** In splendida posizione accanto al tempio di Vesta, che vi riempirà gli occhi in occasione del servizio all'aperto (posizione a dir poco unica!), storico locale a gestione familiare che propone una cucina classica con presenza di molti ingredienti regionali, accanto al pesce. La cottura alla brace è tra le specialità.

⪕ 🖢 🅰🄲 🏠 – Prezzo: €€

Via della Sibilla 50 – ☏ 0774 335281 – ristorantesibilla.com/it/noi – Chiuso lunedì

TOCENO

✉ 28858 – Verbano-Cusio-Ossola (VB) – Carta regionale n° **1**–C1

LE VIE DEL BORGO

DEL TERRITORIO • **STILE MONTANO** Le Vie del Borgo si trova in un edificio ristrutturato del centro storico del pittoresco paesino di Toceno, in Val Vigezzo. Con grande passione una giovane coppia propone ricette legate alla regione e non solo, piatti che presentano una notevole tecnica moderna, ottimi prodotti stagionali e una carta dei vini interessante. Il ristorante si compone varie salette molto intime in stile alpino, signorili e curate. In estate, il piacevole dehors con pochi tavoli va prenotato con largo anticipo.

🏠 ⇄ – Prezzo: €€

Via alla Piazza 6 – ☏ 346 624 9050 – leviedelborgoguesthouse.it – Chiuso martedì e mercoledì a mezzogiorno

TODI

✉ 06059 – Perugia (PG) – Carta regionale n° **13**–A2

FIORFIORE

UMBRA • **ROMANTICO** Una casa raffinata, in posizione panoramica sulla campagna verdeggiante e su Todi, dove assaporare una cucina moderna, ma fedele alle sue radici umbre: olio EVO e alcuni vini provenienti dalla tenuta e un'interessante selezione di Champagne. L'ispettore consiglia: arrosto di maialino accompagnato da patate al rosmarino. Per i dolci, imperdibile il cremoso di nocciola, sorbetto allo yogurt e spuma tiepida al cioccolato. Camere silenziose e confortevoli completano l'offerta.

🕸 ⪕ 🅰🄲 🏠 ⇄ 🅿 – Prezzo: €€

Località Chioano – ☏ 075 894 2416 – ristorantefiorfiore.com – Chiuso martedì

TORANO NUOVO

✉ 64010 – Teramo (TE) – Carta regionale n° **15**–B1

😊 OSTERIA DEI MALTAGLIATI ⓝ

CUCINA DI MERCATO • **RUSTICO** Un giovanissimo team diretto da Maicol e Federica, tra i mattoni di un localino rustico, a pochi mesi dall'apertura fa già parlare di sé per la bontà della proposta. In sala, il forno a legna e la griglia (alimentata con le braci dal primo) diventano protagonisti di molti piatti: cotture antiche e tradizionali danno, infatti, vita a gustose ricette "ambasciatrici" di sapori antichi e moderne personalizzazioni. Ottime le costolette d'agnello accompagnate da agretti appena scottati e conditi con limone candito: il tutto profumato da una leggera salsa all'aglio. Davvero bravi!

🏠 – Prezzo: €€

Corso Umberto I 36 – ℰ 351 653 1769 – Chiuso mercoledì e a mezzogiorno lunedì, martedì, giovedì, venerdì, sabato

TORBIATO

✉ 25030 – Brescia (BS) – Carta regionale n° **5**–D1

DISPENSA FRANCIACORTA

DEL TERRITORIO • **CONVIVIALE** Atmosfera familiare, resa scenografica dalle bottiglie di vino che riempiono le pareti, per un ristorante la cui cucina è un bell'esempio di stile contemporaneo. I piatti riescono ad essere una foto attuale dei sapori italiani e buona parte degli ingredienti vegetali provengono da un'azienda agricola bio locale, impegnata nel reinserimento nel mondo del lavoro di persone con difficoltà.

🕭 🅰 🅿 – Prezzo: €€

Via Principe Umberto 23 – ℰ 030 745 0757 – dispensafranciacorta.com – Chiuso sera da lunedì a mercoledì

TORBOLE

✉ 38069 – Trento (TN) – Carta regionale n° **6**–A2

AQUA

ITALIANA CONTEMPORANEA • **CONTESTO CONTEMPORANEO** Stile contemporaneo, quasi "milanese", che ha nella sala-veranda il suo spazio migliore: da lì, infatti, si gode di un rilassante scorcio sul lago, sull'acqua ravvivata dall'Ora (il famoso vento del Garda), le vele e in lontananza le vette trentine. Cucina italiana dove, con semplicità, si punta a mettere in risalto la qualità della materia prima, molto spesso di territorio; troverete, quindi, piatti a base di specie ittiche di lago ma non mancano ricette con pesce d'acqua salata. Buona anche la selezione enoica.

⟜ 🕭 🅰 ✧ – Prezzo: €€

Lungolago Conca d'Oro 11 – ℰ 0464 505142 – aquaristorante.com – Chiuso martedì e a mezzogiorno lunedì, mercoledì, giovedì, venerdì, sabato, domenica

LA TERRAZZA

PESCE E FRUTTI DI MARE • **ROMANTICO** Tra la sala interna e la veranda vetrata che offre una pregevole vista sul lago, optate per quest'ultima, prenotando con un certo anticipo. La carta è territoriale e dai tocchi moderni, con piatti di terra e molte specialità lacustri.

⟜ 🅰 ✧ – Prezzo: €€

Via Benaco 24 – ℰ 0464 506083 – allaterrazza.com – Chiuso martedì

TORGIANO

 06089 – Perugia (PG) – Carta regionale n° **13**–A2

✧ ELEMENTI

ITALIANA CONTEMPORANEA • **CONTESTO CONTEMPORANEO** È Andrea Impero a firmare la cucina di Elementi, il ristorante gourmet del raffinato albergo Borgobrufa. Originario della Ciociaria, nella sua cucina si leggono influenze di piatti e tradizioni laziali insieme a contributi umbri, sua regione d'adozione, passando per le esperienze lavorative campane. Il risultato è una cucina straordinaria, carica di sapori, elaborata, con alcune portate che vengono elaborate in più piatti. Un viaggio gastronomico di primo livello.

🅰️🅿️ – Prezzo: €€€€

Via del Colle 38, località Brufa – ☎ *075 988 3500 – elementifinedining.it – Chiuso lunedì-mercoledì e a mezzogiorno da giovedì a domenica*

TORINO

✉ 10133 – Torino (TO)
Carta regionale n° **1**–B2

La capitale del cioccolato

Torino è la città del cioccolato che incontra la nocciola, dalla cui unione nascono innumerevoli prelibatezze come il cremino, i cri-cri e l'iconico gianduiotto. La vulgata vuole che l'uso della nocciola sia dovuto al blocco continentale imposto da Napoleone nel 1806 e al conseguente rincaro del cacao che spinse molti chocolatier tori–nesi a sostituire una parte dell'impasto con le nocciole, che abbondavano nei boschi delle Langhe. Storia o leggenda che sia, il connubio è vincente e regala alle specialità torinesi quell'equilibrio unico tra l'amaro del cacao e l'aroma della nocciola tostata, morbido e vellutato.

🌸 **ANDREA LAROSSA**

Chef: Andrea Larossa

ITALIANA CONTEMPORANEA • **CONTESTO CONTEMPORANEO** In un'ampia sala dove non mancano sorrisi, cortesia e professionalità, ai fornelli c'è Andrea Larossa, profondo conoscitore degli ingredienti e tradizioni piemontesi, ma egualmente a suo agio in proposte più creative. I menù degustazione rispecchiano le anime della sua cucina: da quello più vicino ai classici regionali, benché in parte rivisitati, al menu più fantasioso, che abbina spunti da diverse regioni italiane a riferimenti talvolta anche internazionali. O ancora carta bianca, se preferite affidarvi alla scelta del cuoco.

 ♿ AC 🅿 – Prezzo: €€€€

Fuori pianta – *Via Sabaudia 4* – ℰ *011 1901 8365* – *ristorantelarossa.it* – *Chiuso lunedì, a mezzogiorno da martedì a sabato e domenica sera*

🌸 **CANNAVACCIUOLO BISTROT**

CREATIVA • **BISTRÒ** A Borgo Po, vicino alla chiesa della Gran Madre, ecco la firma torinese del cuoco tristellato di Villa Crespi Cannavacciuolo. In un moltiplicarsi di salette dall'elegante gusto moderno, ai fornelli qui c'è Gabriele Bertolo, che realizza una cucina contemporanea, che raccoglie spunti da diverse tradizioni regionali, a cominciare naturalmente da quella campana, a cui aggiunge un'interpretazione personale.

 ♿ AC 🛋 – Prezzo: €€€€

Pianta: D2-7 – *Via Umberto Cosmo 6* – ℰ *011 839 9893* – *cannavacciuolobistrot. it* – *Chiuso lunedì e martedì a mezzogiorno*

✿ CARIGNANO

CREATIVA • **INTIMO** Davide Scabin, uno dei cuochi piemontesi più celebri di sempre - ebbe anche due stelle nel suo ristorante di Rivoli - non cessa di reinventarsi e mettersi in pista con la forza e l'entusiasmo di un giovane. E lo fa in una delle cornici più prestigiose di Torino, quella dello storico Grand Hotel Sitea, con una cucina che stravolge certezze e luoghi comuni, a cominciare dall'ordine delle portate: si inizia dai sapori più intensi e proteici per alleggerirsi cammin facendo. Dalla tradizione piemontese a piatti più creativi, talvolta anche con contributi di paesi esotici, Scabin propone un lungo percorso gastronomico, articolato in un menù degustazione.

Ṁ Ⓜ – Prezzo: €€€€

Pianta: C2-2 – *Via Carlo Alberto 35 – ℰ 011 517 0171 – ristorantecarignano.it – Chiuso lunedì, domenica e a mezzogiorno da martedì a sabato*

✿ CONDIVIDERE

ITALIANA CONTEMPORANEA • **DESIGN** Nomi illustri costellano questo ristorante: dalla Lavazza (il ristorante si trova nel complesso della Nuvola, dove c'è anche un museo dedicato al caffè) ad uno dei più grandi e innovatori cuochi di tutti i tempi, lo spagnolo Ferran Adrià (qui in veste di consulente) e per finire lo straordinario tocco di Federico Zanasi, ai fornelli. Originalissima sala con la celebre parete degli orologi, la scelta oscilla fra due menu degustazione: Festival e Gran Festival, ciascuno con una lunga carrellata di piatti che sovente rivisitano con fantasia i classici italiani.

Ṁ ♿ Ⓜ 🛋 – Prezzo: €€€€

Pianta: D1-8 – *Via Bologna 20/a – ℰ 011 089 7651 – condivodere.com – Chiuso domenica e a mezzogiorno da lunedì a sabato*

✿ DEL CAMBIO

Chef: Matteo Baronetto

CONTEMPORANEA • **CONTESTO STORICO** Il ristorante storico per eccellenza, fiore all'occhiello del Piemonte e con pochi eguali in tutta Europa. Di origini settecentesche, nella sala Risorgimento quasi tutto risale inalterato all'Ottocento, se non esaltato da un meticoloso restauro. Lo scricchiolio del parquet, anch'esso originario, fa risuonare i passi del vostro ingresso nella storia, anche d'Italia: Cavour qui aveva il suo tavolo per guardare dalle finestre palazzo Carignano, il primo parlamento della nazione unificata. Un'altra sala più semplice e con un tocco più informale - la Pistoletto - si apre alle spalle di quella storica. Quanto alla cucina, non credetela imbalsamata: Matteo Baronetto presenta qualche immancabile piatto della tradizione regionale, ma scatena poi la sua fantasia in proposte più originali. Straordinaria carta dei vini; anche la scelta al bicchiere, in particolare di Barolo e Barbaresco, lascia entusiasti.

Ṁ ♿ Ⓜ 🛋 ✿ – Prezzo: €€€€

Pianta: C2-1 – *Piazza Carignano 2 – ℰ 011 546690 – delcambio.it – Chiuso lunedì, a mezzogiorno da martedì a giovedì e domenica sera*

✿ MAGORABIN

Chef: Marcello Trentini

CONTEMPORANEA • **CONTESTO CONTEMPORANEO** Non lontano dalla mole, seduti al tavolo si è immersi in un'atmosfera moderna, essenziale e in penombra, dove protagonista è il cibo. E a ben vedere: Marcello Trentini è uno dei cuochi più preparati e poliedrici, non solo di Torino. Tra menù degustazione dedicati ai suoi classici e un percorso vegetariano (ma con possibilità di scegliere alla carta), la sua cucina è un colpo da maestro - o meglio, da mago - per ragionata complessità e capacità di viaggiare tra ricette e sapori piemontesi e internazionali, ad esempio asiatici. Intitolazioni semplici e di poche parole nascondono sovente grandi capolavori, talvolta con prodotti declinati in più preparazioni. L'ispettore consiglia:

PARCO DELLA PELLERINA

Corso Appio
V. Angelo Sismonda
Lecce
Claudio
Corso
V. Don Giovanni Bosco
Medail
Switzera
V. Treviso
Corso Acqui
V. Ceva
V. Vicenza
V. Capua
V. Livorno
V. Graziadio
Umbra
V. Michele
Grappa
V. Romagnano
Belli
Lessona
V. Levanna
V. G. F. Medail
Corso
Principessa
V. Regina
Margherita
Monte
Arona
V. Locana
Pierdfonigi
Clotilde
V. Nicola
Pietrino
Orta
Svizzera
Corio
Rivata
18
V. L. Galvani
San
V. Le Chiuse
Pinelli
Fabrizi
Balme
A. Netro
Luigi
V. C. Tenivelli
Donato
Cso Principe
Oddone
Pza
Chironi
Lecce
V. Giacomo Medici
Rosta
Morgheri
Casalis
Cibrario
PARCO DELLA TESORIERA
V. R. Pio
Borgosesia
GIARDINO DISPERSI SUL FRONTE RUSSO
V. G. Collegno
Talucchi
Piazza
Bernini
V. Pietro
Piffetti
Principi
D'Acaja
Pza Rivoli
Rivoli
Racconigi
Corso Francia
Bernini
Goffredo
Giacinto
V. D'Acaja
G. Somis
XVIII
Dicembre
Cso S. Martino
Corso Francia
Caprie
Enrico
Cialdini
V. Duchessa
V. Susa
Pietro
V. G. Grassi
Jolanda
Inghilterra
Beaulard
Rubiana
Lera
Corso
Bardonecchia
Vittorio
V. Principi
V. Avigliana
Capriolo Trapani
Luigi
16
Frejus
Revello
Frejus
Pza Adriano
Emanuele
V. Giovanni Carlo Cavalli
II
4
Cso Bolzano
Porta Susa
V. Vinzaglio
V. Vittorio Amedeo
Frassineto
V. Moretta
Valdieri
V. Nino Bixio
Corso
Corso
Rexel
Corso
V. F. Azzi
Cesana
V. Borsellino
13
Vinzaglio
Peschiera
Vigogne
V. Verzolo
V. Dante Di Nanni
Germanasca
Francesco
Castelfidardo
Corso
degli Abruzzi
Magenta
Vela
Caraglio
Cumiana
V. Perrero
Pza Sabotino
Paolo
Duca
degli Stati
Uniti
Montevecchio
Ferraris
V. Carso
Isonzo
Monginevro
San
Peschiera
Cso Trieste
Galileo
Legnano
Pza
Issiglio
Pollenzo
Paolo
Ferruci
P
Corso
Cso Trento
Pastrengo
V. Vincenzo
Lancia
Corso Racconigi
Osasco
P
Duca
Luigi
V. Marco Polo
Valeggio
Governo
V. Rodolfo
Malta
P
Corso Mediterraneo
Pigafetta
Antonio
V. degli
Abruzzi
V. Andrea Massena
Renier
Paolo
Braccini
Spalato
Duca A. De Gasperi
Cso A. De Gasperi
Piazzi
Alfonso
Turati
Chisone
Tolmino
Carlo
Pza Don F. Delpiano
Corso
Giuseppe Ferraris
V. Gian Domenica Cassini
Lamarmora
V. Osoppo
V. Ada
Tirreno
Corso Adriatico
Rosselli
Corso
Galileo Ferraris
Corso
Governo
Negri
Gorizia
Lesegno
V. Graglia
Tripoli
Nello
Corso
Enrico
De
Nicola
Corso Dante
Alighieri
Bistagno
Gradisca
V. Ricaldone
Franco
Pza Constantino
il Grande
V. E Lug
Arquata
Corso Sebastopoli
G. Emanuel
Monfalcone
Caprera
Orbassano
PARCO CAVALIERI DI VITTORIO VENETO

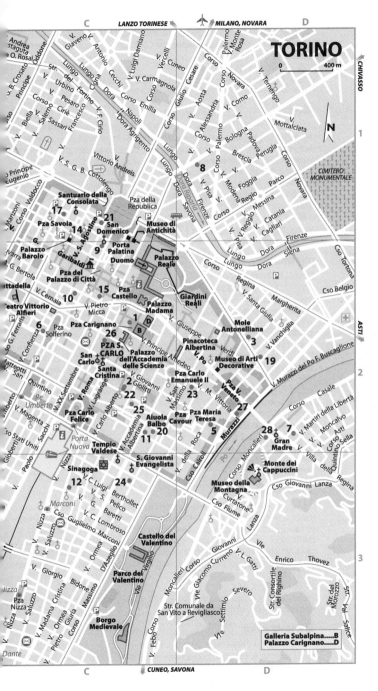

TORINO

0   400 m

N

CIMITERO MONUMENTALE

Andrea stagutta
O. Rosai
v. B. Crosato
Str. Principe
Oddone
v. Giaveno
v. Antonio Cecchi
v. Luigi Damiano
v. Vercelli
v. Cuneo
Palermo
v. Monte Rosa
Corso Novara
v. Ternengo
Lungo Dora Urbino
v. Fortino
Corso Dora Emilia
v. F. Cirio
Napoli
v. Carmagnola
Corso Giulio Cesare
v. Aosta
v. Como
v. Mottalciata
Corso Biella
v. Pesaro Cirie
Francesco
v. Alessandria
Corso Palermo
v. Bologna
v. Padova
Perugia
Corso Principe Eugenio
v. Salemi
v. Sassari
Vittorio Andreis
Lungo Dora Agrigento
Corso Brescia
ASTI

Manzoni
Corso Valdocco
Lungo Dora Firenze
Lungo Dora Savona
v. Modena
v. Pisa
v. Foggia
v. Reggio
v. Regio
v. Messina
v. Catania
v. Cagliari
Parco

17 Santuario della Consolata
Pza della Republica
Pza Savoia
21 San Domenico
14
v. S. Agostino
Museo di Antichità
Corso Regina Margherita
Firenze
Lungo Dora Siena
Cso Tortona
Cso Belgio

Palazzo Barolo
Ivarra
G. Bertola
Garibaldi
9
Porta Palatina
Duomo
Palazzo Reale
Lungo Dora
Corso Regina
v. Santa Giulia

Cittadella
Pza del Palazzo di Città
15
Pza Castello
Palazzo Madama
Giardini Reali

Teatro Vittorio Alfieri
v. Cernaia
10
v. Pietro Micca
1
Giuseppe
Mole Antonelliana
3
v. Vanchiglia

6 Pza Solferino
Pza Carignano
26
B
D
v. Principe Amedeo
Pinacoteca Albertina
Verdi
Museo di Arti Decorative
19
v. Murazzi del Po F. Buscaglione
Casale

Cso G. Ferraris
v. Confienza
PZA S. CARLO
San Carlo
Palazzo dell'Accademia delle Scienze
Pza Carlo Emanuele II
v. San Massimo
v. M. Vittoria
Pza V. Veneto
27
Corso
v. Martiri della Libertà
v. Moncalvo
Cso Asti

Matteotti
v. San
Quintino
Re
Umberto
XX Settembre
v. Roma
v. Lagrange
Santa Cristina
2 v. Giovanni Giolitti
23
22
25
7
28 Gran Madre
v. villa della Regina

v. Magenta
Sacchi
Pza Carlo Felice
v. Carlo Alberto
Aiuola Balbo
20
Pza Cavour
Pza Maria Teresa
5
Murazzi
Corso Moncalieri
Villa della
Quintino

Cso Stati Uniti
Gioberti
v. Paolo
Porta Nuova
Tempio Valdese
11
v. Accademia Albertina
v. della Rocca
v. della Cernaia
Po
Monte dei Cappuccini
Cso Giovanni Lanza

Nizza
Sinagoga
12 v. C. Luigi
24
v. S. Berthollet
v. Pellico
S. Giovanni Evangelista
v. Cairoli
Museo della Montagna
v. Curtatone
Cso Flume
Str. Consortile del Righino
Str. del Morozzo

Marconi
v. Nizza
Cso Guglielmo Marconi
v. Saluzzo
v. Ormea
v. D'Azeglio
Castello del Valentino
Giovanni
v. L. Gatti
Enrico
Thovez
v. Val

v. Giorgio
Nizza
Pza Nizza
v. Saluzzo
v. Nizza
v. Madama Cristina
v. Ormea
Giulia
Massimo
v. Pietro
Parco del Valentino
Vle Virgilio
Str. Comunale da San Vito a Revigliasco
Corso Moncalieri
Vle Giacomo Currreno
v. Severo
Settimio
Vle

Dante
Borgo Medievale
Corso Febo
Str. del Morozzo

| Galleria Subalpina.....B |
| Palazzo Carignano.....D |

spaghettone burro, alici e anguilla, servito con caviale per aumentarne la sapidità, magari accompagnato da una Falanghina Cacciagalli, fresca e dalla leggera fermentazione sulle bucce.

&. Ⓜ – Prezzo: €€€

Pianta: D2-3 – *Corso San Maurizio 61/d – ☏ 392 289 6148 – magorabin.com – Chiuso domenica e a mezzogiorno da lunedì a venerdì*

✿ PIANO35

ITALIANA CONTEMPORANEA • **DESIGN** Al piano terra di quello che è diventato una delle icone del paesaggio urbanistico torinese - il grattacielo Intesa San Paolo disegnato da Renzo Piano - trovate l'ingresso dedicato al ristorante. Qui verrete accompagnati all'ascensore con cui, a gran velocità, si sale a 150 metri di altezza. Immancabile visita alla terrazza panoramica prima di sedersi nella sala circondata dalla serra, la scelta gastronomica prevede percorsi degustazione dedicati alla città ed altri più creativi; questo per la versione serale e gourmet, a pranzo invece la proposta è più semplice.

&. Ⓜ – Prezzo: €€€€

Pianta: B2-4 – *Corso Inghilterra 3 – ☏ 011 438 7800 – piano35.com – Chiuso lunedì e martedì*

✿ UNFORGETTABLE

Chef: Christian Mandura

INNOVATIVA • **CONTESTO CONTEMPORANEO** A pochi passi dal santuario della Consolata, siamo in pieno centro ma, per quanto oggi sembri incredibile, questa strada un tempo segnava il confine cittadino con la campagna: suonato il campanello si entra nei suggestivi ambienti di un antico cascinale. Ma il tempo per guardare il passato finisce qui: Christian Mandura serve un lungo menù degustazione, ispirato a varie esperienze, fondamentalmente molto creativo, a tratti sperimentale. Si inizia in un salotto per il saluto della cucina, il percorso gastronomico è poi servito ad un banco, dove tutti i clienti (dieci posti in tutto) siedono uno a fianco all'altro. Nei piatti i prodotti vegetali sono protagonisti, carne e pesce il più delle volte un accompagnamento, ma chi preferisce un menu che si svolge intorno ad un unico animale può prenotare la sala Paradigma. Originale e personalizzata selezione di bevande al bicchiere (non solo vini): il sommelier Jacopo ricerca piccole realtà, a cominciare da un'ottima scelta di vermouth.

🕸 Ⓜ ✿ – Prezzo: €€€€

Pianta: C1-17 – *Via Lorenzo Valerio 5/b – ☏ 011 1892 3994 – unforgettablexperience.info – Chiuso lunedì, domenica e a mezzogiorno da martedì a venerdì*

✿ VINTAGE 1997

ITALIANA • **ELEGANTE** Diversi percorsi degustazione, dal vegetariano, ora di moda, al mediterraneo, con un'ottima Chateaubriand di tonno e gel al cipollotto, oppure il Punt e mes, tipico piemontese, ma anche il Luna Park (mano libera allo chef!), indubbiamente il più divertente da prenotare tuttavia anticipatamente. La carta dei vini - sebbene non ampia - raccoglie verticali interessanti di diversi produttori langaroli e non. Ambiente classico e servizio magistralmente orchestrato dal patron.

🕸 Ⓜ – Prezzo: €€€

Pianta: C2-6 – *Piazza Solferino 16/h – ☏ 011 535948 – vintage1997.com – Chiuso domenica e sabato a mezzogiorno*

✿ ANTICHE SERE

PIEMONTESE • **FAMILIARE** In un quartiere fuori dai giri turistici cittadini, un'osteria dalla fama consolidata che si avvale di un servizio al femminile attento e cordiale. Proposte strettamente regionali in un ambiente d'antan, suddiviso in tre piccole salette (di cui una in comune con il bancone bar). Accogliente servizio estivo nel giardino sul retro.

🅰🅲 🍴 – Prezzo: €

Pianta: A2-16 – *Via Cenischia 9 – 𝒞 011 385 4347 – Chiuso domenica e a mezzogiorno da lunedì a sabato*

CONSORZIO

PIEMONTESE • SEMPLICE Ambiente semplice ed privo di fronzoli, ma qui si trova una delle cucine piemontesi più interessanti e riuscite della città. I ravioles con tumin del mel emozionano quanto i ravioli di finanziera e i più tradizionali agnolotti gobbi farciti di carne. Che poi ritorna protagonista tra i secondi, anche in tagli meno nobili come il quinto quarto e la trippa, ma decisamente imperdibili.

🍸 🅰🅲 – Prezzo: €€

Pianta: C2-10 – *Via Monte di Pietà 23 – 𝒞 011 276 7661 – ristoranteconsorzio.it – Chiuso lunedì e domenica*

CONTESTO ALIMENTARE

ITALIANA • SEMPLICE Piccolo, semplice e senza fronzoli, ma quanto Piemonte - e di gran qualità - c'è in questo contesto! Tavoli piccoli e ravvicinati affacciati sulla centrale via Accademia Albertina ospitano succulente specialità regionali insieme a qualche sguardo gettato altrove, fino alla Sicilia. I tajarin preparati con 40 tuorli al ragù rosso di vitello sono superlativi, ma ottimi anche il coniglio e la pancia di maiale. Insomma, tanta carne e finale golosissimo con i dolci: dalla panna cotta al bacio di dama, è sempre il Piemonte a farla da padrone.

🅰🅲 – Prezzo: €€

Pianta: C2-11 – *Via Accademia Albertina 21/e – 𝒞 011 817 8698 – contestoalimentare.it – Chiuso lunedì*

FRATELLI BRUZZONE 🆕

PIEMONTESE • SEMPLICE Un grande applauso ai fratelli Bruzzone per aver realiz-zato una così straordinaria rappresentazione della cucina tradizionale piemontese. In due piccole sale (consigliamo la prenotazione), la carrellata di piatti è indimenti-cabile: acciughe al verde, cipolla al forno con bagna cauda, gli strepitosi agnolotti, trippa, gallina, bonet, torta alle nocciole con crema allo zabajone e altro ancora... è difficile frenarsi, qui si vorrebbe stare sempre a tavola o alzarsi per tornarvi al più presto.

🅰🅲 🍴 – Prezzo: €

Pianta: D2-23 – *Via Maria Vittoria 34/a – 𝒞 011 763 3447 – fratellibruzzone.com/ FB/home.html – Chiuso lunedì e domenica e sera martedì e mercoledì*

L'ACINO

PIEMONTESE • FAMILIARE Nel cuore del quadrilatero romano, in questo carat-teristico e familiare ristorante si celebra la cucina piemontese tradizionale. Tante le specialità: cipolla ripiena, vitel tonnè, agnolotti e tajarin, trippa e stracotto. Imperdibili tra i dolci il bonet e la torta di nocciole con zabajone. Dispongono di pochi tavoli, consigliamo quindi di prenotare.

🅰🅲 – Prezzo: €€

Pianta: C2-9 – *Via San Domenico 2/a – 𝒞 345 139 2770 – lacinorestaurant.eatbu. com – Chiuso domenica e a mezzogiorno da lunedì a sabato*

MAGAZZINO 52 🆕

ITALIANA CONTEMPORANEA • WINE-BAR La sala, dai caratteristici soffitti in mattoni, ricorda ancora le antiche funzioni di magazzino, mentre le bottiglie di vino esposte sugli scaffali sono acquistabili per l'asporto. Dalla cucina arriva una lista di pochi piatti ma di gran qualità, in particolare per i prodotti utilizzati, con diversi riferimenti al Piemonte ma con qualche proposta anche di mare. Un ottimo indirizzo in una delle zone più eleganti della città.

🏵 🅰🅲 – Prezzo: €€

Pianta: D2-5 – *Via Giolitti 52/a* – ☏ *011 427 1938* – *magazzino52.it* – *Chiuso domenica e sabato a mezzogiorno*

🙂 SCANNABUE CAFFÈ RESTAURANT

DEL TERRITORIO • VINTAGE Atmosfera vintage per questo locale dove libri, suppellettili, arredi richiamano ai primi del Novecento; la cucina attinge alla regione, sebbene sia poi la tecnica a sorprendere: il tonno di coniglio, in vaso-cottura, è strepitoso, e la guancia di manzo con purea di patate è legata da un fondo di rara intensità. Proposte genuine e d'inappuntabile qualità!

🅰🅲 🍴 – Prezzo: €

Pianta: C3-12 – *Largo Saluzzo 25/h* – ☏ *011 669 6693* – *scannabue.it*

ALMONDO TRATTORIA ⓝ

ITALIANA • SEMPLICE A pochi metri dalla chiesa della Gran Madre, in questo semplice ma grazioso ristorante troverete una bella proposta di cucina regionale italiana. Non manca naturalmente quella piemontese, ma per il resto è un viaggio gastronomico che tocca territori diversi al variare delle stagioni, dagli scialatielli ai frutti di mare alle bombette pugliesi fino allo zabaione con torta langarola. C'è anche un buon numero di piatti senza glutine.

🅰🅲 🍴 – Prezzo: €€

Pianta: D2-28 – *Piazza Gran Madre di Dio 2/l* – ☏ *011 411 9684* – *almondotrattoria.it*

AZOTEA

PERUVIANA • COLORATO In zona centrale e con piccolo dehors, all'interno svela pareti anticate, verdoline, addobbate con piante rampicanti che danno una sensazione di vegetazione sudamericana. La cucina nikkei mette al centro il Perù, terra di origine dello chef. Potrete quindi scegliere i tacos di ombrina in vasocottura oppure indulgere in un antipasto gustoso quanto atipico, il calamaro crudo servito con agretti e piselli: tanta freschezza e gusto grazie alla salsa di soya, umeboshi e alga yuyo. Caratteristico della proposta del locale è il sip pairing, l'abbinamento con piccoli sorsi (sip) di cocktail a base di ingredienti nikkei. Ottimo l'americano allo yuzu, leggermente aspro.

🅰🅲 🍴 ♿ – Prezzo: €€

Pianta: D2-27 – *Via Maria Vittoria 49/b* – ☏ *328 634 2213* – *azoteatorino.com* – *Chiuso domenica e a mezzogiorno da lunedì a sabato*

CARLO E CAMILLO

TRADIZIONALE • BISTRÒ È un raccolto ed elegante bistrot il secondo ristorante del Grand Hotel Sitea, una suggestiva bomboniera dove gustare una cucina italiana che dà ampio spazio alla tradizione piemontese con qualche incursione internazionale, legata alla presenza di un sous-chef brasiliano.

♿ 🅰🅲 – Prezzo: €€

Pianta: C2-22 – *Via Carlo Alberto 35* – ☏ *011 517 0171* – *carloecamillo.it* – *Chiuso lunedì, a mezzogiorno da martedì a sabato e domenica sera*

CASA VICINA

PIEMONTESE • CONTESTO CONTEMPORANEO Adiacente al Lingotto (e facilmente raggiungibile con la metropolitana se non venite in auto), all'ultimo piano di GreenPea, vetrina del mondo e dei prodotti incentrati sulla sostenibilità e sul rispetto dell'ambiente, Casa Vicina da generazioni custodisce la tradizione piemontese. Spazio quindi per il girello di fassona in salsa tonnata, il tonno di coniglio e gli agnolotti pizzicati. Ovviamente tanta carne tra i secondi, ma anche pesce.

Lasciate comunque spazio per i dolci: i gelati, lo zabaione e la torta d'Ivrea, per citarne solo alcuni.

🖾 🏠 ♿ 🅿 – Prezzo: €€€€

Fuori pianta – *Via Ermanno Fenoglietti 20/b* – *⟨ 011 664 0140* – *casavicina. com* – *Chiuso lunedì e domenica*

LA LIMONAIA

CONTEMPORANEA • **ELEGANTE** La sala si presenta come una grande veranda arredata con un originale mix di oggetti e complementi d'arredo assortiti con buon gusto. La sua cucina è contemporanea e intrigante al tempo stesso, con alcuni piatti anche di pesce, nonché di ricerca sul territorio - spesso non piemontese - di grande interesse, come i mandilli (pasta) in guazzetto di cernia, piselli ed erbe aromatiche, il brodetto (zuppa di pesce) alla vastese e la pecora cucinata sui carboni.

♿ 🖾 🏠 – Prezzo: €€€

Fuori pianta – *Via Mario Ponzio 10/b* – *⟨ 011 704 1887* – *lalimonaia.org* – *Chiuso lunedì e a mezzogiorno da martedì a sabato*

LA PISTA

CREATIVA • **CONTESTO CONTEMPORANEO** Si trova all'ultimo piano del Lingotto, luogo iconico di Torino, cioè l'ex stabilimento Fiat con la pista per il collaudo delle vetture oggi trasformato in giardino botanico, che vi consigliamo di visitare prima di rientrare in sala, sedervi ai tavoli e scegliere fra i menù degustazione di Alessandro Scardina: tradizione piemontese (Radici, gli essenziali), vegetariano (Botanic World) o il più creativo se preferite affidarvi all'estro del cuoco (Trust). Qualunque sia la scelta, il risultato è rimarchevole, piatti di sostanza, equilibrati, sapori intensi. Suggerimento: per evitare di perdervi nel centro commerciale del Lingotto, consigliamo di attenervi alle istruzioni che riceverete per trovare l'ascensore e raggiungere il ristorante.

≼ ♿ 🖾 – Prezzo: €€€

Fuori pianta – *Centro Commerciale Lingotto - via Nizza 262* – *⟨ 011 1917 3073* – *ristorantelapista.com* – *Chiuso domenica e a mezzogiorno da lunedì a sabato*

MADAMA PIOLA

PIEMONTESE • **BISTRÒ** Atmosfera semplice ma accattivante e conviviale, la Piola tiene fede al suo nome servendo piatti della grande tradizione piemontese. Tra i maggiori successi, la cipolla ripiena è imperdibile, ma ottimi anche il tonnato, la guancia brasata e lo zabaione caldo. Vini regionali ispirano la scelta enologica, particolarmente vasta la selezione al bicchiere.

🖾 – Prezzo: €€

Pianta: C3-24 – *Via Ormea 6 bis* – *⟨ 011 020 9588* – *madamapiolatorino.it* – *Chiuso martedì e a mezzogiorno lunedì, mercoledì, giovedì, venerdì*

OPERA

ITALIANA CONTEMPORANEA • **CONTESTO STORICO** L'ex refettorio ottocentesco della vicina chiesa è diventato il laboratorio di un cuoco tanto abile quanto creativo: avvolti nella calda atmosfera dei mattoni della suggestiva sala, tutti i piatti hanno la frutta come ingrediente ricorrente, che aggiunge un tocco di acidità e sapore a proposte di cucina creativa, sia di carne che di pesce, ulteriormente valorizzate dal lavoro di un ottimo sommelier.

♿ 🖾 ♿ – Prezzo: €€€

Pianta: B2-13 – *Via Sant'Antonio da Padova 3* – *⟨ 011 1950 7972* – *operatorino. it* – *Chiuso lunedì e domenica*

PIAZZA DEI MESTIERI

MODERNA • **CONTESTO CONTEMPORANEO** Luogo di riqualificazione industriale e progetto socio-formativo, a pranzo - in settimana - la proposta si riduce sia nella scelta che nei prezzi, ma non nella qualità. L'ispettore consiglia: spaghetto al cipollotto e bottarga, nonché una delle birre artigianali prodotte in loco. Bella terrazza per quando il clima si fa più caldo.

Ꭾ 🅰🅲 🏠 – Prezzo: €€

Pianta: B1-18 – *Via Jacopo Durandi 13 – ℰ 011 1970 9679 – ristorantelapiazza. com – Chiuso sabato a mezzogiornodomenica sera*

PICCOLO LORD

MEDITERRANEA • **ACCOGLIENTE** Servizio professionale in un locale classico e accogliente gestito da una coppia: Diego sta in cucina e Valentina, che ha un passato da cuoca, ora segue la sala. Deliziosa cucina mediterranea dai contenuti molto stagionali.

🅰🅲 – Prezzo: €€

Pianta: D2-19 – *Corso San Maurizio 69 bis/g – ℰ 011 836145 – ristorantepiccololord.it – Chiuso a mezzogiorno*

RAZZO

MODERNA • **CONTESTO CONTEMPORANEO** Un ristorante raccolto dai toni contemporanei, giovanili e rilassati, per una cucina attenta ai prodotti regionali e stagionali. Grazioso e romantico dehors a luci soffuse.

Ꭾ 🅰🅲 🏠 – Prezzo: €€

Pianta: C2-25 – *Via Andrea Doria 17/f – ℰ 011 020 1580 – vadoarazzo.it – Chiuso a mezzogiorno*

SAN TOMMASO 10 Ⓝ

PIEMONTESE • **CONTESTO CONTEMPORANEO** Nel 1895 Luigi Lavazza aprì qui una drogheria in cui iniziò da subito a miscelare il caffè. 129 anni dopo il locale ospita un moderno ristorante dall'ottima cucina, con un cuoco che, benché marchigiano, fornisce una delle interpretazioni più convincenti in città della gastronomia piemontese, sovente rivista con un tocco creativo. Tra le proposte, il carosello di antipasti è veramente imperdibile.

🅰🅲 – Prezzo: €€€

Pianta: C2-15 – *Via San Tommaso 10 – ℰ 011 534201 – santommaso10.com – Chiuso domenica sera, lunedì e a mezzogiorno escluso la domenica*

SCATTO

ITALIANA CONTEMPORANEA • **CONTESTO CONTEMPORANEO** Dal salotto cittadino di piazza San Carlo si accede ad un cortile interno e da qui agli ambienti moderni con cucina a vista del ristorante. Tra una scelta alla carta e menù degustazione, la proposta oscilla fra tradizione piemontese e piatti più creativi, comunque di rimarchevole livello, come la selezione enologica.

🐝 Ꭾ 🅰🅲 – Prezzo: €€€

Pianta: C2-26 – *Piazza San Carlo 156 – ℰ 011 026 7460 – costardibros.it – Chiuso lunedì e domenica sera*

TAVERNA DELL'OCA

MODERNA • **CONVIVIALE** In quelle che furono antiche stalle con rimessa di carrozze troverete un ambiente tradizionale, a conduzione diretta, con il titolare ai fornelli. Le sue ricette spaziano dai piatti regionali a proposte di pesce; la carta - più articolata la sera - propone anche menu degustazioni di cui uno interamente dedicato all'oca. A pranzo, la scelta si riduce, ma non la qualità. Piccolo dehors estivo sulla strada, comunque poco trafficata, e vista sul bel giardino adiacente.

🅰🅲 💬 – Prezzo: €€

Pianta: C2-20 – *Via dei Mille 24 – ℰ 011 837547 – tavernadelloca.com/it – Chiuso lunedì*

TRE GALLINE

PIEMONTESE • VINTAGE Bastione della cucina tradizionale piemontese, la sala principale è uno scrigno di legno, dal parquet alla boiserie fino alle travi a vista del soffitto. E tanto calore avvolge non solo il cuore ma anche il palato: vitello tonnato, agnolotti al sugo d'arrosto, bollito misto servito al carrello e un altro carrello ancora di formaggi per celebrare i piatti regionali.

🅰🅲 – Prezzo: €€

Pianta: C1-21 – *Via Bellezia 37 – 𝒞 011 436 6553 – 3galline.it – Chiuso domenica e a mezzogiorno da lunedì a venerdì*

TUORLO

CONTEMPORANEA • BISTRÒ Accolti dalla cucina a vista in cui vengono preparate in diretta le paste fresche, si sale poi al primo piano, in cui si svela un bistrot elegante, i cui locali storici sono stati ristrutturati con perizia e con arredi contemporanei. La cucina si basa su ricette tradizionali piemontesi rielaborate con tecnica moderna e tocco personale. Scelta enoica di tutto rispetto e bel cortiletto sul retro per un servizio estivo rilassante.

🅰🅲 – Prezzo: €€

Pianta: C1-14 – *Via Sant'Agostino 15/b – 𝒞 011 1901 8061 – tuorloristorante.it – Chiuso lunedì, a mezzogiorno da martedì a venerdì e domenica sera*

TORNO

✉ 22020 – Como (CO) – Carta regionale n° **5**-B1

🏵 ### IL SERENO AL LAGO

CREATIVA • DI TENDENZA Abbandonata la strada che attraversa il paese, si scende quasi sino alla riva del lago per trovare il ristorante nel contesto del lussuoso albergo Il Sereno, elegante struttura completamente nuova le cui forme sono state impreziosite dall'inventiva architettonica di Patricia Urquiola. Nella bella stagione, il ristorante è ospitato nella terrazza con le aperture ad arco, mentre la vista abbraccia la distesa blu e i paesi della sponda opposta. La maestria del brillante cuoco napoletano Raffaele Lenzi spazia su ogni genere di cucina con pari successo ed equilibrio: qualche citazione regionale, piatti vegani, riferimenti asiatici, spunti lombardi e lacustri, oltre a tanta creatività. Il tutto articolato in vari menù degustazione e scelta alla carta.

⟨ 🛬 ♿ 🍴 🅿 – Prezzo: €€€€

Via Torrazza 10 – 𝒞 031 547 7800 – serenohotels.com/it/property/il-sereno/restaurant

TORRE DEL GRECO

✉ 80059 – Napoli (NA) – Carta regionale n° **17**-B2

🏵 ### JOSÈ RESTAURANT - TENUTA VILLA GUERRA

CAMPANA • CONTESTO STORICO In una delle straordinarie ville del miglio d'oro di Ercolano, fintanto che il tempo lo consente si cena in una sala affacciata sul parco (dove d'estate viene allestita anche una cucina più semplice - in aggiunta a quella gourmet - di pizze e grigliate), altrimenti si passa nei raffinati interni dell'edificio settecentesco. Ai fornelli lo chef campano Alberto Annarumma, che rielabora diversi ingredienti e tradizioni della zona, insieme a qualche piatto di altre regioni o anche internazionale. Straordinaria cantina di circa mille etichette, dalla Campania al resto del mondo c'è solo l'imbarazzo della scelta.

🐝 🛬 🅰🅲 🍴 🅿 – Prezzo: €€€

Via Nazionale 414 – 𝒞 081 883 6298 – joserestaurant.it – Chiuso martedì, a mezzogiorno lunedì, mercoledì, giovedì, venerdì e domenica sera

TORRE DEL LAGO PUCCINI

✉ 55049 – Lucca (LU) – Carta regionale n° **11**–B1

DA CECCO

TOSCANA • **CONVIVIALE** Affacciato sul lago con uno scenografico belvedere e ad un passo dalla casa-museo di Giacomo Puccini, in questo ristorante tradizionale e dalla gestione consolidata troverete proposte classiche di pesce, carne e (in stagione) cacciagione. In un'atmosfera informale in cui il vino è protagonista, nella stagione fredda ci sarà anche un bel camino a riscaldare l'ambiente.

&. 🅰 🏠 – Prezzo: €

Piazza Belvedere Puccini 10/12 – ℰ 0584 341022 – ristorante-da-cecco-torre-del-lago-puccini-lu.business.site – Chiuso lunedì

TORRE DI PALME

✉ 63900 – Fermo (FM) – Carta regionale n° **14**–C2

VILLA LATTANZI

ITALIANA CONTEMPORANEA • **ELEGANTE** Si cena in un'ampia ed elegante sala, dove elementi contemporanei si abbinano con gusto ad alcuni mobili antichi, all'interno di un'aristocratica villa settecentesca sulle prime colline alle spalle del mare. Lo stesso fascino per altro che ritroverete nelle belle camere. La cucina, sia di terra sia di mare (per dare un'idea, ottimi sono il piccione ma anche la rana pescatrice con le erbe aromatiche, i cannellini e le alghe) esprime il territorio attraverso uno sguardo e tecniche moderne ed attuali.

🛏&. 🅰 🏠 ⇔ 🅿 – Prezzo: €€€

Contrada Cugnolo 19 – ℰ 0734 53711 – villalattanzi.it – Chiuso a mezzogiorno

TORRECHIARA

✉ 43010 – Parma (PR) – Carta regionale n° **9**–A3

TAVERNA DEL CASTELLO

EMILIANA • **CONTESTO STORICO** Dal borgo medievale che cinge lo splendido castello di Torrechiara, la vista spazia sui vigneti e sulle morbide colline circostanti. In cucina lo chef utilizza le materie prime del territorio, privilegiandone la stagionalità. Servizio attento e professionale.

🅰 🏠 ⇔ – Prezzo: €€

Via del Castello 25 – ℰ 0521 355015 – tavernadelcastello.it – Chiuso lunedì a mezzogiorno

TORREGROTTA – Messina (ME) ➜ Vedere Sicilia, in fondo alla Guida

TORRIANA

✉ 47825 – Rimini (RN) – Carta regionale n° **9**–D2

IL CHIOSCO DI BACCO

ROMAGNOLA • **RUSTICO** Destinazione campagnola nel Montefeltro a cui è dedicato metà del menù (paste fresche fatte in casa, salumi, coniglio in porchetta e così via), mentre il resto è consacrato alle carni selezionate, tra cui spicca la pagina con fiorentine e costate - provenienza nazionale e scozzese - frollate un mese, (naturalmente in questo caso si spende parecchio di più). Buona cantina per trovare il giusto abbinamento.

🅰 🏠 🅿 – Prezzo: €€

Via Santarcangiolese 62 – ℰ 333 306 0279 – chioscodibacco.it – Chiuso martedì e a mezzogiorno lunedì, mercoledì, giovedì, venerdì, sabato

TORRITA DI SIENA

✉ 53049 – Siena (SI) – Carta regionale n° **11**–D2

LUPAIA

DEL TERRITORIO • **AGRESTE** Una località incantevole, un borgo toscano adagiato nelle colline tra Montepulciano e Montefollonico, da dove si potrà godere di tramonti incantevoli; tavoli all'aperto nel giardino, mentre nella stagione fredda la sala si affaccia sulla splendida cucina a vista. La proposta gastronomica è definita giornalmente dallo chef, il cui menu degustazione si basa - soprattutto - sui prodotti della propria tenuta.

🍴🏠🅿 – Prezzo: €€€

Località Lupaia 74 – 🕿 0577 191 7066 – lupaia.com – Chiuso a mezzogiorno

TORTONA

✉ 15057 – Alessandria (AL) – Carta regionale n° **1**–C2

CAVALLINO

MODERNA • **CONTESTO STORICO** "Selezione della materia prima" è l'imperativo categorico di questi giovani che propongono una cucina fresca e a base tradizionale in un ambiente rustico, ma elegante. Per la scelta del vino, spesso di provenienza locale, affidatevi ai loro consigli. Ancora sapori regionali nella più semplice e informale Trattoria da Ciccio.

🐾🅰🅿 – Prezzo: €€€

Corso Romita 83 – 🕿 0131 862308 – cavallino-tortona.it – Chiuso domenica e lunedì a mezzogiorno

OSTERIA BILLIS

CONTEMPORANEA • **CONTESTO CONTEMPORANEO** La veranda, le sue luci e l'ambiente retrò sono gli elementi che balzano all'occhio quando ci si avvicina a questa struttura: ex bar - fronte stazione - ubicato nei giardini pubblici, che vuole mantenere quell'allure di inizio secolo scorso. La cucina è invece proiettata nel futuro con idee personalizzate, ricette intriganti e citazioni addirittura cinematografiche (proposta gourmet sospesa fino a fine settembre, sempre attiva la formula bistrot). Una saletta per pochi intimi ne fa una location ideale per piccoli ritrovi tra amici.

🅰🏠♿ – Prezzo: €€€

Viale Piave 5 – 🕿 0131 171 0587 – osteriabillis.it – Chiuso martedì e a mezzogiorno lunedì, mercoledì, giovedì, venerdì

VINERIA DERTHONA

PIEMONTESE • **CONTESTO REGIONALE** Nel cuore della località, raccolto, frequentato ed accogliente wine-bar dai saporiti piatti piemontesi e dall'ampia offerta di vini al bicchiere, scelti dalla generosa cantina ogni giorno. Specialità: brasato al Barbera Colli Tortonesi, semifreddo al gianduia con crema al mascarpone.

🐾🅰🏠 – Prezzo: €€

Via Perosi 15 – 🕿 0131 812468 – vineriaderthona.it – Chiuso lunedì e a mezzogiorno sabato e domenica

TOSCOLANO-MADERNO

✉ 25088 – Brescia (BS) – Carta regionale n° **4**–C2

IL CORTILETTO

DEL TERRITORIO • **FAMILIARE** Cucina d'ispirazione mediterranea con qualche tocco di originalità in un piccolo ristorante, semplice, ma non banale, in un angolo della statale Gardesana (quasi di fronte al golfo di Toscolano Maderno); nella bella stagione optate per il servizio all'aperto. Il pesce d'acqua dolce è sempre presente, sebbene la carta proponga specialità ittiche di mare e piatti a base di carne. Un consiglio per il dessert? Crema catalana al pistacchio, ben cremosa e soffice, con croccante di zucchero caramellato!

⅃ 𝔸 ⋒ – Prezzo: €€

Via F.lli Bianchi 1 – ℰ 0365 540033 – ristoranteilcortiletto.com – Chiuso lunedì e domenica sera

TRANI

⊠ 76125 – Barletta-Andria-Trani (BT) – Carta regionale n° **16**–B2

❀ **CASA SGARRA**

Chef: Felice Sgarra

PUGLIESE • CONTESTO CONTEMPORANEO Sul lungomare di Trani, a venti minuti a piedi dal pittoresco porto, vi aspetta un'affiatata famiglia di tre fratelli, due in sala e il terzo ai fornelli, che condividono con gli ospiti la gioia e la passione della loro professione. In un ambiente moderno e di buon gusto, con diverse tonalità di verde e blu, la cucina di Felice Sgarra è una dichiarazione d'amore per la Puglia. Anche se non mancano escursioni in altre regioni (soprattutto in Piemonte), il menu è un vero e proprio fuoco d'artificio di fave, mandorle Toritto, burrata e ricotta forte, tartufi e ceci neri della Murgia, farina di grano, pesce e frutti di mare e, naturalmente, gli ottimi oli della regione. Se la gentilezza e l'ospitalità sono di casa, la didascalia migliore è il sottotitolo che i tre fratelli hanno scelto per il loro ristorante: "una storia di famiglia". Noi aggiungeremmo "... e con una cucina eccellente e un'atmosfera davvero piacevole!"

❀ 𝔸 ⋒ 𝐏 – Prezzo: €€€

Lungomare C. Colombo 114 – ℰ 0883 895968 – casasgarra.it – Chiuso martedì e domenica sera

❀ **QUINTESSENZA**

Chef: Stefano Di Gennaro

PUGLIESE • CONTESTO CONTEMPORANEO Dopo il trasferimento nei pressi del Castello Svevo e della cattedrale di Santa Maria Assunta, il locale offre una splendida vista dal dehors e un ottimo confort grazie a curati ambienti storici (dall'ipogeo al terrazzo), arredati con gusto e garbo contemporanei. Segno di continuità è il marchio della famiglia Di Gennaro: quattro fratelli che si adoperano alla perfezione intorno alla cucina di uno di loro, Stefano, profondamente legato alla Puglia e alle sue eccellenti materie prime, soprattutto di mare, che elabora e presenta con precisione moderna. Nella superba cantina, dove si trova anche un suggestivo tavolo (da prenotare con largo anticipo), la selezione enoica è di tutto rispetto; alcune etichette vengono proposte anche al calice.

𝔸 ⋒ ⇔ – Prezzo: €€€

Via Lionelli 62 – ℰ 0883 880948 – quintessenzaristorante.it – Chiuso lunedì e martedì e domenica sera

IL MELOGRANO

PESCE E FRUTTI DI MARE • ACCOGLIENTE Non propriamente vicino al mare, ma nel centro della località, in sale eleganti di gusto contemporaneo, la cucina predilige il pesce, preparato con un pizzico di fantasia.

⅃ 𝔸 – Prezzo: €€

Via Bovio 193 – ℰ 0883 486966 – ristoranteilmelograno.it – Chiuso mercoledì

LE LAMPARE AL FORTINO

MEDITERRANEA • ROMANTICO D'estate o d'inverno lo spettacolo è sempre assicurato, che si mangi sulla veranda con vista a 180° sullo splendido porto o all'interno di un'ex chiesa trasformata in fortino. La cucina si cimenta soprattutto col pesce in preparazioni colorate e pacatamente moderne, ma non manca qualche piatto a base di carne.

⽕ ⟨⟩ ⟨⟩ ⟨⟩ ⟨⟩ ⟨⟩ – Prezzo: €€€

Via Tiepolo, molo Sant'Antonio – ℰ 0883 480308 – lelamprealfortino.it/it/ home – Chiuso martedì e domenica sera

OSTERIA FRANGIPANE

PESCE E FRUTTI DI MARE • CONVIVIALE La sorridente accoglienza dei titolari mette subito a proprio agio i clienti, in un ambiente molto piacevole da osteria contemporanea, con colori chiari e soffitti a volte. L'Ispettore consiglia: tortelli di cipollotto con calamaretti spillo e ceci neri della Murgia.

⟨⟩ – Prezzo: €€

Via Maraldo da Trani 5 – ℰ 0883 585763 – osteriafrangipane.it – Chiuso lunedì e domenica sera

TRAPANI – Trapani (TP) ➜ Vedere Sicilia, in fondo alla Guida

TRAVERSELLA
✉ 10080 – Torino (TO) – Carta regionale n° **1**–B2

LE MINIERE

PIEMONTESE • FAMILIARE Sulla piazza centrale di un paese incantevole, in una dorsale verde e soleggiata della Val Chiusella che offre uno scorcio da cartolina fra maestosi castagni, betulle e ciclamini, sorge quest'albergo-ristorante dalle origini tardo ottocentesche, gestito con calore dalla famiglia Arsini. La cucina è piemontese e una menzione particolare meritano gli ottimi dessert fatti in casa.

⟨⟩ ⟨⟩ ⟨⟩ ⟨⟩ – Prezzo: €

Piazza Martiri 1944 4 – ℰ 0125 794006 – albergominiere.com – Chiuso lunedì e martedì

TREBASELEGHE
✉ 35010 – Padova (PD) – Carta regionale n° **8**–C2

BARACCA - STORICA HOSTARIA

ITALIANA • AMBIENTE CLASSICO Un ristorante elegante e accogliente, che offre una carta piuttosto ampia e varia: i piatti spaziano infatti dalla carne al pesce, spesso elaborati in ricette regionali, come le tagliatelle al ragù d'anatra e nocciole tostate, il risotto ai fegatini, il baccalà alla vicentina o i bocconcini di asino in umido.

⟨⟩ ⟨⟩ ⟨⟩ – Prezzo: €€

Via Ronchi 1 – ℰ 049 938 5126 – ristorantebaracca.it – Chiuso mercoledì

TRECCHINA
✉ 85049 – Potenza (PZ) – Carta regionale n° **18**–A2

L'AIA DEI CAPPELLANI

DEL TERRITORIO • RUSTICO Tra distese erbose e ulivi, potrete gustare prodotti freschi e piatti locali caserecci: in sala vecchie foto e utensili di vita contadina, dalla terrazza l'intera vallata.

⟨⟩ ⟨⟩ ⟨⟩ – Prezzo: €

Contrada Maurino – ℰ 0973 826937 – laiadeicappellani.com

TREGNAGO

✉ 37039 – Verona (VR) – Carta regionale n° **8**-B3

VILLA DE WINCKELS

VENETA • **CONTESTO STORICO** Uno scorcio da cartolina per questa villa del XVI secolo, una residenza d'epoca con tante intime salette, ad ospitare una cucina dal forte temperamento veneto, con piatti come le paste (ripiene o meno) - tutte tirate mano - o i salumi del proprio allevamento. In omaggio all'ultimo discendente della famiglia, alla Cantina del Generale avrete solo l'imbarazzo della scelta fra pregiati vini locali e non solo, anche se l'accento va messo sull'Amarone con annate prestigiose e i migliori produttori.

⅛ ⏥🛏⇔**P** – Prezzo: €€

Via Sorio 30, località Marcemigo – ℰ 045 650 0133 – villadewinckels.it

TREIA

✉ 62010 – Macerata (MC) – Carta regionale n° **14**-B2

(😊) ### IL CASOLARE DEI SEGRETI

MARCHIGIANA • **CASA DI CAMPAGNA** Conduzione familiare di lunga esperienza in un locale - in aperta campagna - con grandi spazi esterni, bella terrazza panoramica per il servizio estivo e sale interne linde e modernamente arredate. L'ospite si sazierà con saporiti e generosi piatti regionali elaborati con una certa personalità. La struttura dispone anche di due camere per chi volesse prolungare il soggiorno.

≼⏥🛏**P** – Prezzo: €€

Contrada San Lorenzo 28 – ℰ 0733 216441 – casolaredeisegreti.it – Chiuso lunedì, martedì e a mezzogiorno da mercoledì a sabato

TREISO

✉ 12050 – Cuneo (CN) – Carta regionale n° **2**-A2

❀ ### LA CIAU DEL TORNAVENTO

Chef: Maurilio Garola

ITALIANA CONTEMPORANEA • **ELEGANTE** Tra le colline del Barbaresco, in un caratteristico edificio del 1931 che fungeva da asilo, l'ampia sala è il palcoscenico del grandioso spettacolo che si apre sulle colline attraverso le pareti vetrate, ancor meglio se, tra un piatto e l'altro, vi prendete qualche minuto per uscire in terrazza e ammirare un panorama che, nelle giornate più limpide, si estende fino alla catena alpina. La cucina di Maurilio Garola e Marco Lombardo propone alcuni menu degustazione e un'ampia carta con piatti che spaziano dai classici alle novità, dalla carne al pesce: dal 1997 si celebra il passato rinnovandosi in continuazione. La leggendaria cantina (chiedete di visitarla) custodisce più di 65 000 bottiglie e oltre 5000 etichette da tutto il mondo.

⅛ ≼🛏 – Prezzo: €€€

Piazza Leopoldo Baracco 7 – ℰ 0173 638333 – laciaudeltornavento.it – Chiuso mercoledì e giovedì

TRENTO

✉ 38122 – Trento (TN) – Carta regionale n° **6**-A2

❀ ### LOCANDA MARGON

CREATIVA • **ELEGANTE** Ristorante con vista su Trento e sulla vallata dell'Adige, dove lo chef Edoardo Fumagalli mette energia e creatività in tre menu degustazione (tra cui uno ideato per un perfetto abbinamento con le bollicine del padrone di casa, lo spumante Ferrari), in cui gli ingredienti locali vengono celebrati - soprattutto nel menu Straordinario Trentino - stravolti ed esaltati dalla sua tecnica, capace di metterli in comunicazione anche con elementi da fuori regione. L'imperdibile a detta dell'ispettore: uovo di montagna "Arlecchino" crema di Trentingrana, ristretto di bisque all'aceto di Chardonnay, amaranto soffiato. L'adiacente Bistrot vuol essere un indirizzo più informale: solida cucina italiana e possibilità di servizio all'aperto.

⊰ ⇔ ⅏ ⅏ 🅿 – Prezzo: €€€€

Via Margone 15, Loc. Ravina – ℘ 0461 349401 – locandamargon.it – Chiuso martedì e mercoledì

AUGURIO

DEL TERRITORIO • CONTESTO CONTEMPORANEO I tre fratelli Augurio portano avanti un progetto in cui modernità e tradizione sono continuamente messi in comunicazione; le sale, per esempio, vedono linee e mobili contemporanei sotto antiche volte, mentre nel piatto si presentano ingredienti locali e nazionali preparati secondo ricette decisamente attuali, nonché menu degustazione di 4 portate totalmente green! A pranzo la cucina prepara piatti tipici trentini in chiave Augurio, mentre la sera la proposta è più importante.

⅏ ⅏ – Prezzo: €€€

Via Dietro le Mura B 16 – ℘ 0461 090443 – augurioristorante.it – Chiuso lunedì a mezzogiorno e domenica

LA MAISON DE FILIP

CONTEMPORANEA • CONTESTO CONTEMPORANEO All'inizio della zona pedonale del bellissimo centro cittadino di Trento, un intimo locale dallo stile moderno, minimal e vagamente nordico: pochi sono i tavoli, in legno massiccio di cui alcuni alti ed abbinati a sgabelli, così come pochi sono i piatti presenti in carta, che però appare ben ideata. Antipasti, primi e secondi mostrano ognuno una ricetta a base di carne, di pesce o vegetariana, mente le proposte rimangono sempre contemporanee, raffinate e ben eseguite: di conseguenza, anche ben presentate!

⅏ ⅏ ⅏ – Prezzo: €€€

Piazzetta Nicolò Rasmo 7 – ℘ 0461 141 5530 – maisondefilip.it – Chiuso domenica e lunedì a mezzogiorno

OSTERIA A "LE DUE SPADE"

MODERNA • INTIMO Esiste dal Concilio di Trento questa bellissima stube nel centro città, dove nei secoli si sono succeduti cuochi ed osti, ma i fornelli non si sono più spenti. Ancora oggi gestita con mestiere e abilità, nell'intimo salottino alpino la cucina alterna sapori trentini - come il salmerino o lo strudel di mele con gelato alla vaniglia - a richiami nazionali, come per il risotto con polvere di cozze e pesto al prezzemolo. In entrambi i casi i piatti sono cucinati sempre con un leggero tocco di fantasia. Tradizione e modernità in perfetto equilibrio!

⅏ ⅏ – Prezzo: €€

Via Don Arcangelo Rizzi 11 – ℘ 0461 234343 – leduespade.com – Chiuso domenica e lunedì a mezzogiorno

OSTERIA IL CAPPELLO

CLASSICA • AMBIENTE CLASSICO Se il dehors dà su una gradevole piazzetta pedonale del centro storico, gli interni accoglienti sono all'insegna di uno stile classico trentino, mentre la cucina - solida, stagionale e fragrante - si rifà ad un gusto italiano visto con lo sguardo di oggi; naturalmente qualche spunto regionale, sebbene non manchino ricette di pesce. Ottima la quaglia ripiena laccata al miele di acacia, purea di zucca e radicchietto stufato.

⅏ ⅏ ⇦ – Prezzo: €€

Piazzetta Bruno Lunelli 5 – ℘ 0461 235850 – osteriailcappello.it – Chiuso lunedì e domenica

SCRIGNO DEL DUOMO

MODERNA · CONTESTO STORICO Su piazza Duomo - centrale gioiello architettonico della città - il locale occupa un bel palazzo, in cui si rintracciano le vicende storiche che hanno coinvolto il capoluogo trentino. La carta è presentata con diverse tavolette che mostrano preparazioni perfettamente in bilico tra gusto classico e spinte moderne, così come tra riferimenti locali e sapori mediterranei. In aggiunta anche una valida selezione di salumi e formaggi.

🏵 📠 🛱 ⇄ – Prezzo: €€

Piazza Duomo 29 – ℰ 0461 220030 – scrignodelduomo.com

TREQUANDA

✉ 53020 – Siena (SI) – Carta regionale n° **11**–D2

😊 IL CONTE MATTO

TOSCANA · RUSTICO La trecentesca abitazione del guardiacaccia del castello è stata trasformata in una vetrina di prodotti toscani con terrazza panoramica sulle colline e, dalle camere, scorci sulla campagna circostante. Tra le golose specialità: il piatto di salumi misti di cinta, i pici al ragù di chianina e la tagliata di vitellone ai tre sali e aromi dell'orto.

⪡ 📠 🛱 – Prezzo: €€

Via Taverne 40 – ℰ 0577 662079 – contematto.it – Chiuso martedì

TRESCORE BALNEARIO

✉ 24069 – Bergamo (BG) – Carta regionale n° **5**–D1

❀ LORO

Chef: Pierantonio Rocchetti

CREATIVA · ELEGANTE Fantasiosa, talvolta anche nella ricerca dei prodotti o in accostamenti originali, leggera e salutista nel senso migliore del termine, è questa la cucina di LoRo: in prevalenza di mare, quanto meno tra antipasti e primi, i piatti sono illustrati in carta con fantasiose intitolazioni. Lo chef Pierantonio Rocchetti parte spesso dai classici italiani, riletti con estro e fantasia, in porzioni sovente generose che non lesinano neppure sull'abbondanza dei sapori. Un viaggio goloso che trova il suo inevitabile coronamento nei dolci. Nella "Sala Lab", un grande tavolo di design può trasformarsi dando origine a diverse conformazioni e permettendo al cuoco, su richiesta degli ospiti, di realizzare i piatti (direttamente in loco) in un ambiente sempre elegante, benché volutamente conviviale.

📠 🅿 – Prezzo: €€€

Via Bruse 2 – ℰ 347 761 4728 – loroandco.com – Chiuso lunedì

TREVIGLIO

✉ 24047 – Bergamo (BG) – Carta regionale n° **5**–C2

❀ SAN MARTINO

PESCE E FRUTTI DI MARE · ELEGANTE Due menu degustazione: Passione ed Entusiasmo, declinabili anche alla carta, oltre alla proposta vegetale e al Plateau Royal del San Martino, un sontuoso piatto di crudo che include il meglio del pescato del momento, servito con leggeri condimenti al fine di lasciar emergere la qualità. Negli ambienti rinnovati e luminosi, il servizio ammaliante è capitanato da Paolo Colleoni, vero istrione che con professionalità guida il cliente nella sua esperienza. Ampio spazio alla Francia sia nella carta dei vini che nell'emozionante scelta di formaggi al carrello. In estate, ci si trasferisce al vicino Marelet.

♿ 📠 🛱 ⇄ 🅿 – Prezzo: €€€

Viale Cesare Battisti 3 – ℰ 0363 49075 – sanmartinotreviglio.it – Chiuso lunedì, martedì, domenica e a mezzogiorno da mercoledì a sabato

MARELET

MODERNA • **CONTESTO CONTEMPORANEO** Fratello minore del vicino ristorante stellato San Martino, ma sempre gestito dalla stessa famiglia Colleoni, qui ci si può approcciare ad una notevole esperienza gastronomica senza tuttavia spendere cifre molto elevate. Servizio professionale, ambiente piacevole e rilassato, la cucina prevede piatti di ottimo livello, talvolta anche piuttosto elaborati, con molto pesce a cominciare dai crudi, ma anche carne. A pranzo la proposta è più semplice.

♿ 🎰 🏡 – Prezzo: €€

Viale Cesare Battisti 17 – ℞ 0363 184 9877 – marelet.it – Chiuso domenica

TREVINANO

✉ 01021 – Viterbo (VT) – Carta regionale n° **12**–A1

LA PAROLINA

Chefs: Iside Maria De Cesare e Romano Gordini

DEL TERRITORIO • **SEMPLICE** La Parolina di Iside e Romano si trova nel Lazio, eppure la sintesi del loro lavoro sta proprio nella capacità di unire con gran semplicità i sapori di tre regioni che in queste lande si toccano e si uniscono: Lazio in primis, Toscana (di cui si gode uno stupendo scorcio panoramico di colline a perdita d'occhio, soprattutto dal dehors estivo) e Umbria. Si va dai funghi dell'Amiata ai tartufi delle crete senesi, dagli asparagi di Canino alle nocciole dei Monti Cimini, senza dimenticare i legumi umbri e i tanti prodotti ittici provenienti dal vicino lago di Bolsena e dal mar Tirreno, in due percorsi degustazione e un menu alla carta. La coppia (anche nella vita) di chef si destreggia tra sapori locali e varianti moderne. A disposizione alcune camere presso la locanda La Letterina.

⇦ 🎰 🏡 – Prezzo: €€€€

Via Giacomo Leopardi 1 – ℞ 0763 717130 – laparolina.it – Chiuso lunedì e martedì

TREVISO

✉ 31100 – Treviso (TV) – Carta regionale n° **8**–C2

ANTICO MORER

PESCE E FRUTTI DI MARE • **CHIC** Non lontano dal Duomo, questo storico locale prende il nome da una pianta di gelso - morer, in dialetto - una volta situata davanti all'ingresso, ma che ora non c'è più. Oggi, sotto a travi di legno, in un ambiente sobrio e curato, potrete gustare sapori di mare presentati con stile contemporaneo o approfittare del tanto spazio dedicato ai crudi.

🎰 🏡 – Prezzo: €€

Via Riccati 28 – ℞ 0422 590345 – ristoranteanticomorertreviso.com – Chiuso lunedì e domenica sera

FERIA

INDONESIANA • **CONTESTO CONTEMPORANEO** Uno spazio con due anime, il bar bistrot che serve cocktail e alcune preparazioni di street food e il ristorante gourmet dove si può apprezzare tutto l'estro dello chef Marco Feltrin e del suo team. Piatti gustosi, colorati e a volte cerebrali, per una cucina di forte radice indonesiana visti i trascorsi privati e professionali dello chef. Nel menu due percorsi degustazione (che suggeriamo al primo passaggio per dare spazio all'estro dello chef) oppure la carta, per assaporate pietanze ricche di gusto e aromaticità. La buona cantina è gestita dal sommelier Régis Ramos, bravo nel coinvolgere il cliente nella scelta.

♿ 🕳 – Prezzo: €€

Via della Quercia 8 – ℞ 0422 174 8017 – feria.restaurant – Chiuso domenica e a mezzogiorno da lunedì a sabato

IL BASILISCO

CLASSICA • SEMPLICE In una zona periferica e residenziale, il ristorante, semplice e variopinto all'interno, ruota tutto intorno ad un'ottima cucina. Se buona parte dei piatti appartengono al genere classico nazionale, sono le proposte locali ad averci particolarmente convinto, come la sopa coada di piccione. C'è spazio però anche per qualche proposta di pesce. Gradevole dehors per la bella stagione.

🅰️ 🏮 🅿️ – Prezzo: €€

Via Bison 34 – ℰ 0422 541822 – ristorantebasilisco.com – Chiuso lunedì e domenica

LE BECCHERIE

DEL TERRITORIO • DI TENDENZA Nel cuore di Treviso, quello che fu un capo-saldo della cucina tradizionale è ora un bel ristorante di atmosfera e design. I tavoli più ambiti sono quelli lato canale, mentre i piatti parlano di fantasia che si unisce a richiami territoriali. Oltre alla scelta alla carta potrete affidarvi anche ai due menù degustazione: Ti P'Orto al Mare, più esplorativo, o Essenziale, perfetto approccio per chi si avvicina a questa cucina per la prima volta. Per i più tradizionalisti, lo storico tiramisù è sempre presente!

👤 🅰️ 🏮 🔄 – Prezzo: €€€

Piazza Giannino Ancilotto 9 – ℰ 0422 540871 – lebeccherie.it – Chiuso martedì e mercoledì a mezzogiorno

MARDIVINO

PESCE E FRUTTI DI MARE • ELEGANTE Un ambiente luminoso, moderno, signo-rile in cui gustare piatti ben elaborati, dove il pesce è protagonista indiscusso: proposte contemporanee con qualche inserto pugliese, giusto per dare un indizio sull'origine dello chef.

👤 🅰️ 🏮 🔄 – Prezzo: €€

Strada del Nascimben 1/a – ℰ 0422 346542 – ristorantemardivino.it – Chiuso lunedì e sabato a mezzogiorno

MED

REGIONALE • CONTESTO CONTEMPORANEO All'interno zona pedonale, con il Sile che scorre sotto le vetrate del pavimento, un locale piacevole che serve una cucina regionale soprattutto nei prodotti, elaborati con una classicità che strizza l'occhio al gusto moderno. Buona carta dei vini, piacevole dehors e - in stagione - musica dal vivo.

🍸 🅰️ 🏮 – Prezzo: €€

Piazza del Quartiere Latino 13 – ℰ 0422 419787 – ristorantemed.it – Chiuso domenica e lunedì a mezzogiorno

PIERRE - TRATTORIA SARTORIALE

MODERNA • SEMPLICE Ai margini del centro storico, un ristorante semplice, con pochi coperti in ambienti moderni ma con echi Anni Venti, dove l'attenzione è concentrata sulla cucina, che vuol esser fin dal nome sartoriale. In carta poche pro-poste, congegnate in base a ciò che il mercato offre di meglio ed elaborate con cre-atività soprattutto nei menu degustazione, ma senza eccessi, premiando il gusto. Alla conduzione due giovani appassionati (lo chef ha maturato ottime esperienze nazionali ed internazionali). A mezzogiorno anche una proposta di business lunch.

👤 🅰️ – Prezzo: €€

Viale dei Mille 1/c – ℰ 0422 541022 – pierretrattoriasartoriale.com – Chiuso lunedì, domenica e sabato a mezzogiorno

TREZZANO SUL NAVIGLIO

✉ 20090 – Milano (MI) – Carta regionale n° **5**–A2

BACCO E ARIANNA

PESCE E FRUTTI DI MARE • **CONTESTO CONTEMPORANEO** Nel primo hinterland milanese, si è accolti con professionalità dalla titolare in una saletta di stile moderno. La cucina, prevalentemente di mare, trova nel "mezzo metro" o "un metro di pesce da mare" – degustazione di pesce crudo per una o due persone – una proposta unica per qualità e varietà.

&. 🅰🅰 🛱 🄿 – Prezzo: €€

Via Circonvallazione 1 – ☏ 02 4840 3895 – baccoearianna.net – Chiuso domenica e sabato a mezzogiorno

TRICESIMO

✉ 33019 – Udine (UD) – Carta regionale n° **7**–B2

☺ ANTICA TRATTORIA DA MICULAN

REGIONALE • **FAMILIARE** In una zona tranquilla, nonostante il vicino parco giochi, una bella dimora ospita un bar frequentatissimo dagli abitanti della zona e - sul retro - la sala ristorante di classica impostazione con il camino rigorosamente acceso d'inverno. La cucina si fa portavoce dell'estro dello chef, pur rimanendo ancorata alle tradizioni. Qui troverete lumache, sformati, paste fatte in casa e carni molto delicate.

🅰🅰 🛱 – Prezzo: €

Piazza Libertà 16 – ☏ 0432 851504 – trattoriamiculan.com – Chiuso mercoledì e giovedì

TRIESTE

✉ 34121 – Trieste (TS) – Carta regionale n° **7**–B3

✿✿ HARRY'S PICCOLO

Chefs: Davide De Pra e Matteo Metullio

ITALIANA CONTEMPORANEA • **ELEGANTE** Grazie alla sua atmosfera ovattata, Harry's Piccolo è l'indirizzo ideale per cene romantiche o di lavoro, all'insegna della grande cucina di Matteo Metullio e Davide De Pra (Passion Dessert Award 2024). Nonostante la giovane età, i due chef hanno creatività e competenza da vendere; in questo scrigno di raffinatezza propongono piatti interpreti del territorio, del mare, dell'orto di stagione, fino a preparazioni e sapori evocanti l'Oriente. Tra i memorabili citiamo: la tagliatella, acqua di cozze, zafferano, ricci di mare, finocchietto selvatico e - tra i dessert - il gelato di peperone, crema di peperone, e un tocco agrumato di dashi. Il servizio molto accogliente può contare su un'area esterna per aperitivi e relax finale con vista su una delle più belle piazze d'Italia. La carta dei vini esalta in particolar modo il proprio territorio, proponendo – tuttavia – anche eccellenze internazionali, con l'accento sulle bollicine che trovano la massima espressione nel Krug.

🕸 🅰🅰 – Prezzo: €€€€

Piazza Unità d'Italia 2 – ☏ 040 660606 – harrystrieste.it/it – Chiuso domenica sera, lunedì e a mezzogiorno

AL BAGATTO

PESCE E FRUTTI DI MARE • **INTIMO** Proprio nei pressi della bellissima piazza Unità d'Italia, un piccolo locale dai toni caldamente rustici e dall'atmosfera signorile per una cucina soprattutto di mare caratterizzata da uno stile personale fatto di colori, verdure e aromi, materie prime ben selezionate, dove sapori e accostamenti vanno oltre il Bel Paese. Frequentato da tutti, triestini e non, una prenotazione è sempre consigliata vista l'esiguità della capienza.

🏧 ⇔ – Prezzo: €€€

Via Cadorna 7 – ☏ 040 301771 – albagatto.it – Chiuso domenica e lunedì a mezzogiorno

AL PETES ⓝ

PESCE E FRUTTI DI MARE • RUSTICO Tra le viuzze del centro storico, Al Petes è un ristorante dal piacevole sapore contemporaneo, gestito in modo accogliente e cordiale dai giovani proprietari. Il menu proposto da Marko mostra una spiccata predilezione per i frutti di mare, la maggior parte dei quali di provenienza dall'Adriatico, ma serviti con tocchi mediterranei, talvolta addirittura asiatici. Vivamente consigliato il percorso degustazione a sorpresa. Proprio dietro l'angolo, il loro piccolo hotel, James Joyce, indirizzo ideale dove pernottare.

🏧 – Prezzo: €€€

Via dei Capitelli 5/a – ☏ 040 260 2329 – al-petes.com – Chiuso lunedì, a mezzogiorno da martedì a sabato e domenica sera

MENAROSTI

PESCE E FRUTTI DI MARE • AMBIENTE CLASSICO Uno storico ristorante presente in città dal 1903: ambienti caldi e accoglienti, per una cucina di mare che ha nella qualità della materia prima la sua forza. Le elaborazioni volutamente semplici esaltano i sapori.

🏧 🛋 – Prezzo: €€

Via del Toro 12 – ☏ 040 661077 – Chiuso lunedì e domenica sera

TROFARELLO

✉ 10028 – Torino (TO) – Carta regionale n° **1**–B2

LA VALLE

CONTEMPORANEA • ACCOGLIENTE In una frazione tranquilla, il locale si contraddistingue per una piacevole atmosfera classica e signorile, ma dal calore familiare. La cucina propone ricette della tradizione piemontese e specialità dall'impronta più moderna.

🐾 🏧 🛋 – Prezzo: €€€

Via Umberto I 25, località Valle Sauglio – ☏ 011 649 9238 – ristorantelavalle.it – Chiuso mercoledì e domenica sera

TROIA

✉ 71029 – Foggia (FG) – Carta regionale n° **16**–A1

GALLERY BISTROT CONTEMPORANEO ⓝ

MODERNA • CONTESTO CONTEMPORANEO Cucina moderna, gustosa e curata nei minimi dettagli, che utilizza solo i migliori prodotti di stagione, ma sa essere anche creativa, come nel caso del vitello tonnato - in cui la carne rossa (fassona piemontese) assume le sembianze di lamponi - o del più delicato petto d'anatra con jus di vitello. Soli 20 posti in una lunga sala da pranzo le cui pareti e i soffitti sono ricoperti da palette ondulate in legno chiaro, a formare una sorta di arco: impressione di movimento garantita!

🏧 – Prezzo: €€

Via Regina Margherita 3/b – ☏ 342 359 9215 – Chiuso lunedì, a mezzogiorno da martedì a sabato e domenica sera

TROPEA

✉ 89861 – Vibo Valentia (VV) – Carta regionale n° **19**–A2

DE' MINIMI

CALABRESE • **ELEGANTE** Appena fuori l'abitato di Tropea, all'interno del bell'albergo Villa Paola, ex convento dei frati Minimi nel cui ricordo si è battezzato il ristorante gourmet, la cucina è moderna e a tratti creativa, sebbene i piatti in carta, sia di carne sia di pesce, partano sempre e soltanto da materie prime calabresi, tra cui molte verdure e gli agrumi prodotti in proprio. Regionale è anche la piccola lista dei vini, supportata da quella dei cocktail, da degustare al bar.

🛏 🅰 🅿 – Prezzo: €€€€

Contrada Paola 6 – ☎ 0963 62370 – deminimi.com – Chiuso a mezzogiorno

UDINE

✉ 33100 – Udine (UD) – Carta regionale n° **7**–B2

✿✿ AGLI AMICI

Chef: Emanuele Scarello

DEL TERRITORIO • **DESIGN** Cucina d'autore di frontiera, Agli Amici è una delle tappe culinarie imperdibili del Friuli-Venezia Giulia, regione dalle molteplici influenze culturali e ricca di materie prime eccellenti. Come quelle che ritroviamo nei due menu degustazione (di cui uno vegetariano), da cui è possibile estrarre anche singoli piatti alla carta. Lo chef-patron Emanuele Scarello attinge alla ricchezza di pascoli, orti e montagne di questa regione per trovare i giusti ingredienti per le sue "opere" culinarie. Molto interessante, ad esempio, è la valorizzazione delle patate di Godia, la cui moderna reinterpretazione del "burro e salvia" prevede l'utilizzo di radici, mela e rapa fermentata. La gestione della sala è affidata a Michela, che dirige un'equipe affiatata e professionale.

🎴 🅰 🍴 – Prezzo: €€€€

Via Liguria 252 , Loc Godia – ☎ 0432 565411 – agliamici.it – Chiuso lunedì, martedì, mercoledì a mezzogiorno e domenica sera

HOSTARIA ALLA TAVERNETTA

REGIONALE • **ROMANTICO** Questo bel locale mette subito a proprio agio grazie ad un'atmosfera molto gioviale e accogliente. Il camino acceso, arredi in legno con eleganti runner in lino e musica di sottofondo ben predispongono alla sosta. A portate tradizionali come i cjarsons o il tipico frico, si aggiungono piatti più stagionali e mediterranei di pesce. Menu vegano a disposizione.

🅰 🍴 ✿ – Prezzo: €€

Via Artico di Prampero 2 – ☎ 0432 501066 – allatavernetta.com – Chiuso lunedì e domenica

VITELLO D'ORO

PESCE E FRUTTI DI MARE • **CONTESTO CONTEMPORANEO** Nel cuore del centro storico, il ristorante risale al 1849, ma gli interni sorprendono con un design sobrio e contemporaneo. Non fatevi ingannare dal nome, il pesce è la specialità della casa, ma anche i "carnivori" troveranno di che deliziarsi!.

♿ 🅰 🍴 – Prezzo: €€€

Via Erasmo Valvason 4 – ☎ 0432 508982 – vitellodoro.com – Chiuso domenica e a mezzogiorno da martedì a giovedì

UGENTO

✉ 73059 – Lecce (LE) – Carta regionale n° **16**–D3

IL TEMPO NUOVO

CONTEMPORANEA • **CONTESTO STORICO** Dentro le mura del Castello di Ugento, diventato un affascinante boutique hotel, il Salento si mette in mostra in chiave contemporanea grazie allo chef pugliese, che reinterpreta i sapori del territorio, a suo agio con verdure, carni e pesci. Il servizio saprà suggerire il miglior abbinamento con un buon vino dalla fornita cantina o un delizioso cocktail.

🛬 🅰🄲 🎋 – Prezzo: €€€

Via Castello 13 – ☎ 0833 185 0721 – iltemponuovo.com – Chiuso lunedì e a mezzogiorno da martedì a domenica

UMBERTIDE

✉ 06019 – Perugia (PG) – Carta regionale n° **13**–A2

SAN GIORGIO

MODERNA • **INTIMO** Nel centro storico di Umbertide, sotto due archi nella piazza principale dove un tempo sorgeva un convento, il ristorante propone, nelle sue tre salette e nella piccola corte antistante l'ingresso, una cucina personalizzata e moderna - articolata in diversi menù degustazione o à la carte, a base di piatti sempre generosi di sola carne (bianca o rossa) dall'ottimo rapporto qualità-prezzo. Noi abbiamo apprezzato molto, per esempio, la Pizzaiola tra cielo e mare e la Quaglia farcita con parmigiana di melanzane e salsa di provola Per scegliere il vino affidatevi tranquillamente alla competenza del cordiale sommelier.

🕸 🅰🄲 🎋 ✪ – Prezzo: €€

Via Mancini 3 – ☎ 075 941 2944 – ristorante-sangiorgio.it – Chiuso martedì e domenica a mezzogiorno

URBINO

✉ 61029 – Pesaro e Urbino (PU) – Carta regionale n° **14**–B1

PORTANOVA

MARCHIGIANA • **DESIGN** Nel bellissimo centro storico di Urbino, ambienti dal design discreto si incastonano a meraviglia dentro mura antiche, mentre la cucina si fa contemporanea e si prodiga nel mettere in comunicazione ricette ed ingredienti marchigiani con sapori e tradizioni nazionali, Sardegna, Campania e Lazio in primis.

🅰🄲 – Prezzo: €€

Via Cesare Battisti 67 – ☎ 340 903 6715 – Chiuso mercoledì e a mezzogiorno lunedì, martedì, giovedì, venerdì

VAIRANO PATENORA

✉ 81058 – Caserta (CE) – Carta regionale n° **17**–A1

VAIRO DEL VOLTURNO

CAMPANA • **AMBIENTE CLASSICO** Nella bella piana del Volturno, in una piccola località non distante dalla magnifica Reggia di Caserta si trova questa gemma gourmet. In un ambiente rilassante e signorile, lo chef-patron riesce nel suo intento di mettere nei piatti il suo amore per il territorio, giocando – al tempo stesso – con i contrasti: dal celebre maialino nero casertano all'anatra, passando per l'agnello e l'immancabile mozzarella di bufala. Per il pesce ogni giorno è quello giusto: si va dalle triglie al San Pietro e al sarago.

♿ 🅰🄲 – Prezzo: €€

Via IV Novembre 58 – ☎ 0823 643018 – ristorantevairodelvolturno.weebly. com – Chiuso lunedì e martedì e domenica sera

VAL LIONA

✉ 36044 – Vicenza (VI) – Carta regionale n° **8**–B3

TREQUARTI

CREATIVA • **CONTESTO CONTEMPORANEO** Ambiente minimal-pop, moderno e originale, per una cucina in continua evoluzione e di stampo contemporaneo. Oltre alla carta, lo chef Alberto Basso propone dei menu degustazione a base di cicheti in vario numero, da 6 a 10. A pranzo aperto su prenotazione.

🕸 🎦 🎐 ⇄ **P** – Prezzo: €€€

Piazza del Donatore 3/4 – ℰ 0444 889674 – ristorantetrequarti.com – Chiuso lunedì, domenica e a mezzogiorno da martedì a sabato

VALDIERI

✉ 12010 – Cuneo (CN) – Carta regionale n° **1**–B3

🍃 LA LOCANDA DEL FALCO

PIEMONTESE • **RUSTICO** Nella Valle Gesso, a scaldare il cuore qui ci pensa già l'atmosfera, un'antica sala tra pietre e mattoni. Al palato ci pensano i piatti: dai ravioli del plin alla finanziera, passando per il vitello tonnato, in una spettacolare carrellata di piatti piemontesi eseguiti alla perfezione.

♿ 🎦 🎐 ⇄ – Prezzo: €

Piazza Regina Elena 22 – ℰ 0171 976720 – lalocandadelfalcovaldieri.it – Chiuso mercoledì

VALLE DI CASIES

✉ 39030 – Bolzano (BZ) – Carta regionale n° **6**–B1

DURNWALD

REGIONALE • **FAMILIARE** Un buon piatto di Schlutzkrapfen (ravioli ripieni di spinaci e ricotta) è proprio quello che ci vuole dopo una bella sciata o una passeggiata nei boschi. Ma non finisce qui! Durnwald celebra il territorio, tanto nel paesaggio, che potrete ammirare dalle finestre, quanto nella cucina, depositaria della genuina tradizione altoatesina.

🎦 **P** – Prezzo: €€

Via Nikolaus Amhof 6, località Durna in Selva – ℰ 0474 746886 – restaurantdurnwald.it/it – Chiuso lunedì e domenica sera

VALLEDORIA - Sassari (SS) → Vedere Sardegna, in fondo alla Guida

VALLESACCARDA

✉ 83050 – Avellino (AV) – Carta regionale n° **17**–C1

🏵 OASIS - SAPORI ANTICHI

Chefs: Serena Falco e Michelina Fischetti

CAMPANA • **FAMILIARE** 37 anni di vita per quest'oasi gastronomica della famiglia Fischetti: baluardo della buona tavola e dei sapori territoriali sin dal lontano 1988, anno omaggiato nella carta dei vini da una prima pagina che propone una ricca selezione di grandi etichette nella vendemmia di quell'anno, e celebrato anche nella continua presenza in carta del raviolo di ricotta con salsa di noci e aglio bruciato, ricetta della mamma fondatrice. Oggi come allora sono le donne della famiglia ad occuparsi dei fornelli: Michelina Fischetti e la nipote Serena Falco continuano ad essere l'emblema di una cucina gustosa e fragrante, curata soprattutto nella selezione di ingredienti - per lo più biologici - del territorio, che viene descritto proprio attraverso i sapori nelle diverse stagioni. L'intento rimane sempre quello di sottoporre le ricette ad un aggiornamento in linea con le nuove esigenze alimentari, ma al tempo stesso garantendo adesione e fedeltà ad una cucina semplice, pulita, etica, prossima al ricordo di quella che fu. Altrettanto curato e premuroso è il servizio di sala guidato dai cordiali fratelli Fischietti.

🌕 *L'impegno dello chef:* Il legame della famiglia Fischietti con l'Irpinia è fortissimo. La materia prima è fortemente stagionale e territoriale (almeno l'80% da piccoli produttori e allevatori irpini) e l'olio EVO, il miele e le erbe aromatiche provengono dall'azienda biologica di famiglia. I grembiuli indossati in sala sono realizzati da una comunità di recupero con avanzi di tessuti di aziende italiane.

🕸 AC ⇔ – Prezzo: €€€

Via Provinciale 8/10 – ℰ 0827 97021 – oasis-saporiantichi.it – Chiuso mercoledì e giovedì e domenica sera

VALLO DELLA LUCANIA

✉ 84078 – Salerno (SA) – Carta regionale n° **17**–C3

😊 LA CHIOCCIA D'ORO

DEL TERRITORIO • FAMILIARE La fama della Chioccia d'Oro regge gli oltre 40 anni di vita proprio in virtù della sua cucina: cilentana, saporita, fragrante, generosa, dove ottime sono le paste (sia fresche sia secche, condite con sughi deliziosi), così come le carni dei secondi. L'ambiente è decisamente semplice; i prezzi tra i più corretti della Penisola!

AC 🛋 P – Prezzo: €

Via Novi 2, loc. Pietra dei Correnti, bivio Novi Velia – ℰ 0974 70004 – Chiuso giovedì e domenica sera

AQUADULCIS

DEL TERRITORIO • ROMANTICO Ricavato da un antico frantoio ad acqua ristrutturato, se al pian terreno c'è la cucina, a quello superiore trova posto la sala: una specie di ballatoio in vetro con pochissimi tavoli, proprio sopra la ruota della macina che una volta lavorava le olive ed il grano. Non c'è la carta, ma tre menu degustazione: vegetariano, di terra e di mare. I sapori del Cilento sono proposti in modo contemporaneo dal bravo chef Vincenzo Cucolo.

AC – Prezzo: €€

Contrada Tenda – ℰ 345 297 3811 – aquadulcis.it – Chiuso lunedì, a mezzogiorno da martedì a giovedì e domenica sera

VALMADRERA

✉ 23868 – Lecco (LC) – Carta regionale n° **5**–B1

VILLA GIULIA - AL TERRAZZO

ITALIANA • ROMANTICO All'interno di un signorile albergo di fine '800 affacciato sul lago, il romantico ristorante offre bellissimi scorci dalla sua panoramica terrazza e una cucina dai connotati nazionali, elaborati con un tocco di modernità e fantasia. Suggestiva cantina in sasso fornita di ottime etichette e camere moderne per chi volesse prolungare la sosta.

≤ 🛋 🛋 ⇔ P – Prezzo: €€€

Via Parè 73 – ℰ 0341 583106 – villagiulia-alterrazzo.com

VALMONTONE

✉ 00038 – Roma (RM) – Carta regionale n° **12**–B2

SPECUS ⓝ

REGIONALE • FAMILIARE Il nome deriva dal latino e allude alla piccola grotta nel cortile, scavata nel tufo che ospita pochi - privilegiati - tavoli; grazioso ristorante nato dal sodalizio di una giovane coppia, Flavia si occupa della sala, mentre Alessio sovraintende alla cucina. Linea gastronomica verace, i piatti riportano titoli simpaticamente eloquenti "Quel viaggio che non scordo" o "Dal 2014"; imperdibile il Riso Acquerello al caprino fermentato, tartufo nero e pesto di erbe aromatiche, ma altrettanto pregevoli i dolci, in primis lo strudel di mele!

 よ 🅰️ 🛋️ – Prezzo: €€

Via Casilina 315 – 𝒞 06 8952 2332 – Chiuso mercoledì e domenica sera

VALSOLDA

✉️ 22010 – Como (CO) – Carta regionale n° **4**–A2

OSTERIA LA LANTERNA

DEL TERRITORIO • **CONTESTO TRADIZIONALE** Una piccola realtà affacciata sul lago di Lugano con intime e luminose salette e una bella terrazza per il servizio estivo. La cucina propone piatti tradizionali rivisitati con gusto contemporaneo, a base di prodotti locali e di stagione.

🛋️ – Prezzo: €€

Via Finali 1, frazione Cressogno – 𝒞 0344 69014 – osterialalanterna.it – Chiuso mercoledì a mezzogiorno

VANDOIES

✉️ 39030 – Bolzano (BZ) – Carta regionale n° **6**–B1

LA PASSION

CLASSICA • **INTIMO** 2003-2023: 20 anni di passione gastronomica per Helena e Wolfgang, all'interno di questa che a tutti gli effetti è un'abitazione privata in una zona residenziale. Si suona il campanello, come ospiti di amici, e all'interno solo cinque tavoli in un'intima stube, dove lo chef cucina una linea classica con piccoli accenni moderni, tra richiami del territorio e piatti di pesce di mare.

🅰️ 🛋️ 🅿️ – Prezzo: €€

Via San Nicolò 5/b, Vandoies di Sopra – 𝒞 0472 868595 – lapassion.it/it – Chiuso lunedì e domenica sera

VARALLO

✉️ 13019 – Vercelli (VC) – Carta regionale n° **1**–C1

HOSTARIA DI BRICAI

DEL TERRITORIO • **FAMILIARE** All'interno dei giardini a lato della funicolare per il Sacro Monte, una bellissima dimora campestre sovrasta tutto il paese. In un contesto di grande relax, Giorgio De Fabiani propone piatti della tradizione locale, tra cui l'imperdibile coscia di coniglio in porchetta con purè di montagna.

🛋️ – Prezzo: €€

Via Fiume 1 – 𝒞 0163 77264 – hostariabricai.it – Chiuso lunedì e martedì

VARENA

✉️ 38030 – Trento (TN) – Carta regionale n° **6**–B2

FROSCH RESTAURANT 🆗

CONTEMPORANEA • **ROMANTICO** In centro al piccolo borgo di Varena - appena fuori dalla più celebre Cavalese - in una romantica ed intima sala dall'atmosfera montana e dal confort moderno, si destreggia una brava cuoca alle prese con ricette contemporanee: ingredienti del territorio mixati a sapori mediterranei (così è per certe ricette di pesce) ed internazionali (con utilizzo di foie gras).

Prezzo: €€€

Via Santi Pietro e Paolo 1 – ℰ 377 394 1672 – frosch-restaurant.com – Chiuso martedì, mercoledì e a mezzogiorno lunedì, giovedì, venerdì, sabato, domenica

VARENNA
✉ 23829 – Lecco (LC) – Carta regionale n° **4**–B2

HOSTERIA DEL PLATANO

CLASSICA • CONVIVIALE Affacciato sul lago lungo la strada statale, questo piacevole ristorante a gestione familiare propone un'ottima cucina dai toni classici e tradizionali, con un'attenzione particolare dedicata ai prodotti ittici locali. Nel bel dehors nella stagione calda o negli interni in sasso e soffitti a volte sarete accolti e serviti con grande cortesia.

🆑 🍴 – Prezzo: €€

Via Statale 29 – ℰ 0341 815215 – hosteriadelplatano.it – Chiuso martedì e domenica sera

VARESE
✉ 21100 – Varese (VA) – Carta regionale n° **5**–A1

AL VECCHIO CONVENTO

TOSCANA • ELEGANTE Esternamente un rustico caseggiato alle porte di Varese, mentre all'interno troverete arredi eleganti, dai toni classici e colorati. La cucina prende spunto dalla Toscana con le sue carni alla brace, senza rinunciare a qualche piatto di pesce. Sempre molto frequentato, è consigliabile prenotare.

♿ 🆑 🍴 🅿 – Prezzo: €€€

Viale Borri 348 – ℰ 0332 261005 – alvecchioconvento.it – Chiuso lunedì e domenica sera

LA PERLA

PESCE E FRUTTI DI MARE • ROMANTICO Siamo nel cuore della città, in un palazzo storico ubicato sulla suggestiva piazza della Motta. Subito all'entrata si apre un piccolo giardino romantico di inizio Novecento con un bel pozzo. Cucina prevalentemente di mare – ottimi i crudi – sebbene non priva di qualche proposta di terra (come l'ottima scaloppa di foie gras flambata all'Armagnac), ed ampia cantina con buona selezione di distillati. Particolarmente consigliato per una serata romantica.

🆑 🍴 – Prezzo: €€€

Via Carrobbio 19 – ℰ 0332 231183 – perlaristorante.it – Chiuso lunedì

VARIGOTTI
✉ 17024 – Savona (SV) – Carta regionale n° **10**–B2

MURAGLIA - CONCHIGLIA D'ORO

PESCE E FRUTTI DI MARE • VINTAGE Una sala sobria e luminosa che mostra con orgoglio un certo spirito vintage legato alle sue origini negli anni Settanta, completata da una piccolissima quanto piacevole terrazza vista mare (pochissimi i tavoli, meglio prenotare in anticipo): la specialità della casa è ed è sempre stata il pesce, di grande qualità e freschezza, preparato in modo semplice e classico, anche alla brace direttamente in sala. A testimonianza della fragranza la carta scritta a mano varia tutti i giorni.

🍴 – Prezzo: €€€

Via Aurelia 133 – ℰ 019 698015 – Chiuso martedì e mercoledì

VARZI

✉ 27057 – Pavia (PV) – Carta regionale n° **4**–A3

🕸 BUSCONE

DEL TERRITORIO • FAMILIARE Vale la pena percorrere la tortuosa strada per raggiungere quest'oasi di pace. È qui che da moltissimi anni (oltre 50!) la famiglia Buscone accoglie i propri ospiti con affabilità, nonché i succulenti salumi di produzione propria (il ristorante si trova in una piccola frazione di Varzi, famosa per il salame), i funghi (in stagione) e altre leccornie. Cucina di territorio schietta, rassicurante e gustosa. Un esempio? Capriolo stufato al ginepro con riduzione al pinot nero.

🌿 ⇔ 🅿 – Prezzo: €
Località Bosmenso Superiore 41 – 𝒞 0383 52224 – ristorantebuscone.it – Chiuso lunedì e sera martedì, mercoledì, giovedì, domenica

VASTO

✉ 66054 – Chieti (CH) – Carta regionale n° **15**–B2

HOSTARIA DEL PAVONE 🔟

PESCE E FRUTTI DI MARE • INTIMO Un piccolo tesoro per gli amanti del pesce, questa deliziosa realtà tra i vicoli del centro storico (a soli 2 minuti a piedi) si caratterizza per i suoi ambienti raccolti, dove dominano il bianco ed il gusto "lineare" per gli arredi dell'istrionico patron! Indirizzo fortemente sbilanciato sul mare, imperdibili sono i suoi crudi, ma buone sono anche le paste e le portate principali. Per completare la splendida esperienza, la cantina cela grandissime sorprese. Un must.

🦪 🎴 – Prezzo: €€€
Via Barbarotta 15/17 – 𝒞 0873 60227 – hostariadelpavone.it – Chiuso martedì e domenica sera

VEDOLE

✉ 43052 – Parma (PR) – Carta regionale n° **9**–B1

AL VEDEL

EMILIANA • AMBIENTE CLASSICO Tempio della produzione del culatello, che troverete nei piatti, ma anche nelle cantine di stagionatura di cui vi suggeriamo la visita, al celebre salume si aggiungono i piatti parmensi e altre proposte più fantasiose. Di storia secolare, oggi Al Vedel è un elegante ristorante giunto alla sesta generazione.

🦪 🛝 🎴 ⇔ 🅿 – Prezzo: €€
Via Vedole 68 – 𝒞 0521 816169 – poderecadassa.it – Chiuso lunedì e martedì

VELLO

✉ 25054 – Brescia (BS) – Carta regionale n° **5**–D1

TRATTORIA GLISENTI

DEL TERRITORIO • ACCOGLIENTE Fronte lago con bella vista godibile dalla terrazza, il pesce d'acqua dolce anima il menu lasciando – tuttavia – spazio anche a qualche specialità classica della zona; particolare attenzione è riservata alla naturalità degli alimenti con un occhio di riguardo per i vegetariani. "Trattoria" solo nel nome: il locale è signorile!

🌿 – Prezzo: €€
Via Provinciale 34 – 𝒞 030 987222 – trattoriaglisenti.it – Chiuso mercoledì e giovedì

VELO

✉ 36010 – Vicenza (VI) – Carta regionale n° **8**–B2

GIORGIO E FLORA

VENETA • **ACCOGLIENTE** Una villetta tipo chalet che domina la valle dell'Astico. Al suo interno una piacevole sala, raccolta ed elegante, un panoramico dehors e piatti della tradizione veneta aggiornati. Ampia carta dei vini con attenzione al territorio.

⪡ ⛰ 🅰 🍽 **🅿** – Prezzo: €€

Via Baldonò 1, lago di Velo d'Astico – 𝒫 0445 713061 – giorgioeflora.it – Chiuso lunedì, a mezzogiorno da martedì a sabato e domenica sera

VELO VERONESE

✉ 37030 – Verona (VR) – Carta regionale n° **8**–A2

😊 13 COMUNI

VENETA • **FAMILIARE** A più di 1000 m d'altezza, sulla piazza principale del paese, troverete una delle migliori espressioni della cucina regionale, basata su una straordinaria ricerca di prodotti della Lessinia, esaltati in cucina da una mano esperta e rispettosa della tradizione. Molto bella anche la cantina: luogo ideale per aperitivi e dove riposa un'invitante selezione di vini, soprattutto dalla Valpantena e Valpolicella.

🍽 ⇔ – Prezzo: €€

Piazza della Vittoria 31 – 𝒫 045 783 5566 – 13comuni.it/it – Chiuso lunedì-giovedì

VENARIA REALE

✉ 10078 – Torino (TO) – Carta regionale n° **1**–B2

🌸 DOLCE STIL NOVO ALLA REGGIA

Chef: Alfredo Russo

ITALIANA CONTEMPORANEA • **ELEGANTE** Collocazione regale - verrebbe da dire - e non si sbaglierebbe: l'ingresso del ristorante si trova nel cortile interno della reggia di Venaria, spettacolare residenza dei Savoia. Preso l'ascensore, si giunge al 4° piano e alle sale del ristorante, dagli eleganti arredi anni '50 e '60, nonché una terrazza affacciata sul giardino per l'estate. La cucina parte dagli eccezionali prodotti delle valli piemontesi, per allargarsi alla regione e talvolta anche altrove, elaborando piatti a cavallo tra il tradizionale e il creativo.

♿ 🅰 🍽 ⇔ – Prezzo: €€€

Piazza della Repubblica 4 – 𝒫 346 269 0588 – dolcestilnovo.com – Chiuso lunedì e martedì e domenica sera

IL CONVITO DELLA VENARIA

MODERNA • **AMBIENTE CLASSICO** La gestione è affidata ad un'appassionata coppia: lei segue la sala, classica ed accogliente, lui la cucina, che tra pranzo e sera si sdoppia: se a mezzodì la carta è più leggera (anche nel prezzo), la sera si amplia, partendo dai piatti regionali per abbracciare tutto il Bel Paese, a cui si somma qualche ricetta più creativa, anche di pesce. Completano l'offerta le comode camere, due delle quali con vista sulla dimora sabauda.

🍽 – Prezzo: €€

Via Andrea Mensa 37/g – 𝒫 011 459 8392 – ilconvitodellavenaria.it – Chiuso lunedì e sera martedì, mercoledì, domenica

VENEZIA

✉ 30124 – Venezia (VE)
Carta regionale n° **8**-C3

Un ingrediente immancabile

Questa città eterea, onirica, fatta di pizzi a dondolo sull'acqua, in quanto a gusti è piuttosto ruspante e non disdegna di disseminare a piene mani la cipolla nei suoi piatti tipici, come nel fegato alla veneziana o nei bigoli in salsa saor. Si tratta di un piatto povero, preparato con tanta cipolla e con le sarde. I bigoli, fatti in casa al torchio con acqua e farina, vengono cotti in un fumetto preparato con le sarde, così da assorbirne pienamente il sapore. Sono poi mantecati con un'estrazione di sarde passate prima alla brace. Ne risulta un piatto succulento, nel quale la pasta è pienamente avvolta dal profumo del pesce.

☍☍ **GLAM ENRICO BARTOLINI**

Chef: Donato Ascani

CREATIVA • ROMANTICO La soglia discreta e seminascosta di Palazzo Venart si apre su un raro privilegio, un piccolo, ma incantevole giardino graziosamente arredato: una vera e propria orangerie! L'altro giardino si affaccia più platealmente sul Canal Grande e ospita i tavoli dove in estate si propongono il caffè con le coccole di fine pasto o il distillato. Tra i due spazi verdi si apre il meraviglioso albergo che accoglie il ristorante, frutto della collaborazione fra il cuoco pluristellato Enrico Bartolini e lo straordinario talento del resident chef Donato Ascani. Due i menu degustazione "Arte, orti e laguna" con una serie di piatti che omaggiano Venezia e tutta la sua ricchezza gastronomica e "I Classici del Glam" con i piatti iconici della carriera dello chef. In ogni portata si evidenziano sapori intensi, che si rincorrono e mescolano armoniosamente, un istinto naturale affinato con tenacia e passione. A rendere ancora più esclusivo l'indirizzo, la possibilità di raggiungerlo via acqua.

⚂ ♿🍽🍴 – Prezzo: €€€€

Pianta: B1-1 – *Calle Tron, sestiere Santa Croce 1961* – ☏ *041 523 5676* – *enricobartolini.net/ristorante-glam-venezia* – *Chiuso lunedì e martedì*

☍ **LOCAL**

CONTEMPORANEA • CONTESTO CONTEMPORANEO In un ristorante elegante dall'atmosfera rustico-chic, le ricette dello chef campano Salvatore Sodano riescono a sorprendere senza interferire con la matrice gastronomica locale, assecondando al tempo stesso echi di altri Paesi, che raccontano i suoi trascorsi londinesi e statunitensi. L'entusiasmo del gruppo si legge nell'energia

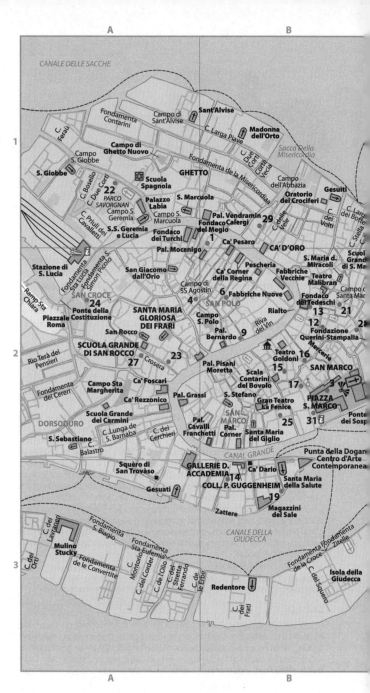

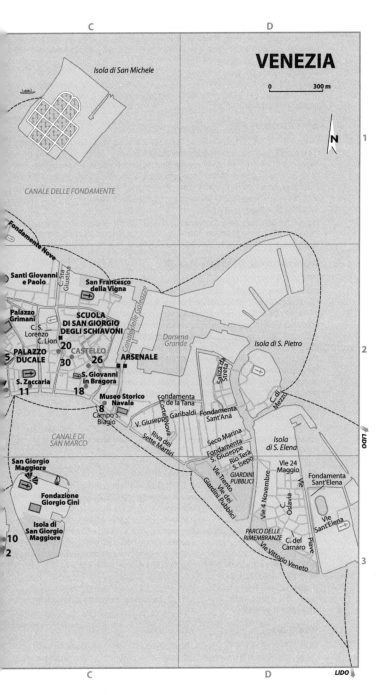

VENEZIA

0   300 m

N

Isola di San Michele

CANALE DELLE FONDAMENTE

Fondamente Nove

Santi Giovanni e Paolo

C. Sta Giustina

San Francesco della Vigna

Palazzo Grimani

C. S. Lorenzo
C. Lion

SCUOLA DI SAN GIORGIO DEGLI SCHIAVONI

20

CASTELLO

26

PALAZZO DUCALE

30

ARSENALE

S. Giovanni in Bragora

18

S. Zaccaria

11

Museo Storico Navale

8

Campo S. Biagio

Canale delle Galeazze

Darsena Grande

Isola di S. Pietro

Salizada Streta

C. di Mezzo

LIDO

Fondamenta Corte Nova

V. Giuseppe Garibaldi

Fondamenta de la Tana

Fondamenta Sant'Ana

CANALE DI SAN MARCO

Riva dei Sette Martiri

Seco Marina

Fondamenta S. Giuseppe

Rio Terà S. Isepo

Isola di S. Elena

Vle Trento

Vle dei Giardini Pubblici

GIARDINI PUBBLICI

Vle 24 Maggio

Fondamenta Sant'Elena

San Giorgio Maggiore

Fondazione Giorgio Cini

Isola di San Giorgio Maggiore

10

2

Vle 4 Novembre

C. Oslavia

Vle Sant'Elena

PARCO DELLE RIMEMBRANZE

C. del Carnaro

Vle Piave

Vle Vittorio Veneto

LIDO

trasmessa dalla giovane titolare Benedetta Fullin e dal bravo sommelier Manuel: veri osti dal tono amichevole e premurosi con il cliente. Un solo menu di 7 o 9 portate.

🐠 🅰 ⇆ – Prezzo: €€€€

Pianta: C2-2 – *Salizzada dei Greci, sestiere Castello 3303 – ℰ 041 241 1128 – ristorantelocal.com/it/home – Chiuso martedì, mercoledì e a mezzogiorno giovedì e domenica*

✿ ORO RESTAURANT

ITALIANA CONTEMPORANEA • **LUSSO** L'emozione inizia già col viaggio. Da piazza San Marco il motoscafo dell'Hotel Cipriani vi condurrà sull'isola della Giudecca attraversando un breve ma spettacolare tratto di laguna. All'eco dei famosi personaggi che hanno alloggiato qui, si aggiunge quello della cucina del ristorante, che esplora e adatta con stile gli ingredienti che la laguna offre. Oro esprime tutto il fascino di Venezia e il suo legame con il mare.

🐠 ⇐ 🖙 🅰 – Prezzo: €€€€

Pianta: C3-2 – *Isola della Giudecca 10 – ℰ 041 240801 – belmond.com/it/hotels/europe/italy/venice/belmond-hotel-cipriani/oro-restaurant – Chiuso lunedì, domenica e a mezzogiorno da martedì a sabato*

✿ PALAIS ROYAL RESTAURANT Ⓝ

CREATIVA • **LUSSO** Quasi un cugino d'Oltralpe dell'omonimo ristorante pluripre-miato a Parigi: con gran piacere della clientela gourmet, infatti, lo chef greco Philip Chronopoulos propone le sue deliziose creazioni gastronomiche anche a Venezia, all'interno del Palazzo della Borsa divenuto hotel Nolinski. La sala ad ellisse, ovat-tata dalla bella moquette, ha un suo piacevole fascino che rimanda con leggerezza agli anni Cinquanta. Qui, agli ospiti, si propone la scelta tra due menù degustazione dove si mette in mostra una cucina dall'indole mediterranea, tecnica francese, molte citazioni greche (tra cui non possiamo non ricordare l'inizio cena, con giochi di rivisitazioni su classici temi), e la "dispensa" italiana. Grandi materie prime come astice e caviale vengono, quindi, lavorate con precisione e servite con garbo... d'altra parte Philip si è formato presso "mostri sacri" come Joël Robuchon e Alain Passard. Una gran bella novità per la Laguna!

🅰 – Prezzo: €€€€

Pianta: B2-25 – *Calle Larga 22 Marzo 2032 – ℰ 041 406259 – nolinskivenezia.com/it/palais-royal-restaurant-gastronomico – Chiuso lunedì, martedì e a mezzogiorno da mercoledì a domenica*

✿ QUADRI

MODERNA • **CONTESTO STORICO** Il Quadri è l'espressione contemporanea dei piatti della tradizione veneziana interpretati dallo chef Sergio Preziosa, che mette in risalto gli ingredienti della laguna: i pesci di basso fondale, le verdure di Sant'Erasmo, i crostacei e, in stagione, la selvaggina. Al secondo piano dell'o-monimo e storico caffè, sontuosi lampadari, vista su piazza San Marco, elementi cinquecenteschi riportati alla luce dal restauro: è l'indirizzo per le grandi occasioni! Ma l'opulenza dell'ambiente è volutamente alleggerita da un servizio simpatico e all'occorrenza scherzoso, benché impeccabile in tutti i momenti.

⇐ 🅰 ⇆ – Prezzo: €€€€

Pianta: B2-3 – *Piazza San Marco 121 (primo piano) – ℰ 041 522 2105 – alajmo.it/pages/homepage-ristorante-quadri – Chiuso lunedì, martedì e a mezzogiorno da mercoledì a venerdì*

✿ WISTÈRIA

CONTEMPORANEA • **CONVIVIALE** Lungo il Rio de la Frescada, uno dei tanti canali laterali dove la tranquillità è di casa, la piccola entrata affaccia direttamente sull'area esterna, rallegrata dal glicine da cui mutua il nome, un omaggio alla pianta che ombreggia parte dei tavoli sistemati all'aperto quando la stagione lo consente.

Esperienza pluriennale con la famiglia Alajmo per lo chef Valerio Dallamano, che allieta i suoi ospiti con piatti in sintonia con la stagionalità dei prodotti e la variegata offerta d'ingredienti del territorio, declinati in una linea di cucina fortemente personalizzata anche dal punto di vista della presentazione: la Venezia gastronomica dei giorni nostri attraverso menu degustazione da 6 oppure 8 portate.

🎧 🍴 ⇔ – Prezzo: €€€€

Pianta: A2-23 – *Fondamenta del Forner, sestiere San Polo 2908 – ℰ 041 524 3373 – wisteria-restaurant.com/it – Chiuso mercoledì, giovedì e a mezzogiorno lunedì e martedì*

AI GONDOLIERI

VENETA • ROMANTICO Alle spalle del museo Guggenheim, questo locale rustico con tanto legno alle pareti propone un menu di terra legato alla tradizione classica e regionale; ottimo il carré d'agnello brasato con tortino di spinaci al burro e parmigiano. La fornita vineria accoglie una vasta selezione di bianchi, rossi e bollicine, nonché un'ampia lista di cocktail. Insieme ad un buon calice, Ai Gondolieri offre prodotti tipici veneti come prosciutti stagionati e verdurine in agrodolce.

🎧 ⇔ – Prezzo: €€€

Pianta: B3-14 – *Fondamenta de l'Ospedaleto, sestiere Dorsoduro 366 – ℰ 041 528 6396 – aigondolieri.it/?lang=it – Chiuso martedì*

AI MERCANTI

MODERNA • CONTESTO CONTEMPORANEO In una piccola corte veneziana, nero e beige dominano l'aspetto moderno ed elegante di questa "gastrosteria" a conduzione familiare. La cucina, che abbraccia terra e mare, è moderna, fantasiosa, non banale, fuori dagli schemi delle tipicità regionali, nelle mani di una promettente chef: Nadia Locatello!

🎧 🍴 – Prezzo: €€

Pianta: B2-15 – *Corte Coppo, sestiere San Marco 4346/a – ℰ 041 523 8269 – aimercanti.it – Chiuso lunedì e domenica*

AL COVO

VENETA • FAMILIARE All'insegna di un'autentica ospitalità familiare, ecco uno dei più rinomati ristoranti di Venezia, che fa dei prodotti di nicchia e di ricerca - in prevalenza di mare - la propria bandiera, anche se qualche specialità di terra è sempre presente in menu. La quasi totalità delle verdure impiegate proviene dall'orto di proprietà Osti in Orto sull'isola di Sant'Erasmo.

🎧 🍴 ⇔ – Prezzo: €€€

Pianta: C2-18 – *Campiello della Pescaria, sestiere Castello 3968 – ℰ 041 522 3812 – ristorantealcovo.com – Chiuso martedì e mercoledì*

ALLE CORONE

MODERNA • AMBIENTE CLASSICO Nelle tre eleganti salette di un lussuoso hotel a due passi da piazza San Marco o - su richiesta - nell'enoteca circondata da bottiglie di vino, degusterete piatti comunque legati alla mediterraneità e a Venezia, ma elaborati con gusto moderno nella scelta di qualche ingrediente, in cui anche l'occhio vuole la sua parte.

♿ 🎧 ⇔ – Prezzo: €€€

Pianta: B2-12 – *Campo della Fava, sestiere Castello 5527 – ℰ 041 523 2222 – ristoranteallecorone.com/it – Chiuso mercoledì e a mezzogiorno lunedì, martedì, giovedì, venerdì, sabato, domenica*

AMO

MEDITERRANEA • ALLA MODA All'interno del Fondaco dei Tedeschi, un tempo luogo in cui i commercianti del Nord Europa trattavano i propri affari con gli alter ego veneziani e oggi centro commerciale esclusivo per gli amanti del lusso, Amo è il locale più cool della galassia Alajmo. Gastronomico, ma casual: un vero e proprio "salotto in piazza", caratterizzato dal design di Philippe Starck. Imperdibile la visita della terrazza all'ultimo piano da cui si gode una meravigliosa vista su tetti e il Canal Grande (bisognerebbe prenotare, ma provate a chiedere al personale).

🅰️ – Prezzo: €€€

Pianta: B2-13 – *Calle del Fontego dei Tedeschi, Ponte di Rialto* – ☎ *041 241 2823* – *alajmo.it/pages/homepage-amo*

ANTICHE CARAMPANE

VENETA • FAMILIARE Dai tipici pavimenti alle decorazioni delle pareti, tutto qui parla al cuore, per raccontarvi di una storica trattoria dove si ritorna ogni volta con gioia per gustare le specialità di mare locali. Sarde in saor, baccalà mantecato, moeche fritte (primavera e autunno), seppie in nero per citarne solo alcune. Le ricette sono realizzate con abilità e fedeltà alla tradizione.

🅰️ 🍴 – Prezzo: €€€

Pianta: B2-6 – *Rio Terà delle Carampane, sestiere San Polo 1911* – ☎ *041 524 0165* – *antichecarampane.com/it* – *Chiuso lunedì e domenica*

ARVA

MODERNA • LUSSO Si mangia avvolti da stucchi e dipinti in un'atmosfera di grande lusso o nel piacevole dehors, tempo permettendo. Arva, dal latino "terreno coltivato", rende omaggio al mare, alla terra e ai suoi migliori ingredienti di stagione acquistati dal mercato di Rialto e dalle isole della laguna veneziana. Lo chef Matteo Panfilio, che vanta belle esperienze in ristoranti internazionali, dedica una grande attenzione alle verdure locali.

🛏️ 🅰️ 🍴 – Prezzo: €€€€

Pianta: B2-9 – *Calle Tiepolo, sestiere San Polo 1364* – ☎ *041 270 7333* – *aman.com/hotels/aman-venice/dining/arva-aman-venice*

BISTROT DE VENISE

VENETA • AMBIENTE CLASSICO Cucina veneziana di ieri e di oggi, con un excursus che va da piatti storici a interpretazioni contemporanee, in sale avvolte da velluti rossi e musica classica. Tante proposte di vini al bicchiere e, al piano superiore, due belle camere in stile veneziano. Per gli innamorati di ogni età un apposito menù "romantico" con tanto di rosa rossa per la dama.

🐾 🅰️ 🍴 ✿ – Prezzo: €€€€

Pianta: B2-16 – *Calle dei Fabbri 4685, sestiere San Marco* – ☎ *041 523 6651* – *bistrotdevenise.com*

CANOVA BY SADLER

CONTEMPORANEA • ELEGANTE La collaborazione tra lo chef Claudio Sadler e la catena Baglioni si è affermata anche a Venezia, nella sala intima e raccolta di questo ristorante ospitato nell'elegante hotel alle spalle di piazza San Marco. Le proposte gourmet (in alternativa, in uno spazio adiacente o nei tavolini esterni nella bella stagione viene offerta una più facile formula "bistrot") sono elaborate dal resident pugliese Gennaro Balice, che mette in tavola piatti di grande effetto visivo nati da selezionate materie prime. La formula prevede la scelta alla carta o due menu degustazione: creativo veneziano e vegetariano.

🅰️ – Prezzo: €€€€

Pianta: B2-31 – *Sestiere San Marco 1243* – ☎ *041 528 9840* – *venice.baglionihotels.com/it/ristoranti/canova-restaurant* – *Chiuso martedì e a mezzogiorno lunedì, mercoledì, giovedì, venerdì, sabato, domenica*

CHAT QUI RIT

CONTEMPORANEA • CHIC Cucina "fusion lagunare" in questo ristorante storico a pochi passi da San Marco: piatti generosi, colorati, preparati con grande attenzione e amore per il territorio, ma senza trascurare qualche incursione in

Oriente, passione di uno dei due chef veneziani. Vivamente consigliato il dessert: soprattutto il tiramisù!

⅋ 🅺 🛋 – Prezzo: €€€€

Pianta: B2-17 – *Calle Tron, sestiere San Marco 1131 – ℰ 041 522 9086 – chatquirit. it – Chiuso lunedì e domenica*

CIP'S CLUB

CLASSICA • ROMANTICO È il ristorante più informale e intimo del Cipriani, con un'ambitissima terrazza panoramica estiva sul canale della Giudecca: la vista abbraccia piazza San Marco e Palazzo Ducale. Cucina veneta, piatti stagionali e una pagina dedicata ai grandi classici della casa. Un'istituzione in città!

⅏ 🅺 🛋 – Prezzo: €€€€

Pianta: C3-1 – *Isola della Giudecca 10 – ℰ 041 240801 – belmond.com/it/dining/ europe/italy/venice/cips-club*

CORTE SCONTA

PESCE E FRUTTI DI MARE • CONTESTO TRADIZIONALE Un sapore piacevolmente nostalgico vi darà il benvenuto nella semplice sala interna, dove dal pavimento ai tavoli l'atmosfera è quella di un'accogliente trattoria. Ma il meglio si presenta con il bel tempo quando ci si sposta nel fresco cortile, ombreggiato da un pergolato d'uva ultra centenario: un piccolo incanto nel cuore della città lagunare. La cucina continua il suo semplice racconto sulla tradizione veneziana di mare.

🅺 🛋 – Prezzo: €€€

Pianta: C2-26 – *Calle del Pestrin, sestiere Castello 3886 – ℰ 041 522 7024 – cortescontave.com – Chiuso lunedì e domenica*

DAMA RESTAURANT

CREATIVA • CHIC Una cucina che nasce dalla conoscenza del territorio, ispirata alla tradizione ma in costante evoluzione; al ristorante Dama l'ospite troverà proposte creative che omaggiano in ugual misura terra e mare. All'interno di Ca' Bonfadini, l'affaccio sul canale di Cannaregio rende la location strepitosa, mentre la bella sala predispone alla condivisone contando solo su tre eleganti tavoli in legno che possono ospitare fino a 10 persone.

🅺 – Prezzo: €€€

Pianta: A1-22 – *Fondamenta Savorgnan 461, Cannaregio – ℰ 041 098 6297 – damavenice.com*

ESTRO VINO E CUCINA

MODERNA • WINE-BAR Nella Venezia un po' più segreta, un'accogliente enoteca che propone una cucina moderna di tipo mediterraneo a base di prodotti locali di stagione (il pesce viene dal mercato di Rialto). 600 etichette di vini naturali da viticoltura sostenibile.

⅋ 🅺 – Prezzo: €€

Pianta: A2-27 – *Calle Crosera, sestiere Dorsoduro 3778 – ℰ 041 476 4914 – estrovenezia.com – Chiuso martedì*

HOSTARIA DA FRANZ

PESCE E FRUTTI DI MARE • AMBIENTE CLASSICO Aperto a fine Ottocento dal soldato austroungarico Franz Habeler, questo storico locale veneziano è ora nelle mani di Maurizio Gasparini, che lavora in sala con grande cortesia a affabilità. Vi consiglierà una cucina che non vuole stupire, ma piacere, con piatti in prevalenza di pesce. Qualche esempio? Triglia fritta croccante e finocchio alla salsa bbq, ma anche bottoni di gamberi, pomodoro bruciato e burrata.

♿ 🅺 🛋 – Prezzo: €€€

Pianta: C2-30 – *Salizada Sant'Antonin, sestiere Castello 3499 – ℰ 041 522 0861 – hostariadafranz.com – Chiuso martedì e a mezzogiorno lunedì, mercoledì, giovedì, venerdì, sabato*

IL RIDOTTO

CREATIVA • MINIMALISTA Seminascosto in un'animata piazzetta, anche gli interni giocano la carta dell'understatement, benché, pur tra spazi ristretti, non manchino tocchi di eleganza, oltre ad un buon servizio. Padre e figlio ai fornelli, il risultato sono piatti fantasiosi che non si fermano necessariamente agli ingredienti e alle ricette locali – pur presenti – ma spaziano su riferimenti gastronomici di tutta la penisola. A pranzo c'è anche una formula più easy: tre tapas e il piatto del giorno di carne o pesce.

AC – Prezzo: €€€

Pianta: C2-5 – *Campo S.S. Filippo e Giacomo, sestiere Castello 4509 – ℰ 041 520 8280 – ilridotto.com – Chiuso mercoledì e a mezzogiorno martedì e giovedì*

LINEADOMBRA

MODERNA • MINIMALISTA In questo locale in splendida posizione, il servizio all'aperto su una sorta di zattera-palafitta offre un colpo d'occhio tra i più incantevoli della città, con la Giudecca che si estende meravigliosa sul lato opposto del canale. La cucina è contemporanea, in prevalenza di pesce, con qualche tocco creativo. Un esempio? Millefoglie di scampi tiepidi, mela verde e salsa alla liquirizia. Carta dei vini molto interessante, con circa 1000 etichette dall'Italia e dal mondo.

🍸 ♿ AC 🏮 – Prezzo: €€€

Pianta: B3-19 – *Ponte dell'Umiltà, sestiere Dorsoduro 19 – ℰ 041 241 1881 – ristorantelineadombra.com*

L'OSTERIA DI SANTA MARINA

DEL TERRITORIO • AMBIENTE CLASSICO Il biglietto da visita è un'incantevole credenza vecchio stile, ma il ricordo più vivo lo lascerà la cucina: niente di turistico, ma una gustosa ricerca di ottimi prodotti e ricette della tradizione rivisitate con tocchi fantasiosi, articolate in due menu degustazione (tradizione e classici) o scelta alla carta.

AC 🏮 – Prezzo: €€€

Pianta: B2-21 – *Campo Santa Marina, sestiere di Castello 5911 – ℰ 041 528 5239 – osteriadisantamarina.com – Chiuso domenica e lunedì a mezzogiorno*

LPV RISTORANTE & BISTROT

CLASSICA • LUSSO Formula bistrot a pranzo e un'offerta più articolata e raffinata la sera, quando la carta è equamente divisa tra pesce e frutti di mare nel menu Acqua, carne in quello Terra e proposte vegetariane nell'Aria.

AC 🏮 – Prezzo: €€€

Pianta: C2-11 – *Riva degli Schiavoni, sestiere Castello 4171 – ℰ 041 520 0533 – londrapalace.com – Chiuso a mezzogiorno*

OSTERIA ALLE TESTIERE

VENETA • SEMPLICE Nasce come bacaro, per diventare poi un bistrot fra i più gettonati della città. Pochi tavoli da prenotare con largo anticipo per una cucina mediterranea e della tradizione veneta. Molte delle verdure che compongono i piatti sono di provenienza del proprio orto sull'isola di Sant'Erasmo (Osti in Orto): iniziativa che vede il coinvolgimento di più ristorantini nella cura e condivisione di coltivazioni. La carta è giornaliera in base al mercato.

AC – Prezzo: €€€

Pianta: B2-28 – *Calle del Mondo Novo, sestiere Castello 5801 – ℰ 041 522 7220 – osterialletestiere.it – Chiuso lunedì e domenica*

OSTERIA DA FIORE

VENETA • ELEGANTE La nostalgica insegna vi introduce nel mondo gastronomico di Fiore, fatto di fedeltà al territorio - che qui vuol dire in prevalenza mare - e ricette della tradizione veneta. La sala invece si presenta con un'atmosfera più moderna, ma il tavolo più ambito, da prenotare con largo anticipo, è quello sistemato sul balconcino affacciato su un canale. Ultima, ma non ultima, è la cantina, che dispone di una buona selezione dei più ricercati vini francesi e italiani (circa 800 etichette). Non da meno è la proposta di grappe, cognac e whisky.

❀ 🅰 ⇄ – Prezzo: €€€€

Pianta: A2-4 – *Calle del Scaleter, sestiere San Polo 2202/a – 𝒞 041 721308 – ristorantedafiore.com – Chiuso domenica e a mezzogiorno da lunedì a giovedì*

TERRAZZA DANIELI

MEDITERRANEA • **LUSSO** Specchi e tessuti impreziosiscono i lussuosi interni, ma da maggio a ottobre è il servizio in terrazza a costituire il fiore all'occhiello del ristorante, con una vista mozzafiato sulla laguna e le isole. Il menu si aggiorna regolarmente seguendo la stagionalità degli ingredienti freschi e locali, con qualche contaminazione orientale, com'è giusto che sia a Venezia.

⩵ 🅰 🏠 – Prezzo: €€€€

Pianta: C2-7 – *Riva degli Schiavoni, sestiere Castello 4196 – 𝒞 041 522 6480 – hoteldanieli.com*

VERO - VENETIAN ROOTS 🅝

MODERNA • **DESIGN** Situato nell'elegante Hotel Ca' di Dio, nel quartiere dell'Arsenale dove si svolge la Biennale di Venezia, VeRo è elegante, esclusivo e dall'atmosfera trendy. Ma è la sua cucina il vero plus: ottimi ingredienti locali e nazionali preparati in ricette creative, in un susseguirsi di riferimenti che - di volta in volta - passano dalla Laguna, ai sapori italiani in generale, con qualche strizzata d'occhio alla Campania, terra natia del bravo chef Luigi Lionetti.

♿ 🅰 – Prezzo: €€€€

Pianta: C2-8 – *Riva Ca'di Dio 2181 – 𝒞 041 098 0238 – verovenetianroots.com – Chiuso lunedì e a mezzogiorno*

VINI DA GIGIO

VENETA • **FAMILIARE** Una trattoria familiare dove il benessere e la convivialità sono all'ordine del giorno, così come la qualità della cucina: piatti veneti di terra e di mare, ma la fama del locale è legata anche al bell'approccio della carta dei vini, fonte d'ispirazione per la scelta di bottiglie o singoli bicchieri: più di mille etichette e grandi formati.

❀ 🅰 – Prezzo: €€

Pianta: B1-29 – *Calle Stua Cannaregio, sestiere Cannaregio 3628 – 𝒞 041 528 5140 – vinidagigio.com – Chiuso lunedì e martedì*

ZANZE XVI

CREATIVA • **CONVIVIALE** L'ambiente e l'atmosfera conviviale ricordano quella di un bacaro veneziano, ma la cucina, assai più esotica e coinvolgente, racconta la laguna e tutto ciò che vi gravita attorno, in un menu degustazione i cui piatti possono essere ridotti a piacimento e scelti alla carta. I pochi tavoli esterni e la vista sul tranquillo canale rendono la sosta ancora più intrigante, mentre il servizio professionale, sebbene informale, concorre a mettere l'ospite a proprio agio.

🅰 🏠 – Prezzo: €€€€

Pianta: A2-24 – *Fondamenta dei Tolentini, sestiere Santa Croce 231 – 𝒞 041 715394 – zanze.it – Chiuso lunedì e martedì*

Mazzorbo

❀ **VENISSA**

Chefs: Chiara Pavan e Francesco Brutto

DEL TERRITORIO • **DESIGN** Lontano dalle folle turistiche, Venissa si trova sull'isoletta di Mazzorbo, all'interno di una vigna murata di origini medioevali con campanile trecentesco, un contesto fiabesco nel quale vi consigliamo di fare una passeggiata prima di passare al tavolo. Oltre alla Dorona di Venezia, vigneto autoctono, vi troverete orti che riforniscono il ristorante di buona parte delle sue necessità vegetali. Tra le eccellenze, crescono le castraure, primizie locali del carciofo. Usciti dall'orto, solcato un ponticello in legno sarete nell'adiacente isola di Burano, che può completare questo soggiorno in laguna con la fascinazione dei suoi merletti e le case policrome. Ma il centro del discorso qui è la cucina, ed è una grandissima cucina, che Chiara Pavan e Francesco Brutto definiscono "ambientale" per lo stretto legame con la laguna e l'alto Adriatico: tanti vegetali, molto pesce e nessuna carne. Si sceglie il numero di portate e i piatti arrivano a sorpresa, con diversi vini biologici proposti in abbinamento, ma anche cocktail e bevande fermentate di produzione propria. Se optate per lo chef's table sappiate che può ospitare non più di quattro persone.

❀ *L'impegno dello chef:* Pomodori gialli, melanzane, cipolle e le proverbiali castraure vengono coltivati con tecniche tradizionali negli "orti salsi", appannaggio di pochi anziani dell'isola e luogo di rifornimento per Venissa. Inoltre, a seconda del luogo e della salinità del suolo, sono diverse le erbe ed i fiori che crescono in laguna e che concorrono ad insaporire i piatti di Chiara e Francesco. Ultimo ma non meno importante il lab fermentazione provvede al recupero di sovrapproduzione agricola e scarto del pesce.

🛏 AC ☂ – Prezzo: €€€€

Fondamenta Santa Caterina 3 – ☎ 041 527 2281 – venissa.it – Chiuso martedì e mercoledì

Burano

AL GATTO NERO

VENETA • ACCOGLIENTE Nella deliziosa e variopinta Burano, una salda gestione familiare che si impegna da oltre 50 anni nella scelta delle materie prime e nell'accoglienza. Un ristorante di ottima cucina veneziana e di mare con gradevole dehors estivo affacciato sul canale. Il locale è molto gettonato, meglio prenotare.

AC ☂ – Prezzo: €€€

Via Giudecca 88 – ☎ 041 730120 – gattonero.com – Chiuso lunedì e sera mercoledì, giovedì, domenica

Campalto

TRATTORIA AL PASSO

PESCE E FRUTTI DI MARE • FAMILIARE Da oltre 70 anni un avvicendarsi di generazioni appartenenti alla stessa famiglia guidano questo gradevole ristorante fuori città, nella sala interna stile marina o nella luminosissima sala-veranda vi verrà proposta una cucina a tutto pesce: crudi, cotture alla griglia, fritti e numerosi condimenti per i primi piatti... A sancire il gran finale un'ampia carta dei dessert!

AC ☂ – Prezzo: €€€

Via Passo Campalto 118 – ☎ 041 900470 – Chiuso lunedì e martedì

Isola delle Rose

AGLI AMICI DOPOLAVORO

CREATIVA • CONTESTO CONTEMPORANEO Sull'incantevole isola delle Rose, privata e raggiungibile solo con navetta dedicata, attraversato un piccolo giardino-uliveto vi troverete immersi in una cornice traboccante di romanticismo e raffinatezza. Sotto la supervisione di chef Scarello, il resident chef è il giovane talentuoso Lorenzo Lai che propone due percorsi degustazione: LagunAmare con il meglio dei prodotti ittici locali e Giardino delle Rose totalmente green basato sui vegetali del loro orto. Entrambi i menu mettono in risalto la ricchezza della laguna e la biodiversità dell'isola. Nelle serate estive si consiglia di iniziare la cena con un aperitivo nel suggestivo dehors.

🍴♿️🎦🍾 – Prezzo: €€€€

Isola delle Rose – ☎ 041 852 1300 – dopolavororestaurant.com/it – Chiuso lunedì, martedì e a mezzogiorno da mercoledì a domenica

VENOSA
✉ 85029 – Potenza (PZ) – Carta regionale n° **18**–A1

AL BALIAGGIO

MODERNA • ELEGANTE All'interno di un edificio risalente al 1400 con bei soffitti a volte, in un'atmosfera signorile e curata il giovane chef-patron propone una cucina di terra e di mare legata alla tradizione, ma rielaborata in chiave moderna, con ottimi prodotti regionali. Piatti fragranti e ben bilanciati nell'equilibrio dei sapori, come nei maccheroni al ferro o nel baccalà camouflage. Corona il tutto un servizio attento e preciso.

♿️🎦 – Prezzo: €

Via Vittorio Emanuele II 136 – ☎ 0972 35081 – albaliaggio.it – Chiuso lunedì e domenica sera

VENTIMIGLIA
✉ 18039 – Imperia (IM) – Carta regionale n° **10**–A3

🏵 BALZI ROSSI

DEL TERRITORIO • ELEGANTE Ancora in Italia, ma a brevissima distanza dal confine e con una strepitosa terrazza affacciata sulla costa francese, lo sguardo spazia dal pittoresco centro storico di Mentone fino a Cap Martin (in alta stagione consigliamo di prenotare uno di questi ambitissimi tavoli con anticipo, l'alternativa è comunque un'elegante sala interna). Se tutto sembra volgere verso la Costa Azzurra, la cucina del bravissimo Enrico Marmo ci riporta invece in Liguria. Il giovane chef punta sovente sulle eccellenze regionali, dai fagioli di Pigna ai gamberi di Sanremo per citarne solo due, ripercorre con sapienza le ricette liguri, dando poi ampio spazio alla sua creatività e declinando talvolta i piatti in due o più proposte intorno allo stesso tema. Tra vista, cucina e un'interessante proposta di abbinamenti (affidatevi alla passione di Lorenzo, il sommelier) e declinando i piatti in un ampio menù degustazione a sorpresa, tendenzialmente più creativo, o in una ridotta scelta alla carta, dove non possono mancare anche le specialità di chi il locale lo aprì nel 1985, cioè i Ravioli della Pina e il Coniglio arrosto alla ligure, la sosta si farà indimenticabile...

🥂 ≤🎦🍾♻ – Prezzo: €€€€

Via Balzi Rossi 2 – ☎ 0184 38132 – ristorantebalzirossi.it – Chiuso martedì e mercoledì

🏵 CASA BUONO

Chef: Antonio Buono

DEL TERRITORIO • CHIC A Trucco, una piccola frazione della Val Roia, nel primo entroterra alle spalle di Ventimiglia, troverete questa inaspettata gemma della ristorazione ligure. Niente scelta à la carte, ci si affida al menù degustazione Orto e Mare cui è possibile aggiungere anche un piatto di carne e una degustazione di formaggi da scegliere dal ricco carrello. Le proposte contengono alcuni riferimenti alle tradizioni liguri, ma sono per lo più creative, sorprendenti e felicemente elaborate. Dato il suo successo, il locale è stato recentemente ampliato ma mantiene il suo stile tutto sommato semplice, colorato e accogliente. Servizio di qualità, capeggiato con squisita gentilezza dalla moglie del cuoco, aiutata da un personale di grande professionalità.

🔤 – Prezzo: €€€

Corso Cuneo 28 – ☏ 0184 176 0006 – ristorantecasabuono.com – Chiuso lunedì, domenica e a mezzogiorno martedì e mercoledì

IL GIARDINO DEL GUSTO

CREATIVA • ACCOGLIENTE Una delle cucine più elaborate e creative della città. Allo chef-patron Emanuele Donalisio non fa difetto certo la fantasia! Se amate i piatti ricchi di ingredienti e gli accostamenti originali (anche se non manca qualche piatto di ispirazione più classica) ecco il vostro indirizzo.

🔤 🍸 – Prezzo: €€€

Piazza XX Settembre 6/c – ☏ 0184 355244 – emanueledonalisio.com – Chiuso lunedì e martedì a mezzogiorno

MARIXX ⓝ

PESCE E FRUTTI DI MARE • CONTESTO CONTEMPORANEO All'interno della moderna marina di Cala del Forte (dal nome del Forte dell'Annunziata con rovine ancora presenti sul versante che si affaccia al mare), fuori dal congestionato centro città e con affaccio su yacht e natanti di lusso, un locale nato insieme al complesso nell'estate 2021. Cucina di mare, molto apprezzato il crudo, con piatti su base classica e abbinamenti di stagione ma anche stuzzichini e oyster bar. Da preferire certamente la veranda con vetrate direttamente sul passaggio pedonale, ma anche la contemporanea sala interna fornisce un confort aggiornato. Lo chef-patron ha alle spalle importanti esperienze soprattutto in zona.

🔤 🍸 – Prezzo: €€€

Passeggiata Marconi 5 – ☏ 0184 840483 – marixx.it – Chiuso a mezzogiorno da lunedì a venerdì

VERBANIA

✉ 28922 – Verbano-Cusio-Ossola (VB) – Carta regionale n° **1**-C1

CAFFÈ DELLE ROSE BISTROT

MEDITERRANEA • BISTRÒ Nel pittoresco centro storico di Pallanza, all'interno di un bell'edificio risalente agli inizi del Novecento trova posto un bistrot di gusto contemporaneo, condotto sapientemente da Massimiliano Celeste, chef molto conosciuto in zona. La linea gastronomica è mediterranea con un tocco di fantasia; piccolo chef's table davanti alla cucina. Vivamente consigliata la visita dell'antica ghiacciaia, ora cantinetta dalle ottime etichette.

🔤 – Prezzo: €€

Via Ruga 36 – ☏ 0323 288371 – caffedellerosebistrot.it – Chiuso martedì e mercoledì a mezzogiorno

VERCELLI

✉ 13100 – Vercelli (VC) – Carta regionale n° **1**-C2

BISLAKKO

DEL TERRITORIO • CONTESTO CONTEMPORANEO Si è voluto giocare con le parole, perché "bislacco" lo è solo nel nome. Questo ristorante saprà conquistarvi per la sua cucina: piatti di carne, pesce o vegetariani (c'è una degustazione dedicata) e, in virtù della presenza della pasticceria di proprietà, anche un interessante percorso dall'antipasto al dolce in cui fa capolino il cioccolato. D'altro canto, si definiscono "cioccoristoreria". A tenervi compagnia la visione di video d'epoca.

Prezzo: €€

Via Thaon de Revel 87 – ☏ 335 127 3539 – bislakko.com – Chiuso martedì e a mezzogiorno lunedì, mercoledì, giovedì, venerdì

CHRISTIAN & MANUEL

MODERNA • ELEGANTE I fratelli Christian e Manuel Costardi sono artefici di una cucina creativa, elaborata partendo da materie prime di eccellente qualità, senza dimenticare le tradizioni culinarie della zona. Non meravigliatevi quindi della particolare attenzione riservata al riso: il menu propone una selezione di una ventina di risotti, a cui si aggiungono tante gustose specialità di terra e di mare. La carta dei vini è di livello e ben articolata!

இ ⧈ – Prezzo: €€€

Corso Magenta 71 – ℰ 0161 253585 – christianemanuel.it – Chiuso lunedì e domenica sera

VERNANTE

 12019 – Cuneo (CN) – Carta regionale n° **1**-B3

ۼ **NAZIONALE**

Chef: Maurizio Macario

DEL TERRITORIO • ROMANTICO Varcata la soglia dell'omonimo albergo, una tipica struttura montana, sono le due sale che ospitano il ristorante a scaldare il cuore, e non solo per la presenza dei camini, ma anche per il legno e l'eleganza che le avvolge, nonché la cortesia del servizio. Proteine animali sì, ma con il tempo sempre maggiore attenzione verso i vegetali, grazie anche ai tre orti, due dei quali di proprietà, presso cui si riforniscono. Due menù degustazione (uno più classico, l'altro contemporaneo) e una buona scelta alla carta. Noi ricorderemo soprattutto i bottoni con tumin del Mel (formaggio fresco simbolo della val Varaita), fondo di agnello e cavolo nero. L'offerta si è - inoltre - allargata con un nuovo bistrot nei locali del vecchio bar: piatti più facili, ma mai scontati.

இ ⌂ ⌶ – Prezzo: €€€

Via Cavour 60 – ℰ 0171 920181 – ilnazionale.com – Chiuso lunedì e martedì a mezzogiorno

VERONA

✉ 37121 – Verona (VR)
Carta regionale n° **8**–A3

Una grande tradizione dolciaria

Brevettato dal pasticcere Domenico Melegatti nel 1894, il pandoro nasce dall'evoluzione di vari dolci tradizionali natalizi: a Melegatti il merito di aver combinato le fonti d'ispirazione e di aver messo a punto un'ottima operazione commerciale. L'impasto di farina, zucchero, burro e uova lievita per oltre 48 ore in 6-7 cicli di impasti, rendendo il "pane d'oro" difficilmente replicabile in casa con successo. Una curiosità: nella bottega di Melegatti lavorava un certo Giovanni Battista Perbellini, il nome vi dice qualcosa? Fu lui a creare nel 1891 l'Offella d'Oro®, una pasta lievitata dolce che si dice essere tra gli ispiratori del pandoro.

❀❀❀ **CASA PERBELLINI 12 APOSTOLI**

Chef: Giancarlo Perbellini

CREATIVA • INTIMO Giancarlo Perbellini ritorna alle origini, nel locale storico della sua città, dove ogni cuoco veronese, e non solo, ambirebbe lavorare. E ne rinnova i fasti con un restyling attualizzato ma, soprattutto, perfezionando ancora il suo stile e la sua filosofia di cucina, sino a portarle entrambi là dove in pochi sanno arrivare: le tre stelle!!! Presentata attraverso tre formule degustazione –"Io e Silvia", dedicato alla moglie e che include piatti decisamente fantasiosi come il cotto e crudo di crostacei, con una pennellata di soia e peperoni; "Io e Giorgio" dedicato al suo mentore ovvero all'ex proprietario dell'attuale location con ricette più classiche; ultimo ma non ultimo, "L'Essenza" totalmente vegetariano. Un elogio va riservato alla carta dei vini, caratterizzata da una vasta scelta di bottiglie d'Oltralpe: passione sia del sommelier sia di Giancarlo. Imperdibile, infine, una visita alle rovine romane conservate al piano interrato. Un consiglio: prenotate lo chef's table dove si può cenare in coppia, ma – al tempo stesso - in compagnia dei bravissimi chef che eseguono i piatti come in un'orchestra ben affiatata. Lo spettacolo è garantito!
৪৪ ৬. 🅰🅲 – Prezzo: €€€€

Pianta: C2-1 – *Vicolo Corticella San Marco 3* – 𝒞 045 878 0860 – casaperbellini. com – *Chiuso lunedì, domenica e martedì a mezzogiorno*

❀ **IL DESCO**

Chef: Matteo Rizzo

ITALIANA CONTEMPORANEA • ELEGANTE Da oltre 40 anni è il salotto buono di Verona, tra le mura di un palazzo rinascimentale nel cuore della città scaligera: l'eleganza della sala, raffinata e signorile, arricchita ed ulteriormente impreziosita da opere d'arte, è degna delle occasioni più importanti. La carta racconta la sua

588

storia gastronomica nata dal talento di papà Elia ed oggi nelle mani del figlio Matteo Rizzo; la maggior parte dei piatti oggi sono suoi, e mostrano un certo piglio fresco e leggero (ottime le capesante al Tandoori Masala mediterraneo), non mancano, però, alcune classiche ricette del capostipite, così come imperdibile è lo storico mantecato di burro e mascarpone con cui si accompagnano con golosità i farinacei ad inizio pasto. Interessante anche il menu degustazione "Capitolo 4": un excursus tra tradizione, territorio e piatti iconici dall'anno dell'apertura (1982) ad oggi.

⅏ 🅰️ 🏠 ⇔ – Prezzo: €€€€

Pianta: C2-3 – *Via Dietro San Sebastiano 7* – *℘ 045 595358* – *ristoranteildesco. it* – *Chiuso lunedì e domenica*

⅏ IRIS RISTORANTE ⓝ

CONTEMPORANEA • **DI TENDENZA** Poco distante dalla Basilica di San Fermo del 1100, il ristorante è all'interno di Palazzo Soave (ex Malaspina Bottagisio); un indirizzo storico che si presenta con interni molto raffinati dove ancora troviamo pareti in sasso e pietra a "lisca di pesce", nonché volte che fanno da cornice a degli arredi contemporanei tuttavia ben allineati con l'antichità della casa. L'inizio pasto esordisce mirabilmente con gli appetizer serviti in un luogo speciale, si "scende" infatti nella storia della città, ovvero nella cantina quattrocentesca con origini romane, per poi tornare in sala per godersi l'esperienza. Il talentuoso chef dal tocco "green" propone piatti concreti dai connotati territoriali creati con equilibrio e fantasia. Non manca il pesce con una predilezione per il Mar Adriatico. La cantina conta più di 800 etichette: Veneto e Francia primeggiano.

⅏ ♿ – Prezzo: €€€€

Pianta: C2-12 – *Via Leoni 10* – *℘ 045 415 8021* – *irisristorante.it* – *Chiuso lunedì e domenica*

😊 AL BERSAGLIERE

VENETA • **CONTESTO TRADIZIONALE** Questo locale storico del quartiere Borgo Filippi, traboccante di oggetti vintage – dal juke-box alla macchina per caffè degli anni '60 – continua a confermare il suo successo grazie ad una cucina generosa, rassicurante, un vero baluardo delle tradizioni venete. Tra le varie specialità citiamo i bigoli con anitra, la pastissada de caval o il gelato spiritoso dal sentore di grappa. Interessante anche la bella cantina (visitabile): in ambienti risalenti al 1200, descrive molto bene la zona del veronese e se l'Amarone, ovviamente, primeggia, imperdibile è anche l'ottima selezione di distillati.

⅏ 🅰️ 🏠 – Prezzo: €

Pianta: C2-4 – *Via Dietro Pallone 1* – *℘ 045 800 4824* – *trattoriaalbersagliere. it* – *Chiuso lunedì e domenica*

😊 OSTERIA MONDO D'ORO

ITALIANA • **ACCOGLIENTE** L'osteria secondo il celebre e pluristellato chef Giancarlo Perbellini: un luogo, anzi un "mondo" dove assaporare, in rilassatezza e a prezzi onestissimi, fragranti piatti di cucina italiana e alcune proposte vegetariane; il tutto accompagnato da numerosi vini al calice di ottima qualità. L'ispettore ha gradito: insalata di gallina e cappone, cavoletti di Bruxelles e vinaigrette al caprino. In pieno centro, in una traversa della centralissima via Mazzini, la scelta si farà tra la raccolta sala interna e il dehors (tempo permettendo!).

🅰️ 🏠 – Prezzo: €

Pianta: C2-5 – *Via Mondo d'Oro 4* – *℘ 045 894 9290* – *osteriamondodoro.it* – *Chiuso martedì e mercoledì a mezzogiorno*

AL CAPITAN DELLA CITTADELLA

PESCE E FRUTTI DI MARE • **CONTESTO CONTEMPORANEO** Appena fuori dalle mura cittadine, Al Capitan da oltre tre lustri è l'indirizzo di riferimento per chi ama la cucina di pesce; le preparazioni sono per lo più quelle classiche italiane, a cui

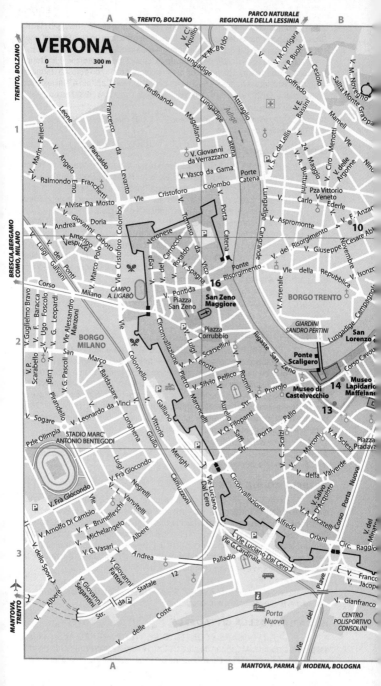

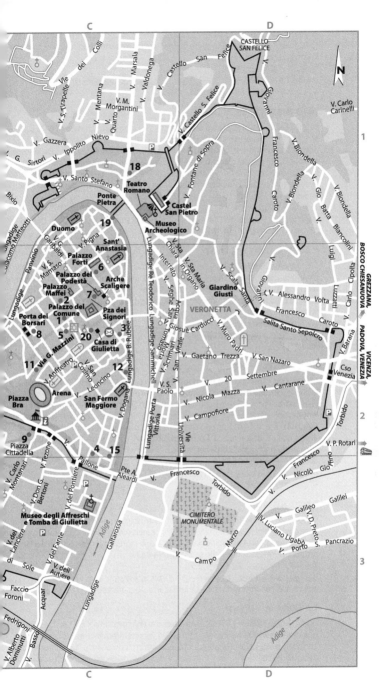

lo chef-patron concede qualche spunto contemporaneo, puntando essenzialmente sulla qualità del prodotto. La carta dei vini mostra un certo debole per la Francia e in particolare per gli Champagne.

🕭 🆒 🍴 – Prezzo: €€€

Pianta: C2-9 – *Piazza Cittadella 7/a* – *☎ 045 595157* – *alcapitan.it* – *Chiuso domenica e lunedì a mezzogiorno*

AMO BISTROT Ⓝ

FUSION • BISTRÒ All'interno del suggestivo Palazzo Forti, l'intreccio con la storia si fa notare nei piacevoli interni in grado di coniugare la contemporaneità degli arredi con pareti in sasso e soffitti in legno. Molto consigliabile e suggestiva la sosta nei mesi caldi nel bel chiostro dove si svolge il servizio estivo fra antiche mura e luci soffuse. La cucina mixa la tradizione (pesce e terra) con l'Oriente, in proposte eventualmente da condividere fra tapas e bao (panini soffici al vapore). Domenica anche un ricco brunch.

♿ 🆒 🍴 – Prezzo: €€

Pianta: C2-6 – *Vicoletto Due Mori 5* – *☎ 045 806 9146* – *amobistrot.it* – *Chiuso lunedì e a mezzogiorno da martedì a venerdì*

CAFFÈ DANTE BISTROT

ITALIANA • CONTESTO STORICO Servizio all'aperto in una delle piazze più belle di Verona, ma se il tempo non lo consente le sale interne dalle decorazioni ottocentesche non sono meno suggestive. La cucina oscilla tra specialità locali e nazionali, con una predilezione per la cottura alla griglia tra i secondi e una particolare ricerca sulle carni.

🕭 ♿ 🆒 🍴 – Prezzo: €€

Pianta: C2-7 – *Piazza dei Signori 2* – *☎ 045 800 0083* – *caffedante.it* – *Chiuso lunedì*

FILIA RISTORANTE

CREATIVA • INTIMO Intimo, moderno, solo cinque tavoli e linee minimal, con la sola eccezione del bagno hip-hop. È l'espressione diretta del carattere del suo chef-patron Michael Silhavi, che ha scelto Borgo Trento, quartiere residenziale non lontano dal centro, per realizzare il sogno di un locale in proprio. Due sono i menu degustazione, ma l'ospite può scegliere alla carta, mentre a pranzo, a voce, c'è anche una proposta veloce. I piatti sono creativi, coloratissimi e a volte giocano con ricette tradizionali come nel caso del "Polpo alla Luciana?"

♿ 🆒 🍴 – Prezzo: €€€

Pianta: B1-10 – *Via Francesco Anzani 19* – *☎ 388 724 9430* – *filiaristorante.it* – *Chiuso lunedì e domenica*

LA CANONICA

CREATIVA • INTIMO Piccolo locale del centro in stile minimal, dove atmosfera e linea gastronomica si rifanno alla contemporaneità con qualche sfumatura ispirata alla Sardegna, terra di origine dello chef; alcuni ingredienti provengono dal laboratorio di fermentazione dello stesso ristorante.

♿ 🆒 🍴 – Prezzo: €€€

Pianta: C2-8 – *Vicolo San Matteo 3* – *☎ 045 473 2625* – *ristorantelacanonicaverona.it* – *Chiuso martedì e a mezzogiorno*

LA LOGGIA BISTRÒ

CONTEMPORANEA • BISTRÒ All'interno di una corte un po' defilata ma comunque centralissima si svolge il servizio estivo, mentre internamente il locale è intimo, con pochi posti, tavolini quadrati apparecchiati in modo classico, luci soffuse e belle decorazioni che omaggiano il mondo del vino. Cucina generosa che esce dai cliché più classici e turistici con ingredienti che seguono la stagionalità dei prodotti ed elaborazioni improntate a una certa creatività.

🏠 – Prezzo: €€€

Pianta: C2-2 – *Corte Sgarzarie 7 – 𝒞 045 258 9762 – la-loggia-bistro.business. site*

LOCANDA 4 CUOCHI

CLASSICA • SEMPLICE In pieno centro storico, dietro l'Arena, piacevole ristorante, semplice ma di qualità, rilevato da due ex allievi di chef Perbellini, qui in veste di soci e responsabili. La carta propone una linea italiana contemporanea con piatti quali risotto mantecato allo zafferano, gamberi e cagliata al limone oppure arrosticino d'agnello alle erbe aromatiche con soncino, yogurt alla menta e sesamo nero.

🅰🏠 – Prezzo: €€

Pianta: C2-11 – *Via Alberto Mario 12 – 𝒞 045 803 0311 – locanda4cuochi.it – Chiuso lunedì e martedì a mezzogiorno*

L'OSTE SCURO

PESCE E FRUTTI DI MARE • RUSTICO Raggiunto il quarto di secolo col suo Oste Scuro, lo chef-patron Lugoboni è ormai un riferimento cittadino (e non solo) per gli amanti della cucina di mare: traguardo raggiunto grazie a piatti dal leggero tocco moderno, che si basano sempre sulla freschezza e la qualità del pescato. La bella carta dei vini è in costante crescita, con una predilezione per bianchi e Champagne.

🕸 🅰🏠 – Prezzo: €€€

Pianta: B2-13 – *Vicolo San Silvestro 10 – 𝒞 045 592650 – ristoranteostescuro. tv – Chiuso domenica e lunedì a mezzogiorno*

OSTERIA LA FONTANINA

CLASSICA • ROMANTICO A due passi dal Teatro Romano e dal Ponte Pietra, la Fontanina è una delle più vecchie osterie della città (oltre 200 anni di storia), dal 1984 sotto l'egida della famiglia Tapparini. Grandi estimatori di antichità, i titolari hanno ammantato il ristorante di un'aura intima e ovattata, in cui ogni centimetro è rivestito di specchi, oggetti e arredi d'epoca, stampe e argenti. La cucina è ricca ed elaborata e le tradizioni venete e italiane sono rivisitate con opulenza; più sbilanciato sulle proposte ittiche, offre anche qualche piatto di carne. Carta dei vini vasta ed esaustiva.

🕸 🅰🏠 ⇔ – Prezzo: €€

Pianta: C1-18 – *Portichetti Fontanelle Santo Stefano 3 – 𝒞 045 913305 – ristorantelafontanina.com – Chiuso lunedì e domenica sera*

PONTE PIETRA

MODERNA • ROMANTICO L'antico edificio attiguo al romano Ponte Pietra si affaccia sul fiume con un paio di romantici balconcini. Nelle sale interne di gran fascino si degusta una cucina legata al territorio, ma con spunti creativi e grande attenzione alla cantina.

🕸 🅰🏠 ⇔ – Prezzo: €€

Pianta: C1-19 – *Via Ponte Pietra 34 – 𝒞 045 804 1929 – ristorantepontepietra. com*

TRATTORIA AL POMPIERE

VENETA • CONVIVIALE Atmosfera molto piacevole in questa trattoria del centro storico, ubicata di fronte alla casa di Giulietta, tra boiserie e foto d'epoca, tavoli ravvicinati e tovagliato a quadri. La carta si basa su ingredienti sostanziali di territorio: tanta carne e paste, quindi, ma potrete optare anche per l'ottima selezione di salumi e formaggi italiani, sbizzarrendovi anche con l'ampia scelta offerta dalla carta dei vini.

🕸 🅰 ⇔ – Prezzo: €€

Pianta: C2-20 – *Vicolo Regina d'Ungheria 5 – 𝒞 045 803 0537 – alpompiere. com – Chiuso domenica*

TRATTORIA I MASENINI

ITALIANA • **AMBIENTE CLASSICO** In una bella zona di Verona, proprio di fronte al famoso Castelvecchio, ambiente molto rilassante con soffitti in legno e arredi informalmente classici, luci e musica soft. In carta proposte gastronomiche sia regionali sia italiane, dove le specialità sono le carni allo spiedo; nella bella stagione si può desinare all'aperto.

& 🅰 🍴 – Prezzo: €€

Pianta: B2-14 – *Via Roma 34 – 𝒞 045 806 5169 – trattoriaimasenini.it – Chiuso domenica e lunedì a mezzogiorno*

VECIO MACELLO

PESCE E FRUTTI DI MARE • **AMBIENTE CLASSICO** Dell'ex macello antistante il ristorante ritroverete nella sala curiose decorazioni al soffitto - le antiche tubature utilizzate per la pressione del vapore nelle procedure di pastorizzazione e preparazioni delle carni - mentre i piatti, paradossalmente, sono quasi esclusivamente a base di pesce. Dalla selezione di crudi ai classici di mare, c'è spazio anche per qualche proposta di terra dai connotati regionali.

🅰 – Prezzo: €€€

Pianta: C2-15 – *Via Macello 8 – 𝒞 045 803 0348 – veciomacello.com*

VESCOVO MORO

ITALIANA CONTEMPORANEA • **INDUSTRIALE** A 50 metri dalla basilica di San Zeno, patrono della città, all'interno di una ex officina completamente rinnovata con ampi spazi esterni per la bella stagione, Vescovo Moro propone una cucina eclettica che contempla Mediterraneo e tradizione in egual misura. Qui troverete anche un ottimo crudo di mare, nonché una piccola selezione di caviale italiano.

🅰 🍴 – Prezzo: €€€

Pianta: B2-16 – *Via Pontida 3 – 𝒞 045 803 5084 – vescovomoro.it*

VETREGO

✉ 30035 – Venezia (VE) – Carta regionale n° **8**–C3

😊 **IL SOGNO**

DEL TERRITORIO • **FAMILIARE** Locale della campagna miranese, ex circolo culturale, propone a prezzi corretti una semplice quanto buona cucina che prende lo spunto dal territorio, ma segue anche le tracce di presidi Slow Food non solo italiani e qualche piccola personalizzazione. In inverno completo e intrigante carrello dei bolliti con salse e mostarda.

🍴 🅰 🍴 🅿 – Prezzo: €€

Via Vetrego 8 – 𝒞 041 577 0471 – trattoriailsogno.com – Chiuso lunedì e domenica sera

VIAGRANDE – Catania (CT) ➜ Vedere Sicilia, in fondo alla Guida

VIAREGGIO

✉ 55049 – Lucca (LU) – Carta regionale n° **11**–B1

❀❀ **IL PICCOLO PRINCIPE**

Chef: Giuseppe Mancino

CREATIVA • **LUSSO** É il ristorante gourmet dell'iconico Grand Hotel Principe di Piemonte, simbolo indiscusso dell'ospitalità in Versilia. Al pian terreno, si apre in profondità una sala raffinata dal gusto contemporaneo, allungata in un'esclusiva ala che i recenti rinnovi hanno ulteriormente impreziosito con opere d'arte ed arredi disegnati su misura. Fautore del suo successo è lo chef Giuseppe Mancino, talentuoso cuoco d'origine campana che sa come regalare un'estetica sinuosa e "fotogenica" a ricette creative dal sapore avvolgente e coinvolgente, goloso e al tempo stesso raffinato, riuscendo a trovare un perfetto punto d'incontro tra la fragranza della cucina mediterranea e la precisione della tecnica francese. Egli si presenta con 3 menù degustazione, tra cui uno vegetariano, ma con piatti liberamente estraibili alla carta. Ottima anche la carta dei vini che sa spaziare ovunque partendo con orgoglio dalla Toscana, riservando – tuttavia - un occhio di riguardo alla Francia.

🕸 ⌖ 🅰 🅿 – Prezzo: €€€€

Piazza Giacomo Puccini 1 – ℰ 0584 4011 – ristoranteilpiccoloprincipe.it – Chiuso lunedì-mercoledì, a mezzogiorno da giovedì a sabato e domenica sera

✿ LUNASIA

Chef: Luca Landi

MODERNA • **ELEGANTE** Uno degli chef più fantasiosi e originali della Versilia e un ristorante-vetrina all'interno del lussuoso hotel Plaza e de Russie. In una sala moderna e luminosa affacciata sul celebre lungomare viareggino, la carta di Luca Landi propone tre menù degustazione, uno dedicato al pesce, un secondo vegetariano e il terzo consacrato alle carni, con possibilità di scegliere alla carta liberamente, incrociando i piatti secondo le preferenze. Le portate sono di rara eleganza e le presentazioni lasciano stupiti. Sostenuto da ottimi ingredienti, lo chef omaggia il territorio, dal pescato del mare locale ai prodotti dell'entroterra.

⌖ 🅰 – Prezzo: €€€€

Viale Manin 4a – ℰ 0584 44449 – lunasiaristorante.com – Chiuso a mezzogiorno

✿ ROMANO

PESCE E FRUTTI DI MARE • **ELEGANTE** Storica insegna della ristorazione versiliana, Romano aprì i battenti nel '66 ponendo subito l'accento della sua cucina sulla qualità del prodotto, in particolare del pescato locale. Ora come allora il credo continua ad essere lo stesso, ma merito all'attuale cuoco Nicola Gronchi di aver aggiunto una marcia di tecnicismo in più, una ventata di modernità che ha portato la cucina al passo coi tempi, pur non tradendo il suo credo: il miglior pesce (ma per chi non lo ama c'è anche qualche piatto di carne), talvolta interpretato nelle tipiche ricette versiliane.

🕸 🅰 – Prezzo: €€€€

Via Mazzini 120 – ℰ 0584 31382 – romanoristorante.it – Chiuso lunedì e a mezzogiorno martedì e mercoledì

DA MIRO ALLA LANTERNA

PESCE E FRUTTI DI MARE • **FAMILIARE** Il menu non arriverà mai a trasmettere appieno la qualità e la bellezza del pesce esposto a ridosso della cucina, da cui scegliere il proprio pasto. Crostacei, pesci di fondale, grandi pezzature di varie tipologie: fatevi trasportare dalle onde del mare che qui si tradurranno in gustose emozioni per il palato. In un ambiente classico e con un servizio professionale, molte le etichette di vino presenti a un buon rapporto-qualità prezzo. Una certezza dal 1954!

🕸 ⌖ 🅰 🍴 – Prezzo: €€€

Via Coppino 289 – ℰ 0584 384065 – ristorantedamiro.com – Chiuso lunedì-domenica

HENRI RESTAURANT Ⓝ

ITALIANA CONTEMPORANEA • **INTIMO** Tornato nella sua Viareggio nel 2021, Henri Prosperi, garbato maître d'altri tempi, vi guiderà con stile e professionalità ad assaggiare i piatti della figlia Serena, che si diletta tra classicità e modernità, col vezzo di alcune citazioni francesi. La sua carta, divisa tra carne e pesce, rimane sempre incentrata su ingredienti di pregio, lo stesso carattere che contraddistingue la cantina, ricca di grandi firme nazionali e internazionali, da Sassicaia a Petrus, passando per le migliori bolle italiane e francesi. Bentornato Henri!

劇 点 ■ 屏 ⇔ – Prezzo: €€€€

Viale Ugo Foscolo 10 – ℰ 0584 841192 – henrirestaurant.it – Chiuso a mezzogiorno

MAME RESTAURANT

PESCE E FRUTTI DI MARE • BISTRÒ Il MaMe è in centro a Viareggio, vicino ai cantieri navali, e occupa uno spazio stretto e lungo che ricorda certi ristoranti orientali con lunga panca sul lato e piccoli tavoli in stile bistrot. In un ambiente informale ma molto curato la cucina si sofferma su interessanti dettagli tecnici, che vanno dall'ottima maionese fatta in casa che accompagna il piatto di pesce al vapore (altamente consigliato!) alla fragrante pagnotta a lievitazione naturale cotta al momento e servita ancora fumante.

点 ■ ⇔ – Prezzo: €€

Via Michele Coppino 56 – ℰ 0584 345697 – mamerestaurant.com – Chiuso lunedì e a mezzogiorno da martedì a sabato

TERESITA BY GIARDINO DI MARI

PESCE E FRUTTI DI MARE • CONVIVIALE Tra i migliori ristoranti di pesce della zona, direttamente sulla passeggiata di Viareggio e comodamente a bordo mare, ambienti signorili per una proposta di qualità con accento sui crudi e crostacei. Il pescato del giorno - abilmente lavorato dal bravo chef - è decisamente consigliato.

点 ■ 屏 – Prezzo: €€€

Terrazza della Repubblica 7 – ℰ 0584 184 0038 – ristoranteteresita.it – Chiuso martedì

VIBO VALENTIA MARINA

✉ 89900 – Vibo Valentia (VV) – Carta regionale n° **19**–A2

LAPPRODO

PESCE E FRUTTI DI MARE • ELEGANTE Di fronte al porto di Vibo Marina, è un indirizzo sicuro per chi è alla ricerca di una cucina classica, mediterranea e rassicurante, soprattutto a base di pesce, per lo più di provenienza locale.

点 ■ 屏 ⇔ – Prezzo: €€€

Via Roma 22 – ℰ 0963 572640 – lapprodo.com – Chiuso domenica sera

VICENO

✉ 28862 – Verbano-Cusio-Ossola (VB) – Carta regionale n° **1**–C1

🍃 **EDELWEISS**

DEL TERRITORIO • FAMILIARE Da oltre 60 anni è un vero caposaldo della gastronomia locale! Tanta longevità si deve al lavoro di un'intera famiglia che propone, in un ambiente rilassato ed informale, piatti della tradizione montana, cacciagione, selezione di formaggi locali (tra cui consigliamo un doveroso assaggio di bettelmatt) e gelati artigianali.

⇔ 点 ℙ – Prezzo: €

Località Crodo – ℰ 0324 618791 – albergoedelweiss.com/ristorante

VICENZA

⊠ 36100 - Vicenza (VI) - Carta regionale n° **8**-B2

✿ **MATTEO GRANDI IN BASILICA**

Chef: Matteo Grandi

CUCINA DI MERCATO • **ELEGANTE** Al primo piano di un bel edificio che affaccia sulla rinascimentale Basilica Palladiana, Matteo Grandi vi accoglie in una sala contemporanea e signorile, mentre dalla finestra fa capolino uno scorcio della piazza. Lo chef punta su di una nuova formula di menù, essenziale e... alla cieca: si può scegliere, infatti, solo il numero delle portate (indicativamente 3 o 5 o 8) e Matteo, a quel punto, servirà piatti deliziosi, preparati con gli ingredienti migliori trovati al mercato in giornata, per cui, ovviamente, le proposte potrebbero cambiare anche quotidianamente; fissi rimangono - per fortuna - la sua perizia, l'intento di toccare la materia prima il meno possibile, qualche sfumatura asiatica (derivante dalle esperienze passate in Cina), così come gli ottimi lievitati.

– Prezzo: €€€€

Piazza dei Signori 1 - ✆ 328 182 4572 - ristorantematteograndi.it - Chiuso lunedì-mercoledì

REMO VILLA CARIOLATO

ITALIANA • **AMBIENTE CLASSICO** In una bella villa veneta, che fu casa di Domenico Cariolato, eroe risorgimentale e uomo dei Mille di Garibaldi, sale e salette vedono il servizio di una solida cucina classica, regionale ed italiana, chiaramente divisa già sulla carta in proposte di terra e di mare. In quest'ultimo caso il pesce proviene quasi tutto dal mercato di Chioggia.

– Prezzo: €€

Strada di Bertesina 313 - ✆ 0444 911007 - removillacariolato.it - Chiuso lunedì e domenica sera

VICO EQUENSE

⊠ 80069 - Napoli (NA) - Carta regionale n° **17**-B2

✿✿ **TORRE DEL SARACINO**

Chef: Gennaro Esposito

CREATIVA • **ELEGANTE** Dalla strada costiera si scende lungo tornanti fino a Marina di Equa, la spiaggia di Vico, dove troneggia la torre saracena a pochi metri dal mare. È proprio al suo interno che si viene accolti per l'aperitivo, con un sottofondo musicale e una straordinaria serie di saluti della cucina, fantasiosi assaggi che aprono la strada a ciò che seguirà. Da qui si raggiungono due raffinate sale dagli arredi vintage anni Settanta, affacciate sul Golfo e sul Vesuvio, la cornice di un pasto che rimarrà a lungo nel ricordo: Gennaro Esposito è uno dei più grandi interpreti della cucina campana, nei suoi piatti sposa sovente mare e terra con intuizioni che lasciano sbalorditi di fronte a tanta meraviglia estetica - vi troverete tutti i colori e la vitalità della sua terra - ma soprattutto straripante bontà.

– Prezzo: €€€€

Via Torretta 9 - ✆ 081 802 8555 - torredelsaracino.it - Chiuso lunedì, martedì a mezzogiorno e domenica sera

✿ **ANTICA OSTERIA NONNA ROSA**

Chef: Peppe Guida

CAMPANA • **ROMANTICO** Nella sala si respira tutto il calore di un'antica casa campana, con un presepe che ritrae anche lo chef e nonna Rosa, mentre per una serata più intima ci sono due nicchie con altrettanti tavoli. Tra pareti color tortora e lampade posizionate ad hoc, la cucina si conferma originale e creativa, pur restando fedele alle tradizioni, nonché ai prodotti campani, spesso di produzione propria.

Da qualche anno lo chef-patron Giuseppe Guida ha acquistato un grande giardino, dove coltiva tutte le verdure e gli ortaggi utilizzati in cucina. Per dirla con le sue parole "Un intrigante viaggio nei sapori di una volta, con slanci su terreni più fantasiosi senza mai rinnegare le origini".

⅋ 🅰 – Prezzo: €€€€

Via Laudano 1, loc. Pietrapiana – ℰ 334 391 7950 – peppeguida.com – Chiuso mercoledì, a mezzogiorno lunedì, martedì, giovedì, venerdì e domenica sera

IL BIKINI

PESCE E FRUTTI DI MARE • STILE MEDITERRANEO Con la sua incantevole terrazza panoramica affacciata sull'omonimo stabilimento balneare e sul golfo di Napoli, a pranzo il locale offre una cucina di mare più semplice, mentre di sera il fine dining propone piatti gourmet serviti in una bella sala dal respiro mediterraneo.

⩽ 🖴 🅰 🛋 🅿 – Prezzo: €€€

SS 145 Sorrentina km 13,900 – ℰ 081 1984 0029 – ilbikini.com – Chiuso sera

L'ACCANTO

MODERNA • ELEGANTE Lasciato il traffico della Costiera, si entra nell'enclave silenziosa e lussuosa dell'hotel Angiolieri e da qui al ristorante. Sala di classica eleganza, ma appena il tempo lo permette si cena su una delle terrazze più spettacolari della zona, affacciata sul Golfo di Napoli e tramonti mozzafiato. La cucina - di gran livello - si muove prevalentemente lungo le straordinarie ricchezze della cucina campana.

⩽ 🖴 🅰 🛋 🅿 – Prezzo: €€€

Via Santa Maria Vecchia 2, loc. Seiano – ℰ 081 802 9161 – grandhotelangiolieri.it/it/dining-with-a-view/laccanto.html – Chiuso a mezzogiorno

MAXI

CREATIVA • ROMANTICO Dall'ingresso dell'albergo Capo la Gala si scende fino in riva al mare per prendere posto su una lunga terrazza proprio davanti agli scogli: se siete alla ricerca di un ristorante romantico, questo è una delle migliori scelte in costiera (sala interna in caso di cattivo tempo). Ma è anche la cucina a convincere: ai fornelli un giovane cuoco di origine ischitana che fa rivivere i prodotti campani con poetica fantasia e abilità tecnica.

⅋ ⩽ 🖴 🛋 🅿 – Prezzo: €€€€

Via Luigi Serio 8, SS 145 Sorrentina km 14,500 – ℰ 081 801 5757 – hotelcapolagala.com/it/dining/maxi-restaurant – Chiuso domenica e a mezzogiorno da lunedì a sabato

MIMA

CUCINA DI STAGIONE • CONVIVIALE All'interno di un moderno hotel in bella posizione panoramica, il Mima propone una cucina mediterranea e di stagione fragrante e ben realizzata. In estate il ristorante trasferisce i suoi tavoli sulla Terrazza Vesù, il rooftop situato al terzo piano con vista sul Golfo di Napoli, dove si potrà anche sorseggiare un aperitivo al tramonto.

⩽ 🖴 🛋 – Prezzo: €€

Via Madonnelle 9 – ℰ 081 1904 1517 – domo20.com/restaurant

VICOMERO DI TORRILE

✉ 43056 – Parma (PR) – Carta regionale n° **9**-A3

🍮 ## ROMANI

EMILIANA • AMBIENTE CLASSICO Tradizionale nell'atmosfera, a partire dalle sale ricoperte di decorazioni, fino alla cucina, ovviamente del territorio: è il ristorante per chi non ama rivisitazioni e ricerche esotiche, ma preferisce essere riconfermato nei classici sapori parmensi: salumi, paste fresche, arrosti e carni alla griglia, in una tipica casa colonica di campagna.

😘 🖾 🛋 ⇆ 🅿 – Prezzo: €

Via dei Ronchi 2 – 𝒞 0521 314117 – ristoranteromani.it – Chiuso mercoledì, giovedì e a mezzogiorno lunedì e martedì

VICOPISANO

✉ 56010 – Pisa (PI) – Carta regionale n° **11**–B2

OSTERIA VECCHIA NOCE

TOSCANA • **CONTESTO TRADIZIONALE** All'ingresso di Uliveto Terme, un antico frantoio del 1700 nel centro della minuscola frazione d'origine medievale: ambiente caratteristico, elegante e caldo, nonché collaudata gestione familiare che ha superato brillantemente i 35 anni. La solida cucina esprime in modo classico i sapori del territorio che da queste parti sono sia di terra sia di mare.

🍴🖾 🛋 🅿 – Prezzo: €€

Località Noce 39 – 𝒞 050 788229 – osteriavecchianoce.it – Chiuso martedì e mercoledì

VIESTE

✉ 71019 – Foggia (FG) – Carta regionale n° **16**–B1

ACQUA

MEDITERRANEA • **ELEGANTE** Appena sopraelevato rispetto al porto turistico, questo elegante locale vede alla sua guida un giovane cuoco che si cimenta con piatti contemporanei, a tratti creativi, attraverso i quali presenta il meglio degli ingredienti locali a partire dai prodotti del mare, forte del fatto di approvvigionarsi direttamente dalla pescheria di famiglia.

♿ 🖾 – Prezzo: €€

Lungomare Amerigo Vespucci 50 – 𝒞 0884 522238 – ristoranteacqua.it

AL DRAGONE

PUGLIESE • **ROMANTICO** Un ambiente caratteristico ricavato all'interno di una grotta naturale, dove concedersi i piaceri della tavola: non solo piatti e sapori regionali ma anche proposte create dalla fantasia dello chef in preparazioni attente al gusto e all'equilibrio. Noi abbiamo apprezzato il filetto al pepe verde flambé cognac (alla lampada!), ma anche il filetto di manzo e le crêpes Suzette. L'ampio utilizzo del flambé è una delle note distintive della casa.

🖾 ⇆ – Prezzo: €€

Via Duomo 8 – 𝒞 0884 195 2046 – aldragone.it

VIETRI SUL MARE

✉ 84019 – Salerno (SA) – Carta regionale n° **17**–B2

❀ VOLTA DEL FUENTI BY MICHELE DE BLASIO

CREATIVA • **DESIGN** Passata Vietri, in direzione Costiera, abbarbicata su uno scoglio digradante verso il mare troverete i Giardini dei Fuenti: una struttura ricettiva comprensiva di spiaggia, giardino terrazzato e Riva Restaurant, aperto solo a pranzo e dove si svolgono anche spettacoli ad ampio raggio legati al mondo di cibo e vino. In una sala con vetrate che si affacciano sulla meraviglia circostante, lo chef Michele De Blasio propone una cucina elaborata, spesso alla luce della rivisitazione di piatti classici campani, venata di moderno minimalismo anche nell'elencazione in carta o nei due menù degustazione. Noi abbiamo apprezzato soprattutto gli ottimi e generosi stuzzichini di benvenuto, con l'Oscar per l'asinello vietrese, e l'animella di vitello con agrumi, noci e rucola.

🕸 ⪦🝠📭 **P** – Prezzo: €€€€

SS 163 Amalfitana km 47,300 – ☎ 351 001 0654 – giardinidelfuenti.com/volta-del-fuenti – Chiuso lunedì, domenica e a mezzogiorno da martedì a sabato

VIGANO

✉ 20083 – Milano (MI) – Carta regionale n° **5**–A2

ANTICA TRATTORIA DEL GALLO

LOMBARDA • **CONTESTO TRADIZIONALE** Splendida incarnazione dell'idea di trattoria di campagna, da più di cent'anni una tipica cucina lombarda delizia i clienti in sale dall'atmosfera piacevolmente vintage o, col bel tempo, sotto una vite canadese e un glicine secolare. Notevole la selezione dei vini, passione dei titolari che sapranno consigliarvi al meglio.

🕸 🝠♿🝠� **P** – Prezzo: €€

Via Privata Gerli 3 – ☎ 02 908 5276 – trattoriadelgallo.com – Chiuso lunedì e martedì

VIGANÒ

✉ 23897 – Lecco (LC) – Carta regionale n° **5**–A2

PIERINO PENATI

CLASSICA • **ELEGANTE** Immersa nel verde delle colline brianzole, una villa alle porte del paese con un grazioso giardino... e la cura prosegue all'interno nell'e-legante sala con veranda. La cucina è di stampo tradizionale, rappresentando – comunque - il meglio della mediterraneità con accostamenti e preparazioni sempre attuali, mentre un'attenzione speciale è riservata ai dessert, presenti anche in un'a-rea "innovazione", dove spicca, ad esempio, un omaggio al cubo di Rubik. Cantina eccellente e ben articolata: grandi cru italiani ed internazionali, ma anche cantine più giovani e meno conosciute.

🕸 🝠📭�
♻ **P** – Prezzo: €€€

Via XXIV Maggio 36 – ☎ 039 956020 – pierinopenati.it – Chiuso lunedì e domenica sera

VIGEVANO

✉ 27029 – Pavia (PV) – Carta regionale n° **4**–A2

❀ **I CASTAGNI**

Chef: Enrico Gerli

CLASSICA • **ELEGANTE** Nella campagna vigevanese, un rustico casolare con portico, quasi una villetta privata, accoglie i suoi ospiti tra mobili antichi e quadri alle pareti di artisti locali. Enrico Gerli, insieme alla moglie che segue la sala, da oltre 30 anni si cimenta con serietà e professionalità in una cucina classico-moderna, che ben conosce la tradizione del territorio lombardo, ma è a proprio agio anche nelle preparazioni a base di pesce. L'ispettore consiglia: ravioli del plin neri ripieni di piselli con sugo bianco di seppie e cozze. In cantina riposano circa 600 bottiglie provenienti da tutto il mondo.

🕸 🝠📭♻ **P** – Prezzo: €€€

Via Ottobiano 8/20 – ☎ 0381 42860 – ristoranteicastagni.com – Chiuso lunedì, martedì a mezzogiorno e domenica sera

VIGNOLA

✉ 41058 – Modena (MO) – Carta regionale n° **9**–C3

OBLIGE 🔘

ITALIANA CONTEMPORANEA • CONTESTO CONTEMPORANEO Il centro della storica Vignola si dota di un nuovo indirizzo con cocktail-bar e bistrot, il Noblesse, ed una proposta gourmet, l'Oblige, dove lo chef Angelo propone una cucina di facile lettura ma di grande spessore tecnico. Consigliamo la cacciagione alla brace, come una succulenta faraona di un allevatore locale, condita con una purea di patate alla senape e servita con due ciuffi di radicchio saltato. Per la scelta del vino è a disposizione una carta sia italiana che internazionale dove si può trovare il giusto abbinamento ad ogni portata, nonché qualche etichetta per intenditori.

&. Ⓜ – Prezzo: €€

Via Jacopo Barozzi 6 – ℰ 334 210 3273 – noblesseobligevignola.com – Chiuso lunedì, a mezzogiorno da martedì a sabato e domenica sera

VILLA D'ALMÈ

✉ 24018 – Bergamo (BG) – Carta regionale n° **5**–C1

❀ OSTERIA DELLA BRUGHIERA

ITALIANA CONTEMPORANEA • ROMANTICO Sui primi colli alle spalle di Bergamo, un giardino introduce in un'elegante casa di campagna, dove gli elementi rustici - dal parquet alle travi a vista passando per la sala con camino - diventano parte di una cornice di grande raffinatezza, ideale per una cena importante, in special modo romantica. Ampia scelta alla carta, la cucina pesca in varie tradizioni italiane per svoltare poi su piatti creativi, si sofferma agevolmente sia sul pesce che sulla carne, così come su ingredienti più tradizionali come i salumi ed altri più ricercati, dall'astice al caviale e al foie gras.

❀ ㊂㊛✿ – Prezzo: €€€€

Via Brughiera 49 – ℰ 035 638008 – osteriadellabrughiera.it – Chiuso lunedì e martedì a mezzogiorno

TENUTA CASA VIRGINIA

ITALIANA CONTEMPORANEA • ELEGANTE Circondato dalle vigne di proprietà, il ristorante è adagiato su una morbida collina; sale di tono signorile e un bel dehors da godere nella stagione più calda. Se la cucina sfodera una veste moderna, ma senza eccessi (con qualche inserto di pesce d'acqua dolce), la lista dei vini offre una bella panoramica e la possibilità di acquistare alcune bottiglie di produzione propria presso il loro negozio.

&. Ⓜ ㊛ 🅿 – Prezzo: €€

Via Cascina Violo 1 – ℰ 035 571223 – tenutacasavirginia.it/it – Chiuso lunedì, martedì e a mezzogiorno da mercoledì a venerdì

VILLA DI CHIAVENNA

✉ 23029 – Sondrio (SO) – Carta regionale n° **4**–B1

❀ LANTERNA VERDE

Chef: Roberto Tonola

DEL TERRITORIO • STILE MONTANO D'inverno la sala interna, classica e accogliente, vi coccolerà con il calore del camino, mentre in estate sarà la piacevolezza del giardino a conquistarvi. In qualunque stagione, comunque, la cucina riesce a tenere in equilibrio ricette tradizionali ed altre più contemporanee, strizzando l'occhio alla territorialità e al pesce di lago in particolare. Artefice di tutto ciò è la famiglia Tonola, riferimento per l'accoglienza gourmet dell'intera provincia (e non solo) ormai da 40 anni. Ancor più oggi, grazie all'unione di forze diverse: quelle del giovane Roberto, che si destreggia in cucina con spirito moderno, e quelle affermate dei genitori, che seguono la sala e dispensano preziosi consigli sui vini, la cui carta è davvero importante e abbraccia l'intero Stivale con grandi etichette e qualche rarità.

❀ *L'impegno dello chef:* Da molto tempo la famiglia Tonola è sensibile alle questioni ambientali, avendo sempre avuto un grande interesse per la produzione di energia elettrica e il relativo impatto ambientale. Oggi il piccolo impianto idroelettrico è il loro fiore all'occhiello, mentre l'acqua è utilizzata anche per l'allevamento delle trote (sempre presenti in carta) e l'irrigazione di orti e giardini.

❀ 🏠 🅿 – Prezzo: €€€

Frazione San Barnaba 7 – ☎ 0343 38588 – lanternaverde.com – Chiuso mercoledì e martedì sera

VILLA SAN GIOVANNI

✉ 89018 – Reggio di Calabria (RC) – Carta regionale n° **19**-A3

ⓐ VECCHIO PORTO

PESCE E FRUTTI DI MARE • **COLORATO** Se i traghettatori conoscono Villa San Giovanni per il suo porto d'imbarco per la Sicilia, i gourmet conoscono un altro Porto, che è uno dei migliori ristoranti della zona e offre una vista spettacolare sullo stretto di Messina dalla terrazza al secondo piano. In carta specialità ittiche: si alternano preparazioni più classiche, come il pesce cotto sulla griglia (appoggiato su base di sale e girato sulla pelle), a qualche tocco di fantasia come per gli antipasti crudi (vedi il dentice condito con salsa ai ricci di mare, uova di lompo, cipolla e dadolata di cetrioli). Costante è la notevole qualità del pescato.

♿ 🅰🅲 🏠 – Prezzo: €

Lungomare Cenide 55 – ☎ 0965 700502 – Chiuso mercoledì

VILLANDRO

✉ 39040 – Bolzano (BZ) – Carta regionale n° **6**-B1

ANSITZ STEINBOCK

CREATIVA • **ROMANTICO** Con la riapertura, dopo lavori di rinfresco generali, il bel castello guadagna ulteriormente in piacevolezza e, soprattutto, romanticismo: esattamente quello che si desidera trovare in Alto Adige. All'interno le fiabesche stube sono a tutto legno, dal pavimento al soffitto. La proposta è più variegata rispetto al passato; sia a pranzo che a cena è disponibile la carta classica, mentre solo la sera si propone il fine dining attraverso due menu degustazione: "Roots", dedicato al territorio e "Creativo", cucinato con ingredienti da fuori regione. In entrambi i percorsi le ricette si distinguono per creatività.

❀ ⑄ 🏠 ✛ 🅿 – Prezzo: €€€

Via Defregger 14 – ☎ 0472 843111 – ansitzsteinbock.com

VILLAR DORA

✉ 10040 – Torino (TO) – Carta regionale n° **1**-B2

CUCINA RAMBALDI

CUCINA DI MERCATO • **ACCOGLIENTE** Piatti regionali rivisitati con stile, in equilibrio tra territorio e creatività. La tecnica è al servizio del gusto nel controllo delle temperature, dei tagli, della ricerca e conservazione delle materie prime e il risultato è davvero convincente. Possibilità di provare una cucina ancora più personalizzata in un social table che accoglie fino a 6 commensali.

– Prezzo: €€€

Via Sant'Ambrogio 55 – ☏ 011 016 1808 – cucinarambaldi.com – Chiuso lunedì, martedì, mercoledì a mezzogiorno e domenica sera

VINCI

✉ 50059 – Firenze (FI) – Carta regionale n° **11**–C1

❀ **ATMAN**

Chef: Marco Cahssai

CREATIVA • CONTESTO STORICO La località che diede i natali al celebre Leonardo, consigliamo infatti una visita al museo a lui dedicato, accoglie ora – in pieno centro – questo rinomato ristorante. La proposta verte su di un unico percorso degustazione in continua evoluzione secondo prodotti, mercato e stagione per dare il massimo sfogo alla fantasiosa cucina di chef Cahssai. Tra le creazioni del nuovo menù interessante il gioco di tecniche e sapori dello spaghetto ai 5 pomodori, servito a temperatura fredda per risaltare al meglio le sensazioni aromatiche del condimento. Oppure il piccione, con intensa laccatura e prugna a sottolinearne la sua succulenza. Lasciatevi consigliare circa il wine pairing: i contrasti - spesso intensi – richiedono di prestare particolare attenzione al vino per mantenere il giusto equilibrio.

❀ ⇦ⓜ ⇦Ⓟ – Prezzo: €€€

Via IV Novembre 20 – ☏ 0573 803432 – Chiuso lunedì, a mezzogiorno da martedì a sabato e domenica sera

VIPITENO

✉ 39049 – Bolzano (BZ) – Carta regionale n° **6**–B1

KLEINE FLAMME

FUSION • FAMILIARE Dal centro della sala, nella sua piccola cucina a vista, chef Bacher Burkhard, con energia e precisione, propone la sua visione di cucina fusion in cui sapori altoatesini ed italiani si sposano deliziosamente con aromi, spezie e tecniche d'Oriente in ricette creative. Splendido il tataki di tonno, orientaleggiante, condito con olio di limone salato ed accompagnato da intriganti erbe amare che, come racconta il professor Montanari in un suo recente libro, sono una predilezione tipica del gusto italiano. La moglie Annelies in sala accompagna con professionalità e simpatia.

🏠 – Prezzo: €€€

Via Cittanuova 31 – ☏ 0472 766065 – kleineflamme.com – Chiuso lunedì e martedì e domenica sera

VITTORIO VENETO

✉ 31029 – Treviso (TV) – Carta regionale n° **8**–C2

LE MACINE

DEL TERRITORIO • ACCOGLIENTE Sulle rive del fiume Meschio, nei locali rinnovati di recente di un mulino settecentesco, i fratelli Giuseppe in sala e Adriano in cucina servono ai loro clienti - con cordialità e competenza - una cucina di qualità basata sulle tradizioni locali (come negli gnocchi fatti in casa con tartufo e le fiorentine alla griglia), talvolta rivisitate con un pizzico di fantasia. L'ambiente, d'estate, guadagna ancora più fascino grazie alla bella terrazza.

 ⓜ 🏠 Ⓟ – Prezzo: €€

Via Lino Carlo del Favero 11 – ☏ 0438 940291 – hotelristorantelemacine.it

VODO DI CADORE

✉ 32040 – Belluno (BL) – Carta regionale n° **8**–C1

ACEROROSSO ⓝ

REGIONALE • **STILE MONTANO** Un accogliente chalet alpino in posizione isolata e nel verde; all' interno gli arredi sono decisamente in stile montano con un'accogliente sala rivestita in legno e uno scoppiettante camino a riscaldare l'ambiente. La cucina è ovviamente in linea con la location e il territorio: prodotti e ricette regionali, ma dal tocco contemporaneo. Il carrè d'agnello cotto a bassa temperatura con crema di mais, porro fondente e la sua salsa, tra i più gettonai.

&. 🛋 🅿 – Prezzo: €€€

Via Rovignan 1 – ☎ 0435 489653 – acerorossodolomiti.it – Chiuso mercoledì

IL CAPRIOLINO

DEL TERRITORIO • **VINTAGE** Nel tipico borgo ladino incorniciato dalle maestose rocce dei Monti Pelmo e Antelao, un'elegante casa d'atmosfera mitteleuropea, la cui secolare storia è narrata da trofei di caccia, orologi ed affreschi. La cucina attinge a piene mani dalla ricchezza enogastronomica della zona (dagli allevatori alle piccole realtà artigianali) e dà vita a piatti della tradizione interpretati con stile. Camere e nuovi appartamenti invitano a una sosta prolungata.

🅿 – Prezzo: €€

Via Nazionale 108 – ☎ 0435 489207 – alcapriolo.it – Chiuso martedì e mercoledì a mezzogiorno

VOGHERA

✉ 27058 – Pavia (PV) – Carta regionale n° **4**–A3

😊 ## RIMULAS

INNOVATIVA • **MINIMALISTA** In pieno centro storico, a un passo da piazza Duomo, un giovane chef e la moglie (che si occupa di sala e accoglienza) propongono una cucina di qualità al giusto prezzo: piatti caratterizzati da ben dosata fantasia e da una mano capace grazie alle importanti esperienze fatte in giro per l'Italia e non solo. Ambiente di gusto contemporaneo, pochi tavoli minimalisti in un'atmosfera soffusa.

&. 🔲 – Prezzo: €€

Via Severino Grattoni 8 – ☎ 0383 175 0434 – rimulas.it – Chiuso lunedì, domenica e a mezzogiorno da martedì a sabato

VOLTERRA

✉ 56048 – Pisa (PI) – Carta regionale n° **11**–C2

ENOTECA DEL DUCA

CLASSICA • **CONTESTO STORICO** Situata proprio dietro la piazza principale e il castello, questa insegna propone preparazioni molto classiche di stampo regionale, servite in una sala dai muri antichi, con un piacevole servizio all'aperto in estate.

&. 🛋 – Prezzo: €€

Via di Castello 2 – ☎ 0588 81510 – Chiuso mercoledì

VILLA PIGNANO

Chef: Stefano Cavallini

CONTEMPORANEA • **CHIC** Una sorta di giardino dell'Eden a circa 15 km da Volterra! All'interno di una tenuta di 300 ettari, la filosofia a km 0 diventa "km proprio" grazie all'utilizzo di molti ingredienti provenienti dalla propria azienda agricola (verdure, olive, cereali, e poi ancora polli, maiali, miele, ...) e mostra tutto il suo potenziale sostenibile nella fragranza della sua cucina contemporanea. I piatti riescono ad essere gustosi e freschi, eppure elaborati e moderni al tempo stesso (attenzione: la carta è più semplice a pranzo). Interessante selezione enoica che esplora la regione Toscana attraverso il meglio del bio, dove non manca anche una produzione interna.

🐝 *L'impegno dello chef:* I lavori di rinascita del borgo hanno avuto come principio base il rispetto dell'ambiente. Pensiamo, ad esempio, alla gestione delle acque attraverso un sistema naturale di permacultura, che consente di raccogliere e riutilizzare l'acqua piovana per innaffiare i giardini, mentre i campi sono irrigati attraverso un insieme di laghetti naturali e artificiali. Acqua calda e riscaldamento si ottengono principalmente coi pannelli solari e le caldaie alimentate con la legna dei boschi della tenuta.

🐝 ⇐ 📶 🆗 🎵 🅿 – Prezzo: €€€

Località Pignano 6 – ☎ 0588 35032 – borgopignano.com – Chiuso a mezzogiorno

ZAFFERANA ETNEA – Catania (CT) ➜ Vedere Sicilia, in fondo alla Guida

ZELARINO
✉ 30174 – Venezia (VE) – Carta regionale n° **8**–C2

AL SEGNAVENTO

VENETA • FAMILIARE L'intera famiglia Bucci è impegnata nell'attività che potrebbe sintetizzarsi in uno slogan: "dall'azienda agricola al piatto". Frutta, verdura, ovini, maiali e anatre sono il fiore all'occhiello di un ristorante a chilometro zero. Per ricette più semplici e vino alla mescita, a pochi passi vi è il bistrot. Graziose camere per chi volesse indulgere nella sosta.

📶 🆗 🎵 🅿 – Prezzo: €€€

Via Gatta 76/c, località Santa Lucia di Tarù – ☎ 041 502 0075 – alsegnavento.it – Chiuso lunedì e martedì e domenica sera

SARDEGNA

Dalle strutture extralusso della Costa Smeralda alle dune selvagge di Piscinas, la Sardegna è una terra poliforme, a cui fa eco una cucina altrettanto varia, legata agli apporti e alle contaminazioni delle genti che sull'isola hanno trovato dimora. Sorprendentemente la cucina tradizionale sarda è una cucina che volta le spalle al mare per guardare verso l'entroterra.

Secoli di pastorizia ci hanno regalato ottimi formaggi di pecora, che entrano anche nella composizione di dolci come le pardulas e le sebadas. Il re della gastronomia sarda, però, vero elemento identitario dell'isola, è il porceddu, il succulento maialino arrosto. Sul fronte della cucina di mare, si fanno forti le influenze catalane (Alghero con le sue aragoste) e liguri (San Pietro e Sant'Antioco). Un prodotto ittico sardo di assoluta eccellenza è la bottarga di muggine, il "caviale sardo" prodotto principalmente nella zona sud-occidentale dell'isola – tra Cabras e Cagliari – e usato per insaporire primi piatti o come antipasto a sé.

ALGHERO

✉ 07041 – Sassari (SS) – Carta regionale n° **21**–A1

😊 SA MANDRA

SARDA • RUSTICO Situato all'interno dell'azienda agrituristica Sa Mandra, questo ristorante vi permetterà di scoprire e apprezzare uno dei prodotti simbolo della Sardegna: il maialino arrosto. Il menu (uno solo) si basa, infatti, su questo classico davvero delizioso. Dopo esservi accomodati, vi verrà servita una serie di portate e assaggini, tutti basati sull'ingrediente principale. Assicuratevi di arrivare presto e di assistere alla cottura: i proprietari saranno lieti di spiegarvi la procedura nei minimi dettagli. Camere disponibili per pernottamento.

🏠 – Prezzo: €€

SP 44, km 1 – 🕿 079 999150 – aziendasamandra.it/it – Chiuso lunedì-venerdì e sera sabato e domenica

IL PAVONE

PESCE E FRUTTI DI MARE • AMBIENTE CLASSICO Nel cuore di Alghero e con una bella veranda sul grand bleu, una cucina che omaggia il mare con materie prime locali di ottima qualità e preparazioni sapide e gustose. Imperdibili la frittura "Alessandrina" e l'insalata di polpo. Chi ama i sapori forti potrà chiedere di assaggiare il formaggio di capra fatto in casa dal patron.

🅰🏠 – Prezzo: €€

Piazza Sulis 3/4 – 🕿 079 979584 – ilpavone-ristorante.com – Chiuso mercoledì e lunedì a mezzogiorno

LA SALETTA

SARDA • ELEGANTE Vicino al centro storico, a pochi passi dalla passeggiata a mare, questo piccolo gioiello gestito da Gian Luca Chessa vi offre il meglio dell'isola. La cucina si declina perfettamente nei menu proposti: Rivoluzione, il più creativo, sempre molto territoriale, Radici, espressione dei prodotti dell'orto, Riviera, focalizzato sul pescato locale, nonché il Cortile segnato dalla tradizione. Un piatto che abbiamo apprezzato è lo gnocco ripieno di ricotta di pecora, salsa alla barbabietola e tartufo scorzone sardo... una leccornia! Al bicchiere si apre tutto, consigliamo quindi di avvalersi del consiglio dei sommelier.

🅰 – Prezzo: €€€

Via fratelli Kennedy 27/b – 🕿 079 412 5748 – lasalettaalghero.com – Chiuso domenica e a mezzogiorno da lunedì a sabato

MUSCIORA

SARDA • CONVIVIALE Non lontano dal cuore della città, il servizio cordiale e competente si prende cura di voi fin dall'inizio, proponendo i tre menu degustazione, tra cui spicca "La vera esperienza Musciora" di 8 portate. I piatti sono un omaggio alle tradizioni dell'isola e i prodotti provengono tutti dalla regione, così come la maggior parte dei vini in carta. Tra gli imperdibili i Filindeu in brodo di frutti di mare (una pasta formata da sottilissimi fili sovrapposti in tre strati incrociati) o La seppia, la patata e il pisello.

😷🅰🏠 – Prezzo: €€€

Via Mazzini 59 – 🕿 079 973 7519 – musciora.it – Chiuso lunedì e a mezzogiorno da martedì a venerdì

ARBOREA

✉ 09092 – Oristano (OR) – Carta regionale n° **21**–A2

TRATTORIA MARGHERITA

SARDA • FAMILIARE Nel centro di una località che ha tutta una sua storia da raccontare legata alla bonifica delle paludi e alla produzione di latte e derivati, non fatevi ingannare dalla relativa semplicità della trattoria. Dedicata alle due nonne del titolare, qui troverete alcune delle più conosciute specialità sarde, sia di terra che di mare.

&. 🅼 🍴 – Prezzo: €€

Corso Roma 31 – ☏ 380 532 8320 – trattoriamargherita.com

ARZACHENA

✉ 07021 – Sassari (SS) – Carta regionale n° **21**–B1

LU PISANTINU

PESCE E FRUTTI DI MARE • STILE MEDITERRANEO Una terrazza incorniciata da colonne di granito si affaccia sulla costa e su Porto Cervo: i colori chiari e pastello richiamano le tonalità del mare, mentre la cucina propone sfiziose proposte di pesce. Ad accogliervi una famiglia del posto che opera qui da oltre 30 anni.

🍽 🅼 🍴 🅿 – Prezzo: €€€

Viale Giovanni Maria Orecchioni snc, loc. Liscia di Vacca – ☏ 0789 91344 – ristorantelupisantinu.eu – Chiuso a mezzogiorno

BAIA SARDINIA

✉ 07021 – Sassari (SS) – Carta regionale n° **21**–B1

CAPOGIRO 🆕

MODERNA • CONTESTO CONTEMPORANEO Situato su una terrazza panoramica di fronte al tramonto di Baja Sardinia, a due passi dalla Costa Smeralda, lo chef propone una cucina creativa che utilizza prevalentemente prodotti locali e italiani, in abbinamenti inaspettati. L'ispettore ha gradito: cannelloni cacio e pepe, gamberi crudi, salicornia e nero di seppia.

🕸 🍽 🍸 🅼 🍴 🅿 – Prezzo: €€€€

Località Li Mucchi Bianchi – ☏ 0789 177 5022 – 7pines-sardinia.com/it/ristoranti-bar/capogiro – Chiuso a mezzogiorno

PHI RESTAURANT - GIANCARLO MORELLI

MODERNA • CHIC All'interno di uno dei più bei locali della Costa Smeralda, il Phi Beach, grazie alla posizione, al design e al servizio attento e cordiale, il Phi Restaurant incarna un lusso senza tempo ed è la location ideale per cene speciali, su una splendida terrazza al cospetto di romantici tramonti e con il mare che riempie gli occhi. Lo Chef Giancarlo Morelli propone una cucina mediterranea rivisitata in chiave moderna.

🍽 🍴 ♻ 🅿 – Prezzo: €€€€

Località Forte Cappellini – ☏ 0789 955012 – phibeach.com/restaurant

CAGLIARI

✉ 09124 – Cagliari (CA) – Carta regionale n° **21**–B3

😊 CHIAROSCURO

SARDA • CONVIVIALE In questo piccolo ristorante di quartiere, chef Marina rende omaggio ai piatti iconici della sua isola come Su Filindeu, un tipo di pasta in brodo formata da fili sottilissimi (il nome significherebbe "fili di Dio"), sovrapposti in tre strati incrociati, una preparazione complessa, che richiede grande maestria. Intrigante il menu "Le Radici", un'opzione di quattro portate per scoprire i sapori della Sardegna.

🅼 – Prezzo: €€

Corso Vittorio Emanuele II 380 – ☏ 347 963 0924 – chiaroscurodimarinaravarotto.eatbu.com – Chiuso domenica e a mezzogiorno da lunedì a sabato

CUCINA.EAT

MODERNA • CONTESTO CONTEMPORANEO Uno dei ristoranti più interessanti di Cagliari per rapporto qualità-prezzo; oltre ai classici tavoli vi potrà capitare di sedervi al banco, in un'atmosfera piacevolmente informale e conviviale, mentre per i vini vi basterà guardarvi attorno, sugli scaffali, aiutati nella scelta dall'ottimo personale. Dalla cucina arrivano proposte che presentano echi di ingredienti e ricette sarde, altre più classiche e infine anche piatti per chi desidera sperimentare accostamenti più nuovi e originali. A pranzo, invece, portate più semplici.

🕸 ♿ 🅰🅺 🈷 – Prezzo: €

Piazza Galileo Galilei 1 – ☏ 070 099 1098 – shopcucina.it – Chiuso lunedì e domenica e martedì sera

OLD FRIEND

CUCINA DI MERCATO • SEMPLICE Un po' defilato rispetto alle vie dello shopping, il ristorante ha une allure fresca e modaiola, con sottofondo musicale e un servizio in sala cordiale e competente. Se i piatti rincorrono le stagioni, irrinunciabili costanti restano gusto e bontà. Il consiglio dell'ispettore: crudo di pesce con pico de gallo (salsa messicana) e bottarga oppure conchiglioni con ragù di pecora, besciamella e salicornia.

🅰🅺 🈷 – Prezzo: €€

Via Giuseppe Cesare Abba 51 – ☏ 070 464 7988 – oldfriendcagliari.it – Chiuso lunedì e a mezzogiorno da martedì a sabato

AMANŌ 🆕

CONTEMPORANEA • CHIC Cuoco di origine campana ma ormai sardo d'adozione, la tilde sulla o allude al mare che lambisce le due regioni. Sala con pochi coperti e cucina a vista, buona parte delle decorazioni sono fatte a mano, da qui il nome del ristorante. Il cuoco ha adottato gli ingredienti sardi che impiega in una cucina elaborata e creativa, un ottimo posto per chi desidera uscire dalla tradizione.

🅰🅺 – Prezzo: €€

Via Sidney Sonnino 68 – ☏ 070 098 3059 – amanoristorante.it – Chiuso domenica e a mezzogiorno da lunedì a sabato

DA MARINO AL ST REMY

MEDITERRANEA • CONTESTO STORICO Marino, il carismatico proprietario di questo locale che prende il nome dal vicino bastione di Saint Remy, vi guiderà alla scoperta del menu e sarà lieto di spiegarvi la storia del locale (la strada antistante il ristorante, ad esempio, non è sempre stata lì...). In cucina la moglie Silvana prepara piatti mediterranei e di tradizione sarda: frutti di mare e pesce sono ovviamente imperdibili.

🅰🅺 – Prezzo: €€

Via San Salvatore da Horta 7 – ☏ 070 657377 – stremy.it/restaurant – Chiuso domenica

DUANIMA 🆕

CONTEMPORANEA • CONTESTO CONTEMPORANEO Uno dei ristoranti più interessanti di Cagliari, da non lasciarsi sfuggire se ci si trova nel capoluogo. In una sala stretta e allungata dagli arredi moderni, viene servita una cucina dai sapori intensi e convincenti, senza artifici, né finzioni. I piatti sono perlopiù elaborati e frutto delle esperienze anche internazionali del cuoco, che tuttavia qui si ricongiunge alla sua isola, selezionando alcune delle eccellenze gastronomiche sarde.

🅰🅺 – Prezzo: €€

Via Sebastiano Satta 28 – ☏ 366 814 0691 – ristoranteduanima.it – Chiuso lunedì, a mezzogiorno da martedì a venerdì e domenica sera

JOSTO

MODERNA • **DESIGN** Uno dei ristoranti più interessanti di Cagliari, con due piccole sale dall'atmosfera originale - un design moderno sposato ad elementi tradizionali - quella d'ingresso con la cucina a vista sul fondo. La proposta gastronomica contiene tanti riferimenti alle specialità isolane, rilette in chiave contemporanea, a cominciare da uno strepitoso prosciutto di maiale di razza sarda, ma anche fregula, muggine e un dessert dedicato alla saba.

🅰 🍴 ⇔ – Prezzo: €€

Via Sassari 25 – ☎ 070 351 0722 – dijef.com – Chiuso domenica e a mezzogiorno da lunedì a sabato

LUIGI POMATA

PESCE E FRUTTI DI MARE • **MINIMALISTA** Locale classico, celebre e sempre di ottimo livello a Cagliari, nelle moderne sale all'interno o ai tavoli all'aperto troverete un'interessante rivisitazione della cucina sarda e molto altro. Tra le specialità il tonno della loro riserva, volendo anche in vendita in scatoletta.

🅰 🍴 – Prezzo: €€€

Viale Regina Margherita 18 – ☎ 070 672058 – luigipomata.com – Chiuso domenica e lunedì a mezzogiorno

SA DOMU SARDA

SARDA • **SEMPLICE** Benché isolana, la cucina sarda tradizionale è in prevalenza di terra e in questo ristorante ne troverete alcuni dei più significativi esempi. In sale semplici con qualche tipica decorazione locale sono serviti piatti dai nomi evocativi, come le sitzigorrus cun bagna (lumache in salsa di pomodoro), le bombas (polpette) di bue rosso, le straordinarie paste sarde - malloreddus, culurgiones e fregula per citarne alcune - stufati, stracotti e filetti di carne e ancora i dolci, le celebri sebadas e il su pappai biancu (biancomangiare).

🅰 🍴 – Prezzo: €€

Via Sassari 51 – ☎ 070 653400 – osteriasadomusarda.it

SARTI DEL GUSTO

MEDITERRANEA • **ACCOGLIENTE** Come suggerisce il nome, un locale piccolo e curato, con una scelta ristretta di piatti, ma a vantaggio dell'attenzione e della presentazione delle portate. Piuttosto slegate dalle tradizioni sarde, le proposte sono spesso creative, sia di mare che di terra.

🅰 🍴 – Prezzo: €€

Via Vico II Vincenzo Sulis 1/a – ☎ 070 684 8548 – Chiuso lunedì e a mezzogiorno martedì e domenica

CALA GONONE

✉ 08022 – Nuoro (NU) – Carta regionale n° **21**–B2

IL PESCATORE

PESCE E FRUTTI DI MARE • **FAMILIARE** Ricorda un borgo marinaro questo ristorante fronte mare in stile mediterraneo dalla lunga tradizione familiare (dal 1970, esattamente!) e dalle squisite specialità ittiche; meglio prenotare nel caso si voglia un tavolo nel piccolo dehors affacciato sulla distesa blu. Attenzione all'indirizzo: il Pescatore da noi consigliato è in via Acqua Dolce 7.

≼ 🅰 🍴 – Prezzo: €€

Via Acqua Dolce 7 – ☎ 0784 93174 – ristoranteilpescatorecalagonone.com

SARDEGNA

CAPOTERRA

✉ 09012 – Cagliari (CA) – Carta regionale n° **21**–B3

SA CARDIGA E SU SCHIRONI

PESCE E FRUTTI DI MARE • **AMBIENTE CLASSICO** "La griglia e lo spiedo": dal 1967 questo locale storico delizia sardi e non con piatti di pesce nelle più svariate preparazioni. La vetrinetta con il pescato da cui scegliere all'ingresso del ristorante è il biglietto da visita, il resto sono antipasti a non finire in cui spiccano la bottarga, sia di tonno che di muggine, l'agliata alla bosana (la verdesca con pomodoro in leggero agrodolce) e la burrida alla cagliaritana (con gattuccio di mare). Pasta fresca e secca nelle più svariate combinazioni marinare, fritti, zuppa, aragosta, pesce sui carboni e anche l'anguilla per gli appassionati.

🕭 Ⓚ 🛱 ⇔ 🅿 – Prezzo: €€

Strada statale 195 rotonda per Capoterra – ☏ 070 71652 – sacardigaesuschironi.it – Chiuso lunedì e martedì

CARLOFORTE

✉ 09014 – Sud Sardegna (SU) – Carta regionale n° **21**–A3

AL TONNO DI CORSA

PESCE E FRUTTI DI MARE • **STILE MEDITERRANEO** Un locale vivace e colorato, due terrazze affacciate sui tetti del paese, dove gustare uno sfizioso menu dedicato al tonno e tante altre specialità di mare. La gestione - ormai pluriennale - assicura serietà e continuità.

🛱 ⇔ – Prezzo: €€

Via Marconi 47 – ☏ 0781 855106 – tonnodicorsa.com – Chiuso lunedì

DA NICOLO

PESCE E FRUTTI DI MARE • **ACCOGLIENTE** Strategica la posizione sulla passeggiata, ma il locale è frequentato soprattutto per la qualità della cucina dei Pomata: piatti di pesce, con specialità carlofortine riviste in suggestioni moderne. Imperdibile il tonno! L'adiacente Bistrot (aperto tutto l'anno solo a cena) serve una cucina tipica in un ambiente più semplice.

🛱 – Prezzo: €€

Corso Cavour 32 – ☏ 0781 854048 – ristorantedanicolo.com – Chiuso a mezzogiorno mercoledì e giovedì

MARINA DI ARBUS

✉ 09031 – Sud Sardegna (SU) – Carta regionale n° **21**–A3

CORSARO NERO

PESCE E FRUTTI DI MARE • **FAMILIARE** Ampia scelta di pescato fresco per una cucina di mare a tutto tondo, da gustare in una sala ariosa che offre lo spettacolo d'impareggiabili tramonti.

⇐ 🛱 🅿 – Prezzo: €€

Località Portu Maga – ☏ 070 977236 – hotelcorsaronero.com

OLBIA

✉ 07026 – Sassari (SS) – Carta regionale n° **21**–B1

BACCHUS

SARDA • **CONTESTO CONTEMPORANEO** Taste Sardinia: ecco il motto di questo ristorante allegro e accogliente che vuole essere il primo ambasciatore dei sapori e dei colori dell'isola per chi arriva al vicino aeroporto. Clima permettendo, optate per un tavolo nella bella veranda affacciata sulla piscina.

&. 🅰 🍴 🅿 – Prezzo: €€

Via degli Astronauti 2 – ℰ 0789 651010 – bacchusristorante.it

DULCHEMENTE

PESCE E FRUTTI DI MARE • **CONTESTO CONTEMPORANEO** Locale contemporaneo dove assaporare piatti moderni affiancati a preparazioni dalle cotture più classiche e semplici, con una spiccata predilezione per il pesce! Splendida terrazza per il servizio all'aperto e uno staff competente e cordiale.

🅰 🍴 – Prezzo: €€€

Via Romeo Papandrea 10 – ℰ 0789 21451 – dulchemente.com – Chiuso lunedì a mezzogiorno

ESSENZA BISTROT

MEDITERRANEA • **ACCOGLIENTE** Accogliente e originale bistrot-ristorante del centro storico, le cui pareti rivestite in sasso sono un richiamo alle architetture del territorio. La cucina è nelle mani dello chef Massimiliano Villani, dal bel curriculum, che propone piatti di taglio contemporaneo e regionale. Un certo spazio è consacrato ai crudi di mare. Sul fronte dessert, eccellente il tiramisù servito in una caffettiera. Lista dei vini interessante e piacevole dehors.

🅰 🍴 – Prezzo: €€€

Via delle Terme 8/A – ℰ 0789 25594 – essenzabistrot.it – Chiuso domenica e lunedì a mezzogiorno

OLIENA

✉ 08025 – Nuoro (NU) – Carta regionale n° **21**–B2

🐷 SU GOLOGONE

SARDA • **LOCANDA** In questo bel complesso sorto nel 1967 accanto alla sorgente naturale da cui prende il nome, scegliere dove accomodarsi non è facile: la terrazza con vista mozzafiato su vigne ed ulivi o le sale decorate con opere d'arte e artigianato sardo, tra cui quella con l'immenso camino per assistere alla cottura del celebre porceddu. Comunque sia, il ristorante segue e ricerca la tradizione sarda dell'entroterra e propone specialità come maialino allo spiedo, maccarones de busa e culurgiones.

≼ 🖫 🅰 🍴 ⇄ 🅿 – Prezzo: €€

Località Su Gologone – ℰ 0784 287512 – sugologone.it/ristorante-tipico.html

SA CORTE

DEL TERRITORIO • **RUSTICO** La tradizione gastronomica nuorese e della Barbagia in un ristorante piacevolmente rustico. Le ricette, sebbene arricchite da un tocco personale, rimandano spesso ad antiche tradizioni e gli ingredienti sono in gran parte di provenienza locale.

🖫 🅰 – Prezzo: €€

Via Nuoro 138 – ℰ 347 263 3784 – sacorte.it

PALAU

✉ 07020 – Sassari (SS) – Carta regionale n° **21**–B1

LA GRITTA

PESCE E FRUTTI DI MARE • **ROMANTICO** Non è solo la posizione incantevole, che permette allo sguardo di perdersi tra i colori dell'arcipelago, a deliziare l'ospite, ma anche la cura della cucina, che attinge al pescato locale come al proprio orto, senza disdegnare i migliori prodotti nazionali ed esteri. I piatti sono ben fatti,

SARDEGNA

leggeri, cucinati in maniera classica e firmati da una mano "gentile". Un connubio, quello tra location e sapori, che conquista.

≤ 🖐 🎍 🅿 – Prezzo: €€€

Vicolo del Faro – 𝒫 0789 708045 – ristorantelagritta.it – Chiuso domenica a mezzogiorno

PORTO CERVO

✉ 07021 – Sassari (SS) – Carta regionale n° **21**–B1

✿ ITALO BASSI CONFUSION RESTAURANT

Chef: Italo Bassi

CREATIVA • DESIGN Il ristorante ha portato una sferzata di eccellente e piacevole "confusion" nella zona rialzata antistante il porto. Tra specchi, elementi color oro, vetri e cucina a vista, il locale ostenta la cura del dettaglio dei suoi titolari. Nei piatti la grande tecnica e la creatività raggiunte dallo chef Italo Bassi offrono soste gourmet indimenticabili. I sapori netti della sua cucina sono il risultato di cotture precise e dell'abilità nell'utilizzo di più ingredienti in modo equilibrato e raffinato. Ai prodotti sardi fanno eco i crudi di mare, le ottime carni, le ostriche e il caviale, accompagnati da buoni vini e soprattutto da una forte passione per gli champagne di grandi maison. Un consiglio: approfittate del parcheggio di Porto Cervo e raggiungete la passeggiata con l'ascensore.

🅰🅲 🎍 – Prezzo: €€€€

Via Aga Khan 1, Promenade du Port – 𝒫 340 120 9574 – confusion-restaurant.com

BELVEDERE

PESCE E FRUTTI DI MARE • FAMILIARE Lo "stazzu" di famiglia è diventato uno dei più frequentati ristoranti della costa. Atmosfera informale per un pasto dai sapori rigorosamente mediterranei, con il carrello del pescato giornaliero che fa capolino in sala per essere scelto dai commensali. La gentilezza e la professionalità dei due fratelli alla conduzione del locale hanno contribuito alla sua fama, mentre la terrazza-lounge panoramica è il luogo ideale per aperitivi e after dinner.

🅰🅲 🎍 – Prezzo: €€€

Località Farina – 𝒫 0789 96501 – ristorantegastronomiabelvedere.com – Chiuso martedì

FRADES LA TERRAZZA

MEDITERRANEA • ALLA MODA In posizione panoramica sul golfo di Cala di Volpe, un locale alla moda con un'ottima cucina che alterna piatti sardi ad altri più mediterranei. Bella terrazza anche per un aperitivo e tapas da condividere, e buona scelta di bollicine. Un consiglio: arrivando presto si riesce a parcheggiare davanti al ristorante.

≤ 🅰🅲 🎍 🅿 – Prezzo: €€€

SP94 - Località Abbiadori – 𝒫 346 636 6238 – frades.eu/it/content/la-terrazza

PORTO ROTONDO

✉ 07026 – Sassari (SS) – Carta regionale n° **21**–B1

DESTE

ITALIANA CONTEMPORANEA • CHIC In posizione leggermente rialzata rispetto al porto, la vista è impareggiabile, motivo per cui nella bella stagione vi invitiamo a prenotare un tavolo sulla terrazza. Dalla cucina piatti di stampo moderno con un'interessante alternanza di terra e mare. Tè e kombucha rappresentano l'alternativa alla carta dei vini e un assaggio del gin prodotto dal proprietario è vivamente consigliato.

⪜ 🍽 – Prezzo: €€€€
Piazza Rudalza 6 – 🕿 393 260 7600 – desterestaurant.it – Chiuso a mezzogiorno

PORTO SAN PAOLO
✉ 07020 – Sassari (SS) – Carta regionale n° **21**–B1

IL PORTOLANO

PESCE E FRUTTI DI MARE • STILE MEDITERRANEO Proprio sul lungomare di fronte all'isola di Tavolara, un semplice ristorante gestito da una coppia di grande esperienza. La cucina esalta con gusto moderno il miglior pesce della zona, sebbene non manchi qualche specialità di terra. In estate è caldamente consigliata la prenotazione perché il dehors panoramico, sebbene ampio, è gettonatissimo!
⪜ ♿ 🍽 – Prezzo: €€€
Via Molara 11 – 🕿 0789 40670 – ristoranteilportolano.it

PORTO TORRES
✉ 07046 – Sassari (SS) – Carta regionale n° **21**–A1

LI LIONI

SARDA • CONVIVIALE Fuori dal centro turistico di Porto Torres, una realtà che vede negli ambienti informali e nell'ampio giardino i suoi punti forti. La cucina omaggia la tradizione e vi suggeriamo di provare il pane frattau, anche in versione vegana, oppure il mitico porceddu, da ordinare in fase di prenotazione. Sul versante vini consigliamo il rosso della casa, strutturato e molto intenso.
🛋 🅿 🍽 ⇔ 🅿 – Prezzo: €€
SS 131 km 244,400 - regione Li Lioni – 🕿 079 502286 – tenutalilioni.it – Chiuso mercoledì

PORTOSCUSO
✉ 09010 – Sud Sardegna (SU) – Carta regionale n° **21**–A3

SA MUSCIARA

PESCE E FRUTTI DI MARE • AMBIENTE CLASSICO Locale moderno e fresco, sito proprio nel porto turistico e adiacente al municipio cittadino, dalle cui finestre si vede il mare. Ed è proprio da qui che la materia prima "sbarca" in tavola, ottimamente elaborata dallo chef Alberto Gai, appassionato velista.
🅰 🍽 – Prezzo: €€
Lungomare C. Colombo 15 – 🕿 0781 507099 – ristorantesamusciara.it – Chiuso lunedì e domenica a mezzogiorno

PULA
✉ 09050 – Cagliari (CA) – Carta regionale n° **21**–B3

❀ FRADIS MINORIS

Chef: Francesco Stara

SARDA • CONTESTO CONTEMPORANEO Originario dell'isola, dopo importanti esperienze internazionali lo chef Francesco Stara ha deciso di tornare a casa, abbracciando appieno questo progetto di ristorazione all'interno di un'area marina protetta e proiettato verso una cucina completamente circolare. Nei menu degustazione, uno di mare, l'altro vegetale, il pescato è solo locale o della laguna di Nora, dalla quale il ristorante si procura anche le erbe selvatiche; gli ortaggi provengono, invece, da piccole produzioni del vicino Campidano. Una bella e buona realtà gastronomica che ha a cuore l'approvvigionamento della migliore materia prima e la sua stagionalità (compresa quella del prodotto ittico), la conservazione del territorio e la valorizzazione della tradizione isolana in una chiave di lettura nuova e contemporanea. Servizio attento e cordiale e una carta dei vini con apprezzabili proposte regionali.

🌸 *L'impegno dello chef:* L'impegno del ristorante nei confronti di un approccio ecologico trova concretezza in una cucina completamente circolare. Il pescato è solo quello della laguna di Nora, dalla quale si approvvigiona anche di erbe selvatiche, mentre gli ortaggi provengono da piccole produzioni del vicino Campidano. Grande attenzione anche all'ottica no waste: pelle, lische e interiora del pesce vengono riutilizzate in varie preparazioni.

≼ 🏠 ✿ – Prezzo: €€€€

Laguna di Nora – 🕾 351 313 7998 – fradisminoris.it – Chiuso lunedì e a mezzogiorno martedì e mercoledì

RIOLA SARDO

✉ 09070 – Oristano (OR) – Carta regionale n° **21**–A2

SU MURRUAI ⓝ

CONTEMPORANEA • CONTESTO TRADIZIONALE In un piccolo paese affacciato sulla penisola del Sinis, il ristorante è stato aperto all'interno di un antico mulino ed è dedicato a su murruai, in sardo il profumo della vernaccia invecchiata. Cucina contemporanea, eppure di antica memoria e soprattutto di grande qualità, una delle migliori in zona. Merito del giovane cuoco Ivan Matarese, che ripesca ingredienti e ricette tradizionali per riproporli in versione più moderna. Protagonista è il pesce del Golfo di Oristano e la carne dell'entroterra, a cominciare dalla pecora dell'ottima pintadera (raviolo aperto con zafferano e liquirizia), il tutto sposato a qualche reminiscenza campana, regione d'origine del cuoco.

& 🎬 – Prezzo: €€€

Via Giuseppe Garibaldi 36 – 🕾 391 324 9185 – ristorantesumurruai.it – Chiuso lunedì-mercoledì, a mezzogiorno da giovedì a sabato e domenica sera

SAN PANTALEO

✉ 07026 – Sassari (SS) – Carta regionale n° **21**–B1

🌸 **IL FUOCO SACRO**

Chef: Luigi Bergeretto

ITALIANA • ELEGANTE Già il nome del resort che lo ospita, Petra Segreta, vi condurrà in un luogo magico, bucolico e isolato nella macchia mediterranea, nel suggestivo paesino di San Pantaleo. Il Fuoco Sacro si apre davanti ad un meraviglioso giardino e a una vista impareggiabile sulla costa. Ai fornelli vi sono lo chef-imprenditore Luigi Bergeretto e Alessandro Menditto, intenti a proporre una cucina moderna e nazionale nel rispetto della materia prima locale, con l'utilizzo delle ottime erbe aromatiche coltivate nella tenuta (quest'ultima rifornisce il resort anche di vegetali, formaggi e alcune carni), nonché un'interessante carta dei vini. A coronare il tutto c'è Enrico Bartolini che concerta il menu, garanzia di un'esperienza gastronomica al top!

🕸 ≼ 👜 🎬 🏠 ✿ 🅿 – Prezzo: €€€€

Strada di Buddeo – 🕾 0789 187 6441 – enricobartolini.net/ristorante-fuoco-sacro – Chiuso lunedì e a mezzogiorno da martedì a sabato

SAN TEODORO

✉ 07052 – Nuoro (NU) – Carta regionale n° **21**–B1

🌸 **GUSTO BY SADLER**

MODERNA • ELEGANTE A nord di San Teodoro, all'interno dell'esclusivo Baglioni Resort, questo ristorante porta la firma di Claudio Sadler, che insieme al resident chef Andrea Besana, propone una cucina a carattere mediterraneo, non scevra da idee creative millesimate 2023, come lo spiedino di anguilla, alla brace, cannonau e mirto e servito con un ottimo cous cous di verdure dell'orto. Un buon vermentino Luris come aperitivo ed il pasto prende la migliore piega! Ultimo, ma non ultimo, si mangia contemplando un bel giardino con piscina; l'atmosfera vacanziera è assicurata!

⇜ 🛏 ᧕ Ⓜ 🍽 🅿 – Prezzo: €€€€

Via Tavolara, località Lu Fraili di Sotto - 🕿 0784 190 8000 - sardinia. baglionihotels.com/it/ristoranti/gusto-by-sadler – Chiuso a mezzogiorno

SANLURI

✉ 09025 – Sud Sardegna (SU) – Carta regionale n° **21**–A3

🎯 COXINENDI

SARDA • **RUSTICO** Coxinendi ("cucinando" in sardo) è il locale di Davide Atzeni, talentuoso chef con importanti esperienze alle spalle che riesce a far rivivere la più autentica espressione di cucina sarda, ancestrale e primitiva.

᧕ 🍽 – Prezzo: €€

Via Sant'Antioco 1 - 🕿 392 286 9733 - coxinendi.com – Chiuso lunedì, martedì, a mezzogiorno da mercoledì a venerdì e domenica sera

SANTA REPARATA

✉ 07028 – Sassari (SS) – Carta regionale n° **21**–B1

S'ANDIRA

PESCE E FRUTTI DI MARE • **ELEGANTE** Avvolto dalla macchia mediterranea e in bella posizione panoramica con vista sulla costa, il S'Andira è un'istituzione locale, che propone una cucina di mare curata nella realizzazione e nelle presentazioni.

🛏 ᧕ 🍽 🅿 – Prezzo: €€

Via Orsa Minore 1 - 🕿 0789 754273 - sandira.it

SANTA TERESA GALLURA

✉ 07028 – Sassari (SS) – Carta regionale n° **21**–B1

MILLO RISTORANTE

SARDA • **INFORMALE** Un bel ristorante dai prezzi corretti, dove gustare piatti che profumano di mare - imperdibile il calamaro con salsa all'arancia e cicoria - e una graziosa terrazza estiva dalla quale osservare la movida locale.

🍽 – Prezzo: €€

Via Garibaldi 4 - 🕿 0789 754789 - milloristorante.it – Chiuso domenica a mezzogiorno

SASSARI

✉ 07100 – Sassari (SS) – Carta regionale n° **21**–A1

OSTERIA DE' MERCATI

MEDITERRANEA • **CHIC** Leggermente defilato rispetto alle vie brulicanti del centro storico, ma pur sempre nel cuore della località, questo piccolo gioiello gastronomico ha aperto i battenti poco tempo fa ed offre interni moderni ed eleganti, personale cordiale e un menu che propone piatti freschi e di stagione preparati con tanta cura. Il consiglio dell'ispettore: risotto alla pescatora, da accompagnare con un buon Vermentino di Gallura scelto tra la nutrita carta di vini regionali.

Ⓜ – Prezzo: €€

Via Mercato 2 - 🕿 079 207 4486 - Chiuso domenica e lunedì a mezzogiorno

SARDEGNA

SENORBÌ

✉ 09040 – Cagliari (CA) – Carta regionale n° **21**–B3

DA SEVERINO IL VECCHIO - DI LUCIANO

MEDITERRANEA • ACCOGLIENTE In un ambiente tra il classico e il moderno, cucina marinara ed essenziale dove la materia prima viene proposta in ricette classiche; alcuni ottimi crudi e le paste fatte in casa sono tra le specialità più interessanti.
[AC] [P] – Prezzo: €

Largo Abruzzi 2, ang. via Piemonte 23 – ☏ 070 980 4197 – Chiuso lunedì e domenica sera

VALLEDORIA

✉ 07039 – Sassari (SS) – Carta regionale n° **21**–A1

MESADORIA

ITALIANA CONTEMPORANEA • CHIC Ottime ricette di mare in un moderno ristorante ubicato su tre piani, con una bella terrazza per i cocktail e uno spazio aperitivi on the top! Piccola e regionale la carta dei vini, il consiglio è di conservare un po' di appetito per i dolci: non ve ne pentirete!
[🍽] – Prezzo: €€

Corso Europa 71 – ☏ 349 755 9333 – mesadoria.it

SICILIA

La Trinacria, l'isola triangolare piantata saldamente nel cuore del Mediterraneo, terra del Mito sospesa tra acqua e fuoco, lava e mare. Impossibile riassumerla in un fotogramma: i templi di Agrigento o le cupole arabo-normanne di Palermo? Il barocco del Val di Noto o il profilo innevato dell'Etna, il vulcano più alto d'Europa (3340 m)?

Anche la cucina è una cornucopia di ingredienti, specialità, colori e sapori. In una campagna in cui fioriscono oleandri, carrubi e alberi di fico, le erbe selvatiche come cappero, menta, origano, timo, tarassaco, ortica e senape canuta vanno ad insaporire con note inconfondibili i piatti tipici della regione. Se il terreno fertile produce agrumi in grande quantità, mandorle, fichi d'India, pistacchi e olive sono altre icone culinarie dell'isola. E che dire dei dolci? Sontuosi e barocchi come la sua storia: cassata, cannolo, frutta Martorana...

Come scrisse Goethe, "L'Italia senza la Sicilia non lascia nello spirito immagine alcuna". (Viaggio in Italia, 1768).

ACI CASTELLO

✉ 95021 – Catania (CT) – Carta regionale n° **20**–D2

FARAGLIONI RESTAURANT

PESCE E FRUTTI DI MARE • AMBIENTE CLASSICO Adiacente all'omonimo albergo, ma con ingresso indipendente, nel nome questo ristorante omaggia l'incantevole Riviera dei Ciclopi sulla quale si affaccia. La cucina, prevalentemente di mare ma con un percorso anche vegetariano, esalta gli ingredienti siciliani in piatti oscillanti fra tradizione e creatività.

&. 📶 🍴 – Prezzo: €€

Lungomare dei Ciclopi 115, loc. Aci Trezza – 𝒞 095 419 2065 – grandhotelfaraglioni.com – Chiuso martedì e a mezzogiorno lunedì, mercoledì, giovedì, venerdì, sabato

AGRIGENTO

✉ 92100 – Agrigento (AG) – Carta regionale n° **20**–B2

🏵 ### OSTERIA EXPANIFICIO

SICILIANA • CONVIVIALE Nel centro storico, tra il teatro Pirandello e il belvedere, l'ex panificio è stato trasformato in un ristorante moderno e accogliente, con qualche forma di pane alle pareti a ricordare le antiche funzioni. Le migliori proposte della cucina sono un convincente ventaglio dei piatti più celebri della cucina isolana, dallo spiedino di sarde a beccafico ai ravioli di robiola capra girgentana, dalla caponata all'involtino alla siciliana.

🍴 – Prezzo: €

Piazza Sinatra 16 – 𝒞 0922 595399 – osteriaexpanificio.it

CARUSU

CREATIVA • ELEGANTE Lungo la strada che attraversa il parco archeologico, due salette disposte su altrettanti piani ospitano un ristorante elegante e raffinato. In cucina il giovane Alen Mangione, che dopo rilevanti esperienze in ristoranti blasonati si è messo ai fornelli per proporre la sua rivisitata versione della cucina siciliana, con risultati di ottimi livelli.

📶 – Prezzo: €€€

Passeggiata Archeologica 8 – 𝒞 0922 691893 – carusurestaurant.it – Chiuso a mezzogiorno

ARCHI

✉ 95018 – Catania (CT) – Carta regionale n° **20**–D2

❀ ### ZASH

CREATIVA • ROMANTICO Varcato il cancello d'ingresso, si attraversa un agrumeto per raggiungere infine il ristorante, ospitato all'interno di un affascinante palmeto ottocentesco, riportato in vita da un meticoloso restauro, che ne ha salvato tutta la sua magica e romantica atmosfera. La cucina di Giuseppe Raciti si esprime a rimarchevoli livelli attraverso menù degustazione tematici, i cui piatti possono tuttavia essere estratti alla carta e scelti liberamente. Le sue proposte contengono tanti riferimenti all'isola, ma anche rinvii a personali "ricordi, viaggi, esperienze ". Distribuite nella proprietà, nelle raffinate camere si può concludere un soggiorno da sogno.

❀ 🛏 🍴 🅿 – Prezzo: €€€€

SP 2 I/II 60 – 𝒞 095 782 8932 – zash.it – Chiuso martedì e a mezzogiorno

AUGUSTA

✉ 96011 – Siracusa (SR) – Carta regionale n° **20**–D2

CAPRICCIO

CONTEMPORANEA • **SEMPLICE** Il giovane cuoco Graziano Accolla è tornato nella sua città natale con la scommessa di una cucina creativa di alto livello per dare ad Augusta un profilo anche gastronomico. Forte di esperienze in ristoranti stellati, propone piatti molto interessanti incentrati sulla qualità degli ingredienti.

🅰️ 🍴 – Prezzo: €€

Via Filippo Turati 81 – ☎ 0931 967858 – capriccioaugusta.it – Chiuso domenica e a mezzogiorno da lunedì a sabato

BAGHERIA

✉ 96011 – Palermo (PA) – Carta regionale n° **20**–B2

☸ I PUPI

Chef: Antonio Lo Coco

SICILIANA • **CONTESTO CONTEMPORANEO** Tra le vie del centro storico, l'intima sala interna è ampliata dal piacevole dehors nel cui corner l'ospite assiste alla rifinitura delle entrée. Chef Tony Lo Coco propone i sapori e gli ingredienti di Sicilia, rifornendosi tanto dal mare quanto dall'entroterra, cucinati con personalità e fantasia. Le sue ricette sono - spesso - rivisitazioni di grandi classici siciliani, come nel caso degli involtini di pescespada, la cui tradizionale farcitura frullata diventa una crema su cui adagiare il pesce, cinto poi da schiuma allo zenzero; o ancora la celebre cassata trasformata in bolla trasparente al cui interno ritroviamo tutti gli ingredienti scomposti. La serata sarà sicuramente accompagnata con grazia e precisione dall'ottimo servizio.

🏵️ ♿ 🅰️ 🍴 – Prezzo: €€€€

Via del Cavaliere 59 – ☎ 091 902579 – ipupiristorante.it – Chiuso domenica e a mezzogiorno da lunedì a sabato

☸ LĪMŪ

Chef: Antonino Ferreri

CREATIVA • **ELEGANTE** Nella città nota per le splendide ville dell'aristocrazia palermitana, il ristorante si trova ai margini del centro storico, all'interno di una piccola torre cinquecentesca. Il suo nome omaggia il limone, che a Bagheria fiorisce in abbondanza. Atmosfera elegante e contemporanea nei due piani del ristorante, la cena esordisce con stile sul terrazzino-lounge dove si assaggiano i deliziosi appetizer: primo incontro con la cucina di Nino Ferreri, chef tecnico e creativo, che prende spunto dalla regione soprattutto per la materia prima, mentre le ricette sono spesso figlie delle sue idee fantasiose. Servizio cortese e preciso, coordinato dal bravo Giandomenico Gambino.

🅰️ 🍴 ✿ – Prezzo: €€€

Via Ciro Scianna 177 – ☎ 091 649 6288 – limurestaurant.it – Chiuso lunedì, a mezzogiorno da martedì a venerdì e domenica sera

CALTANISSETTA

✉ 93100 – Caltanissetta (CL) – Carta regionale n° **20**–C2

ZÀGHARA RESTAURANT

SICILIANA • **CONTESTO CONTEMPORANEO** Nell'elegante Relais Villa Flora, il ristorante è una terrazza naturale con vista mozzafiato sulle colline Nissene. I piatti,

SICILIA

sostanzialmente di matrice regionale, sono tuttavia declinati in chiave moderna. Buona selezione enoica con focus sui vini siciliani e italiani.

Prezzo: €€

Contrada Bigini snc – ☎ 0934 568633 – villaflorarelais.it

CAPRI LEONE

✉ 98070 – Messina (ME) – Carta regionale n° **20**–C1

☺ **ANTICA FILANDA**

SICILIANA • **AMBIENTE CLASSICO** Si sale verso i monti, ma il mare e la costa non si sottraggono alla vista, grazie anche alla bella terrazza: le Eolie e il Tirreno sono lo sfondo per una cucina che, invece, celebra l'entroterra. Se la tradizione viene rivisitata quanto basta e gli ingredienti cercati ovunque, purché fragranti e di stagione, il maialino nero dei Nebrodi è presente in molte ricette. Interessante carta dei vini.

🏵 ⪋ 🖣 🅚 ⇔ 🅿 – Prezzo: €

SS 157, contrada Raviola – ☎ 0941 919704 – anticafilanda.me – Chiuso lunedì e domenica sera

CASTELBUONO

✉ 90013 – Palermo (PA) – Carta regionale n° **20**–C2

☺ **PALAZZACCIO**

SICILIANA • **CONTESTO TRADIZIONALE** Semplice, quasi rustico ristorante nel centro storico (pedonale) di uno dei borghi medievali che rendono ancor più speciale il Parco delle Madonie, il patron prepara piatti decisamente legati al territorio ed alle stagioni, con materia prima provenienti dai dintorni. Sempre gradevole è l'antipasto, servito come piccola variazione di 5 o 6 assaggini con verdure, formaggi e carne, così come non mancano mai i funghi. Ottimo il pane fatto in casa: a lievitazione naturale, il procedimento impegna quasi quattro giorni. Buona la selezione enoica.

🏵 🅚 🏮 – Prezzo: €€

Via Umberto I 23 – ☎ 0921 676289 – ristorantepalazzaccio.it

CASTELLAMMARE DEL GOLFO

✉ 91014 – Trapani (TP) – Carta regionale n° **20**–B2

MIRKO'S

MEDITERRANEA • **SEMPLICE** Nella pittoresca Castellammare, in posizione un po' defilata lungo una scalinata che scende al mare, lo spirito è quello di una piacevole trattoria familiare, ma nei piatti troverete anche uno sforzo di elaborazione e presentazione inaspettato.

🏮 – Prezzo: €€

Discesa Annunziata 1 – ☎ 0924 040592 – mirkosristorante.it – Chiuso mercoledì e a mezzogiornoa

CATANIA

✉ 95100 – Catania (CT) – Carta regionale n° **20**–D2

✿ **CORIA**

Chefs: Domenico Colonnetta e Francesco Patti

ITALIANA CONTEMPORANEA • **CONTESTO CONTEMPORANEO** Nuova casa per una vecchia conoscenza della guida: lasciata la precedente sede di Caltagirone, Coria trova casa a Catania, in pieno centro, tra palazzi d'epoca e viali punteggiati da oleandri, un servizio attento, un ambiente di sobria eleganza dove spiccano alcune opere di Nunzio Fisichella (artista "devoto" all'Etna e ai suoi umori). La cucina continua ad essere italiana con richiami siciliani, ma squisitamente delicata in tutte le sue sfaccettature: prodotti, salse, cotture, aromatizzazioni... Nulla è forzato. Un plauso alla quaglia alla brace, ottimamente cucinata agli aromi dell'isola, oppure la "Minnuzza di Sant'Agata", seppia ripiena, spuma di patate e il limone candito per dare freschezza. Circa la selezione enoica, la brava sommelier vi racconterà la regione, l'Italia oppure l'intero vecchio continente. A fine pasto, impedibile un assaggio di Marsala stravecchio di Intorcia.

🕸 ᴕ 🌾 – Prezzo: €€€

Via Prefettura 21 – ☎ 095 286 4291 – ristorantecoria.it – Chiuso lunedì e martedì

❀ ## SAPIO

Chef: Alessandro Ingiulla

SICILIANA • **CONTESTO CONTEMPORANEO** A dispetto della giovane età, quella di Alessandro Ingiulla è una cucina matura, che esalta le migliori produzioni siciliane, tra cui olio, frutta e verdure di produzione propria, con estro e fantasia. La nuova sede di piazza Gandolfo è elegante e raffinata e tutti i materiali sono stati selezionati con attenzione per celebrare la Sicilia e l'artigianato locale. Roberta accoglie e presenta l'ottima selezione enoica, tra cui spicca ovviamente l'Etna suddiviso nei quattro versanti di produzione.

🌾 ⇄ – Prezzo: €€€€

Piazza Antonino Gandolfo 11 – ☎ 095 097 5016 – sapiorestaurant.it – Chiuso lunedì e martedì a mezzogiorno

---

🅰 ## ME CUMPARI TURIDDU

SICILIANA • **VINTAGE** Originale ed accattivante, il ristorante propone un tuffo nella vecchia Sicilia recuperando antichi lampadari, sedie e tavoli. Segue il passo la cucina, intrigante carrellata di prodotti isolani, ed una carta-bistrot più semplice ed economica. Rivendita di prodotti gastronomici e cocktail bar.

🌾 🍴 – Prezzo: €

Piazza Turi Ferro 36 – ☎ 095 715 0142 – mecumparituriddu.it – Chiuso a mezzogiorno da lunedì a venerdì

ANGIÒ-MACELLERIA DI MARE

PESCE E FRUTTI DI MARE • **SEMPLICE** Tra i salumi di pesce e le frollature a cui viene spesso sottoposto il pescato ecco spiegato il sottotitolo del ristorante, "macelleria di mare". Ma qui c'è molto di più, a partire da una formula originale: il cliente sceglie i prodotti direttamente dal banco parlando con il cuoco, in una sala semplice ma accattivante con cucina a vista. Il miglior consiglio è lasciar fare al giovane Alberto Angiolucci. Il risultato è un modo nuovo di vedere la cucina di mare.

🌾 🍴 – Prezzo: €€

Viale Africa 28/h – ☎ 335 161 3701 – albertoangiolucci.it – Chiuso lunedì e domenica a mezzogiorno

---

CONCEZIONE RESTAURANT

CREATIVA • **ELEGANTE** In un locale minimalista, dove si fanno notare i bei soffitti a volta dell'edificio storico, troverete uno dei giovani chef più interessanti della città. Manuel Tropea vi guiderà alla scoperta del giacimento gastronomico siciliano, in particolare catanese, interpretato in modo personale e con grande attenzione alla tradizione: piatti come "L'Asina e la lattuga" oppure "Good morning in Catania" ne sono un esempio. Perdersi nel menu a sorpresa dello chef vi farà entrare in pieno nel suo mondo fatto di ricordi, contrasti, esperienze. Attenzione: solo 6 tavoli, meglio prenotare!

🌾 – Prezzo: €€€

Via Giuseppe Verdi 143 – ☎ 095 1693 6122 – concezionerestaurant.com – Chiuso martedì e a mezzogiorno

SICILIA

SICILIA

MATERIA | SPAZIO CUCINA

SICILIANA • **SEMPLICE** Sembra di entrare direttamente a casa dello chef - tramite una porta in classico stile condominiale - una volta all'interno una bella sala con tavoli in condivisione abbellita da una parete intera di vasi contenenti frutta secca, semi di zucca, lenticchie rosse e altro ancora. La cucina, di carattere classico, utilizza brace e cotture moderne per proporre il mare e la terra in versione siciliana con attenzione alle stagioni. Ottimi i primi, tra cui lo spaghettone burro e alici, con bottarga di tonno di Favignana e muddica atturrata di grano Perciasacchi (una sorta di pane speziato grattugiato ed essiccato che dona spessore al piatto).

🅰🅲 – Prezzo: €€

Via Teatro Massimo 29 – 𝒞 095 1693 1045 – materiaspaziocucina.it – Chiuso martedì e a mezzogiorno

MÉNAGE 🅝

SICILIANA • **ACCOGLIENTE** Nel pieno centro della città, vicino al teatro Bellini e a piazza Università, in un palazzo in stile liberty un trio di giovani catanesi con esperienza nel settore ha ridato nuova vita al vecchio "Da Turi Finocchiaro", amato e frequentato anche dall'alta società cittadina. Al piano terra, con piccolo dehors all'ingresso, la raccolta e intima sala da pranzo ospita una cucina siciliana rivisitata e contemporanea di sola carne (oltre ai piatti alla brace che vogliono essere un po' il marchio di fabbrica), mentre al primo piano il cocktail bar è affidato alla passione di uno dei tre soci. Impreziosiscono l'ambiente due affreschi del 1930 del pittore catanese Giuseppe Barone.

♿ 🅰🅲 🍴 – Prezzo: €€

Via Euplio Reina 13 – 𝒞 095 0927 2933 – menagelounge.it – Chiuso martedì e a mezzogiorno

CEFALÙ

✉ 90015 – Palermo (PA) – Carta regionale n° **20**–C2

CALA LUNA

CONTEMPORANEA • **CHIC** Cala Luna è il raffinato fine dining del boutique hotel Le Calette, in bassa stagione ci si accomoda nella bella sala Rizz'i Mari, mentre nei mesi caldi il ristorante si trasferisce in un giardino all'aperto di via Presidiana. Seppur da diverse angolazioni, la pregevole vista rimane puntata sul mare, i faraglioni della Caldura e la Rocca. I piatti sono l'espressione tecnica e creativa delle esperienze dello chef, Dario Pandolfo, il quale mette a servizio di ingredienti e tradizioni siciliane ciò che ha appreso lavorando presso importanti ristoranti: il risultato è vivace e colorato, creativo ma dalla forte impronta di sapore mediterraneo.

🍴 🅰🅲 🍴 – Prezzo: €€€€

Via Vincenzo Cavallaro 12 – 𝒞 0921 424144 – lecalette.it/it/ristoranti/cala-luna – Chiuso a mezzogiorno

CORTILE PEPE

MODERNA • **ELEGANTE** Tra le viuzze del centro storico chiuse tra la Cattedrale e il mare, sotto ad archi antichi o nel piacevole dehors, il cuoco - che vanta ottime esperienze presso tavole stellate - propone una cucina territoriale rivisitata con tecnica fine e moderna, sintetizzata nel piatto in presentazioni colorate, precise ed accattivanti. Gentilezza ed ottima accoglienza in sala sono la base di un servizio squisito.

🅰🅲 🍴 – Prezzo: €€€

Via Nicola Botta 15 – 𝒞 0921 421630 – cortilepepe.it – Chiuso mercoledì e a mezzogiorno lunedì, martedì, giovedì

LOCANDA DEL MARINAIO

MEDITERRANEA • **COLORATO** Gustosi piatti che profumano di Mediterraneo, seppure preparati con un leggero tocco di modernità, in un grazioso locale sito proprio nel brulicante centro di Cefalù. L'ambiente è semplice ed informale, ma la cucina propone interessanti rivisitazioni.

🅰 🛋 – Prezzo: €€

Via Porpora 5 – ℰ 0921 423295 – locandadelmarinaiocefalu.com – Chiuso martedì

QUALIA

ITALIANA • **ACCOGLIENTE** In una traversa del centro della bella cittadina, in una sala tra mattoni a vista e scorci della cucina, i prodotti regionali e il pesce fresco vengono proposti in piatti gustosi e valorizzati da tecniche antiche come la fermentazione e l'uso della brace. Alcuni tavoli anche nel piccolo dehors.

🅰 🛋 – Prezzo: €€€

Via Giovanni Amendola 16/b – ℰ 0921 820104 – ristorantequalia.it – Chiuso domenica e a mezzogiorno lunedì e martedì

CHIARAMONTE GULFI

✉ 97012 – Ragusa (RG) – Carta regionale n° **20**-C3

LOCANDA GULFI

SICILIANA • **CASA DI CAMPAGNA** In zona isolata, ma che non sfugge all'attenzione degli interessati di olio e vino, la Locanda Gulfi ne è anche produttrice, come si intuisce dall'affaccio sulla cantina dalla sala. La cucina presenta piatti siciliani rivisitati, a cui si aggiunge la possibilità di pernottamento.

♿ 🅰 🅿 – Prezzo: €€

Contrada Patria – ℰ 0932 928081 – gulfi.it/it/locanda – Chiuso lunedì e domenica sera

ISOLE EOLIE

Lipari

✉ 98055 – Messina (ME) – Carta regionale n° **20**-D1

FILIPPINO

PESCE E FRUTTI DI MARE • **STILE MEDITERRANEO** Piacevole e fresco il pergolato esterno di questo storico locale che aprì le sue porte nel lontano 1910, dove vi verrà proposta una gustosa e ampia gamma di pescato locale elaborato in preparazioni tipiche. Specialità consigliata: la zuppetta di mare detta "di nonno Filippino", per assaggiare i veri sapori isolani al modo della famiglia Bernardi.

🐟 🅰 🛋 ⇔ – Prezzo : €€

Piazza Municipio – ℰ 090 981 1002 – www.filippino.it

TRATTORIA DEL VICOLO

SICILIANA • **TRATTORIA** Sulla piazza da più di 50 anni, ovviamente rimodernato nel tempo, ma pur sempre mantenendo una certa nota conviviale, soprattutto nella parte del dehors lungo lo stretto vicolo. Lo chef-patron porta in tavola ricette dai sapori regionali reinterpretati con gusto personale, come i famosi involtini di pescespada racchiusi in una specie di tortino.

🅰 🛋 – Prezzo : €€

Vico Ulisse 17 – ℰ 090 981 1066 – www.trattoriadelvicolo.info – Chiuso domenica e a mezzogiorno da lunedì a sabato

Salina

 98050 – Messina (ME) – Carta regionale n° **20**–C1

❀ SIGNUM

Chef : Martina Caruso

SICILIANA • STILE MEDITERRANEO La giovane chef Martina Caruso è nata e cresciuta all'interno del Signum e dopo una serie di esperienze formative ha deciso di far ritorno a casa per occuparsi in prima persona della cucina. Oggi guida una brigata di nove persone, mentre il fratello Luca si occupa dell'incantevole albergo costruito come un tipico borgo eoliano. Martina sa come utilizzare al meglio i prodotti vibranti della sua terra, del suo orto e del mare; non nega la loro potenza, riuscendo a giocare – con leggerezza e creatività – anche con l'intensa sapidità di alcuni elementi, senza nasconderla, ma esaltandola. Luca e il cugino Raffaele perfezionano l'esperienza gourmet, con grandi vini (alcuni di produzione propria), anche al bicchiere, e ottimi cocktail. Tre menu degustazione da 6, 7 e 9 portate.

❀ *L'impegno dello chef:* In un'isola così ricca d'ingredienti a km 0, essere sostenibili per Martina Caruso è un gioco da ragazzi! "Lavoriamo spesso con pescatori locali, utilizzando anche quel pescato non propriamente diffuso, come la murena e il pesce azzurro" afferma la chef. Oltre alle buone pratiche sin qui già messe a regime, da alcuni anni producono vino da vigneti sull'isola, pochissimi ettari distribuiti in diverse zone vocate di Salina.

🕸 ⇐ 🛋 🖾 🗟 – Prezzo : €€€€

Via Scalo Località Malfa – 𝄞 *090 984 4222 – www.hotelsignum.it*

NNI LAUSTA

PESCE E FRUTTI DI MARE • STILE MEDITERRANEO La tradizione genuina e gustosa - così come gli ingredienti - della cucina eoliana viene interpretata con abilità ed un pizzico di fantasia, facendo del pesce il protagonista della tavola. Se non fa troppo caldo, scegliete la piacevole terrazza ombreggiata al primo piano.

🗟 – Prezzo : €€

Via Risorgimento 188, Santa Marina Salina – 𝄞 *090 984 3486*

Stromboli

 98055 – Messina (ME) – Carta regionale n° **20**–D1

PUNTA LENA

SICILIANA • ROMANTICO Il servizio sotto un pergolato con eccezionale vista sul mare e sullo Strombolicchio è la compagnia migliore per qualsiasi tipo di occasione. In cucina tanto pesce, si va dai crudi all'utilizzo della tecnica della frollatura in alcune portate; assai gustosi i primi piatti dal sapore isolano.

🗟 – Prezzo : €€

Via Monsignor Di Mattina 8, località Ficogrande – 𝄞 *090 986204 – www. ristorantepuntalenastromboli.it – Chiuso mercoledì a mezzogiorno*

Vulcano

98055 – Messina (ME) – Carta regionale n° **20**–D1

❀ I TENERUMI

Chef : Davide Guidara

VEGETARIANA • ALLA MODA Arrivate al ristorante prima del calar del sole per ammirare un tramonto spettacolare di fronte alle isole Eolie: il quadro è mozzafiato. Naturalmente la cucina dell'eccellente chef Davide Guidara non farà calare nemmeno di un millimetro l'entusiasmo. Egli vi presenta dalla cucina a vista un unico menu degustazione, che vuol essere un viaggio attraverso una ventina di piccoli assaggi nel mondo solare di Davide, giovanissimo chef dal talento cristallino (non a caso già premiato come Young Chef) che si diverte a giocare con la tecnica, bravo a gestire le produzioni invernali del proprio orto attraverso precise tecniche di conservazione come fermentazioni, macerazione, cotture sotto aceto o sotto sale e così via, alternandole nei piatti ad ingredienti di stagione. Uno stile decisamente autoriale, da abbinarsi volendo al nuovo ed originale pairing con cocktail vegetali, per lo più analcolici (ma non temano gli appassionati, la cantina è a vostra completa disposizione). Senza scordarci del dessert felicemente affidato al pasticcere Colucci. La serata, per altro, sarà resa magnifica dal giovane team di sala: ragazzi e ragazze sorridenti, preparati e soprattutto capaci di mettere in mostra una piacevole empatia col cliente. Ormai una tappa gastronomica imprescindibile!

☘ *L'impegno dello chef:* La cucina e lo spirito del talentuoso chef Davide Guidara puntano diritti verso una nuova interpretazione del vegetale, di cui si fa manifesto la filosofia del "Cook More Plants": ricerca ed esaltazione dell'elemento vegetale attraverso coltivazione diretta, fornitori appassionati, tecnica e creatività, affinché la cucina vegetariana si esalti nel rispetto dell'ambiente e delle persone.

Ω 〈 🚪 🍽 **P** – Prezzo : €€€€

Via Vulcanello – ☎ 090 985 2555 – www.tenerumiristorante.it – Chiuso mercoledì e a mezzogiorno

☘ IL CAPPERO

Chef : Onofrio Pagnotto

MEDITERRANEA • ROMANTICO Al cambiamento in cucina, dove dal 2024 si destreggia il giovanissimo Onofrio Pagnotto, già sous-chef ai Tenerumi e di fatto sostenuto dall'executive chef dell'albergo, Guidara, fa eco la conferma di un ottimo livello qualitativo. I due menu degustazione (uno più corto, l'altro più lungo) mostrano piatti centrati sul sapore di ingredienti fragranti, locali, cucinati con perizia tecnica, in uno stile mediterraneo contemporaneo: Onofrio non ha paura a citare all'occorrenza qualche salsa francese o le amate fermentazioni. Coccola finale, il momento del dessert é firmato Gianluca Colucci, pasticcere condiviso coi Tenerumi. Dopo un primo ottimo dolce assaggiato al tavolo, ci si trasferisce all'angolo della pasticceria dove i pasticceri "improvvisano" un dessert finale sulla base dei gusti degli ospiti. Senza scordarci della location meravigliosa, all'interno del Therasia Resort e incastonato sul promontorio di Vulcanello, a strapiombo sul mare, la terrazza regala una vista impareggiabile su tutte le isole Eolie, spesso con tramonti infuocati.

☘ *L'impegno dello chef:* Il nuovo corso del ristorante parte da un approccio sostenibile: se l'orto è il punto di partenza, le collaborazioni con i pescatori e i piccoli produttori eoliani fanno "sistema" e mostrano la grande consapevolezza del giovanissimo chef nel ricercare la qualità gastronomica solo e soltanto attraverso la salvaguardia dell'ambiente.

Ω 〈 🚪 🏢 🍽 🥛 **P** – Prezzo : €€€€

Via Vulcanello – ☎ 090 985 2555 – www.ilcapperoristorante.it – Chiuso lunedì e a mezzogiorno da martedì a venerdì

GIARRE

✉ 95014 – Catania (CT) – Carta regionale n° **20**–D2

CASU OSTERIA CONTEMPORANEA

SICILIANA • SEMPLICE Lungo il corso centrale di Giarre, è un ristorante piccolo e semplice, con pochi tavoli e un'atmosfera informale. In menù una selezione ristretta di piatti, a prezzi ragionevoli: la cucina siciliana è servita partendo da buoni prodotti per arrivare a sapori gustosi.

🏢 🍽 – Prezzo: €€

Corso Italia 294 – ☎ 380 862 2848 – mariocasu.it – Chiuso lunedì e a mezzogiorno da martedì a domenica

ISOLA DI LAMPEDUSA

Lampedusa
✉ 92010 – Agrigento (AG) – Carta regionale n° –N/A

CAVALLUCCIO MARINO

MODERNA • AMBIENTE CLASSICO Cucina fantasiosa in un locale di lunga tradizione familiare rinnovatasi con il passaggio alle nuove generazioni: periferico rispetto al centro, ma facilmente raggiungibile, la sua posizione fronte mare è veramente invidiabile (godibilissima dalla terrazza!). Buona selezione enologica regionale, nazionale, nonché internazionale.

❀ ⇆ ⟵ ⬜ ⛱ 🅿 – Prezzo : €€€

Contrada Cala Croce 3 – ℰ 338 275 5249 – www.hotelcavalluciomarino.com – Chiuso a mezzogiorno

LIPADUSA

MEDITERRANEA • ACCOGLIENTE Nel centro del paese, una fragrante cucina di pesce proposta in chiave tradizionale, un ampio dehors sotto un fresco pergolato e un servizio attento e dinamico.

⬜ ⛱ – Prezzo : €€

Via Bonfiglio 16 – ℰ 0922 970267 – Chiuso a mezzogiorno

LICATA
✉ 92027 – Agrigento (AG) – Carta regionale n° **20**–C2

LA MADIA

Chef: Pino Cuttaia

CREATIVA • CONTESTO CONTEMPORANEO Parcheggiate nelle vie vicine e preparatevi a partire per un ideale viaggio all'interno della Sicilia e delle sue tradizioni... Pino Cuttaia, innamorato della sua terra, evita artifizi per andare dritto al cuore della materia prima, a volte con tecniche più attuali, come la mozzarella e pomodoro servita ad inizio pasto di grandissima leggerezza, altre con metodi più tradizionali: il maialino nero dei Nebrodi con un sugo della domenica a base di pomodoro ne è un valido esempio. Le due salette dal tono moderno e minimalista faranno il resto per predisporvi ad una piacevolissima esperienza culinaria. Per gli amanti di Bacco, interessante selezione di etichette anche in grandi formati, che gli intenditori sanno bene essere maggiormente performanti. Consigliamo Adènzia 2019 di Baglio Cristo di Campobello: un rosso dalle note vegetali e di ottima finezza.

♿ ⬜ – Prezzo: €€€€

Corso Filippo Re Capriata 22 – ℰ 0922 771443 – ristorantelamadia.it – Chiuso martedì e domenica sera

L'OSTE E IL SACRESTANO

SICILIANA • RUSTICO Un piccolo ristorante accogliente a "denominazione di origine siciliana": a darvi il benvenuto Chiara, ai fornelli invece Peppe da cui farvi consigliare per un percorso fra rivisitazione e tradizione.

⬜ ⛱ – Prezzo: €€€

Via Sant'Andrea 19 – ℰ 0922 774736 – losteeilsacrestano.it – Chiuso lunedì e a mezzogiorno da martedì a domenica

SICILIA

LINGUAGLOSSA

✉ 95015 – Catania (CT) – Carta regionale n° **20**–D2

✿ SHALAI

SICILIANA • **CONTESTO CONTEMPORANEO** Nel centro storico di Linguaglossa, uno dei più pittoreschi paesi del parco dell'Etna, il ristorante si trova all'interno dell'omonimo albergo, in un incantevole palazzo ottocentesco di cui vi consigliamo di approfittare anche per il pernottamento. Al timone la famiglia Pennisi, in cucina Giovanni Santoro, un sodalizio che da anni fa brillare questa stella alle pendici del vulcano. Il cuoco sforna una cucina di straordinaria varietà, e non sarà un caso, se pensate al paesaggio che circonda Linguaglossa, dove si passa dalla montagna al mare nel volgere di pochi chilometri con un giacimento di prodotti gastronomici con pochi rivali. Straordinaria carta dei vini, tra magnum, verticali e naturalmente i grandi vini etnei.

❀ ⌖ ⓜ ⌂ 🅿 – Prezzo: €€€

Via Guglielmo Marconi 25 – ℰ 095 643128 – shalai.it/ristorante.html – Chiuso a mezzogiorno da lunedì a venerdì

DODICI FONTANE

MODERNA • **ELEGANTE** Alle pendici dell'Etna, per arrivarci si attraversa un contesto paesaggistico mozzafiato che rivaleggia con il fascino di Villa Neri, il lussuoso ed incantevole albergo che ospita il ristorante. In sale dall'atmosfera moderna, il cuoco serve una cucina che parte sovente da ricette e prodotti siciliani per giungere a risultati molto personalizzati e creativi, talvolta complessi, comunque di ottimo livello, accompagnati da una cantina di cui vi consigliamo la buona selezione di vini etnei.

🛌 ⌖ ⓜ ⌂ 🅿 – Prezzo: €€€€

Contrada Arrigo – ℰ 095 813 3002 – nerietna.com/12-fontane-ristorante – Chiuso a mezzogiorno sabato e domenica

MARINA DI RAGUSA

✉ 97010 – Ragusa (RG) – Carta regionale n° **20**–C3

✿ VOTAVOTA

Chef: Giuseppe Causarano

MODERNA • **CONTESTO CONTEMPORANEO** Un quadro per gli amanti del mare, che si ammira in tutto il suo splendore dalle pareti vetrate della sala, mentre alle spalle dei clienti c'è la cucina a vista, dove lavorano i due cuochi – Giuseppe Causarano e Antonio Colombo – che propongono piatti di sorprendente qualità e creatività, in cui prevale, inutile dirlo, il pescato. Tra le proposte che ci hanno conquistato, lo spaghetto affumicato con burro e alici, un piatto di cremosità, aromaticità e intensità ottime, un piatto semplice che però denota una buona tecnica e che vale il viaggio! Sul fronte vino, lasciatevi consigliare dal sommelier, che vi porterà a spasso per la Sicilia, dall'Etna alle isole minori, consigliandovi ottime etichette. Un vero must per iniziare il pasto è il 700 di Cusumano, un blend di Chardonnay e Pinot Nero di grande classe.

⌖ ⓜ ⌂ – Prezzo: €€€

Lungomare Andrea Doria 48 – ℰ 334 142 6962 – votavota.it – Chiuso lunedì, martedì a mezzogiorno e domenica sera

MARZAMEMI

✉ 96018 – Siracusa (SR) – Carta regionale n° **20**–D3

CORTILE ARABO

CONTEMPORANEA • **STILE MEDITERRANEO** In uno dei borghi siciliani più incantevoli e fotogenici, un tempo prospera tonnara, il Cortile Arabo offre una cucina ricercata di buon livello, in prevalenza di pesce. Il punto di forza è la terrazza sugli scogli di fronte al mare, dove si mangia accompagnati dallo sciabordio delle onde.

≼ 🍴 – Prezzo: €€€

Vicolo Villadorata – ☎ 0931 841678 – cortilearabo.it – Chiuso martedì

TAVERNA LA CIALOMA

PESCE E FRUTTI DI MARE • **STILE MEDITERRANEO** Nell'ex tonnara di Marzamemi, affacciata su una delle piazze siciliane più pittoresche, dove sono sistemati anche i tavoli, altri ancora li trovate nelle sale interne e infine, sul retro, su una terrazza davanti sul mare: questa è la Taverna La Cialoma. Qualunque sia la sistemazione scelta, la cucina è autenticamente siciliana, con poche e semplici elaborazioni, per valorizzare il pescato.

≼ 🅰 🍴 – Prezzo: €€

Piazza Regina Margherita 23 – ☎ 0931 841772 – tavernalacialoma.it

MENFI

✉ 92013 – Agrigento (AG) – Carta regionale n° **20**–B2

LA FORESTERIA

CONTEMPORANEA • **ELEGANTE** Lussuosa struttura con camere della celebre azienda vinicola siciliana Planeta, è un incantevole paesaggio di vigneti che vi accompagnerà in questo ristorante, dove viene servita un'ottima interpretazione della cucina siciliana. Nei piatti compaiono anche alcuni prodotti coltivati dalla casa e naturalmente una vasta cantina con tutte le etichette Planeta.

🛁 ≼ 🛏 🍴 🅿 – Prezzo: €€€

Contrada Passo di Gurra SP 79 km 91 – ☎ 0925 195 5460 – planetaestate.it/it/ristorante

MESSINA

✉ 98121 – Messina (ME) – Carta regionale n° **20**–D1

MARINA DEL NETTUNO

CREATIVA • **ELEGANTE** Sull'incantevole molo dello Yachting Club Messina, ambiente moderno di sobria eleganza per un locale che propone il solo menu degustazione composto da piatti creativi: il pesce è il prediletto. Indimenticabili gli spaghetti ai ricci di mare e spuma di prezzemolo!

🅰 🍴 – Prezzo: €€€

Viale della Libertà-Batteria Masotto – ☎ 347 289 0478 – ristorantemarinadelnettuno.com – Chiuso lunedì e a mezzogiorno da martedì a domenica

MILAZZO

✉ 98057 – Messina (ME) – Carta regionale n° **20**–D1

BALÌCE

CONTEMPORANEA • **ALLA MODA** Lo chef patron Giacomo Caravello nel breve volgere di pochi anni si è creato il suo "spazio" in zona, divenendo sicuramente tra i migliori indirizzi di Milazzo: gli interni contemporanei sono davvero curati ed ariosi, mentre la cucina - che cresce di anno in anno - si fa sicura grazie all'utilizzo di tecniche moderne, nonché riferimenti siciliani e mediterranei. La scelta enoica è accompagnata da un'intrigante selezione di cocktail.

֍ ⚙ – Prezzo: €€

Via Ettore Celi 15 – ✆ 090 738 4720 – baliceristo.com – Chiuso martedì, a mezzogiorno lunedì, mercoledì, giovedì, venerdì e domenica sera

DOPPIO GUSTO

PESCE E FRUTTI DI MARE • **CONTESTO CONTEMPORANEO** Sono le specialità di pesce (ottimo quello alla griglia!) a connotare la linea gastronomica di questo locale dal design contemporaneo e cucina a vista, ma informale nel servizio. Buona scelta enologica con proposte anche al calice.

֍ ⚙ 🏠 – Prezzo: €€€

Via Luigi Rizzo 1/2 – ✆ 090 924 0045 – ristorantedoppiogusto.it – Chiuso lunedì

MODICA

✉ 97015 – Ragusa (RG) – Carta regionale n° **20**–C3

SICILIA

✿ ACCURSIO

Chef: Accursio Craparo

CONTEMPORANEA • **CONTESTO STORICO** Vicino al duomo di San Pietro e al centrale corso Umberto, il ristorante è una piccola e deliziosa chicca in un palazzo storico, che incanta nella sua semplice raffinatezza, a cominciare dalle cementine del pavimento. Accursio propone tre menu degustazione, con piatti tuttavia estraibili alla carta; dal simbolo del ristorante - un ulivo dentro una barca - si intuisce già la sua proposta: un viaggio gastronomico creativo tra i prodotti siciliani, sia di terra che di mare.

♿ ⚙ – Prezzo: €€€€

Via Grimaldi 41 – ✆ 0932 941689 – accursioristorante.it – Chiuso lunedì e a mezzogiorno martedì, mercoledì, giovedì, venerdì, domenica

✿ LA LOCANDA DEL COLONNELLO

CONTEMPORANEA • **CONVIVIALE** Se vi piace camminare, vi consigliamo di raggiungere il ristorante con un'emozionante passeggiata, partendo dal vivace corso Umberto, per salire i gradini fino al Duomo di San Giorgio e da qui ancor più su addentrandosi nei vicoli della pittoresca Modica Alta, dove troverete il ristorante. In un ambiente semplice, tutto si concentra sulla rimarchevole qualità dei piatti, con una proposta eclettica che abbraccia piatti siciliani ma anche proposte più creative: tecnica e gusto di gran livello!

⚙ 🏠 – Prezzo: €€

Via Blandini 9 – ✆ 0932 191 1981 – locandadelcolonnello.com/it – Chiuso martedì, mercoledì e a mezzogiorno lunedì, giovedì, venerdì, sabato

FATTORIA DELLE TORRI

SICILIANA • **ACCOGLIENTE** Una piccola porzione di paradiso nel centro storico di Modica, nonché un'eredità professionale raccolta dalle figlie dello chef-patron Peppe Barone, che con una ventata di gioventù si fanno portavoci di una cultura gastronomica tra innovazione e tradizione. Piacevole servizio in terrazza tra i limoni.

🏠 ✿ – Prezzo: €€

Vico Napolitano 14 – ✆ 0932 751286 – fattoriadelletorri.com – Chiuso martedì e a mezzogiorno da mercoledì a venerdì

RADICI

SICILIANA • **SEMPLICE** È il cuoco Accursio dell'omonimo e vicino ristorante stellato a curare la cucina di Radici. In due sale semplici ed eleganti, lo chef propone una cucina più tradizionale e autenticamente siciliana. E' un'ottima occasione per sperimentare la mano di un grande cuoco a prezzi ragionevoli.

🎟 ╦ – Prezzo: €€

Via Grimaldi 55 – ☏ 331 236 9404 – accursioradici.it

MONTALLEGRO

✉ 92010 – Agrigento (AG) – Carta regionale n° **20**–B2

LOCANDA PERBELLINI AL MARE

SICILIANA • CHIC Il sapori della Trinacria riletti dall'estro creativo del pluristellato chef Perbellini in un ristorante sulla spiaggia. Un contesto naturalistico di grande impatto, che contribuisce a dar risalto all'originale cucina del grande chef.

╡ ╦ 🅿 – Prezzo: €€

Bovo Marina – ☏ 347 922 1759 – locandaperbellinialmare.it – Chiuso mercoledì e giovedì a mezzogiorno

NOTO

✉ 96017 – Siracusa (SR) – Carta regionale n° **20**–D3

☸ ## CROCIFISSO

Chef: Marco Baglieri

CONTEMPORANEA • MINIMALISTA Nella parte più alta del centro storico, vicino all'omonima chiesa, troverete una delle più convincenti proposte gastronomiche della zona. In sale dall'atmosfera moderna ed essenziale, l'ottima cucina di Marco Baglieri si fa invece elaborata, quasi barocca, come volesse omaggiare lo stile urbano di una delle più affascinanti città della Sicilia. Ottima la ricciola in crosta di pane e polvere di peperoni accompagnata da due salse, una alle mandorle e una alle cozze, con una piccola misticanza a rinfrescare il tutto. Dall'esterno si nota anche la cantina a vetri che mostra l'ordine e l'ampiezza della sua selezione.

⅋ ⅃ 🎟 – Prezzo: €€€

Via Principe Umberto 46 – ☏ 0931 968608 – ristorantecrocifisso.it – Chiuso a mezzogiorno

PRINCIPE DI BELLUDIA

CREATIVA • ELEGANTE Isolato nella campagna, all'interno del lussuoso resort Il San Corrado di Noto, il Principe di Belludia ne rappresenta la proposta gourmet. Lo chef Martin Lazarov celebra la gastronomia locale attraverso due menu degustazione e una carta in cui si esprime una particolare attenzione al mondo vegetale.

╡ 🎟 ╦ ✧ 🅿 – Prezzo: €€€€

Contrada Belludia sp 51 – ☏ 0931 184 2020 – ilsancorradodinoto.com – Chiuso lunedì, domenica e a mezzogiorno

VIVA IL BISTROT

SICILIANA • ALLA MODA A pochi passi dalla cattedrale, col bel tempo i tavoli sistemati lungo l'incantevole strada pedonale sono ambitissimi, ma se non ci fosse più posto le sale interne con decorazioni contemporanee sono ugualmente accattivanti. Sono Viviana Varese e la resident chef Ida Brenna a sovraintendere ad una carta di grande interesse, in buona parte di cucina siciliana a cominciare dalla ricerca dei prodotti, ma con qualche tocco più esotico.

⅃ 🎟 ╦ – Prezzo: €€

Via Rocco Pirri 19 – ☏ 334 793 3384 – vivavivianavarese.it/viva-il-bistrot – Chiuso martedì e a mezzogiorno

W VILLADORATA COUNTRY RESTAURANT

DEL TERRITORIO • CHIC Sulle colline che circondano Noto, all'interno della Country House Villadorata, ci troviamo in un incantevole mondo agreste con il mare per sfondo e orti da cui provengono parte delle verdure che compongono diversi piatti. Viviana Varese, chef di ben nota fama, collabora con Matteo Carnaghi, qui ai fornelli, con ottimi risultati. La cucina è ancorata ai prodotti siciliani, in estate il menu di una serata alla settimana è interamente dedicato alla cottura alla brace.

⋞ 🏠 🅿 – Prezzo: €€€

Contrada Portelle – ℰ 342 816 3083 – vivavivianavarese.it/viva-villadorata – Chiuso a mezzogiorno

PALAZZOLO ACREIDE

✉ 96010 – Siracusa (SR) – Carta regionale n° **20**–C3

😋 ANDREA - SAPORI MONTANI

SICILIANA • FAMILIARE Trasferito in via Padre Giacinto 20.Se Andrea è il cuoco, Sapori Montani contiene già un'anticipazione di ciò che troverete nei piatti, dalla salsiccia palazzolese al tartufo - che ha ormai reso la località famosa in tutta l'isola - passando per la trota, il maialino nero e ottimi formaggi, solo per fare alcuni esempi.

🐾 ⅘ 🄰 🏠 ↻ – Prezzo: €€

Via Gabriele Judica 4 – ℰ 0931 881488 – ristoranteandrea.it – Chiuso martedì

SICILIA

PALERMO

✉ 90133 – Palermo (PA)
Carta regionale n° **20**–B1

Da mangiare anche con gli occhi

Quando l'imperatore Carlo V nel giugno 1537 annuncia la sua visita a Palermo, le monache del convento della Martorana sono in preda allo sconforto. La maturazione degli aranci è ancora un po' indietro e gli alberi hanno perso i fiori, ma non stanno ancora producendo frutti. Come abbellire allora al meglio il giardino per accogliere la delegazione imperiale? L'idea fu tanto efficace quanto di successo: vengono preparate delle finte arance in pasta di mandorla da appendere ai rami. La storia non dice se l'imperatore si lasciò ingannare, ma da quel giorno, la frutta martorana si è aggiunta alle specialità dolciarie siciliane e fa bella mostra di sé nelle vetrine delle pasticcerie.

✿ MEC RESTAURANT

Chef: Carmelo Trentacosti

SICILIANA • **ELEGANTE** Nel cuore della Palermo monumentale, all'interno di un palazzo cinquecentesco quasi di fronte alla stupenda Cattedrale (a fine pasto chiedete di mostrarvi la piazza dal balcone, sarà il coronamento di una serata speciale), si devono salire un buon numero di scale, per entrare in questo inusuale ristorante che condivide gli ambienti con uno spazio espositivo dedicato a Steve Jobs. In sostanza, ci si accomoda in una delle tre eleganti salette sotto a soffitti affrescati ma circondati da memorabilia e fotografie che ripercorrono il percorso professionale del genio informatico. Dal canto suo, lo chef Carmelo Trentacosti si prodiga su ricette e ingredienti siciliani spesso citati ma in forma personale, vedi la celebre caponata che diviene una cremosa salsa (a forma di Apple!) e condita con cioccolato di Modica grattugiato, in cui far scarpetta con un pane lievitato ad hoc. Prima del dolce, non manca un buon carrello dei formaggi. Buone attenzioni anche da parte del servizio.

🐌 🆎 – Prezzo: €€€

Pianta: B3-7 – *Via Vittorio Emanuele 452* – ✆ *091 989 1901* – *mecrestaurant.it* – *Chiuso domenica e a mezzogiorno da lunedì a sabato*

☺ BUATTA CUCINA POPOLANA

SICILIANA • **CONVIVIALE** Nelle belle e storiche sale di un'antica bottega, troverete un indirizzo semplice eppure vivace e dinamico, sempre gettonatissimo da locali e turisti (proprio per questo consigliamo di prenotare), dove i piatti della tradizione siciliana, come le sarde a scottadito, si alternano con il variare delle stagioni: piatti a base di carne, di pesce, di quinto quarto, nonché proposte vegetariane.

  ♿ 🅰 🍴 – Prezzo: €

Pianta: B2-1 – *Via Vittorio Emanuele 176* – ✆ *091 322378* – *buattapalermo.it*

A' CUNCUMA Ⓝ

CREATIVA • **CONTESTO CONTEMPORANEO** Con un passaggio di testimone, il giovane sous-chef Gianfilippo Gatto, nel 2022 diviene chef-patron di questo intimo quanto semplice ristorante del centro storico. La loro forza è proprio la cucina di qualità: assaggerete colorati giochi ed interpretazioni moderne di ricette e sapori siciliani, sia di carne sia di pesce, per esempio l'arancina è ripiena di caciocavallo giovane, ed è cotta al forno, mentre sopra le si adagia della tartare di gambero all'arancia e sotto, a specchio, è rifinita dalla sua bisque. Totalmente siciliana è anche la valida selezione vini, con capitoli a parte dedicati alle produzioni sull'Etna, presentate nei diversi versanti. Son giovani, promettenti e... consigliatissimi!

  ♿ 🅰 – Prezzo: €€€

Pianta: A2-8 – *Via Judica 21/23* – ✆ *392 521 4219* – *acuncumarestaurant.com* – *Chiuso domenica e a mezzogiorno da lunedì a sabato*

BEBOP

CONTEMPORANEA • **ACCOGLIENTE** Dopo gli studi classici un giovane chef autodidatta ha deciso di seguire la sua vera passione: la cucina! Ricette che si ispirano alla tradizione siciliana rielaborate con gusto personale, avvalendosi di ottimi prodotti regionali. Il ristorante è in pieno centro, molto raccolto e signorile, ma anche piacevolmente informale nel servizio.

  🅰 – Prezzo: €€

Pianta: B1-2 – *Via Riccardo Wagner 3* – ✆ *329 534 0388* – *bebop-ristorante. business.site* – *Chiuso lunedì e a mezzogiorno da martedì a domenica*

CHARLESTON Ⓝ

MODERNA • **ELEGANTE** Il famoso Charleston torna alle sue origini, in effetti, prima ancora di diventare famoso a Mondello, nacque proprio qui, in centro città. Ora hanno preso il posto dell'ex bar Mazzara, un tempo celebre tra i palermitani. Se pian terreno è dedicato a cafè, cocktail bar e bistrot, al primo piano (c'è l'ascensore) si trova il salotto, in stile siciliano contemporaneo, impreziosito da un raffinato terrazzo estivo, dove si destreggia il giovane cuoco Gaetano Verde, mostrando tutte le abilità apprese presso importanti cucine nazionali ed estere. I suoi piatti sono nitidi, precisi, preparati spesso con soli tre ingredienti principali. Come nel caso del trancio di carne di vacca frollata, cotta alla griglia e servita con chicchi di uva fermentata e crema al sesamo.

  ♿ 🅰 🍴 – Prezzo: €€€€

Pianta: B2-9 – *Via Generale Magliocco 19* – ✆ *091 450171* – *casacharleston.net* – *Chiuso martedì e a mezzogiorno lunedì, mercoledì, giovedì, venerdì*

GAGINI RESTAURANT

CREATIVA • **RUSTICO** Nel cuore pulsante della città, tra la Vucciria e il porticciolo della Cala, design moderno e colori sgargianti danno un respiro attuale al fascino eterno delle antiche mura che lo accolgono, che erano la cinquecentesca bottega dello scultore Antonello Gagini (ecco spiegato anche il nome!). In cucina la volontà di mettere l'accento sui prodotti locali esaltandone la qualità, dal coniglio selvatico di Pantelleria passando per l'asina dei Nebrodi, per una cucina attuale e di gusto. Il servizio è attento, ma con quel tocco d'informalità che mette l'ospite a suo agio.

  🕸 🅰 🍴 – Prezzo: €€€

Pianta: C2-4 – *Via dei Cassari 35* – ✆ *091 589918* – *gaginirestaurant.com* – *Chiuso lunedì e martedì a mezzogiorno*

VILLA ZITO

SICILIA

GIARDINO INGLESE

V. Giuseppe   La Farina
V. Noto   V. Caltanissetta
Catania
V. Sammartino   Agrigento
Villino
V. R. Pirolo   **Ida**
V. Guglielmo Marconi
V. Francesco Ferrara
V. Principe di
V. 20 Settembre

Simone Corleo
V. Isidoro Carini
V. Ugo Bassi
V. Empedocle
V. Dalia
V. Domenico
Scuta
V. Rosario Gerbasi
V. dello Speziale
V. Collegio di
Maria al Borgo
V. Benedetto
Gravina
V. Gabriele Bonomo
V. Francesco Crispi

Via della Libertà
V. Isidoro
V. Gaetano
Daita
V. Mazzini
V. Quintino Sella
V. Trapani
V. Messina
V. Enrico Parisi
Torrearsa
V. Lumia Gallo
V. Nicolò Gallo

Calata   Banchina P
Banchina P
Marinai
V. S.
V. dello
V. Francesco
d'Italia

Palazzo
Dato

Pza
L. Sturzo
Emerico
Amari
Ammiraglio
Gravina
Pza
Principe di
Florio
V. Mariano Stabile
V. Fonderia
Oretea
Onorato

1

V. Giorgio
Gemmellaro
Villa Favaloro
Di Stefano
V. Benedetto
D'Acquisto
Paternostro

Pza
Castelnuovo
Pza R.
Settimo
Teatro
Politeama

Ruggero
Settimo
V. Roma
Michele Amari
V. Scordia
V. Vincenzo
Riolo
Pza
XIII Vittime

2

V. Paolo
Pza
S. Oliva
V. Valerio
Villareale
V. Marchese di
Regalmici
V. Cerda
V. F. Guardione

V. Houel
V. Mario
Cutelli
V. Cluverio
V. Giovanni Pacini
Pza
S. Francesco
da Paola
Turisi
Tripoli
Carini
V. Orologio

Museo
Archeologico
Regionale Salinas
Pza
dell'Olivella
9
Prefettura
Pal.
Branciforte

Prefettura
S²
S. Giorgio
dei Genove

Santa
Cita
N¹

2

V. Polara
Mercato
del Capo
Palazzo
di Giustizia
V. Nicolò Turrisi
V. Mura di
S. Vito
Pza
Verdi
Teatro
Massimo
Volturno

Oratorio di
S. Filippo Neri
Sta Maria
di Valverde
ORATORIO
DEL ROSARIO
San
Domer
M²

V. Giovanni
Finocchiaro Aprile
Cso. Camillo
V. Argilio
Giuffredi
V. Giovan
Battista Pagano
Goethe
Oratorio di
S. Caterina d'Alessandria

V. S.
Basilio
Roma
V. S.
Mercato del
Vucciria

V. Costantino
Lascaris
V. Pietro
Ranzano
Imera
V. Orazio Antinori
V. Cappuccinelle
Pza
Beati Paoli
8
Sant'Agostino
Pal. Oneto
di Sperlinga
Via Bandiera
V. Termine
Pza
Garraffello

V. D'Ossuna
V. Pierpaolo
Pasolini
Cso. Alberto Amedeo
V. Isidoro
alla Guilla
V. del
Celso
V. del
Candelai
Venezia
S. Matteo
Via
Maqueda
Pza
Cassa
Rispar

V. Imera
V. D. Peranni
Santa Maria di Monte
Oliveto (Badia Nuova)
Cappella
dell'Incoronata
Collegio Massimo
dei Gesuiti
Palazzo Riso
San Giuseppe
dei Teatini
Quattro
Canti
Pza
Pretoria
S. Ann

3

Cattedrale
Pza d.
Cattedrale
Pal. Castrone
Santa Ninfa
Pza
Bologni
Pal.
Pretorio
S¹
Pza
Sant'Anna
Pza
Bellini

Museo Diocesano –
MUDIPA
7
Pal.
Asmundo
V. Sant'Antonino
Pal. Sclafani
SS. Salvatore
V. S. Cataldo
LA MARTORAN
(Santa Maria
dell'Ammiragli

Porta Nuova
V. Colonna
Rotta
Villa
Bonanno
Chiesa
d. Gesù
Casa
Professa
S. Orsola
Pal.
Comitini

V. Gabriele Vulpi
V. Danisinni
V. Cappuccini
PALAZZO DEI
NORMANNI
Pza
d. Vittoria
Piazzetta
S. Giovanni
Decollato
Mercato
di Ballarò
Tour S. Nicolò
di Bari
Pal. S. Croce-
S. Elia

CAPPELLA
PALATINA
Pza
Indipendenza
Cso.
Cso. Re
Ruggero
Oratorio di
San Mercurio
S. Giovanni
degli Eremiti
Chiesa del
Carmine
V. delle
Pergole
V. Cesare Battisti

Cso.
Pisani
Pal.
d'Orléans
Parco
d'Orléans
San Giuseppe
Cafasso
V. Brasa
Pza
Montalto
V. Carlo Forlanini
Cso. Tukory
V. Roselli
V. Giuliano Majali
V. Pietro
D'Aragona
V. Giorgio
Arcoleo
Cso. Tukory
V. Carlo Pisacane
V. A. Marinuz
V. Filippo
Cordaza
V. del Vespro
V. Salvatore
Morso
V. Errante

Vle. delle Scienze
Pza
Stazzone
Pza
Colomba
V. Filiciuzza
V. delle
Cliniche
V. P. En

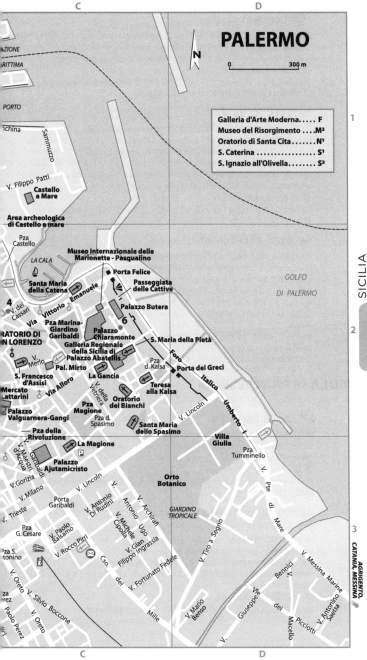

PALERMO

0 _____ 300 m

SICILIA

GOLFO

DI PALERMO

Castello a Mare

Area archeologica di Castello a mare

Pza Castello

LA CALA

Museo Internazionale delle Marionette - Pasqualino

Porta Felice

Passeggiata delle Cattive

Santa Maria della Catena

Palazzo Butera

Pza Marina-Giardino Garibaldi

Palazzo Chiaramonte

S. Maria della Pietà

ORATORIO DI N LORENZO

Galleria Regionale della Sicilia di Palazzo Abatellis

Pal. Mirto

La Gancia

Porta dei Greci

S. Francesco d'Assisi

Pza d. Kalsa

Teresa alla Kalsa

Mercato attarini

Oratorio dei Bianchi

Palazzo Valguarnera-Gangi

Pza Magione

Pza d. Spasimo

Santa Maria dello Spasimo

Pza della Rivoluzione

La Magione

Villa Giulia

Palazzo Ajutamicristo

Pza Tumminello

Orto Botanico

Porta Garibaldi

GIARDINO TROPICALE

Pza G. Cesare

AGRIGENTO, CATANIA, MESSINA

V. Filippo Patti

Sammuzzo

V. dei Cassari

Via Vittorio · Emanuele

V. Merlo

Via Alloro

V. della Vetriera

V. Lincoln

Foro Italico

Umberto

V. Maestri d'Acqua

V. Gorizia

V. Milano

V. Trieste

V. Lincoln

V. Antonio Di Rudini

V. Antonio Ugo

V. Michele Cipolla

V. Archirafi

V. Paolo Balsamo

V. Rocco Pirri

V. Gian Filippo Ingrassia

V. Tiro a Segno

V. Pte di Mare

V. Oreto

V. Silvio Boccone

V. Oreto

V. Fortunato Fedele

V. Mario Benso

V. Giuseppe del Macello

Bennici

V. Messina Marine

V. Antonino Saetta

Piccotti

Mille

Cso. dei

SICILIA

L'OTTAVA NOTA

SICILIANA • ACCOGLIENTE È uno di quei locali carini, moderni, allegri, in linea con i tempi. La cucina è fortemente legata al territorio e quindi anche al pesce, e le elaborazioni sono sfiziose e contemporanee. Imperdibile la ceviche!

🕮 🛋 ⇔ – Prezzo: €€

Pianta: C2-6 – *Via Butera 55* – *℘ 091 616 8601* – *ristoranteottavanota.it* – *Chiuso domenica e a mezzogiorno da lunedì a sabato*

OSTERIA DEI VESPRI

MODERNA • ACCOGLIENTE Situato nel palazzo che ospitò la celebre scena del ballo nel Gattopardo di Luchino Visconti, il locale propone una cucina al passo coi tempi, i cui piatti moderni poggiano su veraci prodotti locali. Se la calorosa accoglienza e una gestione pluriennale costituiscono ulteriori incentivi alla sosta, c'è di più: nell'attiguo Occhiovivo! Bistrot (esortazione siciliana per dire "Stai attento"!) si servono cocktail, tapas ed una cucina semplice e gustosa.

🐜 🕮 🛋 – Prezzo: €€€

Pianta: C2-5 – *Piazza Croce dei Vespri 6* – *℘ 091 617 1631* – *osteriadeivespri.it* – *Chiuso domenica a mezzogiorno*

PALAZZO BRANCIFORTE

ITALIANA • ELEGANTE Un'oasi di relax nel centro della località a cui si aggiunge un servizio cordiale e desideroso di rendere la vostra sosta un'esperienza memorabile. I piatti che arrivano in tavola sono ben preparati e ricchi di gusto, moderni quel tanto che basta ma senza voltare le spalle alla tradizione. Provate la "Capricciosa vista mare": una sfoglia di pane nero tostato con capperi e origano accompagnata da gambero rosso, pomodoro secco, carciofi, basilico e mousse di mozzarella di bufala.

🕮 🛋 – Prezzo: €€€

Pianta: B2-3 – *Via Bara all'Olivella 2* – *℘ 091 321748* – *ristorantepalazzobranciforte.it* – *Chiuso lunedì*

ISOLA DI PANTELLERIA

✉ 91017 – Trapani (TP) – Carta regionale n° **20**–A3

I GIARDINI DEI RODO

SICILIANA • ROMANTICO Come suggerisce il nome, mangerete circondati dal verde di giardini, tra palme, fiori, alberi di agrumi... La cucina conquista l'ospite con piatti dai sapori regionali, ma dalle preparazioni moderne. Romantico e originale!

🛋 🅿 – Prezzo: €€

Via Bonomo Alto - Scauri – *℘ 334 141 4002* – *igiardinideirodo.it* – *Chiuso a mezzogiorno*

OSTERIA IL PRINCIPE E IL PIRATA

SICILIANA • STILE MEDITERRANEO In una tipica casa isolana con una grande terrazza vista mare e arredi rustici, è la famiglia Casano ad occuparsi di tutto, degli ospiti, della buona selezione vini e, ovviamente, della cucina che si concentra sulla scelta di ottime materie prime e ricette siciliane: cous cous con pesce fresco e verdure, seppia alla fiamma e zucchine marinate alla menta e tra i dolci il locale "bacio pantesco".

🐜 ⩗🛋 🅿 – Prezzo: €€

Località Punta Karace 7 – *℘ 0923 691108* – *principeepirata.it*

PIAZZA ARMERINA

✉ 94015 – Enna (EN) – Carta regionale n° **20**–C2

AL FOGHER

ITALIANA CONTEMPORANEA • INTIMO Piccolo ristorante dal carattere rustico, poco fuori il centro di Piazza Armerina, propone una cucina personalizzata dove spiccano alcuni prodotti locali, ma non disdegna divagare per il Bel Paese; un esempio sono i pansotti ai carciofi con tuma locale e tartufo nero.

🕸 ⚐🏠 🅿 – Prezzo: €€

Strada statale 117 bis – ℰ 0935 684123 – Chiuso lunedì e domenica sera

RAGUSA

✉ 97100 – Ragusa (RG) – Carta regionale n° **20**–C3

🏵🏵 DUOMO

Chef: Franco "Ciccio" Sultano

CONTEMPORANEA • ELEGANTE A pochi passi dal Duomo di San Giorgio, nel cuore di Ibla, uno dei centri storici più suggestivi dell'isola, Sultano incarna l'essenza più intima della Sicilia. Forte di una profonda conoscenza della sua regione, nelle salette intime e confortevoli del ristorante va in scena uno degli spettacoli più convincenti della gastronomia isolana. La proposta verte su due menu degustazione, con piatti estraibili alla carta. Vivamente consigliata la pasta ai ricci di mare, bietola e nocciola.

🕸 🆔 ⇄ – Prezzo: €€€€

Via Cap. Bocchieri 31 – ℰ 0932 651265 – cicciosultano.it – Chiuso a mezzogiorno lunedì e domenica

🏵 LOCANDA DON SERAFINO

CREATIVA • ROMANTICO Lungo la strada che circonda ad anello Ibla, uno dei centri storici più suggestivi e pittoreschi della Sicilia, la sala del ristorante non è da meno: sembra scavata nella roccia, ma non aspettatevi un ambiente rustico: l'atmosfera è elegante e raffinata, il servizio di gran livello, insomma, un luogo ideale per un'occasione romantica e gourmet. Vincenzo Candiano è un cuoco straordinario, che continua a fare ricerca, accumulando piatti classici che non possono mancare in carta ad altri più innovativi, sovente con riferimenti isolani. Celebre cantina con verticali emozionanti. C'è anche una camera, altre ancora nell'omonimo e suggestivo albergo nel centro storico, ad una passeggiata dal ristorante.

🕸 🆔 🏠 ⇄ – Prezzo: €€€€

Via Avv. Ottaviano 13 – ℰ 0932 248778 – locandadonserafino.it – Chiuso martedì e a mezzogiorno

I BANCHI

SICILIANA • CONTESTO STORICO In un palazzo carico di storia – fu anche sinagoga prima del terremoto del 1693 e nella suggestiva Sala degli Specchi c'è ancora la vasca per le abluzioni – il ristorante ha una firma illustre, quella di Ciccio Sultano, stellato nel vicino ristorante Duomo. Cucina eclettica ma in prevalenza siciliana; per gli appassionati c'è anche una lista di cocktail.

🆔 🏠 – Prezzo: €€

Via Orfanotrofio 39 – ℰ 0932 655000 – ibanchiragusa.it – Chiuso a mezzogiorno lunedì e domenica

RANDAZZO

✉ 95036 – Catania (CT) – Carta regionale n° **20**–D2

🐧 VENEZIANO

SICILIANA • **CONTESTO TRADIZIONALE** Poco fuori Randazzo, uno dei paesi che circondano l'Etna con le sue caratteristiche costruzioni in pietra lavica, da Veneziano troverete un'ottima espressione della cucina locale. Trionfano funghi e carne, in diverse interpretazioni: dall'ottimo misto funghi tra gli antipasti alla zuppa, sempre di funghi e con crostone di pane, tra i primi, per passare poi ai secondi, tra cui consigliamo un morbidissimo asado e l'imperdibile capocollo di suino nero dei Nebrodi.

🍴 & 🅰️ 🛋 🅿️ – Prezzo: €€

Contrada Arena, SS 120 km 187 – ✆ 095 799 1353 – ristoranteveneziano.it – Chiuso lunedì e domenica sera

RIPOSTO

✉ 95018 – Catania (CT) – Carta regionale n° **20**–D2

LA CUCINA DI DONNA CARMELA

SICILIANA • **ELEGANTE** Nell'accogliente sala o nel bel dehors all'ombra delle palme, specialità siciliane rivisitate e i migliori prodotti provenienti dagli orti, frutteti ed agrumeti di proprietà della risorsa. Il tutto presentato con stile attuale.

🅰️ 🛋 🅿️ – Prezzo: €€€

Contrada Grotte 7, località Carruba di Riposto – ✆ 095 809383 – donnacarmela. com – Chiuso a mezzogiorno

SAN LEONE

✉ 92100 – Agrigento (AG) – Carta regionale n° **20**–B2

IL MOLO

SICILIANA • **CONTESTO TRADIZIONALE** Davanti al porticciolo turistico di San Leone, un ristorante raffinato che ha nella sua bella terrazza estiva un angolo molto rilassante, dove poter assaggiare la cucina regionale a base di pesce e non solo di Alfredo Lattuca. Ottima la qualità delle materie prime.

& 🅰️ 🛋 – Prezzo: €€

Via Falcone Borsellino 2 – ✆ 0922 412095

SAN VITO LO CAPO

✉ 91010 – Trapani (TP) – Carta regionale n° **20**–A1

PROFUMI DI COUS COUS

SICILIANA • **STILE MEDITERRANEO** Anche se al cous cous spetta il ruolo di primo attore della carta, non vanno trascurate le altre golose specialità ittiche isolane, mediterranee con piacevoli influssi arabi. L'atmosfera si fa magica soprattutto d'estate, nella bella corte interna tra cedri, mandarini e limoni. L'hotel Ghibli che lo ospita, può essere un valido alloggio durante le vostre vacanze al mare.

& 🅰️ 🛋 – Prezzo: €€

Via Regina Margherita 80 – ✆ 0923 974155 – ghiblihotel.it – Chiuso mercoledì a mezzogiorno

SCIACCA

✉ 92019 – Agrigento (AG) – Carta regionale n° **20**-B2

HOSTARIA DEL VICOLO

PESCE E FRUTTI DI MARE • **AMBIENTE CLASSICO** In posizione centrale, sebbene in una via un po' defilata, ambienti intimi ed eleganti per una cucina che profuma di Sicilia; tanto pesce, verdure dell'orto e gustosi formaggi. Il tutto si accompagna ad una selezione enoica di rispetto.

❀ � ⅿ – Prezzo: €€

Vicolo Sammaritano 10 – ℰ 0925 23071 – hostariadelvicolo.it – Chiuso lunedì

SCLAFANI BAGNI

✉ 90020 – Palermo (PA) – Carta regionale n° **20**-B2

TERRAZZA COSTANTINO

DEL TERRITORIO • **CONTESTO CONTEMPORANEO** Una location suggestiva e panoramica completa l'esperienza culinaria firmata da Giuseppe Costantino, chef-patron di quest'apprezzata insegna, che dopo la determinante esperienza presso il tristellato Duomo di Enrico Crippa, seguita da altri importanti passàggi in alcune delle migliori tavole liguri, è rientrato in Sicilia con l'obbiettivo di convertire il ristorante di famiglia da semplice punto di ristoro a tappa gourmet. Le note degli ispettori elogiano sia la compiutezza del menu degustazione - unica opzione disponibile preparata secondo mercato e freschezza delle materie prime - che la "mano tecnica e precisa con la quale vengono trattati gli ingredienti del territorio". Le preparazioni si avvalgono infatti dei migliori prodotti autoctoni del Parco delle Madonie, con l'aggiunta di ponderate escursioni sulla vicina costa.

ⅿ 沖 – Prezzo: €€

Rione Sant'Antonio 24 – ℰ 339 115 5915 – terrazzacostantino.com – Chiuso mercoledì, a mezzogiorno lunedì, martedì, giovedì, venerdì e domenica sera

SIRACUSA

✉ 96100 – Siracusa (SR) – Carta regionale n° **20**-D2

✿ CORTILE SPIRITO SANTO

CREATIVA • **ELEGANTE** È nell'estremità più meridionale dell'Ortigia, non lontano da Castel Maniace, che troverete la più raffinata espressione della ristorazione siracusana. Siamo negli spazi di Palazzo Salomone Luxury Suites, dove Giuseppe Torrisi allestisce una cucina creativa, tecnica e autenticamente siciliana per lo spirito barocco ed elaborato dei suoi piatti dai sapori intensi, emozionanti e in alcuni casi davvero indimenticabili. Il consiglio dell'ispettore è di provare le specialità ittiche del giorno: dentice, branzino o altro, provenienti da pescatori locali e serviti con un condimento di stagione, asparagi e piselli in primavera, ad esempio, e un coulis di pomodori gialli di Scicli. Per i vini suggeriamo di esplorare le produzioni locali, tra Etna e costa ovest: uno su tutti l'ottimo brut Terzavia VS di De Bartoli.

❀ ⅿ 沖 – Prezzo: €€€

Via Salomone 21, Ortigia – ℰ 0931 181 5404 – cortilespiritosanto.com – Chiuso lunedì e a mezzogiorno da martedì a sabato

DON CAMILLO

SICILIANA • **ELEGANTE** Miteco, Artemide, Archestrato, La Nostra Storia: i menu a disposizione per testare la cucina siciliana di chef Guarneri amante della bellezza e del buon vino (come si evince dall'ambiziosa carta). La sala è un tripudio di classicità, muri in tufo del '400, arredi in legno d'epoca e candelabri in ferro battuto. La cucina è esperta e gustosa; il servizio competente e professionale.

SICILIA

෯ ⎃ 🅰 – Prezzo: €€€

Via Maestranza 96, Ortigia – ℰ 0931 67133 – ristorantedoncamillosiracusa.it – Chiuso domenica

REGINA LUCIA

MODERNA • ROMANTICO Affacciato su una piazza di monumentale bellezza dove vengono sistemati i tavolini per il servizio all'aperto, anche se il tempo non consente di mangiare fuori non rinunciate al Regina Lucia: in una caratteristica sala storica, sarà la cucina a prendersi cura di voi con una rivisitazione creativa dei classici siciliani. Da non perdere i dolci!

🅰 🍸 – Prezzo: €€€

Piazza Duomo 6, Ortigia – ℰ 0931 22509 – reginaluciaristorante.com – Chiuso martedì

TAORMINA

✉ 98039 – Messina (ME) – Carta regionale n° **20**-D2

෯෯ ST. GEORGE BY HEINZ BECK

Chef: Salvatore Iuliano

CREATIVA • LUSSO Il St. George si trova all'interno del The Ashbee Hotel una villa di inizio Novecento ai margini del centro storico, in una delle location più ambite ed esclusive di Taormina. Varcato l'ingresso, dopo l'elegante salone si raggiunge il giardino e la terrazza mozzafiato, le cui palme incorniciano la vista sullo stretto di Messina. La cucina è frutto della collaborazione tra Heinz Beck e il resident chef Salvatore Iuliano. Del cuoco tristellato Salvatore, di origini calabresi, riprende la naturale eleganza e certe intuizioni gastronomiche, ma vi aggiunge un'appassionata e colorata interpretazione mediterranea. Indimenticabile il risotto alla senape verde, limone nero, sambuco e gamberi dello Stretto.

෯ ⎙ 🍸 🅰 🍸 🅿 – Prezzo: €€€€

Viale San Pancrazio 46 – ℰ 0942 23537 – theashbeehotel.it – Chiuso martedì e a mezzogiorno lunedì, mercoledì, giovedì, venerdì, sabato, domenica

෯ LA CAPINERA

Chef: Pietro D'Agostino

SICILIANA • CONVIVIALE Mare & Aria - Terra & Fuoco: i quattro elementi concorrono nei menu degustazione che citano anche la cinematografica in alcuni piatti quali il Benjamin Button, bottoni di pasta fresca, stracotto di vitellina su fonduta e un olio al rosmarino. Ma come non invaghirsi di un cacao meravigliao? Tagliolino di mare con gamberi rossi e spuma di mozzarella; freschissimo e con la bella consistenza del gambero crudo di Mazzara. Il servizio è elegante, la musica diffusa crea una bella energia vacanziera, il vino sarà poi un compagno di cena grazie alla vasta scelta di etichette regionali, italiane ed europee.

෯ ⎙ 🅰 🍸 – Prezzo: €€€

Via Nazionale 177, località Spisone – ℰ 338 158 8013 – pietrodagostino.it – Chiuso lunedì e a mezzogiorno da martedì a domenica

෯ OTTO GELENG

MEDITERRANEA • CHIC L'ambiente tradisce l'eleganza della destinazione e ricorda le ville isolane di un tempo: solamente "otto" i tavoli, incorniciati in un terrazzo fiorito di buganvillee e affacciati su Taormina, baia di Naxos e sull'Etna. I dettagli della mise en place sono ricercati e rimandano ai fasti di un'antica dimora, mentre lo chef Roberto Toro propone un menu capace di raccontare la sua Sicilia con molte interpretazioni personali. La formula prevede diverse formule degustazione, tra cui quella vegetariana, che è possibile incrociare scegliendo invece piatti alla carta. Noi non ci dimenticheremo facilmente degli Spaghetti con peperone arrosto, gambero, sesamo e lime, vero e proprio signature dish consigliato da un servizio in sala attento e discreto nel mettere a proprio agio una clientela già ammaliata dal contesto. Più di 400 etichette di vini sono disponibili per accompagnare questo viaggio gastronomico, con eccellenze autoctone, nazionali e francesi, e molte chicche di piccoli produttori locali.

🕸 ⇐🍴🖐🏠 – Prezzo: €€€€

Via Teatro Greco 59 – ℰ 0942 627 0200 – belmond.com/it/dining/europe/italy/ taormina/otto-geleng – Chiuso lunedì, martedì e a mezzogiorno da mercoledì a domenica

🕸 ## PRINCIPE CERAMI

MODERNA • LUSSO Il menu vuole essere un ritorno all'essenziale, la chiave della cucina di chef Mantarro: stagionalità, territorialità e ricerca di produttori locali di nicchia. La Sicilia è generosa nei sapori e nei colori e offre abbinamenti che permettono di viaggiare dal mare al vulcano. Quest'ultimo trasmette un sapore più ricco e intenso, soprattutto ai prodotti vegetali che dominano il menu. Oltre alla carta e alla possibilità di comporre un proprio menu, "Principe Cerami" rappresenta un ideale tuffo nel Mar Ionio con qualche incursione di terra. La carta dei vini si focalizza sulla regione senza trascurare ottime referenze in Italia e nel mondo.

🕸 ⇐🍴🖐🎨🏠🖼️🅿️ – Prezzo: €€€€

Pianta: A2-5 – *Piazza San Domenico 5 – ℰ 0942 613310 – principecerami.com – Chiuso a mezzogiorno*

🕸 ## VINERIA MODÌ

ITALIANA CONTEMPORANEA • ACCOGLIENTE Nel centro storico di Taormina, a un passo dal corso dello struscio e delle tante importanti boutique dai marchi esclusivi sorte negli ultimi anni, l'attività originaria era pub/enoteca e la passione per il vino è rimasta invariata sia nell'ampia e selezionata lista che nella passione di chi in sala ve ne proporrà l'assaggio. Tutto ciò affiancato dai piatti della bravissima Dalila Grillo, con il fratello Ettore ad occuparsi della sala. Due menù degustazione o una carta da cui scegliere necessariamente tre piatti: le proposte creative ed elaborate si destreggiano tra richiami siciliani e non solo, servite in una raffinata sala interna. Nella bella stagione mangiare ai tavoli all'aperto davanti al passeggio cittadino è particolarmente piacevole.

🕸 🖼️🏠 – Prezzo: €€€

Via Calapitrulli 13 – ℰ 0942 23658 – vineriamodi.com – Chiuso mercoledì e a mezzogiorno

BLUM

MODERNA • STILE MEDITERRANEO La gran carta è disponibile con svariati accostamenti ma lo chef darà il suo meglio nel menù Suggestioni, con le creazioni più attuali, come lo scampo in carpaccio con mela verde e caviale. Oppure l'opzione Naturalmente (vegetariana) da cui consigliamo di assaggiare il taglierino aglio nero e mandorla, robusto nella sua struttura e di contrasti decisi al palato. Attenzione perché la romantica e moderna piattaforma con i tavoli è praticamente sulla spiaggia e in caso di brutto tempo il ristorante non sarà operativo.

⇐🏠🅿️ – Prezzo: €€€€

Via Nazionale 147 – ℰ 0942 612112 – blumrestaurant.com – Chiuso lunedì e a mezzogiorno da martedì a domenica

KISTÉ - EASY GOURMET

MODERNA • ACCOGLIENTE Defilato rispetto alle vie più turistiche, all'interno della quattrocentesca Casa Cipolla con romantica terrazza per il servizio estivo, Kisté è un "contenitore" gourmet di sapori siciliani in chiave moderna.

🖼️🏠 – Prezzo: €€

Via Santa Maria de' Greci 2 – ℰ 333 371 1606 – kiste.it – Chiuso lunedì e a mezzogiorno da martedì a domenica

SICILIA

TERMINI IMERESE

✉ 90018 – Palermo (PA) – Carta regionale n° **20**–B2

SECONDO TEMPO

ITALIANA CONTEMPORANEA • **CONTESTO STORICO** Al primo piano di un edificio (un tempo appartamento della famiglia di chef Campagna), l'intimo locale risale agli anni Venti del secolo scorso, così come il suo pavimento tardo liberty e gli affreschi al soffitto. Al contrario, la cucina è moderno-italiana con alcune ovvie influenze isolane; molto spazio è dato alle verdure di stagione, tant'è che vi si propone perfino un percorso degustazione interamente vegano. Sia ai fornelli sia a tavola, si utilizza esclusivamente olio Evo auto-prodotto.

🅰🍴 – Prezzo: €€€

Via Vittorio Amedeo 55 – 𝒞 091 811 3775 – ristorantesecondotempo.it – Chiuso lunedì, a mezzogiorno da martedì a sabato e domenica sera

TERRASINI

✉ 90049 – Palermo (PA) – Carta regionale n° **20**–B1

✿ IL BAVAGLINO

Chef: Giuseppe Costa

CREATIVA • **ALLA MODA** Nuova sede per questo ristorante che ora occupa gli spazi di un ex edificio per la salatura del pesce; ciò che resta immutato, invece, è lo stile della cucina che si propone in tre percorsi degustazione, Storie e passioni, Mura di Casa, Erba Terra Foglie (evidentemente vegetariano), da cui si può attingere anche per ordinare à la carte. Partendo da ispirazioni regionali, lo chef Giuseppe Costa procede senza indugi verso piatti personali e creativi, frutto della commistione tra sapori del territorio ed esperienze individuali maturate dal cuoco, a proprio agio sia con la carne sia con il pesce. L'ispettore consiglia: bottone di gamberi viola locali, rigorosamente crudi, con caviale e olive, rifinito con un coulis di limone e zenzero.

🅰 – Prezzo: €€€

Via dei Mille 2/b – 𝒞 091 868 2285 – giuseppecosta.com – Chiuso lunedì e a mezzogiorno

😊 SALOTTO SUL MARE

SICILIANA • **BISTRÒ** Si sale per le ripide scale in cima all'edificio (1° piano) che ospita la casa madre dello chef-patron Giuseppe Costa, ovvero il Bavaglino: la sala veranda vi regala una vista strepitosa, con l'azzurro del mare che s'insinua da tutte le parti. La cucina è onesta e gustosa, basata su elaborazioni semplici partendo da un'ottima materia prima; alla carta si aggiungono tre proposte di degustazione pensate per la condivisione. Oltre ad un'interessante selezione enoica, la scelta può cadere su vari cocktail, perfette alternative anche a pranzo.

≼🅰🍴 – Prezzo: €

Via dei Mille 2/b – 𝒞 091 868 2285 – giuseppecosta.com/salotto-sul-mare

TORREGROTTA

✉ 98050 – Messina (ME) – Carta regionale n° **20**–D1

MODÌ

SICILIANA • **COLORATO** Defilato e leggermente rialzato rispetto al borgo di Torregrotta, Modì propone buoni piatti di cucina siciliana rivisitata con modernità e precisione dallo chef-patron Giuseppe Geraci. Completa l'esperienza una bella carta dei vini.

Ⓐ 🍴 – Prezzo: €€€
Via Bucceri – ☏ 345 092 8345 – modiristorante.it – Chiuso lunedì, a mezzogiorno da mercoledì a venerdì e sera martedì e domenica

TRAPANI
✉ 91100 – Trapani (TP) – Carta regionale n° **20**–A2

OSTERIA IL MORO

CREATIVA • **ELEGANTE** Sul corso principale di Trapani e dotato di piacevole dehors, l'Osteria il Moro punta su piatti che affondano le radici nella tradizione siciliana, per aprirsi verso ricette originali e creative, ricche di gusto e personalità, firmate dallo chef patron Nicola Bandi. Molto pesce, ma anche carne: filetto di manzo con salsa al Marsala rubino con spezie ed erbette di campo e triglia alla trapanese giusto per dare due esempi. Buonissima la selezione enoica, con tante proposte regionali.

⚴ 🍴 – Prezzo: €€€
Via Giuseppe Garibaldi 86 – ☏ 0923 23194 – osteriailmoro.it

VIAGRANDE
✉ 95029 – Catania (CT) – Carta regionale n° **20**–D2

IPALICI

SICILIANA • **CONTESTO STORICO** Alle spalle di Acireale e ai piedi del parco dell'Etna, iPalici si trova all'interno del Relais San Giuliano. Esternamente nulla lascia presagire il fascino e l'imponenza della struttura storica e dei suoi spazi interni, tra cui il vasto palmento cinquecentesco che accoglie il ristorante. La cucina regge ampiamente il confronto con tanta bellezza: oltre alla spiccata impronta vegetale, c'è un rimarchevole recupero delle tradizioni agresti siciliane, a cui il cuoco conferisce un'intelligente rilettura contemporanea. L'ispettore consiglia: bottoni di pasta fresca, alici e finocchietto.

🍴 – Prezzo: €€€
Via Antonello da Messina 3 – ☏ 095 989 1671 – relais-sangiuliano.it/ipalici – Chiuso lunedì, martedì e a mezzogiorno da mercoledì a domenica

ZAFFERANA ETNEA
✉ 95019 – Catania (CT) – Carta regionale n° **20**–D2

SABIR

CREATIVA • **ELEGANTE** La cucina di Seby Sorbello è colorata e mediterranea, a tratti creativa, ma sempre su base locale. In estate, optate per il fresco e romantico servizio nel parco.

Ⓐ 🍴 – Prezzo: €€€
Via delle Ginestre 1 – ☏ 095 708 2335 – sebysorbello.it – Chiuso martedì e a mezzogiorno lunedì, mercoledì, giovedì, venerdì
Chef: Stefano Croce
Fuori pianta –

Redazione: le équipe della Guida MICHELIN sotto la direzione di Gwendal Poullennec

Responsabile editoriale: Marie-Pierre Renier

La Rivista della Guida Michelin: Francesca Malerba, Maura Marca

Iconografia: Marie Simonet, Marion Capera

Cartografia: Ecaterina-Paula Cepraga, Theodor Cepraga, Gabriel-Valentin Dragu

Fotocomposizione: Bogdan Gheorghiu, Mihaita Constantin

Grafica: Laurent Muller, Marie-Pierre Renier

Copertina: Benjamin Heuzé

Produzione: Sandrine Combeau ; Renaud Leblanc

Coordinamento editoriale: Dominique Auclair, Pascal Grougon, Sandrine Tourari

Ringraziamenti: Philippe Orain

Pubblicità e partnership:
contact.clients@editions.michelin.com
Il contenuto delle pagine pubblicitarie inserite in Guida è di esclusiva responsabilità degli inserzionisti.

MICHELIN Éditions

Société par actions simplifiée au capital de 487 500 €
57 rue Gaston Tessier - 75019 Paris (France)
R.C.S. Paris 882 639 354

©2024 **Michelin Éditions** – Tous droits réservés
Dépôt légal : 11-2024
Imprimé en Italie - 11-2024 sur du papier issu de forêts bien gérées

Compograveur : MICHELIN éditions, Voluntari (Roumanie)
Imprimeur-relieur : LEGO, Lavis (Italie)

Plans et cartes : © MICHELIN 2024

I dati e le indicazioni contenuti in questa guida, sono stati verificati e aggiornati con la massima cura.Tuttavia alcune informazioni (prezzi, indirizzi, numeri di telefono, indirizzi internet, etc.) possono perdere parte della loro attualità a causa dell'incessante evoluzione delle strutture e delle variazioni del costo della vita: non è escluso che alcuni dati non siano più, all'uscita della guida, esatti o esaustivi. Queste informazioni non possono comportare responsabilità alcuna per eventuali involontari errori o imprecisioni.

Au sein de ce guide, MICHELIN EDITIONS peut être amené à mentionner des données personnelles. MICHELIN EDITIONS vous informe que vous disposez de droits sur les données personnelles vous concernant, conformément aux articles 15 et suivants du RGPD. Vous pouvez les exercer en vous adressant à contact@editions.michelin.com. Pour plus d'informations, merci de consulter notre Charte pour la protection des données personnelles à l'adresse suivante : https://editions.michelin.com/politique-deconfidentialite/